本系列讲座和著作出版得到北京市盈科律师事务所资助

"刑法治理的现代化与本土化"系列丛书

石经海 主编
赵春雨

刑法治理的现代化与本土化讲演录（一）

中国社会科学出版社

图书在版编目（CIP）数据

刑法治理的现代化与本土化讲演录. 一/石经海，赵春雨主编. —北京：中国社会科学出版社，2023.11
ISBN 978-7-5227-2715-8

Ⅰ.①刑… Ⅱ.①石…②赵… Ⅲ.①中华人民共和国刑法—研究 Ⅳ.①D924.04

中国国家版本馆 CIP 数据核字（2023）第 206294 号

出 版 人	赵剑英
责任编辑	许　琳
责任校对	韩海超
责任印制	郝美娜

出　　版	中国社会科学出版社
社　　址	北京鼓楼西大街甲 158 号
邮　　编	100720
网　　址	http://www.csspw.cn
发 行 部	010-84083685
门 市 部	010-84029450
经　　销	新华书店及其他书店

印刷装订	北京君升印刷有限公司
版　　次	2023 年 11 月第 1 版
印　　次	2023 年 11 月第 1 次印刷

开　　本	710×1000　1/16
印　　张	35.25
字　　数	601 千字
定　　价	198.00 元

凡购买中国社会科学出版社图书，如有质量问题请与本社营销中心联系调换
电话：010-84083683
版权所有　侵权必究

"刑法治理的现代化与本土化" 系列丛书
编委会

主　任：林　维

主　编：石经海　赵春雨

副主编：陈小彪　丁胜明　张永强　姚万勤

顾　问：陈忠林　梅传强　朱建华　李永升
　　　　袁　林　卢有学　张武举　刘湘廉

编　务：甄　航　杨红梅　魏艺山　郭佳怡
　　　　钱建辉

前　言

法治是治国理政的基本方式，刑法是中国特色社会主义法律体系的重要组成部分。在坚持和完善中国特色社会主义制度、推进国家治理体系和治理能力现代化的进程中，刑法需要不断完善，有效发挥预防和打击犯罪的作用，促进社会主义法治优势更好转化为国家治理效能。党的十八大以来，以习近平同志为核心的党中央将完善和发展中国特色社会主义制度、推进国家治理体系和治理能力现代化确定为全面深化改革的总目标。进入新时代，我们面临的风险挑战日益增多，权利保障需求日益增长，侵犯权利的犯罪形态也日益多样。刑法是规定犯罪和刑罚的法律规范，要适应推进国家治理体系和治理能力现代化的时代要求，在维护人民安全方面充分发挥效能。为此，我们的刑法学必须直面我国法治及其具体的实践问题，带着刑事法治建设的中国问题、重大问题与现实问题，创造出具有中国主体性的刑法学话语体系，从而能够倾听自己的声音和寻找到新的中国刑法学的存在方式。

有鉴于此，西南政法大学刑法学科为了纪念学科成立70周年，推动刑法治理的国家治理体系和治理能力现代化研究，策划和主办了"刑法治理的现代化与本土化"系列讲座。系列讲座主要采取线下、线上结合以线上为主的讲座方式，由北大法宝学堂负责讲座直播。在2022年度共举办了16讲（期），邀请老中青刑法理论或实务工作者近百人分别作为主讲人、主持人和与谈嘉宾，围绕"刑法治理的现代化与本土化"的主题，分别就刑事立法模式、刑事立法观念、刑法解释理论、因果关系理论、企业合规改革、人工智能刑事应对、数据安全治理、自动驾驶刑事风险、量刑制度构建等刑法领域普遍关注的重点热点问题展开讨论。这些主题宏观与微观结合，理论与实践并重，共同就如何进行中国特色刑法学学科体系、学术体系、话语体系建设，如何基于我国的本土实际进行刑法治理现代化的理论研究与实践指导，如何开展新类型、新领域的犯罪治理与社会风险应对等进行了深入的研讨交流，形成了一系列极具启发意义和实践价值的成果。

本次"刑法治理的现代化与本土化"系列讲座举办期间，正逢党的二十大胜利召开。党的二十大旗帜鲜明地提出了"中国式现代化"这一伟大命题，这正与本次系列讲座的主题不谋而合。可以说，本次系列讲座既是庆祝党的二十大胜利召开的献礼，也是弘扬党的二十大精神的实践。西南政法大学刑法学科热切期盼与各位刑法同仁一起探索刑法治理的现代化与本土化路径，从而构建中国式现代化的刑法学体系。

本在线系列讲座由西南政法大学刑法学科主办，重庆市新型犯罪研究中心、国家毒品问题治理研究中心、西南政法大学量刑研究中心、西南政法大学外国及比较刑法研究中心、北京市盈科律师事务所、北大法宝学堂协办。在讲座过程中，魏艺山、郭佳怡、钱建辉、毕志轶、张毅洁、陈冰溶、王志成、曹禺、李俊桦、高源、程兵倩、姚自豪、谢锐、黄卉、谭彬璐、魏雪然、隋译锋、王熙、李灿、张晶、董寅辉、张昊坤、温梦钰、宋冰滢、刘佳锦、赵一诺同学负责讲座综述和新闻稿的撰写。本书的录音稿由毕志轶、张毅洁、陈冰溶、王志成、曹禺、李俊桦、程兵倩、姚自豪、魏艺山、郭佳怡、钱建辉、谢锐、黄卉、谭彬璐、李灿、宋冰滢、温梦钰、刘佳锦、赵一诺、王熙、姚伊霖同学整理完成。北大法宝学堂的王登峰经理以及李立静等多位老师为本系列讲座的顺利完成付出了大量的心血，在此一并表示谢忱。

"刑法治理的现代化与本土化"在线系列讲座筹备组
2023年3月15日

序　言

以优质的法学理论研讨服务中国式现代化

梅传强

（西南政法大学法学院院长、教授）

随着中国特色社会主义进入新时代，我国发展处于新的历史方位，我国社会主要矛盾已经转化为人民日益增长的美好生活需要和不平衡不充分的发展之间的矛盾，我国国家治理面临许多新任务新要求，坚持和完善中国特色社会主义制度、推进国家治理体系和治理能力现代化已经成为关系党和国家事业兴旺发达、国家长治久安、人民幸福安康的重大问题。在此背景下，对标国家治理体系和治理能力现代化的新要求，回应人民群众对全面依法治国的新期待，积极开展扎根中国文化、立足中国国情、解决中国问题的法学理论研究，构建具有鲜明中国特色的法学学科体系、学术体系、话语体系，以优质的法学理论研究服务中国式现代化已经成为法学界光荣的历史使命和时代重任。为此，西南政法大学刑法学科在成立70周年之际，在前功勋刑法学科带头人陈忠林教授的直接推动、中国刑法学研究会领导和学界同仁的大力支持下，统筹整合校内外研究力量和学术资源，在2022年5月至12月期间，精心策划、筹办了面向全国的"刑法治理的现代化与本土化"在线系列讲座，邀请全国近百名著名专家学者专门就"刑法治理的现代化与本土化"问题展开了深入的学术研讨与广泛的学术对话。

西南政法大学是新中国最早建立的政法类高等学府，改革开放后国务院确定的全国首批重点大学，教育部和重庆市人民政府共建高校。历经70余载的励精图治，学校已形成以法学为主，哲学、经济学、文学、管理学、工学等多学科协调发展，从本科到硕士、博士研究生教育以及继续教育、留学生教育等多层次、多类型的人才培养格局。西南政法大学刑法学科源于1950年成立的西南人民革命大学政法系和1953年成立的西南政法学院刑法教研室（学校直辖的八个教研室之一），1979年开始招收刑法专业硕士研究生，是我国最早招收刑法专业硕士生的学科之一，1995年被确定为省级重点学科，2000年获得博士学位授权点，2004年开始接收博士后研究人员。赵念非教授、伍柳村教授、黄观效教授、邓又天教授、董鑫教授、高绍先教授、赵长青教授、陈忠林教授、李培泽教授、朱启昌教授、邱兴隆教授、张绍彦教授等为刑法学科的建设和发展做出了突出贡献。1977年学校复办后，邓又天教授、赵长青教授、陈忠林教授、梅传强教授和石经海教授先后担任学科带头人（负责人），带领一代又一代的西政刑法学人在严谨求实、与时俱进的理念指引下开拓进取、砥砺奋进，在教学、科研、育人和社会服务等方面取得了一系列重大成就，特别是在国家毒品问题治理、犯罪心理学、刑事执行法学、量刑理论与实践、刑法基本理论和刑法立法现代化等研究领域形成了鲜明特色、取得了丰硕成果、做出了突出贡献，为构建中国特色的刑法学理论体系和话语体系，以及完善刑事立法、推动刑事司法改革贡献了西政力量。

"刑法治理的现代化与本土化"在线系列讲座由西南政法大学刑法学科主办，国家毒品问题治理研究中心、重庆市新型犯罪研究中心、西南政法大学量刑研究中心、西南政法大学外国及比较刑法研究中心、北京市盈科律师事务所和北大法宝学堂协办，通过北大法宝学堂线上学习平台和腾讯会议APP线上进行。在16期讲座中，有幸邀请到了西南政法大学法学院原院长（刑法学科带头人）陈忠林教授、中国社会科学院法学研究所刑法室主任刘仁文研究员、清华大学的黎宏教授和周光权教授、北京大学的车浩教授、中国人民大学的时延安教授、武汉大学的何荣功教授、吉林大学的徐岱教授、中国政法大学的王志远教授、华东政法大学的孙万怀教授、上海交通大学的于改之教授、中南财经政法大学的童德华教授、西北政法大学的付玉明教授、四川大学的魏东教授、上海政法学院的彭文华教授和西南政法大学石经海教授担任讲座主讲人，中国社会科学院的陈泽宪教授和林维教授、武汉大学的莫洪宪教授、北京大学的梁根林教授、中国人民大学的黄京平教授、吉林大学的张旭教授、华东政法大学的刘宪权教授、中国政法大学的曲新久教授、贵州省社会科学院的吴大华教授、南京大学的孙国祥教授、西北政法大学的王政勋教授、北京理工大学的曾粤兴教授、北京师范大学的刘志伟教授和中国法学会的白岫云编审担任讲座主持人，同时还邀请了清华大学的劳东燕、北京大学的江溯、中国人民大学的陈璇、中国政法大学的罗翔等20余位校内外的教授、副教授及盈科刑辩学院的研究人员担任与谈嘉宾。特别值得一提的是，在举办最后一期讲座时，我们还邀请到了中国刑法学研究会会长贾宇教授专门就系列讲座做总结性发言。整体来看，从主讲人到主持人再到与谈人，16期讲座基本上覆盖了刑法学界的老、中、青三代刑法学人，贯通了刑法理论与刑事实务，总人数近百人，阵容非常强大，无论是数量还是分量都堪称学界顶配。

在16期讲座中，学者们围绕"刑法治理的现代化与本土化"这一主题展开了充分、激烈的研讨和深入、理性的批判。所研讨的具体内容涉及中国刑法基本理论本土化的方向、路径与原则，中国刑法因果关系理论的本土化，企业合规刑法改革的中国路径，刑法制裁体系之现代化与本土化，中国刑法学研究的主体性，中国刑法立法如何走向现代之后，刑法解释体系的现代化与本土化，轻罪立法的中国问题，刑法数据治理的模式转换，数据安全的刑事治理路径选择，中国刑法立法模式的思考，立法论思维与解释论方法，当代中国刑法社会机能的本土化选择，刑法规范论证的客观主义法哲学立场，自动驾驶事故风险的刑事治理，以及量刑制度构建之现代化与本土化等。这些内容宏观与微观结合、理论与实践并重、当下与未来同步，不仅是当前刑法领域普遍关注的热点问题，而且是中国特色刑法学学科体系、学术体系和话语体系建设的重点问题，更是推动刑法治理实现中国式现代化的难点问题。

"刑法治理的现代化与本土化"在线系列讲座，既是一场难得的学术盛宴，也是一个优质的交流平台。在这16期讲座中，主讲人深入浅出的侃侃而谈，主持人风趣幽默的完美串场，与谈嘉宾鞭辟入里的精彩点评，全国听众在评论区争先恐后地疯狂点赞和在线提问，不仅给人留下了深刻印象，而且充分反映了大家极高的参与热情和浓厚的研讨兴趣，同时也引起了理论界和实务界的广泛关注和普遍赞誉。在此过程中形成的思想碰撞、凝聚的学术共识、引发的理论思考、带来的实践启示以及产生的社会影响是这场学术盛宴的价值所在和意义所在，这对于推动刑法治理中国式现代化的实现具有重要意义。

当然，"刑法治理的现代化与本土化"是一个未竟的宏大话题，尤其是在百年未有之大变局的当下，面对国家治理面临的新形势、新问题、新挑战，这一问题研讨的必要性、重要性和紧迫性更加凸显。本次在线系列讲座虽已落下帷幕，但对"刑法治理的现代化与本土化"话题的学术研讨与其说是结束，不如说是开始。因为这一话题下还有太多的问题需要解决、有太多的话语需要厘定、有太多的制度需要完善。因此，为了学界能够从更高的站位、更广的视野、更实的基础、更优的方法对"刑法治理如何实现中国式现代化"问题展开更加深入、系统、全面的学术研讨，我们特组织人员对16期学术讲座的内容进行了整理，尽量"原汁原味"地呈现讲座的精彩内容，让学界在回味经典的同时，能够实现更大的突破和创新。

是为序。

2023 年 2 月 28 日

会长致辞

刑法治理的中国式现代化
——贾宇会长在第 16 期"刑法治理的现代化与本土化"系列讲座上的致辞

贾 宇[①]

尊敬的主持人、各位同仁、各位朋友：

大家好！

很高兴与大家线上相聚！由西南政法大学刑法学科主办的"刑法治理的现代化与本土化"在线系列讲座已经进行了 16 期，受到学界的广泛关注和高度赞誉。本期讲座是今年系列讲座的最后一讲，梅传强教授和石经海教授盛情邀请我参加，我也非常荣幸在此做个发言。

西南政法大学作为新中国最早建立的政法类高等学府，七十余载筚路蓝缕、励精图治，赓续红色血脉，心怀天下苍生，始终忠诚于党和国家的教育事业和法治事业。自 1953 年西南政法大学刑法教研室成立以来，西南政法大学一直站在中国刑法学研究的前沿，以邓又天教授、赵长青教授、陈忠林教授、梅传强教授、石经海教授等为代表的一代又一代西南政法大

[①] 贾宇，法学博士、教授、博士生导师，上海市高级人民法院党组书记、院长，第十三届全国人大代表，为"马克思主义理论研究和建设工程"重点教材《刑法学》课题组首席专家、主编，中国刑法学研究会会长。曾任浙江省人民检察院党组书记、检察长，二级大检察官和西北政法大学党委副书记、校长，获第五届"全国十大杰出青年法学家"称号。长期从事中国刑法学、国际刑法学、中国司法制度、反恐怖主义与国家安全等领域研究，著有《国际刑法学》《死刑研究》《犯罪故意研究》《罪与刑的思辨》《中国反恐怖主义法教程》《检察官客观公正立场》《习近平法治思想引领新时代检察理念知与行》《大数据法律监督办案指引》《新时代"枫桥经验"检察实践案例精选》等著作。

学刑法学人，为建设中国刑法学的坚实大厦立下了重要的功勋。几所政法大学中，"西政"是第一所复校的（1978年），中国政法大学、西北政法大学、华东政法大学在1979年恢复招生。"西政"在"文化大革命"期间保存了非常宝贵的师资资源、图书资源以及校园设施，所以在复校后的第一年马上招生办学，为"西政现象"打下了非常好的基础。我记得，司法部院校的师资培训班最早也是由西南政法大学承办的。我本人原先所在的西北政法大学刑法学专业在1980年招录了田文昌等第一批硕士研究生。1983年他们毕业时，西北政法大学还没有硕士学位授予权，因此，几人到西南政法大学进行答辩，获得了西南政法大学的硕士学位。我本人于1983年攻读硕士学位，到1986年毕业时，西北政法大学已经可以授予硕士学位，但是学校专门邀请了西南政法大学的董鑫教授——我印象非常深刻，一位非常可爱、非常受人尊敬的长者——来给我主持了答辩。所以，我本人对西南政法大学也是非常有感情的。后来与付子堂等校领导以及刑法学科的老师们联系非常多，这里就不一一举例了。近年来，西南政法大学刑法学科在毒品问题治理、犯罪心理学、刑事执行法学、量刑的理论与实践以及刑法基本理论本土化、刑法立法现代化等领域取得了丰硕的成果，为中国特色的刑法学理论体系构建和刑事立法、司法实践做出了卓越的学术贡献。在"心系天下、自强不息、和衷共济、严谨求实"精神的引领下，西政师生勠力同心，穷学术之浩瀚，育时代之英才，着力打造法学一流学科高峰，为法治中国建设持续贡献"西政"力量。借此机会，请允许我以个人名义，向梅传强教授、石经海教授，和一直以来为国家法治建设辛勤耕耘的西政老师、同学们和校友们致以崇高的敬意！

"刑法治理的现代化与本土化"在线系列讲座，可以说是群英荟萃、精彩纷呈，有99人次分别作为主讲人、主持人和与谈嘉宾参与讲座活动，既有资深的老一辈刑法学者，更有新一代中青年刑法学者和刑事司法实务工作者，刑法学界"大咖""新秀"联袂出场，奉上了刑法学术活动的饕餮盛宴。系列讲座以"刑法治理的现代化与本土化"为主题，分别就刑事立法模式、刑事立法观念、刑法解释理论、因果关系理论、企业合规改革、人工智能刑事应对、数据安全治理、自动驾驶刑事风险、量刑制度构建等刑法领域普遍关注的重点热点问题展开讨论。宏观与微观结合，理论与实践并重，就如何进行中国特色刑法学学科体系、学术体系、话语体系建设，如何基于我国的本土实际进行刑法治理现代化的理论研究与实践指导，如何开展新类型、新领域的犯罪治理与社会风险应对等进行了深入的研讨交流，形成了一系列极具启发意义和实践价值的成果。下一步，我们要不断提升刑法理论研究水平和回应现实需求的能力，深入阐发这些成果的社会价值和法治引领意义，将其转化为能够满足人民群众对民主、法治、公平、正义、安全、环境等更高要求的法治成果。

我们的系列讲座主题是"刑法治理现代化与本土化"，对此，我也做了一些初步思考，有一点不成熟的想法和大家交流。我在思考，"现代化"与"本土化"这两个概念是什么关系？"本土化"容易理解，当然是中国化；那么"现代化"如何理解？刑法治理现代化的标准和目标是什么？是否可以追求"现代化"的"本土"？是否能够实现"本土化"的"现代"？习近平新时代中国特色社会主义思想的重要主体内容之一就是提出了中国式现代化的重大理论。2021年7月6日晚上，在来自160多个国家的500多个政党和政治组织的领导人参加的中国共产党与世界政党领导人峰会上，习近平总书记在主旨发言中指出，中国共产党将团结带领中国人民深入推进中国式现代化，为人类对现代化道路的探索做出新贡献。2021年11月，党的十九届六中全会审议通过的《中共中央关于党的百年奋斗重大成就和历史经验的决议》指出，党领导人民成功走出中国式现代化道路，创造了人类文明新形态，拓展了发展中国家走向现代化的途径，给世界上那些既希望加快发展又希望保持自身独立性的国家和民族提供了全新选择。党的二十大报告中进一步归纳论证了中国式现代化的五大特征，这就是：中国式现代化是人口规模巨大的现代化，是全体人民共同富裕的现代化，是物质文明和精神文明相协调的现代化，是人与自然和谐共生的现代化，是走和平发展道路的现代化。我们刑法学人要充分认识到，中国式现代化是石破天惊、拨云见日的理论创新。在党和国家治国理政观念、方略、理论有了重大创新发展的背景下，我们研究"刑法治理"命题当然必须跟进和适应。当前，我们的刑法治理尚未达到"现代"，也没有实现"本土"，所以要努力发展，努力达成。按照以前的理解，西方是实现现代化的国家，我们要实现"现代化"就是向现代化的西方国家学习。这也就是长期以来在我们的刑法学中，西方话语体系具有非常重要影响力的原因所在。

我们的系列讲座以"刑法治理的现代化与本土化"为主题，总体上来说逻辑是成立的，但是如果我们以中国式现代化的标准来衡量、来建构的话，仅仅把"现代化"与"本土化"并列在一起，这个逻辑可能又简单了一些。我想，如果以"刑法治理的中国式现代化"来替代"刑法治理的现代化与本土化"可能是一种更恰当的理论介入——仅作学术讨论，可能不一定准确，供大家批评。

下面，围绕这一主题我再谈三点粗浅的认识，供大家交流，与大家共勉。

一 提高站位，坚定刑法治理中国式现代化研究的政治方向

系列讲座是在坚持习近平新时代中国特色社会主义思想和习近平法治思想，贯彻落实党的二十大精神，深入实施《中共中央关于加快构建中国特色哲学社会科学的意见》，着力加强中国特色哲学社会科学学科体系、学术体系、话语体系建设背景下举办的，有着深刻的现实意义。大家经过半年多时间的热烈讨论，充分认识到"重视和加快推进刑法治理现代化和本土化"的重要性，与习近平总书记在党的二十大报告中提出的"开辟马克思主义中国化时代化新境界"相呼应，对于续写中国式刑法学研究新篇章、推进刑法学研究更好服务中国式现代化和法治中国建设具有重要价值。刑事治理是国家治理体系的重要组成部分，也是党领导下的法治中国建设的关键环节。实现刑事治理的中国式现代化，是推进马克思主义中国化时代化的必然要求，也是实现国家治理体系和治理能力现代化的重要组成部分。开展刑事治理中国式现代化的研究，必须坚持以习近平法治思想为引领，从中国特色社会主义法治体系建设的高度出发，认识、研究、解决刑法学重大理论问题和实践突出问题；必须坚持服务保障中心大局，应因时代发展变迁下的司法实践新需要和人民群众新要求，打通从实践到理论再到实践的闭环回路；必须坚持守正创新，以社会主义法治建设规律、人类社会法治文明发展规律为遵循，有目的、有规律地追求刑法理论和刑事实践的创新，积极探索新兴前沿领域的刑事治理运行模式和方法论，始终保持刑法学研究的旺盛生命力。

二 立足全局，准确把握刑法治理中国式现代化的内涵

刑法治理中国式现代化是一项需要长期坚持的系统性工程，其关键在于立足中国国情发展变迁的基本现实、面向世界形势深刻变化的历史进程，最终建立起一整套符合中国式现代化要求、能够解决中国社会问题的刑法治理模式。为实现这一划时代的创举，我们应该始终坚持系统观念，从刑事理论与实践全局出发，准确把握刑法治理现代化的内涵。我注意到，陈忠林教授在第1期讲座中指出，中国刑法理论本土化旨在努力让中国刑法理论逐渐脱离西方刑法学研究的范式，将中国的历史经验和社会现实作为刑法学体系展开的基础，依托中国的法律规定分析、概括、抽象出中国的理论术语，将中国民众的认同作为理论的最终判断标准，洞见深远，我完全赞同。这里举一个例子，也是向大家请教。有一个概念叫做"刑法教义学"，对此，我在努力地请教和学习。刑法是一个法律部门，刑法学理论与立法密切相关。而作为意识形态特征非常明显的刑法学研究提出了一个"教义学"的概念。这个概念的语义是什么？"教义"的本意是指某一种宗教所信奉的道理、义理。这么一个词用于法学本就容易引起误解。德国法学家提出"法律教义学"的概念，据解释是指法学研究要把现行实在法秩序作为坚定信仰而不加怀疑，倒也有点"教义"的意思。但这样的主张是否符合现代化进程中不断发展完善的中国现行实在法秩序？这个概念的表达是否准确，是否符合中国国情，可能还值得商榷。再浅一个层次，从学者间交流、学生学习理解的方便上考虑，这个词儿用着总觉得不那么顺畅。我学习刑法几十年，仍感觉到"刑法教义学"这个概念很难理解，那么学生们好不好理解？民众好不好理解？有人说"刑法教义学"的核心内容就是刑法解释学，就是紧紧围绕刑法的文本来进行研究。那么就叫"刑法解释学"不是更好吗？今天是学术讨论，因此我把自己的疑惑提出来，跟大家交流，因为使用这个概念的教授们、学者们已经很多了，我也没有贸然批评的意思，就是作为请教，只是觉得类似的一些概念还是需要进一步的商榷、探讨。我的理解和疑惑也跟忠林教授谈到的"将中国民众的认同作为理论的最终判断标准"这一观点相一致。中国特色社会主

义建设所取得的举世成就证明，中国式现代化创造了人类文明的新形态，而刑法治理的中国式现代化，就是要把现代化的一般性规律、中国历史现实与现代化建设的独有经验三者相结合并取其精髓，辩证扬弃并超越西方式现代化的体系与方法，审视和反思传统刑事治理的精神内涵与理念内核，形成系统化、一体化、科学化的现代刑事治理理论和制度。

三　博采众长，正确运用刑法治理的有益法治经验

在系列讲座中，专家学者们借助古今中外的法治理论乃至更广范围的人类智识，分析阐明了诸多刑法治理的前沿问题。实践证明，实现刑法治理的中国式现代化，要在坚持走我们自己道路的基础上，准确把握刑法学研究的本土资源与国外有益经验、理论的辩证关系。一方面，要自觉从中华传统法律文化、中国共产党法治实践、中国刑事制度发展历史中汲取经验，从中发掘能够妥善解决时代课题的启迪与智慧，突出刑法学研究的服务意识与应用价值，为解决中国的现实问题提供刑法学理论支撑。另一方面，要站稳中国立场、扎根本土，从中国现实国情、历史传统和社会文化出发，科学看待国外刑事制度和刑事理论，充分吸收其中可借鉴、可利用的优秀成果和经验，以积极而审慎的态度拓展研究视野、丰富研究内容、开启研究新途，跳出域外刑法理论结构和命题的窠臼，形成以我为主、兼收并蓄、开放包容的研究理念，逐步建构起体现中国理念、中国价值、中国精神的刑法学理论体系。我们都认真地借鉴学习了西方的刑法学理论，包括我们传统的刑法学理论也是从前苏联刑法理论中借鉴学习，结合中国实际发展起来的。德日、英美刑法理论当然也需要认真学习，但是在很多方面，如果不结合中国政治和法律文化的现实，西方、德日的这一套理论是难以推行的。比如说，我们有一些老师可能不太理解"司法办案的政治效果、法律效果、社会效果的统一"，因为这种概念并不能被西方理论所解释，他们只有法律、法规、法条。但放到实践中具体的案子里，同志们接触多了以后一定会知道，不综合考虑三个效果的统一，只考虑所谓的"法律效果"，这个"法律效果"往往难以让人民群众在每一个司法案件中感受到公平正义。因为，法律本身不是一个简单的条文，而是治国理政的手段，纠结于西方的概念、教条，可能是我们实现刑法治理的中国式现代

化最现实、最大的障碍。

各位同仁、各位朋友！三年前所未有的疫情给我们的工作和生活带来了诸多的困难，也带来了不少的变化。疫情期间，承担着刑法学教学科研和人才培养任务的各个院校、科研机构，各个司法机关、法律部门和法律界的人士，不因为困难而懈怠，借助云端网上的科技便利，开展了一系列的学术研究和交流活动。2022年度西政刑法学科系列讲座的规模、质量和影响力都名列前茅，我对系列讲座的成功表示祝贺！

新年将至，王安石的《元日》诗中讲："爆竹声中一岁除，春风送暖入屠苏。千门万户曈曈日，总把新桃换旧符。"肆虐三年的疫情已成强弩之末，我听说《人民日报》也有文章呼吁，春节要让大家放鞭炮。让我们怀抱希望，辞旧迎新。期待新老朋友们线下欢聚，继续共同推进刑法治理中国式现代化的崇高事业。我就讲这么多，谢谢大家！

目　　录

前　　言 / 1

会长致辞 / 1

第 一 讲　中国刑法基本理论本土化的方向、路径与原则 / 1

第 二 讲　中国刑法因果关系理论的本土化问题 / 40

第 三 讲　企业合规刑法改革的中国路径 / 75

第 四 讲　刑法制裁体系之现代化与本土化 / 111

第 五 讲　再谈强化中国刑法学研究的主体性 / 142

第 六 讲　中国刑法立法如何走向现代之后 / 174

第 七 讲　中国刑法解释学理论体系的现代化与本土化 / 208

第 八 讲　轻罪立法的中国问题与选择 / 255

第 九 讲　从控制到利用：刑法数据治理的模式转换 / 266

第 十 讲　数据安全的刑事治理路径选择 / 308

第十一讲　中国刑法立法模式的思考 / 339

第十二讲　立法论思维与解释论方法 / 373

第十三讲　当代中国刑法社会机能的本土化选择 / 404

第十四讲　刑法规范论证的客观主义法哲学立场 / 440

第十五讲　自动驾驶事故风险的刑事治理：技术、法理与归责 / 466

第十六讲　量刑制度构建的现代化与本土化 / 496

第一讲

中国刑法基本理论本土化的方向、路径与原则

陈忠林[*]

摘　要：中国刑法基本理论的本土化，既是一个中国传统刑法理论的现代化，也是中国现行刑法理论的科学化进程。这一进程应坚持以中国历史经验和社会现实为基本前提，以中国法律规定为基本分析、概括、抽象对象，以中国民众认同为最终标准，以事实与价值、主观与客观、情理与法理相统一为基本方向，以实事求是、罪刑法定、合情合理为基本原则。

主持人石经海教授[*]：尊敬的刑法学界各位同仁，亲爱的各位同学、各位观众，大家晚上好。新中国刑法学经过几代人的努力，已是新中国法学中最为繁重的功课之一。随着新中国全面依法治国的深入推进，以及中

---

[*] 陈忠林，重庆大学法学院教授、法学博士，国务院特殊津贴专家。1982年获北京大学法学学士，1986年获西南政法大学法学硕士，1996年6月获比萨圣安娜高等大学（SSSUP）法学博士学位，1998年在西南政法大学被破格评为教授。先后当选为第十届、第十一届全国人大代表，第五届国务院学位委员会法学学科组成员、全国社科基金项目法学评审组专家，最高人民法院案例指导专家委员会委员，中国法学会理事，中国刑法学会副会长。曾先后在中国人民大学、北京师范大学等十多个国内著名高校兼任教学、科研职务。

[*] 石经海，法学博士，西南政法大学法学院教授、博士生导师、刑法学科带头人（负责人）、量刑研究中心主任，学术集刊《量刑研究》主编。国家社科基金重大项目首席专家，中国犯罪学学会副会长，中国刑法学研究会常务理事，重庆市第四批哲学社会科学领军人才，重庆市第三批（法学）技术学术带头人。主持国家社科基金重大、重点和一般项目4项，省部级基金项目近20项，出版个人专著《量刑的个别化原理》（天下·法学新经典）等5部，在《中国法学》等期刊发表学术论文130多篇。

国特色社会主义法律体系和法治体系的不断发展与完善，新中国刑法学有了新的发展使命与发展时期，其中的核心和关键是构建和完善符合习近平法治思想的刑法学科体系、学术体系、理论体系和话语体系。西南政法大学刑法学科作为最早建设的新中国刑法学科之一，在前功勋刑法学科带头人陈忠林老师和梅传强院长的倡导和直接推动下，组织了这次"刑法治理的现代化与本土化"在线系列讲座。今天借讲座第一讲开讲之际，举行个简短的活动开幕式，下面有请西南政法大学法学院院长、中国刑法学研究会副会长梅传强教授致辞。

致辞人梅传强教授*：尊敬的陈忠林老师，各位专家学者，各位同学，大家晚上好。非常高兴能看到各位学界同仁相约在云端，共同见证刑法治理的现代化与本土化系列讲座的启动。在此，我谨代表西南政法大学法学院和西南政法大学刑法学科，向与会的各位专家学者、各位同学表示最热烈的欢迎和最衷心的感谢。新中国刑法学在以中国人民大学的高铭暄先生、王作富先生，北京大学的蔡枢衡先生，武汉大学的江任天先生、马克昌先生，吉林大学的何鹏先生，中国政法大学的曹子丹先生、何秉松先生，华东政法大学的朱华荣先生、苏惠渔先生，中南财经政法大学的曾昭琼先生，西北政法大学的周伯森先生以及西南政法大学的伍柳村先生、邓又天先生和董鑫先生，中国社会科学院的欧阳涛先生等老一辈刑法学家的奠基下，新中国刑法学成为新中国法学学科中最为繁荣的学科之一。纵观这个繁荣发展的历程，实际上是经历了从构建时期的苏俄化到改革开放后的德日化。随着我国全面依法治国的深入推进以及中国特色社会主义法律体系、法治体系和法学教育体系的不断完善，构建和完善符合习近平法治思想的刑法学科体系、学术体系、理论体系和话语体系已经成为当下和今后一段时间的重大临时使命。在此，我们西南政法大学刑法学科在前功勋学科代表人陈忠林老师的直接推动下，组织了这次"刑法治理的现代化与

---

* 梅传强，法学博士，西南政法大学法学院教授、博士生导师、法学院院长，重庆市人文社科重点研究基地——西南政法大学毒品犯罪与对策研究中心主任，重庆市新型犯罪研究中心主任、重庆市学术技术带头人。兼任中国刑法学研究会副会长。获霍英东教育基金会第八届青年教师奖、重庆市第二届中青年骨干教师、重庆市社会科学专家、全国优秀刑法学博士论文指导教师等称号。主持完成国家社科基金重点项目和一般项目2项、省部级课题项目10余项，出版《公务员职务犯罪研究》《犯罪心理生成机制研究》等学术专著26部，在《法学研究》《现代法学》《法学》等刊物发表论文90余篇。

第一讲 中国刑法基本理论本土化的方向、路径与原则

本土化"在线系列讲座。讲座共有16讲，邀请了西南政法大学法学院原院长、刑法学科原带头人陈忠林教授，中国社科院法学研究所刑法室主任刘仁文研究员，清华大学黎宏教授、周光权教授，北京大学车浩教授，中国人民大学时延安教授，武汉大学何荣功教授，吉林大学徐岱教授，中国政法大学王志远教授，华东政法大学于改之教授、孙万怀教授，中南财经政法大学童德华教授，西北政法大学付玉明教授，四川大学魏东教授，上海政法学院彭文华教授，西南政法大学石经海教授等，分别从刑法基本理论的本土化以及本土化支撑下的刑法立法现代化和量刑现代化视角，共同探讨当今中国刑法治理如何实现现代化与本土化的转型。

除了上述主讲人以外，我们还邀请了中国社科院陈泽宪教授、林维教授，武汉大学莫洪宪教授，北京大学梁根林教授，中国人民大学黄京平教授，吉林大学张旭教授，华东政法大学刘宪权教授，中国政法大学曲新久教授，南京大学孙国祥教授，西北政法大学王政勋教授，北京师范大学刘志伟教授，北京理工大学曾粤兴教授，贵州社会科学院吴大华教授和中国法学会白岫云编审等担任讲座的主持人，另外，我们还邀请了北京大学江溯教授等20多位来自全国各地的青年新锐学者担任与谈人针对主题报告的内容发表自己的看法，旨在展示我国刑法学界新秀的风采，发挥刑法学研究领域传帮带作用，为我国刑法学研究注入生生不息的新鲜活水。在此系列讲座的最后一期讲座中，我们还将邀请中国刑法学研究会的主要领导来一起总结刑法治理的现代化与本土化研究成果。我相信在各位资深学者和学术新锐的配合下，本次刑法治理的现代化与本土化系列讲座一定能为各界同仁贡献一场精彩纷呈的学术盛宴。

原本在我们刑法学科的计划中，该系列讲座应当邀请各位专家学者莅临西南政法大学，对我们西政师生进行当面指导，然而，由于受到疫情的影响，现在只能通过线上讲座的形式继续开展这一活动，对此我们深感惋惜。不过线上讲座的优势在于可以扩大讲座的受众群体，使社会各界都可以深入学习各位专家学者的理论成果，能够参与学术讨论。我们期待疫情消散之后能够相聚在美丽的山城重庆西政法府，就我国刑法治理中的理论与实践问题进一步展开研讨。系列讲座的举办，离不开协办单位的鼎力支持与工作人员的倾力付出，在此，请允许我代表讲座的主办方感谢学界同仁对此次系列讲座的大力支持，感谢北大法宝学堂对本次系列讲座提供的

平台与技术指导，感谢重庆新型犯罪中心、国家毒品问题治理研究中心、西南政法大学量刑研究中心以及盈科律师事务所等单位对本次系列讲座提供的充分保障，最后预祝"刑法治理的现代化与本土化"系列讲座取得圆满成功。我宣布"刑法治理的现代化与本土化"系列在线讲座正式开幕。谢谢大家。

石经海教授：好，谢谢梅院长。下面，我们正式开启我们系列讲座的第一讲，今天晚上第一讲的主讲人是陈忠林教授，主讲的题目是中国刑法基本理论本土化的方向、路径与原则。下面我介绍一下讲座的主讲人、与谈嘉宾和程序安排。

首先是主讲人。大家在海报上都看到了，主讲人是我国著名的刑法学家陈忠林教授。陈老师现在是重庆大学法学教授、法学博士、国务院特殊津贴专家。陈老师的学习经历是1982年于北京大学获法学学士学位；1986年在西南政法大学师从著名的刑法学家伍柳村教授，获得刑法法学硕士学位；1996年6月在意大利比萨圣安娜高等大学获法学博士学位。陈老师1998年在西南政法大学被破格评为教授，先后当选为第十届、第十一届全国人大代表，第五届国务院学科委员会法学学科组成员，全国社科基金项目法学评审组专家，最高人民法院案例指导专家委员会委员，中国法学会理事，中国刑法学研究会副会长。曾经先后在中国人民大学、北京师范大学等十多个国内著名高校兼任教学科研职务，也是西南政法大学前法学院院长，刑法学科建设中的功勋学科带头人。

接下来我介绍一下今天晚上的与谈嘉宾。第一位是梅传强教授，梅教授是西南政法大学现任法学院院长、教授、博士生导师，中国刑法学研究会副会长。第二位是魏东教授，魏教授是四川大学刑法学科负责人，也是西南政法大学的兼职教授、博士生导师，是中国刑法学研究会常务理事。第三位是袁林教授，袁林教授是西南政法大学法学教授，博士生导师，中国犯罪学研究会副会长，也是重庆市人民政府参事。第四位是陈伟教授，西南政法大学法学教授、博士生导师，中国刑法学研究会常务理事，重庆市新型犯罪研究中心执行主任。第五位是姜敏教授，西南政法大学法学教授、博士生导师，中国刑法学研究会理事，西南政法大学外国与比较刑法研究中心主任。第六位是贾健教授，西南政法大学法学院教授、博士生导师。第七位是年轻的丁胜明副教授，也是博士生导师。

第一讲 中国刑法基本理论本土化的方向、路径与原则

今晚的讲座分为三个阶段进行。第一个阶段是陈老师主讲，大约花一个小时时间。第二个阶段是七位与谈嘉宾依次发表与谈意见，每人的时间原则上不超过十分钟。第三个阶段是观众互动阶段，观众可以通过信息互动渠道向主讲人或者与谈嘉宾提问。下面我们正式有请陈老师开讲。

主讲人陈忠林教授：谢谢经海教授，传强院长，魏东教授，各位与谈嘉宾，线下线上的同行、听众、朋友，大家晚上好。非常荣幸能参加这次西南政法大学法学院刑法学科组织的"刑法治理的现代化与本土化在线系列讲座"。这是一场学术盛会，而且很可能是中国刑法学史，甚至世界刑法学史上罕见的学术盛会。一个连续十多场的学术系列讲座请了我国刑法学会几乎所有的副会长、一批最有代表性的中青年学者来共同探讨"中国刑法治理的现代化与本土化"这个富有时代意义的主题，对孤陋寡闻的我来说真是闻所未闻。有幸参加这样的盛会，真是非常高兴，非常荣幸，非常感谢给了我这个机会的西南政法大学刑法学科的老师们。

今天，我想借这个机会与大家谈谈自己关于中国刑法理论本土化的方向、路径与原则相关问题的一点体会，希望能得到各位的赐教和批评指正。我已经这么大年纪了，各方面都已经开始退化了。但我还是愿意来参加这个盛会，因为我对这个系列讲座的主题很感兴趣。自我开始学习刑法以来，一直有一个梦想，就是希望看到在中国这块土地上指导我们刑事立法、司法实践的是我们中国人以我们自己的法律为分析、概括、抽象对象，以中国的历史经验和社会现实为根据，以中国的普通民众的认同为最终目标的刑法理论。记得我硕士论文的题目有个副标题叫"改造现行犯罪构成理论的探索"，说明写这个论文的目的，就是希望在犯罪构成这种刑法基本理论问题上，中国学者也能发出自己的声音，让我们自己的刑法理论也可以自立于世界刑法学之林。希望能借今天的机会向大家学习。

一、什么是中国刑法理论本土化？

我想，在进入正题之前，也许需要为"中国刑法理论本土化"这个概念正正名，谈一点我对什么是中国刑法理论本土化的理解。这里的"刑法理论"主要是指目前作为中国刑法学主流的刑法基本理论。而我理解的"本土化"则主要是指使一个外来事物逐渐具有本土属性、内容、特征的过程。由于中国刑法理论当然是指在中国这块土地上作为主流的刑法理论，这里的"本土"当然应该是指中国这块土地本身。所以，中国刑法理

论本土化，也可以说就是中国刑法理论的中国化。如果一定要把这个本土化的内容说得稍微具体一点的话，我觉得可以加上那个我一直希望实现的中国刑法理论愿景的内容。换句话说，我心中的中国刑法理论本土化应该是一个中国刑法学者通过自己的努力让中国刑法理论从目前基本上是借用外国的现状逐渐演变为以中国社会现实和历史经验为基本前提，以中国现行法律规定为分析、概括、抽象的基本对象，以中国民众的普遍认同为最终判断标准的发展过程。

二、中国刑法理论为什么应该本土化？

知道了什么是中国刑法理论本土化后，接下来要讨论的当然就应该是中国刑法理论为什么要本土化的问题了。谈到中国刑法理论本土化的理由，也许要先说说中国刑法理论的现状。中国现在通行的刑法理论，不论是基本框架、基本观点、基本概念，甚至有些核心用语的语言形式都基本上是源自外国的，而不是对中国刑法规定直接进行分析、概括、抽象的结果。尽管这种现状让我这个中国学者有点儿不好意思，但从根本上说，这并不是中国刑法理论应该本土化的理由。近四十年来，我之所以一直在主张现行刑法理论应该改造、应该重构、应该本土化的原因，是因为现行刑法理论的确存在很大的问题。甚至我个人认为，现有刑法理论的基本立场、基本观点、基本方法基本上都是错的。由于这些错误的存在，我们的理论不仅在逻辑上不能自圆其说，更是在实践中已经产生了严重妨碍我国法治建设进一步现代化、科学化、民主化的后果。

我说现行刑法理论的基本立场是错的，是因为这种理论认为，我国刑法是属于少数人意志的体现，是少数行使立法权的人制定的，应按少数刑法学家的刑法理论来理解、适用。按照宪法规定，尽管是实际行使国家立法权的立法工作者与解读刑法的刑法学者也是人民的组成部分。但是，"人民"这个概念是一个在整体上包含了所有中华人民共和国公民在内的概念。这样，本来应该体现包括我们每一个人在内的人民意志的我国刑法，就可能被现行刑法理论错误地解读为仅是体现少数立法人的意志，仅能按少数法律职业人士的理解适用的法律。这一立场显然是与我国宪法规定格格不入的。因为，我国宪法一方面在规定"中华人民共和国一切权力属于人民"的同时，又专门强调即使行使国家最高权力的全国人民代表大会也不是理所当然地代表人民，因为它不仅应由"人民选举产生"，而且

第一讲 中国刑法基本理论本土化的方向、路径与原则

还应"受人民监督,向人民负责"。在我们的刑法实践中,出现过那么多让普通民众感受不到公平正义的司法案件。究其根本,与我们的理论将刑法错误解读为少数人意志体现,只能按少数人的理解适用这个立场之间,不能说不存在不可分割的内在联系。

为什么我认为现有刑法理论的基本观点基本上都是错的呢?刑法基本理论大致可以分为两类:一类直接涉及刑法的性质、目的、根据等刑法基本价值,如刑法的界限、犯罪的本质、刑罚的根据等只有从价值角度才可能说清楚的问题;另一类则是刑法理论中的事实问题,如什么是刑法中作为认定犯罪前提的行为,什么是刑法规定犯罪及其预备、未遂、中止和共同犯罪等形态等只有以事实为根据才可能解决的问题。遗憾的是,现有刑法理论对这两类问题的观点,基本上没有一个是正确的。

现行刑法理论关于刑法价值问题的错误,就以刑法与其他部门法的界限为例吧。这问题是近年来刑法研究的热点,以它为例,不仅是因为这个问题在理论上涉及什么是刑法的保护法益、刑法的本质、刑法存在的根据、刑法的功能,或者说什么是刑法等刑法的根本价值,更是由于这是实践中审理每一个刑事案件前都首先应清楚的首要问题。换言之,如果没有解决这个问题,就不可能对涉及刑法价值的任何问题做出正确的回答。对这一个如此重要的刑法基本问题,我们的理论给出了一个正确的回答吗?我想,答案应该是否定的。撇开这些年来民法、诉讼法、宪法、法理等学界学者进行的相关研究,召开的相关研讨会不说,只需看看我们刑法学界为这个问题开了多少会,写了多少论文,刑法学全国年会也连续多年进行了专题讨论,就足以知道这样一个事实:那个早在200多年前,就让英国伟大的刑法学家边沁耗尽了其后半生40多年的时间来寻觅求解的问题,或者说有关刑法价值的最起码问题,不仅今天仍然是一个刑法理论中的未解之谜,而且对刑事立法、司法带来了越来越大的困扰。因为不知刑法与其他部门法的界限,在逻辑上就不可能知道刑法的适用范围;不知道刑法适用的范围,就不可能知道哪些危害行为应该由刑法调整;不知道哪些行为应该由刑法来调整,就不可能知道犯罪的本质;不知道什么是犯罪本质,就不可能知道惩罚犯罪的价值根据;不知道惩罚犯罪的价值根据,就不可能对一种行为应否、如何处刑。换言之,只要没有弄清楚刑法与其他部门法的界限,我们的刑法理论就不可能不是一团扯不断、理还乱的麻线。在

这样的刑法理论面前，我们的立法、司法实践就都不可能不按一种凭直觉以"摸着石头过河"的模式试错前行。

有人不同意我关于现有刑法理论从根本上说都是错误的看法。他们问我，我们的理论在目前的司法实践中用得不是挺好吗？没有听说有什么问题呀！我说，感觉不到现行理论的错误有两方面的原因：一是出于对刑法理论教义式的迷信，因而对实践中因理论误导而错误理解法律的危害视而不见，漠然处之。关于这一点，就举我国刑法中关于正当防卫的规定几乎长期成为"僵尸"条款这一事实为例吧！正当防卫，是我国刑法赋予公民保护自己生命、财产等重大利益免受不法侵害的基本权利。这样的规定长期被忽视，以至于很多法院多年来基本上就没有认定过属于正当防卫的案件。这种做法，不仅没有发挥刑法的保护功能，保护公民生命、人身、财产等重大利益免受那些称霸一方的恶霸、横行乡里的流氓、恃强凌弱者的不法侵害，更是让无数保护自己合法利益的普通民众含冤入狱。这种现象难道与我们刑法理论主流对正当防卫错误解读没有关系？如果稍微想一下就联想到无数类似的事实，如媒体曾报道某省多年没有因"主观要件"问题而上诉的案件；某个关于爆炸物立案标准的司法解释就让全国不知多少本可免除刑罚处罚的民众锒铛入狱；如果根据常识来理解我国刑法中的枪支与"醉酒"与司法现状会发生多大的反差……面对这些数不胜数事实，我真的有点细思极恐的感觉。

很多人看不到中国刑法理论错误，还有一个更重要的原因，那就是我们的刑法现在还在较好地发挥着维护国家法律秩序的作用。但是，我想请大家都认真想一下，我们刑法现在还能较好发挥作用，真正的原因究竟是我们的理论正确指导实践的结果，还是我国绝大多数司法工作者受自己良心的驱动、凭自己对公平正义的直觉来理解法律、认定事实、处理案件的结果。至少在我看来，答案是后者。因为从根本上说，现有的刑法理论都是逻辑上说不清道不明、实践中不可能变成现实的理论。这里以刑法理论的核心——犯罪构成理论为例。说现有犯罪构成理论不可能在实践中变为现实，一是因为在实践中根本不可能按照这些理论中犯罪构成要件的逻辑顺序来认定犯罪；二是因为根本没有可能准确把握"要件论"中的"犯罪客体"，"阶层论"中"违法性"等根本不是以事实为表现形式的构成要件。例如，按照犯罪构成的"四要件说"，认定犯罪应按客体、客观要件、主体、主观要件的顺序进行；依照"三阶层"学说，则要遵循构成要件符合性、违法性、有责性的顺序判断。但是，谁能够按照这些理论逻辑来认定犯罪呢？我敢说，即使真有上帝存在也不行！这里先说，为什么"犯罪客体""违法性"不可能作为犯罪构成要件。因为，我国法律规定犯罪认定必须以事实为根据，而"要件论"中以"刑法保护而为犯罪侵犯的社会关系"为内容的"犯罪客体"，或者"阶层论"中以"与整体法秩序相对立"为内容的"违法性"要素，都是人们对特定事实价值属性的主观认识，而不是能用证据证明的客观事实。所以，它们的内容是不可能确定的。关于这一点，只要看看"要件论"中有多少犯罪的客体存在争论，"阶层论"中"违法性"的内容有多少种理论，就应该很清楚了。那么，为什么不可能按照现有犯罪构成理论的逻辑顺序来认定犯罪呢？因为在认定某一行为的主体是否符合刑法规定的犯罪主体特征，或者说在认定犯罪主体的刑事责任年龄与刑事责任能力之前，谁也没有可能认定其他要件内容的存在！在没有确定支配行为的主观故意、过失的内容之前，谁也没有可能正确认定某事实就是犯罪构成的客观要件或者具有构成要件该当性！难道真的可以凭一具尸体被发现就要认定杀人罪客体的存在？发现某甲死于某乙手中的锐器，就可以认定这一事实符合杀人罪的客观要件？对这些问题，当然不可能不做出否定的回答。因为，如果不知道主体是否具有刑事责任能力，即是否具有预见或者抗拒自己行为结果发生的能力，人们怎么可能知道主体支配行为的心态是故意、过失，还是意外事件？不知道主观故意或过失的内容，谁又有可能认定行为客观方面的性质？对此，我常举的例子是，假设某甲砍某乙一刀，谁能凭这一客观事实就认定这个行为符合什么罪的构成要件？或者说符合什么罪的客观方面？杀人罪？伤害罪？意外事件？还是开玩笑？有几个在德留学多年的著名刑法学者对我说，德国司法实践中基本就没人用"阶层论"指导审案。我相信这些情况不仅属实，而且应该更糟。因为，如果不将行为人的刑事责任能力作为故意和过失的前提纳入构成要件的内容，即使德国法官再精英也没有可能认定什么样的事实才能具备构成要件该当性！不信，任何人都可以试试！

三、中国刑法理论可不可能本土化？

既然无论从理论还是实践角度来看，中国刑法基本理论都需要本土化，那么，中国刑法基本理论可不可能本土化呢？这对中国刑法学者来说恐怕是个很大的问题。尽管经过以高铭暄老师为代表的很多中国学者的努力，中国刑法理论的本土化进程已经取得了一些成果，如高铭暄老师对苏联犯罪构成理论的修正，曾宪信、江任天老师关于以社会危害性为中心构建中国犯罪理论的探索，我的导师伍柳村老师关于教唆犯二重性的观点都在探索中国刑法基本理论本土化的进程中浓墨重彩地给我们留下了的富有启发意义的足迹。但是，在很多中国刑法学者，特别是很多学术领路人式的刑法权威看来，外国刑法理论却是一座不可逾越的高山。记得我还念研究生时，一位很是尊敬的老一辈刑法学家来"西政"教我们进行法学研究时如何运用工具书的问题。在顺便谈到当时我国的犯罪构成时，不由感叹道，国外这些理论整体千疮百孔，具体问题捉襟见肘，明明知道是错，但还不得不用。我禁不住问道，为什么我们自己就不能将这些错误改过来呢？这前辈又叹了一口气，很沉重地说道："难啊，我们都能够发现的问题，国外不知多少权威都已经思考几百年了，至今都还是没有解决，我们还是先学好他们的东西再说吧！"在意大利工作和学习期间，自己对现行刑法理论的缺陷有了更深的认识。回国后，我曾找到一位对中国刑法理论发展有着重大影响的中年学者，希望他能带头扛起构建中国自己的刑法理论的大旗。很遗憾，我在这位中年学者那里听到的是与那位老前辈一样的回答。

尽管有这么多人质疑中国刑法理论本土化的可能性，但我坚信：事在人为。只要我们有自信，肯努力，我们中国的刑法学者就一定能够根据中国的具体情况，在刑法理论领域内闯出一片我们中国人自己的天地来。我的这个信心从何而来呢？这里讲三个基本事实。

第一，历史上，我们曾有非常优秀的刑法传统。中华文明是世界上唯一持续了几千年而绵延不绝的文化传统。这种文明能够相传至今并已呈复兴之势，只能说这种传统中一定包含了许多因反映人类社会共性，因而能与现代文明息息相通的因素。作为中华传统文明的重要组成部分，我国古代的刑法观念当然也必然包含与现代刑法有着内在联系的合理成分。例如，在宏观上，我们传统刑法观念中有暗合辩证唯物论的"天人合一"的宇宙观，"知行合一"的行为观；不悖现代民主与历史唯物论的"民之所欲，天必从之"，"民为本，君为轻，社稷次之"的国家观；"德主刑辅""礼法并用"的社会治理方法论。在微观上，则有定罪量刑都应"必本其

第一讲　中国刑法基本理论本土化的方向、路径与原则

事而原其志，恶邪者不待成，首恶者罪特重，本直者其论轻"的方法；刑法解释应该坚持"入罪举轻以明重，出罪举重以明轻"的原则等等。我认为，如果赋予它们以时代的新意，这些优秀传统都不仅能给今天中国的刑法基本理论本土化提供丰富的历史资源，更有可能对整个世界刑法理论的发展潮流发挥极大的启发、指引作用。

第二，现实中，我们有一部优秀的刑法典。尽管我们现行刑法典中仍然存在许多不尽如人意的地方，但与德国、日本等国的情况相比，中国现行刑法典仍然可以说是一部相对更好的刑法典。中国刑法典优于德、日等国的地方很多。例如，中国《刑法》第一条关于刑法宗旨、制定根据的规定，第二条关于刑法任务，即关于刑法保护的具体法益的规定，《刑法》第五条关于罪责刑相适应原则的规定，以及《刑法》第十三条规定中的但书，《刑法》第四十八条规定中的"死缓"等具体吸收中国古代刑法观念的规定。这些规定都对人们准确理解《刑法》的目的、根据、罪刑法定原则等应有价值问题，以及实践中应如何根据具体情况合理把握罪与非罪界限等技术问题提供了比德、日刑法典更合理的法律根据。这里，我想特别强调的是，我国《刑法》第十四条、第十五条的规定。这个太重要了！大家都知道，我国《刑法》第十四条是关于什么是故意犯罪的规定，第十五条则是关于什么是过失犯罪的规定。尽管德、日刑法典中也提到了故意犯罪与过失犯罪，但却都没有究竟什么是犯罪的故意和过失的明文规定。没有这种规定，难道不是意味着德日刑法典没有明文规定什么是故意犯罪，什么是过失犯罪吗？由于刑法典中没有关于什么是故意、什么是过失的明文规定，于是，这个问题就成了德国刑法理论界中永远扯不断、理还乱的争论焦点。关于这一点，大家可以参照中国台湾地区著名刑法学者许玉秀所著的《主观与客观之间》这本书，看看里面有多少著名的德国刑法学者提出的众说纷纭、莫衷一是的观点，诸如故意是客观要件，故意的本质永远也不可能了解等见解。大家就可能知道，在究竟什么是犯罪故意、犯罪过失这个问题上，德国刑法理论界的见解是多么的混乱。面对这样的理论乱象，德国司法人员基本上不用他们国家的刑法理论就不是啧啧怪事了。当然，这个问题的严重性还不在这里。因为，即使德、日等国的刑法也明文规定要处罚故意和过失犯罪，但在法律没有明文规定什么是故意、什么是过失的情况下，要处罚故意或过失犯罪，德国的司法实践还可能坚持

"以事实为根据，以法律为准绳"，"法无明文规定不为罪，法无没有明文规定不处罚"这一罪刑法定原则吗？

第三，我们的历史传统和现行法律都为我国刑法理论本土化提供了正确的研究方法。现行刑法基本理论之所以会成为无法自洽的糊涂账，除根本立场错误外，最重要的原因就是根本方法错误。可以说，现有刑法理论中的每一个错误都是唯心的、形而上学的方法所结的恶果。我曾在不少场合问过这样一个问题：我们的教科书都说我们刑法学研究的根本方法是辩证唯物主义和历史唯物主义，但我们有哪些问题是运用这种方法解决的呢？刑法与其他部门法之间的界限？刑法中的行为概念？不作为？犯罪着手？共同刑事责任的根据？……我的问题没有得到过任何人一次正面的回应。就我个人而言，辩证、历史唯物论应该是最科学的方法。在我运用这种方法来解决刑法理论难题的过程中，似乎还没有发现这种方法不能解决的问题，不能得到比现有理论更合法、更合理、更简单、更不容易出错的结论。依照我国宪法关于马克思主义是我们一切工作指导思想规定，辩证唯物论和历史唯物论当然应该是刑法理论研究的根本方法。如果我们能够运用辩证唯物主义和历史唯物主义的基本立场、观点、方法重新解读我国古代传统中那些与现代中国相通、相似、相容的历史经验，洋为中用，古今结合，我们刑法理论就能得到既科学，又易于中国人理解的方法论指导。比如，中国历史传统中关于实事求是、格物致知、知行合一等认识客观事物的方法就既是唯物的，也是辩证的。说它是唯物的，因为方法强调世界是物质的，应该从客观存在的"实事""物"才是认识的来源；说它是辩证的，因为这种方法强调，客观事物与主观认识是相互转化的。只要主体发挥自己的主观能力进行自己的"行""求是""格物"等实践活动，就可能在这个过程中通过对客观事物的观察、分析、概括、归纳以及进一步的逻辑抽象，得到关于客观事物的正确认识。同时，"知行合一"还有强调"行（为）"与"（认）知"的关系是一种相互包含、相互转化、对立统一的辩证关系的内容。后面我会谈到，怎样用这些方法来解决"什么是行为"这个关于认定犯罪成立的前提和基础的事实问题。又如，我国古代刑法实践强调"原心论罪"，强调认定犯罪应该"本其事而原其志"，即应该以"事（实）""为根据"（本），来"原（查明）（证明）""行为人支配行为的""（意）志（的内容）"；如果行为人支配行为意志与法律秩序对立严重,即"恶邪"的人,即使其意志"未待成"(未得逞)也应处罚;而支配行为的意志"本直",即非"恶邪"者,则要从轻处罚("论其轻")。想想西方近代刑法学直到17世纪才开始认识到行为人主观在犯罪成立的作用,而我们的先人在近两千年前,就对犯罪认定的方法和犯罪主客观方面的关系有了如此科学的认识,不由得不让人叹为观止。

四、中国刑法理论本土化应坚持什么样的方向?

关于中国刑法理论本土化的方向这里谈三点,即中国刑法理论本土化应坚持中国传统刑法观念的现代化、中国现行刑法理论的科学化和刑法理论的民主化。

(一) 中国传统观念的现代化

所谓"中国传统刑法观念的现代化",是指刑法理论本土化应该坚持以古为源,以今为体,古今结合,古为今用,用尊重事实的科学方法取代强调崇拜圣贤的主观体悟,以理性的逻辑分析取代经验的概括总结,人民的立场取代专制的传统,使中国刑法理论能上承中华文明五千年来的人性之根,民本之源,实事求是、知行合一之法,下合今日中国刑法理论的现代化、民主化、科学化之需,使其与辩证、历史唯物论结合,成为中国刑法理论的历史之源。

(二) 中国现行刑法理论的科学化

中国现有刑法理论的科学化,是中国刑法理论本土化应坚持的第二个基本方向。前面讲过,中国现有的刑法理论基本上都是源自外国的理论。尽管这些理论似乎都是现代社会的产物,但是,由于浸透在它们骨子里的传统不是一种站在普通人立场上,社会实践中所面临的各种以客观事实为根据来解决刑法理论问题的传统,是一种站在少数精英人士的立场上,以少数精英在象牙塔中以"理性"精心构织的理论为根据来解决问题的传统。不剔除浸透这种西方法学传统骨子中的反民主、反科学基因的影响,中国刑法理论就不可能成为真正的现代化、科学化中国的刑法理论。这里必须说明的是:至少在形式上看,中国目前借用的这些国外理论是现代民主观念与科学方法的产物,引进、借鉴这些理论有助于克服中国刑法传统中的专制观念和重具体经验总结概括、轻系统逻辑分析抽象等缺陷,有助于构建形式上逻辑层次分明的刑法总分则体系和系统的刑法理论。或者说,学习、借鉴国外刑法理论形式方面的长处来促进中国传统刑法观念的现代化仍然是中国刑法学人的重任之一。

（三）中国刑法理论的民主化

中国刑法理论的民主化，主要是指刑法理论应当从少数法律精英的立场转移到普通民众的立场上来，以普通民众为国家刑法理解活动的主体，让民众的认同为判断刑法理解是否正确的最终标准，以满足人民对公平正义的需要为刑法理论的最终目的。记得在08年那场关于中国司法改革的大讨论中，自己提出了"司法民主化"的主张，强调"司法职业化与司法民主化结合，司法民主化优于司法职业化，以司法民主化来促进司法职业化"。我觉得，在刑法理论本土化的问题上，完全可以将这个表述中的"司法"一词置换为"刑法理论"。因为与司法一样，刑法理论也是一种被很多人认为只有法律职业人士才有资格从事的职业。从我的主张可以看出，显然，我并不否认日常的司法工作或刑法理论研究主要应该是一个由专门法律人士为骨干从事的职业。我强调的只是，从事这个职业的法律人士应该站在法律的立场上，根据法律规定，特别是根据我国宪法关于"中华人民共和国一切权力属于人民"（《宪法》第二条）的规定来理解刑法，来决定自己的学术立场、理论基础、研究方法与判断刑法理论是否正确的最终标准。由于"中华人民共和国一切权力属于人民"，即使国家最高权力机关，全国人民代表大会及其常委会也应当由人民选举产生，接受人民的监督，并向人民负责（《宪法》第三条），我国刑法应当是人民意志的体现（《立法法》第五条），一切国家机关及其工作人员都全心全意为人民服务，那些具体从事刑法立法工作的人，并不是真正拥有国家立法权的主人，而只是受人民委托行使立法权，同时必须受人民监督，向人民负责，全心全意为人民服务以保证自己制定的法律能反映人民意志。如果我们的法律对国家立法机关都有如此要求，我们刑法理论有什么理由不站在人民的立场上，用普通民众能感受到公平正义的方式解读刑法的内容，以人民群众认同作为判断刑法理论是否正确，或者说是否反映了人民意志的最终标准？

五、刑法理论本土化应坚持的基本原则

从根本上讲，中国刑法理论本土化应坚持"以事实为根据，以法律为准绳"，即应以事实作为评价一切理论能否立论的根据，以法律作为判断一切观点是否正确的标准。在这个总原则下，可以具体分为实事求是、罪

第一讲　中国刑法基本理论本土化的方向、路径与原则

刑法定、合情合理三个相互包含、相互补充、相互完善的基本原则。

（一）实事求是原则

在刑法理论问题上坚持实事求是，就是强调刑法理论要以客观事实为逻辑起点、来源、基础，为观察、分析、概括、抽象的对象与检验真伪的标准。

尽管实事求是是解决所有刑法问题都应遵循的原则，但这个原则的指导作用在解决相关事实认定问题时尤为明显。时间关系，这里仅以如何实事求是地解决什么是犯罪成立前提的行为问题为例。

只要我们跳出刑法理论的象牙塔，观察、分析一下日常生活中那些被称为行为的事实，就不难得出这样一个结论：可能在刑法中作为犯罪成立前提和基础的行为，不过是一种反映"一定主体控制或者应该控制的客观条件，改变一定人或物的存在状态的变化过程"。例如，我喝咖啡这个行为就是"我"这个主体控制"我的手"这个客观条件，"改变"了咖啡这个"物"本来在杯子里的存在状态被送到了我口中的过程。用刚才这个概念能够合理说明不作为与疏忽大意过失行为为什么也是行为；因为这两种行为形式也可以归纳为"主体""心态""控制的客观条件""改变一定对象存在状态的过程"。同时，也能够将意外事件、不可抗力、完全丧失辨认与控制能力的精神病人等不可能成为犯罪前提的行为排除犯罪前提之外，因为这些都不是主体心态应控制的事实。为了表述方便，这种关于行为的观点，在这就称其为"控制行为论"吧！因为，主体心态对客观条件的控制是这个概念的核心。

除了具有认定犯罪前提的概括和排除功能外，这个行为概念最重要的功能其实可以作为犯罪论的基础。在我看来，只要正确运用这个概念，犯罪论中就应该不存在不能解决的难题。例如，根据上述行为定义，共同犯罪也是一种特定主体在特定心态支配下控制一定的客观条件作用于一定人或物的存在状态的过程。只不过，在共同犯罪中，每一个犯罪人与其他共犯之间都存在一种互为工具，或者说互为被控制的客观条件的关系而已。应该是2000年前后，在西南政法大学法学院与深圳、昆明两地人民检察院连续多年联合举办了十多个培训班，据学员们的反映，实践中只要依据每个共犯各自主观罪过的内容及其实现程度来定罪，按照他们各自在共同犯罪中的作用处刑，处理共同犯罪就会像处理单独犯一样简单。我想，如果

大家都能这样，共同犯罪作为刑法学中"最黑暗的一章"的历史恐怕早就应该翻页了。

(二) 罪刑法定原则

罪刑法定原则本是一个解决司法机关如何定罪处刑的原则，主要内容是强调司法机关只能依据法律的明文规定为定罪处刑标准。在刑法理论研究中坚持罪刑法定原则，则主要目的在于强调刑法理论中的基本概念应该以刑法的明文规定为来源，刑法理论的体系和基本观点应该是对刑法明文规定进行分析、概括、抽象的结果，刑法理论、观点、概念的正确是否应该以刑法的明文规定作为判断标准。由于法律的明文规定本身也是一种事实，所以，刑法本土化问题上强调罪刑法定原则，实际上也是在刑法理论研究领域坚持实事求是原则的一种方式。

罪刑法定原则的核心是强调定罪处刑都必须以"法律的明文规定"为依据，这里先谈谈我对什么是"法律的明文规定"的理解。我认为，这里的"法律的明文规定"绝不仅仅是刑法分则的某一具体规定，也不仅是全部刑法总分则条文的明文规定，因为《刑法》第三条中修饰"明文规定"定语是"法律"，《宪法》第五条则明文规定"国家维护法制的统一"。所以，罪刑法定中的"法律的明文规定"应该是作为一个统一整体的全部国家法律的明文规定。

就整体而言，所有法律的明文规定都是一定价值选择的结果。因此，在刑法理论研究中坚持罪刑法定原则，主要目的在于解决刑法理论中的价值问题。所以，这里就以涉及全部刑法价值问题的"刑法与其他部门法的界限"问题为例，说明如何通过坚持罪刑法定原则来解决刑法理论中的价值问题。

如果把作为整体的刑法条文与其他部门法相比就很容易得出这样的结论：是否以刑罚为违法行为的制裁措施，是从形式上区别刑法与其他部门法的唯一标准？但是，为什么无论理论上还是实践中都还在为这个问题争论不休呢？因为，刑法的调整手段尽管是一个很清晰的标准，但是，这个标准纯粹是形式上的。运用这个标准，不仅在司法上不能解决同一种行为被刑法与其他法律调整的情况下究竟应该适用刑法还是其他法律的问题，在立法上更是不可能解决一种危害行为究竟应用刑法还是其他部门法律来调整的问题。

现象体现本质，如果刑法明文规定的调整手段——刑罚是可以从形式

第一讲　中国刑法基本理论本土化的方向、路径与原则

区别刑法与其他部门法的唯一标志，那么，要解决刑法与其他部门法的实质区别问题，也就只能从分析这个法律明文规定的事实入手。从社会现实中刑罚运行机制的角度考察，应该不难发现这样一个事实：刑罚不仅是一种法律调整手段，更是一种社会关系。因为，在刑罚的实际运用中，刑罚的发动是一种属于国家的权力，而刑罚处罚的对象则是公民个人，就此现象而言，我们可以说刑罚代表的是一种国家与公民个人之间的关系。在运用刑罚权的过程中，国家动用了立法、司法、行政，甚至军队（负责监狱警卫）等全部的强制性力量，而受刑罚处罚的则是作为"孤立的个人"的公民，在这一层次上，刑罚代表的是作为整体的国家与作为孤立个人的公民之间的关系。再进一步观察，任何人都可以看到，刑罚以剥夺包括公民生命在内的人身、财产、在政治上决定自己命运的权利等公民最基本的权利为内容。这一事实，显然意味着这一层次的刑罚体现的是作为整体的国家与公民个人基本权利的关系。如果继续深问：国家为什么要剥夺公民个人的基本权利呢？依据法律的明文规定，回答当然应是受罚的公民实施了违反刑法规定的犯罪行为。那么，本应以保护公民权利为己任的国家是否可以不用刑罚剥夺犯罪者的基本权利呢？当然不行！因为，犯罪与其他违法不一样，它不仅是对其他公民个人权利或社会、国家局部利益的侵犯，而是"孤立的个人反抗统治关系的斗争"，具有与国家整体法律制度对立的性质。其他违法行为，如造成上亿损失的民事违约行为，完全可以通过相应的法律制裁来将违法行为控制在该法律制度能够正常运用的范围之内。但是，犯罪不行。因为，如果对犯罪行为也适用其他相关法律制裁，会引发激励违法者变本加厉继续违法和鼓励其他人也加入违法者行列，并最后导致相应法律制度崩溃的恶果。例如，如果哪个国家敢于只用民法来制裁盗窃，那么，我就敢预言：少则几年、十几年，多则几十年，那个国家中所有的人都会去盗窃。到时候，那个国家的民法制度也就荡之无存了。一个国家的民事法律制度崩溃了，其他法律制度还会正常运行吗？

上述分析说明：在这个层次中，刑罚代表的是国家整体法律制度与公民基本权利之间的关系，或者说刑法的调整对象是作为整体的国家法律制度与作为孤立个人的公民个人基本权利之间的关系。如果考虑到我国的法律制度都是以规定全体公民的相关权利和义务为基本内容，那么，就理所当然地应该得出这样的结论：国家运用刑罚来剥夺一个公民基本权利的唯

一理由，就是为了保护包括犯罪人在内的全体公民的权利。根据我国《刑法》第一条规定，我国刑法运用刑罚"惩罚犯罪"的目的在于"保护人民"这一事实说明：我国刑法不是像现有理论所说那样没有自己特定调整对象，而是以包括犯罪人在内的全体公民的权利与公民个人基本权利之间的关系为自己特有的调整对象。如此，刑法也就可以像其他部门一样，用自己特有的调整对象为标准来划定自己的调整范围，界定自己与其他部门的界限。更重要的是，在明白了刑法调整的对象是包括犯罪人在内公民个人基本人权之间关系这一点之后，我们就可以以刑法的调整对象为根据，来揭示我国刑法规定的犯罪本质、刑罚根据、刑罚目的等刑法理论中最基本的价值问题做出正确的回答。例如，根据刑法的调整对象，我们可以将我国刑法中的犯罪本质界定为作为个人的公民对作为整体的国家法律制度的侵犯，或者说明是公民个人对全体公民权利的侵犯；我国刑罚的目的或刑罚的根据是保护全体公民的权利，等等。以刑法的调整对象为核心，我们还可以根据刑法调整对象来理解罪刑法定原则和罪刑相适应原则等刑法基本原则应有内容，并以刑法调整对象一以贯之地将目前相互割裂的刑法绪论、犯罪论、刑罚论和刑法分论有机结合起来，成为一个有内在联系的整体，合理解释所有刑法理论中的价值问题。

（三）合情合理原则

前面讲的实事求是原则是关于刑法研究方法的根本原则，罪刑法定原则是关于如何从刑法规范体系的角度理解刑法条文内容的基本原则，合情合理原则强调的则是有关刑法理论的基本立场，最终判断标准或者说如何理解刑法本质问题的基本原则。

合情合理原则中的情与理，实际上是我经常讲的常识常理常情。在刑法理论本土化过程中坚持这一原则，核心内容是强调刑法理论研究应该以常识常理常情为基础、为前提、为核心、为灵魂、为最终判断标准，不应该允许我们的理论对法律规定作出"明显违背常识常理常情的解释"，并不断以此促进以职业人士为骨干，以有序参与的普通民众为主体的刑法理论民主化的进程。

什么是常识常理常情？尽管已是名副其实的老生常谈了，但这里我还是觉得有必要重复一下。我认为，就具体内容而言，常识常理常情是一个社会民众长期普遍认同并至今未发现错误的那些日常社会生活中待人接物

第一讲　中国刑法基本理论本土化的方向、路径与原则

的基本经验、为人处事的基本道理、爱憎喜厌的基本情感倾向；就抽象价值而言，它则是一个社会民众普遍认同的基本是非观、善恶观、价值观的反映。

前面提到，在刑法理论本土化过程中，坚持实事求是原则的主要意义，在于解决如何以中国社会日常生活中那些普遍存在的事实为根据，科学回答刑法学中那些有关事实认定的理论问题；坚持罪刑法定原则的主要意义在于解决如何以中国法律的明文规定为依据，合理解决刑法中的价值判断问题。那么，坚持合情合理这一原则的意义是什么呢？我认为，在刑法研究中坚持合情合理原则的根本意义在于，解决如何让普通民众真正懂法，即如何让普通民众也能理直气壮地以事实为根据，以法律为准绳回答什么是法的问题。或者说，让刑法理论中的法能从少数法学家心中所理解的法变成普通民众手中用来维护自己的自由、权利的法，这个事关我国法律本质的问题。

可能有人会问我，尽管是什么是法，或者说什么是法的本质问题，在世界法学界仍是各种学说争论不休的焦点，但在我国法学通说中已经不是一个问题了吗？因为，稍有法学常识的人都知道，我国法律的本质是人民意志的体现。我认为，这一回答的字面含义是没有问题的，但是，究竟什么是法律意义上的人民和人民的意志却似乎是鲜有人讲清楚的问题。如果不清楚究竟什么是法律意义的人民和人民的意志，我们怎样知道我们所理解的法是人民的法，我们对法律的理解真正是人民意志的体现，而不是少数人把自己意志横加在人民头上的结果？

我曾写过一篇论文，题为"如何让法学成为科学"。在这篇论文中，我认为，我国宪法和法律规定中的人民，至少可以从实体和抽象两个角度理解。实体意义的人民应该是一个包括你、我、他在内的，由全体中国公民所组成的集合概念。抽象意义的人民，则可以因抽象的内容不同而有不同的内涵。但总的来说，抽象意义的人民总是以全体公民普遍具有的特征，如中国国籍、文化传统等为抽象内容。由于一国的法律总是一定价值的体现，而长期为普通民众普遍认同的常识常理常情则是一个社会民众在是非观、善恶观、价值观最基本的共识。据此，我们完全可以说，在法律领域内一国人民的常识常理常情就是该国人民的价值形态。

那么，什么又是人民的意志呢？意志，是一种人们用以控制、支配、

指导自己行为性质、方式、目标的心理倾向。由于在现实生活中，任何正常人不可能不按照自己所处社会的常识常理常情来规范、控制、评判自己的日常行为。常识常理常情就是正常社会生活中人民意志的经验形态，就是以此事实为根据的逻辑结论。

如果前述关于常识常理常情与人民和人民意志关系的推论成立，那么，只要承认"中华人民共和国一切权力属于人民"，承认我们的"法律应当反映人民的意志"，我们就没有任何理由从法律的角度把法学理论对法律内容的理解凌驾于普通民众普遍认同的常识常理常情之上，允许专门的职业人士对法律规定作出明显违背"人之常情，世之常理"的理解。

我的时间到了，真心希望听到各位老师和同学们的批评、指正。谢谢大家。

石经海教授： 陈老师用了大概70分钟，围绕什么是刑法基本理论的本土化和为什么要本土化，如何本土化，以及本土化强调的三个原则。应该说，大家听过以后会有很多想法，很多想说的，下面我们就进入第二个环节，请与谈嘉宾来与谈。我们先请梅传强教授。

梅传强教授： 作为陈忠林老师的学生，听老师讲座，谈不上与谈，就是谈一点学习体会。老师的学术观点可以说是一以贯之，一个非常鲜明的特点就是立足于中国刑法的具体规定和中国刑事司法的实践，致力于构建刑法理论的中国化。我们学术界应该都很清楚，三常刑法观不仅是陈老师的学术标签，而且也是我们本土化的代表性观点之一，可以说是越来越受到我国刑事司法实务界和刑法理论界的关注和认同。

陈老师讲到本土化的三个方向，我非常赞同这三个方向。第一个方向是传统理论的现代化，老师还是主张要坚持古为今用，以古为源，以今为体；第二个方向是中国刑法的现代化，也要坚持洋为中用、西为中用、以中为魂、以西为形，用西方的逻辑理性来促进中国刑法的科学化，这两个方向理解起来都没有什么问题；第三个方向，可以说也是老师的一个非常鲜明的观点，也是一贯主张的一个观点，就是要坚持职业精英与民众相结合，坚持以民为主，职为民用，以职辅民，以民除职来推动中国刑法理论的民族化进程。我还是想问问陈老师，那么中国刑法理论的民主化是否意味着我们的刑法理论，包括刑法的立法以及我们的司法、刑法适用的解释，在任何情况下都不能违背老百姓的常识常理常情？如果是这种理解的

第一讲 中国刑法基本理论本土化的方向、路径与原则

话，我想在自然犯立法当中大家都没问题，但是现在我们进入到一个法定犯时代，就有些法定犯，特别是一些不断入的新罪，如何能够做到要以常识常理常情为最终的标准？我对陈老师讲的观点是赞同的，陈老师所讲的三个方向我觉得非常有意义的，但是如果以常识常理常情为最终的标准是不是会导致有些行政犯的立法就无法推行下去，我想向陈老师请教。

陈忠林教授：这个问题其实我回答很多次了，但是我相信回答再多次，不赞成的人，比如怀疑的人可能还是存在。那么我的解释是什么呢？行政犯更要尊重常识常理常情，我举个非常简单的例子，比如说高空抛物这个例子吧，只是扔了一点小沙子下去，什么危害都造不成。我不反对高空抛物入罪的刑法规定，但是我反对把高空抛物理解为在高空上抛任何物，这个行为没有任何危害却入罪，这样的行为明显违背《刑法》第五条罪刑相适应原则，明显违背《刑法》第十三条、第三十七条、第六十二条的规定。如果它明显违背常识常理常情的话，就是立法者把自己是民众的公仆换成了民众的主人，这种立场的错误基本是把人民公仆的人一下变成了你们要听我的，不是他要听人民的，我觉得这种立场就引人质疑了。

魏东教授[*]：谢谢主持人石经海教授，谢谢母校西南政法大学的邀请，谢谢主讲人陈忠林教授的精彩报告。正如石经海教授和梅传强教授所言，陈忠林教授所报告的主题是非常宏大、重大的刑法课题，那就是中国刑法基本理论的本土化课题。陈老师集中阐述了本土化的方向、路径与原则，刚才梅传强教授也做了一个简单的概括，我就不重复。可以说，这是事关中国刑法学理论发展的最重大的基础问题、方向问题，意义非凡，因此，陈老师这个讲座，我相信在刑法学界会引起很大的反响。那么我作为陈忠林教授的学生，尽量去深刻体会恩师的报告，我就谈两点个人体会，供陈老师和大家批评指正。

---

[*] 魏东，四川大学法学院刑法学科带头人、刑法教研室主任、教授、博士生导师、博士后合作导师，四川大学刑事政策研究中心主任，四川省学术和技术带头人，《刑法解释》主编。兼任中国刑法学研究会常务理事，国际刑法学协会中国分会理事，中国法学会案例法学研究会理事，中华全国律师协会刑事专业委员会委员，公安部经济犯罪侦查法律专家顾问，四川省刑法学研究会常务副会长兼学术委员会主任，四川省法官惩戒委员会委员，西南政法大学、国家法官学院（四川分院）、国家检察官学院（四川分院）等高校兼职教授。独著、主编学术专著30余部，在CSSCI期刊以上发表学术论文60余篇。主持国家社科基金项目重点课题、教育部课题等省部级以上课题6项，获省部级以上奖励6次。

第一，中国刑法理论本土化必须重视中国刑法教义学的本土化。从陈老师的这个讲课提纲以及他的报告中也提到了教义学这个概念，我感到很受鼓舞。陈老师报告中开篇就明确指出，中国刑法理论主要指以教义学为代表的中国刑法基本理论，中国刑法理论本土化就是要努力让中国刑法理论逐步从基本借用外国理论向以中国历史经验和社会现实为前提，以中国的法律法规和法律规定为分析、概括、抽象对象等的知识化的一个过程，这是非常精当的。应当说，陈老师指出，中国刑法理论本土化的主题内容必须是以教义学为代表，必须是中国的刑法教义学理论的本土化，这个是我的体会。以犯罪论，也就是犯罪构成为例，陈老师提出不了解行为的构成，就不可能正确解决犯罪认定问题，把行为的构成放在这个很重要的位置，还指出重视主观要件在犯罪构成中的地位和作用等观点，说白了就是要重视客观行为，主观恶性以及主客观整体性的规范判断。实质上，为我们中国的犯罪理论发展提供了很好的本土化的发展思路。我注意到那个比较法学的最新研究成果是功利性的比较法学，而不是机械的语言形式、语言表达或者法律概念、法理命题的简单比较，而是要强调透过这些语言表达范畴命题的背后去实质审查它的功能，这样的话，哪怕是不同的法律体系，不同的法学理论体系，相互之间都可以进行功能性的实质的审查，这样就有利于比较刑法学意义上的沟通交流借鉴，那么实际上刚才陈老师提到了德、日刑法的犯罪论的阶层体系，他们是主张违法以及有责性的理论体系，而我们中国主张的是主客观性的理论体系，那么从功能性的比较法学立场来看，我还是认为二者的犯罪论功能性比较就存在相通性和可借鉴性，由此可以合理地决定中国犯罪论体系的本土化的发展方向。但这个问题我也注意到，陈老师在这个报告中要明确提出来不赞同将违法性拉入犯罪构成要件，或者说是犯罪构成的判断之中，这个问题我还没有完全体会到家，还要认真的思考、学习老师的这个学术思想，那么我觉得这个问题可能还值得一些研究。还有责任论的问题，陈老师也提到了本土文化的借鉴，比如说原心定罪，主客观统一等等。应当说，无论是传统的一些内容知识还是后来德、日的刑法理论知识以及前苏联时代的刑法理论知识，有的知识还是应该说已经内化于心血肉相连的。但是呢，确实本土化的过程是一个相当漫长的过程，也是一个复杂的过程，需要我们去进一步研究。当然我也有一个不成熟的看法，这就是无论是宏观上的理论体系，还是微

第一讲 中国刑法基本理论本土化的方向、路径与原则

观上的理论术语，理论范畴也好，只要是有利于进行功能性的比较法学研究与借鉴，那就不一定非要进行形式上的门户清理，或者血统一脉，诸如此类的一些形式上的内容。而是要从科学化合理化，以及陈老师所讲到的本土化的综合视角进行理论归正，要以守正创新、务实求新、格物致知和实事求是为准则，这些内容是陈老师讲得比较多的，这个我其实想到了这个社会危害性的规范判断问题，主客观相统一、犯罪构成理论，实际上，他们都可以从中国本土化语境下进行发展完善，合理构建就中国本土化特色的犯罪构成理论，乃至刑法教义学理论体系、话语体系以及学术体系。

第二，中国刑法理论本土化必须重视常识常理常情的本土化。在我看来呀，常识常理常情就是一种认识观、刑法观、方法论，中国刑法理论本土化在相当于以上就是指刑法方法的具体化，刑法知识的国别化、地方化。就是说方法论上要在坚持一般发展论的基础上，强调将一般方法论具体运用于中国刑法学研究之中，做到一般方法论与中国刑法学相结合，与前面所讲的中国刑法教义学相结合。在知识论上，要在坚持一般方法论的基础上，强调中国刑法的地方性知识、国别性知识，将一般方法论具体运用于中国刑法学研究之中，合理构建中国刑法学地方性知识论、国别性知识论的理论体系。陈老师在报告中的这个大量的引用了中国传统刑法文化和历史文化中的一些观念、一些理论，这里有很大的启发。那么知识论上如何构建中国刑法学的这些包含传统性、地方性、历史文化性的知识，形成一种新的理论体系呢？对此，我觉得陈老师的报告给了我们答案的，指出来一个方向就是要坚持一般方法论的基础上要坚持常识常理常情的这种三常刑法观、方法论。当然有的学者把它简化为常识刑法观或者常识主义刑法观，还有其他学者也有。那么陈老师的报告可以说自始至终，我发现都有一条主线，一条内在逻辑与核心，这就是常识主义刑法观。例如它强调主客观相统一，经验与理性相统一，违法与有责相统一，情理与法理相统一，知行合一与原心定罪相结合。在我看来，都是常情常识常理刑法观的重要内容，那么这个常识主义刑法观不但是一个方法问题，我认为它也是具有地域性、历史性、文化传承性的，因此，中国刑法教义学理论必须充分体现中国的地域性与历史文化传承性。例如，中国重视德主刑辅、明刑弼教的刑罚伦理传统，那么一方面将刑法品性界定为明刑惩恶这个范畴，严重也会影响到这个子孙后代；另一方面将行政管理等非刑罚措施的

· 23 ·

主要属性归属于德主必较的范畴，所以说直到今天，中国传统的刑法观念应该说还是根深蒂固、影响明显。犯罪圈相对来说是较为狭窄的，跟国外的一些发达国家相比，可以说是中国小刑法观的历史解读，但是呢，它有个特点，一旦定罪，后果就严重，尤其是犯罪定罪处罚后的附随后果涉及近亲属甚至影响子孙后代。那么这方面的历史文化，有的可能具有合理性，例如适当限缩犯罪圈，不要搞刑法上的草木皆兵；有的可能就具有适当的合理性，可能同时具备一些不合理性；有的还具有一些封建思想和因素，这些方面可能还需要改造。例如，犯罪处罚的附随后果可能就是一个典型代表，那么需要进行制度性改造，摒弃陈旧观念。那么其中可能我认为让我产生直接联想的，最突出的可能也是目前争议最大的一个问题，就是轻微罪的治理问题，比如危险驾驶罪、危险作业罪等。中国刑法学需要注意周全考虑中国的国情民情，历史文化传统以及当下时代中国的常识常理常情，一方面要适当限缩微罪的势力范围，破除并对处罚的不合理的附随后果；另一方面要探索创新不同程度的行政违法行为的合理治理的策略，尽快启动行政拘留，或者称为治安拘留的准司法化程序改造，比如说赋予法官在审查起诉环节的转处行政处罚的决定权，探索创新中国本土行刑衔接机制和刑法教义学原理，求真务实地提出中国方案，解决中国问题，这个也是我听到这个陈老师报告后的一个感想。陈老师报告所倡导的中国刑法学本土化方法论的重要思想是既讲常理、又讲法理，法律原理常理从属于常理，服务于常理，有利于合理构建融贯法理和常理的中国本土化的情况的教义学。

借此机会，我也想陈老师请教两个问题，第一个问题就是在中国刑法理论界存在论意义上，目前实际上实行的是两套犯罪论体系，一个是中国传统的四要件体系，一个是阶层体系。在这两种犯罪论的体系中，未来的中国犯罪的体系到底应当如何对待，如何整合？第二个问题就是在轻微罪的治理，中国的本土化到底应当是进一步扩大，还是应当适当的限缩轻微罪的立法，针对轻微罪的立法理论有什么建议或者看法。我就提这两个问题，我的发言就这些，不妥之处恳请陈老师和各位法律同仁批评指正。

陈忠林教授：关于第一个问题，我不同意法理等于教义学。教义学的含义是什么？它的核心内容是什么？它需要对法律迷信化，把法律当信仰。教义学的核心是指不允许对现有法秩序的任何质疑，谁定的谁就是主

第一讲 中国刑法基本理论本土化的方向、路径与原则

人,哪里还有人民的地位,哪里还有普通公民的地位。这是把刑法理论迷信化、违心化。教义就是宗教上的教条,宗教就是对宗教信条不容怀疑的相信吗?这种东西不是把老百姓当奴隶吗?这个我不同意,也是一直反对,教义学这个词就是错的,因为教义学有了常识常理常情在里面。教义学就不是教义学,当然除非把尊重常识常理常情作为最终标准,但是这也不是不容怀疑的,所以说绝不能把法学理论宗教化当成信仰,不容怀疑当成崇拜。而且中国法学理论除了秦朝的时候以法为教、以吏为师这么一个阶段,带了一点教义学的成分以外,中国传统上没有法教义学存在的地位。我对法教义学是持强烈的批评态度。

关于两套理论的问题,其实我说的基本立场是错的,基本方法是错的,基本观念是错的,基本上都是不能用的,也包括两套理论都在那里,但是两套理论都又包含了很多违心论,也是机械唯物论,也是包含了很多合理的成分,我们要吸收它的合理成分。我认为我们中国刑法应当走中国传统式的、法条疏议式的发展方向,经验感悟式的,因为只有经验感悟才能够常识常理常情,变成教义学肯定是把常识常理常情排除在外了。所以说我提了一个标准,严格讲,就是犯罪理论只有一条标准,根据主观要件的内容及其实现程度来认定犯罪的性质和犯罪的形态,甚至再扩张一点,根据主观罪过的行为,这个具体犯罪行为的支配,具体犯罪的行为实施的所有的心理内容,它的实现的内容及实现程度来决定刑罚的轻重。我也再次请各位嘉宾和线上的观众举一个例子出来说按这个标准来认定犯罪会出错,只举一个例子就行了,如果你们一个例子都举不出来,那么与漏洞百出的理论相比,恐怕应该承认哪个正确解决问题了吧!就习惯用一两套理论,我认为根本立场都是错的。教义学实际上就是刑法解释学,但是它把刑法理论的解释教条化,把刑法理论变成教条,而不是变成司法指导立法,司法是实践的指南,这是教义学的错误。这两套理论都是教义学的表现,都应当改掉。关于其微罪立法的看法,其实我觉得提了一个很好的见解,从行政程序的改革入手,把剥夺人身自由的这一部分严重违背行政法规的行为,比如拘留具有的行为交由法院或者独立于行政机关的专门机构来解决。我是坚决反对微罪进入刑法规范,这搞混了罪与非罪的界限,对现有的法秩序、公民的罚心理、国民的法道德都会产生巨大的冲击,它对社会最终带来的危害是很难弥补的。微罪的出现是刑法消亡的一个体现,

为什么说刑法的消亡,比如说德国,现在德国基本上犯了罪,都不会判剥夺人身自由的刑罚。按照耶塞克的说法,传统意义的刑法已经在消亡,他实际上把刑法扩展到行政的领域,已经开始行政法化,中国还没到这个阶段。当然,反过来说明以前的刑法是多么的严酷。

袁林教授[*]:我只谈一点感想哈,陈老师提出来一个很大的一个理论问题,作为陈老师的学生,今天晚上听到以后我就是感受到这一点。我们要有文化自信,理论自信,道路自信,要传承我们的传统文化,创新我们的刑法理论体系,要回应我们人民群众的关切,合理地利用刑法解决我们的社会的重大问题,这是我们刑法现代化的一个重要的任务。我接下来要好好地学习,也要努力地思考和钻研,力争为利用我们的现代刑法合理、科学的服务于我们社会和社会治理做出一点贡献。

陈伟教授[*]:感谢陈老师又给我们上了非常精彩的这个一课,非常好的一个学术经验,也是我们刑法治理现代化和本土化的开坛讲座。我有很多感想,基于时间关系,我就直接提问题了。刚才我听到陈老师谈到作为不确定的这些相关的东西时提及违法性认识,说这些不确定的内容是不能够作为一个标准的,但是陈老师在提到罪刑法定原则的时候确实又提到了说任何我们刑法的理论都是来自于刑法条文进行分析、概括和抽象化之后的一个结果。很显然,无论是四要件还是三阶层,我们都认为是犯罪构成的理论,既然也是一个理论,那么它所包含的这些要素,同样也是分析、概括和抽象之后的一个结果。在日常生活中,我们拿着词作为标准,这个词指的是客观的,但因为我们这个理论,它本身就是用来帮助我们分析罪与非罪、轻罪与重罪、此罪与彼罪等等这样一些具体内容的,所以为什么这样一些理论要素里面包含的具体的规范性的内容是我们抽象概括出来的,但它不能却作为标准。我想再听陈老师进一步的分析。

另外一个就是我在星期五上课的时候,确实讲了一个案件的时候,提到一个例子就是无根豆芽,司法实践之前就按照生产销售有毒有害食品,

---

[*] 袁林,法学博士,西南政法大学教授、博士生导师,西南政法大学特殊群体权利保护与犯罪预防研究中心主任。

[*] 陈伟,西南政法大学教授、博士生导师,中国刑法学研究会常务理事,重庆市新型犯罪研究中心执行主任。曾任重庆市綦江区检察院检察长助理,重庆市合川区检察院专家咨询委员,重庆市第三中级人民法院、垫江法院专家咨询委员。发表学术论文200余篇,被人大复印资料全文转载十余篇,出版专著多部。

第一讲 中国刑法基本理论本土化的方向、路径与原则

但因为后面多部委出了一个背书，说这个无根豆芽到底有没有毒尚无定论，后面改判为无罪了。由这个案件延伸开来，有学生就问为什么司法实践中不是从主观层面来进行判定的，而是依赖鉴定结论改判无罪的。行为人用无根水浇豆芽只是为了让豆芽长得更好、颜色更亮，行为人自己以及家人可能也吃，那么在这种情况之下，我就想问问陈老师如何用三原则，或者说主观层面是不是能够作为出罪事由？但这里面就可能会带来一个问题，对生产者和销售者这一方来说，如果都要求他们主观上有没有认识到有毒有害，那么就会面临所有的这样行为都会出罪的问题。那根据三常原则或者陈老师提到的三原则如何得出一个我们认为更妥当化的一个结论。

陈忠林教授：我们的理论都是根据刑法的规定创造出来的吗？不是吧！不论是四要件我们也是借用来的呀！三阶层也是借用来的啊！所以它用出来就会出问题啊！关于价值，为什么不能成为认定犯罪。请你看一看，刑法总则第二章里面关于犯罪和刑事责任的规定哪一个提到了违法性？哪一个提到了社会关系、犯罪客体。注意到第二章关于犯罪和刑事责任的规定是关于认定犯罪原则标准的规定，是关于犯罪事实的规定，这是关于犯罪和刑事责任的规定吧？总则当中，你觉得是不是这样？刑法的分析里面只有主观上的故意过失、主体的认识能力和辨认能力，当然包括年龄，只有这些内容，没有其他的了。还有认识的内容，对应的内容。所以我才说主观故意和要件的内容及其实现是认定法律规定的唯一标准，没有其他标准。你还能够拿出其他标准出来吗？我认为是不可能的，其他的都是违背刑法规定的呢！我们很多都是没有从刑法当中总结出理论，都是道听途说，人家认为是什么我们就认为是什么，所以说我们的立场是唯心的，不是唯物的，是用理论来代替刑法，而不是以刑法来限定理论。那理论上不坚持刑法，每一个刑法的东西，无刑法明文规定理论就无价值这个原则，那我们不符合刑法的理论用来指导实践还叫罪刑法定原则吗？是理论判案还是法律判案，这是个问题。那么后续豆芽的案件，如果说行为人确实不知道，而且也不可能知道，他确实不可能知道，人家事实上也没有从来没有吃死过人，也没有吃病过人，你凭什么定人家的罪！当前司法实践根据某些机关一纸罚文就改变了刑法规定的内容。我们现在理论也好，司法实践也好只信官不信法，不是根据对法律规定的正确理解来判断案情。我认为认定犯罪的时候不查明主观要件的内容，是严重违背罪刑法定

原则的，刑法明文规定是必要条件，只有因这个构成犯罪的才是故意犯罪，原因都没有，根据都没有，凭什么定罪！所以说我们现在司法实践，以及刑法理论观念的错误，它对人民的危害，对司法实践的危害大大超过了徇私枉法带来的危害。

姜敏教授[*]：今天非常的荣幸，又再一次来到陈老师的课堂，非常认真地再一次学习了陈老师的这个刑法知识的话语体系和知识体系，很受启发，也很受教育。在陈老师的讲座当中，他首先谈到了一个刑法知识的本土化问题。此命题是一个非常重要的问题，同时，结合陈老师的论述，可以看出陈老师的这种观点理念和原则非常符合这种唯物主义法学观。确实在一定的程度上，法律知识本身就是一个定向性的知识，因为这种法学知识，包括刑法知识，受到了一定时空的影响，也是一定时空的产物，它受到了地理环境、文化、历史、政治、经济、民族等各种要素的影响，从而产生了一定的法学知识体系，所以，在不同的国家也就产生了不同的法学知识、不同的法学理念、不同的法学原则、不同的立法模式、不同的司法模式。有一句话说，世界上没有一片相同的树叶，所以在世界法学知识体系中，没有任何国家的法律是完全一致的，这也导致了在世界的刑法大家庭当中呈现出了不同的法学知识体系，百家争鸣，百花齐放。所以，一个国家的刑法知识以及话语体系到底是不是有优劣，这个问题就值得深入的思考。确实各个国家的刑法知识是有区别的，但这个区别是不是就代表了一种优劣，这是两种不同的问题。那么在判断这个问题的时候，陈老师提出了一种本土化的一个观点，那也就是说，在我们构建这个知识体系，或者是在评价这个知识体系的时候，应该本着一种唯物的精神，从这个国家的民族性与时代性和实践性等角度来进行构架这个知识体系或者是评价这一个知识体系，我个人觉得这个观点非常的有价值。

第二个问题是一个刑法知识的现代化问题，确实在当代这个文明法治国家都在进行法治建设，或者进一步推进这个法治建设，所以这个法治的现代化问题是各个国家面临的一个问题，同时包括刑法在内，也必须随着

---

[*] 姜敏，西南政法大学法学院教授、博士生导师，外国及比较刑法研究中心主任，兼任中国刑法学会理事。主要从事中国刑法、外国和比较刑法研究，主持承担"全球视野下的刑事责任年龄制度研究"等国家社科基金重点项目和一般项目、司法部项目、重庆市教委重大项目、中国法学会项目10多项，在《政法论坛》《比较法研究》《环球法律评论》等刊物发表论文近80篇。

第一讲　中国刑法基本理论本土化的方向、路径与原则

时代的发展推进这个刑法知识体系的更新，促进它的现代化。但是在中国的法学界，包括在中国的刑法学界存在着这么一种趋势，那就是我们有意识的或者是无意识地把西方国家的这种刑法知识体系当成了一种我们中国刑法的未来蓝图，那也就意味着我们的现代化路径就是以西方或者是其他一些大陆国家的刑法原则原理作为一种我们的方向和目标，就存在这么一种路径。当然，这种现象是有一些根源的，特别是在西方法学的这个话语体系的冲击下，特别是19世纪以来，西方国家经过三次非常重要的法学知识的全球化使他们的法律知识话语冲斥了很多国家的话语体系，那么随着这个西法东渐，域外的法律知识也冲斥中国的各个法学当中，刑法也不例外。讲座当中提到的一种现象，在中国的刑法知识体系当中冲斥了太多的域外刑法知识体系以及域外的刑法原则原理等各种各样的话语，这种现象也是多种原因造成的，同时也产生了不同的后果，但是如果要把这种域外的法学话语知识体系当成是我们中国刑法的一种现代化的路径，或者是未来的一种蓝图，这个是需要反思和进行商榷的。当然域外的一些法学的知识，包括刑法的一些知识确实值得我们去了解、认知，但是不是真的要借鉴，这个需要非常合理的和科学的理性的一种的评价，而陈老师也谈到了这个问题，刚才我也提到，就是这种域外的刑法要理性合理地去看待。那么，就现在的这个学界来讲，因为这些话语的一个影响，当然这个原因是多方面的，我们存在着对于中国的这个法学知识，包括刑法知识体系，存在着一种自我异化的趋势，这种趋势实质上是因为这种西方话语的一种冲击，使我们缺乏了一种自信，所以在评价中国的刑法知识体系，特别是在评价这个中国古代的刑法知识体系，包括我们现在刑法的这个话语体系的发展的时候，存在着一种比较典型的现象，那就是自我异化，也就是对我们的中国刑法的历史，对中国刑法现在的这个话语取得了一些成绩，我们那些是非常不自信的，所以还是把它当成是一种比较落后或者是一种要仿效西方化，把这个西方的一些刑法知识的这么一种倾向，存在着一种自我异化，也就是说在评价的时候可能缺乏一些理性和客观。

刚才陈老师也谈到了在中国古代的刑法知识体系当中，有很多值得我们现在的刑法学习的知识和话语，那么西方相反，他们在这个传播他们话语的时候，他们也在了解中国法学知识的发展，但是他们的这种评价和知识话语作为一种标准也来评价这个中国法学的发展，包括中国古代法学的

发展，当然也包括这个中国刑法，他们同样也是一种批判，或者是把我们当成是一种落后的教材，所以这是中国的刑法在他国里面存在一种他国异化，所以在这种情况下就是对于中国的法学知识，包括中国刑法知识体系，在中国国人的理解当中，和外国学者的理解当中就存在两种异化，一种是自我异化，一种是他者异化，那么这两种趋势加起来是我们对这个法学的发展啊，对我们的这个话语的提炼存在着一种不自信，也就是我们的研究主体本身对文化的不自信，对将来的一种不自信，这种显然是一种非常明显的现象，甚至是我们在和域外的一些学者进行交流的时候，我们学者潜意识的可能存在一种学徒式的倾向，国外来的学者是来传经送宝。我们在和国外交流的时候也完全是一种学习的姿态，那么这种影响我觉得对于中国刑法的发展以及对我们提炼话语、构建我们的话语体系，那是存在着一种非常大的潜意识的导向的，这种是我觉得需要采取一种方式，就跟我们学术主体的一种主体性意识，从而来不断地提炼出有价值的中国化的、原创性的、本土化的一种知识，从而改变这种现象。那么在中国的刑法学界其实还是存在本土化的一些原创性的话语和知识体系，比如说以陈忠林教授的三常理论为例，他提出了这个常识常理常情，那么这就是一种本土化的知识，也是一种原创性的知识，它具有理论意义，也具有实践价值，对刑法的本土化，以及对我们中国刑法的现代化具有重要的一种作用。由此可以看出，如果我们每一个学者都能够有一种话语的自信，有一种原创性的精神就能改变中国刑法的知识成为域外法学的一种销售地。我们经过努力也是可以的，就是让中国刑法的领域成为一种话语的生产地，而不仅仅是域外法学知识，特别是刑法知识的销售地。从陈老师这个三常理论的影响以及它提供的这种模板来看，在将来有一天是可以达成的，所以特别希望就是能多一些像陈忠林教授的这种常识常理常情等原创性的知识，从而使我们有一种话语的自信，同时来推进中国刑法话语体系的不断完善和更新，从而真正地使刑法学走向现代化。

接下来，还想请教陈老师一个问题。针对这个社会的变迁，马克思也曾经说过，法学是一个时代的产物，所以我们必须对这个时代的变化加以回应。那么在这儿呢，就请教老师一个问题，就是随着这个社会的变迁，过去的一些刑法知识或者是现有的刑法知识可能有一些地方需要我们去更新和变化，所以在老师的这种常识常理常情的理念的指导下，而如何在微

第一讲 中国刑法基本理论本土化的方向、路径与原则

观层面提炼出一种话语来回应当代社会转型和风险社会变迁的这种社会的一种呼吁。

陈忠林教授：其实刑法应对风险社会的基本办法就是坚持常识常理常情，来分析现代社会出现了哪些新的风险，按照哪些方式根据常识常理常情，特别是常理常情来解决才是正确的。方法只有这一个，我个人认为社会风险在变化，但是社会防范、社会方法的技术风险在变化，但是在价值上，比如说用刑法手段来防止社会风险的变化，基本上没有变化，因为犯罪的类型基本上都可以归结为，比如说对人身权利的侵犯，对财产权利的侵犯，对公共秩序的侵犯，对国家专门人员职位要求的侵犯等。我经常想就用79年的刑法来处理现在的犯罪，也没有问题，只要你按照常识常理常情来理解刑法，不对刑法做出明显违情背理的解释。这需要我们既要有对民众的常识常理常情，对社会生活的知识要有丰富的了解，也要求我们对刑法的条文要系统全面地掌握，具体规定内容也要很好的比现在更加熟悉，我们不能去只背司法解释，只按司法惯例办事，那一旦出现情况，即使有法律规定，我们也不知道怎么说。我可以举一个非常简单的例子，原来的司法诈骗，长期是刑法理论界争议的问题，通过立法解决问题，不通过立法能不能解决这个问题呢？通过司法进行诈骗，通过虚构事实隐瞒真相来非法占有他人的财产，这叫诈骗吧？为什么一定要被骗的人当面交财呢？诈骗里面有这个意思吗？诈骗这个词里面没有这个意思啊！通过司法来诈骗不也是诈骗吗？为什么我们要人为地违背法律规定？法律没有限制这个诈骗的含义，那不是把理论理解当成法律了吗？法律里面没有漏洞，一定有这个问题，一定会查到相应的法律规定，准确地理解法律，准确地把握常识常理常情，系统地理解法律，根据法律的本质，根据宪法关于法律位阶的规定来理解刑法，一定能找到法律的基本内容、基本精神，刑法就能以不变应万变，保持法律的稳定，保持社会的稳定。

贾健教授[*]：我个人是非常赞同陈老师说的两个观点，就是以职业与

---

[*] 贾健，西南政法大学法学院教授、博士生导师，重庆大学法学院博士后。目前担任中国法学会体育法学研究会理事、重庆市法学会刑法学研究会理事等社会职务。研究方向为刑法哲学、体育犯罪学。在《法学家》《法制与社会发展》《法律科学》《体育与科学》等刊物上发表各类学术论文70余篇。

民众结合为方向，以常识常理常情为注重标准，但是我个人觉得如果要达到这一个目标，在目前的情况下可能会碰到一些障碍。第一，因为我们国家是大陆法系国家，我们国家的这个法律教育长期是以实证法和教义学的训练为主，而远离社科法学，就部门法的科研情况来讲的话，即使是实证性的研究，大多数也是限于在书房里面对司法判例做实证的研究，而很少做田野调查，那样的话就可能会让人产生刑法是独立于社会的，有一整套的法规范和由权利与义务、合法与非法的二元代码构成了一个独立的运作系统；第二，我们的法理学在第一章中就谈到了法和道德的分野，认为法律只是最底线的道德这一通说的观点，那么就刑法来讲的话，行政犯的立法例越来越多，它并不是以显在的道德为基础的，那在刑法目的理论当中，社会相当性理论、伦理规范违反说也已经示威了，在违法性理论当中，行为无价值论也开始转向与法益相挂钩的一个形态，那可以讲，从理论层面的话，刑法与道德伦理的脱钩已成为一种趋势；第三，在某种意义来讲，目前我们的法学专业，我感觉还是一种精英的教育，报考法学专业的学生，高考的分数都相对来说是比较高的，那法学专业虽然学业辛苦，就业也难，但是每年报名都是爆满，之所以这么火，我个人猜测从情感上面来讲，可能是报考法学生心里都有一个仗剑走天涯的独行侠的形象，那从底线上面来说大多是希望毕业以后能够进体制内当法官检察官，那么如何保证法科生在经过四年、七年甚至是十几年的专业法学知识的学习以后，仍然能够体察到民众的生活不易，与民众保持同理心，那可能同一件事情，比如说摆摊射气球，生产炸药开山修路，从国外私自代购这个救命药，家里面揭不开锅而在禁渔期往长江里面撒网捕鱼等等，那民众想的是生存，而法律人考虑的危害公共安全、环境资源。那请问陈老师如何保证我们的法律人在上述情形下仍然能够体恤民情，成为能够主动将情理与法理融合在一起的法律人。

陈忠林教授： 第一个问题认为实行我的观点目前有困难，当然很困难，甚至我认为是不是能够实现的了。今日是总是在利益上与官僚、与上层、与有钱人利益是相同的。在学习上，在人格上总是认为自己比其他人聪明，比其他人有缘，我们的法学其实总是掌握在这一批人手里边。我们刑法教科书也好，他们把人民看作是一群乌合之众，所以让他们自觉地接受这个理论，利益上与他们的利益相对，人格上人品上和他们的清高相

第一讲 中国刑法基本理论本土化的方向、路径与原则

对，甚至我认为是不可能，但是历史毕竟不是他们决定的，从常识常理常情理论为法律界的人一致排斥，到今天成为法学界的一股潮流，是人民群众对我们运用我们这条理论做的司法实践强烈不满，迫使我们的司法实践改变，迫使我们的刑法理论不得不去接受民众的呼声，听从民众的疑虑。只有我们推动民众的参与，刑法理论的民主化，必须要有司法的民主化，民众参与、民众决定案件的最终性质的认定，我们的刑法理论的民主化才可能实现。第二个问题，道德与法治的关系问题。法律是底线的道德，我们假设违反法律就是违反最基本的道德，把法律和道德的关系，法律就是道德。法律在现在的刑法理论中是少数人，是立法者自己的，少数人就代表道德，立法者就代表道德，他们说的就代表道德，这个多可怕呀！我们宪法规定一切权力属于人民，道德是什么，是人民的意志，我们都要按照这样来行动，是人们的意志。把法律和道德割裂开来不就是把法律和人民的意志割裂开来，和人民割裂开来，把自己看做是道德的代表，这个逻辑上、事实上多么的荒谬。第三个是现在的行政犯，比如说禁止在江中捕鱼，但是有些群众确实因为没吃的，我这样就不能生活了，不去捕鱼该怎么办呢？是按照法律的规定，像刚才那个豆芽一样的，以前机关说是有毒有害的，我们就把你抓起来，或者说没有害了就不抓了，这种行为尽管捕鱼破坏了一些环境，但是救了这一家人的命，让这一家人能够有基本的生活条件，保护好这些人的利益，那种情况下一点环境资源的伤害和一家人生活无助难以成活的危害哪一个大呀？我们刑罚理论尽管不太赞成，说社会危害性大小是犯罪本质。哪一种社会危害更大呀？人民更重要啊！所以习近平总书记常讲，我们说很多老百姓都懂得事情，我们的法官一搞就搞错了，不就是法教义学的错误理论吗？这个问题我们要认识一下法律和道德的关系，法律是道德的灵魂，我们的院训是德魂法形，法律是维护道德的基本手段，道德是法律运行的基本保证，如果没有道德的弘扬，人人都想做坏事儿，都想钻法律的空子，靠法能支持住吗？徒法不足以自行。

丁胜明教授[*]：我就提个问题吧，因为陈老师一直以来都是强调在解

---

[*] 丁胜明，法学博士，西南政法大学法学院副教授、博士生导师。本硕博分别毕业于西南政法大学和北京大学，曾在日本北海道大学和德国马克斯普朗克外国刑法与国际刑法研究所留学和做访问学者。先后于2015年和2020年在《法学研究》上发表论文《刑法教义学研究的中国主体性》《以罪名为讨论平台的反思与纠正》。

释法律的时候要遵循常识常理常情，毕竟陈老师有一句非常经典的话叫做没有不讲理的法，只有不讲理的人，也就是说法律本身是没有问题的，然后如果说也是出现问题，那么一定是解释的人出现了问题，那么这是陈老师经常讲的经典名言。今天的话，陈老师又讲了另外一个观念，就是认为刑法教义学把法律视为不容置疑的前提。这样一种观念本身是错误的。我想请教一下陈老师您是如何协调只有不讲理的人没有不讲理的法和法教义学不应当将法律视为不可置疑的前提这两种立场。

陈忠林教授： 我曾经讲过对立法无错的迷信，是原来传统法学四大神话之一，而破解这个神话的方式就是常识常理常情，认为人民是立法者，常识常理常情是法律的，人民意志的经验体现是常识常理常情的具体化、归结化、制度化，这样就把这个问题解决了，但是法律的理论怕不是教义，而是行动的指南。为什么是行动指南呢？它必须在实践当中接受检验：是不是符合常识？民众认不认同？专家观点是不是常识常理常情？是不是最终能得到民众的认同？所以法教义学不是一个封闭的体系。如果法律视为是常识常理常情的具体化、规则化、制度化，那还可以破解法教义学的神话。而今天的法教义学是把我们的理论当作教条，把它们认为这个法律是这样的，是把自己当作主人，把人民当作乌合之众，就这样其实就协调起来了，把法律视为人民意志的体现，而常识常理常情是人民意志的经验存在，所以对法律的解释理解必须要得到常识常理常情的检验，得到民众的认同。注意啊，你要得到我的认同，你还是教条吗？还是信条吗？还是教义吗？说这个词，就是把法学理论当作宗教、迷信等方式。

石经海教授： 我个人非常赞同陈老师关于刑法基本理论本土化的观点，陈老师今晚谈到的一些方面特别重要。例如，基于中国刑法基本理论本土化将"三常"作为正确处理案件的思维方法，显然"三常"是法律适用的思维、方法论原理，它们背后对接的是刑法立法规定，对接的是刑法的整体利益保护性，是关于定罪量刑的体系化立法规定及其适用要求的体现，是法律效果与政治效果、社会效果相统一的体现和要求，是让人民群众从每一个司法案件中感受到公平正义的体现和要求。又如，陈老师反对微罪进入刑法，我认为从罪刑均衡、我国的法律体系、我国的犯罪文化和域外的微罪立法与司法做法来看，陈老师的观点是非常有道理的，毕竟在我国刑法中绝大部分行为入刑是有较高门槛的，这些仅处拘役及以下的

第一讲 中国刑法基本理论本土化的方向、路径与原则

"微罪"进行刑罚，必然带来罪刑的不均衡，当前醉驾等微罪案的数量就表明了这一点，同时我国《刑法》第十三条的"但书规定"实际上让我国的犯罪不仅是定性而且还要定量，并且为犯罪在整个法律体系中设定了刑行衔接、刑民衔接及其排斥刑法中设置微罪的构想。另外，我国几百年、几千年形成的犯罪文化决定了在我国不可能可以通过前科消灭制度消除"犯罪标签"，域外的微罪设置与司法适用，也因他们的犯罪概念是只定性不定量以及并非是控辩审的司法程序（仅由法官控审的实际上也是行政程序）而不具有直接移植我国的本土化。再如，陈老师认为现在的冤假错案大多是理论上的误导带来的，也是非常有道理的。这是因为，其一，案件处理的法律适用，适用的应是法律而不是理论。其二，理论本身具有不确定性，不同人和基于不同视角会有不同理论。其三，外来理论与我国本土立法具有不相容性，如法益理论，我们通常把它等同于四要件中的犯罪客体，事实上法益概念在三阶层犯罪论中并非任何要件，哪个要件都体现了法益侵害性；又如共犯理论，大陆法系的共犯理论因是针对德、日刑法立法与司法的研究与提炼及我国刑法关于共犯立法的巨大差异，而在大多数情况下难以用来直接解释和论证指导我国实践的共犯理论，这表明，指导实践法律适用的理论也需要本土化。也就是说我们的刑法的立法和司法的现代化其实是离不开我们立法本身所形成的一些基本理论的，这是我听刚刚陈老师的讲座与嘉宾的与谈提出的三点认知，不对之处请老师批判。

下面我们就有请陈老师对观众提出的问题进行一些回应。

问题： 陈老师认为存在普适性的刑法理论吗？需要改造中国古代刑法理论吗？

陈忠林教授： 我认为刑法理论当中存在着普适性的理论，比如说今天我讲的实事求是原则、罪刑法定原则，或者合情合理原则，包括我们刑法规定的罪刑相适应原则，这些理论它的核心内容是人性的基本概念，人对自身安全、对社会秩序的自然要求是人类的基本需要的反应。但是，你是要改造中国的刑法理论吗？不对。你看我后面说的是什么呢？中国刑法理论的现代化只能以中国现行的刑法规定为主体，而古代刑法只是源。我们说这些东西从哪儿来的？我们基本的根源要追溯到我们中国传统当中符合客观规律、反映社会基本需要的这些因素。

问题： 能不能把德日刑法的一些理论、基本概念进行本土化改造？

陈忠林教授：我个人认为这些理论本身是很难改造的。比如构成要件，我们改造成什么呢？构成要件这个词本来意思是犯罪的形态或者行为形态。构成要件是什么呢？你看看现在的解释，是什么内容呢？为什么讲它是为用呢、为形呢？是要用西方善于理论要素、理论阐述进行逻辑展开这种方法，我觉得要借鉴的。只有方法，甚至可以说没有任何基本的观点、基本价值可以借鉴，因为它们都是错的。这里举个例子，比如说古典自由主义以个人为核心，以个人为社会的起点，这个说法是违背人类发展历史的基本事实的，你查查人类历史，哪有孤立的个人和社会之间或者君王之间签订的契约？人是在群当中变成人的，这是人生存发展的条件和前提、目的。所以古典自由主义以个人为基础这个基本前提就是错的。如果以个人主义为根据的法益，那就更不值得借鉴。我们好多人说刑法是保护个人权利的，来看看《刑法》第二条，刑法保护的是什么？个人权利只是其中的一部分，国家主权、领土完整、社会制度、公共秩序、公共安全、社会秩序，你是把这些等同于个人利益，还是把个人利益等同于这些？我估计哪一种等同都是以个人主义为根据的法律，恐怕就完了。人是在社会里面才是人，不在社会里面就不是人，你把人的社会性里面去掉，他就是野兽了，就是动物了，所以说不可能对西方刑法理论的基本框架和基本概念本土化。

问题：罪刑法定原则是国外刑法理论最核心的基础观点，怎么说刑法理论都错了呢？

陈忠林教授：不是说这个原则错误了。我曾经写过一篇文章叫《罪刑法定原则的起源是中国》。罪刑法定四个基本要求，我们中国刑法古代的法律基本上都有这些要求。到今天的罪刑法定原则，我只说一个事实，罪刑法定原则是希特勒上台的法律阶梯，就是今天西方德国人理解的罪刑法定，可以说你要相信法律，如果你对法律有怀疑，你就没有资格当法官，就应该不去当法官，这应该是耶赛克刑法教科书中说的，把法律理解为少数权势的设定体现，这当然可以维护希特勒上台。

问题：四要件和三阶层哪一个更符合人性？

陈忠林教授：从事实层面来讲，四要件更反映了犯罪成立的事实，大部分可以作为认定犯罪成立的根据，但是这个要件的逻辑中，犯罪客体的解释是错误的，所以有一个很大漏洞。拼凑而成的水瓢舀水是舀不起来。

第一讲 中国刑法基本理论本土化的方向、路径与原则

问题：民众觉得抽象的概念，对待刑罚的观点各不同，如果需要去民众监督，请问是如何监督的？监督的标准是什么？

陈忠林教授：什么时候监督呢，比如说现在要司法公开呢？目的是什么？是由谁来监督呢？当然我认为监督最终是建立制度的监督，是普通的民众有权参与司法、决定案件的基本性质这种类似陪审团制度的制度，否则所有都是控诉，只能在情感上引起人们的冲击。

问题：好像陈老师的概念都是自己设定的，合情合理怎么就成了罪刑法定原则的本质呢？

陈忠林教授：这个问题对持传统理念的人来说是很有代表性的，因为法律是人民意志体现，则是现行《立法法》第五条规定，而人民的意志是指导人民行动的心理。普通人，也就是说，是人民的共性，在日常生活中都只能按照大家认同的常识常理行为。不信你试试见一个人杀一个人，见一个人骂一个人，你三天不吃饭，你看你能不能活下去？所以说，常识常理是人民意志的经验形态，人民的常识常理是非观是人民的价值形态。常识常理常情，我今天没有讲，但是我在很多文章都谈过问题了，它一定是一定社会中长期普遍认同的，至今未被证明是错误的，仍然被人民普遍认同的那些生活经验、是非标准及情感倾向。罪刑法定原则是人民意志的体现，罪刑法定的实质精神就是常识常理常情的体现，所以常识常理常情就成了罪刑法定原则的本质、灵魂。法的本质是什么？不是事实固有的本质吗？法律反映人民的意志，在我们国家不是根本事实吗？所以常识常理常情是法的本质。

问题：刑法的本土化是不是也应该和其他人文社科相协调？常识常情常理是不是萨尔维尼的民族精神？

陈忠林教授：当然，中华文化的复兴，是指中华文化当中的优秀合理成分与现代社会当中的或现代社会发展的基本方向相和以及人类基本的需要相和。但我们今天中国要复兴的绝不是糟糕的一部分。萨尔维尼的民族精神在德意志那个时候认为，人是世界上最高贵的，这是德意志民族精神的内容之一，这不是常识常理常情。

问题：大多数认同是不是代表正义？

陈忠林教授：常识常理常情有变动，随着时代变动，人们的常识常情常理会改变，但是常识常理常情对法律的最终标准的指导作用，对法律内

容的最终决定作用是不会变的。常识常理常情不是一时一事的民意。一时一事的民意可以因为群众不了解事实真相而错误，也可能因为少数人地方利益、小集团利益而在一个地方被很多人坚守，也会由于少数人的煽动而被坚守。

问题： 如何科学有益的鉴别传统刑法的精华和糟粕？

陈忠林教授： 我认为传统文化的很多东西、很多成分是符合今天时代精神的，甚至符合世界发展的潮流，甚至是符合普遍认识规律，符合人类共同需要，符合人类认识的普适性，这部分应该保留。除此之外就是糟粕，例如维护君主专制、强调人分三六九等，这些是糟粕，应该取消。

问题： 如果根据主观要件及其完成形态来认定犯罪性质，如何看待司法实践中同案不同判的现象呢？

陈忠林教授： 根据主观要件的内容及其完成程度来认定犯罪和量刑，实际上就没有同案的问题，因为每一个案件的具体情节都不一样，就不存在这个问题。或者说，同案不同判不是一个问题，这应该是正常的，否则才是不正常的。当然我们不排除在很多情况下，很多案件有细节上的差别，在应受刑罚惩罚程度的问题上是一致的，这往往不是同案。按照常识常理常情，同样危害应当同判，不应该以同案不同判来评价是否正确。

问题： 法学家伯尔曼曾说法律必须被信仰，如何理解这句话？

陈忠林教授： 这句话被把法律看成是宗教、把法学理论看成是宗教的人大大地误解了。伯尔曼在和山东大学的一位教授在座谈的时候谈到了这句话的理解。信仰这个词是指是被人们深深认同，而不是无条件的不容质疑，比如说借东西要还、邻居之间应该和谐相处，这就是常识常理常情的，而且必须被深深的认同。他讲的法律也不是我们具体的条文规定，而是为大家共同认同的基本行为规则。所以那一些希望把刑法理论当成宗教迷信的人，把这句本来是被伯尔曼用来肯定常识常理常情在法律中绝对决定性作用的话理解为应该无条件的、毫不怀疑的相信法律理论。

问题： 陈老师说法律教义学是错误的，理由是违背人民的主体性，但法律是人民代表自己的，请问陈老师如何理解这个问题？

陈忠林教授： 教义学之所以是错误的，不是因为它违背人民的主体

第一讲 中国刑法基本理论本土化的方向、路径与原则

性，而是它违背事实，它要求把法律当信仰，想要当人民的主人，错误在这个地方。这个问题提得很好。今天我们的人民代表他们的成分、利益和人民是完全一致的吗？这是一个问题。第二个更关键的问题，今天的人民代表是按照什么方式来通过法律的呢？他们在表决的时候，你说他们是根据法律知识，还是根据常识常理常情对法律条文的理解来投票通过法律的呢？如果他们是按照常识常理常情通过，他们懂得基本道理来通过，那么我们对法律的理解是不是也应该按照常识常理常情来理解，因为他们都是这样。否则我们不就是违背这些人民代表的意志了吗？如果那些人民代表人民的话，那我们的这些理论不就是反人民的理论吗？我们现代的法学理论从根本上来说是反人民的，虚构假的立法者，并用自己的理解取代立法者，然后把这个立法者和人民、常识常理常情隔离，那我们今天的法治理论就成了一片的谎言。话又说回来，但这个话不是我说的，这话是贝卡利亚说的，尽管是针对当时的法律和法学理论来说的，但是我知道今天我们的法学理论很多人是在怀疑，比如说德国人，他们认为他们理论来源是有错误的。大家可以看看《犯罪与刑罚》，今天的刑法理论是被批为苦力、坏人的集合，所以说，我对德日刑法理论是不认同的，很多立场、观点、原理都是错误的，这是我的看法。

石经海教授： 好的谢谢陈老师。今天晚上三个多小时，陈老师是很辛苦的，讲座非常精彩，非常成功。陈老师，今天晚上在线讲座的有将近7000人了，这表明大家对中国刑法基本理论的本土化还是很关心的，这是中国刑法学新时代发展的一件大事，也表明大家在关心关注和共同来推动刑法治理的现代化与本土化，所以我非常感谢。我作为组织者之一，非常感谢各位坚持到现在，来共同关注这个问题，共同和陈老师进行一些讨论。当然肯定还是有很多疑惑、很多问题，很多需要跟陈老师面对面交流，甚至有不同的意见和陈老师交流，但是很遗憾受时间限制。我们期待下一次讲座，希望大家继续关注和参与我们这个系列讲座，也希望我们一起能够共同把中国刑法学推上一个现代化的、更高的轨道。谢谢陈老师，谢谢与谈嘉宾，谢谢现在还坚持在线的各位同学们。今天晚上的讲座就到这里，谢谢大家，再见。

第二讲

中国刑法因果关系理论的本土化问题

徐 岱[*]

摘 要：中国刑法基础理论研究经历了输入—承受—批判吸收的发展阶段后，具备了形成具有本土化特质的中国刑法学理论体系的条件，其中刑法因果关系理论如何既要体现借鉴域外法治文明成果推进学术创新，又要体现中国特色法治体系内涵的自主性与本土化，是其重要内容。我国学界以借鉴国外理论解决因果关系问题为共识，围绕"规范性判断"标准展开争论，应提倡"实行行为论加相当因果关系说并补充其他判断规则"的模式，由此准确认定因果关系，提升刑事司法公信力。

主持人黄京平教授[*]：大家好，欢迎来到本场讲座，我是主持人中国人民大学法学院教授黄京平。本次讲座是西南政法大学刑法学科主办"刑法治理的现代化与本土化"系列讲座的第二讲。本讲的主讲教授是吉林大学的徐岱教授，演讲的题目是"中国刑法因果关系理论的本土化问题"。

---

[*] 徐岱，法学博士，吉林大学法学院教授，分别于 1989 年、1992 年、2000 年获吉林大学法学学士、法学硕士和法学博士，美国杜克大学访问学者，香港大学法律学院访问学者。全国法律专业学位研究生教育指导委员会委员，中国犯罪学学会副会长，中国刑法学研究会常任理事，吉林省法学会刑法学研究会副会长，吉林省法学会犯罪预防研究会常务副会长，吉林省检察官遴选委员会委员。曾任吉林省辽源市人民检察院副检察长、吉林大学法学院副院长、《当代法学》副主编。

[*] 黄京平，中国人民大学法学院教授。

第二讲　中国刑法因果关系理论的本土化问题

徐岱教授本、硕、博均就读于吉林大学，获得吉林大学的法学学士、法学硕士和法学博士学位，现为吉林大学法学院教授、吉林大学哲学社会科学学报副主编、全国法律专业学位研究生教育指导委员会的委员、中国犯罪协会的副会长、中国刑法学研究会的常务理事、吉林法学会刑法学研究会的副会长、吉林省法学会犯罪预防研究会的常务副会长、吉林省检察官遴选委员会的委员，也同时曾是美国杜克大学、香港大学的高级访问学者，曾担任吉林省辽源市人民检察院副检察长、吉林大学法学院副院长、当代法学副主编。徐岱教授不仅有丰富且扎实的刑法学教学理论研究基础，而且有丰富的实践经验，本次讲座的主题很有前沿性，也很有挑战性。接下来有请徐岱教授给我们分享关于刑法因果关系本土化的一些系列的、深度的、广泛的思考。徐岱教授分享完毕后，讲座另有四位嘉宾作为与谈人。

主讲人徐岱教授：感谢黄老师，也感谢西南政法大学给我们搭建这样的一个平台，尤其是本次讲座的主题，或许是我们多年从事刑法学教学和研究的人一直思考的一个问题。因果关系的问题，我也是思考了很多年。因为从基础刑法学到之后的教学和科研过程当中的时候，包括我们后来在接触大陆法系的相关理论的过程当中，也面临着一个很困惑的问题，就是到底这些理论我们能不能用？可不可用？如果可用的话，如何用？如果要用的话，和我们中国本身的刑法的一些基础性原理，还有我们自身的一些知识储备，到底是一个什么样的一个关系？所以，今天拿出来和各位前辈、各位老师，还有我们各位同学相互交流。

今天的分享内容主要有三个部分。关键词在于为什么要本土化？如果要进行本土化的话，应该是一个什么样的一个模式？我们这样的本土化的模式有什么样的价值？另外，还有一些结合实践当中具体问题的检验。

第一个部分的内容，为什么要进行本土化的研究？在我接触知识的过程当中，或者是在思考问题的过程当中，我想主要有这么几个缘由：第一个缘由，在于从国家这个角度来说，中国特色社会主义法治体系的建立，给我们进行刑法的本土化研究，包括刑法因果关系理论的本土化研究，提供了一个非常好的平台。如果这样的前期的平台不存在，可能我们进行本土化的一种研究和转化会具有很大的挑战性和缺少相关前置的一些条件。我们也知道，不单纯是刑法学，随着《民法典》的颁布，我们两大法典在国家法治治理过程当中所起的作用，更多的是体现了我们在学科发展过程当中，一方面在借鉴，另一方面在自身总结产出的脉络。刑法学也是这样，回顾过去，可能刑法学包括我们自身的本土化研究，在建国后接受前苏联模式的过程当中可能就是一次本土化过程，或者可以称之为"本土化改造"的过程。而后，随着1997年刑法典乃至近十年来，我们刑法学基础理论的知识储备，以及一些研究方法的创新转型，给我们进行本土化研究，或者是我们所说范式的转化提供了非常好的条件。从这个意义上来说，也从其他国家法治进程中的经验来看，本土化是发展到一定阶段，或者是某一个国家发展到一定阶段的时候，法治发展过程当中一个非常重要的本身的一种诉求。

我们为什么要进行这样的一个本土化？是在于我们本土性的问题给我们提出了要求有本土化的答案。这样的一个问题是有哪些？主要是两个方面，这两个方面可能都是聚焦在我们在进行刑法因果关系研究的过程当中的时候，可能会面对着的中国刑法的因果关系问题或者是本土化的一个问题，到底是一个真问题，还是一个伪问题？从我们阅读资料，或者是在比较和借鉴的过程当中，可以从两个方面来证明它是一个真问题。

一方面，在理论上包括刑法的因果关系理论，我们从传统的吸收、借鉴，到现在近期的产出的过程当中，可以看出我们一开始拿过来的是改造很少的，或者是带有本土化色彩的因素比较少的一些内容，包括刑法学的基础理论、因果关系理论，研究基本经历了从原来谈到中国的刑法学因果关系倡导必然因果关系和偶然因果关系的一个判定，到后期随着我们逐渐地接受借鉴相关的一些理论，已经在产出自己的一些观点，即认知因果关系的判定是涉及事实基础之上的一种规范的判定。这样的一个脉络在理论研究的过程当中，我们基本上已梳理清楚了。所以，从这个意义上来说，如果要建立一种规范性的判定，是一个什么样的规范性的判定？我们能不能把国外大陆法系，比方说德国、日本，包括我国台湾地区，他们比较成熟的东西就拿过来，能不能直接用？可能在我们现在研究的过程当中还存在着一些障碍。这理论上给我们提出来刑法因果关系的一个本土化的问题，我们现在是要求要做一种理论上的借鉴性产出。

另一方面，是我们在实践当中碰到的一些具体案件。在了解、把握的过程当中，或者是通过相关的案件数据整理，我们发现实践当中基本上处于判定因果关系的标准不一的状态，并且现在的实践部门依靠必然因果关

第二讲 中国刑法因果关系理论的本土化问题

系和偶然因果关系标准进行判定的比例不是很突出。这意味着，我们前期所做的刑法基础理论关于刑法因果关系的研究，在一定意义上对司法适用有推动作用的，但涉及到要进行判定的话，这个标准到底应该是什么？什么样的一个标准适合我们在司法认定当中的标准？标准明显是不一的。目前，相关的案件，特别是有一些结果加重的、过失类型犯罪，对于行为和结果之间的关系认定上，在司法实践中用间接性因果关系来判定的思路比较多。但是这个判定的过程当中，它到底应该是一个什么样的模式、标准？这就是存在一个比较大的问题，而恰恰是这样一个地方，是我们需要着力深入细化来进行研究的。

所以，从理论研究到司法实践，如果认为中国刑法因果关系理论的本土化是一个真问题，我们则需要有一些经验的借鉴，这些经验的借鉴就是域外国家或地区刑法因果关系本土化过程当中的一些有效经验。第一，我们在进行资料搜集和整理，和所说的消化吸收过程中，比较典型突出的就是日本对德国刑法的因果关系相关理论的本土化改造。在改造过程中日本创造出了很多适合本土适用的一些理论和观点。这里面有几个比较主要的在因果关系判定过程当中的一些重要的理论或者是问题。日本对实行行为本土化的改造。从德国行为论到走向构成要件行为，到后来提出的实行行为，再到在日本把实行行为本身进行放大、进行细化。而且实行行为本身，是作为因果关系的起点，同时，它又和刑法相关的基础理论，比方说未遂的判定、正犯的一些认定、共同犯罪的认定都结合在一起，所以这个是牵一发动全身的理论，而日本在改造的过程当中，应该是比较有特色。

第二，日本对于德国的因果关系的改造，即对条件说的改造，现在比较有代表性的几个观点，比方说必要条件、合法则性的条件。合法则性的条件，目前也是德国在倡导条件说当中比较突出、强有力的观点。另外，还有规范的条件说。在确认条件说的基础之上，日本的刑法学界就对它进行了相关的梳理和吸收，认为有一些可能不符合他们认定的标准，或者是司法适用的一些惯性就进行了改造。改造的地方，这个可能就更突出，也是为我们中国学者和司法实践部门现在在一定程度上也接受了，但是具体的有一些内容可能还是需要再进行细化。

第三，是相当因果关系的改造。这个改造，它也是立足于对德国的法的相当性，或者是适当理论的一个改造，而在这个改造的过程当中，他就推出了主观说、客观说和折中说。我们这里先不评价这个理论本身的优长或者是良莠存在的一些问题，我们这里面主要是想说，这样的一种发展本身，对它本身的本土化过程当中，它进行改造的时候，是哪些内容作为一种这种改造后的形成自己本土化内容的一种标签。

第四，这是最突出的，也是我们在探讨因果关系当中是回避不掉的，就是客观归责的理论。日本学者对于客观归责的理论，从现在的角度上来看的话，他们有一些认知：我们知道这样的一个理论，但如何来把它转化，或者是要不要代替相当因果关系相关的一些理论？在日本还没有形成一个比较明显的倾向。但是，在这样的一个过程当中的时候，对客观归责的相关理论，他们在认知的过程当中，有几个方面也给我们提供了比较好的借鉴思路。一方面，认识到客观归责本身，它在发展过程中最突出的优势是在立足于条件说的基础之上，如何在事实因果关系的基础之上来进行归责。这个归责就是在于这个结果能不能归到行为本身上，进而要求行为人来承担相应的一个责任。所以他要做的一个主要的事情就是在于如何来设定进行归责判定的标准，从一定意义上来说，这是客观归责理论给我们最大的启示。另外一方面就是如果要提出一个标准，他们一直在倡导，一定要把因果关系本身和归责要区分开。所以，在区分开的过程当中，进一步限定我们前面所说的因果条件说所建立起来的事实因果关系的范围。这个范围通过客观归责标准进行限定，是它最突出的一个地方，也是日本学者在理解客观归责的理论的过程当中所提出的一些见解。而它的不足，在于这个体系过于庞大。我们知道客观归责本身，它是来源于或者是针对于相当因果关系，或者是适当论的一种改造，但是，在改造的过程中，我们知道它已经远远超出因果关系本身，而可能会波及到刑法的其他的一些基础理论，包括我们所说的过失犯论、正犯论、共犯论。这在一定意义上，对因果关系本身所具有的针对性可能大家就存疑。从这个角度来说，日本对德国的一些理论在进行本土化改造过程中，他下的功夫是非常大的，所以也推出了一些符合本国的标准或者是理论，从某个角度来说对我们也有很大的借鉴意义。

在中国因果关系的本土化的研究过程当中，我们应该遵照什么样的思路呢？我这里面提两个思路。一个是由小极大的推进。就是因果关系的思考。我在2018年曾经发了一篇文章，关于《论结果加重犯的因果关系》，其中一则案例：行为人实施非法拘禁，公职人员在不属于履行公职的过程当中，对被害人实行拘禁，被害人被拘禁在二楼的一个房间，趁拘禁者行为人不注意的时候跳楼而造成死亡。在实践当中，行为人对于被害人死亡的这个结果是否应该承担责任？从结果加重犯罪这一因果关系思考，如果结果加重犯罪的一些思考所得出的结论能具有普适性的话，特别是在我国本土化的过程当中能具有一定普适性的话，对推进中国的刑法因果关系的本土化会起到非常大的作用。

第二个思路是理论研究与司法实务距离与偏差。我前面在给大家介绍我们中国刑法的因果关系的问题，是真问题和假问题的时候，提到了司法实践当中的一个状态。在司法实践因果关系的认定过程中，需要有一个标准来推进。为什么会出现同类案件的结论性反差非常大？如果因果关系存在，犯罪成立了，则相应的责任可能就随之产生；如果认定因果关系不存在的话，直接在客观不法这面，它已经没有这样的一个特征，它不可能再往下来进行处理。所以，这个差距是非常大的。在进行中国的因果关系的本土化研究过程当中，比如德国、日本，特别是日本的某些发展过程当中，理论研究和实践研究的结合是非常紧密的，在结果加重犯中，对重结果的判定过程当中所设定的直接性的一个理论就是由实践直接提出来。实践部门结合具体案件，把这样的一个观点提出来，理论界要做的就是尽可能论证这样的一个观点本身所具有的合理性和自洽性。在这样的一个意义上，再把它往深延伸，回过头来，它又会转向来影响到司法实践的适用和认定。理论和实践的关系，在一定程度上是紧密地结合在一起的，或者说实践所要探讨的问题，很大程度上是来源于实践个案当中所给出的基本的素材。它是带着真问题来，回过头来它才产生或提升了相关的一些理论。可能我们也会理解为什么大陆法系国家有一些成熟的理论，它不单是在本国有适用价值，甚至有超越国度的价值。所以说这里面的真理性成分应该还是在的。目前我们所面临的问题是理论一直往前推进，研究得比较深入，但是如果实践还是按照原来传统的认定模式来进行认定，这两者的距离可能就是越来越远，那我们在做理论研究本身该有的价值，也就是应用价值是比较低的。现今我们要做的是如何缩小两者之间的距离。这就是我在前面就提到，一定是一个真问题，不能是一个假问题。

下面我们从因果关系本土化的模式来进行一个判定，这是第二个部分的内容。主要跟大家介绍本土化模式的构建应该有哪些最基本的内容。这里需要关注的是刑法因果关系的一个最基本的要素是结果和原因，这里指的是因果关系，那个"果"是广义性。伴随刑法的修订和调整，这些年的犯罪的类型也比较多，某种意义上，因果关系的这个"果"不单纯指结果犯当中的结果，它应该也包括行为犯和危险犯。还有，我们知道特别结果犯中，不作为犯和过失犯，这都是值得关注的重点问题。关于"因"指的是什么？我们这里面强调的也是前面这种域外的经验，我们能够看到这个"因"重点的是指实行行为本身。所以我们在进行刑法的因果关系本土化模式建构，或者是改造的过程当中的时候，这两个基点一定要树立起来。而且，这种实行行为本身的这个"因"所具有的起点性的这种作用，不能像客观归责那样要给它弱化，在一定意义上，我们应该是从它入手来思考因果关系本身是否客观存在。另外一个方面，我们为什么要强调这一点，也是因为我们国家从犯罪基础理论来说的话，没有所说的独立的行为论，我们是以构成要件当中的危害行为来探讨，但是这个危害行为，我们现在学界基本上是以实行行为来代替的，在这一过程当中，如何使实行行为本身充分地体现出因果关系一点的功能，这是最主要的一个前提。

因果关系本身，它一定是先有一个事实性的因果关系的判定，所有的事实的判定，作为一种事后判定来说的时候，相对于作为一种规范法的刑法而言，它都是一种客观存在。关于因果关系的判定，我们基本上是沿着存在论——认识论，就是我们如何来认识它，认识它之后，我们现在用一个什么样的标准，我们要进行规范的判定，规范判定的过程当中，价值的判定就非常大地凸显出来，客观的存在，如何通过科学化的认识，建立一套比较合法、合理的规范的判定的一个标准和模式，这是我们要做的事情。基于这样的一个脉络，我们关于因果关系的本土化的这样的一个模式的判定，基本上是有这样的一个总体性的思路，这个总体性的思路称之为总体模式下的类型划分，就是我们对因果关系的这样的既然是作为我们客观方面构成当中必不可少的一个构成要素。所以，我们要建立一种能够普遍适用总体的一个模式。但是实践当中，也存在有争议的案件，或者有困惑的案件，或者是在认定过程当中存在的比较标准不统一的一些案件，大多数都体现为"多因一果"，就是如果在这样的一个前提下判定的时候，因果关系的本身的一个判定，在设定总体的模式之下，一定要进行类型化

第二讲 中国刑法因果关系理论的本土化问题

的划分，类型化划分后，可能我们面对的一个问题就是在于一因一果的这种情况，如何来判定因和果的这样的一个关系。第二个争议比较大的就是在于我们所说的"多因一果"。所以这个结果是存在的，这样的一种、多种因素所引发的，这个多种因素到底是一个什么样的行为所引发的，所以在这样的一个意义上，我们在判定的过程当中，就把它做一个类型化的划分。

我们需要把握的一个标准就是因果关系的归责标准。到目前为止，我们能够达成一个共识的就是中国的刑法因果关系的判定首先是在于事实层面的因果关系本身，在此基础之上，涉及到产生的结果能不能归责到行为。从一定意义上来说，我们要进行这样一种规范性的研究设定，一定程度上就是在于我们如何把握这种归责的标准，或者说对其进行本土化的改造。

本土化整体的模式一定要考虑到，是不是有实行行为有结果，就能把这样的一个结果归责到行为上。一个比较典型的问题，就是刑法当中的因果关系是不是一加一就等于二的这样的一个关系，这个问题的思考和我们现在进行犯罪成立标准的认定是一样的问题。所以，我们现在更多的就是在考虑是不是一定有"因"和"果"的存在，因果关系在存在的过程中要不要有一些例外，或者我们把它称为是阻却的一些事由。在这里面，就形成了这样一种总体性的模式，这个模式就在事实层面上。一般来说的话，因果关系可能主要有两个层面，一个是事实层面，一个是法律层面。在事实层面上，我们坚持的是在所有情况下，特别是在多因的条件之下，如何来判定对结果产生作用的条件，所以这里用了一个叫必要且充足的条件来进行判定，这种判定的话对我们所说的这种"一因一果"的案件难度不是很大，难度比较大的可能就是涉及我们所说的存在的一些其他因素，或者介入性因素的案件。第二个层级，如果事实上是存在的时候，是不是所有的这样一些原因都可以与结果具有刑法上的因果关系？在一定意义上来说的话，这个答案应该是否定的。那如何否定？用什么样的一个标准？所以在第二个层级，我们就设定出法律层面。那法律层面如何来做？从大陆法系因果关系的发展过程来看，从条件说到客观归责，到日本的一些相关理论，包括现在他们占主流的一些观点，诸如危险的现实化，都是要判定实行行为本身所具有的危险。如何来判定这个危险是针对什么的一个危险？

是对于结果的这样一个危险。所以像刚才我提到的那个实践案件，行为人实施非法拘禁，被害人自杀而出现人死亡的一个重结果，你就要判定非法拘禁的行为和人死亡之间的这样一种危险有没有我们所说的高度盖然性，就都是围绕着危险来进行判定，客观归责理论也是这样。客观归责理论基本上强调风险有没有创建，另外还强调风险有没有实现，它都是围绕着实行行为本身所具有的危险性的判定来进行的。这样一个判定，在一定意义上会缩小前面所说的事实层面的因果关系的范围。所以，一般情况下，可能我们就可以得出一个结论，但是在有些案件当中，可能还需要考虑一些特殊性的事由。在大陆法系当中，有几个事由作为一种阻却因果关系成立的事由，我们在借鉴的过程当中是可以使用的。原因就是在于我们所面临的因果关系的判定的标准和模式在很大程度上有一定的相通性，或者有些基础理论是相通的。第三个层次，在有些案件当中，特别是在一些介入因素的案件当中，我们需要考虑有没有存在超越的因果关系，超越的因果关系是要把因果关系本身和因果关系中断相区分开。比方说交通肇事导致人重伤，在重伤送往医院的过程中，因为医生的玩忽职守，或者是其他的一些责任，而导致被害人死亡。就这个结果出现，中间介入了医生的失职行为。所以，现在就是要考虑这个失职行为本身能不能阻却交通肇事行为的因果关系的判定，即这样一个实行行为对于被害人死亡这个结果能不能作为刑法当中所认定的一个必要条件。如果它完全阻断，或者通过相关的一些鉴定，即使造成重伤，无论如何都不会出现人死亡，那在这样的前提下，这种失职行为就阻断了交通肇事本身对被害人死亡的因果关系，这种是我们所说的不叫中断，而称之为另外一个新的因果关系产生。还有一种，我们实践当中所说的，在德国大陆法系因果关系判定当中有一个自我答责的理论，就是谈的被害人的一些因素。在多大程度上因果关系本身的这个"因"会转移到了被害人的身上？在这个判断过程中，也是要对前面我们所说的实行行为本身对结果产生的出现有没有高度的盖然性进行判断。所以，从这样一个角度上来说，我们在谈这样的一种模式和设定的时候，这三个层面都是要考虑的。一般情况之下，可能前两个层级就够了，标准可能就产生了，但是如果在一些特别是介入因素的情况，这样一个标准一定要充分考虑。这个思维模式与我们现在的犯罪构成体系一样。我们现在的犯罪构成体系可能都是一个方向，都是入罪性的，所以现在有些学

第二讲　中国刑法因果关系理论的本土化问题

者想对它进行改造。大家的出发点都在于是不是行为人有行为、主观上有罪过就等于有刑事责任，可能我们现答案都是否定的，还需要考虑一些其他的事由，其中就包括一些阻却性事由，特别是一些阻却违法性的事由。在这个意义上，我们要做的就是因果关系的一个类型化的判定。这是整体上设定的这样一个模式，具体应该有哪些标准，应该怎么样来进行操作？

第一个层级，事实层面，我这里面列出了一个必要的条件说。我们这里的必要条件说，是指着从原来的条件说当中所倡导的若无 A 即无 B 的这样一种不存在宽泛的模式，转移到只要存在 A 则 B 便发生的这样一个模式。这种模式在一定程度上对条件说当中，特别是多种原因的判定是一个很好的标准。这个标准，是把原来的一个条件进行限缩之后所得出的答案。包括德国现在所倡导的合法则的条件说，在一定意义上来判定的话，都是要进行限定。但是怎么样限定？他们提出的这样一个标准，就是在和经验通常性的判定基础之上来进行设定。往往就是这种经常性的判定，可能因为每个人的标准还是有一些差异，或者是有一些标准的差异性比较大，所以大家认为需要进行改造。在事实层面上，我们所说的这样的一个必要的条件说突出的一点，就是要从原来的这样的一种条件说到必要且充足条件说的转向。

第二个层级，刚才我说所设定的法律层面的这种判定，用比较准确的一个语言来表述应该称之为叫法律层面的，或者是结果归责的判定标准。一般来说，客观归责以及相当因果关系已经不是判定是不是因果关系成立的问题，而是在限缩因果关系的范围问题。这个范围通过什么限缩？通过归责，能不能把这个责任归责到行为上，通过这样的一个脉络来进行的判定。可能大家都知道，特别是在日本，可能现在比较主流性的一个观点，还是集中在折中的相当性理论。我认为，在借鉴的过程当中，客观归责的层次性的东西太多了，相当性因果关系的标准判定对我们来说还是比较熟悉一些。相当性因果关系本身所具有的判定的标准和客观归责本身有很多的相同性。所以，从这个意义上来说，我们采取的还是折中的相当的一个理论，但是，在这里面一定要强调设定对实行行为危险实现的判定标准。我们不是直接以一般人的标准进行判定。这样一个标准的判定是什么？我们落脚点还是在起因上，就是对行为本身所具有的危险的实现的这样一个判定。怎么样判定？

刑法治理的现代化与本土化·讲演录:(一)

我们这里增加了几个判定的因素:第一个因素叫危险盖然性判定。判定什么?是判定实行行为对结果是否具有的这样一种高度的危险。我们所主张的是在于事后的一个判定,这个事后是指行为发生后所产生的这样一种状态,以这样的一个状态,或者是以介入行为介入之后所产生的一个状态来进行的一个判定。所以这个判定针对的都是一种危险性的判定,就是这个行为本身它所具有的这样一种危险性的判定。但是这个判定应该是一个什么样的危险?我们都知道,如果你用一个抽象的危险标准的话,前面的那些标准可能都没有办法来起作用。那我们这里面倡导的一定是指具体的一个危险的判定。那具体危险如何来进行判定?就是要解决实行行为和介入因素之间的一个关系。我们知道因果关系是否成立的一个判定就是对于结果的出现,行为我们所说的实行行为本身是不是起到了我们所说的不管是直接原因还是间接原因的这种作用。所以,我们前面所谈到的条件说所说的必要的条件,如果要没有它的话,就不会产生结果,但是只要有它一定会有结果的产生和发生。这样一个判定,在介入行为和实行行为的关系判定的过程中是需要细化的。这个细化,是通过什么方式来进行?就是通过我们前面提到的因果关系的这种类型。

我们前面提到,基本上从因和果的这个关系,我们能总结出四种类型。基本上大多数存在争议的问题,都是在第二种类型,就是"多因一果"上,如何加强我们所说的在进行判定的过程当中,我们前面所提到的危险的高度盖然性的存在,我们所提到的事后判定标准的适用,我们所提到的具体危险判定的处理。从这个意义上来说,具体的危险判定到底怎么样来进行?我们设定的是进一步细化行为和结果之间的这个关系。从另外一个角度来说的话,就是从归责层面,我们能不能把结果和实行行为或者是和介入行为联系起来。一般来说,这个具体的危险我们怎么样来进行判定?主要是刚才提到的立足于实行行为和介入因素之间来进行判定。这个判定主要分为几种情况:一是实行行为必然导致介入因素。在这种情况下,我们说介入因素本身所具有的对结果的发生力,在一定程度上无论如何不能阻断实行行为对结果的发生力。因为一般来说的话,后一行为的发生是基于前一行为发生的时候,前一行为实行行为本身对结果的这样的一种作用力和原因力,它始终是客观存在的。第二种情况就是所说的实行行为通常或相对的导致介入因素,像刚才我们所提到的,人受重伤,这种情

第二讲 中国刑法因果关系理论的本土化问题

况送到医院，一般来说的话是属于能够得到及时救治，那出现医生失职的这一个因素的时候，能不能判定这是一种通常相对存在的，如果是的话，就没有办法阻断实行行为和结果之间的因果关系；如果不是的话，在一定意义上可能就会阻断因果关系，或者是从法律归责层面判定，结果的出现不能归结到实行行为上。下面两种情况，实行行为很少导致介入因素，或者实行行为与介入因素没有关系，在这样的情况下，就会回到我们前面所提到的，在因果关系判定过程当中，我们不单要做事实因果关系的判定，同时还要做归责层面的判定，在这个基础上，我们同时还要考虑一些阻却性的事由。如果实行行为和介入行为无关，或者是很少能够导入的话，出现这种情况的时候，可能就使因果关系的这个"因"发生了转移，就是我们前面所说的事实层面不存在，那就没有办法归结到我们所说的实行行为身上。有个学者弗兰克所提到了回溯禁止理论，这在一定程度上是可以有限的适用于我们前面所提到的实行行为和介入行为之间的这样一种存在非常小的关联的案件当中。

所以，第二部分主要是围绕着这个模式给大家展开，怎么样把我们的一些观点和想法，还有一些判定的认定标准设定出来，或者是在这样一个过程当中怎么样把事实的因果关系和法律层面的归责的判定紧密地结合在一起。在这样一个过程当中，一直想着一个主线的问题，这个主线就是用实行行为来进行判定。第二个问题我们需要考虑如果有结果的话，行为和结果都存在的时候，这样一种因果关系的归责是不是一定能够归责到实行行为上。也是我们所说的因果关系在类型化过程当中，我们需要考虑的是，通过一些阻却性的事由或者观点把事实层面的条件和要归责的结果之间的因果关系阻断。从这个框架上来说的话，我们在设定这样一个模式的时候，主要就在于突出实行行为——"因"，同时我们要建立归责的一个最基本的标准和要求。

第三个部分的内容，跟大家介绍一下，这种本土化模式的价值，或者怎么样对这样的一个模式进行检验。这个价值的话，我想可能有这么几个方面是需要考虑的。我们前面提到对因果关系的研究，是从结果加重犯的因果关系入手的，所以它是从小到大的一个推进的过程。就我国的刑法因果关系本土化模式的构建而言，因果关系是作为客观不法当中的一个构成的要素。其实，在一定意义上来说的时候，这个问题的探讨在一定程度上要推动或者是提升我们国家犯罪论当中的行为论的研究，或者实行行为论的研究。从另外一个意义上来说，就叫夯实实行行为在犯罪构成当中的根基性的地位。特别是现在随着刑法修正案的增加，行为类型现在越来越多，所以行为本身竞合过程当中所产生的一些问题也突出出来，体现出来实行行为本身的根基性的位置。如果实行行为确定不了的话，下面的很多问题可能我们都没有办法展开。比方说我们现在大家关注比较多的，实践当中使用罪名也比较多的，帮助信息网络犯罪活动罪，我们进行判定的时候，要判定行为和拒不履行网络监管责任罪，还有帮助信息网络犯罪活动罪到底是一个什么样的一个关系？所以，突出实行行为在因果关系当中的起点这一观点，是想进一步提升和夯实实行行为在我们国家犯罪构成体系当中的根基性地位。现在随着法律规定的增多，过失类型的犯罪可能也在增多，有一些不作为的过失犯罪现在也凸显出来对判定因果关系的需要。因果关系的判定对正确地认定这类犯罪和适用法律有很大的根基作用，如果因果关系都不存在的话，再往下，或者就不需要再往下进行相关的其他构成要素的判定。所以，这样一种模式，可能不单是对我们因果关系的本土化的塑造，同时对我们刑法基础理论的研究和提升也起了很大的作用。

第二，就是要进行一个检视，到底这个标准可不可用？能不能用？因为这是我们在理论研究当中给实践在适用过程当中所开出的一个处方。但是这个处方能不能用？所以在这个过程当中，我提出来，理论和实践，就回应我们前面所提到的这样的一个问题，理论和实践到底应该是一个什么样的关系？所以我提到说，理论为司法开出的因果关系的判定标准，一方面要大力推进理论回应事务所争议的一些问题，并寻求精致可操作性的标准和模式；另一方面要倡导事实因果关系和法律因果关系的模式，进而在条件说基础之上的进行实行行为危险盖然性的判定，这是经过改造的具有本土成分的因果关系判定的普适性标准。我们也用两个例子跟大家阐明一下这个标准。这个例子都是实践当中争议比较大的。出租车司机案件，包括大家可能都了解的日本大阪南港案，这些案件大家都可以拿来比较一下。出租车司机案：在高速公路上被抢劫之后，女司机在逃脱的过程当中反向逃跑，而被其他车辆撞死。在事实层面的抢劫这一实行行为的过程当中出现了人死亡，按照我们归责的标准，就是在于在特定的场合之下抢劫的行为对结果产生所具有的高度的危险性客观上存不存在。在进行具体危险的判定，这个判定的对象一定是实行行为（抢劫行为）和第三方车辆把被害人碾压死亡的这样一种行为（介入行为），我们在进行判定的时候，会得出一个结论，实行行为和介入行为本身在通常意义上存在着非常大的关联性。在这个案件当中，我们就知道，抢劫行为这一实行行为本身，在高速公路的特定场景下，对出现人死亡的结果发生具有高度的危险性，在一定意义上来说，介入行为本身就不会中断抢劫行为和对被害人死亡之间的因果关系，结论就是被害人死亡的结果应该归责到行为人的抢劫行为。这就是实行行为和介入行为之间的关系。结果加重犯的那个例子也是同样的道理。因为时间的关系，可能这个观点还有一些阐释没能及时的展开。非常感谢各位老师，特别是各位评议人，期待和大家有一个很好的沟通和交流。那我就介绍到这里。

黄京平教授：好的。非常感谢徐岱老师。徐岱老师严格遵守时间，结束得稍微有一点匆忙，但是基本上用非常紧凑的时间和平直的语言，很详细地论证讲明了她自己对刑法因果关系理论本土化的宏观和微观的、理论和实践相结合的思考。非常感谢徐岱老师。后续的讨论，还会请徐岱老师再就相关的问题甚至争议的问题做进一步的展开叙述。下面我们进入到与谈人评论的阶段，首先允许我先介绍一下今天的四位与谈人。按顺序是同济大学法学院教授、博士生导师金泽刚老师；西南政法大学教授、博士生导师陈伟老师；东南大学法学院教授、博士生导师李川老师；西南科技大学法学院教授、硕士生导师廖天虎老师。按照顺序，第一位与谈人也就是金泽刚老师马上就要给我们发表他对主讲人演讲的题目的基本立场和观点。我先隆重介绍一下金泽刚老师。金泽刚老师是同济大学法学院的教授、博士生导师，同时是刑事法研究中心的主任，兼任上海德禾刑案研究院的院长、中国刑法学会的理事、中国犯罪学会常务理事。他曾经担任上海市第一中级人民法院的法官，上海交通大学凯原法学院的教授，并且担任过多家媒体的专栏作者或者特约评论员，发表学术论文100多篇，法律随笔和评论文章600多篇，出版了学术专著5部。从这个简要的介绍里头，我们可以看到金泽刚老师有丰富的实践经验，当然也有深厚的理论研究的基础。那么下面我们有请金泽刚老师发表他对刑法因果关系本土化的真知灼见，有请金泽刚老师。

刑法治理的现代化与本土化·讲演录:(一)

金泽刚教授[*]：嗯，好的，谢谢黄老师，谢谢西政和法宝学堂给我这么一个好的学习机会，也谢谢徐老师刚才精彩的讲座，也谢谢各位在网上在线的朋友吧。一个小时时间，徐老师讲得真的是非常精彩。可以说，徐老师用非常精炼的表达把复杂的因果关系理论问题简单化，对因果关系理论中的一些主要理论问题都做了归纳、梳理、回应，体现出她深厚的法学理论功底。比如说关于因果关系理论中的实行行为理论、相当因果关系理论与客观归责理论，还有介入因素对因果关系的影响等等。我觉得这个梳理都非常的精彩，这么一听，我自己一些不清楚的地方我觉得有些豁然开朗，这是我一个总体感受。

我重点想说的是，因果关系理论的本土化，选这么一个主题，我觉得真的是非常有意义。我相信每一个法律人，包括实践部门的同志对这个问题都深有感受，而且都会感受到争议比较大。等一会儿我也会举个别例子来说一点感受。徐老师在回顾总结了国外一些代表性国家本土化的因果关系理论之后，重点阐明了因果关系本土的途径。我想这是徐老师讲到的重点。徐老师把国外国内各方面的理论进行了一个很好的总结提炼，概括出来这么一个模式。首先，徐老师用的是条件说，条件说后面是用必要的条件说来解读它，就是条件说来解释事实层面的归因问题。在法律层面，可以说用法律层面来限制；仅仅有条件还不行，甚至是必要的条件还不行，还要对条件说进行限制，限制的目的是为了规则。因为我们最终说因果关系，那还是要落实到归责的问题上来，其实在这里我想插一句，这个归责是不是对定罪有影响和是不是对量刑有影响，后面我也会举个例子来说一点自己的这个想法。其次，在法律层面上徐老师对归责的理解给我们做了一个很好的阐释，就是进一步的说条件说对归因是一种限制，限制泛泛的条件，否则容易造成过于广泛的责任追究。接下来又进行了一个阻却事由的阐释，甚至举了例子，这叫自我答责，这实际上进一步限缩了因果关系的理论。这是一种层层递进，而这种递进是带有限缩的意义。最后，徐老师又谈到因果关系的类型化问题，类型化是我们这些年来也是非常热门的

---

[*] 金泽刚，同济大学法学院教授、博士生导师，刑事法研究中心主任，(上海)德禾刑案研究院院长，中国刑法学会理事，中国犯罪学会常务理事。曾任上海市第一中级人民法院法官、上海交通大学凯原法学院教授，多家媒体的专栏作者或特约评论员。发表学术论文100多篇、法律随笔和评论文章600多篇，出版学术专著5部。

第二讲　中国刑法因果关系理论的本土化问题

一个话题。我认为徐老师对类型化的解读，实际上是对因果关系理论的一种展开，一种细化，甚至包括一些特殊情况的归纳，因为它分了很多特殊的类型，而重点就围绕介入因素对因果关系的影响。就这一点就回到我开始说的这个重点上来了。其实这么多年来，我们国家学者对因果关系的研究，介入因素对因果关系的影响可以说是很多人都在探讨的问题，或者说它的确是困扰实践的一个问题，而徐老师在这里给我们分类做了一些解读，也是结合实际的情况做了一些从理论到实践的解读。我觉得我们听下来，都是很有受益。这是我对徐老师讲座基本内容的总结。

徐老师在今天讲座过程中还谈到了一个问题，我也做过一点研究，就是结果加重犯的因果关系。我记得徐老师有三四次提到这个问题，我觉得这个问题非常有意思，因为我之前也写过一点文章。关于结果加重犯的因果关系，我想在这里说一点我自己粗浅的看法。我觉得最特别的一个结果加重犯规定是强奸罪。你看，我们一般都是这么表达结果加重犯：致人重伤、死亡，或者造成重大损失，这是一种最典型的结果加重犯的表达。而强奸罪却出现了一个意外，它的结果加重犯是这么规定的：强奸致人重伤、死亡或造成其他严重后果的。这在实践上就出现了问题。致人重伤、死亡，这个不难理解，实行行为跟人的重伤、死亡结果关系的判断相对说来比较容易。但是，在实践中造成其他严重后果的因果关系认识就可能出现分歧。我记得上个世纪80年代，我跟徐老师差不多是一个年代读的大学，那个时候的教材是举了一个最典型的例子，被强奸之后，被害人回去就自杀了，结果与实行行为隔得很远，甚至是还过了一段时间。现实生活中也出现了这样的例子：被人强奸之后，抑郁了、得病了，抑郁过了很久，终于还是自杀了。前一种例子进行因果关系的分析恐怕比较容易一点，而后一种例子在司法上很有争议。在这个问题上，我觉得值得进一步结合法学理论来进行本土化思考。目前实践来看，上述情况能不能作为强奸造成其他严重后果争论还是很大的，不同的法官恐怕看法不一样。结果加重犯的因果关系里，我认为强奸罪是比较特别的，在这里我想重点举一个例子，这也是一个真实的案例，曾在当时引起比较大的震动。湖南凤凰古城发生了一起强奸案，一个女青年晚上喝酒的时候被另外几个男的采取不正当的方式带到了酒店，在施暴的过程中女青年突然惊醒，这时强奸行为还没有完成，女青年跑出了房间，直接从四楼掉下去。当时很多学者们也提出了看法，人被按在床上正准备奸淫的时候实施暴力了，这叫实施暴力没问题，可是被害人最后是自己摔下去的，这算不算强奸致人死亡？强奸造成其他严重后果？最后这个案子的结果，判处的是死刑不是死缓。我个人在想，这个案件判死刑的理论，肯定是强奸即使没有完成，但是造成了其他严重后果，这时候也可以作为结果加重犯。举这个例子的意思就是说我们该怎么来理解结果加重犯里面的因果关系？从本土化来说，结果加重犯在国外的一些刑法里面已经有了很大的变化，不仅立法上有很大变化，甚至理论上有很大的不同意见，而我们国家在立法上规定许多结果加重犯，在这种情况下，我们更应该加强因果关系的本土化理论。时间也到了。我还想就这个问题说一点另外一个角度的想法。我认为徐老师基本上把因果关系理论的重点法律问题都梳理得非常干脆利落，刚才我举的这个例子上升到另外一个层次，就是说我们是否还需要加强因果关系和共犯理论和停止形态理论的研究？这个问题我觉得目前理论研究不是很多。比如说甲乙两个人共同盗窃，两个人商量是入户盗窃，甲进去之后实施了抢劫，遭到反抗之后，甲将被害人丙打伤致死，那么在外面望风的乙是不是要承担抢劫致人死亡的刑事责任？这就是共犯的问题。这个时候就涉及到共犯的理论和因果关系的这种关系处理问题。刚才像讲到了强奸罪的停止形态的问题，实际上也面临这个问题，强奸行为还没有实施完毕，只是实施了暴力，还没有完成奸淫行为，可是由于被害人逃跑，她自己掉下去了，那还不是介入了其他因素，肯定不能用自我答责来解释。这种情况下，我个人还是倾向于法院的判决。我觉得我们不妨把因果关系这样一个基础的问题和刑法上这些犯罪的形态结合起来做更深入的研究，我相信今后也必将有益于因果关系理论本土化的深入，对司法实践一定会有帮助，也从而进一步推动因果关系理论的发展。好的谢谢大家，黄老师，我就说到这里，谢谢。

黄京平教授： 嗯，谢谢金老师，金老师不光对徐岱老师的主题演讲做了点评，而且结合中国刑事立法的一些特有规定，以及一些司法实践中带有疑难问题的案例参与了讨论，同时也向徐岱、向今天在座的各位与谈人提出了值得讨论的一些问题。我们谢谢金老师。下面第二位与谈人是来自西南政法大学的陈伟教授。陈伟老师是中国刑法学研究会常务理事，是重庆市新型犯罪研究中心的执行主任。他也有丰富的刑事司法实务的经验，

第二讲 中国刑法因果关系理论的本土化问题

曾经担任重庆綦江区检察院的检察长助理,重庆市合川区检察院专家咨询委员,曾经发表学术论文200余篇,被人民大学报刊复印资料全文转载的就有十余篇,出版专著多部。陈伟老师也是理论研究和实务经验结合得非常好的一位学者,下面我们有请陈伟老师发表评论、点评和自我的见解,有请陈伟老师。

陈伟教授: 好的,非常感谢刚才主持人黄老师的介绍,说得我自己都不好意思了,也感谢刚才徐岱老师的精彩的讲座,还有前面金泽刚老师的精彩的点评。作为一个学习者,我谈一点不成熟的感受。

徐老师的题目是"中国刑法因果关系理论的本土化",涉及因果关系的问题,我们会看到理论层面众说纷纭,眼花缭乱,在这样的情形之下,反思本土化的因果关系对当下还是对未来的意义都是显然的。尤其是对于我们司法实践来说,因果关系的认定整体层面存在虚无化、形式化、随意化或者政策化,这是客观存在的。如何在我们刑法理论层面提出一些理论性的反思,并且将之适用于实践之中,这就是意义所在。在这个过程中,需要我们刑法学者首先挑起现实的重任。刚才徐岱老师已经讲了,因果关系有事实层面的因果关系,还有法律层面的因果关系。就事实层面的分析来说,都没有什么太多的实质性偏差,无论是必然性偶然性的问题,还是条件关系说,还是借用于域外的相当因果关系等等,这些都没有带来现实问题。核心就在于从事实层面往前再走一步之后,做规范性的评判的时候,在判断法律层面的因果关系的时候,确实就会带来了很多的观点纷争。徐老师提出了一个创意性的模式,就是实行行为论加相当因果关系这样一种综合性的判断类型,这里包含了有实行行为的判断,实行行为的正面判断就是该行为要具有法所不允许的危险,导致风险性升高,据此来判断实行行为的存在。在此基础之上,通过事实因果关系的审查,进一步以折中因果关系为调整补充,具有结果回避可能性,防止结果发生非处于他人责任范围,这样一个模式确实超越了我们传统因果关系的认知和实践性的适用,也继承和发展了域外因果关系的理论,对于刑法意义上因果关系的规范成立提供了新的一个思考路径,也提供了一步一步往前走的这样一种阶层式的路径,它综合性地体现了理论层面的创新和实践层面的结合。

我没有深入性地去做一些探究,但是,作为学习者,我提出一些不成熟的相关问题,这也是困惑自己的一些相关问题。这样一种综合性的创新模式，实际上是一个众采所长的因果关系判断类型，这里面既有实行行为的判断，又有相当因果关系的判断，还有具体的其他判断规则的介入。这个模式实际上是多元标准的叠加。徐老师的文章实际上里面也提到了，就是在这样一种规则基准很多的情形之下，在复杂性的案件复合使用这样一个规范性的判断是要起到对因果关系的限缩，但是它会不会带来限缩目的的失灵？因为在这里面，比如说要判断实行行为，就是行为所创造了法所不容许的危险，这实际上可能就不是一个事实层面的因果关系，而是一个规范层面的价值评判。刚才徐老师也提到要从事实因果关系间接性地跃入法律层面因果关系，这是不是跟我们的一般性的认识会出现这样一种不一致的情形？在相当因果关系判断里面，徐老师又提到了，在事实因果关系的基础上，要向折中因果关系来进行转向。我想这是因为在前面的实行行为里面没有体现出事实因果关系它本身的前提基础，所以到了第二步相当因果关系的时候，才出现了事实因果关系向折中因果关系的这样一种转向的情形，这样一来，是不是会带来与我们一般性的认识不一致？而且，这样一种在本身实行行为论的基础上做的其他规范价值的判断可能适用于徐老师所提到的部分个案，但是实践过程中犯罪类型是非常多元化的。所以，在这样一个创意性模式的基础之上，除了那些具体的单一的实行行为，或者说徐老师提到的这个结果加重犯的类型之外，对于狭义的共犯，比如说帮助犯、教唆犯，对于监督过失行为，对于中立的帮助行为，不可能一来就马上认定是实行行为，这确实也不是我们典型意义上的对实行行为概念的类型界定。在这样一个不是严格的实行行为的情景之下，这样的因果关系是不是只能适用于其中部分，而没有办法在我们的本土化的适用过程中大量地使用到其他的情形上。这个模式确实是徐老师最大的这个创新，也是对我们最大的学术贡献。

另外，一个认识就是对危险现实化说的一些理解。在日本大阪南港案中，行为人导致被害人重伤，然后把他丢到一个地方，第二个行为人最终再导致被害人死亡，法院认为相当因果关系面临现实危机，然后根据危险的现实化来推导出第一行为人已经产生了危险，然后在这种情形之下导致结果发生，根据危险的现实化说认为因果关系的流程得以满足，建立了因果关系，这个危险的现实化说是来自于这样一个案件的归纳总结。这里面会带来两个问题。第一，因果关系的这样一种认识可以通过个案来进行总结，但是反过来我们也可以基于个案的判罚进行批判性的反思，因为它不是一味的。我们要从因果关系的司法实践中得出结论，合理与不合理，它是要经过我们的理性再反思的一个过程。这就跟第二个问题有关，在我们实践层面，这个危险到底到一个什么样的程度，是具体的，还是抽象的，很难有一个具体判断标准的。危险现实化带来的不光是危险的判断基准问题，最大的现实问题还在于，如果我们要借用危险现实化说的这些观点，就会直接性带来无论多强的介入因素基本上都没有办法阻碍因果关系流程的。如果在一般意义上使用危险现实化，确实会建立因果关系，但是按照传统的因果关系介入的中断理论来看，这里面过于强化危险的现实化说，那么介入因素的介入对因果进程的流程基本上是没办法阻碍的。因果关系的限缩目的在规范层面、在法律的适用层面也基本上是没有办法得以实现的。所以说，虽然当下关于相当因果关系说在日本学说里面已经逐渐地转向危险的现实化说，但是，危险的现实话理论存在着这样一种不确定性，或者说它自身的风险性。所以，我们在吸纳域外的一些理论的过程中，可能需要学者基于个案、基于理论的分析，再加之于现有的一些传统的、本土化的问题进行综合性思考。因果关系理论的复杂性，是要应对司法实践中个案本身的复杂性。因果关系理论的本土化也应该是一个永远动态化的过程。基于时间关系，我就谈上述的一些粗浅认识，不当之处希望徐老师多多包涵。

黄京平教授：谢谢陈伟老师，陈伟老师的与谈把我们又带入到了刑法因果关系这个非常复杂的语境，比如说他提到了徐岱老师提出的这个模式如何应对复杂的司法实务的各种案件类型，以及国外的一些著名的案例所归纳的规则可能在理论上得到了一定的认可，但是随着理论研究的深入有没有必要对这些规则的合理性以及它存续的生命力再进行重新思考的问题。那么下面我们有请第三位与谈人。第三位与谈人是来自东南大学法学院的李川教授，他是江苏高校"青蓝工程"中青年学术带头人，江苏省第五届优秀青年法学家，江苏省人大常委会决策咨询专家，在《中国法学》等期刊上发表论文20多篇，出版专著3部，主持国家社科基金项目2项，主持最高人民检察院、司法部、江苏省的省部级课题8项，是一位年轻有为的研究家，是一个出名的年轻的学者。下面我们有请李川教授发表他的见解。

刑法治理的现代化与本土化·讲演录:(一)

李川教授[*]：嗯，谢谢，黄老师过誉了。各位老师好，各位在线上的同学们，大家好。今天非常高兴有机会来参与学习，我对黄老师、徐老师，还有金老师、石老师、陈老师、李老师都是久仰已久，能参与这一次的学习活动，我也非常高兴。刚才我也认真聆听学习徐老师非常精彩的讲座，而且我也提前拜读过徐老师的大作，我觉得对我来说是一个学习启发的过程，有非常好的启发意义。那么，我就来谈几点自己的感受。

第一，我觉得对我来说非常重要的启发是，徐老师非常明确、非常精准地提出了因果关系的功能问题，特别是在本土化的理论的框架之下，徐老师认为因果关系既要解决事实层面的归因问题，也要解决法律层面上的规范评价问题。在学界，因果关系到底是一个事实问题，还是一个规范问题，其实是存在一些争论的。持事实说的观点认为，因果关系应该仅仅只是一种事实上的评价，不应该有规范评价的色彩。这种观点认为所谓的规范评价问题应该由其他的要素去解决，比方说构成要件的要素，或者是有责性的判断，而不应该放到因果关系当中去解决，否则的话会损害整个的构成要件的体系，以及完整的犯罪成立判断体系。但是现在也有非常多主流的观点认为，因果关系既是一个事实层面判断的问题，也是一个规范层面判断的问题。从本土化的这个角度来讲，我是特别赞同徐老师的观点，因为在我们国家的现有的整个构成要件体系，以及犯罪成立理论框架之下，因果关系承担着事实评价和法律评价的两重功能。如果单纯地仅仅对因果关系进行一个事实评价的话，那我们就可能造成把很多可能从规范意义上不应该作为构成要件要素考虑的结果或者量刑时考虑的结果纳入评价体系，可能会扩大入罪的范围。从这个意义上来讲，我们国家的构成要件体系或者犯罪成立体系本身就带有这种归因加归责的双重机能，所以，我们的因果关系也没有办法脱离开这个框架。在这个理由的基础之上，我非常赞同就是徐老师的另外一个观点，就是客观归责论理论放到我们国家的框架下不是特别的合适。为什么呢？因为客观归责理论来自于德国，它是与因果关系并列的一种理论，也就是说其实客观归责在德国的理论体系当

---

[*] 李川，东南大学法学院教授、博士生导师，江苏高校"青蓝工程"中青年学术带头人，江苏省第五届优秀青年法学家，江苏省人大常委会决策咨询专家，在《中国法学》等CSSCI期刊发表论文20多篇，出版专著3部，主持国家社科基金项目2项，主持最高人民检察院、司法部、江苏社科等省部级项目8项。

第二讲 中国刑法因果关系理论的本土化问题

中，它是在解决了因果关系的评价的基础之上再进行的客观归责，所以，从这个意义上来讲，如果接受客观归责论的话，其实等于说在本源意义上就接受了因果关系跟客观归责是并列的，因果关系只解决事实问题，客观归责解决归责问题，那如果接受了这样一个逻辑的话，就等于接受了因果关系其实是一种事实评价，那如果放到我们国家现有的犯罪认定体系，明显是有问题的。所以，我也非常赞同就是，刚才徐老师讲到客观归责论在我们国家适用的时候直接拿来借鉴和引用都有很大的麻烦。为什么说相当因果关系相对来说在逻辑上更恰当一些？因为相当因果关系仍然是在因果关系范围内对因果关系进行界定或者评价的理论，相当性判断本身也是一种因果关系的判断标准，从这个意义上来讲就是相当因果关系本身跟我们国家因果关系承担的归因和归责的双重功能是相一致的，所以我特别赞同徐老师提出来的以这种折中的相当理论作为归责的具体判断标准。这是我觉得第一个对我启发非常大的地方，就是对我们国家本土化的因果关系的判断层次，其实徐老师研究得非常精准。

第二，同样对我来说启发意义很大的就是，徐老师在谈到折中的相当因果关系的时候，她其实并没有完全跟客观归责论对立起来，而是认为折中相当理论跟客观归责理论从某种意义上来说，在功能上是殊途同归的，都是着力解决单纯的事实因果关系认定范围过大而需要限缩这一问题，只不过在理论的逻辑上分别是以相当性因素还是以危险的生成和实现为逻辑进行判断。从意义上来讲，我其实徐老师在本土化的时候没有僵硬地把德国和日本两种理论说成非此即彼的绝对化的关系，而是把相当因果关系以及客观归责理论当中只要是能够为我所用的能够解决问题的理论要素结合起来，这样就形成一个非常适合我们国家因果关系理论和实践的框架，我觉得令人耳目一新。徐老师的这个观点，我觉得它不仅仅是一种理论上的创新，其实对实践也有非常重要的启发意义。我自己对因果关系理论有一定的了解，也进行了一些研究，我发现在我们国家人民法院的案例选编当中其实有很多权威案例的框架和逻辑跟徐老师刚才讲到的折中的相当性因果关系理论非常接近，可以说其实是在某种意义上采用了徐老师的这种理论逻辑。其中我印象最深的就是最高人民法院案例当中有一个非常经典的理论，叫异常性理论，所谓异常性理论就是判断介入性因果关系的时候，以介入的因素到底是不是异常作为判断是否中断因果关系的一个重要的指

· 61 ·

标，而这恰恰就跟徐老师讲到的介入因果关系有异曲同工之妙，可以说基本上是对徐老师理论的实践化。最高人民法院案例选有两个非常典型的理论，我简单的介绍一下，两个案例是非常非常接近的，其实徐老师刚才讲的时候也举过这样的例子，就是两个人打架，一个人把另外一个人打成重伤，这个人送医治疗，送医治疗不治，然后死亡，这两个案例的特点就是这个不治的时间都特别长，就是说送到医院之后可能是一个植物人的状态，大约经历了一年还是半年，最后是在家属放弃治疗的情况之下受害人在医院死亡。这两个大约相同的案例得出的结论却是很不一样的。早先的案例就认为就是介入因素，比方说家属放弃治疗是没有中断因果关系的，那在这种情况之下伤害行为跟死亡结果是有因果关系。但是后期的案例，又认为家属放弃治疗这个介入因素其实是造成了因果关系的中断。这两个案例非常典型，就是以介入因素异常不异常为标准的，有的情况下可能家属放弃治疗是异常的，有的情况下家属放弃治疗可能在特定的案件当中就不是异常的，可能根据家属对受害人身体状况的判断等一些因素有关系。其实，这个理论就非常接近徐老师讲到的要判断行为与介入情况之后的结果之间关系的问题，到底是不是通常会发生死亡结果，还是说通常不会发生死亡结果，还是很少发生这种死亡结果？我觉得听了徐老师的讲解之后，就对为什么最高人民法院案例选当中两个类似的案件采取不同的标准有了一个相对清晰的看法。其实异常性判断也是根据先前的伤害行为跟死亡结果之间的关联性来解释这个问题的，所以在案例当中，最高人民法院用了作用力一词，就是到底是伤害行为的作用力大，还是家属放弃治疗这个介入因素的作用力大，进行了作用力的比较，但是前提都是以异常性为标准。所以，我觉得刚才徐老师对介入性因果关系判断的讲解是非常清晰的，她在某种意义上也给我们提出了异常性的判断标准，这点我也是非常深受启发的。

在徐老师的启发之下，我还有一些困惑或者不清晰的地方，接下来，我想结合自己的理解，提出一些请教的问题。徐老师在介绍折中的相当因果关系说的时候，我觉得是有很多创新性的。她在某种意义上也关注了客观归责论当中危险因素的问题，客观归责论在某种意义上来说可能并不适合我们本土化的应用，但是它对危险的这种比较细致的判断，对相当性概念的理解是有帮助的，所以徐老师也谈到了这一点。我记得刚才陈伟老师

第二讲 中国刑法因果关系理论的本土化问题

谈到了一个类似的问题，就是说危险性的判断其实不是一件非常简单的事情。按照客观归责理论，罗克辛认为危险本身就是一种规范性的判断，那么这个规范性的判断其实内涵非常复杂，它到底是主观的还是客观的，有的时候我们有点摸不清楚头脑。对危险的判断影响到了后来因果关系的判断，所以我觉得徐老师提到的实行行为概念的影响非常大。其实对实行行为危险的判断，跟对危险实现的判断是有关联的。那在这种情况之下，如果危险本身是一个规范的判断的话，那它到底会不会受主观层面的影响，会不会导致因果关系由一个纯客观的问题变成了一个主客观杂糅的问题呢？

我看到，也有很多德国学者对客观归责论进行反驳，认为可能有主观归责的嫌疑。我还是用一个非常简单的案例来稍微说明一下，这样就显得不是那么抽象。结合案例来分析的话可能更容易，这是一个人民法院案例选当中的案例，非常有名的陈某某投毒案。陈某某跟邻居有仇，他家里有农药，他就用抽了一部分农药在针管里，然后到邻居家种的丝瓜上去注射，那他分散注射了几只丝瓜之后，他就走了，邻居家当中的老奶奶和孙女两个人一起吃了这个丝瓜做的这个食物就中毒了，最后孙女经过抢救安然无恙，但是老奶奶因为糖尿病的缘故，送到医院之后医生误诊没有看出来是什么毛病，后来送到第二家医院之后就不治身亡。这个案件当中，非常典型的是有很多因素都掺杂在其中，比方说介入因素，有医生的误诊，也有老奶奶自身糖尿病的因素。但这里边还有一个更大的争论，就是如果投毒的剂量本身不足以致死的话，那么知不知道老奶奶有糖尿病会不会对因果关系的成立产生影响？这是当时一个非常大的争论，比方说投毒者知道老奶奶有糖尿病，所以他知道即便投的剂量不大，老奶奶加上糖尿病的原因也非常可能致死，在这种情况之下去投毒的话因果关系成立不成立？换句话说，如果不知道老奶奶有糖尿病，仅仅是希望给对方一个惩罚，让她们中毒，抱着这样一个目的，投了非致死的剂量，就让对方身体受点伤害，而投出去之后也造成了死亡后果，这会不会对因果关系产生影响？当时这个案件在这方面争论是非常大的。折中的相当因果关系会不会混淆主观和客观层次，造成因果关系由本来应该是一个客观判断的问题变成一个主客观杂糅的问题？所以我想请教徐老师，请教各位老师。好，我今天就评价到这里，非常高兴，确实受的启发很大，也希望有机会多多学习，谢谢。

黄京平教授：谢谢李川老师的评论。现在马上就九点钟了，我们有请第四位与谈人廖天虎教授，他是西南科技大学法学院的教授、硕士生导师，同时是西南科技大学法学一级学科建设的负责人，四川省犯罪防控研究中心主任，中国刑法学研究会的理事，是西南科技大学龙山学术人才科研支持计划青年学者的首批入选者，还是德国马普所的访问学者，出版个人专著2部，主编、副主编学术著作4部，发表论文50余篇，是一位年轻有为的刑法学后起之秀。下面有请廖天虎老师做一个为时15分钟之内的点评，然后我们再进入到具体问题的讨论中间。下面有请廖老师。

廖天虎教授[*]：好，谢谢黄老师，黄老师也是我的老师，刚才老师的表扬过誉了，学生还得认真努力学习。今天非常感谢西南政法大学刑法学科的邀请，为我提供了这次难得的学习机会，同时也非常感谢北大法宝为我们提供了这样一个交流的平台。前面通过徐岱老师主讲的中国刑法因果关系理论的本土化问题，和刚才金老师、陈老师以及李老师的与谈，我个人对这个问题的认识也更为深刻了。

徐岱老师今天的这个题目有两个关键词，一个是因果关系，一个是本土化。本身刑法中的因果关系的内容以及判断的标准就是我们刑法学中的一个难题。我们今天讨论刑法因果关系，再加上本土化，我觉得这个主题更具有时代性和现实性。刚才徐老师从这个命题的本土化的意义、因果关系本土化的模式、本土化模式的价值与检验这三个方面进行了一个详细的一个讲解，徐老师特别围绕规范性判断的标准进行了阐释，她强调应当提倡实行行为论加上因果关系说，并补充其他的判断规则这一种模式，应该说非常详细，意在构建中国刑法因果关系理论的本土化。在刚才的讲座中徐老师提出了两个层面，或者说她在这提到了两个阶段的一个划分。第一个就是关于规范性的判断。首先通过实行行为论进行规范性的判断，然后通过与实行行为论相关的一个判断规则再进行一个规范性的判断。刚才徐老师谈到本土化的价值，特别还突出了关于实行行为的犯罪构成的基础性

---

[*] 廖天虎，法学博士，西南科技大学法学院教授、硕士生导师，西南科技大学法学一级学科建设负责人，四川省犯罪防控研究中心主任，中国刑法学研究会理事，西南科技大学龙山学术人才科研支持计划青年学者首批入选者，德国马克斯·普朗克外国刑法与国际刑法研究所访问学者。出版个人专著2部，主编、副主编学术著作4部，发表论文50余篇。

第二讲　中国刑法因果关系理论的本土化问题

的地位，PPT里面也特别强调了这一点。我觉得，实行行为理论对于目前的犯罪构成和我们今天讨论的话题都是非常关键的。另外，在进行规范性判断的时候，徐老师强调要坚持相当因果关系说，当然，她认为她坚持的应该是折中的相当因果关系说，这里涉及的问题诸如是否具有结果回避的可能性、是否处于他人的责任范围等。刚才徐老师通过近一个小时的主题演讲，将非常复杂的因果关系理论进行了非常清晰的梳理，特别是针对我们国家目前在因果关系理论以及实务中遇到的相关问题，也进行了针对性的分析，并创造性地提出本土化的模式。我觉得对于我国因果关系理论的发展具有非常重要的意义。

听完徐老师刚才一个小时的主题演讲，以及前面金老师、陈老师和李老师的精彩点评以后，我个人也谈一点自己的学习体会。我们国家传统刑法理论，实际上将刑法因果关系定义为危害行为和危害结果之间引起与被引起的关系，实际上我们传统的刑法理论可能重点在讨论引起与被引起。最近几年，我们国家受由于受德、日刑法理论的影响，理论界又形成了归因加规则两阶层的判断规则，刚才前面几位老师都提到了实际上就是一个事实因果关系的判断和法律因果关系的判断。但是从前面几位老师讲解和点评中引用的案例中也可以发现，实务中实践部门往往直接采用的是，只要结果是行为危险的现实体现，就被认为存在因果关系，这种做法往往把因果关系的认定简单化。前面几位老师也都提出了目前认定刑法上的因果关系的理论缺陷和一些现实困境。如何寻求解决方式，就是我们今天探讨的一个主题。刚才徐岱老师的主旨演讲，应该说为我们提出了解决的方案。受徐老师这个思想的启发，我个人认为在刑法关系的理论完善方面，特别是本土化方面，我觉得可以从三个方面予以进一步的关注。

第一，关于因果关系的判断，我个人觉得不能过分地强调规范的判断。实际上在因果关系的判断中，我们有很多很多的理论和学说，但是我觉得要回到这个问题的本质。因为客观的世界中的各种现象存在一个普遍的联系，形成了无数的因果链条，也就是说万事万物之间存在非常多的联系。所以，我们在判断刑法因果关系的时候，还是应该回到问题的本质，比如说自然现象，或者说社会科学的一些基本原理，这些应该是因果关系的一个前提。然后再从这个前提的基础上，再来从法律或者是规范的角度进行限定。为什么不能过分地强调规范的判断？实际上刚才几位老师提到的有些案例中，我们可以发现，特别是在介入因素里面，这个因素可能不会单独产生最终的结果，我们在判断的时候，可以借助社会科学上的因果关系，或者自然科学上的因果关系来进行一个前提性的判断。

第二，可能是我们在因果关系判断中特别难的一个点，就是特殊情形案件的刑法因果关系，应该在判断的时候坚持谨慎和综合性的处理。前面我们几位老师在讲的时候，都提到特殊情形，比如说特殊体质。我个人认为，这种特殊案件在认定因果关系的时候，应该进行一个类型性的梳理，在这种类型性梳理完了以后，对于这种因果关系的认定应该有一套相应的方案。比如说这种特殊案件实际上大概应该有两种类型，一种是行为时存在特殊类型的，比如说特殊体质的；另一种是行为后由于介入这个特殊的因素而导致结果发生的案件。难点可能在于第二种类型，第二种类型根据理论，大概可能分为三种情形，一是介入了行为人行为的场合，二是介入了被害人行为的场合，三是介入了第三人行为的场合。在判断行为和结果之间是不是具有因果关系的时候，就要考虑到介入这个因素，或者说介入这个媒介它的异常性的大小、介入事情对结果这个贡献等，如果涉及大小的话，就涉及一个数值判断的问题，对这些进行判断的时候，实际上实务中存偏差，特别是对于这个比值大小实际上分歧比较大。我也在这个地方举一个实际中发生的案件：被害人杨某与罗某因为小事情发生争执，杨某拿茶水泼向这个罗某，罗某抓起一个象棋子就向杨某方向扔去，杨某便上前抓住罗某的衣领，两人发生抓扯，最后两个人抱摔在一起，相互打斗，在场的人把两人拉开以后，罗某与杨某又继续在一起相互扯打，经过几番打斗以后，杨某就倒地死亡了。经过司法鉴定，杨某患有冠心病，因为争吵打斗诱发冠心病导致急性心肌梗塞死亡。司法鉴定认为，与他人发生争吵、打斗与杨某的死亡之间存在因果关系，但冠心病引起急性心肌梗死为其死亡的主要因素，与他人发生争吵、打斗仅为诱发因素，司法鉴定给了一个比值，说这个参与度的范围是1%—20%，理论只是10%，就因为有这一个比值，最后检察院以故意伤害罪提起公诉，辩护人认为属于意外事件，但法院最后在处理过程中也形成了两种意见，一种意见认为是过失致人死亡，另一种意见认为是意外事件，但最终法院是作出了过失致人死亡罪的判决。那这个案件中，实际上又回到特殊情形下因果关系的认定，这涉及到规范性判断的时候一个标准的鉴定问题。

第二讲　中国刑法因果关系理论的本土化问题

第三，是要坚持因果关系的同一性和同质性的规则。前面各位老师也提到了，单一因果关系很好判断，而存在多因一果、特殊介入因素的情况时因果关系的判断往往是比较难的。但是，我觉得在坚持因果关系判断的时候一定要坚持统一性和同质性，也就是前面的条件一定要能导致最终的结果，只有坚持这种限缩的思想，我们才能建立一套有效体系。当然，如果要坚持这个同一性或者同质性规则的话，就要回到建立行为危险现实化的标准上来，但这个标准的建立又回到我们刑法里面关于行为理论等等这系列的基础性理论，所以说因果关系这个理论应该说是非常难，它涉及到我们刑法里面方方面面的知识。当然上面三个相关的建议，仅仅是我个人一点不成熟的学习体会，有不成熟的地方请各位老师批评指正，谢谢。

黄京平教授：谢谢廖天虎老师。前面李川老师、廖天虎老师都做了很好的点评，下面我们进入到问题的讨论阶段。我先简单归纳一下我们今天的问题讨论，我想大概有这几类。一类问题是听众提给徐岱老师的问题，后台一共发来了六个问题，这六个问题徐岱老师应该能看到，这是听众提的问题，很多问题很尖锐，既有理论的深度，也有实践的复杂性，徐岱老师是不是选择其中的若干问题做一个回应。还有一类问题是刚才在与谈人评论的过程中实际上提出的问题。比如说刚才李川老师的点评有两个特点，一个特点是结合中外刑法理论宏观框架的差异对怎么安排因果关系理论谈了他的想法，以及他对徐岱老师今天主旨演讲观点的基本评价；还有一个特点就是他极度关注司法实践，针对同类问题不同阶段的司法规则的变化，他结合司法实务，提出来了需要在今天几位学者之间进行讨论的问题。第三类问题是参与与谈的老师，比如说金泽刚老师，他的典型的特点就是理论和实践的结合。他提到在近期的一些实务案例的讨论里有一些值得拿到今天我这个平台上去讨论的既有实务前沿性、也有理论复杂性的问题。那接下来先请徐岱老师回答两个问题，然后紧接着金老师如果愿意的话，结合后台提到的案例做一个发言，然后再看李川老师提到的那个问题，是由李川老师自己来回答，还是由徐岱老师，或者说其他的嘉宾来共同地参与讨论，那我们先按这个大致的顺序好吧。

徐岱教授：好，那我先来，按照黄老师的安排，选几个问题。第一个问题，通过因果关系限缩过失犯罪成立的范围，能举个例子吗？这个问题就交给了金老师，因为他的那个例子已经放到了群里面。刚才我在跟大家沟通的时候，就是因交通肇事而导致的被害人受重伤，救治过程当中出现的失职行为导致的人死亡，这两个例子也有一定关联。这个问题不算，我再选择两个问题。

一个问题就是，涉及到因果关系本土化，是否需要以坚持立法本土化为前提，就是因果关系的本土化和立法的本土化的关系问题。关于中国因果关系的本土化问题，我前面提到它是一个由小到大的推进的层次，这个层次可能日后在研究的过程当中，会逐渐地推及到我们所说的刑法基础理论，其中特别重要的就是犯罪论的部分，还有一部分就是立法论。所以这个问题是很切中要害的。我们也知道，在现有的这种情况之下，刑法基础理论的因果关系的本土化研究，是为解决实践当中出现的问题而形成的一种理论性的回答，其实说得清楚一点，它还是一个理论问题。但是这个理论问题，它一定是有一定的平台或者是展示根基的，我一直认为展示的根基可能就应该是以我们立法的本土化为准的，因为立法本身的本土化，它不单纯是文字如何来表示，它更多的是代表立法背后的基础理论，也就是我们立法背后所确认的基础理论应该是什么。从这个意义上来说，立法本身的本土化，在一定意义上会带动或者是指明刑法基础理论研究的本土化，其中就包括刑法因果关系的本土化问题。我们主要是做本土化研究，它是有的放矢的，这个平台、这个前提和立法本土化是分不开的。

另一个问题其实也同样是提给黄老师的，提出的问题是在防卫案件当中，防卫结果和防卫行为之间的因果关系，与通常的危害行为和危害之结果之间的因果关系构建是否有不同。因为我们国家的正当防卫排除犯罪性事由，它是在犯罪构成以外，所以按照我们现有的犯罪的成立模式或者是标准的话，我们一般判定正当防卫的时候，无外乎就是正当防卫成立或者是过当，如果是防卫过当的话，它就回归到了我们所说的正常的先判定的客观不法，其实就回归到了正常的因果关系的一个判定。如果要属于正常的、不属于过当的行为判定的话，那我想就应该按照我们正当防卫成立的条件，可能也不太会涉及到防卫行为和防卫结果的的关系问题。另外，这里用了危害行为和危害结果，对于这个概念的使用，我们现在也是从本土化这个角度一直在反省过程当中，因为我们国家没有独立的行为论，我们是用了大陆法系的犯罪构成前的行为论来表述了我们国家的危害行为，而且恰恰是我们的那个危害行为是构成要件内的行为，所以概念上我们有错位。在这个错位过程当中，我们现在应该怎么做？有学者提出，我们要不要在这个基础之上，在犯罪成立的之外再有一个独立的一个行为论，就像德国所主张的，其实按照我们现在的这样模式和惯性，包括立法惯性和理论惯性的话，其实不是很恰当。现在要关注的一个问题，一定是从犯罪的客观方面当中的行为尽可能少的价值判断，而更多地要实现事实性的描述。从这个意义上来说的话，其实更建议使用所说的这样的一种实行行为或者我们这里面所说的因果关系当中的这样一种结果。这是两个问题，黄老师，那么下面就由金老师来回答可以吗？

黄京平教授：徐岱老师你稍微休息一下，你接着准备第三个、第四个你喜欢回答的问题，然后先让金老师来谈带来的他实务中与今天这个话题有关的问题。然后等李川老师说完以后，徐岱老师再进入好吗？

徐岱教授：好。

黄京平教授：那有请金老师。

金泽刚教授：没想到我还有一点戏份。正好通过今天徐老师的讲座，我联想到昨天一个群里面谈到的案例，跟我们今天这个话题很有关系。大概的情况也是一个交通引起的重大事故，A公司承包一个工程，然后分包给B公司，B公司就把打桩的工程又交给了C公司。打桩需要很多大型的作业工具，C公司就把这些打桩的工具交给运输公司来运载，大型货车在高速公路上运行确实很危险，结果在高速公路上出现了追尾，车子的重量加上15根大型打桩工具确实很重，加上没有捆绑牢固，在急刹车之后，这15根作业的工具刺穿了车头，还砸中了前面两辆小客车，造成重大人员伤亡。最后，司法机关起诉了，要追责谁呢？司法机关找到了A公司的负责人，当时作为A公司的辩护人认为A公司不应该承担这起事故的刑事责任。后来我一想正好，A公司的分包行为跟这个事故的发生、结果不具有因果关系。最后司法机关也是认定A公司没有刑事责任。当然中间经历了律师辩护的一个过程，这个律师辩护得很好，那么我就把其中因果关系的这一节拿出来跟大家分享一下。这个案件中，A公司作为一个建筑公司、承包公司，他的责任主要在哪？是在建筑工程领域的责任，他把这个工程分包给B公司，B公司又让C公司来打桩，结果C公司在运输打桩作业工具的过程中出了事情。问题就来了，这个因果关系是仅仅是运输公司的责任，还是A公司、B公司、C公司都要承担刑事责任。我就联想到我们今天徐老师讲的话题，就是因果关系的本土化，我刚才还在私下跟几位聊了一下，我说好像可以把徐老师今天讲的本土化的理论叫做限制的因果关系说。所以我就结合这个案例。具备了因果关系的条件没有？如果 A 公司不承包，承包之后不分包给 B 公司，B 公司不找 C 公司，那可能就不会发生这个重大事故。C 公司在运输过程中出现了重大的疏忽，没有绑好作业的工具导致结果的发生，所以，司法机关认为这起案件还是因为交通运输本身的原因，把因果关系的链条限制在运输公司在运输这 15 根作业工具的过程中出现了重大的疏忽，没有绑牢、固定好这 15 根作业工具，导致了司机在刹车的时候，这些作业工具由于惯性刺穿了车头之后，砸中了其他车辆，造成了人员的重大伤亡。司法机关最后认定因果链条就限制在交通运输过程中，由交通运输的本单位和司机本人来承担责任，而 A 公司作为主要的工程的承包人就没有法律上的责任。这使我联想到今天徐老师讲的因果关系，从限制的条件说到后面规则理论，对条件说做到进一步限制在阻却事由，到最后的因果关系的类型化，这么一个逻辑层次，我觉得跟这个案件有相似的地方、契合的地方。所以这个案件对 A 公司做无罪处理，我也认为是正确的。实际上我认为可能有一种不当的情况：A 公司作为总承包公司肯定有钱，而出了事故总要拉一个垫背的，好像有这样一种错误的认识。只要我们深刻地理清这中间的因果关系，该追责追责，不该追责的就不能追责，对正确处理案件是有重大意义的。好，主持人，我就简单地说到这里，中间一些细节没有详细说，谢谢黄老师。

黄京平教授：好，谢谢，谢谢金老师结合新近出现的案例谈了自己的认识。那下面李川老师有没有结合刚才你所提的问题有进一步的想法，我觉得你的问题既是给徐老师提的问题，也是一个可以自问自答的问题，还是可以把今天的话题进一步深入的问题，请你扼要地表明一下你对这个问题的观点和理由，好吗？

李川教授：好的，谢谢黄老师给我一个发言的机会，因为时间关系，我就简单的两三句话，再稍微说明一下。刚才我讲这种情况，也就是这两年因果关系判断存在的一个非常大争议的问题，叫做特殊认知问题。正好我看到观众提问当中的第三个问题特别提到了主观归责，这恰恰也就是对客观归责的一个反驳或者是对客观归责的一个质疑。其实客观归责论者自己也说是一个黑洞问题，就是说特殊认知竟然能影响到因果关系的评价，

第二讲 中国刑法因果关系理论的本土化问题

这就会出现一个先主观后客观的问题,也就是说如果说投毒者他想利用受害人有糖尿病这一点,然后注射不是致死剂量的毒药,但是又能导致受害人死亡的话,这其实是一个主观上的认识,那如果他有这个主观认识的话,好像实践当中倾向于认为因果关系是存在的,如果他没有这样的主观认识的话,好像致死的这个因果关系又很难成立,所以这个问题我自己也很困惑。理论上目前有两种回答,我简单地说一下。一种观点就认为主观认知存不存在其实重要的是影响了判断的事实,并不是主观认知本身,也就是说,如果投毒者认知到受害人有糖尿病,并且利用这一点的话,那受害人有糖尿病就是一个判断因果关系时的一个事实因素。所以,即便是有一定的主观认知,但是主观认知只要框定了事实的范围,这个事实的范围照样可以作为一个客观归责的前提,或者是风险判断的一个前提。还有一种观点就认为,归责问题本身不需要讨论主观和客观,只要是对归责有影响的规范评价,即便是主观的也需要考虑。那这个观点就远远超出了主客观不法的这样一个讨论范围,可能就是说这种观点更不容易被接受。这就是理论上现在的两种解决这个争议的一些看法。就实践当中的这个问题,我觉得还是不好回答的,所以我就是提出来请教,希望能够多多讨论。谢谢,我就说到这。

金泽刚教授:黄老师,我听到李川的这个例子我想接着讨论一下,恰好稍微有一点碰撞。我记得李川老师讲的这两个观点好像都是说构成吧。我听下来觉得只不过是不同的一种解释。我本来很期待有否定的解释,结果你说的两个都是一样的解释,只不过是一个更广义一点。我觉得是不是因为徐老师吸取了盖然性的一种说法,认为这两者都很存在盖然性,只不过一个盖然性大,一个盖然性小。我这里还想举一个例子,前不久我也写了一个评论,我简单地说一下:农村里面一户人家办丧事请客吃饭,请一个厨师来做饭,结果厨师也买了一点像酒一样的燃料用来烧灶,他就把这个东西放在自己做菜的厨房,量很大的一壶放在旁边,结果厨师没注意到,有客人以为这些燃料是酒,而且确实有酒味,客人就把"酒"拿到了餐桌上,而且每桌都倒了,最后很多人中毒送到了医院,受伤死亡的都有。对这样一个严重的后果,司法机关最后抓了谁呀?抓了这个厨师,问一般这个燃料买了放什么地方,厨师说"这是用在炉子上的,我不放厨房这里我能放哪去?"

这个案子也让我想到了这种因果关系的问题，就是谁来对这么大的伤亡负责，这个时候因果关系怎么分析。我也在想，司法机关为什么要抓厨师，而不是抓倒错酒的人，或者作为一个意外事件来处理，这个具体分析可能大家各自有不同的看法，但至少我认为这个厨师把这些燃料放在自己做菜的厨房里面，他就有义务，这种违法性的判断还是很明显的，可想而知他不存在这种认识。我这里想的另外一个问题就是，在今天徐老师讲的这个话题里面，归责理论里面的违法性认识，以及刚才李川老师提到主观上的认知，认知的内容是什么，要达到一个什么程度？我觉得，恐怕还是今后需要探讨的地方。好的，黄老师，我就简单地插这几句。

黄京平教授： 谢谢金老师的这段评论，使得我们今天这个讨论就更热闹了，形成一定的观点的交锋，然后把实务中的复杂的问题带到理论的研讨中间，是很有意思的。下面请徐岱老师接着再回答几个观众提出的问题，包括同行提出的问题，好吗？

徐岱教授： 好。那我就先就几位与谈人提到的一些问题大致回应一下。特别感谢金老师就刚才那个问题所给出的答案，还有李川老师提出的那个问题是比较有普遍性的，正好听众当中也有提出来。因从客观归责走向主观归责，这是一个最基本的走向。在我看来，如果说我们要确定以犯罪的罪过形式本身为根基来决定包括因果关系在内的犯罪成立标准的话，可能这是一个非常典型的主观归责问题。问题在于刚才提到的，包括我所说的这种折中说当中，包括一般人的经验性的观念加上行为人的特殊的认知。行为人的特殊的认知是指对特定的对象的认知，比方说对特指的人的身体情况的认知，是不是利用她有糖尿病，然后实施这种投放不足以毒死一般人的毒药行为，这是对特定的一个事项的认知，我想这个认知和犯罪主观方面的罪过形式当中所重点的关注的行为对结果关联还是有区别的，所以从这个意义上来说，不能以这样的一个标准就直接认定为应该以主观的这种归责为主来决定因果关系的判定，这是一个结论。另外，相当因果关系说被批判的一个重大地方，刚才李川老师提出来了。大家也知道相当因果关系或适当理论是由德国理论界提出来，而且它主要是要解决结果加重犯的问题，后来又因为相当因果关系说当中的有些理论有弱点，所以又进一步发展。在这样的一个过程当中，对于因果关系的认定，我们是在存在论基础之上的一个认识，认识之后的一种规范性评价，这种规范性评价

第二讲 中国刑法因果关系理论的本土化问题

永远是针对客观上已经存在的事实，所以前面的条件说要解决的是事实是否存在，或者是事实是什么样的，那么规则要解决的是一个范围问题，就是通过一个什么样的标准来处理这样的一个范围。其实，针对行为人、针对一般人的评价标准，乃至行为人本身的认知对于我们事后判断来说，其实都是一种客观存在，只是我们在认识的过程当中，把有一部分归类为客观的，一部分归类为主观方面的构成要素。从这种存在论的角度来说的话，刑法就是一种事后规范的判定，所有的案件事实角度都是一种客观的存在，只是我们在认识论的角度进行了一种划分。从这个意义上来说，归责强调的是对归因的这样一种客观事实的判定，不管范围大小，就是要建立一个标准来进行判定。在这基础之上，很难把它认定为是一种主观性的归责，它更应该是在把所有的事件作为一个客观认定的基础之上，从认识论的一个角度进行的判定。我们把它说是一个主观方面的要素的时候，只按照这一点就得出结论认为它是一种主观的归责，我认为是很难成立的。所以这可能也是客观归责任为什么要反对相当因果关系的主要的原因。

除了黄老师刚才提到这几个问题，还有陈老师、廖老师提到的一些问题，真是需要在这样的一个基础之上进行一个细致化的思考。现在来看的话，有些模式，或者体系，或者评价标准，很难做或者是很完美到解决所有问题，所以我们就知道为什么有些理论在发展的过程当中一直能推出新的一些理论。但是，不管是客观归责还是相当因果关系说，我们在进行归责判断的时候，可能要找它们的共同点。这个共同点就是在于从事实判断到归责判断，我们所说的标准判断或者是规范判断，这是一个共同点。第二个共同点就是在于，我们在认识因果关系或评价因果关系的时候，我们所有的客观的理性人都要面对的一个问题，所以才能形成一个共同的认知。但是细节的判定标准那可能就各有各的不同。从这个意义上来说，就是要从因的危险，即实行行为的危险上来进行判定。从这个意义上来说，几位老师提出的这些问题，特别是陈老师提到的是不是我这个限缩模式设定得太多，反而可能没有起到限缩的这个目标等问题可能真的需要再思考，非常感谢各位老师。下面还有几个问题，我就试着跟大家沟通一下。

有一个问题是，这种折中的因果关系理论和现在日本流行的危险的现实化说是不是同一个问题。其实日本在涉及到对相当因果关系理论进行改造的过程当中，提出了很多的一些理论，其中比较占主流的可能就是危险的现实化。它强调的是从实行行为的危险来判定，危险现实化是它最核心的一个观点。这个观点我是认同的。那它是不是完全是脱离了相当因果关系的判定？我认为不是。我前面提到，金老师也提到了，结果加重犯的因果关系判定其实最后涉及到对实行行为和加重结果之间的高度危险性的判定。从这个意义上来说，可能有相同的一些内容在，但是最主要的还是在于折中的因果关系说是站在一般普通人的立场进行判定，而不是完全做个别化的特殊类型判定。因为我们要想使这样一个标准达到一个尽可能普遍的标准，在设定标准前提的时候还是应该有所要求的。所以，我想可能差别就是在这里。

还有一个问题提到，介入因素是否异常这种情况如何认定在一些案件当中很难达成共识。这种具体的危险的判定，一定要结合具体案件，我们给出的只是一个大致的一个方向。比如过失类型犯罪，或者不作为犯罪，可能每个案件当中，判定的一个具体的内容是不一样的。但是我们尽可能建立一个标准。如果认为每个人的价值判断都不一样，那就是一种个性化的判断，因此结论它就不一定或在很大程度上可能就不会成立。那我们就给出了一个标准，就是介入的行为或介入因素，它和谁来进行比较？它得有个参照物，如果没有参照物的话，我们直接得出一个结论的话，可能就过于主观。所以，从这样的角度来说的话，我们才把实行行为和介入行为的关系给大家列了出来。

黄京平教授：好了，谢谢徐岱老师的回答。时间进行到这儿，基本上完成了我今天这个讲座。谢谢主讲人徐岱老师，谢谢与谈人金泽刚老师、陈伟老师、李川老师和廖天虎老师。

黄京平教授：那我们谢谢西南政法大学刑法学科给我们提供了这么好的一个平台，谢谢在后台指导活动的石经海教授、陈小彪教授。同时谢谢网上的听众，因为你们的参与，才使得今天的讲座能够得到圆满的开展，特别是你们刚才提到的很多问题实际上既是理论的疑点问题，也是实践中需要长期探索的问题。刑法治理的现代化和本土化实际上是一个漫长的过程，我们永远在这个过程中，也希望在这个过程中，我们在座的各位能够为之做出我们每一个人的贡献。今天的研讨到此结束，谢谢各位。

第三讲

企业合规刑法改革的中国路径

黎 宏[*]

摘 要：最高人民检察院等部门推行的企业合规不起诉改革试点，为检视我国刑法中单位犯罪规定及其实践提供了一个绝佳的机会。虽然我国刑法在单位犯罪的规定上采用了单位自身犯罪的观念，但由于实务中将单位犯罪理解为单位法定代表人决定或者单位集体决定的犯罪，使得单位犯罪事实上成为一个"放大版"的单位特定人员的个人犯罪或者共同犯罪；同时，由于在单位犯罪的处理中，没有考虑单位自身所具有的可能导致其成员犯罪的组织特性，使得单位被笼罩在其组成人员的违法行为的阴影之下，没有自我救赎的可能。这种局面，不仅与单位犯罪的现实不符，也无法为当前进行的企业合规不起诉改革提供立锥之地。从组织责任的视角出发，修改单位犯罪的相关立法，加入企业合规不起诉的内容，在司法上贯彻企业自身犯罪的理念成为当务之急。

主持人孙国祥教授[*]：各位老师、各位同学，大家晚上好。非常开心回母校主持"刑法治理的现代化与本土化"系列讲座的第三讲。本讲非常

---

[*] 黎宏，清华大学法学院教授、博士生导师，清华大学法学院商业犯罪研究中心主任。兼任中国刑法学研究会副会长、北京市法学会副会长。曾任清华大学法学院副院长、党委书记，北京市西城区人民检察院副检察长（挂职），最高人民检察院司改办副主任（挂职）。

[*] 孙国祥，南京大学二级教授、博士生导师，享受国务院特殊津贴专家。兼任中国廉政法制研究会副会长、江苏省法学会刑法学研究会会长。

荣幸地邀请到了清华大学法学院的黎宏教授为我们做讲座。黎宏教授是我国著名的刑法学家,中国刑法学研究会副会长、北京市法学会副会长,他今天演讲的题目是"企业合规刑法改革的中国路径"。企业合规改革是现阶段法学界改革的一个热门话题,企业合规改革又与单位犯罪的制度密切相关,黎宏教授多年来对单位犯罪的研究非常深入,有许多重要的理论成果,在实务界也有非常重要的影响,这些研究成果为企业合规改革奠定了基础。近年来,黎宏教授在企业合规改革方面的成果非常丰硕,是企业合规改革研究的领军人物。同时,还邀请到了北京大学的江溯教授、北京师范大学的周振杰教授、山东大学的李本灿教授,以及西南政法大学的丁胜明教授与谈,他们都是刑法学界崭露头角的青年学者,下面有请黎宏教授做演讲。

主讲人黎宏教授:感谢主持人孙国祥教授,感谢本次讲座的主办方,特别是西南政法大学刑法学科的石经海教授,以及各位评议人。今天晚上我给大家报告的题目是"企业合规刑法改革的中国路径"。大家知道,为了优化营商环境,保护民营企业,最高人民检察院于2020年3月份在上海的浦东和金山等6个基层检察院开启了企业合规不起诉的改革试点。2021年又启动了第二期企业合规改革的试点工作。在今年的4月2日,最高检会同全国工商联专门召开会议,部署全面推开涉案企业合规改革试点。对于涉案企业合规试点改革的全面推开,在此前的全国检察长会议上,最高人民检察院的领导曾经特别强调,原则上有条件的县级检察院今年都要大胆的探索,尝试办理几件企业合规的案件。应该说,企业合规在经过三年的改革试点之后,今年应该是进入到了一个全面铺开的阶段上。按照最高检的上述文件,企业合规不起诉的案件种类包括比较广泛,既包括了企业、公司等实施的经济犯罪、职务犯罪类案件,也包括了公司、企业实际控制人、经营管理人、关键技术人员等实施的和生产经营活动密切相关的一些犯罪案件。不起诉的内容包括了合规不批捕、合规不起诉、合规从宽量刑和合规从宽处罚等内容。由此可见,在我国企业合规对于涉案企业而言是一项非常有力度的从宽处罚情形。作为一项封闭于西方国家的预防和惩治企业犯罪的特殊制度,企业合规不起诉对于在犯罪发生之前的未然状态时预防企业犯罪,在犯罪发生之后减少企业处罚可能给社会带来的震荡和负面效果而言具有积极正面的意义。因此,最高检在我国目前对民营企业实行"六保六稳"的政策背景下,实施的引进并推动这项制度可谓正当其时。但是,我们国家在引进这项新制度的同时,还存在很多的困难,在我看来主要是有两个:

第一,法律根据阙如。立法上对于企业合规不起诉制度是一片空白。企业合规不起诉的核心是,企业犯罪之后,只要和检察院达成合规的承诺,积极整改,就可以享受不起诉等优遇。但是,仔细看来,我们国家的刑法和刑事诉讼法都没有这项规定。《刑法》第三十一条明文规定:单位犯罪的,对单位判处罚金,并对直接负责的主管人员和其他直接责任人员判处刑罚。在这种情况之下,涉罪企业只要和检察机关达成合规的协议就可以不起诉,那这岂不是违反了《刑法》第三条所规定的罪刑法定原则,以及《刑法》第四条所规定的刑法适用人人平等原则吗?所以在一次研讨会上,有一个程序法的专家当时对于企业合规不起诉的情况存在一些不同的意见。他举了一个例子,他说像我这样的还算是有一定声望的大学教授,如果我犯罪之后,写个检讨或者是写一个改正的计划,我可不可以享受不起诉的待遇?如果我不行的话,为什么企业、企业家,特别是企业经营管理人员可以合规就不起诉了?这个话确实让我们感到无言以对。

第二,司法实践上还存在一些偏差。因为我们国家的实务当中一直都要通过自然人,也就是通过对单位领导的认定从而来认定单位犯罪。单位领导决定或者是单位集体决定场合不言自明。在单位领导对单位个人的违法行为事后予以追诉的场合也能认定为单位犯罪。也就是说,单位,特别是企业在经营活动当中实施的违法犯罪行为,只要有企业领导的事后追认,也视为单位自身的犯罪。在这样一个传统之下,即便是单位领导违反单位自身的目的、宗旨或者章程而做出违法犯罪决定的场合,单位也要构成犯罪,对其从业人员的违法行为承担刑事责任。在我看来,这种情况之下,单位实际上沦为了其组成人员即单位领导的附庸,丧失了作为独立主体的意义和价值。因为,在上述观念之下,对于单位领导的犯罪,单位完全丧失了自我解脱和自我救赎的可能。因为这种情况下,只要单位领导决定实施的犯罪,即使是单位领导违反单位的宗旨、目的甚至章程而做出的犯罪决定,单位就要对它的领导人的行为或者决定承担刑事责任。此时单位已经丧失了作为一个独立主体的地位,成为了领导手上的一种犯罪工具。这种单位对单位领导实施的犯罪承担连带责任的处罚方式,或者说对单位犯罪的认定方式不仅不符合现代社会中单位犯罪的实际情况,而且也很难期待单位建立企业合规制度,表明单位不仅不想实施犯罪,反而是在尽力防止其从业人员,包括领导在内的自然人犯罪的企业合规制度。

在既没有法律依据,又没有激励机制的企业来建立合规制度,还能奢望企业合规不起诉的改革行稳致远吗?这就是我今晚报告内容的问题意识。

我主要是想讲几个方面的内容。第一个是我国现行的单位犯罪观及其问题,第二个就是组织体刑事责任论和企业合规不起诉的关系,第三个是现行刑法中单位犯罪的立法修正。

一、我国现行的单位犯罪观及其问题

最高检等部门在大力推行企业合规不起诉的改革试点,为检视我国刑法中单位犯罪规定及其适用提供了一个绝佳的机会。但是因为存在立法上的空白、司法理解上的偏差,所以企业合规不起诉制度在现有刑法规定的背景下可能难以行稳致远。因此,我认为只有正确地理解单位犯罪,才能为企业合规不起诉制度提供坚实的基础,否则企业合规不起诉制度就会出现基础不牢地动山摇的结局。从这个立场出发,我们先看一看传统的单位犯罪观及其问题。为了帮助大家理解传统的单位犯罪观,我们先看一下《刑法》当中的两个条文,也就是第三十条和第三十一条。《刑法》第三十条规定,公司、企业、事业单位、机关、团体实施的危害社会的行为,法律规定为单位犯罪的,应当负刑事责任。第三十一条是对单位犯罪的处罚原则的规定,单位犯罪的对单位判处罚金,并对直接负责的主管人员和其他直接负责人员判处刑罚,本法分则和其他法律另有规定的依照规定。从这两个条文来看,我们国家单位犯罪的规定有以下几个显著的特点:

第一,单位犯罪被规定在自然人刑法当中。也就是说,我国现行《刑法》没有第三十条、三十一条以及刑法分则当中有关单位犯罪处罚的规定的话,我们国家刑法就是一个单纯的自然人刑法。我国在97年刑法之前的79刑法就是如此。在单纯的自然人刑法之下,至少强调两个方面,第一个要有行为,也就是行为人或者自然人基于意思的身体动静;第二个要求行为人在犯罪的时候必须有罪过,也就是行为人主观上有故意或者是过失,如果既没有故意又没有过失的话,行为人的行为不构成犯罪。单位是一个拟制的人格体,比照自然人设立的,目的是让其在民事法律活动中可以像自然人一样被看待。该实体自身的行为是通过单位的组成人员（即自然人）实施的，那么单位有没有自身的意思呢？拟制体说认为没有，实体说认为有，但也是通过其中的自然人来体现单位本身的意思。总而言之，传统上认为单位是没有责任能力和意思能力的。在这种情况之下，应该说单位、法人或者企业和自然人本来是不一样的，把本来不一样的主体放在自然人刑法当中，要求它要有行为，还要有自然人一样的罪过，这个比较困难。所以在国外，有的人主张如果要承认单位犯罪或者是法人犯罪的话，那法人犯罪应该单独立法，如英国的单位过失杀人法就是其适例。但是单独立法有单独立法的难处，所以我们国家没有单独立法，而是把单位犯罪放在自然人刑法当中加以规定，但这样一来，按照《刑法》第三条规定的罪刑法定原则，单位犯罪跟自然人犯罪就是一样的：既要有行为，同时还要有主观罪过，而主观罪过，又是单位犯罪的认定当中非常复杂、非常麻烦的一个问题。

第二，规定单位犯罪是单位自身的犯罪。这个规定很有意思，它使得我国在单位犯罪问题上少走了很多的弯路。现在世界上特别是在英美国家，单位犯罪到底是单位自身的犯罪，还是单位自身替它的组成人员——自然人的违法犯罪行为承担转嫁责任，争议非常大。有的认为单位自身的犯罪，即单位自身在犯罪。应当说，从近代刑法所主张的责任原则的角度来看，这是正确的理解。但是，从过去到现在为止，绝大多数国家都把单位犯罪理解为单位是替人受过，替它的组成人员——单位中的自然人的违法犯罪行为承担刑事责任。但是，我们国家至少从《刑法》第三十条规定的角度来看，把单位犯罪看作是单位自身的犯罪。这是个非常好的事。我有时候也纳闷，我国的立法者为什么这么聪明，能够在1997年的时候，就站在世界有关单位犯罪理解的最前沿，把单位犯罪看作是单位自身的犯罪。后来，我查阅了一些资料，特别是当时全程参与立法的高铭暄老师的一本书——《中华人民共和国刑法的孕育诞生和发展完善》，这本书里面提到了一个事实，过去我从来没注意到。他说最初的时候，《刑法》第三十条是这样写的：企业、事业单位，机关、团体为本单位谋取利益，经单位的决策人员或决策机构决定实施犯罪的是单位犯罪。强调的是单位为了本单位的利益，经单位决策机构和有关人员决定实施犯罪，即也是从个人犯罪的角度来考虑犯罪，但是后来把它改成现在的样子。为什么要改？

高老师那本书里说，因为，当时很多人反对原来的规定，反对理由是，原来的那个规定没有办法涵盖刑法分则当中所规定的单位犯罪的全部类型，其中有一句话非常关键，"过失犯罪没有涵盖进来"。也就是说，我们国家当初对《刑法》第三十条单位概念进行如此规定，主要是为了解决过失犯罪问题，并没有考虑到单位犯罪就是单位自身的犯罪那么深远。但我认为，这种"歪打正着"真的是非常有意义，其为我们后面对单位犯罪的研究和解释提供了非常广泛的空间，而且为我们采用组织体刑事责任论提供了现实的法律依据。

但遗憾的是，我国《刑法》第三十条规定的本旨在实务当中并没有被充分理解和贯彻。我国的司法实践过于受到了美英有关单位犯罪的理解，还是把单位犯罪理解为了单位中的个人，也即单位领导决定实施犯罪，而没有把握单位犯罪是单位自身犯罪，把单位犯罪看作为了一个放大版的个人犯罪或者单位领导共同实施的共同犯罪。这里有很多的证据可以证明，比如说，2019年的司法解释里面说：（1）经单位决策机关按照决策程序决定的；（2）经单位实际控制人、主要负责人或者授权的分管负责人决定、同意的；（3）单位实际控制人、主要负责人或者授权分管负责人得知单位成员实施环境污染犯罪行为，而没阻止或者是没有及时采取措施，而是事后予以追认、纵容或者默许的。这几种情形都可以认定为单位犯罪。这实际上是在说，单位犯罪只是单位领导故意或过失来实施的犯罪。这种将单位犯罪仅仅看作为单位领导个人决定的犯罪的做法存在很多问题。这里以单位的故意犯罪为例加以说明。首先，立法的最初的意思是想把分则当中规定的过失犯罪概括进来，司法解释如果理解为单位的故意犯罪的话就会与立法原意相违背。其次，如果单位犯罪仅仅是单位领导故意实施的犯罪，那单位组织本身的犯罪、单位自身的制度导致的犯罪、组织结构上的问题导致犯罪就会难以体现。

很多人会问单位自身的制度怎么会导致犯罪呢？比如说，有一个学校学生宿舍起火，被两个值班的保安人员发现了，但他们在下一步该怎么处理的问题上犯难了。为什么会面临下一步怎么办感到为难呢？主要是因为该校有个规定：第一线的工作人员发现起火之后，首先必须向上级汇报该怎么处理，如果上级不在现场且恰好是晚上，上级接到电话之后，做决定之前也需要几个回合，需要一定时间，而这一定的时间经过的过程当中，

第三讲　企业合规刑法改革的中国路径

水火无情，大火蔓延，本来当时喊消防车来就可以扑灭的火势，结果这么来回沟通，等领导决定再报警叫消防车来，结果导致火势扩大造成重大损失。这种情况之下，真的很难说清楚到底是谁的过错。一线的工作人员说，我按照章程规定办事，发现起火之后第一步就向上级领导汇报。领导说，我接到汇报电话之后，还得问问到底什么情况，起火点在什么地方、火势多大、过火面积，最终才决定是不是要报火警。这么来回一问，你说到底谁的错啊？最后损失确实是造成了，谁也没错，只是制度错了，这就是典型的企业的管理制度失误导致企业当中的人跟着犯错，造成重大损失的情况。而现有我们国家的司法解释最大的问题就是在这些问题上没有把它解释清楚，或者是处理不了。相关的案例也是这样，但是，这种理解方法我觉得存在下列几个问题。

第一个问题是偏离了《刑法》第三十条的本意，把单位犯罪降格为单位领导的个人犯罪。前面我已经说过，《刑法》第三十条已经显示，单位犯罪不是单位中的领导个人的犯罪，而是单位自身的犯罪。单位自身的犯罪既包括了单位领导个人犯罪，也包括了由于单位本身的组织结构当中的问题而导致的犯罪，但是现在司法解释把它理解为单位领导的个人犯罪。这显然就把单位组织自身的犯罪涵盖不进来。同时，单位领导自身的个人犯罪、单位领导决定的犯罪是不是一定都构成单位犯罪？我持怀疑态度。首先，从民事法律关系来讲，单位领导和单位是两个不同的主体，我国《民法典》第六十一条第一款规定，依照法律或法人章程的规定，代表法人从事民事活动的负责人为法人的法定代表人。那么"法人的法定代表人"前面有个前提限制——依照法律或者法人章程的规定代表法人从事活动。关于其中这一条的规定，最高人民法院法官集体编写的一本《民法典》总则的解释明确指出，从此之后就不能再受首长负责制的思维模式的影响，对法定代表人的代表权限不做特别考虑，必须将代表权限的审查置于法人分权治理结构的法律框架之下，依照法律和章程加以审查。法定代表人的权利要受法律规定和章程授权的限制。也就是说，《民法典》颁布之后，法定代表人的行为并不一定都是单位自身的行为。法定代表人超越法律或者章程所规定的范围行使代表权的时候，其后果不一定都由法人承担。所以，《刑法》当中把法定代表人的行为一律视为法人自身或者单位自身的行为，这可能跟民法的相关规定是不吻合的。

第二个问题就是这种把法定代表人的行为视为单位本身的行为的做法也不符合现代社会中单位犯罪的实际情况。现代社会中，一个规模结构很大且很复杂的企业当中，通常采用部门制或者分店制，单位决策的程序很复杂，决定过程很冗长，政策的制定责任很分散，单位领导通常就比较宏观的制度设计和产业规划做出要求，具体的业务活动由各个职能部门具体操作。这个时候很难说单位领导决定或者操纵的是单位的犯罪行为。即便有相关的线索，通常也很难以证明。特别对于大中型企业，单位领导只会说好好干、快快跑，但是没有叫你闯红灯，更不会直接命令你实施犯罪。大企业里面决策过程是层层传递的，最后具体引发单位责任事故的或者单位违法行为的往往是些基层员工。所以，在西方普遍认为，之所以要建立单位犯罪的概念来惩罚单位系统，主要就是因为他们发现，在单位犯罪活动当中，距离事发地现场越远的人通常是领导，责任越小，反而距离事发现场越近的单位具体工作人员、底层的操作者责任越大。这样做的结局是，在引起单位犯罪的体制没有根本性变革的情况下，把单位领导拿下或者把工作人员处罚了，但由于造成单位犯罪的环境土壤还存在，因此，该单位中还会重演同样的悲剧。

很多年以前，我看到某省的几任交通厅厅长"前赴后继"，犯错被抓，为什么呢？因为修路利益太大了。前面一个犯错之后，后面一个信誓旦旦，甚至是写血书说绝对在这个位置上清正廉洁，不收受贿赂、违法违纪，结果过两年就被攻破了。每一任的交通局长都这样，有资料说，到2015年大约20年间，全国15位省级交通厅长落马。这就表明，在我们的交通建设领域里面，可能存在结构性或者说制度上的问题，招投标环节缺乏监督，不公开不透明，一把手权力太大。人们经常说，人性经不起考验，每个坐在重要位置上的人都像坐在火山口上一样。对此，我表示理解。但是，我想，如果当时有很好的制度设计，保证在权力决策的每一个环节公开透明、保证监督的话，不至于出现权力位置成为火山口的问题。特别有些犯罪不是个人原因所造成的，而是企业的制制性问题。比如，我国大型制造业中披露的单位犯罪的情形不多，因此只能拿国外的情形说事了。最近有媒体说，"日本制造神话不再"。确实，日本的工匠精神、日本的产品就是质量的象征、质量的保证，日本货永远用不坏等在我们心中的印象，现在已经不是如此。最近，比如说像日本的三菱电机承认它生产的变压器存在检验数据造假的问题，这些造假它涉及到长达 40 年。如果以传统的以人为根据确定单位犯罪的话，本案就没法查了。因为 40 年以前那个数值，随着时代的变化不断在调整。那么，调整过程当中就出现数字造假到底当时是谁决定的问题说不清楚，而且，当时的这些人他也记不清楚了，没法取证。这种情况下，确定单位领导决定，谈何容易。另外，三菱电机的发电机，它的每一个子系统都是由很多不同的部门做的，比如说像有的是长崎，有的是名古屋做的，有的是福山工厂做的。这么多工厂做的东西，最后会一起拼成为一个发动机。然后说发动机产品里面有质量问题，但是在具体哪个人根本查不出来，每一个工人都说我在流水线上，按照自己那一部分工作。也就是说，流水线上各管一段，我只管我电机电线，我只管我部件的组装。最后发现是个废品，每个人都说不是自己造成的，东西制造出来之后每一个工厂都会说，我是按照任务分包给我，我是按照部门设计完成的。部门设计查出来的时候，说最早按照就是前面的人的图纸进行适当地调整改装，没发现有什么问题。这样一来，每一个个人特定之后再来考虑行为是不是构成犯罪的情况，在现代复杂的社会，实际上很难实现。

　　第三个问题，没有办法实现《刑法》第三十条规定的初衷。《刑法》第三十条规定初衷，本来是为了考虑把过失犯罪放进来，但是从我们国家现在的司法解释来看的话，它把过失犯罪撤开了。比如说，2019 年 2 月 20 日，最高法、最高检、公安部、司法部、生态环境部等《关于办理环境污染刑事案件有关问题座谈会纪要》，是关于《刑法》第三百三十八条污染环境罪的司法解释。纪要里面规定了处罚污染环境的未遂形态，而且《纪要》第三条还专门就本罪的故意做了详细的规定。众所周知，过失犯是没有未遂形态的，他既然处罚未遂犯就意味着《刑法》第三百三十八条只处罚故意犯的规定。也可能会有人说三百三十八条污染环境罪既有故意又有过失，但这是不可能的，我们国家基本上没有这种情况。这样一来的话，就可能会出现问题。《刑法》第三百三十八条是处罚单位的犯罪的一个条款，但是，如果说是单位犯罪只考虑为故意犯，从我们国家传统的通过单位中的个人的认定单位犯罪的情况来看的话，那当然就是一个故意犯的类型。但是大家知道实践当中很多重大的污染环境事故都是过失造成的。比如 2005 年松花江水污染事故，那么，按照它事后的调查报告显示，造成爆炸的事故的直接原因是相关岗位的外操人员违反操作规定，使预热器以及管线法兰（两个轴承之间连接的片）等装置松动，封闭失效，空气吸入了系统，因为摩擦静电等原因导致了化学物质发生爆炸，并引发其他装置设施连续发生爆炸。调查报告中提出，事故的主体——吉林石化分公司以及双灯塔对生产安全管理重视不够，对存在的安全隐患整改不力，安全生产管理制度存在漏洞，劳动组织管理存在缺陷。总而言之，尽管单位领导没有直接决定或者同意他的员工实施违法行为，但单位本身对其员工的监督管理存在重大的过错，这种情况下，认为吉林石化松花江污染事故是故意犯很难成立，这显然就是个过失犯。所以现在的这种把单位犯罪就排除在外的做法确实很难实现《刑法》第三十条初衷，也没有办法处理实务当中大量存在的这种企业责任事故的类型。

二、组织体刑事责任论和企业合规不起诉的关系

实际上，我觉得我们国家在单位犯罪理解上可能有些不与时俱进，很大程度上是借鉴了英美法系现在的实务做法。英美法系的实务做法实际上也是很落后的。因为英美法系实务做法就是同一视原则或者代位理论，前者就是单位里面的一部分人，中层以上的管理干部的人的行为视为单位自身行为，它是通过单位中特定的人来认定单位犯罪。但是这种做法是不对的。之所以会出现企业合规不起诉，就是为了弥补通过单位中的个人来认定单位犯罪的不足的缺陷。考虑这个问题主要是因为组织体责任论的出现，这是西方社会目前比较流行的一个理论。这个理论提出，现代社会中的单位不是单纯的人和物的集合，而是一个能够充分激发起组成人员个人潜力，实现物尽其用的实体，其复杂性和影响力在其组成人员的总和之上。这个话实际上是非常有道理的，也就是说，西方社会比较相信制度，它认为一个好的制度能够克服人性中的弱点和人性中的贪婪，而如果制度不好的话，只会让人性中的恶和贪婪全部发挥出来，所以他特别相信制度，相信制衡，包括企业管理制度在内的设计，也是从制度角度来进行的。那么，在这个理念之下，他们认为，单位犯罪也应该从这个角度来考虑，提倡组织体责任论。从单位组织自身的特征、目的出发，讨论单位刑事责任的本质，这是比较合适的。企业犯罪本质上是企业的组织制度、目标、宗旨以及组成机构成员的业务素质等综合导致而成的结果。单位代表人的行为就不说，上级管理者以及底层从业人员的行为，只要是对单位组

织活动的分担，就能把它整体把握为是把企业自身的行为，从而把单位的企业组织活动理解为一个整体。用通俗易懂的话来讲，就是单位环境塑造人。比如说我过去在武汉上学的时候，武汉流行一句话说，学在华科（华中科技大学，由于是理工科，试验多，作业多，学生认真）；玩在武大（武大是文理都有，文科边玩边学，业余生活丰富）；爱在华师（华中师范大学，那边重视艺术教育，女生多，所以各个大学在华师找对象）。所以不同的学校里面出来的人的行为举止也各有特色。同一个中学毕业的三个人分别进了三个不同的学校，四年之后，整个人从内到外，气质各方面都不一样。实际上，这是一个组织体（大学）对个人影响的一个体现，这就是组织体对单位中的人的影响最简单易懂的体现。

那么，如果按照这种组织体理论来对《刑法》第三十条进行解释，《刑法》第三十条我们规定的是单位自身的犯罪，如此一来，单位犯罪是单位自身实施犯罪，包括故意犯和过失犯。那么过失犯的场合下，我们刑法分则居然规定有那么多犯罪。那过失犯形态也包括在内，而不像司法解释说的只有故意犯，特别是第三百三十八条。如果把单位犯罪理解为单位个人领导为了单位的目的决策实施的话，很难理解为过失犯罪，即便是单位最底层的从业人员的业务违法行为，只要是依据单位自身的意思而实施，是单位自身意思的体现的话，据此可以追究单位自身的行为责任。但按照英美的同一视原则、代位原则，必须是单位的中层以上领导的决定或者意思才能体现为单位自身的意思。相反地，如果按照组织体责任论的话，没这样限制，哪怕单位最底层的人。比如说，我刚才讲的石化总厂出现的污染环境，是由于一个底层的外操人员转阀门的时候操作失误。转错阀门的原因很多，其中一个重要原因是，工人不熟练上岗或者粗心大意导致错误，就此而言，尽管工人本身有责任，但是单位机制也存在一定过错——为什么把该环节交付予对此不熟练或者粗心工人操作？另外，既然一个看似简单的转动阀门出错就会导致引发事故发生，那么，单位为什么在这个重要岗位上不严加防范，设立更多的保险措施呢？同时，组织体制度之下，分担单位具体工作活动的个人，因为情节显著轻微不构成犯罪，或者由当内部岗位职责分工分散或者岗位的跟进，没有办法确定特定行为的场合，也可以把数个从业人员的行为汇聚在一起，一体把握追究单位行政行为责任。也就是说，像共同犯罪里面一个人的行为单独判断不了犯罪，但是把数个人行为造成的后果叠加起来一起考虑，实际上可能认定为单位犯罪。如果是通过单位特定人的行为，特定人的意思决定的犯罪的话，则可能会出现，每一个个人，从他的行为的角度来观察都没有问题，但把这些行为全部加起来还是会导致后果的话，个人可以不担责，单位要担责，是组织有问题。而且，单位内部的部门或者分支机构共同引起的法益侵害结果，也没有办法确定特定结果是哪一工厂引起，但只要能够证明侵害责任，是由上级部门或者分支机构的业务活动所伴随或者引起的，也能追究单位自身的刑事责任。道理跟前面那个道理是一样的，只不过放大了而已，前面讲的是个人这儿讲的是工厂，就是我们讲的组织体责任对《刑法》第三十条的解释。

但是，完全按照组织体刑事责任论处理单位犯罪的话，那就有可能会出现很麻烦的问题。因为，只要是单位业务活动过程当中出现的违法后果或者侵害法益的后果，单位基本上逃不了责任，不是故意责任就是过失责任，正是因为担心出现这种情况，所以说才要搞企业合规制度。因为毕竟企业在我们现代社会里面作用非常大，如果一个企业被搞垮的话，会造成多严重的后果。所以西方国家跟我们一样，资本主义国家比我们更重视这一点。美国之所以对单位犯罪采取比较特殊的从宽处理措施，是因为他们更加重视资本家。过去我在日本念书时，发现日本的电话号码本很厚不说，其中的纸张还分颜色。白色页面显示的是一般市民，黄色部分显示的是社会贡献大的人，社会贡献大小通过纳税高低来判断。听日本同学讲，警察接到黄色页面上的人报警电话后，会特别重视。据说，我国华为公司门口也有一个牌子，说是深圳市纪委重点监督对象，纪委重点监督就意味着任何人就不敢找它的麻烦。道理是一样的。所以这种情况之下，美国也担心处罚过重把企业搞垮了怎么办的问题。所以他们就想了个办法，把企业自身的活动过程——企业自身的过错，与企业组成人员的过错分开，如果企业自身在组织行为导致过错的话，追究单位的刑事责任；如果企业自身通过各种各样的制度措施来证明我本身不想实施犯罪，而且我在采用一切尽可能手段防止犯罪的话，就可以说，这次企业经营活动过程当中出现的问题不是我本人的问题。那这种情况之下，绝对不能追究单位自身刑事责任。这就是企业合规不起诉的存在的理由。也就是说，企业合规制度主要就是把单位的责任和单位组织个人的责任分开。

企业合规的作用就在于万一企业在经营活动当中涉足犯罪的时候，企业合规制度可以帮助企业从它的从业人员的犯罪当中解脱出来。企业制定有合规措施，就表明企业作为风险创设主体并不希望通过决定或者纵容其从业人员的违法行为来实现自己的合法经营目的，并且已经尽到了最大的努力地防止其业务活动的各种风险。从这个角度来讲，企业合规为什么可以不起诉，它的最根本的理由就在于地方企业合规制度的存在，并且妥当的执行，不是搞假合规、纸面合规。这就表明企业作为和它的从业人员独立的主体，它本身是不想实施犯罪的，经营活动过程当中出了问题，那是组成人员个人的问题，不要追究企业责任，所以我们讲，企业合规的本质上是说，放过企业、不放过它的企业家或者不放过它的组成人员。当然，不放过企业家，是不是意味着就一定要以刑罚来制裁企业家，则是另外一个问题。

三、现行刑法中单位犯罪的立法修正

根据上述，我觉得，我们国家目前的企业合规实体法在《刑法》修改当中可以做一个最小限度的修改，在立法修改这一块，我看今天在座的各位老师还有比较多的文章，他们可能到时候还会介绍学界的情况，我就不说了，我就说我自己想法，我自己想法是做一个最小限度地修改，就是将《刑法》第三十一条改一下：单位犯本罪的，单位判处罚金，并对直接负责的主管人员或其他直接责任人员判处刑罚。后面加一句话，但是在单位制定了妥当地防止犯罪发生的合规制度，并认真实施的时候，可以不负刑事责任。另外一句话就是本法分则和其他法律另有规定的依照规定，这句话我的感觉其实没必要，那处罚的不是单位。

那么我主要是讲后面加的这句话，为什么这么改呢？因为我觉得我们国家《刑法》第三十条已经规定得很好的，说清楚了，而且代表目前世界各国关于单位犯罪和企业犯罪发展的最新方向。企业犯罪是企业自身的犯罪，不是它中的组成人员的自然人的犯罪，企业是因为自己的行为而承担刑事责任，这是放在自然人刑法之下的必然结论，如果你单独规定就是替代责任的，无过错责任。但是，你放在现行自然人刑法里面，必然是因为单位自我过错责任。在这个意义上讲，《刑法》第三十条已经规定得很好，公司企业犯罪就是公司企业自身实施的危害社会的行为，这是单位犯罪，就不用改了。

《刑法》第三十一条主要是后面加一句话，把企业合规不起诉的内容加进来。它的好处有三点。第一，就是维持我国刑法当中所确定的单位犯罪的基本理念，为企业合规不起诉提供实体法上的根据。第二是为企业合规不起诉制度的实施消除实体法上的障碍。实体法上的障碍是指两罚制，我觉得我们国家单位犯罪处罚的时候，一个很大的障碍，就是两罚制，所以我自己主张通过规定，把两罚制彻底消除掉，从世界各国的通例来看，企业犯罪都是采用双罚制，也就是既处罚犯罪的企业，以及又处罚其中的相关自然人。但是我觉得特别有意思的地方就是意大利《关于企业合规的第231号法令》第八条规定，不能处罚自然人的场合，也应该追究企业的刑事责任。研究意大利的单位犯罪，今天我专门要提几个人的文献，大家可以参考一下。一个就是中国政法大学的耿佳宁博士的论文，她关于企业犯罪方面的研究发了好几篇论文，而且意大利又是个大陆法系的国家，大陆法系的国家规定处罚企业犯罪，在欧洲来讲很不容易，而且特别她对于意大利关于企业犯罪这一块的研究应该是很深刻；还有一个，天津大学刘霜教授也有一个最新的文献介绍，就是专门介绍231号法令，所以我自己在做研究的时候，主要是参照了这两个老师的论文。另外，上海那边有一个博士叫范红旗，他也有这方面的研究，资料还比较多。企业犯罪的认定并不一定依赖于其中自然人的确定，只要企业业务活动中出现了侵害结果，即便不能确定到底谁的行为引起了结果，或者虽然能够确定和结果直接相关的行为人，但由于各种原因无法确定行为有罪或者对人要予以处罚。这种情况下，也仍然要追究企业类型责任。换言之，企业处罚和企业中的自然人处罚没有关系。应该说，我觉得这个规定是企业犯罪立法的一个重大创新。那么，只要是坚持组织体刑事责任论的话，必然得出这样的结论的。因为，双罚制就是说，企业和员工的处罚是紧紧地捆绑在一起，两者之间处在一损俱损、一荣俱荣的连带关系。这导致的直接后果是单位对单位员工的违法行为只有两种选择，其一是作为单位犯罪被双罚，其二是作为个人犯罪被单罚，绝对没有可能是单位犯罪只处罚个人这种可能。所以我们国家现在是进退两难。只要你说是单位犯罪，即要"双罚"；那如果是单方的犯罪，是个人犯罪，其中不涉及到单位，现在《刑法》第三十一条之下根本就不可能做到。所以唯一的做法就是坚持组织体刑事责任论，把单位犯罪和个人犯罪分开。如果一旦确定为个人犯罪的话，那就只处罚个人不处罚单位，这样才有可能彻底地改变我们国家目前这种单位犯罪体制下实体法上的障碍。第三，就是为单位过失犯的存在提供解释余地。前面已经说过，我们国家《刑法》第三十条的规定，从立法当初的宗旨来看，主要就是为了解决过失犯的问题而作的规定，但是现在司法解释作了这么一个理解的话，过失犯的存在余地几乎就没有的，或者说很小。但实际上从西方国家的立场来看，以及从我们国家司法实务现实情况来看，大型企业造成的损失往往是过失犯，或者是即便领导也决定，但是证据上难以坐实。那这种情况下，如果你把它作为过失犯处理的话也是可以的，比如说单位业务活动过程当中出现了死人的情况，业务过失致人死亡，为什么不行？这完全是可以的。所以，西方国家很多的企业在活动过程当中死人的情况都理解为业务过失致人死亡。为什么现代社会要处罚单位犯罪？是因为单位犯罪的作用、活动能力、造成损害远远大于一般个人，又考虑单位本身对社会贡献很大，所以对它处罚加以限定。但是限定和扩张之间怎么把握平衡，那不就是企业合规不起诉嘛。既然这样的话，企业合规不起诉作为一个中间的过渡环节或者说两者冲突的缓和地带的话，有其存在的必要。从这意义上讲，我觉得单位犯罪中，特别是企业合规不起诉，不仅要把它坚持下来，还要做得符合刑法的规定。以上就是我本次报告的重点内容。谢谢大家聆听！

孙国祥教授：谢谢黎宏教授精彩的讲座。黎宏教授主要从四个方面介绍了企业合规。首先从我们当前的合规改革的背景，以及遇到的问题导出了今天我们主题，主要就是我们在企业合规改革的过程中，一个是立法上存在的空白。无论是刑法还是刑诉法，立法上还是有缺失，所引起的一些疑虑，也令人们对企业合规改革到底是不是违反了刑法的一些基本的原则，是不是违反了人人平等，违反了罪行法定。再加上司法理解的一些偏颇，使得企业合规改革过程中存在的一些问题需要解决。第二个方面，黎宏教授从传统的单位犯罪观，从我们国家《刑法》第三十条、第三十一条对单位犯罪也对单位犯罪的处罚的规定出发，认为我们现在的单位犯罪的刑法规定，在司法实践中应该出现了一些偏离。这些偏离也影响了实现《刑法》第三十条规定的一些初衷。第三个方面就是组织体刑事责任论与企业合规不起诉的这么一个关系。从现在社会中单位它的性质不是单纯的人和物的一个集合，而是一个能够充分激发起组织人员个人潜力、实现物尽其用的一个实体，从单位组织的自身特征、目的出发来探讨我们单位刑事责任的本质。这就是黎宏教授一贯倡导的单位的组织体责任。他提到了组织体责任的一个责任范围有四种形式，也回应了组织体责任会不会扩大单位的责任，在可能扩大单位责任的这种情况下，就需要企业合规制度来进行弥补，就导出了企业合规制度的这么一个重要的意义，它可以对企业犯罪的过度追究而引发企业倒闭的负面效果。最后的话，他提到了对刑法的立法修正，提出了一个思想，也就是在我们现行的《刑法》第三十一条加上一个内容，也就是在单位制定有妥当的防止犯罪结果发生的合规制度并且认真实施的情况下可以不处罚，他也解释了为什么要规定这条内容，对推行我们现在的企业合规改革有怎样的意义。总的来讲，我感觉到黎宏教授逻辑非常的清晰，他提出的这些观点也非常具有启发意义。

我们现在进入到与谈环节，我们有4位与谈嘉宾，先有请北京大学江溯教授，江溯教授是北京大学实证法务研究所主任，北京大学刑事法治研究中心副主任，《刑事法评论》主编。江溯教授最近主编的一本很重要的著作《网络刑法原理》，初步建构了我们国家网络刑罚体系的一部重要著作，那我们现在先有请江溯教授。

江溯教授[*]：感谢黎宏老师的精彩的报告，感谢孙老师，也感谢石经海老师邀请我来学习黎宏老师的精彩的报告。其实之前他有一篇大作，在《中国法学》上发表了，我非常认真地拜读了。石经海老师在安排点评嘉宾的时候，我觉得他肯定是考虑到就我对那个单位犯罪和企业合规没有太多研究，所以把我放在最前面的，因为我们点评嘉宾里面，另外的几位嘉宾都是可以说是对企业合规相关问题有非常精深的研究的学者。特别是本灿教授和振杰教授。我自己是对企业合规的问题关注地很早，但是，可以说基本上没有什么研究。在就正式开讲之前，我想先讲两个我亲身经历的小故事。一个故事大概在两三年前，有一次，我经一个朋友的介绍，认识了一家很有名的数据公司的大佬，我是第一次跟他见面，一见面，他就给

---

[*] 江溯，北京大学法学院副教授、博士生导师，北京大学实证法务研究所主任，北京大学刑事法治研究中心副主任、北京大学法学院法律硕士刑法中心主任、北京大学法律人工智能实验室/研究中心副主任，《刑事法评论》主编，曾任美国加州大学伯克利分校法学院访问学者，德国马普外国刑法与国际刑法研究所客座研究员，德国维尔茨堡大学法学院、奥格斯堡大学法学院、马丁路德-哈勒大学客座教授。

我讲了很多他公司的事情，大概讲了三个小时。之后，在三个小时里，我一句话都没讲，我就听他讲。讲完了之后，我们快要离开的时候，我就跟他说，你今天跟我讲的每一件事都能让你进去。我觉得我听了这人讲的故事，就能够比较直观地了解我们目前民营企业的管理现状。因为我们现在的合规不起诉，或者说企业合规改革，其实主要是针对民营企业的，我们的民营企业，它在管理的科学化水平上的确存在着特别大的问题，我相信凡是从事我们刑事法研究的老师，都会接触到一些企业犯罪的案件。那么，我们往往会看到这些案件的案卷中，如果撇开这些具体的罪名去观察一下，通过由于这些罪名所反映的犯罪的企业，就会对民营企业的管理状况有很大了解。民营企业的管理状况的一个最大的问题就是不合规，很多民营企业家，他没有合规经营的意思。在整个的经营的过程中，其实存在着大量的违法犯罪行为。我们古话叫做不见棺材不掉泪是吧，当没有被我们的司法机关发现实施了犯罪的时候他就不会把这当回事。我们现在合规不起诉它的初衷或者目的是什么？是能够更好地帮助我们的民营企业，比较快地建立一个合规体制，保证我们的经济，尤其是民营经济能够行稳致远。还有另外与其对比的一个小故事，我在2019年的时候，曾经率团去西雅图的微软总部参观。那么，在这一行程开始之前，微软公司总部专门给我发来了一份好几页英文写的文书。那他为什么跟我发这份文书呢？其实最主要的目的是要我保证我不是中华人民共和国的官员。原因在于我率团去西雅图，微软公司一定会接待我，他一定会给我提供酒店，或者说其他的这些服务。那么，微软公司必须要确保，我给你江老师提供的这样的服务，不是一种变相的向中华人民共和国官员行贿的一种方式。那么只有我签署了这样的一份文件之后，微软公司才会进一步地安排行程。我这两个故事，我觉得它形成了一种很强烈的对比：微软公司这样世界级的大公司，它为什么能够经营得那么好，当然原因有很多，但我觉得最主要的原因就是合规经营，或者说把合规的理念贯穿到整个的公司经营的日常事务中去，这属于其成功的一个非常重要的原因。两个故事作为引子说明我们为什么现在要搞为企业合规改革，可能还是总体上跟目前企业，尤其是民营企业的这种经营状况有关系。因企业经营过程中存在着一定的问题，甚至是存在一定的违法犯罪行为，但是不能像对待普通的自然人犯罪那样对待企业犯罪，因为可能会对整个的经济产生一种毁灭性的影响。这是我第一部分的分享。

第二个分享，我想稍微地回顾一下就是关于法人或者说单位的刑事责任的这种归责的模式。黎宏老师对于单位刑事责任和研究，可以说是我们国内最权威的研究。黎宏老师刚才在他的报告，包括他的论文里边，实际上都对单位犯罪的归责原则进行了相当精炼、而且要能够反映最新的状况的总结和提炼，我想稍微在黎老师的基础之上再梳理一下。正如黎宏老师刚才讲的那样，在单位、法人或者企业刑事责任问题上，世界上目前其实存在三种主要的路径：第一种路径，我们可以把它叫做派生责任。而派生责任的根本的原理，就是说不承认企业或者公司具有独立的刑事责任。它认为企业或者公司的刑事责任是来自于企业或者公司里面的个人或者自然人，无论是来自于管理层还是来自于普通的雇员，它的责任就是来自于这些自然人。那么，这样的一种路径，它的下位的这种归责模式就包括像黎宏老师刚才讲到了，像英美法中的替代责任、同一视理论（等同理论）。这两种理论在划定企业里边的人员的刑事责任范围上存在一定的区别，但是总体上它的思维是一样的，就是说不承认法人，或者说企业有独立的责任，法人和企业哪有什么责任，它的责任都是来自自然人。这是一种很古老的观念。这种古老的观念认为法人不能犯罪，能够犯罪的只能是自然人。这样的一种理论或者这样的路径，它的确具有很大的缺陷。正如黎宏老师刚才其实已经讲到很多它存在的问题。

第一个问题就是说，如果我们在这样的一个企业或者法人里边压根就找不到一个具有罪责的个人的话，那么，这个责任就没法归责了。第二个就是刚才黎宏老师也讲到的，在现在的大型的公司、企业里面，它的决策过程是非常复杂的，从而它的企业行为一旦产生危害，它的危害也是非常大的，但这种情况下，你如果是要首先去定位自然人所实施的行为而且它具有相应的实施犯罪的罪责的，才能够确定企业或者法人的刑事责任的话，这很显然不现实，所以这样的一种理论逐渐地在被黎宏老师在报告和文中，就是给我们重点讲到的组织体责任所取代。组织体责任可以说是现在国际层面上，或者说比较法的层面上非常受重视。这样的一种公司、企业归责的原理，组织体责任，在归责的时候不再是说去找有没有自然人能够归责，而是把公司企业看成是一个独立的承担刑事责任的主体。它认为公司、企业虽然是由自然人所代表啊、自然人所运营的，但是公司组织它有超越于个人的体系。这就好像一个人的人体组织一样，人的人体组织，眼睛、鼻子、心脏等，这的确是人体的组成部分，但是这些器官它又不同于人体。我们不能说这些器官就等于人体，人体是一个在这样的一些器官的共同作用下能够独立的判断思维、行动的有机体。企业组织企业法人，我们也应该这么来观察、考察它。实际上，我们无论是看大陆法系，还是看英美法，都有赞成，或者说拥护组织体刑事责任这样的立法。比如说，在1976年大陆法系的荷兰就已经承认了组织体刑事责任。英国是在2007年，英国有一部法律叫做《公司过失致人死亡与公司杀人法案》，明确规定了公司或者说企业，它是可以作为一个独立的实体来承担刑事责任的。所以刚才黎宏老师讲，他说，从比较法，或者国际法的角度来看，存在的一种承认组织体刑事责任的趋势。我个人认为这样的一种判断是可以成立的。

接下来的第二个问题就是我们中国的关于单位犯罪的规定可不可以从组织体刑事责任的角度来加以重新解释，或者说重构。关于问题，我也是比较赞成黎宏老师刚才解读的路径。我们中国的单位犯罪，正如刚才黎宏老师所谈到的，它是一种误打误撞式的立法，但是它又在不经意间顺应了世界或者比较法层面对于法人刑事责任的或者公司刑事责任的这样的一种认定的趋势，那当然就是对于我们刑法上单位刑事责任的这样的一种成立要件。当然，在理论上和实践中都还是存在的一定分歧。承认组织体责任或者说单位本身固有的这种刑事责任，它的一个比较大的优势就是能够把单位的责任和把个人的责任把它切分开了，这也正是黎宏老师在主张组织体刑事责任之后，提出在刑法的单位犯罪的条款里边增加合规条款，合规不构成犯罪，不是合规不起诉了，这样的立法建议的一个根据。那么，我个人认为这样的一个立法建议，就是说，如果单位建立了良好的合规计划，并且切实予以执行，在这种情况下，单位不承担刑事责任，这样的一个条款在我看来，可能对于未来，也就是说，对于我们的大多数企业已经建立了比较好的合规计划，并且能够比较切实地贯彻这些合规计划的企业来说，应该算是有比较大的作用的。但另外一个方面，我们现在的问题是，我刚才讲的第一个故事就是，我们大量的企业可能还没有很强的合规意识，因此没有建立很好的这种合规计划，因为它们可能还没有受到刑事风险的威胁，所以这可能是我们现在的一个挺大的问题啊。那么，如果是那过了阶段，如果是我们绝大多数企业已经建立了很好的这种合规计划，并且切实执行，在这种情况下，黎宏老师的这样的一个立法建议的确能够将企业的刑事责任和个人的刑事责任给它切分开来。我们现在面临的最大的问题仍然是在于说如何能够帮助我们的企业，或者说鼓励我们的企业，或者说倡导我们的企业，建立比较好的企业合规的计划，我觉得可能还是有一定的难度的，特别是对于那些，比如说中小微企，当它还没有遭遇一种刑事风险的威胁的时候，你让它们去建立一套合规体系，可能它们的动力并不是太大。所以，我觉得黎宏老师的这样的一个立法建议，它不仅仅是说是为我们现在的这种合规不起诉提供一个实体法的根据，更重要的是这样的一个立法建议可能是一个面向未来的一个立法建议。也就是说，未来绝大多数企业那么都已经建立了很好的这种合规计划的时候，这样的一个立法建议能够很好地把企业或者法人的刑事责任和个人的刑事责任把它区分开来。以上就是我学习黎宏老师的那个讲座和论文的一点体会，不当之处，还请黎宏老师和各位老师批评指正，谢谢。

孙国祥教授：谢谢江溯教授。江溯教授从两个小故事来进行，比较了缺乏起码的合规意识的企业，以及已经形成了比较严密反腐败合规制度的微软公司，进而提到了合规制度的重要性，那是企业行稳致远的一个重要内容。他也介绍了企业归责的法人规则的三种路径，提到了黎宏教授所提倡的组织体责任逐渐成为企业犯罪的归责基础已经成为一个趋势。当然江溯教授也提出了一些疑问，那就是觉得目前的难题就是我们现在很多的企业，特别是民营企业、小微企业，它没有起码的合规意识。所以立法的这么一个建议是一个未来之计，可能江溯教授认为如何培育这些企业的合规意思才是当务之急，我的理解，这可能是江溯教授的一个想法。

那接下来，就有请振杰教授来与谈，周振杰教授是北京师范大学刑事法律科学研究院的副院长，同时也是安徽师范大学法学院的院长，兼任中国法学会案例法学会研究会的常务理事。周振杰教授对企业合规也有很多著作、写过很多的文章，包括立法建议最近还有一篇文章，他是这方面研究的一个领军人物。那么现在有请振杰教授。

第三讲　企业合规刑法改革的中国路径

周振杰教授[*]：好的，谢谢孙老师，也谢谢西南政法大学能给我这样一个机会来在网上远程向黎宏老师学习，上次也在北京师范大学跟黎老师一起学习。首先是涉案企业合规改革，确实现在是我们现在法治生活中的一件正在进行的大事，所以我非常同意刚才黎宏老师说的。比如说，我们现在的立法第三十、三十一条的规定在我们现在改革的环境下确实是把它的一些缺点的，或者说不足之处暴露出来了，但暴露不是它法条文设计的问题，而是像黎宏老师说的，在试点当中就把它变成了一个放大版的个人犯罪，因为我们立法规定是单位是犯罪主体，当你司法实践把它放大了个人犯罪，这样个人责任和单位责任就纠结在一起，又会导致一些问题。而且我也同意刚才黎宏老师说的，现在恰恰是我们修改单位犯罪立法的一个很好的契机，我想契机可能来自三个方面。一个是我们大的环境上，正在加强对民营企业的保护。另外一个现在是我们正在推进国家治理能力和国家治理体系的现代化。那么，包括民营企业的这些企业，我想是我们国家治理当中一个不可或缺的主体。就像刚才江溯老师说的，我们现在网络社会离不开这些网络公司，那要保证它们合法合规发展，那要帮助它们增强内部的治理能力，你要给它外部的动力。第三个契机就是我们现在涉案企业合规的改革，确实也把实践中的一些问题给它比较直接地暴露了出来或者说体现了出来。比如说我们现在《刑法》第三十一条是规定了双罚和单罚制两个处罚原则，在双罚制的案件，企业无论是否被追诉，在理论上它是犯罪主体，你要求它接受合规考察是有规范基础的，但是在单罚制的案件里边，如果从企业内部管理和违法事实之间存在因果关系这样一个事实出发，在理论上要求你接受合规考察可能并没有什么障碍，但是企业它并没有被法条规定为犯罪主体或者制裁的对象，而企业合规通常是伴有一定的惩罚性措施的，这时候在单罚制的案件里边，要求其接受惩罚性措施可能就会存在一定的争议。

其次也是刚才黎老师提到的，就是说，我们《刑法》第三十条规定单位刑事责任或者单位犯罪，但是其实法条并没有规定，单位犯罪或者单位刑事责任它的构成要件是什么，这样才成了放大版的个人犯罪。从我们现

---

[*] 周振杰，教授、博士生导师，北京师范大学刑事法律科学研究院副院长暨安徽师范大学法学院院长（挂职），曾任早稻田大学助理教授，牛津大学等高校客座研究员，兼任中国法学会案例法学研究会常务理事、中国刑法学研究会理事。

在正在进行的企业合规改革来看，在理论上就存在着以企业切实有效地履行了合规承诺为由，对涉案个人不起诉的这样一个现象，那企业切实履行了合规承诺，对个人，我给你不起诉，他的合理性，或者说正当性是在什么地方，在理论上也有质疑的。同时还有一个是什么呢？就是我们现在的一个改革的试点，它是限于检察—审查起诉阶段。那么，从刚才黎宏老师提到的，意大利也好，从江溯他提到的那个英国的一些实践来看，企业合规可能它不仅仅在于审查起诉阶段，也包括缓起诉协议，可能法院也会介入。而且合规计划的实施可能不仅仅是免除刑事责任，也可能会起到减轻刑事责任的作用。在实践当中我们已经看到了这些问题，所以非常同意黎宏老师的说法。我们现在面临着改革，是调整我们立法的一个非常好的契机。

那下面，我想沿着黎老师说的，立法改革我们应该怎么去进行。我认为，单位犯罪立法或者刑事责任立法，首先，应该有一个理论上的认识。我一直的观点就是，单位犯罪和个人犯罪不一样，但很大程度上，从它的历史上来看，它是一种刑事政策选择的结果，所以说，单位的责任本质可能和个人的本质有区别。如果说我们个人的刑事责任的本质是道义责任的话，那么企业的责任的本质，它应该主要是社会责任。那这样就是说，我们把个人责任和企业的责任本质上区别开来，以这样一个逻辑的起点来看立法怎么去改，我的思考是，我们立法应该采取一种二元化的一个思路。刑事责任的构成要素就是要二元化，个人的责任的构成要素，包括责任年龄也好、故意过失也好等，这可以是沿用我们传统的思路。另外，关于企业的责任构成要素，我赞同黎老师说的，我们可以在《刑法》第三十、三十一条或者加一句话就是：制定并且有效实施了合规措施的，可以说不负刑事责任，或者说不处罚。那其实这样一个规定也是把单位形态责任要素给它改变了。因为之前那些原始的责任原则，它的构成要素还是以个人责任为基础，我个人认为现在我们要落实《刑法》第三十条规定，因为单位是犯罪主体，那责任就在于你本身，我们把合规计划的制定实施情况规定为单位责任的基础，随着构成要素的变化，我个人就认为那它的判断逻辑也应该体现一个二元化，在个人犯罪的场合还是就是我们可以延续之前的，但是在单位犯罪的场合可能要改变一下我们的思考逻辑，就是说我们先认定违法事实，违法事实和单位有没有进行有效的治理，单位和合规治

第三讲　企业合规刑法改革的中国路径

理之间有没有因果关系？如果说我已经进行了有效的合规治理了，那现在黎宏老师说的我可以不处罚，可以不确定你的刑事责任；如果你没有进行有效合规治理，那它是不是之间有因果关系，如果有的话，那就再进行下一步，就是说你在多大程度上有效的，我是不是可以把你这里的情况作为量刑的情节。如果是这样一个认定逻辑的话，可能就是说在某些场合或者案件中，在证明的时候，那可能是证明的规则，并不是你积极去证明了，而是说你是出现了一个基础事实，我可能会推定你是有责的，你反过来来证明。因为我个人就是在学习的过程中，也有这样一种认识或想法，可能我们企业合规的出现，在某种程度上也是为检察机关减少证明方面的压力，或者说它在客观上也确实起到了这种作用。所以从企业责任的本质是社会责任的逻辑起点出发，沿着这种二元化的思路来修改立法的话，我在这一点上，我跟黎宏老师可能稍微有点不同。最小化刑事责任我也同意，但是我觉得仅仅在《刑法》第三十一条加一句话可能还有点不充分，因为还要把它规定为量刑情节，如果说规定为量刑情节的话，可能我们相应的一些制度都会发生一些变化，比如说如果我们要最大限度地发挥涉案企业合规的这样一个制度的效应，那是不是可以考虑把《刑法》第三十条的那个限制给它拿掉，这样企业合规可以适用于更多的单位犯罪的案件。你再比如说，《刑法》第六十一条之后的那些量刑的一些规定是不是也可以考虑在某些情况下作一个提示性的或者补充性的规定，把它适用于一个单位，比如说缓刑制度是不是可以增设一个单位缓刑？那我们现在看着有很多的，像美国，还有一些国家都会进行一个缓刑。你再比如说我们《刑法》第三十七条的那个从业禁止，就是合规考察的时候，毕竟是说你接受合规承诺，你要去实施合规计划，你要接受合规考察，但合规考察的过程中，我是不是要把从业禁止也可以适用于你，所以我的总体的一个思路，就是说我非常同意刚才黎宏老师说的，现在是我们一个非常好的契机，我们怎么抓住涉案企业合规改革这样一个契机去改革我们的单位犯罪立法，把这样一种单位合规的制度，或者说一种治理的思路给它奠定一个扎实的规范基础，把相应的规定进去。那这样，我觉得能够把我们《刑法》第三十条单位犯罪的规定把它的作用最大化。孙老师，我的汇报结束。

孙国祥教授：振杰教授刚才提到了目前企业合规改革实践中的一些做法，存在的理论障碍，单罚制犯罪为什么对于企业合规要进行，企业合规

刑法治理的现代化与本土化·讲演录:(一)

整改依据是什么，对个人不起诉的合理性、正当性何在，这个确实是个问题。振杰教授提到的，自然人犯罪和单位犯罪的思路，我觉得非常有启发意义。他提出了单位犯罪的判断逻辑，就在合规改革的这么一个背景之下先认定违法的基础事实，然后再看它有没有合规治理，再看它合规治理的有效性，是非常的具有建设性的。这个稍微跟黎宏老师的主张有点不同的是，黎宏老师主张的是最小化的一个修正，把那个企业合规的内容纳入到里边去；振杰教授主张的还是一个比较系统化的一个修正，包括《刑法》第三十条，也就是说对单位犯罪的一般的规定应该做一些修正，特别是他主张就是说要把法律规定为犯罪这么一个法定性的限制条件给删除，然后还需要在量刑情节里边要融入企业合规的内容。我觉得这也是一种很好的思路。谢谢振杰教授，那么下面的话，就有请山东大学的李本灿教授进行与谈。李本灿教授也是我们国家最早研究企业合规的学者，是山东大学法学院的教授、博士生导师，山东大学刑事合规研究中心执行主任，也是山东大学未来学者，齐鲁青年学者，青岛市行业拔尖人才。现在有请本灿教授。

李本灿教授[*]：感谢孙老师的精彩主持，感谢黎宏老师的精彩的报告，让我再次有机会跟黎宏老师学习，也感谢石经海老师的邀请，给我这样的一个机会来聆听老师的讲座，然后也分享一下我自己的一些观点。

坦率地讲，今天与谈不是特别容易。因为几位老师好像观点都不大一样，黎宏老师的观点跟周振杰老师的观点实际上是有很大的差异的。我看今天下午还专门看孙国祥老师最新的文章，好像是对组织体责任论也有一些不同的观点。那么，包括我本人，实际上从大的方向上看，是支持黎宏老师的组织体责任论的。2020年我在《环球》上发表了一篇文章，也详细地论证了我的观点，我的观点大方向上是支持黎宏老师的，但是还有一些细微的差异，因此，我把黎宏老师的观点叫旧的组织体责任论，那我自己的观点我把它称为一种新的组织体责任论。江溯老师刚才也谈了他大体上支持黎宏老师的观点。几位老师可能在问题上会有意见的分歧，所以如何与谈可能比较困难，加上明天上午要去跟黎宏老师再做一次与谈，我专门

---

[*] 李本灿，山东大学法学院教授、博士生导师、刑事合规研究中心执行主任，山东大学未来学者，齐鲁青年学者，青岛市行业拔尖人才，兼任中国刑法学研究会理事，先后在《法学研究》《中国法学》等刊物发表论文20余篇，主持国家社科基金等项目多项。

第三讲　企业合规刑法改革的中国路径

把文章反复读了两遍，但确实是中间好多问题没有想清楚。今天我的与谈主要是先绕开黎宏老师的主体的报告，把它上升一个层次，谈单位这种归责模式和合规的关系的问题，因为大家去看我们的学术的研究可以发现，单位责任理论这几年又重新被拿出来去讨论，实际上经过很长的一段时间，问题实际上已经相对冷却了，但是这几年随着企业合规的兴起，关于单位归责模式的问题我们又重新拿过来讨论，就说明了单位犯罪的归责模式跟我们今天正在推行的合规的改革具有很强的这种紧密关系。

　　第一个问题就谈单位的归责模式和合规的关系的问题。但这一点可能跟黎宏老师的主体稍微有一点点偏离，但是也是同一个系列上的问题。为什么要谈这个问题？就是今天的合规改革已经到了一个深水区，未来立法的改革是一个很重要的工作，我们的很多的障碍都需要立法进行回应。这里边的一个核心的问题就是单位的归责模式的问题。在这里我也注意到了很多学者提出了不同的主张，比如说一些刑诉法的学者提出应该建立单位的严格责任制度，刑法学者今天还在坚持责任主义的内容，过于教条，是不太科学的，应该像美国那样引入所谓的严格责任制度来推行企业合规制度。但也有一些观点，基于它认为企业合规制度建立在严格责任的归责模式基础之上，因此提出，我们国家刑法坚持责任主义原则，因此从实体法上讲，我们不具有引入合规制度的基础，这也是一些学者的代表性的一些观点。那么，这种单位的归责模式，就是把严格责任的一种归责模式作为我们去促进企业合规的一种基础。怎么来看待这个问题？我个人觉得其中可能会有一个误解。第一，我们不可能因为一个合规制度打破了我们大陆法系的不法和责任的这样的一个支柱，引入所谓的严格责任，这样的一种做法是得不偿失的。第二，误解了单位的归责模式和合规制度之间的关系，其实大家很直白地去想一想就可以明白这个道理。在美国确实至少从联邦层面上，它是一种那么代位责任或替代责任，这样一种代位责任和替代责任，它引导出了一种合规制度类型，这种合规制度类型是一种量刑激励类型的合规制度。也就是说，合规它起到的作用仅仅是量刑上的减让，这才会出现1991年的那个组织量刑指南提出，合规是可以减轻单位责任的一个原因，它没有说合规可以排除单位责任，仅仅是减轻，但是它不能减轻百分之百，绝对的排除单位的责任。一个很重要的原因就是美国的这样的一种严格的责任模式，就在责任模式之下，是不可能起到这种排除单位责任的作用，这是美国的情况，但这并不说明合规制度它就以严格责任或者代位责任为基础。澳大利亚主张单位的文化责任，英国主张同一视理论的，意大利231号法令也体现出一种组织体责任这样的一种特征。他们的国家在遵循不同的单位归责模型，那为什么也会产生刑事合规制度？这就说明了单位刑事责任归责模式和合规制度之间的关系它仅仅是一种单位归责模式对应一种刑事合规制度这样的对应的关系，它并不是说刑事合规就一定以哪一种单位归责模式为基础。

第二个问题也是关于单位的归责模式的问题。最近我们国内有一些学者提出一种新的理论，叫状态责任论，它认为单位刑事责任的实际的根据是一种状态责任，就是你存在一种违法的状态，存在一种制度的漏洞，可能会产生危险，这时候你处于一种违法的状态，这是你承担刑事责任的基础，这种观点怎么去看呢？我个人觉得：第一，从方法论上讲，给我的感觉是先射击再立靶。这种观点我当然理解，我觉得它可能是为了今天的改革。今天的改革遇到了障碍，这些企业如何去做合规的问题，如何去实现单位和单位的负责人的这种责任的分离问题，都遇到了这种立法上的障碍，因此提出这样的一种理论。实际上是消除了一种状态的话，就不需要去承担责任吗？当然可以做出不起诉处理了，这可以理解，但是这样的一种方法，我个人觉得不是特别的严肃。从结果上看，它是一个什么样的结果，它会无限地虚化单位犯罪，单位只要是消除了你的这种所谓的违法状态就可以了。那除非单位本身就想找死，本身就是想被判刑，绝大多数企业它可能都会愿意去消除，最起码从形式上愿意去消除这场这样的一种违法的状态，最后的结果是干脆就没有单位犯罪制度了，就是通过这样的一种责任理论已经把单位犯罪给虚化了。尽管在立法上还存在，但是已经把单位犯罪给虚化了。这样的一种后果，可能是我们没办法承受的。我一直在想一个问题，就是我们今天在讨论单位的归责的模式，存在各种各样的争论，直到今天我想黎宏老师可能也在很多问题上没有很好的自我的这种答案。比如说单位犯罪这种规则和责任主义原则之间的协调和冲突的问题，这些可能我们一直都在思考如何去解决问题，实际上都没有一个最终的答案，我们的观点可能也一直在变化。单位犯罪制度的存在引起了这么多的问题，那我们今天要通过一种所谓的状态责任，实际上达到了一个什么效果，就是把单位犯罪制度给废掉了。那还不如我们干脆直接从立法废

第三讲 企业合规刑法改革的中国路径

掉了单位犯罪制度，遵从传统的以个人为中心的这样的一种刑法体系，就不需要我们去花这么多的学术资源去进行讨论了。这里涉及到的就是一个立法的问题，就是振杰老师刚才讲到二元制的问题。黎宏老师可能是反对二元制的，因为从黎宏老师的立法方案和振杰老师的立法方案看，实际上是截然相反的。比如说振杰老师主张，单位的就是单位的，只能对单位判处罚金。那后边的说，并对什么处罚那些都不能要了，黎宏老师立法方案里面可能那些都是要保留，那就实际上是一种截然相反的观点了。怎么去看待这个问题？我个人不是特别赞同这种二元制的方案。二元制的方案，在我看来它有几个缺陷。第一，它是一种合规浪漫主义的观点，二元制的提倡者包括刚才黎宏老师提到的耿佳宁博士的文章我也反复读了，里边就有一些观点，这样的缺陷就被体现得非常的清楚，就是一种合规的浪漫主义。比如讲他举的那些案子与案例，一个企业它实施了违法犯罪行为，但是它有合规机制，这种情况下违法犯罪行为是怎么实施？是单位的领导集体决定了一个违法犯罪行为，但是它有合规机制，佳宁就认为这种情况不构成犯罪，那可是这样的情况下，那合规成为企业的一个救命的法宝了，所有的企业只要是树立一个形式上的合规机制，那就可以把自己择出去了。合规浪漫主义，我个人觉得是要不得的。第二，它会造成一个什么结果，就是使得单位领导的这种合规的动力实际上被部分撤除了，因为在传统的单位和单位领导人这种严密捆绑的这样的一种制度类型当中，立法所赋予单位对员工的这种监督者保证义务实际上同时赋予了单位领导，因此我们会看到什么？比如说，公司领导看到了员工实施违法犯罪行为，领导没有采取任何措施予以管理，我们当然会认为它是单位犯罪，同时也是公司领导的行为的这样一种判断，它是以单位和单位领导严密的捆绑为基础的。但如果我们打破这样的一种关系的话，那么，单位的是单位的，单位的领导是单位领导的，就会产生一个问题，单位领导的责任，他对于违法行为的监督义务要重新论证，它来源于哪里就要去解决它跟我们讲的自我责任原则之间的这种冲突问题。凭什么我要对他的行为负责，他的义务来源于哪里？在理论上可能那么还有很大的争论。如果不能合理论证的话，就会导致什么？我们司法实践当中的观点是，单位的一把手没有亲自参与，没有实施行为，因此他就不构成犯罪。那按照这种逻辑的话，单位领导只需要采取鸵鸟政策，把头埋在沙土里，你们干你们的，我看到了我也不管，或者说我假装没看到就不是我的责任了，出了事自己担责。那这样的话，你想他有没有合规的动力？显然是没有的，这是我自己的观点了。所以就是二元制，我个人暂时不是特别的支持。那非常巧的是那我看黎宏老师的结论，实际上也不是很支持，那黎宏老师的文章，我之前没有看到，因为之前今年年初的时候，我应一个杂志的邀请写一篇文章，可能很快出来了，也是关于立法方案的问题。那很巧的是，我的那个立法方案跟黎宏老师的几乎是差不多的，就是我们的共同的主张，就是采取一种最小的、最经济的手段去促进企业的合规。

第三个问题是关于组织体责任的问题，可能也是需要向孙老师请教的，因为今天下午看了孙老师的文章，正好今天孙老师是主持人，借这样的机会向老师请教。孙老师好像在文章当中提到了组织体主体责任，似乎是对组织体责任不是特别赞同，因为在孙老师看来，如果是主张这种组织体责任的话，就等于赋予了企业那么一种形式合规义务，但是怎么去理解，那么还请孙老师等一会儿给我们具体地讲一下。我个人呢，觉得可能并不能做这样的一种推论，因为赋予刑事合规义务意味着企业违反了这样的一种义务的话，是不是就会招致刑事责任？我们的刑法条款，我们都可以把它看成赋予我们刑事义务的这样的一些条款。那么，我违背了这样的义务，要产生刑事责任，但是企业违背了这样的一种刑事合规义务，在我们的体系里面，它显然不会产生责任。那么，如何去理解这个问题，还请孙老师等一会儿帮忙解答疑问。

孙国祥教授：谢谢本灿教授，那本灿教授刚才就单位犯罪的归责模式与合规的关系谈到自己的观点，不同的归责模式不影响到合规制度的实施，可能影响的是一种激励的模式。他也提到了合规改革不能虚置单位犯罪，也要警惕合规浪漫主义的这么一个情怀。同时也提了自己的一些思想，以及自我的一些观点，就是组织体主体责任与合规改革的关系，我们放到后面再讲了。那我们谢谢本灿教授。那么下面的话，就有请西南政法大学法学院副教授、博士生导师丁胜明，他也是我们重庆市的巴渝学者、青年学者，曾经在日本北海道大学、德国马普刑法研究所做过访问学者。

丁胜明副教授：感谢各位老师对我们西南政法大学的支持，时间也不早了，我就借这个机会向黎宏老师请教三个问题，主要是围绕黎宏老师所

第三讲 企业合规刑法改革的中国路径

提出的立法建议。黎宏老师的立法建议是对当犯罪的立法进行最小限度地修改，建议增加单位合规制度并认真执行，是可以不负刑事责任的这样一个条款。那么，针对条款的话，我想请教一下黎宏老师。第一，就是条款增加之后，它是一个拟制性规定还是一个注意性规定。也就是说，它对我们目前现有的单位犯罪的一个归责模式的一些制度有没有一个根本性改革？第二，这个规定，它认为有效的合规计划可以阻却犯罪成立，不负刑事责任。阻却犯罪成立的原因是什么？阻却的是行为还是故意？第三，因为我看到黎宏老师这个观点在《中国法学》发了文章中提出来的，那文章的标题是《企业合规不起诉改革的司法障碍及消除》，但是我的理解是目前的检察院推行的企业合规不起诉，它指的是一种事后的合规，而如果说按照黎宏老师的立法建议，合规能够阻却犯罪，它应该指的是一种事前的合规。如果事前的合规不负刑事责任的话，因为它不构成犯罪，就应当不起诉。但是，这并没有解决当前的企业合规不起诉的实体障碍的问题，想请教下黎宏老师是怎么看待这三个问题。

孙国祥教授： 胜明教授简单提了这三个问题，请黎宏老师简单回应一下。

黎宏教授： 谢谢孙老师，也谢谢各位与谈人非常中肯的建议，感觉到大家提得非常好。那具体的我就先回答一下丁胜明教授提出这三个问题。第一个问题，就是《刑法》第三十一条这么改革增加了一个"如果企业有合规的计划并且切实执行的情况下，可以不承担刑事责任"，其到底是属于什么性质的东西？是拟制性的规定还是注意性的规定。拟制性的规定是本身不是这回事但这么规定了。按照我的想法的话，应为注意性规定，它不是一个什么例外，从我的逻辑上来讲，是顺其自然的一个逻辑。在我的逻辑里，单位犯罪既然放在自然人刑法——现行法律加以规定的，那肯定就要符合自然人犯罪的基本逻辑。客观方面有行为结果、因果关系；主观方面的话，那肯定要有责任。单位犯罪的难点就在于单位行为是通过自然人实施的行为，那既可以看作为单位行为，也可以看到自然人行为，所以客观方面到底是单位犯罪还是个人犯罪分不开。现在只有通过主观方面的考虑，主观方面就要看行为的实施的起点和是主观因素，主观原因到底是单位本身的组织制度、宗旨、目的还有其他因素造成的，还是自然人个人自己擅自促成，那怎么样判断到底是单位决定还是单位中的个人决定？

那就可以想到企业合规，因为企业和为前面已经说在美国也是还有其他国家也这么做的，就单位本身有没有结构性的过错，意大利叫结构性的过错、制度性的过错，那么，制度性的过错，通过制度来体现出来合规，其实就是建立一套制度，所以从这意义上来讲的话，我觉得《刑法》第三十一条如果按照组织体责任论，是一个水到渠成的结论，所以我没听明白到底是拟制性规定还是注意性的规定，有什么本质上差别。第二个问题就是为什么有合规制度就可以不承担责任？主要就是因为在主观上没有罪过，但是阻却的是责任，而不是违法。第三个问题，刚才丁教授和江溯教授也提这样一个问题说，现在司法实践就是检察院推行此制度想解决的是犯罪以后的合规，犯罪以后合规可以和检察院之间达成一个协议，实施合规协议之后有个考察，如果验收合格就本次犯罪不承担刑事责任，而我这里面讲的只是一个事先合规，将来企业有合规的话可以不承担企业责任，确实是有这个问题。我的理论是面向未来的，解决不了现在的问题，但是目前解决企业合规实际上是一个权宜之计、过渡措施。现在我们国家企业里面还没有合规的习惯、没有合规文化，也没有合规强制制度情况之下，那只有采用权宜之计。我们采用宽严相济的刑事政策，或者是说采用商谈理论，在过去讲认罪认罚从宽处理，大概目前针对自然人适用理论拿到企业里面来样本实施，但是，这不是个长然之计，这是个变通措施，我们将来更多的还是要面向大、中型企业，大中型企业犯罪的问题实际上现在被掩盖了，所以从这一层来讲的话，我是说想从现在开始，根据最高人民检察院三年的合规试点，试点完了以后变为立法，所以现在目前是实现合规立法的一个最好的时间点。特别是目前关于合规的问题，诉讼法学、犯罪学学者情绪都非常活跃，刑法学者比较冷静。如果没有抓住该问题，没有放在《刑法》中加以规定的话，对刑法学者来说是一个失职，是一种遗憾。确实，丁教授讲的问题确实存在，江溯老师也提到过。我讲这么多。

孙国祥教授：刚才有本灿教授问我一个问题，就是说我是不是不主张组织体责任的问题。虽然我的文章里面也是主张组织体责任的，但我是反对有学者简单地把组织体责任与合规计划严格地联系在一起，组织体责任就是组织体的自身的独立的犯罪。这一点，黎宏教授讲得也非常清楚，我是完全赞成的。也就是说，从我们国家的刑法的规定来看，从犯罪行为的实施到犯罪故意产生都应该是组织体自身独立完成的，但不应该在刑法中

第三讲 企业合规刑法改革的中国路径

规定单位的强制性的合规管理义务。我也反对在《刑法》第三十条或者第三十一条呼吁企业强制性的合规管理义务。企业合规治理对企业发展肯定是非常重要的，对风险的防范也是非常重要的。但是，实际上我们应该倡导，就像刚才江溯教授也提到的，我们现在可能是要倡导或者鼓励企业去实施建立合规治理体系，但是，如果说要赋予一定的强制性，那可能在刑法上没必要了，也许它可以成为一项行政性义务可能比较合适，所以我们要把行政合规和刑事合规有机地联系起来。只要企业没有去实施犯罪，那么就不需要自己制定或者实施合规计划去承担刑事责任。这是我的主张，但是并没有否定组织体责任。我也非常地赞成刚才本灿提到的，不同归责模式上的刑事合规可能不同，从法律角度上来讲，可能最主要的就是体现在合规激励上了。那么，不同合规模式上的合规激励可能也不完全一样。刚才提到的连带责任、同一视原则可能更多地采取的就是英美法系的事后合规的激励，那事前的合规就不是很重要了，因为替代责任、严格责任，事前有无合规计划无关紧要。企业尽管有制订合规计划，但企业成员如果是为企业利益实施犯罪，那说明企业的事前合规计划没有有效地去阻止其犯罪，有效性没有得到验证，并不能阻却企业的刑事责任，至多也就是一个从宽量刑情节的。所以像连带责任、替代责任可能更多的关注的是企业事后合规制度的建构，它的激励可能主要是不起诉或者减轻处罚，像连带责任企业合规的模式下，其激励对象可能更多地体现在企业本身，所以就有了放过企业留下赦罪企业成员这么一个所谓的合规激励的模式。那组织体责任模式下的合规激励的话，我觉得可能更多的是体现在事前的合规计划能够阻却单位责任的这么一个方面。当然，组织体责任模式下，同样的可以重视企业事后合规的激励，但是事后合规的激励形式就可能多种多样的，也可能是一个不起诉的，也可能仅仅是一个从轻、从宽的情节。那么具体到我们国家的话，根据我国单位犯罪的制度、单位犯罪的归责模式，我个人觉得我们的单位犯罪的企业合规激励模式的一个重点可以是事前合规。也就是说，我们倡导你事前有良好的合规计划，因为符合我们国家的主客观相统一原则，那你事前有良好的合规计划或者组织实施了良好的合规计划，单位成员的这么一个行为不能反映单位的意志，它跟单位的意志相悖，所以它的单位成员行为无法归之于单位。这样的话，事前合规就可能成为一个企业犯罪的这么一个消极的抗辩事由，那也就是不构成犯罪的一个事由，它本身就可能不符合我们单位犯罪构成要件。同时我也觉得事后合规激励的方式应该多元化，我们现在的模式主要是合规不起诉，作为事后合规激励的一种方式，我觉得不一定妥当，因为替代责任论下，单位对单位成员的犯罪承担责任，主要是单位的监督责任，单位对他人的犯罪行为负责，通常是一种监督责任。相对来讲，责任还是比较轻的，在组织体责任模式下，单位实际上是对反映自己意志的行为负责，所以它不是简单地对单位成员的犯罪负责，所以我们国家的单位犯罪的话，通常可能还是一种直接故意的犯罪，只有少量是监督过失的犯罪。那么，对这些直接故意的单位犯罪，合规整改的激励，我觉得通常不应该是不起诉，应该是根据犯罪情节的轻重综合地分析，只有那些犯罪情节本身比较轻，具有整改期待的那些企业才能不起诉。对于那些情节比较严重，就是我们现在有争议的对比较重的范围犯罪应该是慎用不起诉的。因为尽管我们国家现在单位罪名越来越多，但总体上来讲，因为我们建立了罪过责任基础，所以我们国家单位犯罪的成立条件本身还是比较严格的，实务中入罪的单位本来就不是太多了，从实证的角度上来讲，那单位犯罪的刑事风险事实上并不是很高。我觉得常常把单位的刑事风险与企业家的刑事风险混为一谈了。实际上如果说我们对单位严格追责，也是社会单位加强企业合规制度建设的一种外在的督促，也就是刚才江溯教授也提到的怎么去建立合规意识，实际上建立严格追责也是一种督促，所以我个人觉得无论如何能够在实体真正符合合规整改条件，并且最终通过验收得到合规激励不起诉的涉罪企业不应该太多，那一旦企业合规激励对象泛化的话，那就可能扭曲了企业合规制度本来的积极意义，也可能导致刚才本灿教授提到的，可能司法虚置了单位犯罪的立法，所以这也许是企业合规改革过程中需要警惕的。

我个人同时也主张，在我们国家企业合规激励对象也要根据组织体运行的方式分别地确定，因为合规整改的对象与合规激励的对象通常是同一的，但是我们国家现在推行的企业合规改革试点，合规改革的对象和激励对象确实存在着不一致的情况。刚刚振杰教授也提到它的正当性的问题，企业本身不是涉案的主体，对企业进行整改以后，对涉案的企业成员不起诉，是不是说明合规整改的对象与激励的对象可以分离？另外，是不是对涉罪的企业或者企业成员能够双不起诉？这种质疑当然存在，但是我觉得就是说可能要根据我们国家企业实际硬性的模式，那企业合规整改的对象和激励对象是不是完全按照国外必须要统一，也可能是根据企业实际运行的模式，在某些情况下，我也觉得可以适当地分离。对大型企业而言，可能放过企业，留下涉案的企业成员，做法还是有一定的合理性。当然，我们国家的大型企业往往存在着相对独立的分支机构，这也是一个特殊性。对小型企业，我们现在常常就是说，我们现在探讨的小微企业，企业的意志传达跟企业主个人的意思竞合在一起，是否合规整改可能也需要他们，否则的话企业的合规整改也是一句空话。如果企业和企业主，或者叫做企业家难以分开，企业合规考察的激励对象跟企业负责人的命运也就无法完全分开，对他们进行合规整改已经没必要了。所以我觉得对这些小微企业，合规整改不仅仅对企业具有激励作用，对中小型企业的负责人也可能有一定的连带作用。同样的不起诉，企业合规对企业的不起诉和对企业负责人的不起诉的条件也不能完全同样把握。你说一定要对企业不起诉的话，对涉案企业的企业主也不起诉，这倒不一定。对于个人的不起诉，主要还是要看是不是符合我们刑事诉讼法和刑法上规定的犯罪较轻，可以相对不起诉这么一种情况，才可以进行。所以我觉得今天黎宏教授讲的企业合规的归责模式跟企业合规整改、企业合规激励模式确实是密切相关，也给我很多的启发。顺便讲一下自己的感想。时间可能也不早了，大家还有什么问题吗？

黎宏教授： 我这边有收到观众的问题汇总，我简单归纳下：第一个问题比较具体，企业合规改革成功之后，企业再次触犯单位犯罪，检察院对企业到底是继续合规改革还是进行起诉，要求其承担刑事责任，如果对企业不起诉的话，是附条件不起诉还是相对不起诉？他的意思是第一次犯罪不起诉已经生效了，不能撤销；如果第一次犯罪合规不诉，针对第二次再犯，是起诉还是合规，如果是起诉的话，是不是前后罪一并起诉？前后是单罚还是数罪并罚？我认为关键是前罪做过合规不起诉，如何处理前罪这么一个问题。因为前罪不起诉已经过了整改期，作出不起诉决定，决定已经生效，所以不能再评价一次。

第二个问题，相对不诉还是附条件不诉？附条件不诉我们刑诉法里面是有规定的，是针对未成年人的，学界通说认为坚持罪刑法定。所以企业不属于附条件不诉的对象，且按照最高检的相关规定，也只能相对不诉。

第三个问题，单位犯罪不是单位代表人的个人犯罪，单位犯罪与个人犯罪并不相同，我国刑法中的单位过失犯罪与故意犯罪事故责任认定方式不同，比如说走私、逃税的，那是不是可以说我国立法像对待个人犯罪来区分单位犯罪的故意和过失。那么问题是，如果认为按照单位、按照组织体责任作出区分单位犯罪故意过失判断，能否被我国《刑法》第十四条、第十五条故意、过失所包括，或者可以怎么做修改？该问题我感觉是说，如果按照组织体责任论的话，故意、过失的认定在自然人、单位犯罪中是否一样？我们现在因为是在自然人刑法里面来规定的单位犯罪，单位犯罪的成立与自然人在犯罪成立条件是一样的，客观要件和主观要件，或者是违法的要件和责任要讲必须都具备。那么，因为单位犯罪也是通过单位中的个人来实施的，所以行为造成的后果到底是单位自身的人造成的，还是单位中的个人原因造成的，客观上看不出来，那只能通过主观来。主观来看的情况下，实际上单位犯罪中单位的主观故意和过失理解上应该是跟我们个人犯罪是一样的，也就是符合《刑法》十四、十五条的规定，必须按照来。至于怎么认定，按照推定，跟我们国家刑法当中很多的走私犯罪、毒品犯罪等一样，就客观要素特征来反推行为人当时的意思。也就是说，单位犯罪的故意、过失与自然人犯罪的故意、过失是一样的，都包含在《刑法》第十四、十五条当中。

第四个问题，要区分单位里面的个人犯罪与单位犯罪，但是如果制度和个人可能同时存在问题的情况下，比如说有的人利用单位制度的漏洞来进行犯罪，如果考虑刑事合规免除单位责任情况下，那么个人责任是否会受影响？单位本身有合规制度，这种情况下，如果单位不受刑事责任，那么，个人是不是要受刑事责任追究？我也尝试的来回答一下，也就是这一个里头，就是说，单位本身制度有问题，个人本身也有问题，可以分两个情况考虑：第一种情况是说单位制度如果有问题的话，可以证明单位的合规做得不好，那就意味着组织结构有问题，如果组织结构导致的个人实施犯罪，那还是视为单位犯罪。第二种情况是单位自身没有意识到自己的制度里面有问题，但是被某个人利用的话，个人有可能是把单位作为一个犯罪工具、成立间接正犯，那还是构成自然人犯罪。这是第二种可能性。如果说是单位制度有问题，单位有合规所以单位不受刑事处罚，那个人怎么办？情况是不太可能的。为什么不太可能？在组织体责任原则之下，单位如果没有切实合规，或者没有确实执行的情况下，那就是叫纸面合规，合规是无效的，不是妥当执行的合规，所以这种情况下不可能出现单位出罪，而追究个人责任。

最后一个问题，黎宏老师认为应该承认单位过失犯罪，那会不会扩大单位犯罪的成立范围？这与合规制度的时代背景不吻合。另外，单位过失犯罪通常存在于哪些犯罪情形当中？第一个要考虑的是说，单位犯罪的常态是过失犯罪，特别针对大、中型企业而言。比如说，单位生产、销售假药，单位的产品生产有瑕疵，都不是故意的。故意情形如发现的瑕疵产品之后不收回，这在西方国家一般把它看作故意犯罪，比如汽车刹车投诉后不收回，这种情况下可以考虑为故意的。一般情况下都是考虑为业务过失，在国外的情况之下，过失犯是常犯。与我们相反，我们国家因为单位犯罪理解为单位的领导或者单位利益、单位名义来实施这类犯罪，那么单位集体决策的时候，多半会是故意犯，不太可能是过失犯。第二个，因为我们国家《刑法》分则里面规定单位犯罪绝大多数都是故意犯，过失犯很少，在注释中提到，比如说过失提供书号。我一直把污染环境罪理解为过失犯，我们有指导案例也将其理解为单位过失犯，但是按照2019年的司法解释，按照条文的意思来看，它没有直接肯定是故意犯，但是要处罚未遂犯。因为要处罚未遂，推定把单位污染环境的行为理解为只有故意犯，我觉得不合适，如果理解为过失犯的话更好，因为一个刑法的基本原理是说一个犯罪行为处罚过失的话，故意必然要处罚。也就是说，只要把它理解为过失犯的问题，故意犯必然会处罚，这样才会把就是单位犯罪的处罚漏洞都堵塞了，所以我理解的应该不是一个问题。《刑法》中规定为单位犯罪的四五个罪名说明了这一切。还有向振杰老师问的一个问题，说能不能再展开谈谈刑法修改还应包括哪些关于单位犯罪的内容？

周振杰教授：年初，高检理论研究所一个立法修改的内容报告，我提交之后，上报给了高检院的领导、研究室他们去调研，有幸跟孙老师一起发表在了《中国刑事法》杂志在第三期，所以如果大家有时间就可以来看下文章，看一下我的观点，基本上都在那篇文章里的，其他由于时间关系就不细讲了。

孙国祥教授：我们计划讨论两个小时，现在已经两个半小时了。今天晚上，黎宏教授做了一个非常精彩的报告，几位与谈人，江溯、振杰、本灿、胜明教授做了精彩的与谈,大家有什么问题的话,那就可以通过各种方式跟我们相关的老师联系,共同探讨。企业合规毕竟在我们国家还是一个比较新的实践,我们传统的刑法的理论可能会提出各式各样的疑问,由此带来的挑战都需要我们共同去努力。今天的讲座到此结束,大家晚安,谢谢。

第四讲

刑法制裁体系之现代化与本土化

彭文华[*]

摘　要：我国刑法制裁体系是1979年刑法颁布时确定的，40余年来其基本框架并未发生实质变化，明显滞后于我国犯罪体系发展演变的需要。刑法制裁体系需要进行现代化转型，以适应网络犯罪、新型权利犯罪以及日益扩张的轻罪等的治理之需。对于国外刑法制裁方法和制裁制度，应避免简单移植和机械仿效，须立足于我国犯罪治理的现实需要，加以本土化改进。

主持人白岫云编审[*]：各位老师，各位同学，各位朋友，大家晚上好！今天我们开始《刑法治理的现代化与本土化系列讲座》的第四讲。我们有幸请到了上海政法学院的彭文华教授，他为我们带来的题目是"刑法制裁体系之现代化与本土化"。彭文华教授是上海政法学院刑事司法学院院长、教授，华东政法大学博士生导师。我们还有幸请来了四位与谈人，第一位与谈人是西北政法大学刑事法学院院长、教授、博士生导师冯卫国教授，

---

[*] 彭文华，上海政法学院刑事司法学院院长、教授、博士生导师，上海市"东方学者"特聘教授。1990年毕业于南昌师范学校，1999年获郑州大学刑法学硕士学位，2009年获武汉大学刑法学博士学位，2009—2011年在华东政法大学从事博士后研究。在《中国法学》《法学研究》等刊物上发表学术论文180余篇，其中20多篇被《中国社会科学文摘》《高等学校文科学术文摘》《刑事法学》转载。独著《犯罪构成的经验与逻辑》等5部，主持国家级、省部级项目10项。

[*] 白岫云，中国法学会《中国法学》杂志编辑、编审。

第二位与谈人是南京师范大学法学院、中国法治现代化研究院副院长姜涛教授，第三位与谈人是西南科技大学法学院院长、硕士生导师何显兵教授，第四位与谈人是西南政法大学法学院的刘沛谞教授。本次讲座时间大概是一个半小时，与谈人的与谈时间是十到十五分钟，请大家遵守时间。我们最后留大概半个小时的时间进行线上提问，请大家准备好题目。现在我们有请彭文华教授开始今天的讲座。

主讲人彭文华教授：谢谢主持人白老师，特别感谢主办方西南政法大学刑法学科及其团队。这篇文章是我前不久发表过的一篇论文，近期也有些许思考以及一些新的想法。这次讲座也是我向全国刑法学者学习的一个机会，对于我在讲座中讲的不妥当之处，请大家批评指正。

刑法制裁体系是近些年来，尤其是2010年以来到现在的一个比较受关注的话题。在2010年左右，学界就刑法体系结构等进行了研讨。但客观上讲，当时《刑法修正案（九）》《刑法修正案（十一）》还没出台，大家只是感觉到体系上的变化。《刑法修正案（九）》《刑法修正案（十一）》出台之后，由于犯罪体系的变量很大，尤其是危险驾驶罪，包括后续增加的新罪，刑法制裁关系，包括犯罪附随后果的问题逐渐引起刑法理论界和实务界的高度重视。我在这样的背景之下，借鉴前辈的成果完成这篇文章的思考和写作，可以说是立足于现在的时代背景，立足于立法和司法的现状而完成的。刑法制裁体系的概念，是指刑法规定的刑罚和非刑罚制裁措施及制度，按照一定的标准或次序排列组成的相互联系、相互制约的有机整体。这里的非刑罚制裁措施，不包括刑法中的赔偿损失、训诫等民事措施。并不是说刑法规定的任何措施，都归入刑法制裁体系之中，这是不科学的。刑法制裁体系有四大功能：一是惩罚与威慑功能；二是改造与教育功能；三是保障与补偿功能；四是矫正与回归功能。

惩罚与威慑功能主要是站在国家立场上来说的，尽管威慑功能会波及犯罪人以外的其他人，但由于刑法制裁体系是由国家制定并实施的，因而主要体现国家对犯罪的惩罚与威慑的立场。尽管惩罚与威慑功能处于基础地位，但是仅有惩罚与威慑功能并不能成为一个国家制定刑罚制裁体系的目的。所以，后面三个功能是一个整体，其实质是促使犯罪人回归社会，实现再社会化。整个刑罚制裁体系的出发点是犯罪人，归宿是使犯罪人顺利回归社会。如果说，犯罪打破了刑法所维护的社会秩序，那么最终通过

第四讲 刑法制裁体系之现代化与本土化

刑法制裁，并结合其他的措施，使犯罪人重新回归社会，恢复被犯罪所破坏的秩序。所以，刑法制裁的功能，即惩罚与威慑功能是首位的，否则后面的改造、教育等便无从谈起。

只不过，后面三种功能是分别站在不同的主体角度和立场上来实现的。改造与教育功能针对犯罪人，其核心是改造、教育犯罪者本人，尽管它的教育功能会波及一般人，但犯罪人在其中起着核心作用。保障与补偿功能是针对被害人以及受犯罪牵连的人的。如果犯罪人要顺利回归社会，必须考虑被害人或受犯罪侵犯的人的感受，因为受犯罪侵害的结果具有一种传达效应，会传达给社会上的其他人，进而增加人们对犯罪人的排斥心理。所以，被害人及遭到犯罪侵犯的相关权利人需要得到保障和补偿。当然，犯罪人的人权保障也是其中的重要特征。犯罪人的人权保障功能和被害人的权利保护功能本质上是一致的，犯罪者除了受到惩罚之外，其他权利和正常人一样应当得到保护，不应该受到侵害。从这个角度来看，人权保障功能和权利保护功能是协调一致的。最后一个是矫正和回归功能，教育改造之后，适不适应社会还是两个问题，不是说对犯罪者教育改造后，他就能顺利回归社会，所以矫正和回归功能是犯罪人再社会化的重要手段。

我归纳的四个功能，是从四个不同的主体，即国家、犯罪人、被害人和一般人的角度出发考虑的。我个人认为，这和我们以前讲的刑罚功能略有不同。以前我们所讲的惩罚也好，预防也罢，这是两大基本措施。问题在于，不管是惩罚还是预防，都是将犯罪人放在一个相对对立的立场，惩罚的是犯罪人，预防的是再犯罪，都带有比较典型的对立色彩。联系很多国家，特别是从大陆法系国家、英美法系国家的状况来看，他们不单单把犯罪人看作破坏规则的人，还把他当作社会层面的一部分。尤其是在英美法系国家，他们的理念是犯罪人之所以犯罪，其实社会也是有责任的。李斯特也曾说过类似的话，从社会功能的角度出发，认为贫穷是造成犯罪的根源。大陆法系国家和英美法系国家的这种理念，实际上并非把犯罪作为单纯的负面要素，即使是实施犯罪，从国家、社会的立场来看，不是说国家、社会就没有责任。既然国家、社会有责任，那么最理想的方法，无论是站在犯罪人角度，还是站在一般人即社会公众的角度，抑或是站在国家的角度，只有使其回归社会成为一个正常的人，才能更好地为国家、社会作出贡献。我觉得这样一种理念，不能仅仅用惩罚和预防两者来概括。我今天做的这个讲座，后面还会讲到我们刑事制裁体系的现代化以及分配正义理论，也是从这样一种观点出发的。我觉得这样一种刑法理念的更新，在我们国家有非常重要的作用。历史上，我们始终抱着世俗功利的惩罚观，而且从整个法律的体系构建来看，不论是犯罪论体系还是刑罚论体系，在很大程度上还是将犯罪作为社会秩序破坏者以及公众的对立面考虑的。在新的制裁理念下，这种纯粹对立面的考虑不利于犯罪的再社会化，也不利于我们去进一步塑造我国的刑法制裁体系。

我们国家现行刑法制裁体系的特点主要有以下几点：

第一，笼统化和扁平化。就我们国家的刑法制裁体系而言，除了主刑和附加刑的区别之外，主刑和附加刑之间也并没有什么联络，比如易科等。最近新增加的处罚，比如终身监禁等，也没有体系结构上的定位，而是直接规定在具体的犯罪之下。整个刑罚体系从个别化的角度能看出刑罚方法的鲜明特点，但是它们之间的关系如何、逻辑如何、分布如何等，彼此之间是否能够平衡互补等，都是基本上不存在的。

第二，工具主义倾向。这一点较为明显，我们最近所增加的刑法制裁措施，比如职业禁止、终身监禁等，给人的感觉就是救急的，比如惩罚贪污犯罪的需要就设立了终身监禁。至于制度的设计，并不是从目的主义、效率等方面加以综合考虑，甚至犯罪的设计也是如此，典型的如危险驾驶罪的设立，尽管当时有很多反对的声音，但最后立法者还是通过了。新近几年，在该罪成为我们国家发案率最高的一个犯罪后，很多人便开始反思危险驾驶入罪的合理性与科学性，包括许多当初赞同危险驾驶罪的人。不难看出，这种单向性的工具主义的制裁倾向，体现在我们国家最近刑法制裁体系的变化之中，便是个别化、功利化倾向，即有需要就制定，没有综合性的体系化的权衡以及全局性的思考。至于以后效果如何，刑法制裁体系之间能不能互补等，这些问题考虑得不是很多。

第三，功利主义的刑罚观。主要是注重刑罚的实用功效，不是从惩罚效果最佳化的角度考虑，而是从刑罚本身的单向的个别化的角度考虑，比如说终身监禁就是如此。考虑到是针对贪污贿赂犯罪的特殊需要而特别设立的制度，体现的是鲜明的功利主义倾向，可以说是当前高压反腐政策在刑法制裁中的有力体现。但是，终身监禁只适用于这种犯罪，对其他犯罪能否适用？它的功能效果如何？和死刑、无期徒刑的关系如何？等等，这些问题并未得到解决。

第四，自由刑中心主义。大家可能注意到，我们五种主刑当中就有四种自由刑，并且自由刑的适用频率也非常高。查下近些年的判决可以看出，绝大多数的案件都是在自由刑这样一种模式下判决的。至于刑法中的其他制裁方法，比如说资格刑也好，财产刑也好，从我们国家目前的这种情况来看，远远没有发挥它们应有的作用。例如，我们国家罚金的应用性或者效果性是打了很大折扣的，执行难也是普遍性的难题。资格刑也是如此，我们国家现在的资格刑仍是停留在1979年刑法确定的资格刑上，按照刑罚的体系，资格刑只有四种，资格刑的现状很难胜任我们当前职业化、专业化分工越来越细的时代背景下惩罚犯罪的需要。社会的发展以及专业化分工化越来越细，使得惩罚犯罪不应该仅仅是以自由刑为中心，从国外适用情况来看，诸如财产刑、资格刑也是可以在刑罚制裁体系中发挥更大作用的。遗憾的是，我国刑法制裁体系并未与时俱进，这么多年以来我们依旧坚守着自由刑中心主义。

以上我所谈的是刑法制裁体系的基本问题，内容涉及我们国家刑法制裁体系的基本情况，如功能、特点等。下面我简单说下我们国家刑法制裁体系为什么要现代化。我国刑法制裁体系为什么需要现代化？这是值得我们每个人深思的问题。从1979年刑法颁行以来，我国刑法中的罪名由最初的130多个扩充到现在的486个，罪名增长数将近3倍。罪名的爆发性扩充使得犯罪体系得以蓬勃发展，而且目前也没有停止的迹象，从《刑法修正案（九）》到《刑法修正案（十一）》罪名都是呈现大幅度增加态势，可以预见这种现象以后还会持续下去。也就是说，现行刑法颁行以来的四十多年里，我们国家的犯罪体系发生了翻天覆地的变化，这还只是犯罪体系的变化。事实上，犯罪的类型、特点等也同时发生巨大变化。然而，我们的刑法制裁体系，除了增加终身监禁这种细枝末节的措施之外，并未发生实质性变化。这样的制裁体系能否适应惩罚犯罪的需要，无疑是个问题。

刑法中最关键的无非就是犯罪和刑罚，整部刑法典都是围绕这两个核心点进行的。如果仅关注犯罪体系的发展及其立法、司法上的价值和意义，不关注刑法制裁体系，这绝对是失之偏颇的，也无法自圆其说。犯罪和刑罚是组成整个刑法不可缺少的两个中心环节，本不应该厚此薄彼。那么，刑法制裁体系为什么会滞后于犯罪体系的发展以及惩罚犯罪等的需要呢？

第一个原因是滞后于情势变更需要。我国从79刑法到现在虽然增加了300多个罪名，但是增加的罪名里面绝大多数属于法定犯。与79刑法不同的是，当时100多个罪名绝大多数属于自然犯，涉及到公共安全犯罪、财产安全犯罪、人身安全犯罪等。而增加的300多个罪名由于绝大多数属于法定犯，故而主要分布在《刑法》分则第二、三、六章等章节中。虽然也有不少职务型犯罪，但该类犯罪基本上也是根据法定犯来设置的。如此一来，以传统的自然犯为基础制定的刑法制裁体系越来越难以适应不断增长的法定犯之制裁需要。既然现在增加的犯罪在性质上不同于传统的犯罪，改革与完善传统的刑法制裁体系显然势在必行。另外，近年来轻微犯罪显著增长也是一大特点。如果将最高刑1年以下有期徒刑的犯罪称为轻微罪，不难发现79刑法中只有两个，分别是偷越国边境罪和侵犯公民通信自由罪，而现行刑法已经扩展到6个，尤其最近增加较多。如果以3年有期徒刑作为界分轻罪与重罪的标准，那么宣告刑是3年以下有期徒刑的犯罪，即轻罪的发案率绝对是居于主导地位的。卢建平教授在《中国应用法学》发表的文章里面认为占到了百分之八九十这样的一个比例。当然这不是指纯粹的罪名，也包括宣告刑为3年以下的情况。在这样的数据面前，认为我国实际上已经进入轻罪化时代实不为过。在轻罪占据绝对主导地位的情况下，我们的刑法制裁体系，尤其是以自由刑为中心这样的一个结构体系是否适合轻罪治理需要是存在疑问的。当然还有网络犯罪，这块儿就不细讲了。

第二个原因是没有能够充分适应刑事政策的调整要求。79刑法在第一条中明确规定我们国家的刑事政策是惩办与宽大相结合，2005年中央确定了宽严相济的刑事政策，到前不久确定认罪认罚这样一个制度。可以明显看出，我们国家刑事政策调整已经从之前的惩办与宽大这种敌对化的政策调整、过渡到认罪认罚这种交易型、协商型的政策。这种政策与当前的刑事法治理念是非常契合的。在传统的重刑或者工具主义刑法模式之下，基本上对犯罪采取的是敌对的态度，从早些年我国刑法的发展也能看出来。但是目前转变为从治理效果出发，把犯罪人、被害人当成参与主体，采取

第四讲 刑法制裁体系之现代化与本土化

交易型、协商型的制裁模式，具体包括处理犯罪过程中的调解、刑事和解等。这种变化了的政策与79年我国刑法制裁体系框架确立时的政策是完全不一样的。显然，我们刑法制裁体系没有与时俱变适应刑事政策调整的需要。

第三个原因是律他性有余而自律性不足。这主要是指我们国家刑事制裁体系具有明显的被动性。在现实生活中，考虑到必要的时候才适用，很难根据我们时代发展或者犯罪治理的需要去自觉地进行调整，这从最近的几个刑法修正案也可以看出来。适应犯罪体系变化与国家治理犯罪的需要，适应国家推进犯罪治理体系和治理能力现代化状况需要，对刑法制裁体系主动做出回应和调整恰恰是我们的软肋。个中原因无疑是复杂的、一言难尽的，但缺乏修改与完善的意识、勇气与决心恐怕是重要原因之一。

第四个原因是在贯彻刑事一体化上有待强化。我国《刑事诉讼法》中有三大程序，即普通程序、简易程序和速裁程序，但是后两者适用对象有交叉，之所以如此，与刑法没有对犯罪论体系和犯罪制裁体系进行分类化、阶层化是有很大关系的。换句话说，如果刑法对犯罪和犯罪制裁体系进行分类化、层级化的话，那么刑诉法的速裁程序、简易程序等也就容易具有针对性的对象。但是目前并非如此，因而导致程序适用交叉的现象。另外，我国刑法对犯罪和刑法制裁体系没有进行很好的体系化、层级化和科学化的划分，也影响到社区矫正制度。目前，我国社区矫正的适用对象是判处管制等的犯罪人，这种情况下使得刑法制裁与社区矫正法对接不畅，因为社区矫正属于开放型措施，而我国刑法制裁体系中开放型的刑种很少。因此，《社区矫正法》颁行后，该制度的应用性和功能性的发挥受到很大的制约和限制，因为刑法对犯罪，尤其是对制裁体系没有进行有效承接和回应，使得《社区矫正法》很难找到承接和适配的基点。我个人认为，在所有刑事法治体系中，刑法无疑是处于核心地位的，但是刑法中的制裁体系与时俱变、因势利导做出相应的修改和完善，致使刑法没有充当好"带头大哥"的角色，这在很大程度上影响刑事一体化，这也是刑法理论工作者和实务工作者应当反思的一个问题。

接下来我谈下我国刑法制裁体系现代化的方法问题。法律现代化的方法有两种，第一是法律移植，就是一国对其他国家法律制度的吸收和借鉴。实际上，从清末到民国，我国法律总体上是带有鲜明的法律移植迹象的，法律移植起着主导作用。到建国初期，由于众所周知的原因，包括刑法在内的法律移植依旧占据主导地位。我们现在的刑法制裁体系就有这样一个特点，它在很大程度上承继了前苏联的刑法制裁体系。《苏联刑法典》第二十一条规定如下刑罚方式：一是剥夺自由；二是流放；三是放逐；四是不剥夺自由的劳动改造；五是剥夺担任一定职务或从事某项活动的权利；六是罚金；七是撤职；八是责令赔偿损害公开训诫；九是公开训诫；十是没收财产；十一是剥夺军衔或者专门称号。我国的刑罚体系相差不大。并且《苏联刑法典》第二十二条还对主刑和从刑作了区别和规定，这也相当于我国的主刑和附加刑。此外《苏联刑法典》还有驱逐出境等规定。对于驱逐出境，我最近看英美法系国家的规定，发现他们并未将驱逐出境规定在刑法之中，因为他们是不成文国家，当然很多州的法律也没有规定这一措施，所以驱逐出境在英美法系国家被当作典型的犯罪附随后果。这也涉及到另外一个问题，即怎么认定犯罪附随后果。

从80年代改革开放之后，我国走上了一条独立的具有中国特色的现代化道路，其后我国的刑法立法就具有鲜明的本土化特征，如1987年《海关法》及后面刑法规定并承认了的单位犯罪，包括后面很多法律，都是立足于刑法本土化。也就是说，80年代之后的刑法立法具有典型的本土化特色。这就是我要讲的法律现代化的第二个方面，即法律本土化问题。法律本土化主要是指为适应本国的政治、经济、文化等环境需要，应淡化法律移植色彩，在立法、司法以及执法过程中实施本土化策略，使法律及其体系呈现出本土化特色。尽管我们国家80年代改革开放之后，刑法立法基本上走本土化道路，遗憾的是我国刑法本土化主要体现在犯罪体系中。也就是说，我国在确定什么样的行为构成犯罪、成立何种罪名以及在犯罪的其他问题上法律本土化做得比较好。不过，刑法制裁体系这块依旧没有跟上。1979年刑法确定的刑法制裁框架体系，一直到现在基本上是没有太大变化，像资格刑这种体现鲜明时代特色的也没有什么变化。所以，我国刑法的法律本土化，重点基本上是落在犯罪论体系上。至少我个人认为，刑法制裁体系是保留原有框架的。特别值得提出的是，我国从立法模式上，比如从附属刑法到刑法修正案，刑法立法的内容在很大程度上体现了我国政治、经济、文化等的需要，具有鲜明的中国特色。最近，随着我国司法体制改革的深化等，从立法到司法的很多方面也体现了本土化特色。特别

第四讲　刑法制裁体系之现代化与本土化

遗憾的是，我国的刑法制裁体系没有跟上步伐。

接下来，我讲下刑法制裁体系现代化的理论探索。我之所以不用方法而用理论探索，是因为我们还保留1979年刑法的理论框架，基本上没有大的变动，所以不是一个现实的问题，只能说是理论探索。我接下来讲的不一定只是针对刑法制裁体系，甚至包括我们法学或者刑法学领域的研究问题的理论思路和方法。

第一种是高度形式化、逻辑化的刑法思维方法。刑法现代化理论提倡者，基本上采用分析实证主义方法，将西方刑法制度从西方社会剥离出来，抽象地分析论证刑法制度所承载的价值，进而提倡将承载着美好价值的法律制度移植到中国。这种被理论界概括为高度形式逻辑化的刑法思维方法注重刑法概念的严谨周密，追求刑法制度的完美无缺和刑法思维的高度形式化、逻辑化，根据马克斯·韦伯的观点，这种高度形式化、逻辑化的法律思维来源于对古罗马法的承受，在德国、法国等国家达到巅峰。这种形式化、逻辑化的思维方法是很常见的。

第二种是高度社会化的刑法思维方法，主要认为刑法制度发展与完善的重心不在于立法、司法，而在于社会本身，强调对"活的刑法"的研究，所谓"活的刑法"，就是指支配生活本身的刑法。活的刑法知识具有现实的法律秩序基础，尽管它不同于国家制定的刑法。这实质上是现实的刑法，与制定法是两个概念。这里我特别解释下，制定法一旦制定就具有连续性和稳定性，在一段时间内不会有变法需要。这种情况下，它和现实中的刑法是不一样的。最近，我国刑法理论界提出的"象征性立法"，其实不只有这种，也有其他问题。比如说"象征性罪名"我国刑法中也有，这种犯罪在生活中能发挥多大用处无疑是个问题。像组织卖淫罪、强迫卖淫罪，甚至聚众淫乱罪等罪名，每年国家审判的这类案件很少，实际上大家也知道，但是立法者并没有去关注。所以规范意义上的法律和现实生活中的法律概念并不相同。高度社会化的刑法思维方法重在对现实生活中活的刑法进行运用联系。这种方法从中国社会挖掘常识、常理、常情，尊重民间秩序，强调制定法与民间法的沟通、对话与对接。

这里我特别介绍下，我们一谈到民间法或者习惯法很容易让人感觉是民法上的内容，实际上并非如此。刑法的道德伦理性有时不亚于其他法律，此前我们论述犯罪本质也有伦理规范违反说。早前刑法很大程度上是建立在伦理秩序基础上，因此不能不考虑这些伦理内容，否则刑法规范就变成冰冷的模具，失去它应有的生命力。

我国刑法制裁体系现代化应该采取什么样的方法呢？刑法社会学作为一种方法，从实际出发有着本身得天独厚的优势，但是客观上讲，如果不太关注甚至可能忽视对法律进行价值分析，容易使刑法本土化观点遭到诟病和批判。我个人认为，刑法制裁体系现代化应该体现"一个中心、两个基本点"。一个中心是指从实际出发，从当代中国人的实践生活中去寻找有益的资源，旨在解决中国现实问题。最近在我国，包括中国意识、中国问题等特别明显，张明楷教授就专门撰文论述过这方面的问题。这种思维方法立足于现实解决问题，是很多学者包括车浩教授特别赞成的。实际上，现在无论是理论界还是实务界，解决中国实际问题应该是刑法体系的出发点和归宿，否则再好的刑法规范和理论都是空洞的。所以，重心还是要立足于中国的现实。

另外，还有两个基本点，一个是传统法律制度。79刑法颁布后和传统法律制度是有切割的，这个可能与我们特定的时代背景有关。当然也有学者提到我国传统法律制度的优点，比如说亲亲相隐制度。我们现在很多刑法条文或者司法解释中就有这种体现。诸如盗窃罪、抢劫罪等司法解释中，亲属之间实施相关犯罪的处罚和一般人的处罚是不同的，所以传统法律制度的优点还是可以继承发扬的。亲亲相隐等从社会人伦出发，有利于维护社会秩序，体现法律的温情与温度，为什么不承继下来呢？另一个是国外法律制度。目前来看，很多法律制度或者解决法律问题的方法来源于国外好的法律制度和方法，比如说我国刑法规定的法人犯罪，实质上是辩证扬弃英美法系国家的法人犯罪使然。我们的法律制度不仅借鉴大陆法系，英美法系借鉴得也比较多，最近的认罪认罚制度在很大程度上就取法于英美法系国家的一些诉讼制度。因此国外许多先进的适合于中国国情的法律制度还是可以借鉴的。

总体来看，我们的方法应该是立足当代，取法传统，有机移植。立足当代，分析解决中国刑法问题始终是我们犯罪体系和刑法制裁体系的出发点和落脚点，居于核心地位。传统法律制度再好，也要适应当代中国的需要。移植也是如此，要联系中国实际，从有利于中国国情的角度来移植。我们移植，不单要解决问题，也要契合我们国家的国情，有利于我们理解

第四讲 刑法制裁体系之现代化与本土化

和应用。我之前写过文章，判断诈骗足不足以使被害人产生认识错误，有两种不同看法，即德、日刑法有被害人信条学，英美法系有被害人谨慎义务。尽管都比较好，但是我会选择英美法系被害人谨慎义务，被害人没有尽到谨慎义务，被骗后行为人不承担刑事责任。被害人信条学直接适用于中国并不是一个合适的方法，大众接受度较低。之所以叫有机移植，就是需要具体考虑是否符合中国人的思维模式，解决现实问题，是否有利于在中国公众或学者之中加以理解和推广，这也是有机移植的重要组成部分。目前还有一种现象，对国外理论进行批判移植，实际上是要考虑本国国情问题。

下面我汇报下我国刑法制裁体系现代化路径。首先是理论基础。在这方面我认为应当取法分配正义理论，即不是以抽象的正义为导向进行管理论证，而是关注个体权利、应得和需要的满足，这也是马克思主义理论所倡导和推崇的。分配正义通过社会合作和社会制度分配来实现刑罚正义，为刑罚权运用与权益保护之平衡提供保障，以期实现刑法制裁参与主体权利与义务之满足，有助于贯彻目的主义刑法观和实现制裁效果最佳化。分配正义理论在经济学和其他领域是特别流行的理论。法律制度中的正义理论在有些国家已经过渡到分配正义上。像罗尔斯等人，特别提倡分配正义理论，罗尔斯在著作《正义论》中也提到怎么通过社会合作和社会制度分配的角度实现正义。就我国刑法制裁体系而言，刑法规定的刑罚和非刑罚制裁方法本身是没有问题的。问题在于，我们制定制裁制度和方法等有没有充分考虑到国家、犯罪人、被害人等，把他们作为需要一体化考量的有机整体，要从合作治理犯罪这样的角度去进行设计和规划。如果仅站在国家角度，或者说崇尚功利惩罚观的话，如何能有效减少犯罪呢？

犯罪的发生是综合现象，仅靠刑法功利性制裁没有意义，实践证明效果并不一定很好，所以强调社会合作。制度分配也是如此，如果制度分配不合理就可能出现问题，比如刑法制裁制度比较侧重惩罚性制裁制度，保障性制度相对缺乏，如行刑时效制度、前科消灭制度等对被告人权益有保障的制度，刑法就没有规定，这是欠缺后续再社会化制度构建之考虑的。因此，我们刑法制裁体系采用分配正义理论来指导是有价值和意义的。而且，建立在社会合作、社会分工以及制度分配基础上的正义观是相对来说最为彻底和有效的，因为考虑到了不同参与主体的需要，考虑到了犯罪人带来的影响，考虑到了犯罪者犯罪之后权利和义务的平衡。分配正义理论是蕴含治理现代化内涵的，因为通过社会合作和社会制度分配全方位考虑制裁体系是符合系统观的。分配正义还注重对人权保障与权利保护的重视，与社会主义法治之"以人民为中心"的核心价值观不谋而合。因此，重构刑法制裁体系，应当以分配正义为指导，重在制度建设与刑法制裁参与主体的权利与义务的平衡。

关于刑法制裁体系的指导原则我想简单讲下。第一个是差别原则，就是对不同个体实行差别化刑法制裁，以清除处遇上的不平等，使刑法制裁参与主体均衡受益。第二个是平衡原则，就刑法制裁参与主体权责而言的，包括刑罚权运用与当事人权益保护的平衡，以及刑法制裁参与主体的权利与义务的平衡。例如，现在我国控诉模式仍然是公诉机关导向型的，在发挥被害人参与上应该说有很大的改进和提升空间。第三个是机会平等原则，指的是社会职位对所有人完全开放，使人人获得平等参与的机会，它是法治中国建设的重要内容。随着治理体系现代化的推进，人人有参与和表述的机会，对公众来说，是有利于对权利和义务进行评判的方式。

我要讲的重点内容是我国刑法制裁体系的完善。对此，我想从以下几个方面来阐述自己的观点和看法。

第一，构建二元化的刑法制裁方法体系，即刑罚与非刑罚处罚并存的二元制裁方法体系。这个问题非常复杂。我简单谈下刑罚、保安处分与犯罪附随后果的关系问题。我先讲下背景知识，刑罚和保安处分或者说刑罚与非刑罚处罚并存的二元制裁方法体系主要体现在大陆法系国家，有的对非刑罚处罚方法进行区分，比如区分保安处分和附随后果，如德国刑法就区分保安处分和附随后果。没有区分的如意大利刑法，虽然规定了保安处分，但保安处分内容宽广，实际上包含德国刑法中的附随后果的。我在查阅资料和请教其他学者后发现，德、日刑法之外的其他法律之中很少规定犯罪附随后果，主要还是通过保安处分进行消解。不过，我发现英美法系国家对犯罪附随后果的规定和我们国家相当，尤其是美国。我们构建刑罚与非刑罚处罚并存的二元制裁方法体系，需要注意如何处理保安处分和刑法之外的法律法规、规章制度规定的犯罪附随后果的关系，这个问题非常复杂。以《刑法》第三十七条之一规定的职业禁止为例，且不说这个规定在我国刑法的地位尴尬，刑法学者对该条理解不尽相同，有的认为是犯罪

第四讲　刑法制裁体系之现代化与本土化

附随后果，有的认为是行政罚等，这样的分歧存在是有其道理的。立法者当初把职业禁止纳入刑法，究竟是有利于犯罪人还是不利于犯罪人，值得探讨。如果从其他法律法规规定的职业禁止情况来看，刑法规定的职业禁止是便宜了犯罪人。

例如，《刑法》第三十七条规定，人民法院可以根据犯罪情况和预防再犯罪的需要禁止其自刑罚执行完毕之日或者假释之日起从事相关执业，期限为三年到五年。这里有三个要素，第一要经过人民法院判决，第二要根据犯罪情况和预防再犯罪的需要，第三期限为三年到五年。其他法律法规中规定的是职业禁止，适应条件就有所不同。如《企业破产法》第二十四条规定，因故意犯罪受过刑事处罚，不得担任人民法院制定的企业破产管理人。《江苏省城乡网络化服务管理办法》规定，受过刑事处罚的不得担任专职网格员。《海南省公共资源交易综合评标评审专家和评标评审专家库管理办法》规定，因犯罪受过刑事处罚的不得申请加入省专家库。《广西壮族自治区地方金融监督管理局关于公开推荐自治区涉案企业合规第三方监督评估机制专业人员的公告》规定，受过刑事处罚的不得进入金融相关领域专业人员名单库。《上海市导游人员管理办法》规定，受过刑事处罚的，过失犯罪的除外，不得颁发导游证或者景区（点）导游证。《瓦房店市物业管理实施细则》规定，受过刑事处分的，业主委员会可以决定终止业主委员会委员资格。《江西省应急管理厅关于2022年面向社会公开招聘江西省航空应急救援特勤队员的公告》规定，因犯罪受过刑事处罚的，不具备报考航空应急救援特勤队员资格。《天津市印章业治安管理办法》规定，因故意犯罪受过刑事处分，不符合经营印章业务的条件，不得经营印章业务。《刑法》第三十七条规定和上述规定相比差别非常大。上述有关职业禁止的规定均没有《刑法》第三十七条规定的三个成立要素。可见，《刑法》第三十七条规定的职业禁止与其他法律法规等规定的职业禁止相比是更有利于犯罪人的，这就决定了其很难发挥应有的作用。

我们要构建刑罚与非刑罚处罚并存的二元制裁方法体系，尤其在《刑法》中设立保安处分，如何处理保安处分和数以百千计的犯罪附随后果的关系需要特别注意。这里有两种模式需要思考：一是采取大陆法系国家刑法的立法模式。不过，大陆法系国家刑法规定的非刑罚处罚模式与我们国家并不相同，因为我国除刑法规定外还有众多的其他文件规定，如何在刑法中构建二元化制裁体系是颇费思量的。二是英美法系国家刑法的立法模式。我国对犯罪附随后果制度的规定与英美法系国家比较相像，这意味着有借鉴的基础。问题在于，英美法系国家的法律体系属于不成文法系，要想充分借鉴其刑法制裁体系有着天然的规范障碍和制度障碍。比较而言，尽管在刑法中构建二元化制裁体系有难度，但不失为一劳永逸的解决方案。

第二，调整优化现有刑法制裁方法结构。有几个关键点：首先是终身监禁的定位。现在我们有人认为是执行方法，有人认为介于死刑和无期徒刑之间等定位。其次是社区矫正的定性。目前根据《社区矫正法》的规定似乎是一种执行方法，但客观上讲，如果我国要完善刑法制裁方法体系的话，应当补充和完善社区刑罚。社区矫正对象的处罚要求目前在我国刑法制裁方法中比较匮缺，要想使社区矫正更有效地得到执行，需要增设适应社区矫正需要的开放性处罚方法。最后是刑罚结构的调整。很多学者也谈到，比如说将罚金刑或者资格刑作主刑等，未来进行适当组合调整还是有必要的。

第三，对制裁方法加以针对性的完善。这里我重点谈了三个方面：其一是单位犯罪制裁方法多元化。我国刑法制裁体系中的制裁方法之渊源来自成文法系国家刑法的居多，但单位犯罪发源于英美法系国家。在这种情况之下，就单位犯罪的制裁方法而言，我们国家刑法的规定显得有些单一，不管是双罚制还是单罚制，主要是罚金。国外尤其是英美法系国家对单位犯罪的规定具体包括声誉罚，如警告等；财产罚，如没收财物等；行政罚，如司法监督等。单位犯罪既然与自然人犯罪是并列的，理应对单位犯罪的制裁方法进行科学化的设置并进行必要的完善，尤其是在现在单位犯罪高发的情况下。客观上讲，罚金所产生的作用在多大程度上能遏制单位犯罪还是一个问题，因此应该将制裁方法多元化。其二是网络犯罪制裁方法专业化。网络犯罪最近比较高发，1979年刑法制定后没有预见这种现象，所以在刑法制裁体系不变的情况下对网络犯罪的处罚仍然比较单一。适应网络犯罪制裁的需要，我个人认为有必要在刑法中专门增设针对网络犯罪的刑罚方法，至于如何定位可以后续加以考虑，比如禁止令、剥夺或限制网络使用权限等，都是国外制裁网络犯罪比较常见的方法。其三是轻微犯罪制裁方法开放化。目前轻微犯罪制裁和重罪是一样的，表现在五种

第四讲 刑法制裁体系之现代化与本土化

主刑四种附加刑之上。实质上，就近些年国家立法对轻罪的处罚情况来看，是带有预先防范性质的，比如危险驾驶罪等。对待这一类犯罪的惩罚，若依照传统的不区分轻重罪的制裁方法为据是没有多大意义的。对轻罪治理方法应该多元化，尤其是目前在我国轻罪高发的背景下尤为重要，特别是要发挥资格刑等开放刑的作用，更具有针对性和效果。

对于刑法制裁制度体系的完善，我强调的第一点就是确立双轨制刑法制裁制度体系，加强保障性制度建设，注重惩罚性制度与保障性制度并重。周光权教授曾指出，危险驾驶罪涉嫌犯罪人数每年约30万，不给犯罪人保障性出路而将其推向社会的对立面，积少成多的话，数量将会非常庞大，不利于犯罪治理现代化。第二点是增设刑法制裁易科制度。我国不管是主刑之间还是主刑与附加刑之间都没有贯通，结果便是因不同对象之不同需要而适用不同的针对性处罚，其结果便是适用某种制裁方式未必有效。如果能够易科的话，可以打通短期自由刑与其他刑罚之间的联系，使得制裁方法能够更具有针对性地适用于犯罪分子，如此也会产生更好的效果。第三点是完善刑罚裁量制度，这一块儿经海教授在国内量刑方面是标志性学者，也有很多这方面的成果。作为量刑最重要依据之具体裁量制度，如量刑起点、量刑基准以及裁量方法、次序等并未在刑法中体现，其消极作用不言而喻。我们的量刑规范化改革在文件中体现得非常多，但是在刑法中没有涉及核心内容。在刑事司法实践中，量刑应该是重中之重，其重要性甚至高于定性，因为每个刑事案件都会面对如何公正量刑问题，而绝大多数犯罪在定性上往往是不成问题的。正因为在量刑上每个案件都有所不同，因此量刑应居于核心地位。目前我们在量刑的体系和制度方面还没有很好地完善，我也希望这方面在前期量刑规范化的基础上，无论立法机关还是司法机关，能够进一步去改革和完善。第四点是健全当事人权益保障制度。我国《宪法》《刑事诉讼法》等法律中都有人权保障的规定，唯独在作为刑事实体法的刑法中没有人权保障的规定，这是很大的遗憾。对于被害人而言，目前公认的对被害人的三大救济机制，即赔偿制度、补偿制度以及救济制度，我们也没有构建起来。记得有篇文章指出，构建被害人赔偿制度、补偿制度和救济制度真的如此之难吗？每年如此之多的诉讼费、交通罚款等，难道不可以用来补偿、救济吗？当然，也有观点指出为什么不指望被告人呢！不过，司法实践中被告人很多时候没有如此多的经济来源，依靠被告人很容易导致被害人权益得不到补偿。因此，在赔偿、补偿以及救济等方面如何进行制度构建还是一个问题。这是第三个部分关于刑法制裁制度体系的完善。我将刑法制裁体系划分为制裁方法体系和制裁制度体系，刚刚前面一部分讲的是制裁方法体系，这一部分讲述的是制裁制度体系。

最后我简单向大家汇报一下规范刑法制裁的程序保障。目前，我们在程序保障上有很多屏障。国外公认的几个较为有效的程序保障制度，如英国的上诉审、减刑假释听证、定罪量刑说理等，在我国贯彻得并不彻底或者说没有充分得以体现。检察院的量刑建议，对法院自由裁量权来说是个比较好的制约手段，但是没有充分的说理部分，因此量刑建议还是需要改进的。事实上，我们国家的裁判文书对定罪量刑的说理还不是很充分，尤其是量刑说理更是较为欠缺。很多疑难案件定罪说理还是可以的，但是在量刑说理部分表现得较为简单、不充分，缺乏足够的说服力，有待完善。我们所说的量刑规范化，实际上大多停留在形式上，并没有在实质上体现量刑公正，因为很多案件并非如量刑规范化中简单归纳的十几种情节就可以概括的。因此，量刑说理在重大、重要案件中，以及轻罪案件中显得尤为重要。并且，量刑说理对我们构建二元化的刑法制裁体系，特别是在其中设置非刑罚制裁措施来说也是十分关键的。目前，我们已有的终身监禁、职业禁止等，适用时也需要说明理由和原因，在当前裁判文书上网的情况下应当说是说服社会公众的重要依据。完善我国刑法制裁体系，既要立足于实体法进行制度建构与完善，也离不开程序保障，后者是贯彻机会平等原则的必然要求。刑法制裁从规范走向实践，需要通过严格的程序来规制、导引，才能确保公平公正。在司法人员和受害人、社会公众之间架起刑事制裁合法、中立且令人信服桥梁的便是程序正义。程序正义和实体正义不可分割，正如犯罪和刑罚一样。主持人，我的汇报就到这里，谢谢大家！

白岫云编审：谢谢文华教授！刚才文华教授给我们提出了刑事制裁体系应该根据时代的发展，根据立法、司法的形势变化要与时俱进，以及如何与时俱进、如何完善的问题，对这个问题感兴趣的也可以延伸阅读下我们《中国法学》2022年第2期文华教授写的《我国刑法制裁体系的反思与完善》，谢谢文华教授，我们现在进入与谈环节，我们有请西北政法大学

第四讲 刑法制裁体系之现代化与本土化

刑事法学院的冯卫国教授,有请冯教授!

冯卫国教授[*]:谢谢白老师!本次研讨内容已由文华教授在《中国法学》进行发表,下午我在知网找到并认真学习。经过文华又做了口头的生动地进一步阐释,我受益匪浅。刚才的报告以及发表的论文我可以用四个"度"来概括——有高度、有广度、有深度、有温度。一是有高度。立足于国家治理、社会治理的全局,从犯罪治理能力和治理体系现代化大局出发,探讨刑法制裁体系的重构问题,站位非常高。他还谈到方法论的问题,就我们国家刑法制裁体系现代化的方法选择,文华教授用"一个中心、两个基本点"进行概括,即立足当代、取法传统、有机移植,讲得很精辟。二是有广度。报告和论文学术视野十分开阔,用哲学上的分配正义理论和褚槐植教授首倡的刑事一体化思路作为分析的基本路径,把刑罚与非刑罚措施、刑法与相关法、实体与程序等关联问题有机贯连起来。三是有深度。文华教授在理性剖析现行刑法制裁体系存在问题基础上提出了一些前沿化的论点,比如提出构建二元化刑法制裁体系,提到刑罚、保安处分和犯罪附随后果的关系。关于犯罪附随后果还举出很多例子,这个问题确实值得研究。我认为,犯罪附随后果作为对公民权利的一种限制也应该被法定化,应由法律加以确定、有法律依据。刚才文华教授提到,很多物业管理细则就有这种相当于职业禁止的条款。我认为如果没有法律依据,这就是违法违宪的;还讲到犯罪制裁方法的三个应然趋向,即关于单位犯罪制裁方法多元化、网络犯罪制裁方法专业化、轻微犯罪制裁方法开放化。这些观点很有见地,有借鉴意义。四是有温度。其报告贯穿以人为本的立场,其提出再回归化、社会化次数之多,对构建前科消灭制度和去标签化等问题特别关注,特别强调刑法人文关怀。以上是对报告总的感受。

下面我就报告中提到的具体问题再谈几点体会。一是刑法制裁体系这个概念的提出,我觉得还是很有意义的。传统的刑罚体系是个静态的概念,刑法制裁体系侧重于事后的惩治和处罚,难以容纳强制医疗、专门矫

---

[*] 冯卫国,法学博士,西北政法大学教授、博士生导师,刑事法学院院长,兼任中国犯罪学研究会常务理事、中国刑法学研究会、中国审判理论研究会等理事,陕西省委政法委、陕西省人民法院、新疆维吾尔自治区人民检察院等机关专家咨询委员。主持完成国家社科项目两项,成果曾获全国优秀刑法著作一等奖、陕西省哲学社会科学优秀成果二等奖。

治教育等具有保安处分性质的、侧重于预防的刑事处置措施。刑法制裁体系的内涵更加丰富，把刑罚措施与非刑罚措施融为一体，体现了惩防并举的现代刑事政策理念。"制裁"这一词在汉语词典里意为强力管束与处罚，既包含了处罚的意思，也包含了管束、管制的意思。所以，用制裁这个词是比较贴切的。不过我有一点疑问，就是如何界定刑法制裁体系与刑事制裁体系的关系。有的学者用刑事制裁体系的表述是不是包容性更强？有些对犯罪的预防性措施或对犯罪人的处遇措施并不是规定在刑法里的，如《反恐法》里的安置教育，《刑诉法》里的未成年人附条件不起诉、未成年人犯罪记录封存制度、未经定罪的违法所得没收制度，《反有组织犯罪法》里的异地执行刑罚等，这些制度不能说是在刑法中规定。当然，我认为也可以考虑在将来制定刑法典时，对这些相关制度加以总括性规定，以便同相关法律的规定相呼应，促进制度体系化。二是关于重构刑罚制裁体系的必要性。我完全同意文华教授的观点，我国的刑罚制裁体系历经几十余年，有一定进展，但没有结构性的变动。尽管修八、修九两个《刑法修正案》在刑罚结构的微调上有所作为，但总体上动作不大，不能适应社会变迁的需要。所以重构刑罚制裁体系是必要的、迫切的。我认为首要问题还是要继续加快死刑削减的进程。在此方面，修八、修九力度是比较大的，但修十一没有进一步的动作，这是比较遗憾的。我国的死刑罪名现在还有46个，在世界上还是遥遥领先的。这同我们国家提出的治理现代化的目标是不契合的。二是就是在刑种的改革上，我赞同文华的意见。一方面应当把终身监禁作为一个独立的刑种，适用于所有挂死刑的重罪，作为死刑的替代措施。另一方面，可以增加一些开放性的刑种，如社区服务刑。由于现在刑法里没有社区服务刑，《社区矫正法》里的公益劳动地位比较尴尬。原来没有法律出台之前，很多地方组织公益劳动还要让罪犯签署自愿参加的承诺书；法律出台后，好像更加没有强制性，同一般人的学雷锋做好事还是有所不同的。此外，还应当重新设置资格刑。剥夺政治权利是现行刑法里唯一的资格刑，但此刑种明显带有时代的烙印，已经滞后于社会的发展，应该在对其加以彻底改造的基础上设置类型化的剥夺监护权、吊销驾照等资格刑，这样有助于适应轻罪立法时代的需要，实现犯罪治理的精准化。刚才文华也提到，每年几十万人因为醉驾被判刑坐牢，社会成本太大。从犯罪预防的角度，终生禁驾足以实现刑罚目的。至于管制刑，我原

第四讲 刑法制裁体系之现代化与本土化

来的意见和多数人一样，是对其保留并加以改造，这毕竟是我们国家唯一的开放性刑种。但最近我的看法有一些变化，管制的作用完全可以被缓刑替代，可以被撤销，较之管制更能实现刑法的惩戒作用。所以，可以考虑废除这个刑种。当然，文华提出的解决思路是设置刑罚易科制度来弥补管制刑的不足。这个问题可以继续讨论。三是应当高度关注前科消灭制度的构建问题。这几年随着刑法的扩张，增加了大量的轻罪甚至是微罪，如帮信、危险驾驶、代替考试等，有的最高刑是一年、甚至拘役，每年大量的人尤其是年轻人因为这些罪名落入法网。这些被判刑的人，相当一部分人的人身危险不大，一念之差就成了罪犯，一失足成千古恨。我们现行法律中，除了针对轻罪未成年人的犯罪记录封存，还没有系统的前科消灭制度，《刑法》第一百条反而规定了前科报告制度。在现在的制度下，一个人一旦有前科，影响会相伴终生，几乎丧失了政治前途，有的地方似乎还连累到子女。这种无差别的、终生性前科制度不够公平合理，也不利于社会的和谐。所以，加紧构建前科消灭制度，这是立法当务之急，也是社会治理现代化、科学化的要求。最后我再谈一点，刑法改革中的现代化和本土化的关系。文华教授提到，刑法的现代化要立足中国国情，注重发掘传统法律文化中的精华，走中国特色社会主义法治道路，这是毫无疑问的，要反对盲目地崇拜西方、照搬西方。但是，对于世界范围内公认有益的经验做法，我们还是要吸收借鉴。尤其是我们加入的一些国际公约，对刑事司法的要求，除了我们声明保留的以外，我们还是应该遵守的。另外，联合国所倡导的某些刑事司法的最低限度标准规则也还是要考虑同国际接轨，在最低标准规则不应该强调中国特色而打折扣。比如，最大限度地限制死刑，对非暴力犯罪不适用死刑，这是国际司法准则的要求，也是联合国人权公约的要求，也是我们努力的方向。对非暴力犯罪不适用死刑，此观点从我们的传统文化国内信仰来看也是吻合的。时间关系，我就谈这几点体会，谢谢大家！

白岫云编审： 谢谢冯教授！刚才冯教授用非常凝练的语言对文华教授的讲座进行了高度的概括，同时也提了些值得商榷的问题，待会儿我们在讨论环节的时候文华教授可以回应下。我们现在有请南京师范大学法学院的姜涛教授为我们进行点评，谢谢！

刑法治理的现代化与本土化·讲演录：(一)

姜涛教授[*]：好的，谢谢白老师，白老师辛苦了！感谢经海教授的邀请，来到本平台参加活动。感谢文华教授的精彩报告，带来精彩的学术大餐。就学术研究而言，本人始终认为学术批判是一种精神，学术认同是一种美德。对别人的正确观点加以赞同、为其背书，也是学者应有的立场。刑法制裁体系是刑法学上一块难啃的骨头。文华教授以通过发表的论文为主体，同时又有所拓展和延伸，可以说从理论上描述了我国刑法制裁体系现代化与本土化的途径，难能可贵，富有创新性。关于此论文或报告，我认为最困难的可能不是解决方案，而恰恰是问题本身。就此报告，我们必须去思考其提出的问题，此问题源自于滞后、不适应。我国刑罚制裁体系明显滞后于我国犯罪体系发展演变的需要，而且与网络犯罪、新型权利犯罪以及日益扩张的轻罪治理需要存在不适应，因此我们需要进行完善，且目标是现代化，路径和方法就是本土化。从本报告中，我们可以看出文华教授提倡内发型的体系现代化。其表达的观点从工具主义转向目的主义，我对此深表认同。

下面谈三个方面。一是宏观方面。就制裁体系现代化而言，是一种先进对落后刑法制裁体系的冲击而导致的进步转型。在此主题中，涉及到三个关键问题——为何现代化、谁之现代化、如何现代化。就此框架来说，都有进一步讨论空间。我国包括制裁体系一直都是处在变化之中的，比如修八无论在刑罚种类还是使用方面都有不少改进，终身监禁、死缓限制减刑，以及《反有组织犯罪法》增加了新的与刑法典不同的制裁制度，如异地关押、出狱后的财产报告制度、对财产的没收范围与条件等出现新的变化。我们需要思考，今天提刑法体系的现代化，是犯罪结构改变导致，还是犯罪体系导致，这涉及到影响刑法制裁体系现代化关键变量是什么的问题，这需要思考。无论是进入刑事司法实践的案件数量，还是定罪判刑的犯罪数量，十年过去之后数量翻了一番，我们在讨论刑法制裁体系现代化改变的过程中更需要慎重对待这个问题。就谁之现代化而言，文华教授刚才在报告中，主要是以行为人、犯罪人为中心，提出了一个美好的途径，

---

[*] 姜涛，南京师范大学法学院、中国法治现代化研究院副院长，二级教授，博士生导师，华东政法大学兼职教授，江苏省人民政府法律顾问，入选国家百千万人才工程，被授予国家有突出贡献中青年专家称号，获得第九届全国十大杰出青年法学家提名奖，被评为人文社科领域最具影响力青年学者。

第四讲 刑法制裁体系之现代化与本土化

但是我们要知道，犯罪是涉及到国家、犯罪人、被害人这样一个三极关系，是以犯罪人为中心还是被害人为中心，还是追求二者之间的平衡，这可能涉及到刑法制裁体系目的的定位问题。如果未将此问题梳理好，我们讨论目的主义可能会存在一些偏差。就如何现代化而言，其提出二元体系。这当然是合理的方案。只是我们在讨论刑法当中制裁体系时，也不能忽略诸如逃税罪、拒不支付劳动报酬罪、拒不履行网络安全管理义务罪，立法机关对此类犯罪设置了一些行政前置化的要件，如果此类要件充足时，属于刑法阻却事由。我们面对这些立法现象时，应当思考刑法保安处分以外，能否有其他制裁方式，比如法益恢复、刑事合规计划等。第二个方面谈微观。其提到轻罪治理与制裁体系的关系。我们说，刑法制裁体系改变某种意义上更多的可能是一种犯罪结构改变所导致的现象。为了促成这种刑法体系的完善，我们当然需要区分轻罪的附随后果与重罪之间的差异，不能将重罪附随后果套用在轻罪里面。但是我们同时也要考虑到，能否基于刑罚制裁体系改变，在轻罪体系建构上去大做文章，比如建构中国特色轻罪体系、制定轻犯罪法。其背后隐含着轻罪的扩张化态势，比如前述所提危险驾驶罪，无论是将危险驾驶作为防范措施也好，还是以轻罪预防重罪，这样的立法本身我认为是比较失败的立法。因此需要思考增设轻罪时，有无必要针对人身、财产和制度法益采取不同罪刑结构，采取不同制裁措施。这也是讨论刑法制裁体系现代化和本土化需要考量的话题。第三方面是方法的问题。其本土化看似是刑法学问题，某种意义上更多的是社会政策问题，更深层次可能是法社会学、法政策学、法文化学的问题。这一目标的实现，更多有赖于实证分析得出的结论。如果不进行实证分析，我们所能做出的理论思考和预测可能会成为思想实验，难以付诸实践；或者虽然付诸实践，但是可能面临司法资源有限、执法偏差、法律文化等多种因素影响，无法真正落地生根。可以说，犯罪标签问题固然可以用前科消灭来解决，但从某种意义来说，犯罪标签这是一种文化现象，我们的前科消灭制度能否消灭老百姓心中的标签这也是一个疑问。这也是理论研究者讨论死刑时主张废除，但是面对具体案件不少人恰巧是认同死刑的，这种现象没有对错，某种意义上只是文化现象，这种断裂在现代化、本土化过程当中要避免。就制裁体系这一问题，我个人比较保守，除非有重大理由，原有体系不宜进行伤筋动骨的大手术。总之我个人认为，只有

· 131 ·

刑法治理的现代化与本土化·讲演录:(一)

公正科学合理的刑法才是符合国家和人民利益的,这需要理论界持续探讨,学术是用力缓慢穿透模板的工作,需要智慧和方法。如果法律人的创新赶不上犯罪人的创新,赶不上民众对法律人的期待,赶不上司法实践或未来法治建设的需要,这可能是理论研究者的悲哀。在对刑法制裁体系未来规划的问题上,文华教授都做到了,且有智慧和毅力,对此表示祝贺。白老师,我就说这么多,谢谢大家!

白岫云编审:谢谢姜涛教授,我们现在有请第三位,西南科技大学法学院的何显兵教授为我们与谈!

何显兵教授[*]:非常感谢西南政法大学让我有这样一个机会来聆听彭文华教授的这样一个非常让我有启发的讲座,虽然没有见过文华教授,但是读过他的很多论文,在最近几年写作过程中,至少参阅了文华教授七八篇论文,算是仰慕已久。前面我们冯卫国教授、青年刑法学者姜涛教授的与谈让我收获匪浅。我刚在聆听过程中写了几点,来和各位分享。第一点在于,刑法是一种昂贵的资源。正因为昂贵,所以它的实施和设立都必须理性和科学。这也是制裁体系现代化应当追求的方向。比如《中国法律年鉴》2017年财政预算投入到监狱的是800多亿元人民币,美国在同年投入行使司法系统预算是800多亿美元。除了钱以外,刑法还把这么多人标签化、关到监狱,出狱后找工作困难,直接和间接的经济成本、间接的社会成本,包括犯罪人家属的生活困难都表明刑法是一种昂贵的资源。第二点在于,讲了刑法制裁体系的目的。我在思考,到底应当追求什么目的,这取决于我们如何认识犯罪和犯罪人。犯罪人在犯罪学上长期存在争论,其是正常者还是异常者。如果是正常者,需要矫正吗?如果是异常者,其能够被矫正吗?多长时间、何种手段才能将其矫正好?需要去实现威慑目的吗?如何判断刑罚目的在多大程度上能够实现,把一个人判处死刑、监禁刑,刑罚目的就实现了吗?如何判断刑罚的目的呢?第三点在于,刑罚未必是最严厉的制裁。刚才文华教授讲,职业禁止令非常尴尬,我们在庞大的行政法规、地方性法规、地方政府规章,甚至是不同层级的文件规定了

---

[*] 何显兵,法学博士,西南科技大学法学院教授、院长、硕士生导师,致公党中央法治委员会委员,致公党四川省委委员、法治委员会主任,致公党绵阳市工委副主委;四川省刑法学研究会副会长。主持国家社科基金项目与省级项目4项,出版专著10部,发表论文90篇,其中6篇被《人大报刊复印资料》全文转载,1篇被《中国社会科学文摘》转摘。

第四讲 刑法制裁体系之现代化与本土化

严厉、彻底、终身的职业禁止，这就引出了一个问题，我们学术界热议的构建轻罪体系，我们中国存在真正意义上的轻罪吗？判处管制就意味着犯罪轻吗？因为我们在刑法之外还设置了大量职业禁止，因此犯罪附随后果不能和刑法规定的资格刑进行合理协调，那么在我国就没有轻重，也不可能有所谓的轻罪体系。因为我国刑法似乎没有完全实现罪责自负原则，我们的前科会影响到本人、家人的职业选择，因此从本角度来讲，我们不能仅从刑法规定法定刑高低判断轻罪。我还在思考，配置法定刑的依据到底是什么？我们常讨论罪刑相当，但是加罗法洛早就提出了一个疑问，有真正的罪刑相当吗？如何判断盗窃罪数额较大三年有期徒刑就是相当的？如何判断故意伤害致人轻伤就和三年以下法定刑相当？第四点在于，对国外的刑法考察，我们学术界的考察是否真的符合其真实情况？我们能否从国外刑法典和教科书窥见其真实情况？如文华教授所讲，易科看似是很好的方案，但是我们易科什么，是罚金吗？我近来阅读了很多国外关于罚金的文献，也关注到其他教授的文章。实际上，美国学术界已经总结了一种新自由主义刑罚观，其就是一种全面的收费体系。据美国学者统计，美国刑事司法系统一共有230多项收费项目，我们应如何借鉴？美国有的州假释撤销率高于80%，如果假释撤销率低于30%就已是一种十分完美的状态，我们应当怎么借鉴？第五点在于，文华教授讲，我们要传承中国本土优秀的传统法律文化，但是即便中国刑法学界和中国法制史学界长期梳理，可以看到学者在引用文献时，大量被引用的都是西方文献，即对德日和美国刑法十分熟稔，但是对中国法制史的重要文献并不熟悉。汉代学者贾谊在《新书》中举的例子和黑格尔讲的威慑论完全一样，但我看并无学者对此有所研究。类似以前蔡叔衡教授这样既熟悉中国法制史，又熟悉现代刑法学的学者极为罕见，在此基础上很难传承优秀传统法律文化。比如，学术界长期探讨中国刑法结构有一个问题——生刑过轻、死刑过重，我们的立法似乎也贯彻了这一原则。但这句话的最早出处是《汉书》作者班固，其评价汉文帝废除肉刑，提出此举导致生刑过轻、死刑过重。在此后几百年间，学者都以此要求恢复肉刑。即便是三国两晋南北朝时期，官方明文正典也都拒绝恢复肉刑。我们今天取讨论生刑过轻、死刑过重，是否有和传统学术争论可借鉴对比，还是有别的一些思索呢？

最后，如何在刑法学研究中真正贯彻习近平法治思想？其提出要传承和发扬中华优秀传统法律文化，要合理吸收借鉴域外优秀法治经验，但是我们目前似乎很难在部门法学、刑法学研究中加以贯彻。因为我们会发现，法制史的论文很难发表。如果要沟通中国法制史，又要懂现代刑法学，难度也很高，由此难以传承优秀的内容，因为至少需要数年阅读才能有系统地掌握。此讲座恢宏大气，为我们体系现代化提供了很多有益的思路和启发。时间原因，我就讲这么多，谢谢大家！

白岫云编审：谢谢何教授，对于资格刑和前科消灭制度同样引起大家广泛共鸣。刚才何老师也提出了很多问题值得我们思考，待会儿讨论环节我们可以一起讨论，我们现在有请西南政法大学的刘沛谞教授为我们带来点评，谢谢！

刘沛谞副教授[*]：主持人白老师好，彭老师好，各位与谈嘉宾老师好！虽然我来自本次讲座东道主西南政法大学刑法学科，但是我仍然要感谢西政刑法学科和石经海老师，给我这样一个宝贵的机会，让我能够聆听彭老师的精彩分享和各位专业嘉宾老师非常精湛到位的点评。为了准备这次活动，我在几天前，把这篇论文打印出来阅读，花了几个时间段边阅读便勾画，受益颇多。感谢彭老师奉献了一篇上乘之作，感谢白老师慧眼识珠，让更多法律人能够享读优秀学术作品。彭老师的研究，以犯罪治理能力和治理体系现代化为目标，以目的主义刑罚观为牵引，以分配正义理论为指导，以犯罪态势的新变化为出发点，注重发挥刑法制裁的体系性功能，以实现刑法制裁体系的内部和外部的协调和刑法制裁参与主体权责的平衡。从实施的路径看，彭老师提出，要在宏观层面上构建二元化刑法制裁方法体系和双轨制刑法制裁制度体系之主张，具有基本的理论自洽性和较高的现实可行性，我个人对其学术成就表示由衷的钦佩。

在此提出两个商榷问题：其一，关于单位犯罪处罚之问题。彭老师提出要丰富制裁方法体系，比如确立声誉罚、行为罚等制裁种类，因为当前制裁种类较为单一。在行为罚中增加暂扣或吊销许可证、执照等制裁方法，这对于单位主体相当于是针对单位的死刑或自由刑。那么这导致出现

---

[*] 刘沛谞，法学博士、副教授、硕士研究生导师，美国辛辛那提大学（UC）法学院访问学者，重庆市人大代表，曾担任四川省武胜县人民检察院副检察长，曾挂职重庆市人民检察院第一分院职务犯罪侦查局局长助理，兼任重庆百君律师事务所刑事辩护中心主任，获2021年度重庆律师行业最佳刑辩律师称号。

第四讲　刑法制裁体系之现代化与本土化

一个局面，我们在行政制裁和刑法制裁存在性质不同、内容相同的法律制裁措施，这在法理上如何自洽，部门法之间、法律功能之间，以及位阶和梯度如何有序有效衔接调适，需要进一步论证。其二，针对网络犯罪，其提出要确立专门的制裁措施体系。其中针对网络犯罪工具，如移动通讯上网终端增设"搜查令"措施。我个人认为法律制裁可以分为实体制裁和程序制裁，前者具有终极意义，后者的法律效用是临时性、暂时的，但是本篇论文的主题是刑法制裁体系，而非刑事制裁体系，多涉及刑法，且文章落脚点是实体法，那么将"搜查令"纳入整个体系其中是否适当，需要考量。

　　此外，提出一些个人思考与大家探讨。第一个问题是关于罚金刑易科。这并非新话题，而是在于如何实现。根据个人观察和思考，可以进一步划分为作为主刑的罚金刑易科和作为附加刑的罚金刑易科。实际上，根据本人的实务经验，主刑的罚金易科对被告人更具有现实意义。因为判处短期自由刑的实刑对被告人及其亲友的影响巨大，且这种标签效果给再社会化造成重大障碍和困难，所以作为主刑的罚金型易科对被告人有强大的吸引力，被告人的意愿应该是最强的。彭老师研究的主要范围在于刑罚制裁方法和制裁制度的改良，而立法现实的状况是，对自然人犯罪单处罚金的立法非常少，导致对自然人单处罚金的案件也非常少，只能说限于非常轻微的犯罪情形。如果是附加刑的易科，犯罪人的动力不足；如果是主刑的易科，能适用罚金刑的情况非常少见，这会折损罚金刑易科的实际效用。在此前提下，我个人认为有必要大幅度修改罚金刑，尤其是让罚金刑作为与主刑并科的选择之罪刑条文，而不是并处的单一选择，否则即便规定了易科制度，也会出现原材料匮乏的尴尬状况。并且在适用罚金刑易科的时候，可以设置双层次的罚金刑易科程序，一个是量刑程序的易科，一个是行刑程序的易科。在审判程序中，法官判断被告人可适用三年以下乃至更短的有期徒刑或者拘役时，是否可以增设意愿询问程序，被告人是否愿意选择短期自由刑还是罚金刑，这是量刑程序的罚金刑易科程序；在行刑环节，被告人选择自由刑后发现自由刑不好承受时，可否设立一个行刑程序中的罚金刑易科选择权。除此之外，当余刑低于三年或者某个特定时间时，是否也可以设定罚金刑易科。量刑程序和行刑程序罚金刑易科的复合模式可能更具有灵活性和适用的广泛性。第二点在于，目前我国刑法典中大量犯罪的基本法定刑幅度是在五年以下有期徒刑或者拘役,包括非法经营罪、组织、领导传销罪。此类经济社会生活中高发的经济犯罪中,部分检察官不倾向建议缓刑,法官在检方不建议情况下也不倾向适用缓刑。因为量刑规则缺失,无法精确判断个案三年有期以上还是下,不适用缓刑可能看来更为稳妥。这种立法技术层面存在的问题导致能够适用缓刑的案例人为减少,进而社区矫正、罚金刑易科的能适用的纪律概率也就相应减少。实际上我注意到,刑修十一将非国家工作人员受贿罪、职务侵占罪等高发犯罪的基本法定刑幅度上限由五年有期徒刑降低为三年有期徒刑,我个人认为这是个很好的趋势,将来可以做更多这方面的工作,从而实现更多轻缓化,体现宽严相济宽的一面的刑法制裁方法能够实现。第三点是,建议彭老师注重把科研成果转化为立法成就。此论文的发表已是学术上的天花板成果,但立法界能否听到看到,能否被触动,能否转化为现实的立法行动,还有很大距离。因此建议通过立法修法草案的方式呈现出来,更具可操作性,努力将纸面上的成果转化为立法上的成果,后者才是学者和学术界更加终极的使命。以上就是我的分享和不成熟的意见和建议,请各位老师批评指正,谢谢主持人,谢谢各位嘉宾老师!

白岫云编审:非常感谢刘教授,我们在刘教授的介绍里可以发现,刘教授是重庆百君律师事务所的刑事辩护主任,同时兼职副检察长(挂职),所以他的实践经验非常丰富,针对文华教授的报告,也提出了很有见地的看法,也提出了自己的一些在罚金刑易科、轻罪缓刑方面的实践做法以及未来的趋势。关于提议是否能够被立法机关采纳,我们《中国法学》倒是有一些比如对有建设性意见的文章,建议报送中国法学会《要报》,然后作为立法建议往上报,我们有这个渠道,对文华教授的文章也会往上报,我汇报下。现在我们与谈人精彩与谈都掌握了时间,现在与谈环节基本结束,我们看看文华教授,对四位与谈嘉宾的问题,你看看是不是需要回应下?刚才也有网络上学生读者提了一些问题,你先回应下与谈人的问题,然后看看有些问题再回复下,感谢!

彭文华教授:好的白老师,我就简单回应下。我没有考虑到的,以及回应得不好的,请大家原谅。冯教授主要的问题在于如何界定刑法制裁体系与刑事制裁体系。其实冯教授在其阐述中已经论及,刑法制裁体系当然规定在刑法中,刑事制裁体系可能是刑事法规定的,如《刑事诉讼法》中的强制措施也应纳入刑事制裁体系中。我的文章主要针对刑法规定，并未针对其他刑事法的规定，因此论文并未过多谈及。刑法制裁体系与刑事制裁体系区别较大，刑事制裁体系是广义的，不限于刑法制裁体系，因此不应混淆。

姜涛教授提的很多问题比较深入。在此我想谈两点：一是关于多元制裁方法体系中的行政前置化问题，具体表现在一些经济犯罪如税收犯罪等之中。是否考虑在保安处分之外作为其他处分，我认为这个问题可以探讨。行政处罚的前置化性质到底是什么？我认为不一定纳入刑法制裁体系。不光是行政制裁，最近刑法立法包括司法机关也确定了很多具有中国特色的制裁方式，行政前置化也算一个。关于后置化，包括事后的退赃也能免除刑事责任乃至更为宽泛的刑事处罚，我认为这是中国特色制度的构建，在我国刑法制度中是客观存在的。但是，有无必要纳入保安处分之外的其他处分还需要观察。行政前置化本质上还是行政处罚，我国目前还没有建立保安处分制度，如果将来要建立的话，如何协调与行政前置化的关系，是需要考虑的问题，在目前情况下讨论还显得较为遥远。二是关于轻罪体系的扩张，针对不同轻罪采取不同的制裁方法，这点我是完全赞同的。我个人认为，轻罪来源范围很广，不光是过失犯罪，很多情况下还与犯罪情节有关。轻罪有别于重罪，很大程度上源自其处罚方式及其选择问题，因此姜教授建议认为有必要建立轻罪体系很有道理。实际上按照我国的立法节奏，更有必要进行轻罪体系化的区分或者类型化的区分，在制裁上采取不同方法，这在国外也较为常见。此外，姜教授也提到制裁也是一种文化现象，涉及到污名化的问题。这也是客观事实，中国古代厌讼、无讼等观点确实也都是对犯罪的排斥，不过我国社会或公众对犯罪的厌恶或者污名化，感觉与官方态度有很大关系。如果又是刑法制裁，又是犯罪附随后果，各个环节都对犯罪不包容的话，就会扩张犯罪污名化或标签化的效果。因此，制裁措施设计的好坏有时可以在一定程度上影响犯罪标签化的文化现象。

对于何教授所谈的很多观点我都较为赞同，如他提到的易科以及传统法律文化的传承等。我对易科制度的考虑有两个：一是短期自由刑和罚金在现实中不能执行的话，易科算是一种变通措施。事实上在实践中从其他角度突破，易科能帮助其解决罚金执行难的问题。二是不同犯罪有不同需求，有时对他人适用刑罚不管用时，适用罚金反而会有不一样的效果。其实这一制度在我国犯罪体系充分、犯罪原因复杂的情境下，尝试易科制度至少是一种疏通、疏导的方法。刘教授提到，如果在单位犯罪中设置暂扣、吊销营业执照等制裁方法的话，由于行政制裁中也有这样的制裁方法，在刑法中再设置有无必要，或者说将其从行政法中搬入刑法中不就可以了。我认为这是不一样的。比如行政法有罚款，刑法有罚金，二者都是财产罚，却可以存在于行刑之中，因为它们的效果不同，因此行政法中存在的处罚方法不等于在刑法中不能存在，这是其一；刑法上采取吊销营业执照只是针对单位犯罪，这会产生犯罪标签化效果，但也有积极作用，特别是针对某种特定化犯罪，对其他主体有很强的警示效果，故在刑法中规定吊销营业执照等是有必要的，这是其二；其他的影响在于，查阅我国对犯罪附随后果的规定可以发现，如在证券期货领域，其犯罪附随效果包括资格限制，受过刑事处分的单位会被限制某些资格资质，只是时间长短不等。因此即便内容一样，但规定在不同部门法中效果不同，不能将二者对等，因为犯罪的处罚后果不同于违法的处罚后果。关于对网络犯罪的搜查令，我提出这个的原因在于，网络犯罪有前提条件，它的前提条件在于网络犯罪有别于传统犯罪，在网络空间其连接、消息转达等是瞬间灭失的，其痕迹和符号需要采取一定措施才能有效获取，而传统犯罪的证据留存主要是物理意义上的。因此，国外的搜查令在于固定网络犯罪的客观证据事实，往往需要突击性的检查和搜查，这和传统意义上的对犯罪人的搜查不同，需要行动、措施等方面的更积极、更前置。英美法系不少国家对搜查令有规定，且效果不错，特别是查证网络犯罪时起到事实的固定作用。

此外，我也很赞同刘教授所说推动立法这一观点看法。但是理论上要获得立法机关注意的话，需要大家共同努力发声才行。所以也请刘教授等专家、学者多费点心血，对刑法制裁体系的完善进行积极推动，如此立法机关、司法机关才会更加重视这个问题。这是四位与谈人的问题，我简要回应到这里，如有不到位的地方请大家原谅。

彭文华教授： 针对网络上提出的几个问题，我简单回复下。第一个问题是刘仁文教授的提问，即"资格刑在规定上是刑罚还是保安处分，是否需要根据具体情况进行分类"。我认为，就本人的分析、研究来看，像我

第四讲 刑法制裁体系之现代化与本土化

国刑法专门将四种资格规定为资格刑的现象,除俄罗斯等国的刑法典以外并不常见。在大陆法系国家和英美法系国家,很多情况下是把其当作保安处分,因为限制、禁止获得特定资格,是消除可能有利于将来犯罪的相关条件,进而遏制、消除人身危险性的现实化,故在性质上颇似保安处分。但是我国刑法规定为资格刑也有一定道理,因为资格刑要分情况。资格对于犯罪者实施犯罪而言影响极大,是实施犯罪的重要条件,会让犯罪人产生依赖心理,这样的资格正如犯罪能力一样,不再是一种简单的危险性,而是一种有形的、可见的犯罪资质,具有责难的可行性,因此可以作为一种刑罚。不过,对于多数犯罪人或者潜在犯罪人而言,资格事实上是其实施犯罪或将要实施犯罪的一种便利措施,对其将来利用资格实施犯罪而言只是一种机会或风险,因此将资格刑定性为保安处分更为恰当。需要注意的是,要判断这种资格对犯罪者犯罪而言居于何种地位很重要。如果资格本身意味着非常大的可能性,除了这种资格生活就难以继续,那么通常情况下这种资格就具有剥夺性质,其功能和作用不亚于刑罚;如果不是这样的话,这种资格可能就是一种机会或便利条件,只是会增加再犯风险,故在性质上可作为保安处分。或许,立法者认为刑法规定的四种资格极其重要,具有剥夺性质,因而将之规定为资格刑。这或许是我国刑法与他国不一样的地方。

第二个问题是"刑事制裁和行政制裁除了规定在不同法律中之外还有什么不同"。我认为,刑事制裁和行政制裁是性质完全不同的两种制裁方法。以犯罪附随后果为例,英美法系国家跟德国等定义犯罪附随后果就完全不同,其认为凡是没有经过刑事司法程序适用的就定义为犯罪附随后果。因为是否经历这一程序差异,会导致天壤之别。在英美法系国家,犯罪附随后果被称为行政制裁或者其他制裁,因为刑事制裁很严格,必须经过严密的司法验证、确认,产生的法律效果完全不同于行政处罚。因此一个处罚尽管内容一样,要看其规定在何种法律中,这才是问题的关键。刑事裁决要通过刑事抗辩权等,这样才能使制裁及其理由充分、可靠,更能让犯罪人心服口服。而我们说行政制裁有时是一种强制力,不同于刑事制裁要通过严格辩论、求证等。

第三个问题是"犯罪附随后果和制裁之间是对立关系吗,犯罪附随后果本身不可以具有刑事制裁性质吗"。我认为,犯罪附随后果与制裁之间不是对立关系，犯罪附随后果尽管具有一定的制裁效果，但不能说是以制裁为主导或者说导向的。犯罪附随后果通常被认为在性质上具有监管性，不是以制裁性为主导或者导向的。例如，英美法系国家认为驱逐出境是典型的犯罪附随后果，他们认为犯罪附随后果与刑事制裁有所不同。如美国就将犯罪附随后果作为一种监管性措施，因为监管性类似于保安处分对再犯危险的预防性。而惩罚性则是类似于刑罚的报应性的措施，是刑罚才具有的特点，因此必须经过刑事司法严格切入，否则不具有正当性。在英美法系国家，以监管性为主导还是以制裁性（惩罚性）为主导，是区分犯罪附随后果与刑罚的主要根据。例如，对于犯罪记录会产生污名化等不利效果，有观点认为有些犯罪记录具有惩罚性，比如针对未成年人、青少年的犯罪记录，就被认为具有惩罚性。美国有案例确认，对青少年犯罪（当然有一些排除条件）的记录具有惩罚性，不能作为犯罪附随后果。认定具有惩罚性的后果，是带来人们对二次惩罚的质疑，因为惩罚性是类似于刑罚的处罚效果。而有些犯罪后果不具有惩罚性，就只是监管性，如针对成年人性犯罪的犯罪登记。成年人具有性犯罪倾向，这对于未来被侵犯者有很好的提示作用，如不让其从事某些行业，还是有一定帮助的，这就是其监管性。至于犯罪附随后果是否具有刑事制裁性质，要看其为何种法律所规定。因为不同的法律规定会有不同的实体性条件和程序性条件的要求，这将影响其法律性质。如德国刑法规定了犯罪附随后果，就表明其在性质上属于刑事制裁；美国的犯罪附随后果并未规定在刑事法律中，表明其不具有刑事制裁特征。

第四个问题是"正在推行的刑事合规制度是一种刑事制裁吗"。我认为，在我国，刑事合规已经成为另一种现象。刑事合规实际上不是犯罪后的合规，犯罪后的合规违背罪刑法定原则。因此，这是一种前置性的内容，自然不属于制裁。

第五个是"在其他法律中规定职业禁止的后果，这些规定应当如何处理"。我认为，这些内容在实践中会得到自动适用，每个行业都很清楚。因为这些效果的存在，很多单位在招人时也会本能地排斥有犯罪前科的人，这种犯罪污名化或标签化导致的后果显然超出了规范性规定的内容，成为刑法之外的犯罪附随后果。如何处理这些规定，涉及如何对待犯罪附随后果制度及其规范化的问题。这首先需要在国家层面上加以重视和规范，使犯罪附随后果回到监管性的本体上来，其次在社会层面才会有榜样化的跟进措施，以逐渐实现犯罪附随后果制度的规范化与理性适用。

第六个是"针对刑事制裁可以加入营业禁止等措施的观点，这些措施通过行政处罚就可以适用，为何要纳入刑事制裁"。此问题与回答刘沛谞教授的问题一致，此处不再重复。

最后一个问题是"轻罪和重罪的制裁理念是否要有所差别"。我认为，必须有所差别。以犯罪附随后果为例，其对某些重罪而言并无实际意义，因为犯罪人的罪行严重，需要施加重的刑罚对其进行更为全面、严密的防范，重的处罚显然会稀释犯罪附随后果的功能和作用。但是对于轻罪而言，附随后果相当于在刑罚之外判处犯罪人民事死亡，其严厉性较之刑罚有过之而无不及。在这样的情况下，考虑到轻罪的犯罪人很快回归社会并将面对再社会化，有必要在适用犯罪附随后果制度上加以规范化，确定其不至于成为犯罪人再社会化的障碍。如果对重罪与轻罪不贯彻不同的制裁理念，将很难针对不同犯罪实现好的制裁效果。白老师，我就回应到这里了。

白岫云编审：谢谢文华教授的耐心解答，由于时间关系，我们刑法治理的现代化与本土化系列讲座第四期在文华教授和四位点评人的努力下圆满结束。感谢主办单位西南政法大学刑法学科，感谢协办单位重庆市新型犯罪研究中心、国家毒品问题治理研究中心、西南政法大学量刑研究中心、北京市盈科律师事务所和北大法宝学堂，感谢他们为我们带来这样一个平台，使我们有机会聆听大家的讲座和点评，同时让我们思考刑事法治的制裁体系等一系列刑事法治最重要的问题，非常感谢！谢谢大家！

第五讲

再谈强化中国刑法学研究的主体性

刘仁文*

摘　要：在构建中国特色哲学社会科学学科体系、学术体系和话语体系的时代背景下，中国刑法学研究应增强自己的主体性，这个问题现在已经愈来愈成为大家的共识。那么，究竟应该如何加强中国刑法学研究的主体性？本讲座将从五个方面对此加以展开：（1）中国刑法学研究应立足中国刑法的规定；（2）中国刑法学研究应紧密结合中国的司法实践；（3）中国刑法学研究应在比较法研究中以"知他而知己"为目的；（4）中国刑法学研究的方法应当更加多元；（5）中国刑法学研究应充分发掘我国的传统文化等本土资源。

主持人陈泽宪教授*：尊敬的各位同仁、各位同学，大家晚上好，欢

---

* 刘仁文，中国社会科学院法学研究所二级研究员、刑法研究室主任、博士生导师、博士后合作导师，中国社会科学院刑法学重点学科负责人，中国社会科学院大学法学院教授，刑法导师组组长。国务院特殊津贴专家。兼任中国法学会理事、中国刑法学研究会副会长、中国犯罪学学会副会长，最高人民法院特邀咨询员、最高人民检察院专家咨询委员会委员。独著、主编、翻译学术著作30余部，在《法学研究》《中国法学》等期刊发表学术论文150余篇，内部研究报告100余份。先后主持国家社科基金重点项目等国家级和省部级课题10余项。

* 陈泽宪，中国社会科学院国际法研究所二级研究员、中国社会科学院大学法学院特聘教授，中国法学会常务理事、学术委员会委员，中国刑法学研究会顾问，国际刑法协会中国分会副主席，中国廉政法制研究会副会长，最高人民检察院专家咨询委员会委员，最高人民法院案例指导工作专家委员会委员。曾任中国社会科学院国际法研究所所长、中国刑法学研究会常务副会长等职。

第五讲　再谈强化中国刑法学研究的主体性

迎来到金开名家讲坛，在这里我特别感谢西南政法大学刑法学科的梅传强教授、石经海教授的团队及各位老师积极主办系列的刑法讲座。三年多的疫情改变了世界很多方面，有些改变是我们虽不愿意但也不得不接受的，有的改变我们乐见其成，比如网络视频会议，让我们可以随时相聚在云端，避免舟车劳顿，节省时间的同时也能更有效地进行学术交流。本期的主讲人是中国社会科学院法学所的刘仁文研究员，他主讲的题目是"强化中国刑法学研究的主体性问题"。今晚我们的与谈嘉宾有：清华大学的劳东燕教授、复旦大学的汪明亮教授、中南财经政法大学的周详教授以及西南政法大学的贾健教授。在主办方发布的海报上也对各位教授做了非常详细的介绍，他们都是非常优秀的刑法名师，我相信大家一定能通过今天的讲座和与谈收获良多。现在有请今天的主讲人刘仁文教授。

主讲人刘仁文教授：谢谢陈老师，各位线上的老师、同事、朋友、同学们，大家晚上好。在这个周五的夜晚，感谢西政刑法学科的邀请，让我们相聚在云端，今晚我将就强化中国刑法学研究主体性的问题向大家汇报一下我的想法。大概五年前，我在《法制日报》发了一篇小文章，叫《再返弗莱堡》，这篇文章是就我在德国开的一个会议中的一些问题的疑问所写下的小随笔，但没想到稿子发出后引起了比较大的反响和争议，当时《法制日报》的蒋安杰主任希望我能够针对大家对这篇文章褒贬不一的看法写一篇回应性文章，而我因为感到些许压力，便委婉谢绝了。之后蒋主任自己写了一篇《刘仁文〈再返弗莱堡〉编辑手记》，主要内容是表明他们的态度，希望学术界能够多一些争论，不要只有一家之言。《上海法治报》当时也就这个问题展开了一系列讨论，连载了杨兴培、刘宪权、王昭武、涂龙科等教授的文章，讨论到最后，当时的编辑徐女士也邀请我写一篇回应性文章，我也委婉谢绝了。原因在于我当时认为自己的观点已经阐述清楚，且在学术讨论中，我们确实应当容许每个人心中都有一个哈姆雷特，各读者都有阐发自己意见的权利。此外，我看了北大的吴志攀教授写的纪念其导师的文章，文章中吴教授提到，他的导师教导他们不要去语言争论，我也跟吴教授请教过不要语言争论的原因，我认为讨论是有好处的，吴先生只告诉我这是他导师的要求，做弟子的就按照导师的要求去办。我受吴先生的影响，故当时对文章所引发的争议和讨论便采取了冷处理的办法。这次西政刑法学科主办了系列讲座，又盛情邀请我，希望我能就《再返弗莱堡》这篇文章做一点回应和展开，我认为这是一个机会，便着手准备写一些回应，写着写着便完成了一篇3万多字的稿子，在写作过程中，我也时学时新，有了新的思考与收获。五年后回过头看，我发现不管当初同意还是反对，我们刑法学界现在对于中国刑法学应当增强自己主体性意识这个问题可以说已经达成共识，当然这个达成共识不意味着我们在每个具体问题上都达成共识。一个人在不同时代、不同阶段的论文、观点都是有变化的，所以很难说我们在所有具体问题上都能达成一致意见。在写作过程中，我对所谓德、日派学者的一些观点是完全同意的，相反对一些非德、日派甚至是传统学派的学者的个别观点我是不认可的。由此，我认为不能草率地对一个人做标签化、简单化地区分。我的好朋友周光权教授一方面在《刑法学习定律》中批评了我的文章《再返弗莱堡》，另一方面他也主张中国刑法学急需摆脱对德、日刑法知识的依赖。刘艳红教授之前的批评也是非常明显的，她认为刘仁文教授的观点并不是真正倡导所谓的多元化研究，而是想回归传统苏俄刑法，坚守刑法政法学派。我认为这个想象稍微过了一点，而且我也稍觉委屈，我与刘艳红教授相熟，她为什么没有在微信上求证一下这是不是我的观点呢？我在写那篇文章时根本没有想到传统的苏俄学派、政法学派，坦白地说这个传统的政法学派也不太符合我的学术经验及学术视野，大家从我早期翻译的《美国模范刑法典》《哈佛法律评论》等也可以看出我的学术经历。但我依旧认为现在刑法学界的这种氛围非常好，君子和而不同，大家虽然有不同观点，也还是好朋友，这点我认为是我们的幸运。当然我也受到了一些鼓舞，有学者在其论文中表明："如果刑法教义学脱离本土实践的需要，就可能呈现出有些学者所担心的教义学的过度精致化。"这里就将我的文章作为注释文献。此外，我也看到当今刑法学界几位有影响力的专家学者，比如力主学派之争，认为偏激才能深刻的陈兴良老师、力主刑法教义学是刑法唯一出路的张明楷教授等，他们也都倡导学术宽容、学术多元化，这也让我受到很大鼓励。因此，借这机会我也谈一下我的个人见解，虽然现在关于中国刑法学研究应当有主体性的问题已经没有争议，但对于我们如何强化中国刑法学研究的主体性还是值得讨论研究，我在这里也简单谈谈我的五点看法：

第一，中国刑法学研究应当以本国刑法规定为逻辑起点。在这个问题上，西政的丁胜明教授等学者也出过很多优秀的作品，我曾读过丁胜明教

第五讲　再谈强化中国刑法学研究的主体性

授在《法学研究》上发表的一篇关于中国刑法学研究主体性的文章，我觉得写得很好，其中他特别讲到了共同犯罪的问题。大家都说共同犯罪是绝望之章，那我们的刑法研究若不从中国刑法规定出发，便会使绝望之章更加绝望、混乱。中国人民大学的刘明祥教授长期留学日本，翻译过很多日本著作，他在这个问题上也有很好的主体性意识，他也认为应当从中国刑法的规定出发。对于共同犯罪的问题，虽然我现在还不能下定论，但我也隐约觉得有些学者的观点有一定道理，那就是我国刑法关于共同犯罪的规定也许是更加科学的。德、日刑法过去把正犯的范围设定得太小了，因此它要从形式改成实质，从而实现罪刑相适应。但我国刑法中关于主犯、从犯、胁从犯等规定总体上就不存在像德、日刑法那样的困惑。我是20世纪90年代读的研究生，当时德日刑法学知识还未大规模涌入我国，但我们在上课或者阅读论文时也会看到"间接正犯""片面共犯"等用词。我此前听陈忠林老师在西南政法大学系列讲座第一讲的时候提到，他既不同意德、日刑法，也不同意苏俄刑法，三阶层、四要件等理论在他看来都是没有落地生根的。想来也是这样，我们的学术、我们的刑法话语体系自清末变法到中华民国再到1949年以来可能没有真正落地生根过，传统的律学中断了，1949年以前是一套话语体系，1949年以后又是一套话语体系，现在德、日刑法涌入我国后又产生了另外一套话语体系，且长期以来没有落地生根，没有实现话语体系的本土化、体系化，导致我们现在的知识体系产生了混乱。我今年参加了中国人民大学的博士论文答辩，其中一组中有人写了被害人答责、有人写了被害人自陷风险，有老师对两篇论文之间的关系提出了疑问，这也反映了刑法理论上用词的混乱。前不久我在参加刑法学会和上海政法学院主办的刑法硕博研究生论文线上评讲会中也有这样的感受，学生在文章中引进一个理论时并没有放到整个话语体系进行消化，从而导致很多老师提出疑问：你到底想说明什么事情？这个概念在中国对应哪个概念？如果这个概念放在中国语境中你想说明哪个问题？中国人民大学的王作富教授曾跟我们讲过，对于一个概念，如果我们自己没搞清楚就教给学生，学生是听不明白的，我对此也深有同感。我在这个文章中还提到关于罪数的问题。早在90年代初我就看过中国政法大学阮齐林教授关于罪数的文章，他认为应当简化我们目前关于罪数眼花缭乱的讨论。我自己也指导了一名来自中国台湾的博士，也跟他讨论了中国台湾地区关于罪数问题的研究。之后我又看到某位教授关于牵连犯问题的文章，牵连犯概念在日本已经走在被废止的路上，而在中国台湾地区则已经确定废止，放到想象竞合犯中进行处理。过去我也认为，对于手段行为、结果行为、目的行为等能否数罪并罚？但法律上并没有相关依据。事实上我认为，对于这个犯、那个犯是否还是要从立法规定出发，我们可能需要正确对待。很多人认为刑法是跨国界的，我认为这个要做辩证理解，刑法学有一些知识确实是跨国界的，比如法治国原则、罪刑法定原则等，但具体到刑法教义学或者说刑法解释学我认为还是应当从本国法律出发。

第二，中国刑法的研究应当立足中国的司法实践。我曾读过一些日本的刑法著作，他们认为在早期引进德国刑法知识过程中所体现的盲目崇拜与依赖是一种病态的行为，需要进行反思。现在日本刑法学界通过判例研究创立出更为出色的日本刑法理论。如果把日本现今流行的刑法总论教科书和十余年前的教科书进行比较，就会发现因果关系和归责理论的学说状况已经发生了巨大变化。从大阪南港案件后，最高法院就采用判例法来裁断归责案件，并明显地以行为人的行为对于结果出现所发挥之实际作用的大小来作为判断标准。中国现在通过裁判文书网公布海量的案件裁判文书，以及最高人民法院、最高人民检察院不断推出指导性案例、典型案例，再加上裁判文书释法说理工作的推进，这为刑法学研究提供了大量的素材。此外，我想特别提一下关于"社会危害性"的问题，学界有许多老师都提到要把社会危害性概念驱逐出刑法，我对此的观点是：在罪刑法定原则确定之前，过去存在以社会危害性为由类推入罪的司法现象在此情形下确实应当限制社会危害性的适用。而在确立罪刑法定原则、废除类推后，我们定罪量刑需要严格遵守刑法规定，对于一些形式上符合犯罪构成要件，实质上没有社会危害性的行为，我们反而可以通过社会危害性不大来作出罪化处理。由此可见，任何一个概念都具有两面性，我们光看到社会危害性过去在入罪化方面所起的消极作用，忽略了在罪刑法定原则确立以后，社会危害性可用于对一些实质上情节显著轻微、危害不大的行为进行轻罪或出罪处理。比如在内蒙古王力军买玉米案中，法官通过判决文书明确表示，王力军的行为不具备《刑法》第二百二十五条规定的非法经营罪相当的社会危害性和刑事处罚必要性，不构成非法经营罪。最高人民法院也曾在某个案例中指出，虚报注册资本社会危害性大小的评价标准随着

第五讲 再谈强化中国刑法学研究的主体性

时代发展会发生改变等。由此可见，立足于中国的司法时间，我们应当怎样从这样一些改判无罪或罪轻的案例中找到社会危害性所发挥的一些积极作用呢？这个也是我们需要考虑的问题。

第三，中国刑法学研究应在比较法研究中以"知他而知己"为目的。首先，我们要注意动态把握域外刑法理论的流变。劳东燕教授曾在其文章中指出，我们在所谓德、日派和传统苏俄派的论证过程中，过于强调四要件和三阶层之争，而往往没有注意到在三阶层内部知识的转型同样重要，我觉得这一点特别契合我对一些问题的看法。当我们现在引入德国或日本的刑法教义学理论时，我们是否有考虑过源自一百年前的这些理论本身有没有适应它所处的社会的发展？我在学生时代听老师讲课时说过中国刑法修改太快，而德、日刑法可能一百多年都不会发生改变，因此具有较强的稳定性，但事实上德国、日本修改刑法的频率也很高。那么在时代变化、社会变化的背景下，国外还在不断更新、引进新的更加契合它社会形态的理论，而我们还在照搬其五十年前甚至一百年前的理论是否合适呢？我在德国开会时曾与某位反对客观归责的教授吃饭，闲谈过程中我感觉到，他在面对当下治理新型犯罪的社会需要时，也在积极提出新的学术观点、学术主张及相关理论以回应当下所正在发生的问题。因此我认为，我们在引进一个理论的时候，还是要了解该理论是在一种什么时期、什么背景下提出，要把握其域外刑法理论流变的过程，并做到具体问题具体分析。其次，我们要准确判断中国社会发展所处的阶段。我认为现在中国社会发展所处的阶段就是我们在中央集权制下前现代、现代、后现代多种社会形态混杂在一起，社会对刑法存在多种功能期待，而中央集权的立法无法充分应对如此大差异的社会形态，城市化思维与农村思维产生了剧烈碰撞。多年以前我在贵州大学做讲座时曾提到，少数民族地区可以在充分研究中国刑法条文后，结合自身地区特色对刑法规定做一些变通处理报全国人大常委会备案，这也是针对中国社会发展不平衡形态的应对处理方法之一。此外我还感觉到，对一些问题我国与其他国家仍处在同一起跑线上，致使我们无法照搬照抄国外的相关理论。正如现在的人工智能问题，它经历了计算机—互联网—网络信息社会—机器人—人工智能—数字经济—数字社会等的称呼变迁，但本质还是关于0和1的代码问题。我们法学研究所和日本的早稻田大学连续举办了三届"科技与法"的论坛，对此方面的问题进行交流讨论，我们中国学者的文章也刊载在早稻田大学比较法研究的期刊上。由此可见，我国与其他国家在这些问题上至少还处在同一起跑线上。盲目追随他国相关规定的行为对我们并没有多少的参考价值，我们仍需要自己摸索，这也恰恰是当前我们能够发出我们自己的中国刑法学声音的契机。最后，在引进域外知识时，既要防止只见树木不见森林，更要把它放到中国的话语体系中去加以消化和吸纳。以客观归责为例，我曾在文章中提到，我们传统的因果关系学说难道完全不能包括、涉及客观归责的几个标准吗？当然也许是我受传统因果关系学说影响太深，也许是我对客观归责理论研究还不够深入，但这确实不止是我一个人的想法。我曾阅读过德国专家学者的译文，发现客观归责在德、日也存在不同看法。陈兴良老师也曾在我的微信朋友圈中评论表示：他反对在学术讨论的过程中进行激烈的人身攻击，但我们还是可以引进大多数人都觉得好的理论观点。我认为这需要辩证看待，就像我们对张明楷老师很多观点并不十分认同，但基于其极大的学术影响力，大家也认真看待张老师提出的学术观点。同时，张老师也说过，他的观点可能今天还是少数派，慢慢就可能变成多数派成为通说了。所以说，只要我们建立一个良好的学术生态环境，我就对我们中国刑法学的研究抱有乐观态度。我本人也一定要学习老一辈甚至更老一辈学者的优秀品质，这即使做不到也心向往之，尽量包容别人的不同观点，认真考虑对方观点。我在写这篇文章时，在某处对清华大学的黎宏教授的某些观点表示反对，但在客观归责理论内容部分，他支持传统因果关系说的立场与我一致。由此可见，既然每个人都有思考，每个人都是一个独立的个体，都要发挥自己主体性，那么就不可能有两片相同的叶子，我们也要容许大家平心静气地说出来，这有利于大家的讨论。而在比较法研究中，我就注意到有的学者可能只抓住一点研究，这就有点像在法制史领域中研究断代史，只研究某个朝代，别的朝代都不管，我认为这是不行的，我们还是需要放在整个体系中去研究，从而避免部分问题的研究疏漏。

第四，中国刑法学研究在方法论上应重视多元和折中。在这次的文章中，我引用了中国台湾地区某学者在学术会议上的一句话（任何学术上不附理论的批评都是不负责任的批评）回应了周光权教授对我立体刑法学的批评，但我同时也希望能跟周教授保持君子和而不同的约定，学术观点的分歧并不影响我们成为好朋友。我认为教义学当然是刑法学研究的看家本

第五讲　再谈强化中国刑法学研究的主体性

领，但如果说教义学是刑法学研究的唯一出路，或者说是刑法学的唯一的通道，我对此命题持保留态度。我始终认为刑法学的研究不应是平面的、静止的、一元的，而应是立体的、动态的、多元的。德国弗莱堡大学东亚法研究所的所长卜元石也对我的观点表示肯定，她曾在她的书中提到，德国的刑法是教义学的刑法。那若按照德国的角度来看，美国的刑法学就没有教义学，而教义学既然是刑法学的唯一出路，是否表示英美就没有刑法学呢？卜教授认为我不能这样说，我也在我的文章中对此问题做了回应，时间关系，不予展开。我在《法学》发表的一篇文章中曾提出这么一个观点：从两次世界大战来看，德国刑法的法益并没有有效地限制德国的刑法权，而英美法系的刑法虽然在保障人权方面也有其他严重的问题，但其相对来说并不逊于德、日刑法。因此我一直在想一个问题：法学到底是不是一门科学？这个问题争论已久，我认为法学至少不是一门自然科学意义上的科学，因为自然科学意义上的科学就是以发现真理为己任，这个真理则是指客观事实。多年以前我曾问过我们学校的老校长江老师："江老师，您说您只向真理低头，但什么是真理呢？人文社会科学是带有价值判断的，您认为是真理的东西我不一定认同，我认为是真理的东西您也不一定同意。"由此可见，这个问题是具有复杂性的，体系化的研究固然有其魅力，但法学如果不带问题性的研究，其效果有时也是不理想的。另外，我想借这个机会重点讲一下学派之争的问题。目前大家都主张要有学派之争，我在上研究生的时候，老一辈的老师之间也存在观点分歧，再加上当时的各种运动背景，老师们不是你批我无罪推定被打成右派，就是我批你罪刑法定被打成右派，我看着这些场景觉得非常难受，为什么学者之间不能和和气气呢？我认为学派之争并不是目的，走向折中、走向协调，极高明而道中庸才是我们的目标。在德国，学派是一个贬义词，德国学界并不主张使用该词，二战期间也因为学派等产生了许多站错队的政治问题，这个问题也比较复杂，所谓新派和旧派都是在社会发生剧烈变迁时候的必然产物，事实上二战后学派之争马上就趋于平息了。所以我感觉到在中国，我们虽然讨论很多东西，如行为无价值、结果无价值等，但哪一个国家的刑法不是二者的统一或折中呢？有哪个国家是只有一端没有两端的观点呢？因此对这些学派争议我用一些接地气的话来说就是我认为不一定再要去凑这个热闹了。我曾就学派之争这个问题向主张学派之争的张明楷老师请教过，我通过微信向他阐明了我的观点：学派之争不是目的，最终目的还是折中。张明楷老师给我的回复是：如果没有学派之争，又哪来的折中呢？看到这个回复后，我认为我们可能只是强调的重点不太一样，大体上并没有多少差异，也就是说在特定的场合是要有学派之争，但学派之争本身不是目的，我们还是要尽可能地走向折中和协调，这样也更有利于我们建设刑法学术共同体，共同推进刑事法治，否则在长期的学派分歧之下，大家各持己见，法官判案、检察官办案都能找到依据，这是否合适？当然我也表明了，每个人都是一个独立的个体，主体性要落实到每个个体身上，这是正常的，但如果我们作为一个以刑法学术为职业的共同体，我们在思路上是要这么一元地强调学派之争，还是说要稍稍想一下学派之争本身的目的是什么，目的是为了最终的折中和最大公约数以及妥协。中国刑法学研究会会长贾宇在某个致辞中也提到，年轻学者最好先不要去认宗认派，我对此观点也表示赞同，在学术中我们不应当去拉帮结派，当然这只是我的观点，跟大家分享一下，并不一定正确。

第五，中国刑法学研究应着力挖掘本国的优秀传统。法不仅有阶级性、时代性，还有社会性、人性共通的一面，我工作时曾到一个少数民族地区出差，当时该地区发生了汉族与回族之间的冲突，当地领导对此冲突并不是先查看刑法的条文规定，而是通过当地的地方志查阅历朝历代如何处理此类矛盾。由此可见，人性还是相通的，人类已经走了那么远，变的是表面，不变的是本质。我们的时代发生变化，社会结构发生变化，犯罪治理肯定也要做出变化，但是否需要彻底变化，我认为这不一定。我曾在《死刑的温度》第二版的序言中讲到我在哈佛大学和哥伦比亚大学做访问学者时，听他们讲中国法制史的课，当时的影印版资料没有标点符号，他们希望由我来读一下，我因为不知道哪里断句无法完整读完，自觉非常惭愧。同时我也认识到，尽管我们现在对外国的研究并不充分，但我们对自己民族的历史研究是更不充分的。中国漫长的封建社会中，各朝各代既有精华亦有糟粕，我总相信我们中华民族的传统文化中一定有值得研究的地方。从事法制史研究的梁治平教授对我的判断表示认同，他认为我们古代的法律中有很多值得挖掘的地方，他曾在文章中指出，虽然古代的法律制度跟现在的法治并不是一回事，但我们也不能一棍子打死一船人，我们的民族仍有很多有用的东西，我们不能把它简单化，需要实现一种转型。我

第五讲　再谈强化中国刑法学研究的主体性

认为这也是一个最难把握的一个问题。我曾请教过多位法制史学者，发现我们历史上并不是只有酷刑，也有很多人道的一面，比如秋审制度、赦免制度、年节间不予判处死刑等，这些都是值得我们借鉴的，如果我们只看到酷刑的一面或者人道的一面，这也是不全面的。再比如关于大义灭亲和亲亲相隐，看似矛盾，但我也说过大义灭亲是对圣人、官员等为人楷模的要求，我们不能要求普通的老百姓这样做，不能把它作为入刑的标准。由此可见，历史的复杂之处也在这里，它存在两面性。再比如我们以前对于"株连无辜"的认知是一个人犯罪全家人都要被株连，但我这次阅读材料后发现，法律的规定其实是对于一家人共同犯罪"止做尊长"，真正需要株连的是那种谋大逆等"十恶"罪名，这是非常少见的。此外，执法也存在诸多变通，可见，书本上的法和现实中的法其实有很大的差距。那么我们在承继我们的传统文化的同时应当如何实现有效转型呢？比如我们古代说杀尊亲要从重处理，判处死刑，但现在最高法院也有司法解释规定家庭内部矛盾、婚姻纠纷要成为判处死刑的限制性理由，那在此基础上我们应当如何去理解传统文化呢？我在此大胆抛出一个观点：法律规定表面上看起来变了，但内里的家国情怀并没有变。我们现在如此规定的原因还是为了维系家庭的亲情与团结，发挥家庭是社会细胞的作用。而在古代，官方的治理并没有像现代这样一竿子插到底，它在乡土社会中全靠家族统治，族长权力大，责任也大。在共同犯罪中"止坐尊长"也是基于这个道理，既然给予了尊长较大的权力，也必然要赋予其较重的义务，到现在的平等社会、法治社会中，家长与子女地位平等，义务减轻的同时权力也减少了。所以从这个意义上来说我就得出这样一个小小的结论：中华文化中这样一种重视亲情、重视家庭和谐、重视家庭对国家社会治理的稳定作用的家国情怀还是一脉相承的，并未发生改变。

最后，我想讲几分钟的结语，我认为中国刑法学研究的主体性要落实到每个个体身上，千人一面之诺诺，不如一士之谔谔，我们的老一辈为此付出了惨重的代价。我刚刚也有提到，他们就因为一些学术观点与主流社会不相符便被发配劳教甚至被打成右派几十年。现在的时代变好了，至少现在我们刑法学界还是君子和而不同这样一个基本风气，我觉得这要感谢高铭暄教授等第一代学者以及陈泽宪教授这一代学者给我们做的良好示范，希望我们能够保持各师门间在学术上大胆争鸣，对事不对人的良好气氛。因我主张折中，反对学派之争，此次我也专门学习了一下辩证法的内容，辩证法实际上就来源于论辩，在论辩中每个人都有自己的观点，谁也说服不了谁，那结果就是折中，所以辩证法为什么说凡事不能走极端，凡事要极高明而道中庸，论辩到最后那就是互相妥协，那就是折中。在我看来主体性不光表现是对外国的观点，对传统的观点，对别人权威的观点不人云亦云，也表现在不断地、大胆地、诚实地修正自己的观点上。我曾阅读过张明楷教授编写的几个版本的教科书，他第一个版本持传统四要件立场，后来变成了三阶层、两阶层立场。当我们还在标签化三阶层、四要件时，张明楷老师已经在主张两阶层论了。由此，我感觉到当一个人培养起主体意识后，就会不断地自己否定自己，这样在学术上就永远不会自视清高和狂妄。我的文章中引用了一些学术大家的思想，他认为知识的过时是知识分子的宿命，因为时代在变迁，我们可以受民主原则、人权原则、法治原则等普世价值的影响，这些是跨国界的，可能是永远不变的，但具体到里面各个影响因子的权重，那可能会随着时代的变迁进行动态的调整。另外我还有一个切身的感受：刑法学研究离不开价值判断，它涉及对人的理解和认识，涉及对环境的理解和认识，涉及对本民族精神、传统文化的理解和认识，它怎么可能像自然科学那样在一个不受外界干扰的实验室里得出唯一的结论呢？更何况每个学者在不同阶段所持的学术观点和立场也可能发生变化，这种变化可能是因为他的阅读积累抑或是他接触的各种人和事物。无知之物是无限的，有知的永远是有限的，今天我接触了你这个人，听了你的观点，明天我又有另外一个生活体验，我的时间和生命是有限的，我接触的人也是有限的，所以我得不出权威的、终极的真理，这也注定了我们人文社会科学的复杂性，注定了我们学者的宿命，注定了我们行使正义的艰难，注定了我们刑法研究方法的多元，也必然呼唤我们的主体精神和论辩精神。最后，经过四十多年的改革开放，中国刑法学界兼收并蓄，汇聚了大量人才，积累了宝贵资源，只要我们在保持国际视野的同时，致力于把学问做在祖国的大地上，中国刑法学就一定能更好地助力国内的良法善治，并在国际上发出中国刑法学应有的声音。我就讲到这里，不对的地方请各位老师、同学多多批评，谢谢你们。

陈泽宪教授：感谢刘仁文教授做了一个主题鲜明、内容丰富的精彩讲座，现在请各位与谈人来做点评与交流，首先有请劳东燕教授。

第五讲　再谈强化中国刑法学研究的主体性

劳东燕教授[*]：谢谢陈老师，今天下午我把刘仁文老师事先提供给我们的文章看了一下，再结合刘老师刚刚的讲座，总体上我对刘老师今天讲座当中的所作的两个基本判断是很认同的，第一个就是关于中国刑法学的研究应该体现主体性，第二个也就是关于刑法的研究应该是多元的。实际上多元性就表明不能唯教义学是从，虽然我现在主要也是做教义学的，但是我也的确认同这种判断，原因在于：教义学主要还是围绕法解释这一方面，但对于立法论、从法外的视角来看待刑法等方面的研究我认为还是有必要的。从这个角度来讲，刘仁文老师讲到的立体刑法学或者是储槐植老师所讲的，关于研究刑法其实有三个角度：刑法之上研究刑法、刑法之中研究刑法、刑法之外研究刑法，大体上来说，刑法教义学只代表在刑法之中研究刑法。接下来，我在总体上认同刘仁文老师基本立场的前提下讲三个方面的内容：第一，关于"主体性"到底应当如何理解；第二，如何体现刑法学研究中的中国性；第三，眼下我国刑法教义学研究中的问题。

关于第一方面主体性的理解，主要包括三点内容：第一，我认为我们对于主体性的理解基本上不会有很大差异，也就是它应该体现在为我所用地吸收和借鉴，在这里面需要注意的是，如果有吸收和借鉴的话，就应该有开放，也就是说外面的知识应该是可以被我们接触到且有深入了解的，只有在这种开放的前提下才有吸收和借鉴的问题，所以在这个意义上我觉得有两种倾向是比较值得反对的：第一种倾向就是封闭，比如说认为我们中国刑法学的知识自给自足或者说主要由中国刑法学自己来创造，这种倾向我认为大家现在基本上都是不认同的；第二种倾向就是简单的拿来主义，就是认为把德、日的刑法理论直接搬过来就行。事实上认同这两种极端倾向的人应该是比较少的，但我能够理解为什么我们刑法学界更多人在强调拿来主义，原因在于：在当前强调制度自信、文化自信的背景之下，对开放性方面可能会存在一些游移，因此我能够理解这种拿来主义的立场，从某种意义上来讲不能把这种自主性用来成为包装封闭性的借口，所以这两种倾向我都是反对的。总之，我认为这种为我所用的吸收跟借鉴的前提就应该是充分的开放。第二，我们的社会当中存在分工，比如德、日

---

[*] 劳东燕，清华大学法学院教授、博士生导师，教育部"长江学者奖励计划"青年学者，2015年度中国人文社科最具影响力青年学者，第二届首都十大杰出青年法学家。独著学术论著4部，在《中国社会科学》《法学研究》《中国法学》等期刊发文90余篇。

刑法学体系或者英美刑法学体系可能都有很多方法论工具，在这种情形之下我认为应当利用全球化分工的优势。举一个比较简单的例子，如果你想建造一个房子，那么不一定需要考虑所有的砖块、钢筋、水泥都由你自己制造，这样不仅耗费更长时间，而且建出来的质量也未必能够尽如人意，因此从这个角度来讲我认为如果有现成的方法论工具，且这个方法论工具被证明是有效的，那么我认为可以考虑利用全球化分工的特点来为我所用。第三，在主体性当中，很多老师也讲到了关于体系性思考的问题，体系性思考是存在自身问题的，但如果从英美法系和大陆法系的角度处罚，英美法有判例制度，该制度可以确保相同案件相同对待，也就是说对于法的安定性其实是有充分的制度性保障的，而大陆法则没有这样的判例制度，但我们同样应该追求相同案件相同对待或者说是刑法的安定性价值，体系性思考可以帮助刑法学人，或者说刑法圈内人得出的解释结论具有相对一致性，因此在中国缺乏判例制度的情况之下，体系性思考其实被认为对法治具有保障性作用。就我们目前中国刑法学的研究来讲，我不认为是体系性过度，而是体系性严重不足。虽说在局部领域中，尤其是一些年轻的，受德国影响的学者可能认为是过度体系化所带来一些繁琐的问题，但总体上中国刑法学的发展不能说已经到了体系化过度的程度，而依旧是体系化不足，因此我认为体系性思考作为方法论其实是可以借鉴的。此外，对于整个法律或者说整个刑法应该往什么方向发展，也就是关于刑法的适应性问题，或者说一个良善的社会秩序应该保留或坚持哪些价值，我认为这种适应性或者价值观方面的问题可能都有从国外的刑法学知识中借鉴的余地。总的来说，我认同主体性，而且主体性属于为我所用地吸收和借鉴，但同时我也认为，刑法学知识既有民族性也有普适性，也就是说方法论可能也有普适性的一面，包括刑法或者法律系统如何适应社会外部环境的变化，都会存在共通性的地方。

关于第二方面如何体现中国性的问题。第一，整个法教义学有一个前提，就是以现行立法规定为基础，来展开整个教义学理论的构建，从这个角度来讲，目前刑法教义学的发展其实是很尊重现行立法的，只不过说它对我国立法规定的解读与传统的解读可能不一样。据我的观察，在2010年以前，德、日教义学与我国本土性的刑法理论基本上是油跟水之间的关系，特别是在2000年前后，那种简单拿来主义的立场其实是非常明显的，

第五讲 再谈强化中国刑法学研究的主体性

这也是为什么 2010 年之前德、日刑法学理论没有太大影响的原因，就是此前我国并不主要把它当作方法论，而只是用那一套理论来解读中国的实务案件或者规定。从总体上来讲，我认为整个刑法教义学在中国的发展实际上可能是可以分成两个阶段的，因此以现行立法规定为基础，来展开教义学理论的构建，这一点现在在刑法教义学当中是没有争议的。第二，正如刘老师讲到的立足于中国的司法实践的问题，这个实际上也是目前教义学所强调的内容。以清华刑法学科学生的论文选题为例，只要学生是研究一个具体的、非抽象理论的问题，我们一定会建议学生在裁判文书网至少读几百个案例或判决，而不建议学生找虚构的、想象的教学案例，从这个角度来说其实现在的教义学是试图立足于中国司法实践的。我除了在指导学生时有这个感想之外，关于我们目前的研究热点问题，如网络犯罪、数据保护、个人信息保护等，这些基本上都是由中国实务问题引发的，并且我们能够感觉到，眼下这种理论的提供跟实务的需求完全不成正比，甚至实务在某种程度上还站在理论之前。因此，在体现中国性方面，除了现行立法为基础，考虑中国司法实践之外，我认为还应该在解决方案的设定上考虑中国特点。比如我们目前对于法益理论，由于其内容在不断抽象化、精神化，这使得法益概念的批判性功能基本丧失，而以罗克辛为代表的教授则一直试图寻找保持法益批判功能的解决方案。批判功能的好处在于使立法者一些犯罪化的规定具有正当根据及理论支撑，从这个角度来讲，法益理论是否应当具有批判性功能还是一个比较具有普适性的问题。德国目前的解决方案有两种：第一种，法益应当跟宪法或者宪法的基本权利相关联，由此让法益结构内部具有批判性。第二种，正如德国宪法法院在具体案件中所体现的立场，它认为法益原则根本谈不上是宪法原则，也就是说并不是只有侵害法益才能够入罪，但它引入了宪法上的另一个原则——比例原则。事实上，这个问题是具有共通性的，我们也面临立法者是否可以随意把某种行为做入罪化规定的疑问，我们的答案应该是否定的，因此在这种情形下，我们究竟应当选择何种方案？我个人认为法益理论很难再具备批判性功能，理由在于法益在现实历史过程中一直充当扩张刑法权的角色，而在中国用宪法上的比例原则来对立法权进行制约的前提没有办法具备的情况下，那么也许就只能选择在法益内部构建一个内部制约机制，这虽然不一定能够实际制约立法权，至少使得批判立法成为可能，因此我认为在提出解决方案的时候也需要考虑中国性。

关于第三方面我国刑法教义学研究的问题，主要有三个问题。第一，正如刘老师所说，我们现在引入的犯罪论体系，或者说整个刑法解释论其实就是以古典刑法理论为基础的，也就是说目前对我国犯罪论体系影响最大的就是古典体系以及新古典体系，但我们也会发现这种刑法理论的理论根基或者哲学社会理论根基是19世纪以前的政治自由主义等社会理论，这种理论根据跟现实社会基础都在发生重大变化，在这种情形下，存在引进的理论范式本身偏于陈旧、需要转型的问题。由此，中国刑法学面临的不仅仅是中西问题，还有古今问题，中西是指我们怎么对待外来的刑法学理论，古今是指我们引进的刑法学理论基础在与本土整合的过程中如何与时俱进的问题。我们现在基本上可以确定，理论根基跟社会现实基础已经流变，但作为上层建筑的刑法理论只是其实还是建立在这种基础之上的，因此它肯定也要面临与时俱进的问题，这基本上是不以人的意志为转移的，就像我不认为网络社会更好，但我们必须去适应网络社会，这就是我认为的第一个问题。第二，目前法教义学研究对立法论部分关注太少。法教义学所持基本立场是现有的法秩序，是合理的，是具有正当性的，但它并不意味着任何刑法规定都是合理的或者都是正当的，如果这样设定，那法教义学就会成为保守主义的大本营。事实上教义学或者说法解释学对很多问题都是有很大空间来解决的，比如对财物进行重新解释，对很多犯罪构成要件进行重新理解，其实是可以部分适应外部环境需求的，但我们也应当看到有一些价值观流变的问题，正如近年的收买被拐卖妇女的罪名，该罪的法定刑只配置三年，这个三年相当于盗窃1000—3000元的行为，也相当于赃物犯罪，甚至收买赃物要判处罚金，然而收买被拐卖的妇女连罚金刑都没有，也就是说收买一名女性和收买赃物当中，收买赃物所判处的刑罚更重，这是否合理？由此来看，我们的价值观其实已经发生变化，但我们刑法在罪名设置总体上还是持79刑法的立场。再比如财产犯罪的法定刑配置，总体上还是停留在79刑法的框架上，那时候对财产犯罪配置重刑完全能够理解，理由是当时的社会物质极度匮乏，故需要对财产犯罪配置较高的法定刑。但现在几万元的财务犯罪与重伤他人相当，这两种行为的不法程度是否可以相提并论？在这种情况下，法定刑的问题就不是解释论能够解决的。因此我认为，目前我们法教义学当中以论证现有的立法规定为己

第五讲 再谈强化中国刑法学研究的主体性

任,这样一来就完全成了保守主义的大本营了,任何保守的价值经过法教义学的论证都可以成为合理内容。国外对此问题则存在违宪性审查的制度,虽然中国在进行法教义学研究时根本没有立法论审查,但不意味着立法论审查不必要。因此,我们在进行法教义学研究时就应当先审查这个规定本身到底实质正当与否,然后再考虑我们应当往什么方向推进解释。如果解释论能够解决的就没有问题,如果解释论无法解决,就交由立法论去解决,这是我觉得目前教义学研究中存在的第二个问题。第三,我认为教义学研究的视野确实不够开放,只关注刑法内部的东西,对于刑法外部则置之不理。在刑法学领域中精耕细作是重要的,但精耕细作需要建立在体系本身的自主性上,同时,我们需要关注刑法外部包括社会环境、社会理论的变化,变化的思想又如何引进到教义学中进行方法论化、具体化,我认为刑法学界对这方面的关注是比较匮乏的。自 20 世纪中后期以来,系统论、经济学、生物学思维都在影响理论界,但只有我们法学界基本上不关注 20 世纪以来社会理论的发展情况,在这点上我觉得教义学的研究是很成问题的。由于时间关系,我就讲这三个方面,总而言之,我与刘老师发言中体现的基本立场是一致的,但在一些具体问题的判断上可能有不同观点,我就讲到这里,谢谢。

陈泽宪教授:谢谢劳东燕教授,下面有请汪明亮教授。

汪明亮教授[*]:谢谢陈老师,与劳东燕教授一样,我也非常认同刘仁文教授所强调的中国刑法学研究应当增加自己主体性的观点以及实现主体性的相关论述,我的与谈重点将就刘老师提到的关于当今中国刑法学研究方法论应该多元这一问题进行展开。刘老师提出通过立法刑法学的构建来拓展刑法学研究的空间,这非常有道理,但我还是要讲两方面的内容。

第一方面,我个人认为,刘教授的立体刑法学作为拓展中国刑法学研究方法的路径还是有一些不足,与储槐植教授提出的刑事一体化研究是一种标签或者说是一个研究的指导不同,刘老师提出的立体刑法学则是一门学科,那么作为一门学科,我认为立体刑法学可能存在如下问题:首先,作为一门学科,它应当有特定的研究对象,但按照刘老师的观点,立体刑

---

[*] 汪明亮,复旦大学法学院教授、博士生导师。2013 年入选教育部新世纪优秀人才支持计划。曾主持国家社科基金重大项目、社科基金后期资助项目、社科基金一般项目、教育部规划项目等 10 多项。出版《守底限的刑罚模式》《公众参与型刑事政策》等著作 6 部。

法学的研究对象过于泛化，它彰显万物、上下兼顾，对国内法、国外法、实体法、程序法等都进行研究，研究对象过于泛化便难以成为一门学科。其次，立体刑法学作为学科，它的研究方法也不特定，因此对于研究对象过于泛化、研究方法过于不专一的立体刑法学很难把其称为一门学科。

第二方面，也是受刘仁文老师的启发，我本人近年在关注另外一个基础理论的构建，就是刑法社会学基础理论的构建，我希望通过刑法社会学理论的构建，能够为当今中国刑法学的研究方法提供一个比较可行的路径。因此我重点讲一讲刑法社会学的理论构建，它大概是什么内容、有什么意义、它何以可行以及具体如何构建，以此拓展当今中国刑法学的研究方法。我曾在《贵州大学学报》发过一篇小文章，题目为"刑法社会学基础理论构建"，内容主要包括五个方面。

第一，可以成为刑法学研究新路径的刑法社会学的内涵是什么。我把刑法社会学界定为将刑法置于其社会背景之中，运用社会学的理论和方法分析犯罪生成过程中的社会因素，或者刑事政策运行机制，解释刑法规范之形成与适用规律，实现最佳治理方面效果的一门交叉学科。也就是说，这里指的刑法社会学是从社会背景去研究跟犯罪有关的犯罪生成过程中的社会因素、刑事政策运行过程中的社会因素以及刑罚规范形成与适用中的社会因素，通过研究这三个阶段背后的社会因素，以此实现治理效果的最佳目的的学科。

第二，用刑法社会学这门学科来替代立体刑法学有其更多的意义，具体包括：其一，它可以起到巨大的方法论方面的作用。西方法学发展史表明，法学新思想和新流派的出现无一例外都是从既有的研究方法论变革开始的，如果中国刑法学还仅仅从近代的教义学或者解释学角度去研究中国刑法问题，可能涉及面过窄，所以说中国刑法学的研究必须变成一门有更广泛基础的学科，因此我们认为最广泛基础的学科就是引入社会学的相关理论和方法来研究刑法问题，对刑法进行关系性的、整体性的、动态性的研究，这是方法论上的意义。其二，它有利于实现刑事法学科之间的真正整合。我们现在的刑事法学科，如犯罪学、刑法学、刑事政策学等各立门户，各自泾渭分明，这种刑事法学的分野降低了刑法效果的发挥，刑法学必须与其他刑事法科学、学科进行整合才能实现刑法的最佳功能。为了实现刑事法学科的整合，学界也提出了很多理论，比如德国的整体刑法学、储槐植教授提出的刑事一体化以及刘仁文教授提出的立体刑法学,但无论是刑事一体化还是立体刑法学,它很难让这些学科真正融合在一起,而如果引入刑法社会学这个学科,它可以打破刑事法学各学科之间的隔阂,相当于打通其任督二脉,为犯罪学、刑事政策学、刑法学等学科的整合找了一个结合点。其三,它符合刑事法学科的发展规律。我们从意大利的刑事社会学代表人物菲利的研究中可以看出,他的研究就是一体化的综合研究,但后来刑事学科慢慢开始分开,所谓天下大事分久必合,合久必分,现在的刑事法学科通过合在一起研究以找到一个新的发展路径,也是学科发展的必然规律。其四,刑法社会学的研究反映了治理犯罪的现实的迫切需要。有个不争的事实是,最近十多年以来,中国刑法教义学或者解释学日趋繁荣,但这日趋繁荣的十多年也是犯罪问题越来越严峻的十多年,繁荣的刑法解释学并不能满足当前与犯罪作斗争的需要,我们刑法的效果亟待提高。劳东燕教授也提到收买被拐卖的妇女的问题,她认为实践中收买被拐卖妇女现象的存在跟立法有关,从教义学角度认为刑法要提高收买被拐卖妇女的法定刑,但即便我们通过这个路径提高了收买被拐卖妇女的法定刑,这能解决收买被拐卖妇女的现象吗?其实收买被拐卖妇女这种现象背后的社会原因它并不是我们通过解释刑法或修改刑法就能解决的,所以说刑法解释学或者教义学虽然被看作是一个学科成熟和完善的标志,但它是一个静态的研究,它容易使法律独立超越社会,它对实践的关切是表面的,很难深入到社会的深层原因和角度去观察,因此理论研究如果过于围绕范畴、概念构建,而不去考察背后的社会现实,这可能很难实现刑法效果。从比较视野来看,美国主要从社会学的角度研究刑法问题,它没有成熟的教义学,但最近几年来美国的犯罪率一直下降,尽管导致犯罪率下降的原因是多方面的,但我个人认为,它的实用主义的社会学的研究也有其自身的意义。又如德国教义学那么发达,但它也并没有避免世界大战的灾难,而美国通过对社会的研究反而在一定程度上保障了人权。以上是我认为刑法社会学所具有的四个方面的意义。

第三,关于刑法社会学研究的可行性,我认为主要有三方面的可行性依据:其一,交叉学科的发展为刑法社会学研究提供了学术环境。交叉学科应该是本世纪以来学术研究的一个重要标志,而刑法社会的研究就是一个交叉学科的研究。其二,法社会学的成功经验为刑法社会学的研究提供了指导。其三，从部门法层面来说，宪法社会学研究所取得的成果也为刑法社会学的研究提供了参照。

第四，关于刑法社会学的思维方式，如果把刑法社会学作为一门学科，那么它应当以什么样的思维方式去做研究，我认为有三种方式：一是关系思维。关系思维是马克思主义哲学的思维方式，它要求人们从事物与事物间的关系去把握、理解事物，而非仅从此事物去理解此事物，这种关系思维强调我们研究刑法规范条文要联系它的原因，特别是社会结构因素等方面去研究。二是整体思维。整体思维强调我们要从整体去研究刑法问题，也就是刑事各学科之间要有沟通，不能各自为政。贝卡利亚的《论犯罪与刑罚》就体现了整体思维，它涉及到犯罪学、刑法学、刑事诉讼法学等。三是动态思维。动态思维，学者孔德从物理学角度把社会学分为社会静力学跟社会动力学，社会动力学是从动态角度、从社会变迁的连续阶段来探讨人类社会的进化方向，动态思维方法对刑法社会学研究意义重大，我们如果对刑法只做静态分析，而不做动态分析，就很难对犯罪现象做一个真实、全面的把握。

第五，关于刑法社会学的研究方法。既然叫刑法社会学，主要就是借用社会学的研究方法来研究刑法问题，具体有三个层次，一是方法论。方法论主要是指社会学中最高层次的研究方法，比如功能主义、结构主义等。二是基本方法，如社会认同理论、社会资本理论、公众参与理论等。三是具体方法，或者说技术性方法，如统计方法、社会调查方法等。

最后要强调，从刑法社会学角度去研究刑法问题虽然可以为中国刑法的研究拓展空间，但我们仍要坚守学科立场，因为社会学的方法太多，理论非常庞杂，因此我们在对于社会学理论和方法进行吸纳和运用时，要坚守刑法社会学的学科立场，走出简单的理论移植和方法套用误区，避免一些曲解和滥用社会学理论方法的做法，也是我们在强调刑法社会学意义的时候，或者是构建刑法社会学理论时所需要重视的，具体来说包括三方面：第一，坚持刑法社会学学科属性，也就是它只是研究犯罪生成过程中的社会因素、刑事政策运行过程中的社会因素以及刑罚规范形成和适用过程中的社会因素而非其他。第二，选择合适的社会学理论和方法，在选用社会学理论方法的时候，特别是对概念、范畴、命题等采纳过程中一定要做一些改良。第三，处理交叉学科研究的视线性问题，由于理论实践往往

第五讲　再谈强化中国刑法学研究的主体性

存在不可通约性，我们在刑法学运用过程中，在引用社会学方法的时候，要尽量考虑到如何使两个学科进行通约的基本原则。由于时间关系，我就与谈到这里，谢谢。

陈泽宪教授：谢谢汪明亮教授，下面有请周详教授。

周详教授[*]：谢谢陈老师，首先感谢西政刑法学科邀请我做本次讲座的与谈人，其次要感谢刘仁文对我的包容、宽容甚至恒久忍耐。我看了一下与谈人名单，大概我是唯一一位公开发表文章反对《再返弗莱堡》某些观点的人，我写了一篇文章叫做《中国特色刑法知识体系建构中的文化生态环境问题》，动因就是看了刘老师这篇文章有话想说，所以就把刘老师当作典型的靶子进行批评，当然我自己回头再看这篇文章的时候，也感觉有些话说得有点过火、过激，大家有兴趣可以去看看原文，但刘老师不但没有生气，反而说："周详的文章把我视为反对学派之争的一以贯之的典型代表，其归纳未必准确，但只要是认真严肃的讨论，我们应当允许每个人心中都有一个哈姆雷特。"因此我也特别感谢他。我记得陈兴良老师曾经有一个"法律就是语言"的判断，也就是说法学领域的语言之争肯定是必要且必需的，而语言解释学大师保罗立科也有一个判断：语言的本质是隐喻。比如关于蒋安杰老师《刘仁文〈再返弗莱堡〉编辑手记》这篇文章，网上的主标题为"那个说出皇帝的新装的刑法学者"，大家也知道"皇帝的新装"就是大家熟知的一个隐喻故事，这个故事可以做多面的解读，但我推测蒋安杰老师使用这个隐喻故事，他的根本目的在于突出表现刘仁文老师写这篇文章的真诚态度，而不是在讽刺其他什么人，所以作为隐喻的语言，意味着一个事实，就是语言总有明确说出来的部分，更有潜意识的部分，或者说言外之意，我们说出来的往往只是冰山一角，那水下潜藏的部分到底是什么呢？这个时候往往只能靠推测和想象，那这种推测和想象极可能对，也可能错，比如今天刘仁文老师提到刘艳红老师对他这篇文章的评价，认为刘仁文教授的观点并不是真正的倡导所谓多元化研究，而只是想回归传统苏俄刑法，坚守刑法政法学派，这实际上也是刘艳红老师的一个想象与推测，有可能对，有可能错，当然可能存在第三种可

---

[*] 周详，中南财经政法大学刑事司法学院教授、博士生导师，湖北省刑法学会副会长、中国刑法学会理事。教育部"新世纪优秀人才"、中南财经政法大学"文澜青年学者"、"腾讯法学名师"。

能性，就是也许是批评者推测对了，但是原作者他不承认，这时候语言之争就可能变成一所复杂的迷宫。当然，我承认我当初写反对文章的时候，对《再返弗莱堡》一文的理解有很多推测和想象的部分，那么我是怎么样想象这篇文章的呢？用一个比喻就是把该文想象成一匹马拉着一个火车的形象，这个形象出现在姜文导演的《让子弹飞》这部电影的开头，有十匹马拉着一个火车头在铁路上跑，这看起来似乎一个荒诞的镜头，但其实是一段真实的历史：1881年的清末，洋务派主张要借鉴外国修铁路，但保守派持反对态度，原因是在此地修铁路可能会影响到风水，也就是清朝朝廷的龙脉，但最后铁路是修起来了，不过是以修建快速的马路的名义修起来的，也并未得到政府的批准，因此这条铁路是不能有火车头行驶的，只能用马来拉它，这就是马拉火车的故事。有一句名言：日光之下，并无新事，已行的事，后必再行。也就是说一百年前清末所发生过的维新派与保守派之争，在今天百年未有之大变局的时间节点会不会以新形式重演，我是有一点推测的意思在里面的。

  当初在刑法领域也是发生过立法之争的，主要就是本土特色派与外来移植派的争论，这个争论大体上是由以沈家本为代表的现代法理派略微占上风，我们整体的法律体系基本上也是延续了这个道路。现在据我观察，如果说这场学术之争或者说理论之争要以新形式重演的话，我感觉本土特色派好像占了上风，但这是我个人的判断，不见得准确，原因在于：2019年4月，法学家杂志社主办了一个构建中国特色法学知识体系的学术研讨会，这个研讨会以半约稿的形式展开，我作为其中一个作者在研讨会上介绍了我针对刘仁文老师的那篇文章，当时付立庆老师作为编辑，他虽然特别喜欢我这个文章，但最后没有通过终审，给出的理由就是无法接受我的文风，我对此一笑而过，也推测出来的言外之意就类似于这样一个隐喻故事：一个男生向一个女生坚决提出分手，女生需要有一个理由，男生就说你外表太漂亮了，我配不上你，这只是我开玩笑的比喻，我想男生的真实理由肯定不是这个。因此，我也感觉到这篇文章在法学期刊上公开发表的难度是比较大的，便将该文压在手里，没有再管。后来我们学校的一个刊物向我约稿，我想起这篇文章，就把该文章给他们发出来。我当初对于刘仁文老师文章所主张的中国特色刑法话语体系是这个马拉式火车隐喻故事重演确实是有那么一点害怕，因此写了文章与他商榷，但我今天听了刘仁

第五讲 再谈强化中国刑法学研究的主体性

文老师的讲座，虽然在某些学术观点的细节上可能还会持有一定的保留态度，但是他讲的强化中国刑法学研究主体性的五大方面我完全同意。甚至我可以再次推测、想象并做出这样一个判断，就是像陈兴良、张明楷、周光权、刘艳红这些曾经可能是和刘仁文老师商榷的，或者说是不太同意刘仁文老师观点的这些教授，他们对这五大方面估计也不会反对，甚至可以说一直在实践着，或者说试图在实践这五点，所以如果说我们中国刑法学真的能够做到这五点的话，那么中国特色刑法话语体系的主张就不再是马拉式火车的闹剧，而是被当今世界所羡慕的中国式高铁。要知道我们中国式高铁技术绝不是简单对西方技术的复制、模仿，而是在复制、模仿的基础上结合我们某一些制度上的优势，它其实在技术、商业开发等方面是有升级、改善的。所以从这个角度来讲，我之前内心的那种害怕在今天看来完全是多余的，可以说马拉式火车的想象与推测是我当初对刘老师文章的误读或误解，虽然从语言学或者解释学上来看，被误解是表达者的宿命，但能够消除的语言误解就一定要努力消除。最后，我希望刘老师今天的讲座文本能够早日公开发表出来，以尽量消除学界之前可能存在的误解或误读，真正推动我们国家刑法学研究的技术升级，而不是走向学术的封闭或倒退，这样的话就功莫大焉，谢谢大家。

陈泽宪教授：谢谢周详教授，下面有请贾健教授。

贾健教授：谢谢陈老师的主持，感谢刘老师的精彩讲座以及劳老师、汪老师和周老师非常有见地的点评，也感谢学科给我这个参与讨论的机会。刘老师在今天讲座中的几个核心观点我都非常赞同，同时，我也有一些个人不成熟的理解和想法想向各位老师和同仁指教。第一，刘老师提到中国刑法学研究应当以本国刑法规定为逻辑起点，我对这句话的理解是，中国刑法学理论要立足于我国刑法的规定，对其规范本身及其司法运作的利弊优缺进行评价，而不是抛开我国刑法的规定，以国外的刑法规范为基础来发展出某种理论，进而用这种理论来指导、评价我国的司法实践。但同时我也认为，从刘老师的观点中并不能得出我国的刑法理论必须要认同我们的刑法规定，而不能对其进行批判。我个人认为规范的有效性并不是理论合理性的充分必要条件，刑法理论合理性应该是能否以及多大程度上能够发挥刑法的保障人权和惩罚犯罪的功能。

第二，中国刑法学研究应当立足于中国的司法实践，这一点我也很赞同，但同时我也认为，中国的司法实践也应当以司法解释、典型判例的形式去吸纳刑法理论中的有益观点，比如对于聚众淫乱罪，目前学界一般认为对于在私密空间中发生的成年人之间的聚众淫乱行为不能认定为犯罪，这被认为是有利于人权保障的，但司法实务往往并不关注是不是私密空间，而只是关注是否聚众，因为法条中并没有规定是否私密这一点。我认为刑法理论界和实务界之间应当是相互关注，双向沟通的关系。另外，司法数据虽然是客观的，但究竟如何对待这些数据，势必会夹杂主体的某种价值，这样的话，刑法学研究立足于一个什么样的司法实践可能也不会是一个客观清晰的状态。

第三，刘老师提出中国刑法学要在比较法研究中以知他而知己为目的，要把外国刑法理论放到中国的话语体系中去加以消化和吸纳，我理解这里的消化和吸纳或者说批判和否定的标准仍应当是是否有利于中国刑法学在中国的现实土壤中发挥保障人权、惩罚犯罪的功能，而不是其他学术或者非学术的评价标准。

第四，刘老师在发言中指出，刑法学研究不光是教义研究，甚至不光是社科研究，它还涉及人文研究，刑法学应当准确判断中国社会发展所处的阶段。这一点我同样非常赞同，汪老师对这一点谈得比较多，我就不再多谈。我个人觉得，刑法学界的讲座、会议是否可以进一步地敞开专业槽来办，比如对于今天晚上的讲座，如果把我换成是一名社会学的学者，让他来谈一谈我国的社会学是如何从借鉴西方理论到立足于中国实践来发展的，可能比我来做这个点评更有价值。

第五，刘老师提倡中国刑法学研究应着力挖掘本国的优秀文化传统，这一点我尤其赞同，这个提议可以说是高屋建瓴，为以后的刑法学发展指明了一条开阔的道路。我个人认为这条路上有很多值得挖掘和研究的东西，比如中国传统哲学中的思维方式主要是一种整体性的、辩证性的、直觉性的思维，目前我国的刑法学界已经有一些学者，比如陈忠林老师等在一些专著中已经在用这三种思维方式来对刑法学的部分理论的合理性、正当性展开论证，可以说由于这一种传统思维方式已经成为中国人日用而不知的潜意识，所以如果能将其吸收到刑法理论的讨论中，势必可以增强理论的认同性。但是我们也要看到我们中国的传统哲学思维也存在一些弊端，比如说它主要是直观的、讲求个人喜恶式的，这与西方哲学强调通过

第五讲　再谈强化中国刑法学研究的主体性

概念的分析和逻辑推演进而得出结论的思维方式是不同的。我个人认为如何使这种思维指导理论的过程通过看得见的、可分析的、能够让不幸福的人变得幸福的方式去指导刑法学理论和实践，这可能是需要进一步研究的。另外，以什么标准从我国的传统文化中遴选出对发展刑法理论有益的部分，这也是值得思考的，我认为刑事立法和司法者不能只在有利于自己的行为意向的时候去吸取传统文化中的某种因素，而是要有整体性的标准，那么这种整体性的遴选标准是什么，这可能也是一个需要去认真对待的问题。各位老师，我的点评到此结束，有不当之处还请大家批评指正。明天就是教师节，提前祝各位线上和线下的老师节日快乐，剩下的时间就交给线上的观众和老师，谢谢大家。

陈泽宪教授：谢谢贾健教授，现在线上还有很多同仁和同学在参与这个讲座，他们也提出了一些问题，那么请主讲人、与谈人来与听众朋友进行交流互动。

刘仁文教授：陈老师，在回答问题之前，我想先就四位与谈人的点评做一个简单回应。四位老师的与谈让我很受启发，劳东燕教授提出如果刑法教义学都是简单地为现行立法去解释，那么可能无法实现批判性功能这一观点我特别赞同。我在关于立体刑法学的文章中也曾提到，现在提到刑法教义学和违宪审查的学者越来越少，而通过法益控制刑法扩张是无效的，那么在我们国家强调依法治国、依宪治国的背景下如何进行事前、事中、事后审查，我认为是很重要的。从广义来说，立法反而是宪法的一部分，因此在立法之前是有立法评估等环节的，但我认为只有这个环节还不够，关键是要有一个事后的违宪审查机制。因此我也在这里呼吁一下劳东燕教授的相关观点，我认为还是要尽可能推进建立刑法违宪审查制度，这样它至少在刑法法益之外有个违宪审查，这也有利于刑法研究的发展。

关于汪明亮教授提出的刑法社会学，我也非常认可，但我认为不能说立体刑法学没有自己的研究对象或者说研究方法过于多样。正如汪老师提到的刑法社会学中有一个关键词叫关系，我的立体刑法学的研究对象主要就是刑法跟相关部门法之间的关系。我正在完成的一个国家社会基金重点课题就叫关系刑法学，它也是在立体刑法学的基础上研究刑法对内对外对上对下的关系应当如何处理。同时，我认为研究方法的多样并不妨碍一门学科的成立，刑法学本身的研究方法也很多样，而刑法社会学我认为它是社科法学里面的一支，如果简单地把刑法社会学跟刑法教义学相对应，我认为二者的内涵和外延并不相同。我也不确定这一理解是否正确，接下来我也会继续向汪老师请教。另外，我曾在中国政法大学的讲座中提到一个观点就是是否可以对刑法教义学做广义和狭义理解，如果作广义理解能否把社科刑法学作为刑法教义学的一部分呢？理由在于，我们研究刑法就是要得到一个最好的刑法结果，那如果其他社科刑法学的分支都对这个结果有影响，都属于变量，那我们为什么不把它纳入刑法教义学的思考范围呢？当然这样说的话可能会丧失理论间的边界感，但我想表达的是刑法的研究视野可以包括这一块，我们可以区分狭义的刑法教义学和广义的刑法教义学。

贾健老师的观点也让我很受启发，其中部分内容我在我的文章注释中也进行了说明，不能说要从中国刑法规定出发就不能够批判它，也不能说从中国实务出发我们就需要对法律的所有判决进行背书。囿于我的写作主要围绕一个重点展开，之后有机会的话我也会再把这个文章进行打磨，我也完全同意贾健老师的观点。以上是我对四位老师的简单回应。

陈泽宪教授：谢谢仁文教授，关于听众朋友提的一些问题也请仁文回应一下。

刘仁文教授：好的。关于问题一，国内有的学者将我国刑法中危险驾驶罪的主观罪过认定为犯罪故意是否脱离了中国的刑法语境？我想把这个问题与另外一个问题，即"如何看待现在父母犯罪后的犯罪记录影响孩子的发展，是不是某种意义上的株连"合在一起进行回应。中国刑法除对未成年人犯罪的犯罪记录有封存制度外，绝大多数犯罪是没有前科消灭制度的，从这个意义上来说，确实有一点株连无辜了。但这个问题非常复杂，罪责自负能否尽量少地不去株连无辜，这个问题也困惑我很长时间，完全不株连我认为是不可能的。在一起犯罪案件中不止是被害人家破人亡，对犯罪人家庭而言也是一场极大的悲剧。目前的前科记录辐射面放得较大，包括受治安管理处罚的行为，且行为人参军等多方面的资格都被剥夺，甚至影响到很多直系亲属。我曾看到中国人民大学冯军教授在《中国法学》上发表的论文，他就认为这个并不科学，如果交通肇事罪致人死亡属于过失犯罪，而刑法中部分过失犯罪的前科记录所带来的消极后果并没有那么严重，比如《律师法》明确规定，构成故意犯罪的不能成为律师。那么犯交通肇事罪（过失犯罪）仍可成为律师，而犯危险驾驶罪（故意犯罪）就无法成为律师，这里面是存在一些问题的。因此我认为解决这个问题的根源还是在于我们刑法学要系统地思考前科记录消灭制度的相关内容。

问题二，在纯正的单位犯罪中，基于双罚制而承担刑事责任的单位直接负责的主管人员或其他直接责任人员是否和构成该犯罪的单位成立共同犯罪？那么，承担责任的主管人员或其他责任人员虽然是自然人，此时是否也是纯正的单位犯罪的犯罪主体呢？我多年以前曾在《暨南大学学报》发表过一篇文章叫《当代中国刑法的九个转向》，在该文中，我提出中国刑法的其中一个转向为从传统意义上的个人刑法转向个人与单位并列的刑法，实际上我们现在讨论的特殊主体与一般主体都是在传统刑法语境中就讨论自然人犯罪来说的，并没有包括单位犯罪，到后来97刑法增加了单位犯罪，但我们理论上是没有储备的。刑法教义学体系也是以自然人犯罪主体而建立的，若把它放到单位犯罪中问这个主体是特殊主体还是一般主体，实际上是把两个标准混为一谈。因此，从我们现有刑法不断增加单位犯罪的现状来看，刑法理论还是侧重考虑自然人犯罪主体，理论与立法规定间存在失衡，我也呼吁刑法学者能够更多关注到这方面的问题。

问题三，《刑法修正案（十一）》中新增罪名是否能够达到立法者当初的立法初衷，我们应当如何考量刑法是如何产生相应的实践效果的？这个问题提得很好，目前我们对醉驾入刑的评价褒贬不一，而在社会快速发展、立法任务加重的背景下，我认为立法缺少类似公共政策学中的评估环节。过去大家都说社会主义法制体系已经健全，那么为什么在法律体系健全的情况下，我们的立法任务比过去还要重得多、多得多、快得多呢？这正反映出我们的社会是一个快速变动的社会。我今天上午还接到最高法院一名法官的电话，就是他们要出台非法引入外来物种罪的司法解释，想问我对这块有没有研究，我表示虽然参与过立法讨论，但因为这部分不是我的强项，我并没有发言。我在想，增加此罪名肯定是有其必要性，但为什么全国法院系统目前没有任何具体案例呢？有的意见指出因为没有司法解释，我想这就是中国的现状了。正如帮信罪设立之初我们也认为没有用处，当两高的司法解释一公布，这个罪名的数量立即成倍增长。由此可见，中国的立法条文出来后，可能我们的司法生态表现为法律放不开手脚，依赖于最高司法机关的司法解释，所以司法解释在中国刑事法治中发挥的作用是非常大的，它能够承上启下，当某一法条公布后可能一两年内没有司法判例，而当具体的司法解释出来后增强了法条的可操作性，案例便有所增加，这就是我了解的情况，不一定全面，还请各位批评指正。

问题四，如何在中国刑法学研究的本土化过程中避免过分政治化，进而重蹈政法法学的覆辙？我个人认为，黄河长江不可能倒流，时代已经一去不复返，整个学术生态也已经发生变化，现在是不可能重蹈政法法学覆辙的，至于什么叫过分政治化，我认为这个就不好理解了。正如一些学者所言，我们研究法律不可能离开政治，但也不要一味地看到政治化，好像我们又给它贴上一个"复古""传统""保守"的标签。正如我们近年来所关心的刑事合规、长臂管辖等问题，事实上官方早在几年前就已经传递了相关信号，因此我们刑法学者完全不关心政治也是不合适的。刚刚我们也提到我国缺乏类似违宪审查类的有效机制，那么我们在立法之后通过刑法教义学去注释、解读相关规定，我认为为时已晚。在立法已出的情况下，无论在刑法教义学上使用多么高超的技艺，其所起的作用都是有限的。

问题五，刑法研究的本土化是否意味着刑法学话语体系的本土化？话语体系的本土化是否意味着概念体系的本土化？这个观点我还没有想透，过去总书记提出的是学科体系、学术体系、话语体系，而最近他在视察人民大学时也提到，这三个体系归根到底是一个知识体系。我过去并不关心政治，但这些年来我认为还是应当适度关注一下，否则无法准确把握当前形势，几年前教育部编写马工程刑法教科书时便请我作为统稿专家来对相关内容提出意见，我只能就刑法的具体知识提出我的看法，对于其他内容则表示由研究马克思主义哲学理论的学者来提出意见。由此我想表达的是，虽然之前其他学者可能会误会我持政法学派立场，但在诸如刑法教科书审稿会等场合上我在别人眼中就是一个纯粹的刑法技术学派，我对于马克思主义等一些大的话语是没有发言权的，我也没有这些底气，我现在也在补这方面的课，以期跟大家共鸣。

对于问题我就回答到这里，如果有遗漏的问题或者其他问题麻烦其他老师补充解答一下，谢谢。

陈泽宪教授：谢谢仁文教授，我看到有一个问题是专门请问劳东燕教授的，请东燕教授来回应一下。

第五讲 再谈强化中国刑法学研究的主体性

劳东燕教授：谢谢陈老师。问题是自由主义的法益概念通常被认为具有立法批判功能，在这种立法批判功能逐渐式微的情况下，是否有可能从其他哲学理论出发建构法益概念，为风险社会下越来越多的新的超个人法益提供正当性基础呢？还是说法益概念只能与自由主义理念共存呢？我认为这个问题可以跟另外一个问题，即"各位老师对将比例原则引入刑法解释的看法"结合起来进行讨论。其实跟大家想象的相反，法益概念在事实上并没有发挥过限制刑法权或者限制立法层面的刑法权的作用，如果我们回顾费尔巴哈的权利侵害说及法益侵害说，法益侵害说的提出从来都是服务于扩张国家的刑法权，而后扩张立法层面的犯罪圈，且事实上它到现在为止所起的一直都是这样的功能，那么从法益概念的历史发展来看，它恰恰是一个能够容纳外部环境的概念枢纽。比如德国刑法中那么多罪名，有哪个罪名是曾经因为违反法益原则后被认为无效呢？而在中国，立法者规定的哪个罪名会被刑法学者认为是违背法益原则的呢？从这个角度来讲我觉得试图借助法益概念对立法起到限制作用的理想愿望是好的，但现实却未必如此。总之，我想表达的是法益概念从现实历史发展来看，从来都是服务于刑法权扩张的，根本就没有起过限制刑法权，尤其是立法层面的犯罪化的效果。从这个角度来看，我觉得眼下并不是讨论法益概念跟自由主义理念是否必须共存，而应讨论法益概念起到的扩张刑法权的作用。同时，我们都知道实证主义所带来的问题，也就是立法者把某一行为做犯罪化处理是需要正当性根据的，但我认为法益原则并不足以担当此种重任。因此，我刚才也简单提了一种方案是希望把法益跟宪法的基本权利挂钩，试图让它有一定的实在性内容，但这个好像也只是刑法学者一厢情愿的构建，当然这样做至少有一个比较积极的方面就是它至少使得在理论上对于立法者所作出的规定提出立法论批判成为可能，但也仅此而已。因此，不管法益概念是否保留其批判性功能，我认为有必要引入宪法上的比例原则，若无法在实际中执行宪法上的审查，那么我们在刑法解释学中需要下意识地把比例原则的内在要求与法益原则相结合。虽然刑法学界的主流观点认为比例原则没有意义，反而希望借助于法益，但从历史上来看，法益概念从来就没有限缩过刑法权，故我认为比例原则是有其积极意义的。

另外还有一个问题，把犯罪高发或者多发的根源或者原因落脚点放在刑法教义学的繁荣，是否是对犯罪发生的客观原因有意无意的忽视，是否是对刑法教义学赋予其难以承担之重？其实我是认同这位同学提出的质疑的，刚才汪明亮老师也提到刑法教义学的繁荣与犯罪的高发问题，我认为并不是刑法教义学的繁荣引发了犯罪的高发。此外对于汪明亮老师关于刑法社会学的研究，我个人是认同刑法社会学研究的价值的，但我认为刑法社会学跟法教义学之间并不是你死我活或者此消彼长的对立关系，而是补充关系。也就是说法社会学既有长处也有解决不到的问题，法教义学同样如此。比如从法社会学的角度调查出犯罪原因，那如何具体体现在刑法当中，如何对刑法的立法规定进行解释，这就是教义学的问题。回到刚才关于收买被拐卖的妇女犯罪的法定刑问题，我并不认为提高法定刑就能解决此类犯罪问题，但我也认为仅从这个角度、这个理由去反驳提高法定刑的意见是存在问题的。理由在于：刑法分则中这么多罪名，哪个罪名会因为配置较重的法定刑而得到有效解决呢？如果是从消除或者减少犯罪的角度来讲，那刑法条文的存在本身就是有问题的，因此我认为不应当从这个角度去进行论证。我之所以建议应该适当提高法定刑，是因为目前刑法环节的确解决不了收买犯罪的社会根源，且收买犯罪这种行为的危害性，或者我们在法律上表达为它的不法程度，跟现在的法定刑是不相配的，在此基础上我觉得法定刑应当适当提高，并在法定刑的前提下再去考虑此类犯罪应当如何用刑法之外的方式去解决。我就对以上问题进行回答，谢谢。

汪明亮教授：我想简单回应一下劳东燕老师，关于劳老师讲到的犯罪率高和教义学研究的问题，我的意思是教义学繁荣的十多年虽然也是犯罪严峻的十多年，但这并不是必然的，并不是因为教义学繁荣所以犯罪率提高，我认为教义学研究可能并不是解决犯罪问题的最好路径。刑法作为治理犯罪的药方，我们是否可以换角度进行多元研究，从而实现有效控制犯罪、治理犯罪的目标，或者说学者是否可以考虑把精力转向去研究犯罪治理或犯罪控制。贾宇会长曾在讲话中提到，虽然三阶层、四要件问题比较严峻，但不如新时代犯罪态势、犯罪原因、刑法治理效果等更重要更有价值，因此我们是否要把一定的时间、精力分配到对这一块问题的研究，而非聚焦于教义学的繁荣引发了高犯罪，这是两个不同的概念。另外，关于劳东燕老师提到要提高收买被拐卖妇女犯罪法定刑，我在想，如果像东燕教授这种具有较大影响力的学者也在强调要提高收买被拐卖妇女罪的刑期，那么，一般群众或者决策者是否会认为我们并没有控制住收买被拐卖妇女的犯罪行为，此类现象依旧非常严峻，我们的立法仍然不够严密。我认为我们更多应当去挖掘此类现象背后的社会原因，从根本上进行治理，比如改变落后地区的男性观念，提高其经济来源、教育水平，增强对妇女权利的保护、强化地方政府责任等，可能比我们纯粹修改刑法更有意义，更能起到作用。若把焦点只放在刑罚的轻重问题上，它不仅可能会导致立法的膨胀和重刑化，也无法解决问题，只是转移了社会大众视线。我本人并非不能接受买卖同罪甚至判处收买被拐卖妇女犯罪死刑，只是存在如上担忧，谢谢。

劳东燕教授：谢谢汪明亮老师，我需要说明一下，我认为重刑主义是指法定刑的配置超过了行为的不法程度，但事实上收买犯罪的法定刑配置与其行为的不法程度并不相当，我认为收买犯罪应当增设法定刑幅度，比如三到十年。我同意其他的治理措施很重要，但我认为这些措施跟刑法层面的措施并不是排斥关系或对立关系，而是并列关系。汪老师在其他层面提的改进意见我完全认同，我主要谈的是刑法环节应该做什么样的改进，我把关注点放在刑法层面，尤其是当立法论上有轻缓的导向时，司法中对此类犯罪则更加趋向做轻缓化处理。我曾看到西政某位老师的文章中提到，收买犯罪中97%的案件都是做了不追究刑事责任、不起诉、缓刑等轻缓化处理，我没有办法接受这一点，收买犯罪本身的法定刑配置就比较低，实务中还要更加宽松，那么这种宽松化处理是什么原因导致的呢？我认为虽然有很多现实原因，但立法上的导向也是存在问题的，这是我的观点，谢谢。

陈泽宪老师：感谢两位老师的交流。我看到有一个问题是提问贾健教授的，请贾健教授回应一下。

贾健教授：谢谢陈老师，我注意到了这个问题，关于劳东燕老师刚刚的回应，我对她收买被拐卖妇女犯罪的观点是非常赞同的，但我对劳老师提的法益理论从来没有发挥过立法的批判作用这一点我有一点保留意见。在费尔巴哈的理论中，他确实是以自由主义的价值观，也就是我们通常理解的法益的传统价值内核来作为指引并建构其刑法体系的，比如说他对乱伦罪和亵渎神明罪成立的正当基准是与个人相挂钩的。另外劳老师认为比例原则是比法益理论更好的批判工具，我认为从目前我们所理解的比例原则来看，实际上它的批判功能是比较弱的，很多不同的价值观，甚至冲突的价值观在比例原则里都是可以接受的。所以我觉得与比例原则相比，传统上所理解的法益概念可能更加能够发挥其批判作用。这就是我的回应，谢谢。

陈泽宪教授：谢谢贾健老师，今天晚上各位教授有共识、有争鸣、有交锋，也有很多深入的探讨，我听了以后觉得获益匪浅，作为主持人，我也利用这个机会简单说几句。刑法理论对于刑事法治实务有指导意义，但我国法学教育与法治实践还存在一些脱节之处，作为法科学生，在掌握刑法基本理论的同时，更重要的是要了解和研究我国刑事法治实践发展变化。以犯罪构成理论为例，了解包括四要件论、阶层论在内的各种犯罪构成理论差异与特点，更多体现在对法科学生学习掌握犯罪论基础知识的刑法思维训练中。我国现实刑事立法、刑事司法中存在的诸多问题，与犯罪构成不同学说之间的分歧和争议的关联度并不大。从世界范围的刑事法治层面看，遵循四要件理论的国家很少，遵循三阶层理论的国家也很少，更多的国家遵循的是两要件理论，即罪过要件和行为要件。前苏联的四要件理论不完全是它自己创造的，也是从传统大陆法系早期的犯罪构成理论中改造而来的。中国借鉴四要件理论，也不是简单地从前苏联完全照搬，而是有一个结合我国实际的改良过程。现阶段我国刑事立法、司法上的诸多问题与犯罪构成理论学说争议关系不大，而主要与以下几个方面密切相关：第一是跟包括罪刑法定在内的刑法基本原则的理解和贯彻落实有关系，这些基本原则不应只是写在文本中、挂在嘴边上，而应在刑法的制定和适用过程中一以贯之地落实在刑法实施的每个环节。第二是跟一个国家的社会政策和刑事政策有关系，国家的社会政策在不同阶段都有所不同，刑事政策在不同时间也不一样，同样的立法在不同的时期执行状况可能也存在区别。第三是与能否正确理解和界定刑法的功能有关。现实中有些部门与民众往往赋予刑法太多的期望，一旦出现问题就要求立法增加罪名，把一些社会管理不善导致的问题交由刑法来解决，试图把作为最后保障的刑法推向处理社会矛盾的第一线。第四是与整个经济社会的发展变化过程中各类新型犯罪形态的出现，以及如何及时准确界定和防止这些犯罪有关，此部分谈起来比较复杂，由于时间关系我不过多展开。总之，我们的法学教育跟法治实践有相当多的地方存在脱节，因此我们的同学应当有意识地在掌握好刑法理论基础上更多地关注我国的刑法实践,这样才能对我国的刑事法治的发展完善作出应有的贡献。最后,特别感谢主讲人以及与谈嘉宾,也希望我们今后能有更多的交流机会,今天的讲座到此结束,谢谢大家。

第六讲

中国刑法立法如何走向现代之后

童德华[*]

摘　要：自新中国成立以来，中国刑法就开启了现代化的进程，1979年刑法是中国刑法现代化的结果。现代性是一项未竟的事业，现代之后人们不断对现代性的一些基本范式进行反思，也推动着刑法在现代之后的发展。如何更好表达刑法，确定刑法的价值定位成为目前学界关注的重点之一。中国刑法在现代之后，在立法形式上还存在法典化与解法典化之争，在立法价值上存在安全刑法与自由刑法之争，在立法内容上存在象征性立法与情绪化立法的忧虑。但无论如何，将古典主义刑法情怀融入到现代生活中来，是中国刑法立法必须面对的现实问题。本期主讲人将试图从本土性与普适性、传统性与非传统性、确定性与不确定性等视角思考个中问题。

主持人曲新久教授[*]：今天晚上我们继续开讲，今天主讲的教授是童

---

[*] 童德华，中南财经政法大学刑法学、国家安全学教授，南湖法学特聘教授、博士生导师，中南财经政法大学廉政研究院副院长、中南财经政法大学刑事合规研究中心主任。兼任中国刑法学研究会常务理事、湖北省法学会理事，湖北省法学会法学教育研究会常务理事，武汉市刑事法学会学术委员会主任委员、湖北省法学会诉讼法学研究会合规专业委员会主任委员。主要致力于中国刑法、比较刑法学、刑法现代化、监察刑事法治化与职务犯罪风险防控等相关研究。主持国家社科基金重点和一般项目各1项、省部级项目4项，出版专著16部，发表学术论文120余篇。

[*] 曲新久，中国政法大学教授、博士生导师。兼任中国刑法学研究会副会长，中国预防青少年犯罪研究会副会长等。著有《刑法的精神与范畴》《刑事政策的权力分析》《金融与金融犯罪》等著作。曾获司法部优秀教师、北京市高校优秀青年骨干教师、北京市高校教学优秀成果二等奖、北京市教育教学成果一等奖、北京市高等学校教学名师等称号、奖项。

第六讲 中国刑法立法如何走向现代之后

德华教授，他给大家带来的题目是"中国刑法立法如何走向现代之后"。这个题目是说，中国刑法走向现代化，既是一个使命，也是一个任务。我们在走向现代化的同时，要面临一个现代后，也可以叫后现代。当然，后现代和法治关系不太大了。现代之后既是一个时间观念，也是一个法治的质量和水平的发展的概念。所以童德华教授今天就给我们带来这样一个题目。

今天的讲座当中还有四位与谈人，四位与谈人就童德华教授的讲座参加讨论。童老师有一个小时左右的讲话的时间。其他的有四位与谈人分别是北师大袁彬教授，天津大学法学院的刘霜教授，中央党校的高长见副教授，西南政法大学的胡江副教授。我们每位与谈人，大概15分钟的时间。与谈人讨论之后，发言之后，再由主讲人童德华教授做一下回应，西南政法大学的丁胜明教授负责收集观众所提出的问题。观众既可以对童德华教授的讲座提出疑问，也可以对四位与谈人提出问题，可以在后台字幕上打出，然后由丁胜明教授统一归纳提炼交给主讲教授。问题通常由童德华教授来回答，如果特别指明由与谈人回答的，就由相应与谈人来回答。那么，我们有请童德华教授来开始他的讲座。

童德华教授：尊敬的曲老师，尊敬的四位参加与谈的老师，各位观众，大家晚上好。首先，我非常感谢石经海教授邀请我参加西南政法大学的"刑法治理的现代化与本土化"系列讲座。应该说，我们和西南政法之间还是有某种意义上的默契，我这边也开了一个个人微信公众号，就叫做"刑法现代化"，我和石经海教授多次在学术会议上面有过交集。那么，我们对刑法的现代化还是有一些共同的感知，这个感知体现在如下几个方面：第一，我们中国的刑法是否还存在进一步的现代化？或者说我们现代化的使命是不是已经完成？那么，就我从学术界所掌握的一些思想和动态来看呢，我感觉到很多的学者认为，刑法的现代化使命已经完成了，我觉得这个可能这个观念它是需要纠正的。第二，如果我们存在的进一步现代化的这样一种新的使命和新的要求的话，我们究竟该如何走向这样一个新的时代，我们还需不需要维系原来的一些刑法基本理念、基本价值。我觉得这也是一个很重要的命题，我今天主要是根据我的国家社科基金项目"中国刑法立法现代化的理论基础与路径选择研究"来做一个汇报，也希望我能够获得我们在座的各位专家、学者以及社会朋友们的这样的一个批评指正。

我今天晚上主要是从五个方面来谈谈我个人的一些观念看法。第一，为什么要选择现代之后这个概念。第二，从中国刑法现代化的历程做一个简单的回顾。第三，在这种回顾当中，现代性和我们刑法立法之间构成了什么样的关系。第四，再现代性的反思，也就是所谓的现代之后的这个刑法的立法中的一些变化及其情况。第五，回归到我们中国，也就是说，古典刑法的这个思想应该在我国如何重生的问题，然后就刑法立法中间的一些中观问题，也就是现代之后的一些现实问题提出我个人的一些想法。总的来说，我觉得当前我们在刑法立法当中以及刑法立法的研究当中有几个问题值得我们去关注。第一，对于立法具体的问题关注得很多，但是，对刑法立法的原理关注得非常少，我想，这不是我个人的一个认识，我们有好几位学者对这个问题都有一个基本的认知。第二，在整个的研究当中立法的解读性的东西较多，立法的反思性的内容较少。反思主要是体现在一些重要的问题的方式，比方说，像立法的范式、立法技术、立法观念和形式的这种反思上面我觉得目前还远远不够。第三，消极的批判性的东西比较多，但是积极的批判性的东西比较少。那么，这些都不利于我们中国刑法后续的发展。

第一个问题就是在于概念的选择。我们知道，围绕现代性，包括了现代化、后现代、现代之后这样的一些概念。那么，现代化这个概念基本上是在18世纪和19世纪的中期形成的。从刑法的这样一个范畴来看，我觉得主要有三大标志。一是启蒙时期的人物思想在刑法中得到了确立，我们的罪刑法定原则、人道主义这一系列思想都得到了这个体现。二是刑法概念呈现的体系化，也就是说，形成了我们今天所看到的刑法教义学的这样一种体系。三是在这个立法的过程当中就出现了法典化的这种征兆，也就是在19世纪初的时候，就开启了法典化的运动。在刑法的这样的一个范畴里面，就出现了奥地利的刑法以及1810年法国的新法典。随后又有德国刑法典，这都是现代化的一种产物。从20世纪60年代之后，随着人类对自然科学的重新认知，以及对于在此之前特别是自二战以来人类社会的反思，我们发现这个现代性里面，它既有光明的一面也有阴暗的一面，它并没有像当初我们在推崇现代性的这个过程中给人类带来了很大的福利，所以，就出现了对现代性反思的这么一个运动或者一个社会的浪潮，在这个

第六讲 中国刑法立法如何走向现代之后

浪潮中就出现了所谓的后现代和现代之后这两个概念。其实我觉得这两个概念应该是可以互通的，但是，我还是比较赞成哈贝马斯所说的一句话，他讲，现代性是一下未竟的事业。这里面就包含着一种思想，也就是说，现代性，我们在一个特定的阶段它已经完成了，但只是说逐步地达成了某种目标，没有真正实现现代性，它是终极追求的一些东西，那围绕这些东西，它还有进一步反思进步发展的这样一些需要，所以它采取的是现代之后这样一个表述。所以，我今天这个题目就是"中国刑法如何走向现代之后"，这也就表明，刑法的现代化并不意味现代刑法发展的结束，而是开启了一个新的发展征程。

第二个问题，我想对我们中国的刑法现代化做一个简要回顾，在这个回顾当中把我们今天的话题做一个初步的集中，因为今天的主要问题就是中国的刑法，而不是一个世界性的刑法，它本身就有一种本土化的或者地域性考量。从我们所知道的这种历史来看，中国的现代化应该是在晚清的时候就已经开启了它的征程。到民国以及新中国之后，它在每个不同的时期有各自不同的这种表现。我把它做一个简单的归纳，就是说，在晚清变法的这过程当中，清政府所面临的是如何在面向西方的同时维系自己的政权，所以它要解决的问题就是怎么去面对现代的问题。到了民国时期，随着晚清政府被推翻，一些现代化的精神已经慢慢地传到了中国。在这个意义上，民国政府在晚清立法变革的基础上就提出了它的立法。在这个时候，中华民国的刑法实际上就不是一个面向的一个问题，它是已经开始迈出了现代发展这样的一步，结结实实的一步，所以我把它认为是走向。到了新中国时期，它就不是一个走向现代化的这样一个时期，新中国的建立本身是一种革命性的运动。在革命性的运动里面，它实际上所追求的就是一种现代化，所以我把新中国之后的这种立法定义为是一种追求现代的一个话题。我们中华人民共和国的第一部刑法是1979年颁布的，但是我们必须看到，从20世纪的50年代之后，我们就已经开始全面的学习前苏联的刑法。这实际上体现的是一个全面学习的过程，但是，我们对苏联的很多的立法的模式基本上是尽最大限度地、全面地去学习，可能就不免具有一些盲从性。到了1997年之后，整个立法发生了变化，是一种自主建构性的态势。这种自主建构性的态势的重点体现就是我们的立法形式，从原来由一部刑法典加上20部单行刑法以及100多部附随刑法变成了附属刑法的虚

· 177 ·

化，且单行刑法只有一部，主要的是以单一的法典化方式来推动立法的完善和发展。这实际上就使得刑法的现代化在形式上表现出了一种特质。在这种特质的背后，实际上也蕴含着和这个形式相关联的一系列立法理念、立法内容。它的这种极为独特的一面，也可以说是有本土化的一面。在这种意义上面，我就感觉到，实际上它是有很大的一个问题的。

　　这说起来也是一种缘分，在2011年的时候，我曾经在西南政法大学参加了当年的全国刑法年会，我记得当时的标题就是"后法典化时期中国刑法的完善"，我还做了一个会议报告。在这个会议上，我针对单一法典化的趋势提出了个人的一些和主流观点不太一样的看法。这些看法和观点也是受到了现代性这样一种发展趋势的影响，所以我想简单地介绍一下现代性的一些基本的基础。那么，这种基本的基础和我们的立法之间究竟有一种什么样的关联？按照有些哲学家的概括，现代性至少有两个很重要的基础，第一个基础就是主体的理性。主体的理性很容易形成传闻，也就是在传闻的基础上容易形成中心化的运动或者趋势。在这个福柯看来，这样一种趋势是有问题的。问题在于什么地方呢？他就讲启蒙哲学真理，贬义其他的知识，因为真理同权力不可分离，没有真理权力无法运行，真理为传递立言，权力以真理的名义来行使。我认为他主要讲的还是大陆法系的这样一种所谓萎靡的这种真理的观念。实际上从我们今天很多的科学研究来看，特别是法学领域里面我们崇尚的是在我看来是伪理性的东西，对这种经验性的东西，对于这种地方性的东西，对于常识性的东西基本上是不太重视的。这个就形成了我们的研究领域的一种特色。另外，我们也容易形成一种以权威为中心的话语体系。在这种话语体系里，权威所说的就是正确的。实际上，这是整个现代性建构过程中一个不可避免的趋势，或者我们叫做早期现代性建构过程中的一个基本的趋势。因为谁掌握真理，就意味着谁掌握了这个世界或者这个社会运行变化的一些规则，那么，大家就应该去服从他。这是内在的逻辑关系。第二个基础就是，现代性是以外部世界的确定性作为一个前提条件的，因为人是理性的，外部世界是确定性的，所以在从主体到客体之间就容易形成一种观念，就认为人可以去认识世界，在认识的基础上去掌握自己的命运、改变世界。其实，这样一种思潮在古希腊时期就已经养成了。在古希腊的智者时期，为什么要去研究世界、研究宇宙呢？就是因为人们试图从这个宇宙的运行当中去找到社会生

第六讲 中国刑法立法如何走向现代之后

活的法则，进而来对社会、对国家进行有效地管理和统治，所以自然科学在当时是服务于这个政治哲学的，也就是说有什么样自然就有什么样的社会，或者有什么样的自然就有什么样的人类。这样一种思想，在某种意义上就和早期现代性的这种基本的趋势是一脉相承的，只不过是说，它在中世纪时期就出现了，是指神的意志。我们认为神管理和支配的社会，也是有一种确定性的，而到了现代性的时候，由于对这种神话的彻底清算，人们不再相信这种神话，就用人的确定性来取代了神的确定性。基于这样两个基础，所以造成一个结构，就是说，世界是可知的，规律是可行的，法则是可造的。

那么，法则是可造的，实际上就是说，我们可以制定一部完美周严的半永久的法典。这种思想随着现代性的反思，在还没反思的时候，就有两个结果。一是它需要统一、高度的统一。那么，在立法形式上面，它就需要用法典化的这样一种所谓科学的东西去替代像习俗、像这个单行刑法里面可能存在的这种不成体系的、不经过科学验证的科学检验的这种东西，而直接经过科学设计的、科学规划的这种东西才能够具有这种权威性，所以法典是一个最好的东西、最值得信赖的东西、最稳定的东西。二是强调朴素的价值，法典都是要统一，社会思想、社会观念也需要去统一。所以在中世纪时期有很多思想，可是到了现代之后，只有现代刑法中的诸如人道主义、宽容、谦抑的这些基本思想。这些思想必须是在每一个地区、每一个民族、每个国家去使用的，所以现代性主张全人类的趋同，即世界所有的民族最终都要接受一个同样的价值、信仰、制度、目标、方法和实践达到统一的方面，这就是所谓的现代化。那么，在刑法里面，我们高度的需要去趋同的就是所谓的人道主义、谦抑主义、科学的理性以及消极的一般预防这些在启蒙时已经确立的刑法观念。在20世纪之后，因为人类经历了二战，加上对于其他的有些问题的反思，我们刚才讲的现代性的两个基础实际上已经坍塌了。因此，人并不是说与我们原来所想象的那样，是具有绝对的理性的这些人。那么按哈耶克的观念，人的这个理性是有限的。哈耶克强调的人的理性有限，它里面就蕴含了一个什么样的观念？就是说有限的理性使人不能够运用自己的这种理性去设计建构秩序，只能顺应秩序并尊重传统习俗习惯风气等。因为人类的有些理性不足以了解把握其中的很多信息，只能采取一种敬畏的态度。他提倡的是一种有限的理性，主张尊重这种传统,他的目的在于什么呢?反对建构主义的这种做法,为自发的这个秩序来进行一些认证,在哈耶克的这种观念里面就包含了一种追求。这种追求就是要和过去不一样的。过去我们讲的是要尊重权威、服从权威、中心化。那么,现在就是要去权威、去中心化,那去掉权威去掉中心化之后,就形成多元化,多样化的一些价值诉求或者各种各样的表达方式。另外,在20世纪60年代,人们就发现我们通过科学的手段可以去认识世界,但是实际上我们发现世界变得越来越模糊,世界中的不确定性的东西越来越多了,所以,在20世纪之前,科学可能主要面向的是一些确定性的东西,找到一些规律性的东西,到了20世纪60年代之后,更多的是要去面临一些不确定性的东西,要去解决一些意志性的东西。世界既然是很难以知道的,规律也是很难寻求的,那么,在这个意义上我们还有没有可能去建构一部有完整体系的逻辑严谨的法典来应付各种不时之需,这就成为了一个必须去面对的问题了。所以,在这个意义上就在立法层面上出现了一些变化。

那么,这种变化必要在什么地方?第一,所谓的去法典化,或者叫做解法典化这样一种运动,主要是在20世纪60年代,当然在30年代也出现了这样一种苗头,最早是在民法这个领域里面出现的,后来在刑法里面出现了。去法典化和解法典化这两个概念还不完全一样。根据某些学者的观点,去法典化就意味着对法典化的这种趋势或者这种现象是彻底地进行批判的。而去法典化并不一定完全地不赞成法典化,它是说不能够盲从于去法典,而是应该在尊重法典的基础上通过充分发现其他的一些立法形式,包括附属刑法、单行刑法还有案例以及文化传统这些东西来更好地使我们重新再回归到法典的轨道上去,就是有一个不停循环往复的过程。第二,刑法的活性化。在刑法的早期,它的一个重要的思想是罪刑法定,罪刑法定所蕴含的一种思想就是刑法的安定性。刑法不能朝令夕改,它需要有很长时间的维系,但是到了20世纪60年代之后,人类面临各种各样的问题,特别是由于科学导致的一些问题,以及在21世纪之后恐怖所招致的一些新问题,这就使得世界各国对于立法有了很大的一个改变。也就是说,在立法中它的这个控制的范围比过去更加的宽泛了,而且刑法所规定的内容较过去的更为突出了。总之,我们就不能再根据我们以往刑法的稳如泰山的这样一个过程去看待刑事立法,刑事立法比过去任何一个时期都要频繁,

第六讲 中国刑法立法如何走向现代之后

这就是刑法的活性化的一个问题。第三，除了刑法的活性化这个问题之外，刑法还出现了抽象化的一个问题——法益的抽象化。刑法介入的早期化是其中一个体现，另外一个体现是抽象危险犯的增加以及正犯的实质化一种趋势都不断地增加了，所以很多人认为法益在刑法中的地位就已经摇摇欲坠了。这就对我们单纯立法提出了一些批评，也提出了一些挑战。第四，象征性的立法。象征性的立法是指，立法没有经过严格的、科学的设计，仅仅只是为了满足于一时之需就制定，但是制定出来之后并没有得到有效的实现。在有的学者看来，我们国家的恐怖犯罪、网络犯罪、环境犯罪是我国象征性刑事立法的典型代表。除此之外，根据象征性立法的特征分析，在刑法修正案中还广泛地存在着这类立法。我为什么要举这样一种观念呢？在我们很多人看来，网络犯罪、恐怖犯罪以及环境犯罪，这是当前犯罪中为社会所重点关注的一些东西。那么，对于这些东西的立法完善具有象征性的一面，可能是和民众的需求有关系。另外一个方面，也可能是在国家治理的过程中，这一类法律的运行没有达到理想的状态。除了这一类观点之外，也有学者认为，在立法领域里面，比方说基于民事安全要强化的民生犯罪立法领域、基于社会管理要强化的秩序犯罪的立法领域、基于经济稳定要强化的经济犯罪立法领域、基于金融安全要强化的金融犯罪立法领域里都有象征的可能性，那我觉得这是我们当前立法可能存在的一些问题。第五，预防的积极化。我想就不用对这个做过多的分析了，大家都是有目共睹的。

最后，我想结合前面的这些观点谈谈古典刑法思想在我国如何重申？古典刑法思想实际上也就是在 19 世纪前后，基于启蒙时期的刑法理念形成的关于刑法的稳定、人道、宽容的一些思想。这种思想是以自由的保证作为前提的。我注意到，曲老师曾经在《政法论坛》上也发了一篇文章，就强调了自由在刑法中的地位和作用。古典刑法思想是现代刑法的一个很重要的内容。随着社会的发展，是否意味着古典刑法思想就应该被我们抛弃？这实际上就是我们刑法在现代之后所面临的最为关键的或者是首要的一个任务。围绕着这种任务，我觉得可以把我们现在的立法分为三种不同的理念类型。第一种是保守型的，第二种是稳健型的，第三种是积极型的。保守型的立法认为，我们现在的这种强调以积极的预防为目的的立法是错误的，它严重地背离了早期刑法现代的一些基本目标，过于大胆突破了刑法的谦抑性原则，是要值得警惕的。稳健型的立法认为，由于社会的的确确呈现出一些变化，所以刑法的变化肯定是必不可免的。在这种意义上，我们不能够保持原来的步伐，但是也不能够搞得太快了，一定要稳扎稳打。而积极型的立法是指，随着风险时代的到来，我们刑法在国家治理过程当中具有很重要的不可替代的地位，所以刑法要通过自己的方式来预防一些重要的犯罪。以上是三种不同的理念。在这种三种不同的理念当中，我想可能呈现了一种对立的态势，这种对立在立法层面上也有一些体现，但是我觉得重要的是体现在我们的立法研究领域里面。在立法研究领域里面它就可能会产生一些不同的判断，但是，至少有一点我们可以看出，从当前的立法动向来看有四个方面的表现转向。一是从公正的处罚到犯罪的防控，也就是说是从所谓的责任刑法就变成了安全刑法。二是从消极的限制国家刑罚权到积极的证立国家的刑罚权。我们都知道刑法的现代化或者罪刑法定原则的一个主要的初衷就是要限制国家的刑罚权。那么，到今天为止，我们不是要限制国家的司法权，而是要为国家司法机关预防犯罪尽可能地提供或者供给一些刑罚权。三是从保障人权转向为防卫社会，也就是在刑法的基础上出现了基于自由保障的机能向社会保护机能转向这样一个变化。四是在过去很多刑法的规范都是依附在行政法当中，但是今天我们把这样一个依附性取消了。也就是说，刑法不再依附于行政法，刑法也不再是作为保障法的这种地位，那么，刑法也就可以自己任意作为了，那就不像我们讲的刑法是社会防卫的最后的一道保障，不到万不得已的时候我们不动用刑法。现在就是说，这样一个限制可能没有了。

我想，无论如何，我们国家的刑法在发展过程当中还是会面临一些问题值得我们去思考的。一共有四大任务。第一个任务就是如何适应这个社会对现实的要求，如何实现社会的现实要求。这是一个首要的任务，因为刑法毕竟是社会的产物。刑法必须要和我们当前中国现阶段、现实的社会结构有关联，而现实的社会结构是很复杂的。在我看来我们的社会结构并不是单纯的、传统的，不能一味地讲它就是风险的社会，实际上它是传统社会和风险社会交织并存的一种状态。在这种状况里面，刑法本身既要面临传统的问题，同时也要面临和应对一些新型的犯罪。在50年代左右，中国当时的革命刚刚成功，有位叫做波尔森的美国诗人提出了一个主张，他的主张是什么？20世纪的上半叶是现代性，20世纪下半叶是后现代，也

第六讲　中国刑法立法如何走向现代之后

就是我们讲的所谓现代之后。他认为,后现代的动力不是西方,而是第三世界,主要是谁呢?就是中国的革命。如果我们看看今天中国的发展思路,我们从所谓的富国走向强国,实现中华民族伟大复兴,在这个意义上中国的这种本土化趋势会越来越明显。中国的这种本土化的趋势在越来越明显的过程当中,它可能会在全球化的过程当中可能会加重权重,扮演越来越重要的角色。所以,中国的刑法如何与现实的问题结合起来,并走向世界,这恐怕是我们的立法需要思考的第一个问题。第二个任务就是说如何坚守刑法的谦抑性。关于刑法的谦抑性现在出现了很多问题,问题主要在于什么地方?它成为刑法批判中的一个万金油被随意使用。比方说有的学者通常以刑法的谦抑性作为基础分析,认为刑法只能作为社会治理的最后手段,所以刑法这样做违反了谦抑主义,那样做就是犯罪过度化、刑法过度化了,总而言之就是刑法不谦抑了。另外,也有一些学者认为,在我国的法学研究当中,刑法谦抑性出现了被当作批判刑法立法的万金油而口号化使用的一种倾向。那么,刑法的谦抑性还是不是刑法必须遵循的一个品质?如果它是的,那我们怎么去监视它?从道理上来看,我觉得刑法的谦抑性还是值得我们去遵守的。毕竟刑法不是万能的,还需要有其他的法律规范,甚至道德规范以及其他的社会规范去处理、解决社会的问题、矛盾和纠纷。我经常反问,为什么刑法往往成为冲在最前面的一种法律制度,而不是如我们的很多学者想象的那样,刑法永远应该是处在最后,我觉得这个地方有一个很大的问题,这个问题是什么?就是说我们的民法,我们的行政法可能没有很好地发挥自己的这种角色的功能,导致了一些民事问题或者是一些行政违法的问题被放大,成为了一个刑事的问题,但是这不意味着刑法的谦抑应该被抛弃,我们也不能够由此认为这是我们刑法本身不谦抑的问题,因为这是一个社会问题,这个问题是在刑法建制之内、法律建制之内的。刑法如果不恪守谦抑性,那就意味着我们社会的最后的一部分被拉开了,一个缺口就放水了,从而大肆地侵害人民的利益。第三个任务是如何坚守立法的科学,或者叫做如何坚守科学的立法。我们社会主义法治强调科学立法是第一位的,那么,科学立法究竟怎么去理解?是运用科学的方式、态度来进行立法,还是包括立法本身需要理性、理智?对此,有一些学者就说,我们现在成了象征性的立法,存在的这种情绪化的立法,存在的这种工具性的立法,这都是不对的,这都是非理性的一些表现。怎么看待这个问题？周光权教授认为，立法受民众情绪的影响，在各个国家的立法中都难以避免。我想，法律是人民群众意志的体现。那么，人民群众可能和所谓的专家精英不一样，很多时候他会是以一种情绪化的方式去评判周围的世界。在这样一种评判的过程中他可能会有一些恐慌的心理，而且这种恐慌的心理在他的周围会呈现出一种发散的效果。我们的立法能不能够避免这样的社会恐慌心理或者所谓的非理性的社会情绪，这实际上对任何一个国家的立法者来说都是十分困难的。在这种意义上，我们不能够借有这样的一些情况就否定这种法律的非理性因素。我们不否定它本身，我们其实就是理性的。按照美国一个哲学家的观念，在现代社会，我们只有以理性的态度去对待非理性，我们本身才是理性的。所以，以理性作为一个借口去否定那些不理性的东西，对这些不理性的东西置若罔闻，我觉得这本身就是不理性的一种表现，我们恰恰是需要尽可能地减少限制、消除这些不理性的东西，这才是我们需要去应用的一种科学理性的态度。简单的批判刑法的象征性、情绪性、工具性，我觉得这不是十分的到位，关键在于我们怎么去防范它、限制它、控制它。第四个任务是如何树立积极的一般的预防观念。毫无疑问，我们现在的刑法立法就是积极的一般预防，也就是说，试图通过立法控制人的行为，从而使人不违法不犯罪，这就是一般性的预防观念。在全球化网络时代到来的社会背景之下，刑法需要对各种时代进行回应，就世界范围以及我国的具体的情况来看，我们国家增加一些罪名、扩大犯罪圈都是极其必要的。我觉得张明楷教授对这个问题做了很客观全面的阐述，在此我就不做更多的这样的一个展开。这是关于古典刑法思想在我们国家重生的问题。

最后，就刑法立法中的一些中观性的问题谈谈我个人的一些看法。正如前面我们所说，刑法立法的预防转向是现代国家职能发展的一个结果。那么，在这种转型过程中可能还有很多的问题值得我们进行深刻的思考。第一个问题就是总体国家安全观问题。我们过去讲的国家安全观就是传统的国家观，包括军事安全、政治安全和国土安全。这三种国家安全在我们以往的情报中都得到了体现。但是，我们今天的这种国家安全，它不仅包括传统的国家安全，还包括大量的非传统的国家安全，现在整体基本上杂七杂八加起来肯定有十好几个国家安全。在这样的一种框架之下，传统观念的社会秩序，它涉及的是人民的安全，还有像《刑法》第三章所涉及到

第六讲　中国刑法立法如何走向现代之后

的经济安全，它们的位置究竟应该如何的去摆正？另外，《刑法》分则第一章标题叫做"危害国家安全罪"，它本身是不是需要进行一些修改，我觉得这也是一个问题。因为从传统的国家安全来看，第一章的内容也没有办法完全的覆盖，还应当包括军职犯罪以及妨害国防利益罪。从这个意义上来看，妨害国防利益罪它本身的地位可能在刑法分则体系当中处于靠后的位置。这是关于国家安全和整个立法结构的思考。另外一个方面的思考，如果我们是从总体国家安全的这样一个角度全方位去审视我们的立法的体系的话，可能第二种选择就是说，我们不能够再把《刑法》分则的第一章的这个标题定义为是"危害国家安全罪"，可能需要做更加精准和细致的的阐述。除此之外呢，涉及到的其他章节的一些犯罪可能需要从总体国家安全的角度去思考。

第二个问题就是电信诈骗的刑法的规制。为什么讲的是电信诈骗？因为除了电信诈骗之外，还有很多我们当前的一些专题性的刑事整顿活动都暴露出和电信诈骗刑法规制相类似的一些问题，即究竟是一罪还是多罪，如果它涉及到好多个罪的话，在多个罪的整个体系当中又呈现什么样的一种观念？这种观念表现出的是刑法的立法与司法解释之间互动的关系。我曾经发表过一个文章，就讲刑法的司法解释成效如何在刑法立法当中呈现出来，因为在某种意义上，司法解释本身是具有立法的形式这样一种功能，我们的立法也应该吸收司法解释当中一些合理的地方，从而使它更为科学。但同时刑法立法对于刑法的司法解释是否也有一些关联性？如果是说没有这种关联性，还是回到我们前面讲的司法解释对刑法立法有完善的功能。这种意义上就是类似于电信诈骗，所触犯到的罪名很多，保护的范围怎么去界定它，比方说，将食品当作壮阳药品进行生产和销售的这种行为究竟是诈骗罪还是生产、销售假药罪，或者是生产、销售伪劣产品罪，我们司法实践当中都是把它作为诈骗罪来处理的。有一些专家认为，电信诈骗罪和生产、销售伪劣产品之间是竞合关系，或者存在种属关系，按照这样理解的话，实际上含有欺骗性质的一些经济犯罪，诸如生产、销售伪劣产品罪以及串通投标罪等都可能丧失了立法上的意义。既然有关联性的话，那就说明我们的立法可能对规范的保护范围还不是特别的明确。在这个方面，我比较认同黎宏教授的观点，就是说，如果是存在着真实的交易，那么不宜于作为诈骗罪，这就不是诈骗罪的规范保护范围内的事情。

所以，我们就可以结合一些现实问题，使我们的刑法的界限或者保护范围更加的明确，使我们的刑法更有利于司法机关的适用。

第三个问题就是有组织犯罪的刑法规制。有组织犯罪的刑法规制，其实也就是我们刑法中所涉及的黑恶性质的这样一些犯罪。这些犯罪在刑法当中也存在基本罪名和附带性罪名之间的协调性问题。这些问题如果做得不是特别好的话，那就会出现升格或者降格的问题。在过去，我们没有有组织犯罪法，现在出台的这样一个法律，这种法律和我们刑法之间应该说是衔接相对比较完善的。但是我觉得还是有很大的一个问题，因为我们讲的有组织犯罪和我们刑法当中所讲的组织犯，二者的概念完全不一样。组织犯主要强调的是组织特征，而不是要求具有带着某种特定目的或者行为特征。在这个意义上，我觉得至少刑行衔接也是在立法过程当中需要完善的问题。再进一步的展开，也就是意味着我们的附属刑法和我们的刑法典之间究竟应该如何衔接的一个问题，我前面讲的现在附属刑法的虚化到了无以复加的地步了，我们都认为过去的附属刑法不是严格意义上的刑法，但是它至少规定了哪些行为应该可以追究刑事责任，比如说《票据法》里面就明确规定一些票据伪造、变造行为是可以追究责任的。我们现在的很多立法也是这样规定的，如果行为构成犯罪需要追究刑事责任的，根据刑法的规定来处理。这是我们普遍性的立法表述方式，可是在《刑法》当中很多规定了，违反什么样的规定，具有如下行为之一的处以什么样的刑罚，这就出现了刑法依赖于行政，行政法又把相关的责任推给了刑法。那么，这些行为如果一旦违反了，是不是都构成犯罪，这里是不明确的，所以，在这个问题上，我们没有充分地集合附属刑法的功能，导致了附属刑法的虚化。那么，附属刑法虚化又导致一个什么问题，就是我们立法的成本开支增加。在制定行政法的时候有个成本的投入，然后相关的问题要完善，通过刑法的手段来完善，涉及到刑法的完善，又得要做一次成本的投入。如果说在附属刑法当中就可以规定刑法的一些具体的内容的话，就不存在这样一个投入的问题。我们可以直接在这种立法当中把刑法的专家邀请进来，大家围绕这个问题共同的来确定基本的条文，我觉得这恐怕是更为经济、更为便捷的一种方式，而且也有利于我们的司法者更好地去理解行政法规制的目的范围，而不至于将这种范围扩大化。

第四个问题就是网络犯罪的刑法规制。现在我们网络犯罪样实在是太

第六讲 中国刑法立法如何走向现代之后

多,而且这个手段也很丰富。那么,在立法过程当中,我们围绕着网络犯罪做了无数次的修订,也表现出我们最早把计算机的犯罪这个概念变成了信息网络犯罪,也就是一个形式上的变化。那么,这个形式变化能不能有效地应对解决我们当前的这个问题,我觉得至少有一点,在立法当中,它的定位不明确。比如,我们把它放在妨害社会管理秩序罪这章来加以规定,而没有真正体现网络本身的发展态势,没有针对数据资产加以要素化,把它做相对系统化的处理,至少我觉得应该用一个专门的章节来规范计算机,以及与这个计算机的这种运用相关联的信息和网络犯罪的一些问题,这是关于几个宏观问题我的一个思考。

我想再次强调一点,现代性它是具有双面性的。从对现代性的追求到对现代性的反思,反思恰恰是因为我们看到了人类社会在发展的过程当中出现了很多问题,包括核灾难、战争,以及我们今天正在发生的俄乌冲突。同样的,我们刑法追求现代性就是为了有效地保护人的自由,更好地发展人的自由。可能我们看到的结果是人反而变得越来越不自由了,这种现实我们难以改变。我觉得我们还是应该坚持古典的刑法思想,或者坚持早期的这种刑法思想,但是又不能够拘泥于这种思想,如果我们拘泥于它,那就注定我们的刑法是不可能完美的。我记得 1997 年刑法刚出来的时候,有学者写了文章,就叫做《一部垂范永久的刑法典》,标题就是这样的。事实证明,1997 年的刑法典在颁布后的第二年就出台了一个单行刑法,所以垂范永久只是一种美好的想象。这种美好想象在一个多元的社会,在一个变化万千的社会实际上难以实现。比方说,我们在 20 世纪 70 年代之后,从全球的范围来看,犯罪急剧恶化,新型犯罪大量增加,所以就出现了全球性的扩大打击范围、加大打击的力度,以及实现刑法干预的早期化的这种趋势。这都是现实,所以我想我们应该遵从于这种现实的问题,但是又不能够忘记现代刑法发展的初心,特别是法律不是用于限制人的自由,而是用于保护和发展人的自由。这种发展和保护人的自由是在一个特定的社会当中怎么做,对人的自由的最大的一种保护。我们的现代社会是充满了风险的社会,所以我们的刑法就是需要在风险社会里面既要兼顾到对风险的防控,同时也在风险的防控过程当中对我们人的自由尽最大限度的保护。

我再讲一句话,就是说如果刑法不消逝,那现代永不终结。这是我今

刑法治理的现代化与本土化·讲演录:(一)

天讲座的发言。讲得不对的也请各位点评专家、各位朋友批评指正,谢谢大家。

曲新久教授:谢谢童德华教授。刑法的现代性、刑法的现代化,现代之后刑法的发展包括刑法典的发展和刑罚体系的发展是个很大的话题,因为从学科上来讲,法学,刑法学和哲学、经济学、政治学确实有很复杂的联系,本身这些社会科学都在发生深刻的变化。近代、近现代到现代以及后现代思潮正在兴起,使得这个哲学的思想其实十分的丰富,那这些必然影响到刑法。同时,刑法学本身也包括法学,其实也越来越远离哲学、经济学和其他学科的这种直接紧密的联系,在70年代、80年代、90年代,我印象很深,刑法包括我们法律需要从历史学、哲学、政治学当中寻求一些线索和答案,那么到了现在,进21世纪以后,刑法和其他学科的间隔也越来越强、越来越远。但是,同时我们鼓励学科的交叉发展,鼓励学科的融合,像法经济学、法社会学又蓬勃兴起。至于经济形式,比如说,社会主义和计划经济在苏联、东欧的崩溃,以及给中国所带来的福音,全球化的迅猛发展和现代的反全球化,以及在经济学当中如何看待市场,市场是应该退出呢,还是继续去发展?包括现在像计算机网络社会的迅速发展,人工智能发展,包括像比特币的出现,有的人相信计划经济甚至找到了一种可以实现的工具。所以,计划经济的思潮在回炉。现代国家间包括一些大国、强国为典型,中国还好一些了,中国其实很谦抑的,至少不太派出无人机,不太通过无人机发射导弹之类的。现在不是说刑法什么谦不谦抑的,而是战争手段已经在全球范围憋不住了。这个话题很大,但是在刑法学体系内讨论,还是更广泛地与其他学科,与近代、近现代价值观的变化进行讨论。近代的时候,自由、平等、博爱、人道,这是最基本的。那后来积极的自由、福利、安全,包括西方的福利社会的发展,包括"福利刑法"的观念出现,什么人权、社会防卫诸如此类确实是很复杂。但是无论如何,我同意童老师的观点,我认为人类社会总是要尊重传统。从大陆法系的思维方式来讲,法典很大意义上是一种传统的坚守。我个人也有幸参加了一些与刑事立法相关的立法活动,我个人的体会是,我们的立法者相较于大多数的国家立法者而言是相当保守的、相当谦抑的,就是说并不是非常积极扩张的。一些奇奇怪怪的立法的要求,大多数其实都被挡住了。客观讲,一部分行为并没有办法规定为犯罪,像什么伪造私文书、伪造私

第六讲 中国刑法立法如何走向现代之后

签,你看现在确认问题很严重。我发现最近几年非常明显的就是小区伪造业主的签字,把很大的维修基金就给动用了。如果在西方社会,伪造私文书都是法典的规定,根据民国刑法,包括清末刑法,伪造私文书、伪造私人签字都是犯罪的。但其实,我们立法者是谦抑,一直没有把它规定在内,包括背信罪这样的犯罪,如果真的规定背信罪,目前大量的恶意代理民事欺诈都会被作为犯罪处理。实践中更主动的是我们的司法,举个例子说,去年开始的打击电信诈骗的断卡行动,有学者提出,比如说你要规定这种两卡的犯罪,因为我们没有规定,但是我们司法解释直接以帮信罪处理。如果我们从学理上来讲,行为类型和结算服务器完全不相当,我们抓了那么多二本、三本的学生来,学生傻乎乎地把自己的电话卡、银行卡就卖了,其实我挺痛心的,基本上这些孩子就毁掉了。所以从这个角度上来讲,我们怎么约束我们的司法,其实要比约束立法还重要。当然,今天童老师带的更大的话题是立法的现代化,所以我在这儿很认真地听,受很多启发。

那下面我们就把话题交给四位与谈人。第一位与谈人是北师大的袁彬教授。我们有请袁彬教授,就童教授的讲座贡献出一些智慧。谢谢。

袁彬教授[*]:感谢曲老师,也感谢童老师的精彩的演讲,听了一个多小时,有不少启发。一些概念性的问题,比如说这里面提到的中心化和去中心化的这样一个问题,当然围绕着现代化,我觉得是相关的。首先,这涉及到现代化或者刑法现代化本质的考虑。我记得有一些学者认为现代化的本质应该是人的现代化,根本意义上来讲,那就是人要实现解放,实现对自然事件的这种依赖,从里面解脱出来,从社会的这种管控里面解脱,所以要求人的素质的提升,要求能力的增强。如果说现代化是人的现代化,那么这就要求当人的素质、水平和能力提升之后,他对社会、对自然界的依赖就会减弱。当然,对一些不法行为的一个容忍度也有可能会下降,所以刚才曲老师讲到,随着社会的发展,可能一些新型的,哪怕是以前一些轻微的违法行为我们可能都无法容忍。犯罪化的过程可能是不可避免的,这是一个不断循环往复往前推进的过程。当然,从这个意义上来

---

[*] 袁彬,北京师范大学刑事法律科学研究院中国刑法研究所副所长、教授、博士生导师、法学博士。兼任中国刑法学研究会理事暨副秘书长。主编、参编著作30余部,主持国家、省部级项目6项,发表学术论文130余篇。

刑法治理的现代化与本土化·讲演录:(一)

讲,中心化也好或者去中心化也好,我们就要回到作为刑法本身,它作为一个以权力为支撑的,以国家意志、国家的强制执行意志为保证的这么一个强大的一个制裁的力量。那么,这种中心化和去中心化是不是意味着我们刑法在现代化的过程里面要削弱自身的权力,让人的解放之后,让人们自己能够解决很多问题,是不是这个刑法的公权力就不需要这么大?其实,权力的这种扩张的惯性,我觉得不光是体现在立法上,也不光是体现在司法上。我们看很多学者的论文,也能看到,就是我们讲什么都是要把它往刑法上靠,实际上这个本身可以理解为是一种权力的惯性,觉得好像刑法都能解决这些问题。所以我觉得这个,从刑法的现代化角度来讲,需要去考虑中心化和去中心化的问题,也就是需不需要将作为权力核心的刑法的这种权力削弱一点,回归到老百姓回归到人自己身上一点,或者说回归到道德层面,回归到正常法律程序上。所以我觉得现代化本身的理解也是不太一样的。有的打着科学化的名义,认为刑法能够实现对社会时间有效的治理,甚至能够对犯罪人实现有效的改造,那我可以把刑法作为一个社会治疗、治愈、治理的一种手段,能够广泛地来推行,那是另外一个概念。这是第一点。

第二就是说,中国刑法的现代化到底到了一个什么样的程度,就是我们是不是达到一个比较高的程度。我看童老师之前在目录里面也提到现代之后,甚至说还要不要用后现代一些观念来考虑这个问题。其实,大家如果对实践这个有一些特别的体会的话,我感觉我们现在的刑法立法在立法本身和司法的追求过程里差距还是比较大的。有一些我们认为明显不符合犯罪构成的还是定罪了,这是扩大解释还是类推解释?按照我们一般的理念来讲,有一些行为在司法实践中是完全不应该入罪,但是入罪了,这种权力背后有没有立法撑腰,我觉得这个问题恐怕是不能够避免的。从这个意义上来讲,我们还是习惯一种中心化的思维。我们希望能够把这种权力触及到社会生活的各个方面,实行社会的有序、系统治理。从我个人的理解来讲,我们距离一个成熟的,或者是一个完全意义上的现代化还有很长的路要走。当然,和童老师最后的结束语也是一样,就是说,刑法现代化这个概念可能永远在追求,永远有一个现代化的问题。另外,就现代化的实现方式来讲,刚才童老师也结合到一些具体的类型,结合到我们刑法立法模式的一些问题来考虑。当然,我觉得现在突出的一个问题可能就是我

第六讲 中国刑法立法如何走向现代之后

们刑法过度的或者是比较明显的犯罪化之后,刑法本身扩张了之后,往里面装东西太多,但是出来的东西太少。比如说,刑法自身本身没有做到很好的解构,光是犯罪的话,非刑法或者是刑法上的这个力度究竟如何,刑法处罚这么重,附随后果那么多,就像刚才曲老师讲的,不设置的话好像违法行为没法监管,设置的话后果又太严重。从这个角度上来讲,刑法可能要真正的再往现代化,再往前走,是不是也要做一些自身结构性的调整,或者说做一些解构,尤其是在处罚这个层面上,通过解构能不能够再建构出于一种新型或者是一种真正能够符合现代化本质的东西。当然,如果是从去中心化的角度来讲,统一的刑法典模式肯定是有问题了。比如说,我们不能把权力都放在一家手上,或者是放在全国人大法规室某一个室手上,是不是还要放在老百姓手上,是不是还要放在其他法上,这些都是对权力本身的一种分化消解。我觉得对于我们来看刑法的现代化问题,这可能也会是一个角度。一点不成熟的临时思考,仅供参考,谢谢。

曲新久教授:谢谢袁彬教授的与谈。那么,下面请第二位与谈人,请天津大学法学院的刘霜教授来发表您的高见。

刘霜教授[*]:好的,谢谢主持人曲老师。曲老师是我非常敬重的刑法学前辈。您主持使我倍感荣幸还有一点压力,感谢我的母校,西南政法大学的邀请。由于疫情原因,好久没回去了,特别感谢母校石经海老师的邀请,感谢刚才童德华教授给我们做了一场非常精彩的讲座,感谢北大法宝学堂的组织。"刑法治理的现代化与本土化"讲座已经第六讲了,我全程跟踪听了好几讲,感觉讲座的影响力是越来越大,每讲都有很多知名刑法学者加盟,个人也是收获满满。今天呢,主讲人童德华教授是我一直非常尊重的教授,我们也是多年的好朋友,几年前我们就曾经互访过,童老师到我们那里做过讲座,当时讲了之后,情况就是盛况空前。这几年通过拜读童老师的著作,还有他的论文,感觉童教授,他的思想是尤其刑法思想越来越深邃,格局是越来越宏大。今天听了童教授的讲座呢,不敢说是点

---

[*] 刘霜,天津大学法学院教授、博士生导师,中意刑法学双博士。兼任意大利圣安娜高等研究院客座教授,中国刑法学研究会理事,中国犯罪学会罪犯矫正专业委员会副会长。担任天津市哲学社会科学重大项目首席专家。主持完成国家社科基金项目、国家外专局高端外国专家项目、省部级项目7项。出版专著6部(其中外文专著2部),在SSCI(Q1区)、CSSCI等发表论文40余篇。受邀美国、德国、意大利、比利时等知名高校举办学术讲座,多次应邀在国际学术会议做主题发言。

刑法治理的现代化与本土化·讲演录:(一)

评啊，讲三点学习体会。

第一，今天童教授给我们介绍了中国刑法的未来走向，其实主要侧重的是中国刑法立法层面的未来走向。我提前读了童教授的好几篇著作，感觉他是从一个宏观，包括中观的层面谈到我们中国的现代化问题。我个人，因为才疏学浅啊，所以就从微观方面来谈点在刑法理念方面的一点感想。目前我们刑法学界存在激烈的论争，几年前是犯罪化与非犯罪化的论争，这几年是积极刑法观和消极刑法观的论争。不得不承认，现在积极刑法立法观占据了主流地位。我们所讲的积极刑法立法观主要源自于功能主义刑法，它主要立足于对社会现实问题的考量，而不是形而上学的单纯的理性化构想。所以说，积极刑法立法观主要注重发挥刑法立法的社会功能，注重对社会问题的一种积极回应。因此，积极刑法立法观所倡导的一些立法举措，其社会效果是非常明显的，立竿见影。与之相对立的，也是几年前提出的，有很多刑法学者所不能理解的消极刑法立法观，持这类观点的学者认为应当坚持我们刑法的谦抑性。最近南京大学的孙国祥教授专门出了一篇文章，就是关于刑法谦抑性原则的反思，非常值得我们对此类现象进行反思。持消极刑法观的学者其实认为我们应该防止童教授提到的几种情况，包括情绪性立法、象征性立法。尤其是情绪性立法，这是华东政法大学德高望重的刘宪权老师提出的，他那篇文章在我们刑法领域下载率非常高。持消极刑法观的学者认为应当警惕积极刑法观，要防止刑法的过度扩张。同时，天津大学刑事中心的黄太云教授提出的一种稳健的折中的刑法立法观，也有人叫做安宁的刑法立法观，主张应当限制国家权力，侧重人权保障，但是从本质上而言，这种稳健的刑法立法观实际上还是属于一种消极的刑法立法观，主张我们刑事立法应当谦虚稳健。对于刑法的立法和理念方面的这些激烈的观点论争，童教授的评价是目前学界对于立法具体条文关注多，对于立法的原理关注少，对于立法条文的解读多，对于立法反思少，消极批评多，积极批判少。童教授的评价是十分经典到位的，我个人也是非常赞同的，我个人也是觉得应当防止我们社会治理的一种过度的刑法化，一定要警惕我们国家刑罚权的无限扩张，尤其是要防止一种极端主义倾向，就是刑法的外国主义和刑法功利主义。为什么？因为我们刑法太好用了，一旦某种行为入刑，效果立竿见影。举一个例子，就是《刑法修正案（十一）》新增加的一个罪名，就是非法植入基因编辑、

第六讲 中国刑法立法如何走向现代之后

克隆胚胎罪。这个罪名我觉得它到现在为止没有一例，它更类似一种宣誓立法，不能说它是情绪立法，它是更类似于一种宣誓性立法，为什么要规定这种立法？就是因为几年前发生的臭名昭著、在国际社会上影响非常负面的贺建奎非法人类基因编辑事件，当时是在全世界科学领域引起了轩然大波，把这个事件评为当年"年度十大负面事件"，国际影响是非常坏。基于此，我们在《刑法修正案（十一）》中增加这个罪名，非法植入基因编辑、克隆胚胎罪虽然没有适用，但是确实在国际社会上宣誓了一种中国政府打击此类犯罪的决心，而且付诸于行动。但是，到现在为止，据我了解，好像还没有一例案件，但是它宣誓性效果确实不言而喻的，无论是积极刑法立法观还是消极刑法立法观，无论是立法建构基础还是立法批判为基础，一定要注意刑事立法权的归属，以及我们如何在社会防卫与人权保障之间寻求一个很好的平衡点。

第二，承接上面的观点，关于理性立法与严格司法的关系的问题，刚才童教授其实也提到了。当然，我是从微观层面，可能还达不到童教授的那种层面。不可否认，积极刑法立法观占据非常主流的地位。而且，现在是不是要搞《刑法典》，对吧？那么我们如何来控制刑法立法权的扩张呢？这是刑法学者应该思考的一个问题。我觉得应该从三个方面来限制立法权的一种扩张。第一个方面，在限制之前得有一个必须要尊重的前提，就是要尊重现行法。法律不是嘲笑的对象，就法教义学而言，尊重现行法是我们法教学的一个基本要求，任何一个搞法律的搞刑法的肯定要尊重我们现行的立法，这是一个前提。我们可以以司法来限制立法，以司法维护立法的权威。第二个方面，是不是在我们刑法领域中引入比例原则？以比例原则来限制性立法不夸张，比例原则引入也是大热门问题，但是它究竟能不能引入到刑法确实存在问题。个人而言，如果要把比例原则引入到刑法必须要经过我们刑法里面的一种矫正和重塑。比例原则，称为帝王法则，包括三个原则，妥当性原则、必要性原则和相称性原则。那么，在我们刑法中怎么样引用比例原则来限制，我们可以进行一定程度的刑法方面的一种规划。要想把某种行为纳入到我们的刑法评价范畴，立法者首先要考虑就是合理性判断，要由我们刑法的立法者来确定。该制度是不是合理？应用其他法律规制手段能不能达到程序的效果？刚才这个童教授也提到刑罚的附随效果，就是要进行一种必要性的判断，要由刑事立法者来判定。立法之前要审慎，要判定采用刑罚处罚的手段，是不是社会防卫的最后手段，是不是有其他的刑罚替代措施，是不是有其他手段可以达到刑罚惩治的效果？如果不必要纳入刑法，这种情况就是必要性判断。最后是相称性判断，就是需要来考虑我们刑法处罚的后果与其他法律处罚这种行为的后果向衡量，是否符合我们刑法的基本原则——罪刑相适应原则，是不是做到了罪刑相称。尤其是立法者在想要增设新罪、增加刑法条款的时候，一定要优先考虑上述三个因素。所以我个人认为将比例原则作为判定刑事立法借鉴的标准，可以帮助立法者理性地在人权保障与社会防卫之间做出正确的抉择，能帮助他们寻求一种理性立法与严格司法的平衡点。

第三，是不是可以考虑以司法层面的限缩来限制我们刑事立法的过度扩张？确实，我们刑法立法平均两年修订一回。怎么样，限制了吗？首先，刑事立法应当理性，我们可以适度回应民众的意愿，但是不能为了迎合而迎合。举个例子就是《刑法修正案（十一）》里面有一个部分下调刑事责任年龄。这是因为前几年出现了一系列恶性的熊孩子造成的一些骇人听闻事件，但是我觉得立法者确实有一个审慎的态度，它采用的是一种部分下调，而不是全面降低的方式，这在一定程度上能够反映出刑事立法者对于这种低龄未成年人实施恶性犯罪是有一定的回应的，但是仍然是那句话，不能为了回应而回应，只能够适度回应，不能为了迎合而迎合。这是我们刑法立法应当秉持的一种理性的态度。其次，虽然我不赞同社会治理的过度刑法化，但是目前由于风险社会科技革命孕育着的一系列潜在的风险和挑战，还有一些新的犯罪现象，必须要引起我们重视，所以，刑法也应当与时俱进，顺势而为，有所为而有所不为。

第四，时间关系我不展开了，仅仅提一点，就是关于释法和造法。举两个例子，比如说终身监禁在2015年写入到刑法，2016年司法解释颁布，全国陆续才开始适用终身监禁的案例。还有一个就是帮助信息网络犯罪活动罪，简称帮信罪，帮信罪刚开始运行的时候，基本上就是属于那种非常不引人注意的角落，现在已经飞速成长了，它的犯罪数量呈几何数量增长，为什么？就是因为司法解释有一个定罪量刑的标准，导致罪名适用非常之多。并不说以前就没有，而是现在我们量刑定罪供应方便。那么，通过这两个例子是不是可以考虑到目前在中国是不是有一种司法解释，稍微超越了我们刑事立法界限。时间关系，不能展开了。

第六讲　中国刑法立法如何走向现代之后

综上所述，我个人认为童德华老师讲的这个问题意义非常重大，我们刑法的现代化是势不可挡的，但是同时一定要警惕刑法工具主义倾向，不能为了追求社会效果的立竿见影，不能为了单纯地追求社会防卫的目的、社会稳定的目的而削弱我们刑法人权保障的功能。所以，我个人认为应当在理性立法与严格司法、在社会防卫与人权防卫之间寻求一个合理的平衡点，这样才能够真正实现现代化、理性化、科学化。以上是我浅显的三点体会，望大家批评，谢谢各位。

曲新久教授：好，谢谢刘霜教授。下面我们有请高长见老师分享他的想法和意见、建议、问题，有请高老师。

高长见副教授[*]：谢谢曲老师，今天学习了童老师的讲座以后，收获很大。童老师一个多小时的讲座，我是认真地从头学习到尾，有些观点我是很受启发。像童老师讲的，我们国家刑法立法对社会结构变化的回应，还有如何防范这个立法的象征性、情绪性、工具性，这些我都是很赞同。听完刚才曲老师、袁老师和刘老师的与谈，我有一个共同的想法，就是我们刑法学界或者一些社会公众可能倾向于认为刑法的功能是非常大的，不管是政治、经济，还是国际关系，都可能会影响到我们的刑法立法。但是，我个人认为，刑法立法的变动很难解决。刑法立法的现代化过程中，时常会受到外界的压力，就产生一些象征性、情绪性、功能性立法问题。我今天学习完童老师的讲座和各位老师的点评以后，我还有两点想法。

第一，比较宏观的，就是说，我们国家刑法立法的现代化有一定的特殊之处。其他国家也会面临刑法立法的现代化的普遍性问题，比如说如何回应风险社会的出现，社会互联网技术、信息技术的运用对社会治理带来的挑战。同时我们国家刑法立法的现代化的特殊性也是十分突出的，相比德日的刑法来讲，它基本上是一个完整、严格意义上法典化的立法模式，与德日多元的立法模式有很大的不同。同时，在我们国家的刑事司法体系下，这种法典化的立法模式就带来了一些问题。这是我们国家刑法立法

---

[*] 高长见，中共中央党校（国家行政学院）政治和法律教研部人权室副主任、副教授、硕士生导师。德国慕尼黑大学法学院访问学者。主要研究领域为刑法明确性原则及实现问题、人权的司法保障。代表性著作有《轻罪制度研究》《司法民主制度研究》《全面依法治国大战略》。参编、参译《美国模范刑法典及评注》《牛津犯罪学指南》等著作。代表性论文为《从于欢案看我国刑法理论与实践中的若干问题》《美国刑法中的重罪谋杀罪规则评析》《定量要素与刑法明确性原则》等。

现代化的特殊性。比如说，我们国家刑法立法所确定的犯罪圈和刑罚，实际上，它受刑事司法的影响与制约是非常大的。刑法划定的犯罪圈经过司法解释，实际上已经进行了大幅度的修改。它是可以进行相应的调整，虽然不能解决从无到有的问题，但是在刑法确定了这个大概的范围以后，司法行使事实上的刑罚权，比如说最高司法机关通过制定司法解释的方式。这是我们国家刑法立法现代化的一个特殊性的表现。还有就是我们国家刑法的立法技术中含有定量要素，这跟大陆法系的很多国家有着明显的差异，这就对我们国家刑法立法的现代化带来了一些特殊的挑战。

第二，从中观，甚至这个宏观的角度来讲，我们国家刑法立法的现代化有一些要解决的比较紧迫的问题，除了回应社会的需求，进行一些积极的循环立法，不断地扩大犯罪圈以外。首先，从立法的角度来讲，我们现在的刑法可能还面临较突出的一个问题，就是如何贯彻罪刑法定原则，特别是刑法明确性原则的问题。我觉得，一个现代化的刑法立法，一个现代化的刑法法典，应该是高度明确的。在现代社会条件下，我们国家可能还存在一些比较突出的明确性问题。当然，如果我们国家刑事的司法权对立法的影响不这么大的话，这个问题可能不会那么严重。当刑法立法的条文存在明确问题的时候，我们一般可以通过司法的方式予以化解，有的时候也可以通过学理解释的方式来予以化解。但是，仅仅从立法的角度来讲，我们国家的兜底条款、定量要素的存在、绝对空白的罪状，可能都是我们刑法立法现代化要解决的比较突出的问题。其次，就我们国家刑法立法的现代化要解决的第二个问题就是犯罪圈的界定。在97年刑法以后，刑法的犯罪圈还是在不断扩大。当然，这涉及到刑法是否谦抑，立法是否遵循谦抑性原则的这个争论。我个人的观点，实际上我们国家只是名义上把这个行政拘留处罚的大部分行为都划定为行政违法，但实际上拘留的后果也是剥夺人身自由。在大陆法系国家，现在还能剥夺人身自由的行政处罚很少，甚至包括很多发展中国家也没有这样的立法模式。所以，我们国家刑法立法的现代化还是要考虑到行政性自由罚改造的问题。如果刑法典立法的科学程度、现代化程度很高，但是在刑法典之外还有大量的适用人身自由罚的行为，尽管我们不把它界定为犯罪，但也很难说刑法立法的现代化的任务就完成了。

第六讲　中国刑法立法如何走向现代之后

第三，从宏观来讲，我们刑法的方向面临的一个突出的问题，我个人认为就是如何从刑法实体法的角度来实现和贯彻让人民群众在每一个司法案件中感受到公平正义。这个就是针对司法实践中存在的一些突出问题而提出的要求，定罪量刑很容易引起社会舆论的批评。批评的声音有很多产生的原因，我个人认为根源应该是刑事实体法对法定刑的配置。从这个角度来讲，我们国家刑法立法的现代化可能也有一个刑法所设定的法定刑结构的现代化问题。我个人认为，让人民群众在每一个刑事法中感受到公平正义的重要的基础就是刑罚结构的现代化。从这个角度来观察我们刑法立法的话，至少从社会公众感受的角度来讲，我们现在对公民人身权利的保障，对比对自然资源、动植物资源的保护，在刑法法定刑的配置的角度还是有不平衡之处的。当然，我说的这个立法还包括广义上的刑事司法解释。我们国家刑法立法的现代化所面临的任务还是十分艰巨的，不单包括对犯罪圈设定的科学化和现代化。现在有些需要纳入刑法范畴的没有纳入刑法，还有更多事实上属于犯罪行为且后果为剥夺人身自由的行为被排除在犯罪圈之外。此外，刑罚结构不突出，对人身权利特别是人格尊严的保护，《民法典》人格权单独成编凸显人权保障的加强，但是我们刑法至少从法定刑配置这个角度来讲，可能也面临如何更科学、更符合社会公众对这个公平正义的这个认知的任务。由于时间关系，以上就是我向大家汇报的我个人的学习体会和一些不成熟的想法。谢谢大家。

曲新久教授： 谢谢高长见老师，高长见老师是从更多的领域讨论了我们刑法如何从现代化的标准来衡量的问题，例如犯罪圈的问题、刑法结构的问题、人身罚的问题、治安管理处罚。高老师还提到了司法解释的准立法性问题，因为我们国家的立法是法典化的，就要是明确的，但是同时要简约，这就是大陆法系和英美法系的一个区别，所以英国的教授和检察官经常会笑话欧洲的同行，你们那个法律高度概括也讲不明白，要想搞清楚，还要查上百年的文献，一个小的问题可以规定得很细，就像一个产品说明书还要细致，确实是个问题。当然，我们国家既然要法典化，我个人认为，明确性确实对如何约定司法解释的不必要扩张是存在问题的。我们不得不承认，有些司法解释确实还是做了本来是立法者的工作，比如高空抛物问题。通常情况下，高空抛物要么杀人，要么过失致人死亡，是不可能单独犯罪的，但是，司法解释规定按照以危险方法危害公共安全罪，那就很重，很多法院是判不下去的，所以《刑法修正案（十一）》规定了个犯罪并配置了一个相对较轻的法定刑。我注意到有了规定以后，有些地方的公安和政府主管部门就要求物业要安装高空抛物的监控设备，你看刑法一个小小的变动会影响到社会变动，所以这些问题我都希望大家能注意。那么，高老师和刘老师不一样，刘老师倾向于我们要立法还是要谦抑。我个人前面提过，其实在犯罪圈上立法者还是在谨慎地扩展，中国几乎不太存在着要进行非犯罪化的问题，犯罪化的空间还是很大的。而且，我们国家也避免了欧洲六七十年代行政刑法的极度膨胀，我们没有出现这种极度膨胀。我始终认为，我们的问题是，司法的问题比较多。我个人认为，在法律上很明确不是犯罪的要由立法者来做，或者立法者暂时不规定。当然，刘老师提到的那个关于基因编辑的问题，如果从理论上来讲，我希望我们大多数刑法学者不认为成立非法行医罪，因为这是通过别的医生、不知情的医生来做这工作，并没有去直接从事医疗的工作，是做了研究的。在20世纪八九十年代联合国预防犯罪大会其实就给各国发了一个倡导，就是要禁止制造人兽混种的动物，但是大多数国家并没有规定，为什么呢？因为医疗伦理委员会和制度的存在使得这种犯罪的出现是极其罕见的。刘老师说得非常对，现在这都是极罕见的情况。但是极罕见的情况，你也可以规定它是犯罪，反正不用，也可以不管。但是，不管了，那要是真出了问题，那就不能处罚了。这也是一个选择的问题。关于刘老师说保守的和积极的刑法观，当然，这里我们有很多可能非法律的观众，大家注意，在法律上说，积极和消极是没有贬义褒义的。积极的未必就好，消极的未必就不好。消极更多的是说，像老子的无为而治，要慢一点。那么，积极可能就要风风火火，更要反应，要快一些。当然，我们的儒家思想是求中庸一些，不要走极端，既不能过于保守，也不能够太过激进。所以在立法上来讲，我们道家的无为而治的思想，我一直认为还是值得我们重视的。感谢高长见老师，也感谢刘老师。我一并做个简单地回应。下面我们有请西南政法大学的胡江老师发表他的与谈意见，有请。

胡江副教授[*]：好的，谢谢曲老师和童老师。各位线上线下的老师和

---

[*] 胡江，西南政法大学法学院副教授、硕士生导师、法学博士，主要从事中国刑法学、犯罪学、犯罪心理学教学和研究。兼任中国犯罪学学会理事、中国心理学会法律心理学专业委员会委员、西南政法大学国家毒品问题治理研究中心副秘书长等。

第六讲　中国刑法立法如何走向现代之后

同学，大家晚上好，首先感谢我所在的西南政法大学刑法学科给我提供这样一个学习交流的机会。刚才听到童老师的主题报告，前面三位与谈人的精彩发言，对我来讲就是很受启发，收获很多。正如童老师一开始指出的那样，现在我们关于刑法立法的研究更多偏重于具体问题的研究，而缺少关于立法原理的研究。但是童老师今天晚上的讲座，结合法哲学的一些基本原理，对刑法立法本身做了高屋建瓴的理论分析，应该说，既有理论的高度，又有接实践的地气。比如说，对于刑法谦抑性的见解，将现代性从一个动态的视角来认识刑法立法，进而提出刑法的这种非完美性。这样的分析，我认为它是一种建构性的，对于更好地认识当下我们有关刑法立法方面的一些具体问题的争议，进而推动整个中国刑法立法的向前发展可谓是颇有裨益。

我在这里谈不上点评，只是从以下三个方面跟大家谈一谈我听了之后的一些学习体会。第一，沿着童老师所谈到的刑法立法现代化的标准建构的问题，我注意到，童老师一开始就谈到了关于这样一个概念的选择问题，我之所以会提到这一个问题，主要是涉及到我们在谈到刑法立法现代化的时候如何来予以具体判断。因为在社会学和政治学上，现代化虽然是一个广泛使用的概念，但很难说有一个共识，更为重要的就是现代性本身，我们一般把它理解为是在科学与技术发展之后的一个结果，是人在技术发展之后被物化甚至被技术所裹挟的这样一种状态。比如说，我们举个简单例子，我们当下社会的每一个人都已经离不开手机，你只要过一会儿不去看这个手机就觉得不自在。那这个实际上已经反映说，我们被手机这种现代化的这个技术所束缚了，我们钻进了现代化的铁笼之中。因此，我讲这个问题主要表明一个什么意思呢？就是现代性也好，或者现代化也好，本身它是有争议的，甚至是有问题的。比如说，社会学家就存在的现代性的困境、现代性的危机等等这样一些命题。英国社会学家吉登斯，他有个文章的标题就叫"现代性的后果"。那么，对应到我们的刑法立法上，如果说，按照我们童老师一开始所提到的这三个标准，人文精神、我们的概念的体系化和法典化，那么，1979年刑法也是走向现代的一个阶段性的成果。当然，到今年我们会发现，四十多年过去了，我们现在还是在谈推进国家治理体系和治理能力的现代化。反过来看的话，那1979年刑法是否就实现现代化？我想可能这样的一个结论应该说那大家都很清楚。1979年刑法,从内容上、价值上以及形式上看应该说都还是存在一些问题。比如说,大家最熟悉的像罪刑法定原则与类推制度的问题,还有对于自由的忽视以及计划经济体制之下所设立的诸如投机倒把罪等。因此,对于79年刑法,我们不可能说它有了法典就实现现代化。到了1997年,刑法是不是也实现了现代化呢?毋庸置疑的,童老师也讲了,97年刑法肯定较79年刑法有了明显的进步,实现了现代化的阶段性目标,但是也并非完美无缺,童老师在讲座当中其实也反复提到现代性是一个未竟的事业。既然是一个未竟的事业,那么,我们谈到将来走向现代之后,或者说是走向现代之后,它的前提应该是我们应该实现了现代化之后了,我们才谈得上现代之后的问题。从逻辑上我觉得应该是这样的。无论是79年刑法典,还是97年刑法典,它本身都还不是完美无缺,甚至用现代化的标准去进行评价的话,在还没有实现现代化的情况之下,我们去谈走向现代之后是否为时过早?换言之,我们是不是现在仍然还是应该追求的是现代化,而不是谈走向现代之后?当然我也注意到,童老师在最后他的这个讲座当中也提到说,现代性是一个这个永远在路上的未竟事业。我想这就涉及到我们究竟如何去判断什么是我们刑法立法的现代化,我们究竟什么时候达到了这样刑法的现代化,以至于我们要在现代化之后,又谈走向现代之后。因此,童老师再给我们展开讲一下,是不是更好一些?虽然说童老师也提到了古典主义的三个标准,但是从这三个标准来看,它毕竟是诞生于一两百年之前的标准,是脱胎于西方社会的标准。那么,这三个标准对于当下的中国来讲能否适用,我想,这可能是需要进一步去探讨的问题。

第二,就是刑法立法现代化的知识供给问题,无论是刑法立法的现代化,还是刑法立法走向现代之后,都是一个理论与实践的互动的关系。从我们刑法立法实践的发展来看,以下几个方面可能都还有待我们进一步斟酌的地方。其一,立足当下的中国,一方面是社会治安持续向好,我们常说中国是全球治安最好的国家之一,但是,一些新型的犯罪又层出不穷,整个社会仍然是处在深刻的转型之中。那面对这样的问题,我们的刑法理论对于我们的刑法立法提供了多少的知识供给?我们的刑法立法有多少是在刑法理论的指导之下去实施的?我觉得这个可能是要打个问号的。我们注意到,这几年,刑法理论上有很多的成果,也很热闹,一方面是理论上概念越来越精细、体系越来越完美,甚至我有的时候也感觉很多论文慢慢

第六讲　中国刑法立法如何走向现代之后

读起来很吃力、读不懂。那么，这样一些问题是不是我们理论上存在的，比如说对实践问题关注不够，或者自说自话，从而导致理论与实践的脱节，最后使我们的刑事立法在进行过程当中没有得到理论的指引，甚至有的时候是理论在追着实践跑，而不是理论在指导或者推着实践向前面走。我觉得这是当下中国刑法理论和实践的特有的现象，值得关注。比如说，前些年的量刑规范化，它主要是在实践层面运行之后，才引起理论上的关注和研究；又比如说，这些年来我们的认罪认罚从宽制度、企业合规制度最开始主要是在实践层面开展，在推进之后才在理论上引发广泛研究的。因此，刑法立法缺乏有效的知识指引和推进。同时，我们也注意到，刑法在精细化之外表现为一浪高过一浪的对前沿热点问题的追捧。我们注意到每过一段时间就会产生很多对前沿热点问题的研究，但是，很快就有一个新的热点兴起，然后大家就去追逐新的热点。在这样一个看似很热闹、研究成果很丰富的一个背景之下，可能还有一些深层次的基础性问题并没有解决。很多时候，我们是在被一个又一个所谓的热点问题裹挟着往前。例如，前面刘老师提到了猥亵儿童的相关的立法修改，由于实践出现了猥亵儿童的典型案例，因而出现了关于提高猥亵儿童犯罪法定刑的观点。又如，从今年上半年一直到现在持续这么长时间的关于收买被拐卖妇女犯罪法定刑要不要提升的广泛争论。还如，关于运输毒品犯罪的死刑规定合不合理、怎么立法修正的问题。这些问题背后都还是存在着根本性问题，可能需要去进一步的研究。也就是说，对于具体犯罪，我们如何在罪刑均衡原则或者罪刑相适原则的指引之下来评价它的社会危害程度，进而给予科学准确的刑罚配置，可能还有待深入解决。而这样的一些问题没有解决的话，那么，我们的立法它就是缺乏科学性的。其二，从面向未来角度来看，我倒觉得立法它永远是滞后于社会的。试图通过一次的立法来应对将来所有可能出现的犯罪行为，简直是一种乌托邦的想法。特别是在信息时代，我们要求立法者去完全预见十年几十年之后社会的发展，要做到前瞻性，这是强人所难。因此，从这个意义上来讲，面对着急剧变迁的社会现实，立法的活性化可以说是必要的，甚至也可以说是在面对现实之前不得不做出的一种选择。其三，从传承历史上来看，刚才曲老师在主持的时候也提到，就是说我们刑法立法是体现传统的，对此我很受启发。从推进刑法立法的科学和完善的层面来讲，我们要沿着这个话题进一步追问，我们的传统在哪里？我们的传统究竟有什么？那可能还是需要去挖掘的。我记得上一讲刘仁文老师在讲座当中也提到，可能有的时候，我们介绍的有关域外理论是不正确的，而且我们对于我们生活的这片土地也是不懂的。从这个意义上来讲，我觉得童老师，他今天的讲座试图梳理我们中国的刑法立法，从晚清到现在，实际上是一种注重传统的体现，我完全赞同这个思路和方法。当然，从晚清再往前走呢，我们还有数千年的历史，还有数千年历史当中所形成的文化积累。那么，我们如何去挖掘它，特别是在目前主流的刑法理论还是现代刑法理论知识的这种支配之下，我们不好说是回到传统，但是我们能够找回哪些传统？我想可能还是需要去进一步挖掘的，特别是童老师也提到的，这个三个标准当中，第一个标准就是我们的人文精神。当然，人文精神不仅仅是启蒙时代的，我们中国传统当中有没有人文精神，我想还是应该是有的。这是我谈到的第二个方面，就是刑法立法现代化的一个知识的供给，从实践、未来、历史这三个层面的供给。

第三，我简单地谈一下就是刑法立法现代化的一个保障机制。这样一个保障机制，首先就是涉及到一个司法跟进的问题，也就是说，我们一方面要积极推动，或者说把刑法的现代化作为一个目标，但是刑法立法之外，可能还要注重司法的跟进与保障。刚才有老师谈到，我们这些年很多司法实践中的典型案件可能有立法层面的原因，这点我不否认，比如上海的肖永灵投放虚假危险物质案，当时在刑法上确实并没有直接的投放虚假危险物质罪这个罪名，司法机关最后定了以危险方法危害公共安全罪。这个罪名现在看来肯定是不合适的。那么，当时立法上确实没有，那这个可能是立法的问题。但是，除了这些少部分的是立法本身有问题之外，可能更多的是司法层面的问题。因此，我想我们不能对立法的科学性寄予过高的期望，就算是我们建构起来一种科学的刑法立法，如果缺乏司法的跟进，那么我们的刑事法治仍然还是会有问题。比如说，像许霆案，之所以引发这样大的争论，我们会觉得它是立法层面的原因吗？我想可能不是，立法层面的规定应该是很清楚的。还有像童老师刚才所提到的电信网络诈骗犯罪适用的一些问题。你说，它更多的是立法层面的问题吗？我想应该也不是。这是司法的跟进。其次是观念的引导。也就是说，立法它是存在于社会当中的，除了要受经济社会的发展影响之外，还要受人的影响，受人的观念的影响。从当下中国的社会观念而言，我们会发现社会观念和刑

第六讲 中国刑法立法如何走向现代之后

法学界的观念还是存在较大的一种距离,甚至有的时候,可以说是存在着对立的,死刑问题应该说是非常明显的。也就是说,公众的观念和刑法学界的观念存在着明显的差异。那么,对于这种差异,我觉得我们要去正视它,如果不去正视它,那么我们的立法可能就缺乏一种民众的心理认同。那么,怎么办?我想可能还是需要去对民众的观念进行积极引导。对于这种观念,我们不好评价对与错、合理不合理,因为它就是客观存在的,它有历史性、有阶段性。但是我们可以引导、改变民众的有些观念。如童老师也提到的刑罚工具主义现象等等这些问题,为什么会产生呢?不是说我们刑法学者的原因导致,更多的还是因为民众存在对刑法的过度依赖,认为通过刑法能够解决社会的一切问题,把刑法视为灵丹妙药,它背后是存在这种根源的。既然民众有这种观念,那么刑罚工具主义的发生或者说出现,在一定意义上来讲是不可避免的。因此,我觉得通过引导这种社会观念的改变来实现。再次,科学保障问题。你要这个立法要实现科学化,可能还是要涉及到对立法的评估,这一点很重要。我们现在有立法之前的调研,立法中也有征求意见,但是立法之后运行效果怎么样、要不要继续进行调整,我觉得这是需要加强的。我很赞同童老师所讲到的,我们立法本身是不完美的。立法为什么不完美?因为它是人制定的,立法者是人,不是神,既然是人,他就可能犯错。因此,结合宪法上的合宪性审查机制建立刑法立法的事后评估制度,我觉得很有必要。我们从 1997 年到现在 25 年的时间里,平均每两年左右就出一个刑法修正案,刑法不断地修正,我们可能一直在往前赶路,而忘了回头去审视曾经走过的路,或者说审视得还不够。童老师今天晚上应该说在这一块儿审视了很多,给了我们很多的一些启发。最后,衔接的机制包括和其他法律特别是和行政法律的衔接。这个我们就不展开,大家都比较熟悉一点。刚才高老师也提到了刑法和行政法的分工和衔接的问题,同时我觉得还有和其他一些学科的衔接,比如说与行政法、民法的衔接以及跟社会学、政治学等其他学科在理论、方法上的相互链接、相互照应。童老师提到的总体国家安全在立法结构上的问题,这不单纯是一个刑法规范层面的问题,也是一个刑法跟政治学等其他学科的关系问题。在我看来,总体国家安全观更多的是一个政治概念,而不是一个刑法层面的规范的概念。那么,按照总体国家安全观的要求,国家安全的内涵是非常广的,包括我们领土完整、制度的稳定、军事上不受侵犯等等传统安全，这些在我们刑法当然主要表现在危害国家安全罪、危害国防利益罪等罪名当中。当然，除了这样一些传统安全之外，还有一些新兴的安全，比如经济安全、社会安全，乃至核安全、粮食安全等，这些都落入了总体国家相关的范围。这些安全，更多的是从政治层面去讲的，那是不是说我们刑法上都要去进行调整？我觉得倒未必。我们的刑法已经从多个方面体现了总体国家安全观的要求。具体来讲，就是我们这十大类犯罪已经体现了总体国家安全观不同的安全内容，没有必要去调整刑法分则的结构。如果出现了一些新的需要保障的安全的内容，直接对接到相应的章节当中去就可以了。比如，市场经济犯罪一章，它实际上也是在维护国家安全，当一些具体条款或者罪名要修改，我们把它放到那章去就可以了。以上就是我在刑法立法现代化的标准建构、供给和保障机制这三个方面的一些不成熟的体会，不当之处还请童老师和其他各位老师同学批评指正。好，谢谢大家。

曲新久教授：好，谢谢胡江老师从三个方面进行了评议。那么，我们下面有请讲座的主讲人童德华教授对前面四位与谈人的讲话做一些回应，有请。

童德华教授：谢谢曲老师，也谢谢我们今天与谈的四位老师，袁老师，高老师，刘老师和胡老师。我今天是第一次在网上和高老师见面，其他的老师在之前我们都有过一些联系，特别是我和刘霜老师，我们曾经在意大利还一起学习过一年，应该说今天也是很好的一个机会。几位老师的评议让我深受启发，我从中也有一些新的感悟和认识。正好刚才丁老师给我发来了一些问题，我就想结合这几个问题，把有些我自己的观念做一个重新的展开，或者是说明，也可能在某种程度上也是对各位老师的个别问题的回应。

第一个问题，就是现代性、现代化、后现代、现代之后，它们的内涵有什么区别？与当今中国刑法立法之间有怎么样的关联？我觉得这个问题是非常核心的一个问题。正如刚才胡江老师所说的，实际上，我们现在关于现代性、现代化的表述有各种各样的概念和支撑，包括我们的研究里面也有不同的表述。比如，有人讲流动的现代性，有的人用的是其他的一些表述，有的是讲现代化。因此在这个内涵上究竟怎么给一个恰当的称呼，这实际上可能是很困难的一件事情。但是，即便是困难，这样一个界分还

第六讲 中国刑法立法如何走向现代之后

是有必要的，否则我们今天这个讲座可能就是失败的。那么，在大卫·莱昂的《后现代性》一书中，他曾经提过这么一个观念，后现代性的概念值得珍视，是因为它提醒我们注意一系列重大问题，它提升了我们的敏感性，有助于我们把某些争议当做有待解释的问题，它迫使我们的眼光从狭隘的技术到放眼在更广阔的视野之中处理历史变迁。这一句话里面，它实际上就隐含着现代之后和现代、现代化、现代性之间的差异。我认为，现代性和现代化之间本身并没有实质性的区别，而后现代和现代之后之间也没有实质性的区别，关键在于我们怎么去理解现代化，怎么去理解现代之后。现代性是一种理性为导向的活动，就是人类是基于自己对某一个目标的设定来从事一些制度的设计，从而试图实现自己的理想。但是现在之后不是这样去考量问题的，它就是充分尊重现代的一系列的问题，并解决这些问题。就像海德格尔所说的，真理的问题并不重要，什么问题是重要的？存在的问题才是重要的。而在现代性里面，它首先倡导是真理问题，包括我们在讲座的过程中间始终讲真理和权利之间的关系，这是一个很重要的前提和假设。有这种前提假设，就和我们刑法的立法产生至少两个层面的联系。第一个层面的联系就是立法形式。从立法形式来看，现代性追求的是法典化，是高度统一。这种观点认为人可以去认识外部的世界，所以一定能够认识所有的犯罪问题。那么，建立一个能够关照到各种不同类型的犯罪现象、对这种犯罪现象进行着有效规制的法典，这是一个最初的依据。从现代之后的眼光来看，实际上是不可能去实现法典化的。由于现代社会问题有很多亚型，这些亚型恰恰是在法典里面不可能完全展现出来的，所以可能需要去鼓励单行刑法或者是鼓励附属刑法的这样一些立法现象，甚至还要去主张将习俗也作为有效的规范。从立法的价值来看，它们也有区别。现代性强调的是正义的单性，而现代社会强调的是正义的多元性。考夫曼在他的法律哲学里面讲了一句话，他说："在阿比流斯山那边正确的事情在阿比流斯山这边就未必是正确的事情"。这是一种后现代的观点，或者也称之为是一种现代之后的观点。这表明我们可能共享一个概念，但是这个概念内部的内容是不一样的。从刑法的价值来看，在现代性的这个框架之下，或者在这个语境里面只有正义，它是刑法绝对的中心，但是在现代之后正义未必是这个刑法的中心了。还有另外一个和正义相对称的概念，就是安全，安全也可能成为其中的一个最重要的概念。我还是简单地讲述一下后现代和现代之后的一个区别。如果我们强调是后现代，就可能意味着现代的终结。那么，我们达到了现在这个阶段之后，后面的是怎么样的一个情况，它可能是和现在没关系的一个内容。现代之后这个概念它所表达的意思，是指现代并没有终结，即便是我们进入了现代之后，我们还有一个很长的过程，我们需要不断地去改进它、完善它。所以可能就出现了一个关于79年刑法或者97年刑法究竟是不是现代刑法的一个争议。在我看来，我觉得79年刑法固然有很多问题，但有很多问题是在这个时代我们没有办法去改变的。从当时立法者的立法决心和当时我们整个国家的现代化使命来看，我觉得它还是现代化的产物。从有些方面，比方说类推，我们可能认为它是违反了罪刑法定原则，它不是现代化的，但是我们从另外一个角度看，从刑法的这种设定来看，它比我们现代刑法总体上的惩罚力度要轻，在这种意义上，它的一些优点值得我们肯定。我想这是一个学术的标准，可能仁者见仁，智者见智。

第二个问题，在风险社会背景下是否需要改造犯罪论体系，在犯罪论体系当中纳入预防的内容？这和我们今天的主题并没有直接关系，但是从预防这个字眼来看我觉得还是有联系的。我的观点是不需要的。首先，我不知道我们的这个问题讲的犯罪论体系是哪一个犯罪论体系，如果按照我的划分，就是分为抗辩式的犯罪论体系、耦合式的犯罪论体系，或者是递进式的犯罪论体系。那认为它们之间并没有严格意义上的本质的区别，这个问题是在这三体系里面都是能够使用的。其次，预防是刑事政策的核心的内容，刑事政策又是刑法的灵魂。那么，在这种意义上面可以通过刑事政策的运用来实现犯罪体系的预防的主张，如果这个提问的是同学或者是我们的同行的话，可以去看看罗克辛的《刑事政策与刑法体系》这本书，这本书比较薄，是蔡桂生老师翻译的。罗克辛在这本书里面第一次系统地提出了刑事政策和刑法之间的互动关系，特别是犯罪论的一种互动关系，也是在这本书里面，有效地破除了李斯特所提出的刑法和刑事政策之间所存在的鸿沟，这本书实现了刑事政策和犯罪论体系之间的贯通。

第三个问题，现代社会是不是必然为风险社会，风险社会是不是必然会催生出安全刑法？我想，现代社会是不是必然会发展为风险社会，这一点说实话，我不清楚，但是风险社会或许是现代社会的必然产物，也可能只是一个偶然的产物。我们目前没有办法来做一个充分的分析，理论上也没有这样一种分析，但是有一点是很明确的，就是风险社会暴露了不确定性的问题，也暴露出了人的无力感，所以增加了人对外部世界的这种恐慌，所以必然会催生出对自身安全、对社会安全、对国家安全的担忧和安全的需要，因此我觉得一定会有必然增加安全刑法的要求。

第四个问题，就是在处理刑民交叉的案件时，是否应当贯彻刑法的谦抑性？这个问题很有意义，而且我认为谦抑性是有它的价值的，至少是从政治正确的层面上讲，我们刑法谦抑性没问题。但是，谦抑性理念在实践中的贯彻可能是不能够绝对化的，而是应该根据不同的具体情况。在刑民交叉的案件中，如果当事人可以解决的，我认为是可以不用刑法解决的，至少可以慎用刑法来加以解决，但是如果不能用民法来解决，那就说明不是一个民事问题，而是一个犯罪问题，这个时候就要用刑法来进行化解。

我今天非常感谢曲老师主持的报告会，我深受感动，应该说我们都是读曲老师的书成长起来的，特别是《刑法的精神与范畴》，这是在我们那个年代必读的一本经典著作。而且，我们今天的评议人都是年轻且有才华的学者，对我后续的研究提供了更好的问题意识、提供了更多的视角，我在此深深地表示感谢，谢谢大家。

曲新久教授： 好的，谢谢童老师。其他与谈人还有什么要回应吗？如果没有的话，我们的时间恰好也差不多了，正好现在九点二十分了。按照我们以往的进程，那么现在大家就都打开一下摄像头，然后我们说再见，各位老师，各位观众，各位同事，我们再见。谢谢童德华教授的精彩讲座，谢谢四位与谈人的精彩的评论，谢谢主持人的顺利的主持，我们今天就到此结束，谢谢大家，再见。

第七讲

中国刑法解释学理论体系的现代化与本土化

魏 东

摘 要：在中国特色社会主义法治体系较为完备、依法治国成为国家治理基本方略、法律解释适用受到高度重视、构建中国特色社会主义理论"三大体系"成为共识的语境下，构建中国刑法解释学理论体系的现代化与本土化不仅必要，而且值得期待。围绕这个论题，主讲人将同大家重点分享以下三方面见解：（1）以科学构建具有中国特色的整全论功能主义刑法解释学理论体系为抓手，实现中国刑法解释学"学术体系"的现代化转型；（2）以有效构建具有中国特色的刑法解释学范畴体系为主体，实现中国刑法解释学"话语体系"的本土化改造；（3）以合理诠释刑法解释学与刑法教义学之间的"同质互补关系论"并证立刑法解释学的学科独立性为视角，实现中国刑法解释学"学科体系"的现代化与本土化构建。

主持人王政勋教授[*]："刑法治理的现代化与本土化系列讲座"当中，魏东教授演讲的题目是"中国刑法解释学理论体系的现代化与本土化"。

---

[*] 王政勋，西北政法大学二级教授、博士生导师，刑法学科带头人。兼任中国刑法学研究会副会长、陕西省法学会刑事法学研究会会长。入选陕西省十大优秀中青年法学家，入选教育部"新世纪优秀人才支持计划"，"陕西省高校人文社会科学青年英才支持计划"，西北政法大学首批"长安学者"。曾先后担任西北政法大学刑事法学院院长、科研处长、发展规划与学科建设处处长等职务。主持国家社科基金项目3项，发表学术论文100余篇，出版个人专著5部、合著20余部。

第七讲　中国刑法解释学理论体系的现代化与本土化

在我看来，在刑法学当中，两个问题是最为重要的问题，一个是刑法解释的问题，一个是犯罪论体系的问题。如果一个学者在这两个领域没有真知灼见，那么他的刑法学研究可能很难达到一定的层次和水平。刑法解释在我们国家也一直是一个热点问题，像在 2000 年之前，也就是在上个世纪的时候，刑法理论研究、刑法解释更多研究的是关于司法解释的问题，也就是司法解释是否遵守了罪刑法定原则，如何遵守罪刑法定原则。后来刑法理论界对刑法解释的研究就比较多了，曾经形成过两个比较重大的理论争议，一个是关于主观解释和客观解释的问题，另外一个是关于形式解释和实质解释的问题。主观解释和客观解释，一个认为应当以立法者的意图作为判断解释结论是否正确的标准；另外一个则认为应当以解释结论是否适合当下案件的情况，是否有助于使当下的案件能够得到妥善处理，来作为考察解释结论是否正确的一个标准。这两种争议曾经双方都形成了很强大的阵营。但是到现在，目前在刑法理论界应该说没有人再支持主观解释论的立场了，大都采取的是客观解释的立场。而在客观解释内部，也就是文本和读者之间、刑法典和法官之间到底哪一个更加重要？这又形成了形式解释论和实质解释论的争论。形式解释论更看重文本的价值，而实质解释论更看重法官在适用法律的时候的灵活解释。形式解释和实质解释，目前在我们国家刑法理论界仍然是阵营分明，不同的学者分别属于形式解释派和实质解释派。

总体来看，有关解释的理论、有关刑法解释学的理论都是我们从国外引进来的理论。研究刑法解释的时候，大家经常引用国外的一些学者的观点，哈特的观点、哈贝马斯的观点、波斯纳的观点，在哲学上包括像伽达默尔、海德格尔、维特根斯坦等等这些学者，他们的观点广泛地被我们中国当代研究刑法解释的学者所争议、所采纳。也就是说，我们目前的刑法学、刑法解释学的理论体系总体上来看是一种舶来品，是从国外特别是从欧洲解释学理论当中引过来的理论。但是，从另外一方面来看，中国古代其实也是有非常发达的解释学的传统的。在我看来，中国古代的解释学跟我们刑法学有关的有两个源头。一个是经学的注释传统，像大家都知道四书五经，特别是像五经在中国古代的学术体系当中具有非常重要的地位。那么对于五经进行注释，形成了经学的注释传统。像后来朱熹的《四书集注》就成为了中国古典解释学理论的集大成者。那么像古代经学的注释传统，对于我们当代中国刑法解释学理论应该是有帮助、促进作用的。另外一个就是中国古代形成了律学的传统。大家都知道《唐律疏议》就是以中国古代的律学的方式来注释唐律，而形成了蔚为大观的中华法律体系。那么古代中国传统的刑法理论、传统的刑法解释理论和我们现代从域外引进的现代解释学的理论，两者如何结合？我想我们每一位刑法学人应该都是非常感兴趣的。所以魏东教授他今天晚上演讲的题目"中国刑法解释学理论体系的现代化与本土化"，我想应该是值得大家期待的。

关于魏东教授的学术经历在海报当中都有，我在这就不再多说，不再占用大家的时间。需要给大家特别强调的一点就是魏东教授这些年来一直深耕于刑法解释领域，他所主编的《刑法解释》这个集刊在全国刑法学界产生了非常重大的影响。好了，别的话我就不再多说了，把时间留给主讲人和点评人。下面请魏东教授开始他的精彩的学术报告，谢谢！

主讲人魏东教授：谢谢主持人王政勋教授，感谢母校西南政法大学刑法学科和石经海教授的邀请，给我提供了宝贵的发言和学习机会。感谢各位与谈人，感谢各位在线师生朋友、同仁的共同参与。我今天的发言题目是"中国刑法解释学理论体系的现代化与本土化"。提出这个论题，首先需要向大家简单地交代一下语境时代背景。在当下，中国特色社会主义法治体系已经较为完备，依法治国成为国家治理的基本方略，法律解释使用受到高度重视，构建中国特色社会主义理论学科体系、学术体系、话语体系等三大体系成为学术共识的语境下，我们应当反思中国刑法解释学理论体系的现代化与本土化构建问题。一般认为刑法解释学是法律解释学的一个分支学科，它也是刑法学的一个分支学科。因此，刑法解释学的学科体系必须符合学科体系独立性和科学性的判断标准，我们今天要谈这个问题。同时刑法解释学的学术体系在我看来就是理论体系，也就是范畴体系。这里我要解释一下这个问题，这里学术体系必须符合解释学、法律解释学、刑法学的基本原理。解释学的话语体系，它是在起码符合解释学的学科体系范畴体系前提下的语言表达的体系问题。因此对于今天这个论题，我的解读就是它首先涉及的是刑法解释学的学科体系和学术体系的科学构建和现代化转型问题，是涉及话语体系的本土化问题。我的发言安排就分为三个部分。

第一，中国刑法解释学的学科体系和科学构建问题。第二，中国刑法

第七讲　中国刑法解释学理论体系的现代化与本土化

解释学的学术体系的科学构建与话语体系本土化的问题。第三，中国刑法解释学研究范式的现代化转型的问题，因为在这个重要问题方面最后讲得多一些。

下面先谈第一个部分，就是中国刑法解释学的学科体系的科学构建问题。一般认为刑法解释学是指以刑法解释的规律和方法为研究对象的一门学科。这个研究对象、研究方法是特定的，是以研究刑法解释的规律和方法为对象的一门学科，是在刑法原理、刑事政策原理、法秩序统一原理以及法律解释学原理的指导下，对刑法立法规定进行解释使用的理论知识体系。这个概念界定强调了刑法解释学自己独特的研究对象。研究对象是刑法解释的规律和方法。研究方法主要就是诠释学方法、逻辑学方法、系统论方法、比较法学方法、历史学方法、实证分析方法等等。因此，从学科体系独立性二要素判断标准来分析，是哪两个要素的判断标准呢？一个是独立的研究对象，一个是独立的研究方法。解释学可以成为一门独立的刑法学科，但是问题在于刑法教义学与刑法解释学，它同属于规范刑法学科，并且在研究对象和研究方法上二者存在较多的交叉与重合。也就是说刑法教义学也是以刑法解释的规定和方法为研究对象，刑法教义学方法与刑法解释学方法在内容上也存在一定程度的重叠性。那么在刑法教义学已经成为一门独立学科的前提下，刑法解释学还能够成为一门独立学科吗？我觉得这是一个显性问题，必须予以解释说明。这就是我们要谈到刑法解释学的学科体系的问题。刑法解释学在学科定位上需要解决的根本问题是"刑法解释学与刑法教义学之间的关系是什么"，这个关系理清楚了，才能说明其学科体系和学科独立性的问题。了解它们二者的关系，我认为首先必须厘清两者的概念情况，解释学前面谈了概念。那么关于刑法教义学，大家都知道法教义学的概念在学术界是存在很大争议的，一般认为是很难下精确的一个定义，很难精确界定。但还是可以表达一些观念性的东西。它是按照现行有效的刑法规范和刑事法治理念为根据所构建起来的具有最大通识性和权威性的法律范畴、概念、法律原则规范命题的刑法学方法论范式和知识体系。那么比较刑法解释学跟刑法教义学的概念能不能看出它们之间的关系呢？我认为通过概念的分析和对它们的范畴体系的一些分析，还是能看出它们的关系，当中的范畴体系后面再具体说。我先介绍一下理论界的观点。对于二者的关系，理论上主要有两种观点，一种是同质关系论，就性质相同，同质关系；第二种观点是差异论，认为二者有差异。同质关系论又叫同质论，较多的学者坚持这种观点，认为刑法解释学与刑法教义学，二者都是规范刑法原理，二者都是相对于社科型法学而言的，都强调规范性，而且在这个各方面具有较大的相通性，它们都主要解决刑法立法文本的规范，诠释理解适用的问题，因此认为它们是同质的。大家知道同质性主要针对是社科型法学的阐释，而社科型法学强调的是社科知识和法学知识的综合运用。它相对于刑法解释学、刑法教义学而言，它不局限于规范诠释的特点。正因为这种解读，同质性是具有合理性的。当然，还需要指出的是在同质关系的内部还是有一定差异。有的学者主张"刑法解释学"，例如张明楷教授就明确主张叫"刑法解释学"，那么陈兴良教授主张"刑法教义学"。他们是两个代表，他们两个都说了这个相对应的一句话。我给大家简述一下，张明楷老师说："刑法教义学就是刑法解释学，不要试图在刑法解释学之外再建立一门刑法教义学"，陈兴良教授也说了一句："不要试图在刑法教义学之外再建立一门刑法解释学"，这就是同质关系内部的一个基本情况。那么，差异论认为刑法教义学与刑法解释学之间的关系不能简单地以同质关系来概括，而应当承认二者之间具有一定的差异，进而主张二者应当并行不悖，都存在并重发展，因此把它们合起来就叫做并行并重。比如说车浩教授、徐岱教授，他们基本上可以说都持有这种观点。我认为应当主张同质互补论，就是说应当承认它们在宏观上是同质的。相对于社科型法学，同质的强调规范性和刑法的解释实用，但是微观上是互补的，它是有差异的。这种差异性在哪儿呢？我们就要谈谈这个问题。一个是教义强调理论模型的构建，一个是这个强调诠释学方法的运用及动态的诠释。

我认为同质互补论这种观点可能更有利于确立刑法解释学的学科独立性。理由主要有三点：第一点，学科地位独立要素的合规性。现在不是在法律界建议强调合规建设吗，我认为刑法解释学它也具有学科地位独立要素的合规性，就是前面讲的二要素判断标准。独立的研究对象，独立的研究方法，尤其是诠释学方法，它是刑法解释学中的一个重要的方法论特色。这个特色后面我也要提，它在刑法教义学中可能会涉及或者运用，但是刑法解释学必须要突出强调，要深刻地阐释和运用诠释学方法，这一点与什么教义学明显相区分，因为诠释学的一些原理中有一些区别于教义

第七讲　中国刑法解释学理论体系的现代化与本土化

学,比如说强调动态性、解释性循环、强调有效性等。第二,宏观同质性就是宏观同质。这个我不再解释了,它们都是规范刑法学的范畴。那么在宏观同质的前提下,它的下面仍然可以建立独立的子学科群。比如刑法学下有犯罪事实方面的研究学科,犯罪学、刑事政策学还有刑法社会学,它们都是相对可以成为一个独立的学科。那么同属规范刑法学的刑法教义学,刑法解释学也可以成为独立的学科,而且这样也在逻辑上说得过去。还有在学科构建上具有相交互的途径,比如说可以将刑法解释学作为刑法教义学的主要组成部分来研究刑法教义学,这样有利于刑法教义学的扩容和理论发展。再比如说可以把刑法教义学作为广义的刑法解释学的组成部分,刑法教义学实际上在广义解释学中它就是论理解释,就是法规范内的论理解释。论理解释就是说合理性,就是符合刑法教义学原理性质。而刑法解释学的研究方法、解释方法除了论理解释以外,还有文义解释,还有社会学解释方法。宏观同质性,不影响解释学的学科独立性的确立,这是其学术价值,有利于一体化的整体学科观念的形成,就是规范刑法学科下有子学科进一步发展,体现了一种学科发展的需要。同时微观的互补性也是很重要的。前面说的宏观同质,下面讲微观的互补,因为微观的互补它强调了方法等特色,各有侧重。刚才我提到这个问题,刑法教义学如果说它更重视、更突出法规范的解释适用的静态的理论模型的构建,那么刑法解释学就更重视、更突出法规范的动态诠释学方法论的特色。这个刚才提到了,我就不过度展开,我只是想讲简单地列举一些术语。我们的听众,各位老师和同学都可以反思一下,比如说解释学方法论特色,它还有一些概念是刑法教义学中一般不用的或者用得少的,比如说事物本质、结构理解以及三个向度的原理,具体包括探求作者之原意的向度、分析文本原意的向度、强调读者所领悟之意的向度。再比如用法律解释事实和用事实解释法律的两面性原理。刚才主持人提到了重视文本还是重视法官,在解释学里面专门有法官行动决策论,后面我也会讲,这强调用事实解释法律、法律解释事实以及刑法解释的双向性、主体间性的原理,这些原理都是解释学、诠释学方法的运用,还有刑法解释的这个四域融合与对话原理等。这些一般的教科书,起码教义学的教科书中有的是没见到,有的是逐渐见到。如果说逐渐见到的话,可以说就是刑法教义原理对刑法解释学理论知识的一种借鉴,一种扩容。从学术传统也可以看得出来,刑法解释学的学

· 213 ·

科独立具有科学性、合理性，因为部门法解释学的独立学科品格已经由来已久，逐渐成为共识。比如说民法学者也主张民法解释学的结构独立性。梁慧星教授、王利明教授他们对于这方面的专注，和教材出现刑法解释学，也有学者主张刑法解释学的学科独立性。那么法解释学作为学科独立性的这个独立的学科品格由来已久，因此这个方面的论证是很容易成立的。这个问题我就分析上面的意见简单综合一下，我认为基于深化刑法解释学以及刑法教义学的学术理想，秉持同质互补论，确认刑法解释学的独立学科品格，是比较科学合理的学术立场。那么基于这样的学术立场，一方面在刑法解释学中要有意识地借鉴刑法教义学原理，并促进刑法解释学的教义化，从而更进一步充实刑法解释学的理论包容性和诠释有效性。另一方面，在刑法教义学中要有意识地借鉴刑法解释学原理，进一步增强刑法教义学的诠释学方法论内容和动态的阐释力。

下面第二个部分就是中国刑法解释学的学术体系与话语体系本土化构建。这个问题的核心是中国刑法解释学的范畴体系构建问题，因为学术体系的实体依托就是范畴体系，范畴体系构成了这个学科的学术体系，范畴体系的话语表达就是话语体系，也就是话语体系是以范畴体系为前提的，学术体系是以范畴体系为依托的。有了范畴体系的科学构建，还可能有范畴体系学术体系的话语体系本土化的构建问题。因此，第二个部分的问题我就谈两点。第一，中国刑法解释学的范畴体系到底该怎么样构建？第二，范畴体系的话语体系本土化的构建。

第一个问题，构建中国刑法解释学的范畴体系也就是理论体系、学术体系，它是以法律解释学的基本原理为法律基础，正视和解决法律解释学的一般性问题，进而提出并解决刑法解释学自身所有的特殊性的问题，就是刑法的问题。刑法解释的问题它要围绕着什么呢？以刑法解释的规律与方法这一研究对象来建构起来理论系统，同时建构具有中国特色和时代理性的刑法解释学的范畴体系，需要秉持当下时代刑法理性，借鉴吸纳法律学意义上的法解释学以及其他部门法解释学的范畴体系。法解释学的范畴体系怎么构建的，其他部门法解释学的范畴体系怎么构建的，怎样吸纳来构建刑法解释学的范畴体系，基于这样一种思路，参照法律解释学以及其他部门法解释学的范畴体系，我觉得通过筛选，认为刑法解释学的法理基础应当针对以下十三个基本问题来进行法理阐释，这十三个基本问题就是

第七讲 中国刑法解释学理论体系的现代化与本土化

基本范畴。其中,刑法解释学、刑法解释,这是两个基石范畴,基石范畴是广义基本范畴下面的那个概念。基本范畴可以分为狭义、广义,除了刑法解释学、刑法解释两个基石范畴以外,还有十一个基本范畴,依次是刑法解释原则、刑法解释功能、刑法解释类型、刑法解释立场、刑法解释限度、刑法解释主体、刑法解释权、刑法解释对象、刑法解释方法、刑法解释过程、刑法解释结论。这样加起来是十三个基本范畴。十三个基本范畴中刚才我说了前面两个更核心更具有奠基意义,因此叫基石范畴。刑法解释学和刑法解释等三个基本范畴就形成了刑法解释学的范畴体系、理论体系、学术体系。根据范畴学的原理来看,范畴学它既可以分为基石范畴、基本范畴,还可以在基本范畴下面分具体范畴,这个是泛出去的问题,我不过度展开。我只简单地举个例子,比如说刑法解释方法是基本范畴,那么刑法解释方法那个基本范畴下面还可以分很多具体范畴,比如说文义解释方法、论理解释方法、法社会学解释方法,它就是具体范畴。再比如说刑法解释对象是个基本范畴,它下面也有具体范畴。刑法解释对象中的文本称为文本对象,按其事实称为事实对象,因此,刑法解释对象这个基本范畴下面可以分为两个具体范畴,就是文本对象、事实对象。因此,中国刑法解释学的范畴体系中,基石范畴充分生成了它的研究对象和研究方法的特定性,也就是前面说的生成了刑法解释学的学科独立性。这十三个基本范畴形成了范畴体系,它就充分证明了刑法解释学的规范诠释性和限定功能性、主客体性、方法性与结论性等特性,充分证成了刑法解释学的理论品格。这样应该说实现了中国刑法解释学范畴体系的科学构建。这个问题我就简单谈这么多。

那么第二个问题就是中国刑法解释学的话语体系本土化构建这个命题的实质含义。按照我的理解,就是针对刑法解释学范畴体系的汉语表达方式、传统文化传承、中国特色社会主义价值理念和理论体系彰显的问题。你不能光用国外的语言而不顾我们的国情,不顾实践对我们理论的要求。因此,中国特色刑法解释学的话语体系本土化构建,我认为主要注意以下四个问题:第一,范畴体系的科学性问题。因为这个是第一位的问题。从话语体系的科学性来看,它既具有普适性,又具有国别性、地方性,但是应当承认普适性是最不容易忽视的一个属性。也就是说范畴体系的科学性是由事物本质决定的,而不是由它的出生地是哪儿决定的。不管它来自国内外，古代还是现代，今天都应当以科学主义、理性主义、人文精神来合理审视，任何的盲目排外或者崇洋媚外都不对。这十三个基本范畴我认为它都具有科学性的普适性和中国的实践性这样一个特点。因此，这个范畴体系是构建中国刑法解释学的话语体系的本土化的基础。第二，范畴体系的地方性与个别特色性问题刚才也提到了，在十三个基本范畴中，尽管从科学性看都可以纳入刑法解释学来研究，但是其中有的基本范畴在国外可能并不展开研究，可能就不是个问题，而在中国却应当成为重要问题，并作为不可或缺的基本范畴加以深入研究。因此，这个问题我认为就是涉及范畴体系的地方性、国别特色性的问题，它也涉及话语体系的构建问题。例如刑法解释类型、刑法解释主体、刑法解释权这三个基本范畴，我认为在中国就具有不同于外国的重要性。因为中国刑法实践中大量存在立法解释、司法解释，因此，中国的刑法解释类型就有立法解释与司法解释、有权解释与无权解释之分。当然国外的刑法理论中有的学者也提出了有权解释、无权解释，但是没有中国刑法解释学对这个点的重视度高。中国的刑法解释权就有立法解释权、司法解释权之别。中国的刑法解释主体也存在立法机关、最高司法机关、法官、学者等不同。这就充分体现了范畴体系的地方性与个别特色性和话语体系构建的本土化的问题。第三，范畴体系的语言表达方式问题。这十三个基本范畴中，汉语表达方式的选择应当说是部分体现了国别文化、传统文化、语言哲学等内容。这个确实需要在研究中国特色刑法解释学的话语体系本土化构建中予以特别的考量。例如，解释与解释学这个称谓问题，在汉语中就有诠释学、阐释学、注释学、解释学等不同表达方式，这方面的语言学研究、哲学研究、解释学研究、规范法学研究以及民族文化学研究都很多，也取得了丰富的成果。我看到这方面的文章比较多，直到现在还经常发现这样的重量级文章，这就需要我们深刻地论证。刑法解释学的话语体系本土化构建的充分理由就利用各个学科来论证它。再如刑法解释方法这一基本范畴，这个基本范畴表达方式很多的，比如说有的把它理解为是解释理由、解释技巧，还有把它解读为解释规则、解释依据，有的解释为解释要素、解释路径，它的称谓也很多，这确实需要我们去斟酌取舍。在这一基本范畴之下，刑法解释方法之下还有很多具体范畴，也就是说具体的刑法解释方法，刚才提到的文义解释，还有德国的四分法，文义解释、体系解释、历史解释、目的解释，具

第七讲 中国刑法解释学理论体系的现代化与本土化

体范畴、具体解释方法很多。我们国家的刑法学者提出的具体解释方法我也有统计,我看到其他学者也有统计出多达十几种、二十几种,有的学者认为是三十几种、四十几种。那么到底规不规范,到底符不符合我们的话语体系本土化的要求,这个确实需要特别考量。第四,范畴体系的科学性、国别特色性与语言性的适当兼顾,既要兼顾科学性、普适性,也要兼顾它的国别特色性以及语言学、语言哲学本身的发展规律要求。因此应当反对两个极端的做法,比如说以科学性为借口而否定国别特色性和语言表达方式的适当考量,反过来也应当反对以国别特色性、语言表达本土化为借口而背离了科学性。因此第二个大问题我就谈这么多。

下面我就谈最后一个部分,就是第三个部分——中国刑法解释学研究范式的现代化转型问题。这个问题我认为研究范式又叫学术范式、理论范式,它的现代化转型是以中国刑法解释学的学术体系理论体系现代化转型的。关键内容是什么?就是要范式转型,学术范式研究范式。因为研究范式的新旧不同,决定了学术体系的新旧差异,科学性、合理性都受到影响。研究范式的现代化转型,它就决定了学术体系的现代化转型的根本方向。因此针对中国刑法解释学的学术体系现代化转型这个命题,我认为必须围绕着研究范式的现代化转型来展开。那么如何进行研究范式的现代化转型?我给它四个字叫做"鼎新革故"。这四个字我就谈四个问题。第一个问题,当下中国刑法解释学的研究范式之争。这个研究范式之争,刚才主持人王教授已经提到了,做得很好。那么我的观察结论也是这样。本世纪以来,刚才王教授说到了上世纪末,中国刑法解释学研究主要展开三个维度的学术之争,哪三个维度呢?就是刑法的形式解释与实质解释之争。这个在我看来就是解释限度之争。当然这个概括有很多的这个说法。那么解释限度之争有的时候是形式正义与实质正义的争论。第二个是主观解释与客观解释之争,这个在我看来是解释立场之争。第三个是传统刑法解释论与功能主义刑法解释论之争。这个按照劳东燕教授的概括,就是解释范式之争。前面在介绍中简单说了就是如何看待当下中国刑法解释学三维学术之争,我注意到目前较有影响的一种看法是认为通过刑法的形式解释与实质解释之争,逐步形成了较具有折中色彩的刑法解释学命题,也就是说在刑法的保守的实质解释与开放的形式解释之间形成了某种共识性的刑法解释结论。按照邓子滨研究员的说法,就是由此形成了中国刑法解释学的大体一致的一种效果，那就是对中国大陆当下司法状况的判断基本一致，提出的解决方案也大体一致，我把它抽象概括为中国刑法解释学的大体一致的有限教义化，我认为它体现了这样一个一致性，同时通过刑法的主观解释与客观解释之争，逐渐形成了统一的认识，并走向刑法的客观解释论，这一点结论跟王教授结论是一致的，也与我们与谈人中的很多看法是一致的。因此可以这样说，传统刑法解释论范式具体包括了刑法解释限度范式、刑法解释立场范式的一些内容，作为共同的内容，成为传统刑法解释范式的有机组成部分，与功能主义刑法解释学范式相对应，从而形成了传统刑法解释论与功能主义刑法解释论之争。对此我国学者就认为在现在的争论中，应当主要归结为传统刑法解释论与功能主义刑法解释论之争，把形式解释与实质解释之争、主观解释与客观解释之争放在传统刑法解释论与功能主义刑法解释论之争的延长线上考虑，这样的考虑就应当肯定发展方向是功能主义刑法解释论。这就是当前功能主义刑法解释论的一个基本观点。

这个结论我是比较赞成的，我觉得也是比较客观的，也是基本立场正确的，而且我认为具有重要的学术价值和启发意义。也就是说我们必须从传统刑法解释学所形成的形式解释与实质解释之争、主观解释与客观解释之争走出来，走向功能主义刑法解释了。那么功能主义刑法解释论必须以功能主义的立场来审视传统刑法解释学存在争议的解释限度、解释立场等一些解释问题。例如解释限度问题，就应当超越形式与实质之争，采用语用主义的国民预测可能性说来实现、来限定刑法解释的合法性空间。再如解释立场问题，也应当超越主观解释与客观解释之争，采用结果与方法并重整全论的功能主义来实现解决中国问题，提出中国方案的那种功能。就说功能主义刑法解释论，它要超越传统的刑法解释学的争论，以功能主义来代表，这就是我的第一个问题。第二个问题，功能主义是不是万能的呢？我认为第二个问题主要讲功能主义刑法解释学还存在内部的争议，那就是旧学与新学之争。这个争论我在论文中，我表述为原初的功能主义刑法解释论与整全论功能主义刑法解释论之争。也就是说原初的功能主义刑法解释论我称为旧学，整全论功能主义刑法解释学我把它称为新学。那么原初的功能主义刑法解释论应当说是机能主义刑法理论的重要内容，有的叫功能主义机能主义。从刑法解释学的原理考察，这个功能主义刑法解释

第七讲　中国刑法解释学理论体系的现代化与本土化

论最早是由日本刑法学者平野龙一上个世纪60年代提出，经由日本的前田雅英、德国的罗克辛等众多刑法学者近半个世纪的共同努力，在上个世纪末本世纪初以来获得了很大的发展，成为当代德日刑法学的一个的重要理论流派。一般认为功能主义刑法解释论是在反思传统的认识论、方法论的刑法解释论的基础上，运用功能主义刑法理论及其内涵的功能主义社会学分析方法、刑事政策分析方法、现实主义法学与精炼法学的利益衡量论等理论知识，从法哲学根基上对传统刑法解释学刑法解释论进行理论改造所重塑的新的刑法解释论。它的重要命题是提出了从体系性思考转向问题性思考以及刑法技能的可替代性、刑法的谦抑性、法官决策行动论、判例的立法基论、国民参与司法论等一系列主张。其中，法官决策行动论与问题思考以及实质犯罪论互为表里，构成了机能主义刑法理论的法哲学基石。就这三大理论以及简称三大法哲学基础命题，那就是什么呢？法官决策行动论、问题性思考、实质犯罪论，这个旧学的三大法哲学技术命题，我把它的内容抽象归纳为三大块、三个维度：方法论、刑事政策论、司法公正论这样三个维度。我的观察是它从产生的开始就面临着尖锐的批评，在德日都有，尤其是日本。这个批评的意见情况主要是这样的，第一个批评方法论的问题可以这样说，对于功能主义刑法解释论的批判主要就是方法论的批判，认为方法性与方法体系性的问题是功能主义刑法解释理论的最大问题，它在基本立场上忽视了刑法教义学方法和刑法解释方法及其体系性的问题，将问题思考作为结果取向性思考，而忽视了体系性思考能够从体系上形式上制约刑罚的范围，如果制约不了就不利保障人权。它也忽视了问题思考必须以体系性思考为前提的问题，因为不提供体系性思考，不提供方法体系性，问题性思考就只能是无秩序的概念大杂烩，因此最终仍然需要回到体系性思考。那么这是第一个批判方法论。第二个批判是刑事政策论。旧学提出刑法的首要机能是保护法益，简称首要机能论，而且它认为不光是保护法益，而且主要是通过积极的一般预防来实现这一首要机能，这个叫做"积极的一般预防论"，就说它不是关心特殊预防，而是一般预防。那么这个理论，日本学者认为它在根基上缺乏经验或现实的验证，也不符合现代刑事政策理性。因为现在刑事政策理性强调这个刑法它既要预防犯罪，要特殊预防、一般预防，既要讲预防，还要讲报应，还要讲刑法的正当性处罚根据。因此认为它扩大刑法处罚范围、违反刑法的人权保障机能的突出问题。我注意到，我国学者包括部分功能主义刑法解释论的学者，直到现在还坚持这种观点。这种首要机能论一般预防的观点就不过多展开，我觉得这个是值得反思的，因为自上个世纪以来，日本学者、德国学者都反思过这个问题，我们现在还在想这个问题，这就值得反思了。比如说现在有学者提出来合目的性是功能主义刑法解释论的重要范畴，那么主张在立法决策不清晰的情况下，刑法解释需要根据刑事政策的要求，从预防必要性的角度来权衡和斟酌不同的解释结论所可能导致的结果，从而直接将刑事政策合目的性就转换成了合预防必要性，甚至说预防必要性不是笼统的预防，而是主要指一般的预防，这样的话就主张了政策终归是以预防与控制犯罪作为自身的核心任务，以秩序作为追求的价值目标。那么这个所使用的刑事政策概念主要就是方法论意义上的等同于合目的性的考虑，这种观点我认为它不但在整体上忽略了刑事政策合目的性的应然的内容、合目的性，我认为包括秩序，还包括自由公正效率。如果只考虑秩序，而且秩序都没考虑完，只考虑了秩序中的一般预防的秩序，这样的话导致了很容易倾向于秩序和一般预防，而损害人权和其他的价值，包括公正效率价值。因此接下来第三个问题就是司法公正论，以法官决策行动论、判例拥护理论还有判例的立法机能、国民参与司法等为典型代表。那么批评者就认为不能放松对法官形成的判理偏理方向的警惕，尤其是在社会价值取向日益多元的时代，这个原宿的功能主义刑法解释论，它的系列主张应当说难以实现刑事司法中体现国民意识的立法宗旨，它并不能确保司法公正的有效实现。其中的最大批评，比如说法官决策单向性决定结果，法官决策单向性的决定结果给人的感觉是偏激的。那么现在逐渐有更多的学者认为自觉的做法应该是法官决策行动与有效性，审查行动应当双向进行。也就是说法官自己既要依法裁判，还要审查法理，还要向法学理论学习，并反思有效性问题。

综上，反思原初的功能主义刑法解释论的三大法则，基础命题的功能主义。刑法解释论应当说逐步形成了新说，新说可以简单地概括为就是整全论功能主义刑法解释。怎么理解呢？我简单谈刑法整全论功能主义刑法解释学的核心命题。因此，第三个问题我就谈整全论功能主义刑法解释的核心命题。这个核心命题我认为有三个子命题：第一个就是结果与方法并重整全论。这个核心观点就是说它反对原初的功能主义刑法解释论，而是

第七讲　中国刑法解释学理论体系的现代化与本土化

主张从旧说的后果取向主义走向结果与方法并重整全论。这样一个就是说既要重视结果，还要重视方法。因此，它不是片面的、简单的，而是坚持体系性思考和问题思考的并重整全论的思考。刑法解释论既要坚持结果的功能主义，也要坚持方法的功能主义。要充分发挥刑法解释方法群对刑法解释结论合法性、合理性、合目的性等三性同一体的功能，这样真正实现从偏重合目的性的功能主义立场转向整体有效性的功能主义立场。因此整体有效性的功能主义立场就是整全论功能主义刑法解释论的重要的一个主张。当然整全论功能主义刑法解释论，它主张除了整体有效性的功能主义立场以外，它还强调刑法解释方法的体系性。第二个就是刑法解释方法确证功能体系化命题，也可以简称为刑法解释方法体系化命题。那也就是说要从旧说的合目的性独断功能走向新说的合法性、合理性、合目的性的三性统一体有效性的刑法解释方法体系化。也就是说，不能只强调合目的性，还要强调合法性、合理性。我简单说一下，合法性制定是符合法律规定的条文形式和实质的含义。合理性强调符合的是刑法教义学原理和目的性，强调的是刑事政策的目的和目的性形成的价值目的性。那么刑法解释方法具有确证功能，它就是对刑法解释结论的有效性的确证功能。刑法解释结论的有效性是由三性组成的，就是合法性、合理性、合目的性，而且要三性同一体，它才能达到有效性。因此刑法解释方法体系化命题，它的基本逻辑主要有两个。第一个逻辑是单一刑法解释方法的功能单一性和有限性，就说一个解释方法，它的功能是有限的，是单一的。比如说文义解释方法，它的功能是单一的，它只是解释解决合法性问题，它解决不了合理性、合目的性。换过来论理解释方法它只能解决合理性，它解决不了合法性和合目的性的一些问题。同样的道理，刑事政策解释方法它能解决合目的性问题，但是它不能解决合法性和合理性的问题。因此，第一个逻辑很重要，就是单一刑法解释方法的功能单一性和有限性。也就是说不同方法不同功能，单一方法单一功能，它要否定单一方法万能论。这个就涉及到刑法的文义解释方法的问题。我个人认为刑法的文义解释方法它只确定合法性，它只在解释限度方面，它能够解决有效性问题，它单枪匹马不能够解决结论的合理性和合目的性的问题。

我特别指出的是，我们今天的主持人王教授对刑法解释的语言学研究很有造诣，他在区分语义解释与语用解释的基础上深刻阐释了刑法解释的语言学问题。不过在我看来，语义解释和语用解释在本质上同属于文义解释方法理论工具，都是语言学。因此在刑法解释学上只能解决文义解释方法的合法性问题。解释限度的问题就是说叫做合法性限制问题，根本无法解决合理性、合目的性的问题。这也是单一方法单一功能否定单一方法万能论这个命题所包含的一个基本结论。但这个问题我也向主持人王教授请教，也向各位与谈人提出来请教。再比如说刚才说的论理解释方法、刑事政策解释方法，都是这样一个情况。它们这三大类当中分类的问题是另外一个问题，文义解释方法、论理解释方法、刑事政策解释方法这三大方法，它们只能够齐心协力地共同发挥其各自的确证功能的作用的时候，刑法解释方法群的三种确证功能才能立体地一体化地发挥出来，才能周全地确证刑法解释机能的有效性，这是第一个逻辑。第二个逻辑，刑法解释方法群的功能体系性和整全性。也就是说刑法解释方法群的功能性是关联的，还有关联关系。怎么确定关联关系？那就是刑法解释方法体系化命题的重要的一个任务，也是重要的一个内容。对于此，我要讲几点，我只讲观点不展开。第一点刑法解释方法确证功能体系化是指文义解释方法、论理解释方法、刑事政策解释方法的确证功能的体系化。文义解释方法它确定解释结论合法性底线、技术价值和合法空间的功能，它是不能突破的。你可以用语用解释论、语义解释论，你可以确定它的解释限度，尽量扩张以确保这个它的包容性，但是你不能突破它的解释限度。因此后面的论理解释方法刑事政策解释方法，它是在这个文义解释方法决定的合法性底线基础上在求证最优化的价值，它有一个前提，就是合法限度可包容的范围内来决定这个前提。因此第二点就是这个文义、论理解释和刑事政策解释，它们是广义的论理解释方法，它们具有的是优化价值的求证功能。它有一个前提就是合法限度和包容的优化价值，这是个前提，是个重要命题。那么第三个逻辑就是解释性循环并不否定解释方法体系化命题，解释过程可以进行解释性循环。这个我不展开。这次讲的第二个命题就是刑法解释方法体系化命题。第三个命题，司法公正相对主义。核心观点就是说要从旧说的法律公正一元论走向新说的司法公正相对主义，因此旧说我认为它是绝对公正论、司法公正绝对主义。什么叫绝对主义呢？就是说它把司法公正跟立法公正相混统称为法律公正，因此司法上法官要强调法律公正，立法上没有规定的怎么办呢？那就司法上把它填补起来，哪怕有漏

第七讲　中国刑法解释学理论体系的现代化与本土化

洞。因为法律公正一元论嘛。所以说法官决策行动论了，它就没注意到这个问题。但是大家知道罪刑法定原则的根本就是法无明文规定不为罪，法无明文规定不处罚。法无明文规定的话根据法官对法律公正的理解绝对论的理解，法官造法，以立法者自居与公正的司法者自居来把一个刑法没规定的行为定罪，这是不符合罪刑法定的基本要求的，因此要强调司法公正相对主义，就是说只能基于刑法的明文规定的司法公正，而不能基于法律公正的绝对论强调立法公正来判案。不是说不考虑立法公正，而是立法公正应当适当靠后，应该强调立法的明确规定基础上的司法公正，这就是司法公正相对主义的重要含义。因此它又叫法律公正二元论、领域论。区分立法领域还是司法领域，区分是立法活动还是司法活动，这就是法律公正二元论法律公正相对主义的基本的观点。因此，法官决策行动论要转变为法官决策有效性，法官要审查你的行动符不符合最起码法律的要求，而不能简单地以立法者自居，以这个公正的使者自居来定案。因此，基于司法公正相对主义立场的话，法官决策行动的有效性的命题在理解的时候应当注意三点。第一点，司法公正相对主义意味着立法公正价值相应的必须隐退幕后，法官造法判定的立法机能就必须在司法上的犯罪化的方向上被禁止。当然在非犯罪化司法上，非犯罪化是可以的。第二点，基于司法公正相对主义的立场，必须适当克制法律公正价值论、一体论的观念冲动。这个要注意审查立法公正与司法公正之间的紧张关系，要进行一种价值权衡，追求最佳的整合状态。那么这种司法公正的相对主义立场，它强调是在合理的限度内能够有效地适应积极刑法观的时代要求，这个积极刑法观因为是现在很大影响的一个刑法观，它主要指的是积极刑法立法观，刑法立法活性化等刑法立场观。有的学者还提出了积极刑法司法观以及能动司法观，还有功能主义刑法解释观，我就觉得功能主义刑法观它可能能够有效地统和这些积极刑法司法观、能动司法观、功能主义刑法解释论这些观点，比如说积极刑法司法观，与谈人付立庆教授在几篇论文中谈到这个问题，但是他的原话用的不是积极刑法司法观。这个我也跟付教授请教，在不可避免的供不应求的现象下，能动的司法者所能够施展的空间，但是我注意到付教授，他强调了在罪刑法定主义的总体框架下来谈积极主义刑法观应当尽可能地实现刑法在个案处理中的妥当性、合理性这些说法都没问题的，其中提到能动的司法，我对刑法领域的能动司法观的理解是持保留态度的。我认为主张整全的功能主义刑法解决论可能能够更合理地解决刑法司法的立场问题。因为，一方面强调这个问题思考后果取向主义主要解决问题，另外强调体系性的思考、整全论的思考，因此能够有效地纠错，防止两个极端，一个极端是走向机械主义，就是利用刑法教义学的一些滞后性教条的理解法条；另外一种就是过度的扩张，甚至通过这个跨越罪刑法定主义的栏杆作用进行了定罪处罚。

我举两个例子来结束发言，你比如说针对女性实施的肛交、口交行为，有的学者就认为可以定义为强奸罪，他的理由就是基于后果导向主义的立场，就是说后果取向性和问题性思考，因为它跟其他的自然强奸所带来的法益的侵害有过之而无不及。但是这个结论从整全论、功能主义、刑法解释原理的审查的话就不能这样理解处理，因为刑法明确规定了强制猥亵、侮辱妇女罪。在这种情况下，这种行为应当说基于合法性的整体有效性的考察，那就应该定强制猥亵、侮辱妇女罪。再比如说针对毒品犯罪的犯罪所得及其收益，行为同时实施了无偿转移和转账支付等行为，由于我国《刑法》第三百四十七条专门规定了窝藏、转移毒赃罪，这是毒赃，你把1000万收到家里面，把另外1000万收到朋友家里面，再把另外1000万转账支付给另外一个朋友，就这样一个一系列行为，我们的司法判决中认为它构成了两个罪，一个是窝藏、转移毒赃罪，一个是洗钱罪，并且实现数罪并罚。这个是真实的案例，就是最高人民法院和中国人民银行去年发布的关于洗钱的典型案例。但是在我看来，从法律来看，从整全论、功能主义刑法解释论来看，无偿转移支付和转账支付七类上游犯罪，就是那个洗钱罪的七类上游犯罪的犯罪所得及其受益的行为都应该只构成洗钱罪。也就是说《刑法》第三百四十七条虽然对毒赃有特别规定，但是我们应该注意七类犯罪，它应当做法律上的一种合理性的解释。窝藏转移毒赃的行为实际上也具有洗钱性质，按照张明楷老师的解释，把它解释为洗钱预备行为是可以的。比如说你先把钱收在家里面，下一步转账支付或者转移出去，那么窝藏就是提前做的预备行为，那转账支付是实行行为，同时实现这个一连串行为的话，根据一连串行为的理论，应该只定一个实行行为的罪名就够了。因此，我认为根据功能主义刑法解释论、整全论就指定一个洗钱罪就够了。当然也有利于防范刑法教义学的倾向，这个尤其是能够有效弥补刑法教义学传统的滞后性的不足。我觉得最典型的就是广西南宁连

第七讲　中国刑法解释学理论体系的现代化与本土化

环教唆杀人案，教唆没成功。一个老板跟另外一个老板有仇，第一个老板就教唆一个杀手说300万，你就帮我找个人把他杀了，然后第一个杀手又转包200万，第二个杀手又转包给第三个就是100万，第三个转到第四个好像也是几十万了，最后一个就只有20万了，最后那个第五个杀手就没去杀了，就去向被害人报告了，最后案发，这个案子最终法院是判决连环教唆的人员都构成故意杀人罪。那么这个案子没有实施杀人行为，但是都实施了教唆杀人的行为。那么到底符不符合我们共同犯罪那个教唆犯条款，到底符不符合被教唆的人没有犯被教唆的罪？对于教唆人，可以从轻或者减轻处罚，到底需不需要被教唆的人着手实施了被教唆的罪这样一个理解。我们现在学术界很多学者都是主张要着手，那么如果按照这种理解的话，我认为这是教义学的这个任务可能还有待完成。但在解释学上，有的从解释学上也得出来这个结论，就是不处罚的结论。而我认为从功能主义解释论来看的话，它就应该予以定罪处罚。那就是要借助刑法教义学的原理，包括就限定的可罚性与可归责性，针对重大法益，尤其是故意杀人这种针对生命法益，重大安全法益的教唆未遂行为，我觉得应当予以一定的处罚。那么针对小偷小摸这样的一般的行为教唆，我认为应当否定这种情形下的教唆未遂行为可罚性和归责性。那么这样的理解可能就更合理，有利于解决，有效弥补刑法教义学传统的一些滞后性。好，我的发言就这些，谢谢大家！

王政勋教授：谢谢魏东教授一个多小时的非常精彩的演讲。我想包括我在内的所有的听众、与谈人应该都收获很多。在几位与谈人与谈之前，我先回应一个小问题。刚才魏东教授谈到了我的那个语义解释、语用解释两者结合的问题。在我看来，魏东教授所谈到的论理解释方法、刑事政策方法这些当然都非常重要。但是在我的观点当中，这些方法都是语言外语境的因素，比如说像政治、经济、文化指导思想、刑事政策等等，这些是语言外语境因素。这样的情况进入到了法律解释的过程当中，并且最终参与了解释结论的形成。当然法律的语言分析有它的长处，它长于问题解决，但是也有它的短处，它短于体系构建。这是我的一点小感想，和魏东教授交流。

那么接下来我们进入与谈环节。第一位与谈人是北京师范大学法学院的副院长、博士生导师阴建峰教授，请阴建峰教授与谈，谢谢！

刑法治理的现代化与本土化·讲演录:(一)

阴建峰教授*：好，谢谢政勋老师，也特别感谢西政刑法学科以及经海教授的邀请，很高兴有机会参加今天晚上的讲座。今天主讲人魏东教授是我的师兄了，我在人大读硕士的时候他在读博士，当时就对他的学术造诣应该说十分敬仰了。这些年来应该说魏师兄实务干得好，学问做得也很棒，始终是我的楷模。今天听了魏师兄的讲座之后确实又有了新的收获。魏老师他讲了三个问题，一个就是中国刑法解释学的学术体系。就各体系的科学构建的问题，实际上明确主张刑法解释学可以成为一门独立的刑法学科，并且认为刑法解释学与刑法教义学之间是一种同质互补的关系。第二个就是中国刑法解释学的学术体系的科学构建与话语体系的本土化的问题。第三个就是中国刑法解释学的现代化转型的问题。基于鼎新革故的理念，分析了中国当下刑法解释学的研究范式之争。立足功能主义刑法解释学，同时在此基础之上创新性地提出了所谓的整全论功能主义刑法解释论，听了之后确实是让人耳目一新了，也可以感受到魏东教授这些年来始终在刑法解释的领域深耕细作，不仅取得了丰硕的成果，而且在很多问题上有独到的见解，很有建树了。我这里想结合自己的学习的体会简单地谈三个困惑，也利用这样一个宝贵的机会向魏师兄请教。

第一个困惑就是我们关于学科的分类现在越来越细，实际上我的困惑也是关于这样学科分类的问题了。我们知道现在的大学实际上有三大职能，那就是人才培养、科学研究和社会服务。学科是大学有效地完成这些职能的载体。我知道美国的学者伯顿克拉克在他的高等教育新闻因素当中就提出来，可以从三个不同的纬度来阐释学科的含义。首先就是从创造知识和科学研究的角度来看，学科是一种学术的分类，决定科学领域或者一门科学的分支，是相对独立的知识体系了。今天魏师兄讲的实际上主要是从这个维度来阐释刑法解释学它的一种独立性。再有就是从传递知识和教学的角度来讲，学科就是教学的科目。从大学里承担教学科研的人员来看，学科就是学术的组织了。应该说这是学科生成的基本的含义，在不同的场合、不同的时间体现不同的内涵。结合学科的含义来看，确实是我们

---

* 阴建峰，北京师范大学法学院副院长、教授、博士生导师。《刑法论丛》副主编。兼任中国刑法学研究会常务理事暨常务副秘书长、中国法学会立法学研究会理事、中国廉政法制研究会理事等。主持国家社科基金重大专项等各类科研项目10余项，独著、主编、合著专业著作百余部，发表论文150余篇，教学科研成果曾10余次获得省部级以上奖励。

第七讲　中国刑法解释学理论体系的现代化与本土化

今天所讲的刑法解释学或者说刑法教义学，的确可以称其为独立的学科。进一步来说，学科的细分确实也有它的好处，就是当问题特别宏大的时候，我们往往无法聚焦，甚至没有办法进一步的思考。如果把问题缩小，似乎也就简单了很多，也就更具体了。学科细分的重要性也许就在于它可以让问题更聚焦、更简单、更深入。说到这里，我也想到了庄子在天下篇当中有一句寓言了，就是人类思想的发展一开始混沌不分的，到后来越来越分越细，以至于"吾生而有涯也，而智也无涯也"。就是一个人穷其一生可能不一定能将一门细分的学问搞透。庄子将这个过程称为"道术将为天下裂"。实际上人类思想的发展我想大体如此了，从西方来看也是一样。从苏格拉底、柏拉图开始，到后来的亚里士多德，他们都是通识型的智者，什么都研究，简直就是大百科全书。但是后来的思想开始不断地分化，在中国出现了百家争鸣，在西方也一样，后来再也没有出现那样的通识型的智者，知识体系在不断地分化。可能这就是一个更不可逆的趋势。但是学科是不是越分得越细越好呢？实际上我个人感觉学科细分也存在一些问题。以医学为例，由于科分得太细导致了医生的眼中患者成了器官，我们原来强调的望闻问切变成了大堆的检查单，重视症状去忽视整体分析。那么其他的学科包括我们法学会不会存在类似的问题？我想可能这当中又涉及到学科和科学之间的关系了。科学自身的规律决定了学科的规律，科学的发展决定学科的建设和发展。科学研究它是以问题为基础的，最有问题的地方就会有科学研究。学科它则是科学研究发展成熟的产物了，并不是所有的领域最后都能发展成为学科。如此也可以看出来，学科它是以规范化为目标的，在时间上，就像刚才魏老师提出来的，是滞后于科学发展的；在空间上，它相对于科学研究来说是不连续的，仅仅是若干科学领域科学研究领域的一个结合了。具体来讲，我们今天在这里讨论刑法解释学亦或是刑法教义学到底是不是独立学科，实际上我想的应该是发端于我们对相关刑法问题的科学研究，是为了解决司法实践当中具体的问题。我有时候就在想我们有时候是不是过于纠缠于一些技术性的细微末节，而忘了我们从事科学研究的目的，就像有一首歌唱的，"多少人走着走着就忘了来时的路"，要知道庄子尽管他说"道术将为天下裂"，但是他改善的就是在这样的情况之下，"天下之人各为其所欲焉，以自为方。悲夫！百家往而不反，必不合也"。就是说天下的人都为自己的喜好偏自于自己的方数，这种百家的学术走向一段路却不知道返回正道。在他来看是不可取的，他更强调的是回到原初的道。所以从这个角度来讲，再回望我们自己的学术研究，是不是也会存在这样的问题了？每一个学科的知识都是独特的，这显然是的，但是并不是独立的。我们每个人将自己的精力局限到一个学科的某一个局部，肯定是更专了，但会不会因此遮蔽了自己的视野，忽视了对科学问题的整体性、综合性的考量？这是一个困惑提出来。

　　第二个困惑就是关于刑法解释学和刑法教义学的关系的困惑。就像刚才魏师兄提到的这个问题，确实在我们刑法学界有很大的争论，这些学术大佬们都表达了自己的立场。刚才魏师兄也提到，比如陈兴良老师，他就认为刑法教义学是刑法知识的教义学化，包括对刑法的信仰、解释刑法的方法和以刑法为逻辑起点的一种知识的体系。但是刚才魏师兄说他是一种同质论者，但事实上据我了解是不是并非如此的，陈兴良老师是不是更强调刑法解释学和刑法教义学之间的一种本质区别？他是认为这种区别是有着举足轻重的意义，不是无聊的文字游戏。当然相对于陈老师的这样一种观点，确实是也有很多学者并不认同两者之间的区分，实际上也因此质疑刑法教义学的一种真正价值了。比如说他就认为刑法教义学和刑法解释学两者之间含义一致，并认为我们刑法学界已经有了规范法学、法解释学等等这样的概念，没有必要引入一些洋名词。同样的观点，像刚才魏师兄提到的张明楷老师同样就认为两者之间并没有太大的差别，认为将不要以为将刑法解释学更名为刑法教义学之后，我们的刑法学就向前迈了一大步。他是认为刑法教义学原本就是刑法解释学或者说狭义的刑法学，德日刑法学者所撰写的教科书当中的刑法学就是刑法教义学或者说也是刑法解释学。当然对这个问题我自己没有太多研究了，不然这两年写文章的时候也常常关注教义学分析，但实际上是挂着教义学的"羊头"卖着解释学的"狗肉"，确实这也是学术研究大环境使然。但是从个人朴素的法感情出发，我还是倾向于认为两者之间实际上是统一的一致。我赞成一些学者的看法，就是双方的争议似乎源于我们对刑法解释学它含义的一种界定。如果你把刑法解释学仅仅从狭义角度来理解，理解为注释刑法学的话，那当然它们之间是有差别的。但是如果从广义的角度来理解刑法解释学，就像刚才魏师兄所阐释的那样，那么两者之间可不可以等同视之？实际上从刚

第七讲　中国刑法解释学理论体系的现代化与本土化

才魏师兄的解读来看，刑法解释学当然也有它的理论性，也有它的知识谱系，也不乏对法规范的尊重甚至信仰。所以魏师兄所主张的两者之间是同质的我完全认同。但是我感到困惑的就是魏师兄他作为刑法解释学的集大成者，没有进一步地拓展刑法解释学业的学术领地，而是认为两者之间还存在着互补的关系，也就是说宏观同质微观互补的统一。那么为什么刑法解释学与刑法教义学在微观上互补，还存在互补的关系，还要并重并行，而不是两者之间可以互相取代，甚至就直接以刑法解释学来取代刑法教义学？我不是太理解魏师兄刚才给的理由，因为两者之间不同之处似乎就在于具体方法论上的所谓的特色性差异。也就是说刑法解释学更重视更突出规范的动态诠释学方法论，而刑法教义学更重视更突出规范静态的理论模型的建构。但是所谓的更重视更突出，是不是也是相对来说的只是程度上的差异。这种差异我就怀疑是不是就是一些技术性的东西。即便是有这样的一些所谓的特色性差异，以我们既有的术语来替代舶来用语，难道不是更为本土化吗？这不就是一个本土化改造的过程吗？对，这是我的第二个困惑了。

第三个困惑就是关于魏师兄提到的整全论功能主义刑法解释学的困惑。在魏师兄看来，整全论功能主义刑法解释学的核心命题有三个，刚才提到的，一是结果与方法的并重的整全论，二是刑法解释方法确证功能体系化，三是司法公正相对主义。听了之后确实感觉魏师兄的理论功底非常的扎实，思辨的色彩很浓，但是确实整个听下来也比较烧脑了。当然这个理论是用来解释具体问题的。我这里还是结合魏师兄自己刚才提到的例子来谈一点，来说明一下我的困惑了。比如说刚才魏师兄提到针对毒品犯罪的犯罪所得及其收益，行为人同时实施了窝藏、转移和转账支付这样的行为，按照魏老师刚才整全论功能主义刑法解释得出的结论应该构成洗钱罪。这个结论我也认同，但魏老师认为解释原理当中要融入合理性、合目的性和整体有效性的功能主义审查，不能简单地套用法条主义。但是实际上给我的感觉好像就是置合法性，也就是置我们的法条的规定于不顾，置罪数论，也就是基本的理论也不顾，似乎单单地注重了合目的性的一种功能主义审查。因此，我感到困惑的核心的问题就是整全论功能主义刑法解释学在具体解释的时候到底有没有统一的标准，有没有内在的逻辑？尤其是您讲到的是那种体系性的架构，这种体系如何来把握和理解所谓的三性统一体当中，也就是合法性合目的性合理性，它们之间究竟如何来，尤其是当它们发生冲突的时候，究竟如何来取舍？它们之间有没有位阶次序的选择？总体来讲，今天听了魏师兄的这个讲座之后确实收获良多，当然也产生了一些困惑，利用这样的机会也求教于魏师兄以及各位学界同仁。谢谢！我的发言完毕。

王政勋教授：谢谢阴建峰教授的与谈。他所提出的问题，魏东教授应该有精彩的回应。那接下来我们邀请中国人民大学法学院的博士生导师付立庆教授与谈。

付立庆教授[*]：好的，感谢主持人。感谢尊敬的石经海老师的邀请。这两年我实际上刻意地减少了露面的机会，推掉了很多线上的主讲、评论、主持等活动，觉得自己过得很踏实。不过魏东老师是老朋友了，还对我有过实实在在的帮助，因此我还是答应了参加这个讲座，也有了参加西政刑法学科学术活动的第一次机会啊，这也是很难得的。首先我要对魏东教授常年深耕于刑法解释学孜孜以求、锲而不舍，对于刑法解释学学科体系的构建、话语体系的构建以及研究范式的转型等所付出的努力和取得的成就表示钦佩和祝贺，这是值得后来者尊重和效仿的研究范式，也是成为一名大学者的应有面貌。我对魏东教授今天所讲的大部分结论都是赞同的。在这个前提下，我围绕主讲人所讲的第三个问题，也就是刑法解释学研究范式的现代化转型问题，就以下几个具体的问题表达对他观点的理解，顺带表达自己对这个主题的粗浅的看法。

第一，功能解释需要实质解释。魏东教授的报告的一个比较大的特色是在他报告的后半部分，最后的部分将比较笼统的法律公正论一体论转变为法律公正论的司法公正与立法公正二原论，也就是所谓的司法公正相对主义，对此我是十分认可的。按照我的理解，如果纠结于一体化的理解法律公正时，就会在面临着由于成文法的滞后性以及立法者认识能力、表达能力的局限性所带来的法律漏洞时，不去进行司法上的努力，而直接肯定立法的缺陷，进而承认法律的不公正。而在认识到法律的公正包括立法公

---

[*] 付立庆，中国人民大学法学院教授、博士生导师，法学博士（北京大学），曾任东京大学法学政治学研究科客员研究员。在《法学研究》《中国法学》等期刊独立发表论文数十篇。独著《主观违法要素理论：以目的犯为中心的展开》《犯罪构成理论：比较研究与路径选择》《积极主义刑法观及其展开》《刑法总论》等；独译《刑法总论》（山口厚著）等。

第七讲　中国刑法解释学理论体系的现代化与本土化

正与司法公正两个组成部分时，所追求的司法公正就能在一定程度上独立于立法公正，而具有更充分的自身价值，就可能在面对着立法自身的不如意时，通过能动的功能的司法，也就是对法律的理解与适用，而抹平法律上的褶皱，获得相对合情合理合法的结论，还法律以公正。这里在专注于刑法解释学的研究对象和作用范围时，涉及法的安定性与适案处理的妥当性之间的关系。对此，我的主张是在刑法自身的安定性和刑事处罚的妥当性之间并不存在着绝对的先后顺序，而应该依据一个国家的社会治安状况和法治文明程度综合加以考量。在一个社会治安状况较好、立法科学化程度较高，同时民众对法治又较为信仰的社会，当然应该以刑法自身的安定性为首要价值取向。因为正是法典的安定性担保着其权威性，从而才更有助于法治国家的良性运转。在这样的背景之下，强调刑事理性，强调司法对于立法的信仰和绝对忠诚是没有任何问题的。不过在一个社会，治安总体状况较差，各种复杂疑难案件，比如气枪案、玉米案、鹦鹉案等等，这些复杂疑难的案件层出不穷。同时立法科学化程度也一般的社会如果教条式地将刑法自身的安定性奉为圭臬，为此不惜经常性地牺牲具体案件处理的妥当性、合理性的话，不但不会有助于法律至上主义观念的形成，反而是对刑法权威的削弱。因此，在罪刑法定主义的总体框架下，刑法应该更为积极地发挥调整社会生活的作用，以此来尽可能地实现刑法在个案处理中的妥当性、合理性。在这个问题意识和基本结论上，我与主讲人魏东教授的结论是一致的。在这个意义上，相对于依照规则进行判断的归责功利主义而言，我更强调法益保护，强调行为功利主义，强调实质解释，称为法益保护指向的功能主义解释也无不可。这里的实质解释不但包括出罪场合，通过对超法规的阻确违法事由、阻确责任事由的实质解释而出罪，同样也包括在构成要件符合性的判断上的实质解释，由此就不会在扩大解释与类推适用的界限上，一旦存疑就认为是类推，而是实质的来判断是否超出了语义射程，是否超出了预测可能性，是否会让一般人觉得明显突兀、大吃一惊。在结论上，这和魏东教授所倡导的司法意义上的公正论，通过司法公正论与立法公正论的协调共动，达到刑事法治的目标，在我看来也是完全一致的。

第二，功能解释应该否定各种解释方法之间的位阶关系，强调一体化的解释、综合的解释。关于刑法解释方法群，问题在于各种解释方法之间是否存在着位阶关系,这一点在学界素有争论。我在刑法总论教科书中采取了位阶关系否定论的立场。总体来说,不同的解释方法本来就没有一定的效力顺序,因此也没有办法保障一个所谓的正确看法出现。解释方法之间不存在特定的位阶关系。在不同的解释方法得出的结论不同时,应该看哪种解释方法更加合理,判断何种解释方法符合罪刑法定、罪刑均衡、罪刑平等的刑法基本原则。刑法解释是一个反复试错的过程,而不是单向度的从文义解释出发,抵达目的解释的思维过程。即便是解释刑法时,通常可能按照文义解释—体系解释—历史解释—目的解释的逻辑顺序推演,但是在发现根据目的解释得出的结论明显不妥当、不能被国民接受时,又要返回文义解释,对法条用语进行限制,进行解释的反向制约,在反复试错中取得共识,而且不同解释方法之间存在竞争关系。很多刑法法规的解释都是解释者或明或暗的有了倾向性意见之后,再回过头寻找解释方法,论证该结论的正确性。此时使用何种解释方法就受制于解释者的潜理解或预判。如果非要对各种解释方法之间的关系进行总结的话,那么应该立足于客观解释论的基本立场,运用各种解释方法挖掘法条真实含义的过程中,以文理解释为出发点,在文理解释不足以得出妥当结论时,考虑论理解释方法。在这个过程中,体系解释、目的解释、历史解释等解释方法可能是相互重叠,同时运用并相互印证,也可能是择一而用,最终所得出的结论要考虑国民的认知程度等解释方法之外的因素,接受社会的检验。而在无论如何解释结论都无法为社会接受时,就需要调整解释方法,重新得出解释结论。实际上,在这个问题上,我和魏东教授的结论几乎也是所见略同的。虽然在我和他之间,他所讲的内容更加理论化、体系化,只有他才是融通了理论与实践的英雄。

第三,功能解释与罪刑法定不是一句响亮的口号,也不是橱窗里的花瓶,而是现代刑法的一项铁则。对此,无论是功能主义刑法观、常识主义刑法观、积极主义刑法观,还是事实上融合了这几种思考方法的魏东教授都是内心里坚持的。不过也需要特别注意的是,强调实质理性,强调处理的妥当性,确实也蕴含着与罪刑法定原则所追求的限制司法权基本旨趣之间的紧张关系。所以提防刑罚的触须并非总是伸得越长越好,这根神经是需要绷紧的。解释者虽注定能有所作为,也应有所作为,但也应该清楚自身角色的局限性,清楚桥归桥、路归路。在面对立法的硬伤,也就是所谓

第七讲　中国刑法解释学理论体系的现代化与本土化

的法外漏洞时，司法者不能代替立法解释者，也不能以实质解释、能动解释或者其他的什么理论包装为借口而横冲直撞。这一点是包括我所主张的积极主义刑法观在内的各路解释者需要实时提醒和反思自己的，而且无需列举一些至今仍然有效的司法解释，事实上为我们提供了反思的素材。

最后作为评论多少总要说点别的。时间的关系，我主要想提这样两个小点，供主讲人参考。第一，关于报告的题目。本次报告的主题是"中国刑法解释学理论体系的现代化与本土化"，这也是这个系列讲座在刑法解释学领域的具体展开。作为系列讲座中的一讲，无疑是十分切题的。不过如果要吹毛求疵的话，可能还是能说点不同看法。且不说现代化与本土化这种概念总体偏大，表意模糊，而且将两者并列，还可能给人一种感觉：两者是对立的，想要现代化就要摒弃本土化；要强调本土化，就要放弃现代化，可能会给人这样的一种感觉。我当然知道，主讲人同时强调这两个主题词是由于角度不同，研究范式的现代化转型与话语体系的本土化特色。不过单就语言表述来看，在现有表述的基础上进行某种限定或者说明，可能会消除不必要的误解，尤其是会消除本土化不是现代化的重要组成部分这样的一种误解。在标题表述的凝练精道与准确避免误解之间，其平衡的把握确实并不容易，相信敏锐的魏东教授能够更好地处理这个问题。其二，关于主讲人提出的整全论功能主义刑法解释论，在我看来，这是个有点啰嗦的表述，我确实是对语言学尤其是语用学缺乏应有的理解。不过这并不妨碍我从一个一般读者的立场来看，"整全"这在中文表述中是约定俗成、广为接受的吗？表述主讲人所要表达的意思，有没有可能提炼出来一个比"整全"更为文雅、更为响亮且更为约定俗成的表述？这是想请这个魏东老师参考的。至于魏东教授所说的整体有效性，要问的是合理与合法之间发生冲突时该当如何，在整全论功能主义解释论这一概括之中是否存在着因为追求全面而丧失深刻的问题。另外，三性统一体可能也是一种理想图景。在刑法解释的问题上，学者们究竟是应该描绘一种理想的图景，还是应该给出一个指向更明确、操作性更强、便于司法人员理解与适用的具体标准？这是每一名研究刑法解释学的学者需要思考的，也提出来与魏东教授和其他各位共勉。最后再次感谢魏东教授的精彩讲座，也感谢石经海老师和西政的盛情邀请，谢谢各位的聆听！主持人，我就说完了。

王政勋教授：谢谢付立庆教授刚才非常精彩的发言，付教授不愧是我们陈门当中最优秀的学者之一。好，那接下来请湘潭大学法学院的万志鹏教授来参与与谈。

万志鹏副教授[*]：主持人好，魏东教授好，各位与谈人好。首先非常感谢西南政法大学刑法学科以及石经海教授的这个盛情邀请，给了我这样一个宝贵的机会来进行学习。魏老师，我是多次有幸拜访并且聆听他讲座的，但是像今天这样深入地就一个专题进行专门的学习还真是第一次。我本身对于刑法解释学确实没有什么研究，所以今天完完全全是重新学习了一遍中国刑法解释学的相关理论。我就结合魏老师所说的内容谈一些自己的学习心得。魏老师的讲座以"中国刑法学理论体系的现代化与本土化"为题，阐述了中国刑法解释学的学科体系构建、中国刑法解释学的范畴体系构建、中国刑法解释学的研究范式本土化转型这三个方面的问题，高屋建瓴地指出了我们中国刑法学研究现存的一些方法论问题，我的理解实际上是关于中国刑法的现代化与本土化的这样一个问题具有强烈的法哲学思辨色彩和现实主义的指引意识。魏老师的全文和全部讲座并没有过多地纠结法条适用中的疑难问题，而主要是从方法论上对于刑法解释学提出了自己独到精辟的这个理论构建，非常值得学习，配合魏老师在《现代法学》等刊物所发表的相关的解释学的这样一些文章进行理解就更为全面了。

下面是我的几点学习的想法，也包括一些困惑，想请魏老师以及各位专家指正。第一，我觉得魏老师一开始提出我们在中国特色社会主义法治体系下研究中国刑法学就应当承担的任务，这个我觉得是非常高屋建瓴的，正像刚刚付立庆老师所提出的，他说现代化与本土化有什么样的关联？我没有深入的研究和想法，我个人猜想，魏老师的这个意图是中国刑法解释理论体系既需要现代化，又需要本土化，并且是需要本土化的现代化，才能够符合有中国特色的社会主义法治体系，以此相区别从西方传来的一个西方式的法治体系，因此这个研究带有强烈的时代感和现实感。我一直都在思索我国的现阶段究竟是进入了现代化，还是进入了所谓的后现

---

[*] 万志鹏，湘潭大学法学院副教授、硕士生导师。兼任湖南省法学会刑法学研究会理事、湖南省犯罪学研究会理事、湘潭市人民检察院专家咨询委员会委员、解放军军事科学院军事法制研究院特聘专家。出版个人专著《没收财产刑研究》。在《法商研究》《中国刑事法杂志》等期刊发表学术论文40多篇。

第七讲 中国刑法解释学理论体系的现代化与本土化

代化，在目前的这个发展的阶段，构建什么样的有本土特色的刑法学的解释体系呢？对世界刑法学解释我们有什么样的独特的中国贡献的？我觉得这是非常值得思索的问题。魏老师这篇文章给了我们一个很好的思索的起点。魏老师就中国刑法解释学和刑法教义学的关系提出了独特的同质补充论，他认为二者在宏观上具有同质性，在微观上具有这个互补性。论述中，魏老师提出刑法学的学科群的问题，它包括犯罪学、刑事政策学等。我个人感想，这可能是对于社科刑法学可能涉及到重新定义的问题。从学科属性和应用功能的角度上来讲，社科刑法学也是广义刑法学，广义的刑法学也仍然是法律科学，它能不能够包含以社会学、心理学、人类学等为基础的这个以实证学科为主要研究色彩的犯罪学，这个恐怕是值得争议的。这是我个人的一点看法。

第二，魏东教授提出刑法解释学更加突出动态诠释学的方法论，而刑法教义学更加重视法规范的静态理论模型，在此可能是由于时间关系的原因，我不知道魏老师关于动态和静态这个划分，为什么是这样分的？为什么是认为刑法解释学更动态，刑法教义学更静态一些？我对此还有一些困惑。魏老师主张刑法解释学是独立学科，阴建峰老师已对独立和综合性的学科提出了一些自己的看法。我所提出的就是无论是以什么样的解释范式，以什么样的这样一个理论为基底，刑法解释学与刑法哲学能否截然分离的问题。

第三，魏老师在讲座中提出关于话语体系的本土化构建问题，提出这个范畴体系是核心，突破了传统的主观解释、客观解释、形式解释、实质解释、文理解释与论理解释的这种争论范畴，提出了他认为的十三个基本范畴，极具启发性。可是这十三个基本范畴相互之间是什么样的构建，如何搭建起不同于西方传来的刑法解释学的这种范畴，很可惜我没有看到进行详细进一步的展开说明。也许就是我这个阅历不够，我会后面再去进行学习。我特别注意到魏东教授提出了国别特色语言适用兼顾的问题，我觉得这个特别有启发意义，这恐怕也是为了说所主张的本土化构建的一个重要方面。

第四，魏老师提出从传统的刑法学走向功能主义刑法学这样一个结论。功能主义刑法的这个理念可能是近些年来我国刑法学界探讨得比较热点的问题。我记得劳东燕教授曾经对功能主义下过一个定义，她说就是意味着对于刑法体系进行理论构建的时候，对刑法法条进行解释的时候，要考虑刑法在社会系统中所承担的功能，以实现最好的这个社会效果，进行理论构建刑法解释。劳东燕教授主张建立一种二元的机制的这种框架通过刑法的教义学的控制、合宪的外部控制来实现共产主义刑法体系。我记得魏东教授在文章中特别指出了劳东燕教授的这一种片面性和相互的矛盾性，特别的批判了其强调结果和目的性的这种倾向。他提出了语用意义上的国民预测可能性这样一个具体的观点，我想是不是可以回应一个具体的问题，所谓语用意义的国民预测可能性和一般的国民预测可能性到底有什么区别？举个例子来说，我们都知道，我们《刑法》分则中没有规定劫持火车罪，那么有学者把它解释为破坏交通工具罪，有的学者把劫持火车的行为就放在口袋罪中，即以危险方法危害公共安全罪。请问魏东老师，如果用语义的国民预测可能性说，到底是赞同哪一种结论才能符合您说的这个功能主义的刑法解释论的这样一个基本立场？

第五，魏老师提出了整全论功能主义刑法解释的这个崭新的概念，使人耳目一新，并且提出了三个命题。其中提出文义解释方法具有解释结论合法性的底线基础价值和合法空间的功能；论理解释的方法、刑事政策解释的方法具有在合法性底线基础上进一步求证结论合理性合目的性的优化价值。那么是不是意味着不能突破合法性的这样一个底线？在任何解释方法解释运用的过程中都必须牢牢树立合法性的底线。那这个合法性的底线是如何判断呢？我试着又举一个具体的例子，比如说将外国的文物走私进入我国境内，刑法学通说把它解释为走私普通货物品罪。那么我国《刑法》第一百五十三条明文规定是走私本法第一百五十一条、一百五十二条、三百四十七条以外的货物物品。法条中讲到了规定以外的货物物品，然后又把文物解释进来，作为走私普通货物罪，是否突破了这样一个合法性的底线呢？以此求教。第二个方面，魏老师提出刑法解释论不但要功能性地解决犯罪治理问题，还要公正性地解决司法不公问题。我个人认为，是不是对于刑法解释论它的功能过于期待？刑法解释论的功能能否真正解决犯罪治理的问题？这可能涉及到刑法的基本的任务和基本的机能问题。我个人的看法也不准确，希望得到各位老师批评。我个人的看法是刑法的最基本的机能，是实现法在刑事领域中的正义，是维护定罪量刑的公正性，它难以承担解决、治理犯罪的重任，或者是说解决犯罪、治理犯罪，

第七讲 中国刑法解释学理论体系的现代化与本土化

特别是预防犯罪的重任,是应当交由非刑法以外的社会政策来进行解决。刑法解决不了,恐怕刑法解释论更加无理承担这一种功能性的这个重任。魏老师提出反对法官以立法者自居而超越刑法规定进行司法决策,这个我是极为赞同的。问题是如果按照刑法解释论要解决犯罪治理的问题,按照这个机能来看,如何能防止法官以发挥刑法解释功能性治理犯罪为借口,实质性的逾越罪刑法定的精神,从而损害法治和人权呢?换句话来讲,实际上就是当合目的性、合理性、合法性出现冲突的时候,怎么去判断突破了合法性的底线,怎么协调相互关系的问题。魏老师在文章中提出,真正的立法漏洞不得做入罪解释,而非真正的立法漏洞是可以进行双向性的解释性填补。可关键的困惑就是在于怎样判断这是真正的立法漏洞,怎样解释?又比如说《刑法》是没有规定非法持有私藏爆炸物罪的,而只规定了非法储存爆炸物罪。那么可否将持有、储藏在爆炸物这个方面进行等同解释?有人非法持有爆炸物,能不能解释为非法储存爆炸物罪?这是不是真正的立法漏洞呢?我想求教于魏老师以及各位老师。我简单地谈了一些自己的学习心得,非常感谢魏东教授和各位与谈人,感谢主持人,使我对中国刑法解释学的认识又有了一个提高,受益匪浅。非常感谢!主持人,我的发言就到此结束。

王政勋教授:谢谢万教授参与评论。在他刚才与谈的过程当中,对于魏东教授的观点有支持,但是也提出了一些所谓的请教其实可能隐含着质疑。那么这些问题请魏东教授在最后反馈的环节能够予以回答。另外请魏东教授你稍微注意一下,在我们为这次讲座建立这个小群当中,工作人员把后台评论区的一些观众所提出来的问题发出来了,在我们的小微信群里面,你稍微注意一下,一会儿在回应的时候也能够一并回应。好,那接下来请西南政法大学的张武举副教授进行与谈。

张武举副教授[*]:好的,谢谢主持人王老师。大家好,也感谢西政刑法学科的安排,让我今天有机会做与谈人参与这次学习和交流。魏东老师常年持之以恒,对刑法学研究的这种长期不懈我深感钦佩。因为这个领域

---

[*] 张武举,西南政法大学副教授、硕士生导师。个人的专著《刑法的伦理基础》于2009年获第三届全国法学教材与科研成果优秀奖、于2014年获中国刑法学研究会"三十年全国刑法学优秀学术著作奖(1984—2014)"二等奖。主持国家社会科学基金项目等国家、省部级课题多项。在核心刊物发表《刑法伦理解释论》等多篇论文。

之前我在零几年的时候也关注过，像王老师所提到的主要学习研究它的立场问题等等。刚才王教授的这个主持发言，魏东教授的主讲，阴建峰教授、付立庆教授和万志鹏教授的与谈内容也比较丰富。我听了之后也收益很多，谢谢各位！下面我也分享一下我自己的学习感受，不妥的地方请大家批评指正。

第一，这个讲座安排这个刑法解释学的问题，以它作为主题，我想可能跟一个背景有关，就是咱们现在这个刑法解释学面临的学术地位被动摇，这个窘境最直观的冲击就是刑法教义学的勃兴，而且很多学者口中的教义学，经常提这个词，在撰写论文的题目中也频频地使用教义学这个字眼。但很多学者可能程度不同地都存在这样的疑惑，包括我在内，刑法教义学跟刑法解释学实质区别在哪里？你比如拿着同一部法典分析同一份案件材料，二者给出的结论能不能是不同的？我也注意到，以张明楷教授为代表的学者甚至也撰文公开质疑刑法教义学的存在意义，认为它就是解释学。那这样以来，我们需要思考的又是一个咱们的刑法教义学如果就是刑法解释学的话，那么很多学者为啥转而抛弃了自己很熟悉的这种刑法解释学？原来学的时候很朴素，语言很朴实，很好理解，转而去研究自己不熟悉的、连定义都困难的。魏东老师刚才提到了刑法教义学这个定义现在都还不确定的感觉，或者这些学者更乐于都将自己的学术成果标题上加上教义学几个字，我想其中大概不能排除这些因素。比如大的学术背景下，刑法学界也有这种"外来和尚会念经"这种思想的影响，还有基于开辟学术新领域、追求学术创新的需要。还有的是文章更容易发表，有这个动因，甚至不排除有盲目跟风的因素。但是我们讲的好像是对付教义学的一个不友好的一个态度。但实际上我们也需要反思传统刑法解释学是否也因为存在自身的问题而为刑法教义学的勃兴提供了契机。那如果有的话，它毛病在哪里？有哪些？如果病得不轻还能不能医治？要不要放弃治疗？如果继续治疗不放弃的话，治疗的方案技术方法是什么？我想的是循着这个思路来听这次讲座的。听魏东教授刚才的发言和消化之前的材料，那我这个理解可能略有偏差，那我就循着偏差这一点说下去。

第二，魏东教授刚才主讲中力图打破二者是一回事儿，就是说这个刑法教义学与刑法解释学是一回事的一种同质论；也不同意二者不同应该并驾齐驱、并行并重的差异论，提出这二者是宏观同质微观互补的同质互补

第七讲 中国刑法解释学理论体系的现代化与本土化

论，指出在其基础上可以确立刑法解释学的独立学科地位。对这个我还是抱有疑惑，请教魏老师，因为如果我们不同意同质论主张的一回事，就意味着要并入对方或者兼并对方，刑法教义学兼并刑法解释学或者是反过来。这是同质论的核心的可能意味着的后果，不同意这个的话，那就应该是意味着求同存异的。这种差异论就应当主张刑法教义学、刑法解释学之间都是独立的并行不悖的。而魏东教授刚才主张的同质互补的，它似乎与差异论并无多大的差异。因为那个实质同质，宏观如果同质恰恰证明地位是不独立的，宏观上都是一码事，你地位怎么独立？这两个学科如果宏观的实质都是一样的，那怎么还独立？微观上有点互补，也不足以证成，它的地位就是独立的，因为互补并不足以支撑独立性。所以看什么样的互补在这个地方可能需要精细的论证，对这个地方我抱有怀疑。当然我也认为，虽然一门学问的学科归属地位独立性是重要的，但真正有用能够解决问题才是关键，有没有独立性还是归属于哪个学科，好像重要性也没有那么强烈。刚才我也注意到了，阴建峰教授对这个学科知识的过于细密也有所担忧，对魏东教授提出的同质互补论有所质疑。我自己倒是在这一点上建议，魏东教授没有第三条的道路可以选择，应该更有果敢的态度，断然将刑法教义学纳入刑法解释学的麾下。这样处置，我觉得这样可能后面铺陈建构这个刑法解释学才有高屋建瓴的这种角度，这是第二个方面。

第三，我非常赞同魏东教授和各位与谈人的观点。关于这个"和而不同"也就是指的是咱们的本土化的问题。因为"和而不同"指导中国学术发展，也包括刑法学的发展和中国文化发展的指针。借鉴具体的理念和技术，用中国的语言解决中国刑法学运用中的问题非常必要。虽然魏东教授提出了十三个基本范畴，非常齐全，基本范畴当然也非常朴实，更容易理解，比教义学里面的很多那种概念容易理解，但这些范畴之间的关系如何？因为时间所限，魏东教授对这些范畴的体系性没有展开说明。刚才万志鹏教授也指出了正是因为没有这个体系的说明，也无法给予有效的评价。但如果像付立庆教授刚才所说的没有解释方法，就是各种解释方式、方法之间并没有效力等级之分，同样这十三个基本范畴以及它派生出来的诸多范畴之间有没有必要或如何安排它们的效力等级，如何使它体系化？那这个可能也是一个很烧脑的问题，就不好让它真正的体系化。那这个工作任务是庞大的，我建议是这一块的后续的研究，还可能需要避免一种简单的罗列，就是这些范畴给它下一定义。但是内部的位阶关系，它的位阶关系又不好说明或者说明本身就无理的，那这个就变成罗列了，简单的堆砌了，那就失去了这个体系性，学科学术构建的这种体系化的这个价值取向的目标都落空了，这是第三个方面。

　　第四，魏东教授倡导的功能主义的刑法解释的范式的问题，提出整全论的功能主义刑法解释学，具体内容是非常丰富，有一些东西特别有启发性，比如尊重国民参与，这个是现代社会治理的核心精神，将刑法解释学的重心转向了法官决策的有效性，这个我深表赞同，我觉得学习之后，深有感触。刑法解释学关注的核心，就像魏东教授所说的，应该不是司法。这里我也有一个观点，我认为解释学也好，教义学也好，都是用了一个法官决策有效性、法官对法的理解等，我觉得这个是不是都需要改一改？刑法解释学一定也要把法官这两个字替换掉，为什么？因为法官不等于司法人员，在动态的理解司法过程的时候，一个案件它从这实务的角度来讲，从侦查到审查起诉到审判等里面并不仅仅是法官。为什么我说这个如果本土化和现代化的话，是不是要注重对刑事诉讼法诉讼这个程序在中国实践中的这种情况的一个反映，否则的话都是法官。别人一听像是魏东教授倡导的法官要学习刑法解释学，是那个公诉人不学，所以我建议是刑事司法人员，替代掉那个法官。循着这一点，我就说的这些刑法解释学关注的核心就不应该是这些司法人员怎么理解刑法和解释刑法，而应当刑法如何被理解，而不是关心这些人的，因为它刑法本身要如何被理解，只有提出把这个作为核心的命题了，包括法官、公诉人等在内的法律人如何理解刑法也包含在其中了。那否则的话就围着司法人员转，尤其是围着法官他的观念转，那就会是导向魏东教授所批评的那种叫做法官的，好像是法官不用学刑法解释学，法官自以为自己的理解就是公正的等等导向这里面去。同时我看魏东教授提到那个公正的问题，似乎是说公正是不可知不可求的，要求法官不要去追求绝对公正。那法官司法人员要不要信奉司法行为有个绝对公正的标准，追求一个绝对公正的司法裁判的结果。对这一点我是有疑虑想请教的，因为我们说司法公正也是公正，如何求得或者求得非常困难，不等于我们要不要公正。如果法官对是否追求司法公正都心怀疑虑，这个后果是不堪设想的，就是他的公正应该是被绝对追求的，追求的就是他认为绝对公正的东西。我觉得这一点跟魏东教授刚才所讲的相对公正，

第七讲 中国刑法解释学理论体系的现代化与本土化

公正的相对主义这个关系如何？一会儿请魏东教授解惑。我个人的观点是说公正并非不可知不可求的公正，它实际上是很朴素的。公正，认为对的，正确的。公是公众，正字是《说文解字》里讲的"云知其中即为正。"中国的"中"是个会意字，居中化开，不偏不倚变为正，公正就是大家认为对的。那司法解释，整个刑事司法活动就是把大家认为正对的东西探求到、落实下来、贯彻下去，刑法解释学的任务就暗含其中，包含在其中的。这就是说刑法解释学和刑法教义学的核心使命也都是这样。万教授刚才提到的劳东燕教授的观点，如果观点是那样的，好像大体是一致的。因为立法的公正性，当然它并非不言自明可以径行获得的，而是需要包括很多的参与者，包括刑事司法人员在内的诸多的主体去共同努力发现。案件的处理结论可能是基于恰当的发现，但有些案件它的处理结论却未必体现到这种恰当的发现，或者发现并不恰当。从这个角度，我倒非常赞同魏东老师的观点，司法过程的核心是选择和价值权衡，包括最高人民法院的司法判例在内的这些东西，也都在刑法解释学的审视和评价之下。这一点我非常赞同魏东教授的观点。

那最后还有个建议，就是说魏东教授这个其他的部分，包括有付立庆老师刚才提到了，就是"整全论"这个说法，我觉得把"整全"改成整合是不是更为妥当？"整全"这个词听起来它有点拗口和生僻，就实际上是一个整合。比如在主观主义客观主义这个问题上选择了客观主义立场，但是这客观主义又不是经典的客观主义，而是什么，而是融合了有限度的或者是扩张的客观主义的立场等，它实际上是一个整合的东西，叫"整全"，感觉到"整全"这个词非常少见。就是语言习惯上，中文的语言习惯上也不大符合本土化的语言的一个要求。这是最后的一点建议。好，谢谢主持人，谢谢各位老师。我的发言展示到此，谢谢！

王政勋教授：好，谢谢武举教授的点评。张武举教授在十几年前就曾经对于刑法解释问题发表过非常有影响的研究成果，当时他的研究成果对我的研究也是具有非常大的启发意义的。好了，那接下来请魏东教授对四位与谈人的问题进行回应。另外你回应的时候注意一下，在我们这个小群当中，有后台评论区所提出来的几个问题也一并回应一下。

魏东教授：好，谢谢主持人与谈人，还有各位网上的朋友。我先针对这个与谈人的问题做个简单的回应。可能有的我记录得不全，有些问题可能一致的我都合并回答。

关于学科划分标准的问题。那个阴建峰教授提到了这三个标准,而且提到一个问题,就是学科是不是越细越好,应该如何来强调学科的这个体系性和整体性的问题?意思就是说太细了,差别不大,怎么办呢?像刚才后面几位与谈人中也分别提到这个问题,比如刚才张武举教授也提到这个问题。前面我觉得付立庆教授、万志鹏教授都提到这个问题,而且张武举教授提到同质论,既然都同质了,你怎么来划分?这个问题,我的看法是这样的。笼统地来说,那都是从规范刑法学这个角度来讲,确实也可以不再划分。但是从学科的发展的那种规律来看的话,如果说它具有一些特殊的一些要素,需要它进一步的细化或者分化的话,那么它的处理上是一个权衡的问题,到底要权衡越细越好还是权衡越粗越好、越大越好?这个问题在学术上,在这个学术观点看法上可能是各抒己见,也可能提出的理由是不完全一样,可能有些理由是相互之间有一些抵消的。我个人认为我们国家的刑法学中,赞同刑法教义学的说法的人应该说很多,反对刑法教义学这种称谓的人也不少。那么把刑法解释学作为一种学科来对待、来看待的学者应该是目前来说是不多的。但是从这个论述上和态度上不是完全反对的,学者可能也不少。说这句话的原因是什么?就是我在前面的专题发言中也谈到了,因为法律解释学、民法解释学,包括我们的这个刑法解释学,还有宪法解释学,其实宪法解释学是一个得到了更多的国家和地区、更大的群体认可的一个解释学,它的特殊性也更多了,因为宪法是母法,是基本法,它的位阶上跟一般的法律是有区别的。我们的刑法根据宪法制定,我觉得是比较有说服力的,就是说我们怎么对待它,这是一个学术传统和一个价值权衡的一个问题,因此主张它具有相对独立性的。正因为如此,它强调规范,强调刑法解释适用那个角度来谈它是同质性的,但是它在研究方法上,在研究的路径上,在一些基本的范畴和命题方面,它跟刑法教义学还是有相当的差异,在表达方式上都是有差异的。从更进一步的促进刑法教义的发展,刑法解释学的发展,我就从这个理想出发,以及学术传统就是法律解释学、宪法解释学、民法解释、刑法解释这个传统来看,我觉得是可以相对独立的,但这个说服你是不是就具备了这个可能呢?还有待思考。同时第三个理由就是什么呢?就是刑法教义学、法解释学,我发现它们很有意思,如果说在刑法教义学的教材体系中包含了刑法

第七讲　中国刑法解释学理论体系的现代化与本土化

解释学的话，很多的理论刑法教义学如果拿进来的话，就只能说个大概，它涉及到解释学的许多原理的运用。那么当然教材可能要考虑体系性的问题，考虑包容性的问题，还有一个厚度，一个学生可以接受度，还有一个本身的体系化的问题。即使不考虑这些问题的话，解释学里面的很多的原理要纳入教义学类的话，那就有很大的工作量，包括话语体系、范畴体系，话语体系包括命题那种解释阐释恐怕就会产生很多的问题，比如说哪些问题。有的学者会认为这个纳入教义学来写没必要，有的可能觉得这个有必要，有的时候不必写这么深。因为我们刑法教义学的教材里面的那个基本的教义，形成基本的那种范畴命题。刑法教义学原理应当说它是最具有权威性的，大家都认可，而且实务部门都直接用的。那么刑法解释学的很多原理如果要完成这个任务的话，恐怕是很难以实现的。但是起码解释学的相对独立性，从这方面的发展，第一确实有必要。它的成熟发展对刑法教育的这种贡献以及从另外一条动态产生的路径，它确实是很大贡献的。第二个，从长期发展来看，它对整个刑法学体系包括规范行为的体系的发展完善，同时它是非常有贡献的。第三个它是观测法理学也是法解释学、诠释学这个方面的一个重要的学科，因为它通过这个方式，它可以大量地尽快地吸收这方面的知识，这个是我的一个理解，这个理解可能带有点理想化，但是刑法解释学里面也不能包含太多的刑法教义学原理，比如说刑法教授讲课中提到了刑法解释学，它的三分法方法中就有一个刑法文义解释、论理解释、刑事政策解释或者叫做法社会学解释。其中论理解释它的基本的内容就是运用刑法教义学原理，符合教义学原理。当然在规范意义上也可以做论理解释，除了刑法原理。主要是刑法原理，因为刑法原理它用法规范的原理，也可以说包括合宪性，还包括这个其他的法理学的一些原理，都会统称为是论理解释，在这个意义上说刑法教义学原理的所有原理，我们认为它可以拿出论理解释中来研究，这样的话相互包含，但是相互区分，有利于两个学科的齐头并进发展，这是一种学术的理想。关于这个问题，我就回答这么多。

有些我可能没有回答全，比如有人提出你为什么不搞一个刑法解释学？实际上这个观点有，张明楷老师认为就是一个观点，他是我们的前辈，非常有影响。当然还有学者提到了包括研究教学提到了这个三性同一体的如何来确定排序的问题，可能有些我一下完全没有把它这个整合过来。比如说付立庆教授提到功能主义刑法解释，就是应当他认为方法位阶的否定，实质解释方法位阶的否定。那么否定方法位阶与我这儿提的功能主义刑法方法的体系化是个什么关系呢？实际上我在今天讲一个发言的过程中就是没展开。但是我在那个《法治与社会发展》上那篇文章中，我是谈到这个问题，就是说它不是位阶关系，不是简单的排序，而是一种功能整合关系。功能各有各的功能，文义解释就是合法性的确证功能，论理解释是合理性的确证功能，刑事政策解释是刑事政策合目的性的决定功能，它是这样一个功能关系。这个功能关系有个前提，就是合法性是底线，是基础，你可以在语用论的范围内确定它的合法空间。比如说将这个财物作为扩大解释，在一定的语境语用中，它是可以解释为包括这个含义的。当然刑法适用也有规定。现在因为那个通过司法解释过来立法的规定，这方面已经解决这个问题了。但是在解决之前，解释学上对这个问题应该说是有合理的解释的。那个功能，它包括对这个犯罪论，对刑罚论以及我们的刑法中的一些要素，有犯罪构成中的犯罪对象，犯罪主体，包括责任形式，这些它都强调功能性。比如双性人，那么对于双性人能不能解释为妇女，它是根据功能主义，强调这个她的社会身份地位和人们的认知，认为她从小都是以女孩子身份长大后结婚成家，女性、男性的器官都有，但是她的心理、她的社会身份都是妇女。这种情况下功能主义解释没有突破语用论的语境语用。在这种情况下把她解释为妇女，从合理性上论证，也就是法教义学原理的论证，强奸罪的法律以及一些政策防控犯罪保障人权公正或效率。它这个合目的性的解释，它都能够求得最优化，最优化就是说到底它定罪合不合理？是刑法教义学问题。到底定罪更合目的性还是不定罪更合目的性呢？那是刑事政策问题。但这两个都有一个前提，是首先是要论证它的合法性，可包容的优化价值才能呈现优化。因此这个案子定罪更合理更符合目的。那么定罪是定强奸既遂还是未遂？是处重刑还是一般的处刑呢？这个问题它也涉及到合理性和刑事政策合目的性的这个价值权重的问题。但是价值优化怎么更优化？我先前举的例子，窝藏、转移和转账支付毒赃，同一个行为连串行为，针对同一个毒品案件，同一个毒赃，毒贩把他的3000万中的1000万存在家里，另外1000万转到另外一个亲戚家里，再1000万转账支付。我们到底该解释为两个罪名，还是直接解释为洗钱罪？我认为在合法性上都没问题，因为合法性只强调解释限度问题，

第七讲 中国刑法解释学理论体系的现代化与本土化

只要在法定范围内就是合法性，你可以说形式合法性可以实质合法性，但是合理性造成的刑法教义学原理的运用还强调合目的性的求证。这个是怎么样？最优定数罪并罚不说就绝对没道理，也不说绝对就不合目的，但是它具有价值优化的空间。因此我们认为定洗钱罪一罪它更合乎法理，更合乎刑事政策法目的性。当然这个我没展开论证，我是举那个例子说明这个问题，因此它不是排序的问题。当然涉及排序但不是简单的排序，它是功能性的判断问题。合法性限度是文义解释的功能，那么后边论理解释和目的性解释它是价值优化的问题。那你不能因为强调合理性和刑事政策目的性就把合法性突破，那不允许的。你比如说那个经常我们讲到我们尊敬的张明楷老师讲那个冒充军警人员抢劫的对吧，冒充军警人员抢劫把它解释为抢劫罪的，加重法定刑情节，它是在合理性上相当于说是说得过去的，刑法教义原理在和刑事政策目的上它是说得过去的。但是就有一点说不过去，合法性。它突破了合法性限度。因此你这儿提到的论证的合理性和目的性，它不属于可包容的优化价值，就说不是合法性所可包容的优化价值，因此它们的关系是功能关系，这就是怎么来理解这个问题。

那么第三个问题就是与谈教授专门说了题目的问题和整全论的问题，这个问题我是完全接受。现代化本土化这个问题的考虑确实我考虑不是很深入，这是我的责任。但是我也个人认为现代化本土化强调的这个侧重还是不完全一样，这是个解释性的一个回顾。现代化强调转型，我认为就是功能主义刑法解释论，就是新说。那种强调它的要转型，范式转型，观点理念，这些都是一些转型的问题。本土化，我强调的是话语本土化，话语体系的本土化，就是要用本土化的语言，本土化的语言要考虑的是什么？科学普适性、国别性、特色性、地方性的知识、传统文化，我们的传统的一些理念、意识形态的问题，这个是实际上都注意到这个问题。我举的例子，解释主体、解释权、解释类型，我觉得这些都能说明这一个问题。因此这两个问题虽然矛盾了，但是确实是需要这个再斟酌提炼，尤其是存在两个问题的话，它从学术论的研究的角度这样讲，它确实不太符合那个要求。此外，从学术研究的角度讲，它好像不是一个中心的，是有两个话题的。实际是在这个题目中出了很多话题，整全论、功能主义解释论、本土化、现代化，这个建议是我要接受的。那么这个整全论那个说法的问题，确实这个题目是需要好好斟酌。不过我这儿出于这个一种礼貌，我也简单

· 245 ·

刑法治理的现代化与本土化·讲演录:(一)

地把这个整全地说一下,因为整全的这个问题提出这个批评的人比较多,就说那个说法。刚才张武举的时候也提到这个问题。万志鹏当时提的问题更多更尖锐。那个就是说那个整全性的一个问题,实际上怎么来解释它?这是一个解释学术语,也就是说这是个例证。如果你把解释学纳入教义学那句话,那个准确性都纳不进去的,纳进去的马上就是有问题的,至少你要消化掉,要花很长时间。但是解释学研究中不生疏,不觉得奇怪,也不觉得好生僻。整全性也有整全论,也有整体性,这个它也是一个与融贯性紧密关联的概念。与融贯性又叫做融贯论又叫整全性,融贯论又叫整全论。它这个说法中有它一定的语境。那么因此使用这个概念,学科类别主要集中在哲学解释学、诠释学、法律解释学。比如说美国的德沃金那个名著《法律帝国》,里面专门就阐释了整全法思想、整体性法律观、建构性解释。它的建构性解释就主要指的是要基于整全性、整体性,基于整全法思想、整体性法律观来进行建构性解释。你光叫历史解释,你这个不符合整全,你没考虑到它的时空,它的当代性、它的实用性,光讲实用主义,不讲历史原则、不讲传统,那也是不够的准确性,它的含义非常丰富,它强调要整体整全、要协调一致、要相互照应,还要权衡,还要政治意识形态。它都强调这些东西的。但是,我这样的说法是不规范也不体系化的,我只是说整全那个概念,我都觉得没有办法仔细来整,来给它下个概念,因为学术界几乎没有给它下很准确的定义,当然也不排除有个别的专著论文中提到了一些建议的意见。中国的学者中这个龙宗智教授在整体融贯性里面提到了整全性,雷磊、法律学者王斌专门提到整全性的问题,雷磊提到了体系融贯性,王斌专门讲了局部、整体融贯,还有管理学和国学。那么时间关系,我简单说一下那个融贯性、整全性的基本的含义。法律解释融贯性是指法律解释必须具有在整体法秩序上的一致性、贯通性和协调性,各部门法之间、部门法内部和要素之间必须具有协调一致性、贯通性和相互证理性。相互能够证明我们说将相向而行,而不至于出现法律解释过程中或结论上的无法解决的矛盾。至少你不能出现矛盾,就是解释结论你不能东一个理论西一个理论,相互之间的是互相扯皮矛盾的。大家可以看到解释的融贯性的基本含义。那么整全性它主要指什么呢?就是强调解释对象和解释本质,事物本质。你解释这个结论的整体性、全面性、体系性、协调一致性、相互证理性等属性,不能一知半解,不能够支离破碎,

第七讲　中国刑法解释学理论体系的现代化与本土化

它大概主要讲的这些，因此刑法解释的融贯性，它也是指的是基于整体法治体系上的一致性和协调性的要求，以协调一致的刑法解释原则、目标立场、方法体系，确保解释方法过程和结论的逻辑一致性、协调性和相互证理性，相互证成、互相支配，互相配合、互相支持。在理论上，而不是动不动有个例外，这个例外、那个例外就不叫理论体系了，那就不符合准确性，也不符合这个融贯的要求。这个准确性的一个问题，确实我就多说了几句。但是即使如此，我还是觉得这样整全论功能主义刑法解释这个说法还是在斟酌。我最近的专著还没出来，但是交了快一年了。那个就是主要强调的是整全性的一个观念，功能主义刑法解释的观念。那个标题中我也把整全论功能主义刑法解释论，把整全论去掉了，我就写的是中国刑法解释学的那个本土化构建，大概类似这个图，所以我很感谢这个问题。

　　万志鹏教授提的问题，我就结合起来说，这个现代化与这个本土化的关系我就不再重复了。社科刑法学的含义是不是包括犯罪学这个问题呢，我注意到学科体系的划分中，它一般是称为法律事实学，把犯罪学纳入法律学、刑法学这种体系中的见解还是有的，当然这个正确性、合理性其实值得研究。还有一种是立法事实学，当然立法学还强调规范立法事实，还有强调刑事政策的融入研究，论证立法的合理性和合理性方案以及规范的构造。但是犯罪学它确实是主要对犯罪的现象规律以及原因和对策以及进行一些实证主义的研究。至于动态与静态的划分依据和关系，我之前看的清华教学体系的理论模式的构建，它是经过千锤百炼上百年甚至更长时间的构建，它相对稳定。我们的犯罪论体系，从它的构建到现在的这种发展，无论是四要件还是三阶层，我们都可以说上百年，甚至更长至数百年。从那个诉讼法意义上、分则意义上那就更长了。它具有相对的静态，它理论模型的构建，因为它要强调形成共识，要通过数十年甚至数百年的检验，才能够形成一个理论模型或一个理论体系。教义学信条信仰的形成也需要时间的磨练，但是解释学不强调这个信仰问题，不强调这个静态模型的问题。我认为更多地强调的是我们对当下的观念，当代的社会治理中，法律怎么来运用它，解释使用它，这时候我们强调客观解释也好，客观解释强调的是对现实的实用性、强调功能主义也好，强调实质解释也好，我认为在这些方面都体现出了解释学的动态性以及它与刑法教义学的一些区分性。前面举的一些例子中，它的解释性循环，它的讲究一些有效

· 247 ·

性的问题都是刑法教义学原理中没有研究清楚的或者说没有解决的问题，比如说合法性、合理性、合目的性以及整体有效性这些概念，尽管刑法教义学原理中也可能存在这些概念，但是在动态性上没有刑法解释学那么活跃，也没有那么深刻，因为这些问题只有运用诠释学原理才能检测清楚。一个哲学解释学，它对法律解释学对刑法解释学的这种启迪和推动发展，它都是非常深刻的。比如说法律解释学强调法律论证，当然法律论证跟法律解释是个什么关系？这个有争议。但在我看来，法律论证强调过程性动态性，解释过程是刑法解释学的一个重要范畴、基本范畴。我再简单介绍过程论、可论证性、融贯性这些概念中都体现了它的动态性和实用性特别强。也就是说只通过刑法教义学讲的一些教义，讲的一些原理，将那些千锤百炼、多年磨合逐渐形成的一个概念以及原理及命题，到现在来讲可能就需要通过刑法解释学，说得再宽泛一点就是诠释学哲学思考才能解决问题，这就是我对这个静态中的划分的理解和依据的理解，这个也供参考。至于是三个范畴体系之间的关系，在这个发言的过程中，我实际上是把它简化了。当然论文中我也没有深刻论证，是我还需要深化思考的问题，但是我还是有一点初步的思考，那个体系范畴拿出来，如果不体系化，堆砌范畴不能代表范畴体系化。因此范畴体系化是一个很重要的问题。我在说十三个范畴的时候，后面加了句话，范畴学要分知识范畴、基本范畴，还有具体范畴。那么中国刑法解释学的范畴体系中，基石范畴，它充分证成了研究对象和研究方法的特性，证成了刑法解释学的学科独立性的奠基方面。其余十一个基本范畴，实际上我是有分类的，它分别证成了刑法解释学的规范诠释性和限定功能性，它是规范诠释，同时它功能是限定的，不是无限的，也就回到后面这个万志鹏老师和张武举老师都提到了说刑法解释治理功能，这个可能是我在介绍中可能没有表达清楚。对治理功能我没有认真地谈它的治理功能方面的问题，但是它的功能是限定的，而不是无限的。这个从哪些基本范畴这个可以看得出来呢？那就是解释原则。因为解释原则包括哪些原则？我认为有合法性原则、合理性原则、合目的性原则、整体有效性原则，我最后加了一个整体有效性原则。整体性原则是我专门研究的一个原则，整体原则强调什么呢？前面三个原则需要整合，尤其是合法性原则，要强调它的奠基地位不容撼动，合理性、合目的性强调价值优化的原则的体现，因此整体有效性原则是指它们整合的一个关系的

第七讲 中国刑法解释学理论体系的现代化与本土化

原则。因此既然是这样的话，那就是很有限的功能，它规范解释性，还有些什么？起码解释功能专门要讲有限功能，我认为它有三大功能，一个是这个刑法解释结论、刑法解释有效性的确证功能，这是主要的功能。还有就是发现立法漏洞，发现立法漏洞后有助于推动立法完善。还有就是促进这个刑法学理论体系的完善。因为通过刑法解释学对理论的研究发展完善，对整体刑法学科的完善它有三大功能。那么这个刑法解释这个类型，无论是从哪几方面分，还有刑法解释类型这些都是体现了规范诠释性和限定功能性。也就是说这个范畴体系中它们主要体现这样一方面的特性。而后面的问题主要体现了主客体性和主体间性，刑法解释的立场、刑法解释的限度，刑法解释立场、解释限度如果它还是主要体现规范解释性和限定功能性，那么刑法解释的主体、刑法解释权、刑法解释对象，主体对象它是主客体性。现在新的解释学认为这个主体间性应当做一种哲学的理解，做一种哲学解释学的一种范式的理解。除了解释主体间的主体间性以外，还有解释主体、解释对象，把解释对象作为一种主体化、拟人化，因此刑法解释权，它解释的是主客体性和主体间性的问题。后面的解释方法、解释过程、解释结论强调了方法性与结论性或者是目的性的这个问题。因此这个刑法解释学范畴体系的构建，它要通过遴选后，它的体系化构建过程，它奠基的范畴，规范诠释性和限定功能性的范畴，还有主体、主客体性、主体间性的范畴，还有方法性、结论性的范畴。我认为它这样它体现了一个体系化的问题，我就简单回应这么说，我也就不再展开。那么万教授还提到了这个功能主义刑法解释学语用意义的国民预测可能性与其他意义的国民预测可能性的问题以及整全的功能主义刑法解释结论了，合法底线能不能突破，我就不再重复了。举的这两个例子，破坏火车和外国文物进入国内这个问题，解释上，我们理论体系它提供了一个思考方式，一个解决的方案，一个原则，就功能主义方法体系，功能主义的一个确证的体系。这个体系的运用中还是存在一个本身的理解和使用问题，比如说合法性，我们觉得把火车解释为这个汽车，那么电瓶车解释为机动车，即使承认合法性是基础，我认为这个合法性，它讲这个理由，文义范围之内语句的可能性。我们付教授说了投入感的问题。那么这个问题我觉得它是我们功能主义刑法解释学要解决要研究的问题，但是功能主义刑法解释学，它只提供了一个解释方法体系化或者叫解释方法结论功能体系化的一个方案。这个方案的理解执行就像法律的理解执行一样，它也是因主体而异，有争议很正常。也就是说关于破坏火车，关于这个外国文物进入国内这个怎么解释这个问题，解释为普通货物，还是解释为特殊的走私的对象？这些具体的问题包括前面举的例子，双性人解释为妇女可不可以？这些问题就是解释学都要研究的这些问题。那么这个问题我只能说有多种结论、多种意见。那么它与我们这个功能主义刑法解释，方法决定功能体系化的命题的论证，它有一定的例证作用，但是在例子上它有差异，它也是这个有其他的因素。那么我个人对那个问题的看法就是什么呢？就是说火车与汽车以及刚才说的电瓶车能不能解释为机动车，以及文物能解释为普通货物还是特殊货物，这个都要根据语境，根据案情，一定要有具体案子来说明。这样可能给出的结论是相对合理的。那么在这个意义上说功能主义刑法解释论，它提供了一个对话的平台，这个是关于这两个问题的说明。关于这个司法公正的问题，这个问题刚才我说了，不是犯罪治理问题，可能是我介绍的问题。我主要谈到司法公正只能是据立法来谈司法公正，而不能过度地超越立法，根据我们心目中应然的立法、自然法来确定。司法公正强调是理论是司法领域的公正。我认为根据最起码的原则，它就是以现行立法的规定为基础的，尤其是刑法领域。至于真正的立法漏洞和不真正立法漏洞怎么确定，这个法解释学包括民法解释学、宪法解释学，刑法解释学都有这个问题。这个在学界上呢它是有一定的界定的。就说刑法规定中有提示有规定。但是它可能在明确性上，在指向上，在语法基础上可能就存在一定的，有些人感觉有漏洞。但是它对价值解释方向，原则上有指向有提示。这个它根据刑法的功能主义解释或者说实质解释，它不违背罪刑法定原则。那么这就是非真正的立法漏洞。比如说我们的非法经营罪的兜底条款，以危险方法危害公共安全罪的其他这种解释的时候，尽管也可能出现不正确的解释，但是在法理学上，一般认为它不是真正的那种立法漏洞，但是有的情况就属于立法，你不超越就解释不了。那这就是真正的立法漏洞，这就只有完善立法。比如说这个强奸男性，那么这个问题到底该不该立法规定，定不定罪？在北京保安，男保安被强奸案啊，当时幸好他有肛裂，构成了轻伤，定那个故意伤害罪，如果没肛裂的话怎么定罪？我觉得当时可能司法者也好，理论界也好，还值得思考。那么这个就是真正的立法漏洞，因为它危害性、可罚性判断大家都是比较一致的，找不到

第七讲　中国刑法解释学理论体系的现代化与本土化

罪名。那么你如果要基于立法公正来解决这个问题的话，不强调司法公正的相对性和领域论，那你该找个罪，就像有的学者，随便找个罪定个罪，这样的话就违背了功能主义刑法解释学的基本的一个理念。因此那个合法性底线如何判断这个问题？关于合法性底线判断问题，我在发言中也提了一个观念，我觉得应该通过语用论来解决这个问题，同时要通过刑法解释的限度理论，这个合理构建的，有这个问题。而且是限度不能超过。那么具体的理论问题，这个我也就不展开，我只是把这个问题做一个回答。

好，关于与谈人的回应，我可能就先回应这么多，有漏掉的、不准确的、归纳不到的到时候再讨论，非常感谢与谈人给我很多启发，你们的批评和你们的肯定对我都是很大的一个帮助。

魏东教授： 那么网上的提问我就做个简单的回应。有的人问，刑法解释原则有哪些，它与解释原则方法之间存在什么关系？这个刚才我回答了解释原则，我认为有四项原则，立场的问题，方法的问题，这个我提到了，要强调功能主义的一种立场，要超越传统的刑法解释立场之争、限度之争。那么这个具体的内容就是强调功能主义的审查，功能主义，强调整全论的功能主义，就说不能只考虑结果，只考虑问题性思考，而要加上体系性思考。方法论思考方法与结果并重。结论结果一定要有依据，而不能说是想什么结果，觉得什么结果好，不能用想和觉得结果好来解释它，而应该用方法确认。

还有人问一下刑法教义学的功能是什么？刑法教义学的功能我觉得就是解释刑法，就是阐释刑法的合理性的一个功能。当然刑法教义学的功能这个回答可能是也带有刑法解释学的一些特色，可以跟刑法解释学的功能相比较地回答这个问题。但是我觉得重要的功能就是刑法教义学是形成大家基于对现代刑法的一种理念，司法公正的理念，以及大家公认的一些刑法的原理来提出的这个解决问题的方案。因此它的主要的功能就是规范地诠释适用解释适用刑法，这个跟刑法解释学的功能中很明显有一个重要的重复，而且是在规范使用上是重合的。

还有一个学生是我们川大的学生，也是资深的编辑了，他说请教一下怎样看待刑法解释学与刑法典评注活动的关系。这个关系当然很紧密了。我看见现在资料介绍，包括德国的刑法民法，还有这个现在我们国家出的几本书。现在《民法典评注》出来了，刑法典最近是陈兴良老师有一本，

· 251 ·

还有海松博士有一本，它里面要大力运用刑法解释学的原理，要运用刑法教义学的原理，因此它是个什么关系呢？我个人认为刑法解释学还是个理论研究、体系化研究，强调学科性、体系性，这个诠释学方法的运用的一个特色。因此它不以刑法为蓝本，不以《刑法典》的体系为体系，而是以刑法解释学的学科体系、范畴体系来构建整个理论系统，而刑法典评注活动，应当说它是对刑法解释学理论体系的运用，对刑法教义学的运用，它是以《刑法典》的体系为主线，在评注里面，运用了刑法结构和刑法教义学的原理，一个是学科性比较强的，一个是学科的理论知识的运用。当然我对这个评注活动的理解是不是对的，这个也请与谈人和其他的专家学者来指正，因为我们目前看到的几本评注大概就存在这个情况。

下一个问题是问解释学理论体系只有此一种方向吗？即遵循教义学的基本理念，从某种柏拉图式的前提出发，去切割或者格式化的对应现实世界，是否存在一种互动式的刑法解释观点，即我们认为是否应当将民族理念融入其中，无论如何定义民主、互动性，至少应当是民族的现代性定义的必不可少的一部分，这个从解释学跟刑法教义学强调它的特色的时候就提到了，一个是静态的，一个是动态的，实际上解释权一个重要的原理就是法律论证以及交换理论、沟通理论，这些都成为互动式的问题，它都有哲学基础的，都有理论支撑的、支持的，都是解释学包括刑法解释学理论体系中的重要理论，是过程当中要讲的问题。所以这些问题恰恰是这个刑法教义学原理中一般不讲的这些问题，尽管有学者讲，但是至少没有形成普遍的最大公约数或者是最权威的做法。因此这个问题应当说是一个回应。刑法解释中也强调这个意识形态，其实包括美国那么讲实用主义的解释活动、解释学司法审判活动，它的解释活动中实际上融入意识形态很多的。那么德国、日本的判例和案例方面的研究，我注意到很多案例研究的专著里面就专门讲到了这个叫做意识形态的问题，灌输观念理念的。这个问题应当说在我们国家的刑法解释学中，包括刑法教义学中对这个问题的强调，只要是在合理的范围内，它是对的，而不是完全说就是政治性的问题，也不是说意识形态第一位的问题，而是要兼顾。

第五个提问，刑法解释学之于法解释学它的独特性主要在何处？这个问题我认为问得很好。刑法解释学它首先属于法解释学的一个分支学科，它的独特之处主要是什么？基于刑法学与其他部门法学的学科独立性，它

第七讲　中国刑法解释学理论体系的现代化与本土化

强调罪刑法定原则，这个是它最重要的。因此我认为它最重要的问题就是合法性的审查以及在整体有效性的判断中它不同于其他部门法。比如说民法，它可以基于诚实信用原则、公平合理原则，可以做出对当事双方公平的判决。但是刑事审判中它不叫当事双方，而叫公诉人与被告人，凡是法律没有规定的，它不能用简单的借口基于公平正义和诚实信用的原则以及立法公正应当有的自然法的理念来判断被告人有罪。但是相反它可以判断被告人无罪，这个叫做单向校正性、单向解释性。这个事不利于被告人，不能用类推解释，刑事政策对刑法的校正只能是单向的。如果在有罪无罪方面，只能单向的。当然在这个定罪的前提下，修正那是另外一个问题。但是有罪无罪校定上是单向的，只能是出罪。也就是说司法上非犯罪化是允许的，司法上的犯罪化是不允许的，这个与其他部门法是大不一样。

最后一个问题，那就是问类案检索、类案同判、类案类判。我觉得在功能主义刑法解释论看来它是大体上是符合这个整全论、功能主义刑法解释论的基本理论的。但是怎么判断类案以及怎么叫同判这个问题确实是一个复杂的理论问题，也是一个难操作的问题。最高法发布指导性案例，它就是在一定意义上解决这个难题的，因为它有裁判宗旨、要点归纳，要点的归纳它带有抽象性的，它不是简单的案情重塑，这种理论抽象概括，我认为它就是法解释学意义上的范畴命题的大前提的一个使用，可以根据这个前提来使用它。它的解释是法解释学确认的有效性的一个范畴，它是基于对罪刑法定原则的尊崇来做的解释，因此它不存在这个违背罪刑法定原则的问题。当然具体个别案子是不是违反罪刑法定原则，那是另外一个问题。但是类案同判、类案检索、类案类判，以及两高指导性案例，主要的判断在解释学上，我觉得就应该做出刚才说的这种判断。好，我就回答这么多，主持人，谢谢！

王政勋教授： 谢谢魏东教授的回应。对于刚才与谈人所提出的问题，以及在后台评论区观众所提出来的问题都做了比较全面的、非常准确的回应，谢谢魏东教授。今天晚上的讲座从 7 点钟开始到现在已经 10 点了，前面魏东教授讲了一个小时，后来回应了又有 50 分钟，非常辛苦，我们大家都可以看到，魏东教授从 7 点钟开始了之后就一直没有离开现场，既没有下线，也一直没有关闭摄像镜头，这种非常敬业的精神值得我们大家学习。现在时间已经很晚了，大家 3 个小时的学习也好、主讲也好，还是与

刑法治理的现代化与本土化·讲演录：(一)

谈也好，应该都很累了，我别的话不多说了，我想我们每一位应该都是非常有收获的。感谢西南政法大学和石经海教授来操持了这么一个讲座，在办这个讲座的过程当中，他们非常辛苦。感谢魏东教授今天前面一个小时的主讲和后面将近一个小时的回应，也感谢四位与谈人的精辟的见解，特别是要感谢今天在后台提问的同学以及全体参加了今天晚上的讲座的老师同学和法律界的同仁们，谢谢你们！今天晚上的讲座到此就结束了，谢谢大家！

第八讲

轻罪立法的中国问题与选择

何荣功[*]

摘　要：轻罪立法是我国近年刑法立法的重要特征。从法治逻辑上讲，轻罪立法虽具有必要性与科学性，但导致的现实问题不能忽视，其中最鲜明地体现于危险驾驶罪的适用中。应当整体性思考轻罪立法的必要性和范围。轻罪立法只有与成熟的司法权、漏斗型刑事司法运行机制、轻微刑罚制度以及完善的前科消灭制度等配套，才能确保刑法参与社会治理的科学与适度。当前和未来一个时期，行政违法与犯罪区分的二元违法制裁体系在我国仍具有独特价值与意义，轻罪立法应谨慎地推进。

主讲人何荣功教授：谢谢主持人林维老师！各位老师、同学们，大家晚上好！非常荣幸受西南政法大学刑法学科和北大法宝的邀请，今天有机会与大家交流"轻罪立法的中国问题和选择"。2018年我在《中外法学》发表《我国轻罪立法的体系思考》一文，对该问题有一定思考。这几年，我仍然在关注该问题，今天将我的最新认识和思考与大家交流，请批评指正。报告主要涉及四个方面的问题：一是轻微危害行为的两种制裁体系；二是我国轻罪立法的表现与正当性；三是轻罪立法的实践困境与分析；四是未来选择。

一、轻微危害行为的两种制裁体系

法律是社会文化的产物，也是社会文化的重要组成部分，所以，从社

---

[*] 武汉大学法学院教授。

会文化的角度认识法律制度是必要和有益的。中西方文化对于犯罪及其治理既存在明显差异，也有着共同的规律性的认识与做法，其中两种文化都强调对违法犯罪的预防以及重视"防小害治大恶"。比如，中国传统文化素来强调防微杜渐、防患未然。"勿以善小而不为，勿以恶小而为之"；"莫轻小恶，以为无殃，水滴虽微，渐盈大器，凡罪充满，从小积成"等名言清晰地反映防小恶治大恶的思维。在西方，"今天偷针，明天偷金（One who steals a pin will steal anything）""今天偷一两，明天就会偷一磅（He that will steal an a ounce will steal a pound）"等谚语也体现类似的事理。犯罪的发生是有规律的，实践中案件数量最多的往往是轻微的违法行为，如果这些轻微的违法行为得不到很好的治理，它就会慢慢成为严重的违法行为，进而成为犯罪；如果犯罪还得不到治理，它就可能会成为共同犯罪、恶势力犯罪、集团犯罪，最终成为黑社会性质组织甚至黑社会组织。犯罪发生规律以及人类"治小害防大恶"的经验告诉我们，轻微危害行为的治理不仅是一个刑法问题、法律问题，更是社会有效治理的重要课题。

实际上，任何国家都面临轻微危害行为的治理问题。由于犯罪圈的设置本质上系人类的建构性存在，国民观念、法律传统、司法政治体制等都会对国家制裁体系及犯罪圈的划定产生重要影响。法律特别是刑法应如何对待"小恶"，我国与西方国家（包括英美法系和大陆法系）采取了截然不同的处理路径。

我国采取的是违法和犯罪区分的二元制裁体系，该体系下犯罪的成立有门槛限制，刑法对危害行为并不奉行零容忍的态度。根据《刑法》第十三条的规定，犯罪限于严重危害社会的行为，行为情节显著轻微危害不大的不认为是犯罪。《刑法》第三十七条规定："对于犯罪情节轻微不需要判处刑罚的，可以免予刑事处罚……或者由主管部门予以行政处罚或者行政处分。"《治安管理处罚法》第二条规定："扰乱公共秩序，妨害公共安全，侵犯人身权利、财产权利，妨害社会管理，具有社会危害性，依照《中华人民共和国刑法》的规定构成犯罪的，依法追究刑事责任；尚不够刑事处罚的，由公安机关依照本法给予治安管理处罚。"治安管理处罚的种类包括警告、罚款、行政拘留、吊销公安机关发放的许可证。可见，在我国，违法行为由刑法和行政法（还包括民商经济法等）共同调整，行为是否成立犯罪，不仅需要考察违法行为的性质（罪质），还要综合考虑违法行为的情节、结果、数量、次数等量的要素（罪量）。我国刑法分则规定的大多数犯罪均包含罪量要素。比如，行为成立盗窃罪，要么需要具备"入户""扒窃""携带凶器""多次"的情节，要么是盗窃公私财物，"数额较大"；又如，故意伤害罪中，只有伤害行为造成被害人轻伤、重伤或者死亡时才成立犯罪，行为造成被害人轻微伤的，按照《治安管理处罚法》或者民事侵权处理即可。

西方国家普遍采取低犯罪门槛的一元违法制裁体系。该制裁体系的特点是：刑法关注违法行为的性质，不注重违法行为的量，轻微违法行为也被纳入犯罪圈中。比如，对盗窃罪，《德国刑法典》第二百四十二条规定："意图使自己或第三人不法占有，盗窃他人动产的，处五年以下自由刑或罚金刑。"《日本刑法》第二百三十五条规定："窃取他人财物的，是盗窃罪，处十年以下惩役。"可见，无论是德国还是日本，盗窃罪的成立都没有行为情节或者财物数量的限制，只要行为人盗窃他人财物（动产）的，即使价值很少，也成立盗窃罪。采取一元违法体系的国家，犯罪圈很广泛，乱倒垃圾、涂鸦、不戴安全帽驾驶摩托车、违章停车等都被规定为刑事犯罪。

西方国家之所以采取大犯罪圈和一元违法制裁体系，有着自身的法治逻辑：一方面，对危害行为只定性、不定量的一元制裁体系有利于强化公民的守法意识，使道德底线刚性化，有助于预防大恶和严重犯罪的发生，避免破窗效应；另一方面，犯罪化意味着行为的司法化处理，立法将轻微危害行为犯罪化，实际上是将行为纳入司法程序，国家赋予公民辩护的权利和庭审公平裁判的机会，避免行政权不当干涉和处置公民的人身财产等权利，客观上有助于更好地保障人权。

事物的存在往往具有一体性和对应性。西方与我国刑法针对违法行为采取的制裁体系分别对应（配套）着各具特色的刑罚制度以及刑事司法运行机制。

在西方国家，由于犯罪圈广泛、犯罪门槛低，所以，现实社会的犯罪数量势必很庞大，如果国家将刑法规定的犯罪最终都以犯罪处理，那么，不仅有违刑法谦抑性，也是国家司法资源难以承受之重。为了缓解一元违法体系可能导致的刑法范围过宽的问题，西方国家构建了对应的配套机制与制度。首先，在刑罚制度上，针对轻微犯罪，西方国家建立了类型多元的轻微刑罚制度，比如短期自由刑、赔偿与轻微罚金、资格刑、社区服务，还有相对完善的前科消灭制度等。整体而言，刑法呈现出"严而不厉"的结构特点，即刑事法网严密，但刑罚并不严厉。其次，刑事司法上，西方国家普遍重视司法限制刑法范围的功能，积极以司法出罪机制将大量轻微危害行为排除在刑法之外。由于刑事司法扮演着节制刑罚适用的角色，司法过程承载着过滤犯罪和出罪的功能，刑事司法运作过程犹如漏斗，大量轻微危害行为被刑法规定为犯罪后又被筛出于刑法体系之外，所以，这种刑事司法运行机制常常被形象地比作漏斗型刑事司法机制。实践中，警察、检察机关和法院均有一定的出罪权力。

与西方国家漏斗型刑事司法运行机制不同，我国刑事司法运行机制整体上呈现的是"直筒型"（也称"圆筒型"）构造。对于刑事案件办理，强调公安、检察和法院的协调配合，办案机关也遵循统一追诉标准。刑事诉讼程序整体上偏向于对犯罪嫌疑人的追诉。犯罪嫌疑人一旦进入到刑事司法程序，通常就意味着将被定罪和追究刑事责任，其从刑事司法程序中解脱出来的概率很小。[①] 近年，随着我国犯罪结构的变化，中央提出了"少捕慎诉慎押"的刑事司法政策，检察机关的不起诉裁量权有所扩大，但是直筒型的刑事司法追诉机制并没有根本性改变。此外，在刑罚制度上，我国刑罚种类一直保持着主刑和附加刑的分类，主刑和附加刑的种类都相对单一，且轻微刑罚制度严重不足，前科消灭制度也没有真正建立，刑法结构明显具有"厉而不严"的特点，即刑事法网不严密，但刑罚比较严厉。

两种制裁体系和刑事司法运行机制各有特点、优势，也各有不足。在西方国家采取的一元制裁体系中，虽然符合刑法规定犯罪的数量大，但大量轻微犯罪行为被司法机制"漏"出来，避免贴上犯罪标签。我国是通过高犯罪门槛，确保刑法谦抑性，避免刑法过度干预社会，大量轻微违法行为以行政违法处理，效率高，但行为一旦进入刑事司法程序，将难以脱罪。

通过以上比较分析，对于轻微危害行为的中西方两种制裁体系，我们可以得出以下基本认识：

---

① 参见谢川豫《危害社会行为的制裁体系研究》，法律出版社2013年版，第325页。

第一，犯罪及其造成的法益侵害是客观存在的，但犯罪圈的设置却系人类的建构之物。国民观念、法治逻辑、法律传统和司法政治体制等都会对制裁体系和犯罪圈的划定产生影响。西方国家采取一元违法制裁体系，刑法整体上呈现的是"严而不厉"的结构，为了避免国民行为过度卷入刑事司法程序，西方国家配套建立了漏斗型刑事司法运行机制。我国采取的是违法和犯罪区分二元体系，犯罪门槛高，刑法呈现出的是"厉而不严"的结构特征，实践中，刑事司法裁量权受到严格限制，整体呈现的是直筒型刑事司法运行机制。两种制裁体系和司法运行机制各有特点和优势，并无绝对的优劣之分。

第二，刑法谦抑性是人类朴素的观念和法感情，中国和西方国家都强调刑法谦抑性。刑法谦抑性与犯罪门槛的高低没有必然联系，不能简单地认为犯罪门槛高，就体现刑法谦抑性；犯罪门槛低，就不体现刑法谦抑性。刑法谦抑性是一种观念，也是一种立法技术，还是一种刑法运行机制。我国通过高犯罪门槛维护刑法谦抑性；西方国家主要是通过漏斗型刑事司法运行机制实现刑法谦抑性。因此，对刑法谦抑性要动态、整体性理解，不能孤立、片断地看待。

二、我国轻罪立法的表现与正当性

厘清概念是问题讨论的前提。《刑法修正案（八）》之前，刑法规定了不少最高刑为三年有期徒刑的轻罪，《刑法修正案（八）》开启了我国刑法立法将拘役设置为最高刑的先河。《刑法修正案（九）》和《刑法修正案（十一）》增设轻罪的趋势更为明显。我们今天讲的轻罪立法主要指的是一种立法趋势和现象，即随着犯罪门槛降低，把过去由和现在可以由行政法等调整的行为纳入到刑法范围。

根据刑法规定，近年我国轻罪立法在规范上主要表现在以下方面：

第一，扩大既有犯罪范围，将原由行政法调整的行为犯罪化。比如《刑法修正案（八）》将"入户盗窃""携带凶器盗窃"和"扒窃"新增为盗窃罪行为类型。

第二，增设新罪，将原由治安管理处罚法调整的行为升格为犯罪。比如《刑法修正案（八）》新增的第二百零五条之一虚开发票罪，第二百一十条之一持有伪造的发票罪以及危险驾驶罪等。

第三，新增罪名，将原本可以依法按照犯罪预备、帮助犯处理的行为正犯化。比如《刑法修正案（九）》增设的第一百二十条之二准备实施恐怖活动罪，第二百八十七条之二帮助信息网络犯罪活动罪等。

第四，新增罪名，将以往由职业道德规范或处罚不明确的行为犯罪化。比如《刑法修正案（八）》新增的第三百零八条之一泄露不应公开的案件信息罪，披露、报道不应公开的案件信息罪等。

第五，新增罪名，将性质上主要属于民事纠纷的行为犯罪化。比如《刑法修正案（八）》增加的第二百七十六条之一拒不支付劳动报酬罪等。

第六，面对新型社会问题，刑法新增轻犯罪类型。比如《刑法修正案（九）》新增的第二百八十六条之一拒不履行信息网络安全管理义务罪和第二百八十七条之一非法利用信息网络罪等。

那么，轻罪立法是否有正当性和积极价值呢？当然有。

首先，契合法治建设的方向。将危害行为纳入司法体系调整，赋予被告人辩护机会，有助于更为充分地尊重和保障公民权利。这是我国致力于行政处罚权司法化改造（劳动教养制度改革）的重要动因之一。

其次，有利于培养公民的守法意识。将轻微犯罪纳入刑法调整，道德底线刚性化，规则刚性化，可以避免"破窗"现象。

再者，有助于缓解传统刑法结构的矛盾，促进我国刑法结构由"厉而不严"向"严而不厉"方向转型。

还有，符合现代社会治理需要。在信息风险社会，犯罪治理上的未雨绸缪，治小罪防大害，是一种值得提倡的犯罪治理策略。

三、轻罪立法的困境与分析

问题的复杂性在于问题往往具有两面性。即便在具有成熟制度体系的国外，轻罪立法也面临不少问题，理论上也是一个一直存在争议的课题。为了对轻罪立法有更为全面、科学和客观的认识，下面主要和大家交流以下轻罪立法的实践问题。

如前指出，国外刑法，不管是英美法系国家还是大陆法系国家，轻罪立法占主导地位。尽管这些国家法治比较健全，建立有配套刑事司法机制和轻微刑罚制度，但仍然面临突出问题。数据显示，英国仅在1997至2006年工党执政的10年中，立法新创约3000个新罪名，在2013年时英国罪名总数已超过1万。在美国，犯罪的范围非常广泛，超过70%的成年人可能在其人生的某个时点都已犯下可能判处监禁的犯罪，具体内容大家可以参见美国学者胡萨克教授的专著《过度犯罪化》以及相关论文。

我国在很长一段时间内，对轻罪立法几乎是持单面肯定的态度。比如，有的学者提出轻罪立法是我国刑法走向现代化的必由之路。众所周知，在我国轻罪立法的最典型代表就是"醉驾"入刑。"醉驾"入刑曾被视作刑法加强民生保护的亮点条款，但近年醉驾案件数量日趋庞大且居高不下，醉驾入刑的正当性以及如何科学适用越来越成为社会关注的焦点话题，甚至出现了立法应当废除醉驾型危险驾驶罪的声音。所以，我们如何科学理性看待我国轻罪立法，离不开对"醉驾"入刑问题的探讨。

各位老师、同学和朋友，我决不否认"醉驾入刑"的积极意义。根据公安部公布的数据，醉驾入刑五年时，全国因酒驾、醉驾导致交通事故起数和死亡人数较本罪实施前分别下降18%和18.3%。[1] 2021年醉驾入刑十年之际，上述两数据相比上一个十年减少了2万余起。数据还显示，当前执法检查中每100辆车发现醉驾的比例较之于醉驾入刑前减少70%以上。在国民遵守交通规则意识的培养上，饮酒后大多数机动车驾驶人都能自觉选择代驾出行，全国酒后代驾订单年均达到2亿笔，[2] "喝酒不开车、开车不喝酒"越来越成为社会认同和支持的文明意识和行为准则。[3]

但是，根据最高人民检察院工作报告的数据，2013至2017年，全国检察机关共起诉717.3万人，其中，危险驾驶罪起诉73.7万人，占整个起诉案件的10.27%，其中绝大部分案件系醉驾案件；2019年全国检察机关共起诉危险驾驶罪322041人，占17.7%；2021年全国检察机关起诉人数最多的罪名为危险驾驶罪，起诉人数为35.1万人，占比20.07%。[4] 最高人民法院工作报告的数据显示，2013年全国法院审结的危险驾驶罪案件数量为9万多件，居当年刑事犯罪案件数量的第三位，占当年法院审结的全

---

[1] 参见汤瑜《"醉驾入刑"五年 全国共查酒驾247万余起》，《民主与法制时报》2016年5月5日第01版。

[2] 参见高莹《全国道路交通安全各项指数持续向好》，《人民公安报》2022年7月26日第003版。

[3] 参见周佳佳等《十年了，醉驾入刑要不要修改？——"醉驾入刑"提案第一人再发声》，人民政协网 http://www.cppcc.gov.cn/zxww/2021/05/12/ARTI1620782606219119.shtml，2022年10月17日访问。

[4] 相关数据分别来自2018年、2019年、2022年《最高人民检察院工作报告》，中华人民共和国最高人民检察院官网 https://www.spp.gov.cn/spp/gzbg/index.shtml，2022年10月20日最后访问。

部刑事案件总数的9.5%；2020年上述数据分别为28.9万件，高居刑事案件第一位，占当年法院审结的全部刑事案件总数的25.9%；2021年案件数量增长至34.8万件，远远超过其他刑事案件。① 人民法院的数据还显示，2011年全国法院共审结刑事一审案件845714件，② 2021年该数据为125.6万件，十年间全国法院审结一审刑事案件同比增长41万余件，其中，一半以上的增长是危险驾驶罪案件。与之形成鲜明对比的是，1999年至2019年，我国检察机关起诉严重暴力犯罪从16.2万人降至6万人，年均下降4.8%。③ 犯罪不是司法游戏，庞大的案件数量意味着国家要加大人力财力物力等司法资源的投入，巨大案件数量的背后是刑法参与社会治理的巨大社会成本。这是我们不能不重视的问题。

事物的出现往往有其原因。世界各国刑法都将醉驾规定为犯罪，为何在我国出现如此严重的实践困境，其中原因值得重视。从事物的常理看，某种类型的犯罪多，与以下三个方面因素密切相关：一是现实社会该类犯罪的绝对数量多；二是立法对此类犯罪的规定严格，犯罪门槛低；三是实践中办案机关重视对犯罪的查处，打击力度大。具体到危险驾驶罪案件而言，当前之所以存在如此庞大数量且不断增长的醉驾案件，与我国机动车数量增长速度快、绝对数量大以及国民规则意识不强、不遵守交通规则密切相关。近些年我国经济社会飞速发展，已全面建成小康社会，在该社会发展阶段，人民生活质量提升，汽车逐渐走入寻常百姓家，机动车保有量和拥有驾驶证的适格驾驶人数大幅度提升。根据公安部统计的数据，自2011年"醉驾入刑"至2020年，全国机动车增加1.81亿辆，驾驶人增加2.59亿，两者的年均增长分别为1800万辆和2600万人。④ 与此同时，随着法治的进步，我国国民的守法意识较之过去也有了明显提升，但整体而

---

① 相关数据分别来自2014年、2021年、2022年《最高人民法院工作报告》，中华人民共和国最高人民法院公报网站 http://gongbao.court.gov.cn/ArticleList.html?serial_no=wx，2022年10月20日最后访问。

② 参见中国法律年鉴编辑部编辑：《中国法律年鉴（2012年）》，中国法律年鉴社2012年版，第168页。

③ 参见2020年《最高人民检察院工作报告》，中华人民共和国最高人民检察院官网 https://www.spp.gov.cn/spp/gzbg/202006/t20200601_463798.shtml，2022年10月20日最后访问。

④ 参见刘宇鹏《"醉驾入刑"十年成效显著 治理酒驾醉驾任重道远》，《汽车与安全》2021年第6期。

言仍存在问题。具体到交通领域，"喝酒不开车，开车不喝酒"虽然逐步得到社会认同，但并没有成为驾驶人员的行为准则，实践中，仍然有不少民众对于喝酒开车和醉酒的危险性存在模糊认识，对于醉酒驾车的行为后果和法律责任怀有侥幸心理。特别是我国有人情社会的传统，酒文化对于融通人际关系和促进商业交往具有重要的媒介作用。在上述条件下，现实社会即便只有很少比例的人违反交通规则醉酒驾车，醉驾案件的绝对数量也将是相当可观的。

讲到这里，我们有必要明确的是：社会制度具有整体性，刑法制度同样如此，制度的改革必须重视整体性推进。任何一项法律制度的改革都会牵涉与其相关的制度改革问题，倘若仅对制度的主体部分进行重构，而不考虑相关或配套的制度改革的话，则这种改革必将带来一系列相关制度的集体"排异"反应。

四、未来的选择

下面我们进入最后一个问题，即未来的选择。各位朋友，面对社会快速变革与发展，新类型法益将不断出现，为了充分地保护法益，刑法增设新罪将是未来我国刑法立法的重要特征。特别是随着法益侵害风险不确定性的增加和刑法立法对积极刑法观的倡导，刑法积极参与社会治理和轻罪立法将是未来刑法发展难以避免的趋势。

在我国，轻微危害行为如何科学处理，我们可以有两种选择：一是，坚持传统的违法和犯罪区分的二元违法体系，维持相对高的犯罪门槛；二是，规模性地降低犯罪门槛，构建"大犯罪圈"，并建立配套漏斗型的刑事司法运行机制和轻微刑罚制度。后者是西方国家普遍采取的机制，我国港澳台地区也是该机制。我认为，放弃传统做法，构建"大犯罪圈"的刑法制度和漏斗型刑事司法运行机制在当前的我国并不值得提倡。

首先，我国国民规则意识有待提升，轻微违法行为的绝对数量庞大，一旦规模性降低犯罪门槛，构建"大犯罪圈"势必产生大量的刑事案件，我国的司法资源并不足以支撑。

其次，我国司法权的性质和西方国家不同，西方国家犯罪化的重要动因和目的是赋予和保障犯罪人的辩护权，这与我国明显不同。在我国，行为一旦被犯罪化，直接意味着行为人面临更重的惩罚，而不是加强权利保护的问题。

再次，我国的犯罪标签观念浓厚，即便刑罚执行完毕后行为人也很难融入社会，规模性降低犯罪门槛，社会难以承担其重。

最后，"少捕慎诉慎押"刑事司法政策近年虽然得到了有力的贯彻，但漏斗型刑事司法运行机制及其配套制度在我国没有真正建立，而且在短时期建立起完善的漏斗型刑事司法运行机制并不现实。

法律作为社会的重要治理机制，面对社会问题必须做出妥当的回应与选择，但如何回应是个犯罪治理的策略课题。如果国家强化刑法参与社会治理，设置偏低的犯罪门槛，那么，国家难免面临庞大的刑事犯罪案件数量的难题；相反，如果国家节制刑法参与社会治理，刑法对违法行为采取"抓大放小"策略，设置较高的犯罪门槛，那么，现实社会中犯罪的数量就会相应变少。新中国成立以来的两部刑法典都秉持刑法参与社会治理的谦抑性，大量轻微违法行为作为行政违法交由行政机关处理，这种处理方式不仅效率高，而且可以大大节省司法资源，特别是可以有效地避免将公民卷入刑事司法程序而贴上犯罪的标签。可以说，传统的违法和犯罪区分的二元体系，是我国处理违法与犯罪关系的特色，也是一种机制优势。

以上是今天报告的主要内容，最后我做个简要总结：

第一，西方法治发达国家普遍采取的是"大犯罪圈"，重视轻罪立法，初衷在于法治化解决危害社会行为及其归责问题，限制行政处罚权。我国轻罪立法也有行政处罚权司法化改造的因素考量，但最近几年，轻罪立法的动机主要是强化刑法对社会的管理（治理）。我国和国外的轻罪立法形同而实异。

第二，如果犯罪门槛降低主要是基于刑法积极参与社会治理，那么势必导致"又严又厉"的刑法结构和结果。案件的数量将是办案机关无法承受之重，犯罪标签及其后果也将是社会无法承受之重。

第三，在我国传统违法和犯罪区分的二元违法体系中，大量轻微违法行为交由行政机关处理，不仅效率高，而且能有效地避免犯罪标签，这种体系具有优势，根本上契合我国的政法体制，不应轻易改变。

第四，国家当然应重视对轻微违法行为的治理。但刑罚作为一种粗暴的社会治理方式，天生并不适合作为调整社会关系的手段。轻微危害行为应更多通过道德伦理教化、民事行政法调整。刑法参与社会治理成本高、后遗症多，效果也难以持久，需要慎之又慎。真正的刑法现代化应当是国家和社会逐步摆脱对刑法的依赖,而不是刑法纠结其中越陷越深。传统违法犯罪区分的二元违法体系在我国具有优越性,我国未来应谨慎推进轻罪立法。

我的报告到此结束,欢迎各位朋友批评指正,也期待四位与谈人的精彩与谈。谢谢大家!

第九讲

从控制到利用：刑法数据治理的模式转换

于改之[*]

摘　要：数据安全和数据共享是数据治理的基本目标。受数据赋权观念的影响，现行刑法采用了控制模式，重在禁止"获取""泄露""窃取"数据的行为，并借此对滥用行为进行事前防范。该模式忽视了数据的公共产品属性，无法全面、有效保护数据法益，导致既无法有效维护数据安全，亦难以实现数据共享。旨在规制滥用行为的利用模式，是刑法数据治理模式调整的现实方向。利用模式可基于以下路径实现：刑法总则中设置专门条款，指导分则数据法益的解释；适当限制控制模式立法，发挥数据的独立价值；增加滥用算法罪、非法提供算法服务罪，弥补现行刑法规范供给不足的缺憾；积极探索涉数据犯罪的违法阻却事由，避免因刑法入过度而抑制数据共享目标的实现。

主持人梁根林教授[*]：学界同仁，各位网友，大家晚上好，首先非常

---

[*] 于改之，上海交通大学凯原法学院教授、博士生导师，东京大学法学政治学研究科客员研究员。兼任中国刑法学研究会副会长、上海市法学会刑法学研究会副会长。在《中国社会科学》《中国法学》《中外法学》《法学家》等 CSSCI 期刊发表论文 40 余篇，数十篇被全文转载。出版《刑民分界论》《刑法与民法的对话》《刑法知识的更新与增长》《刑法与道德的视界交融》等著作十余部，主持国家、部级社科研究项目课题数十项。

[*] 梁根林，北京大学教授，中国刑法学研究会副会长，著有《刑法总论问题论要》《刑事制裁：方式与选择》《刑事法网：扩张与限缩》《刑事政策：立场与范畴》《刑罚结构论》等专著，主编学术著作 20 多部，发表学术论文近百篇。

第九讲　从控制到利用：刑法数据治理的模式转换

高兴石经海教授邀请我参与西南政法大学刑法学科主办的"刑法治理的现代化与本土化"系列讲座，聆听第九期于改之教授"从控制到利用：刑法数据治理的模式转换"学术报告，使我有机会向改之教授和各位同仁学习。在正式开始讲座之前，请允许我首先简单介绍一下报告人于改之教授。于改之教授是我国刑法学术研究的中坚力量和实力派学者，她刚刚从华东政法大学成功转任到上海交通大学凯原法学院。改之教授同时兼任日本东京大学院法学政治学研究科客员研究员，同时兼任中国刑法学会研究会副会长，上海刑法学研究会副会长。改之教授学术成果丰硕，并且具有很高的学术含量与学术品位。她在《中国社会科学》《中国法学》《中外法学》等刊物上发表论文数十篇，出版《刑民分界论》《刑法与民法的对话》等十余部著作，主持了数十项国家级和省部级研究项目。特别是改之教授在法益冲突与刑民关系领域更是取得了令人注目的标志性研究成果。今天，她又将与我们一起分享她刚刚在《中国社会科学》发表的关于刑法数据治理的最新研究成果。所以下面，我们有请改之教授进行学术报告。

主讲人于改之教授：谢谢主持人，尊敬的梁老师，经海教授，兰英教授，本祺教授，王勇教授，世伟教授，大家晚上好。首先感谢经海教授的邀请，非常荣幸来做客西南政法大学"刑法治理的现代化与本土化"系统讲座。那么，我今天的讲座题目是："从控制到利用：刑法数据治理的模式转换"。为什么要进行刑法数据治理的模式转换？是因为随着数据时代的来临，数据已经成为基础性、战略性资源，但是与此同时，大量的违法获取、披露数据的行为层出不穷，也严重妨害了社会和经济的健康发展。因此，保障数据安全，促进数据共享，由此成了全球性数据治理的基本目标，也成了全球范围内法律上对数据资源进行权利和义务分配的重要标准。基于现实需要，各个国家和地区无不持续更新立法，或通过专门的数据保护法案，或对已有相关法案增删符合数据治理的法律规则，我国也不例外。比如，我国2016年11月通过了《网络安全法》，2021年6月通过了《数据安全法》，2021年8月通过了《个人信息保护法》，另外，我国在2015年9月的时候，通过了《刑法修正案（九）》，修订侵犯公民个人信息罪。在2020年12月通过的《刑法修正案（十一）》增设了危险作业罪，妨害药品管理罪。又如在2021年5月《民法典》也增设了关于个人信息的规定。除此之外，中共中央、国务院2020年3月出台的《关于构建更加完善的要素市场化配置体制机制的意见》明确提出，要加快培育数据要素市场，加强数据资源整合。由于深受赋权理念影响，我国刑事立法与司法将数据主要看作个人权利的载体和个人自由的延伸，更偏重于维护权利主体对于数据的控制安全，而对数据的公共产品属性重视不够，导致相关刑法规范的设定脱离社会和经济发展需求，出现了数据安全保护领域诸多问题，从而就导致刑法规范，既未能充分有效保护权利主体的合法权益，亦未能有效促进数据要素市场的培育。那么，如何将国家的数据治理政策导向通过完善刑法立法及解释工作，促成刑法数据治理模式的有效转换，实现安全维护、自由保障与技术进步的协同、均衡发展，是亟待解决的重大刑法学问题，也是实现刑法数据治理现代化和本土化的重要一环。基于这个原因，就有必要思考刑法数据治理的模式转换。今天这个讲座有四个方面的内容，一是刑法数据治理的现行模式；二是刑法数据控制模式的内在缺陷；三是刑法数据利用模式的转向；四是刑法数据利用模式实现路径。

　　第一部分，刑法数据治理的现行模式。从我国刑法来看，尚不存在以数据法益为核心的罪刑规范体系。现行刑法相关罪刑规范分散于分则不同章节，通过不同罪名体系与行为类型予以呈现。从罪名体系上看，刑法分则对数据主要采用直接和间接两种保护方式。直接保护是直接将数据作为犯罪对象加以保护。那么在相当长时期，刑法对数据法益的保护仅限于计算机信息系统安全，直至《刑法修正案（十一）》增设了危险作业罪和妨害药品管理罪，直接以数据为对象的刑法规制体系才开始扩张，由妨害社会管理秩序罪向危害公共安全罪和破坏社会主义市场经济秩序罪延伸。间接保护是将表征数据内容的各种具体信息、秘密、证明或者证件等作为犯罪对象，以此间接规制数据侵害行为。其范围涵盖了政治、经济、军事等诸多领域，所保护的法益则囊括了国家安全，公共安全，市场经济秩序，公民人身权利、财产权利，社会管理秩序等。总体上，现行刑法罪名体系呈现以下特点：（1）在直接保护中，所涉数据范围极其狭窄，仅限于"计算机信息系统数据""公民个人信息""直接关系生产安全的监控、报警、防护、救生设备、设施的相关数据"以及"与药品注册相关的数据"四类；（2）在间接保护中，立法目的明显侧重于对国家法益、社会法益的保护，体现出重点维护安全、秩序利益的立法偏向；（3）两种保护方式均将

第九讲 从控制到利用：刑法数据治理的模式转换

数据作为犯罪对象，独立的数据法益并不存在，数据的性质、层级、种类、功能定位亦不清晰。从行为类型来看，刑法现有罪名并未事无巨细地保护数据活动的所有阶段，而是仅规定了以下不法行为类型：（1）编造或者传播虚假数据的行为，如编造并传播证券、期货交易虚假信息罪；（2）删除、篡改、隐瞒或者销毁数据的行为，如危险作业罪；（3）非法获取或者泄露数据的行为，如侵犯公民个人信息罪；（4）非法利用信息或者数据的行为，如利用未公开信息交易罪。那么，以上不法类型表明，当前刑法治理的重心在于数据的非法获取行为而非滥用行为。就此而言，现行刑法规定对数据法益的保护无疑具有片断性，不法行为类型亦明显呈现出不完整性特征。现行刑法数据治理模式与刑法数据控制模式是分不开的。根据《数据安全法》第三条第三款的规定，据此，可将刑法关于数据安全划分为数据控制安全和数据利用安全。其中，数据控制安全体现的是一种"赋权"理念，侧重于保护数据主体对于数据的控制力。而数据利用安全体现的则是"自由利用"理念，其侧重于保护数据在各个处理阶段的安全。据此，我们可以将刑法对数据安全的保护模式划分为数据控制安全保护模式和数据利用安全保护模式。

  从数据控制模式的特征看，我国刑法正是采用了该模式。首先，在规制理念上，力求通过对数据"静态安全"的维护实现对数据利用安全的前置性保护。以侵犯计算机信息系统的犯罪为例，很多通过篡改、删除或者破坏数据等方式侵害计算机信息系统的行为，旨在实施金融诈骗、盗窃、贪污、挪用公款、窃取国家秘密等犯罪。那么，刑法通过保护数据的控制安全，可以对相关法益进行前置性保护。又如，公民个人信息通常与公民的人格利益或者财产利益密切相关。多数情况下，单纯获取或者泄露此类数据，并不会直接对相关利益产生现实危害。但是，由于其可能成为数据滥用行为的起点或者源头，通过禁止该类行为，可以提前保护公民的合法权益。所以，从这个角度来说，数据控制模式是一种事前防范机制，旨在防范因数据泄露或非法获取所可能导致的数据滥用危险。那么在规制重点上，是通过抑制非法获取或者泄露数据等削弱数据主体对数据排他性控制程度的行为，强化数据主体对数据的控制。这一点在现行刑法规定及相关解释中体现为三点。一是通过积极禁止数据窃取、泄露行为直接保护数据主体对于数据的控制。例如，在将国家、商业或者军事等秘密作为保护对象的罪名中，规制的均是非法获取或者泄露秘密的行为。二是通过禁止删除、篡改、隐瞒、销毁、增加、干扰数据的行为间接强化数据主体对数据安全的控制。三是在对涉数据犯罪的构成要件进行解释时，同样凸显出数据控制模式的色彩。比如说，相关司法解释将计算机系统的内涵界定为具备自动处理数据功能的系统，使得数据载体的范围得以扩张。另一方面，新近司法判例打破以往将保护对象限定为"身份"认证数据的传统，将盗窃虚拟财产的行为认定为非法侵入计算机信息系统罪。这些做法都强化了数据控制模式的色彩。最后，在规制范围上，它是尊重数据主体的意愿，将"知情同意"作为数据获取、利用行为违法性的阻却事由。比如，我国《消费者权益保护法》第二十九条、《网络安全法》第四十一条明确将消费者同意、被收集者同意作为收集、利用相关数据的合法条件。在司法上，"新浪微博诉脉脉案"等案件的争议焦点均围绕数据获取行为是否需要知情同意、是否存在知情同意以及知情同意的范围而展开。

我国刑法之所以采取控制模式来保护数据安全，它有着相应的理论、现实、法政策依据。从理论依据上来看，将值得保护的数据限定为只能有相应主体加以控制，实为司法上数据赋权观念在刑法当中的投影。那么在确定数据的属性的时候，对于其究竟是一种可以对抗不特定主体的权利，还是一种受国家保护的权益，学界是存在明显分歧，由此形成权利属性模式与权益属性模式之争。其中权利属性模式肯定数据利益与特定主体之间的排他性归属关系，无论权利主体是政府、私人还是企业，除了可以实施采集、存储、处理、使用等数据行为以外，其他各方主体都不能实施任何数据行为。那么这种理解反映在数据治理问题上，就表现为将数据保护的重心放在数据的控制安全上。相反，如果将数据利益视为一种受国家保护的权益，即采用权益属性模式，则除数据主体之外的第三方主体同样也可以分享一定的数据利益，并在利益受损的情况下要求法律提供救济。例如，我国立法就未赋予商业秘密以权利属性，对于侵犯商业秘密的行为，商业秘密所有人、商业秘密使用人均可以作为商业秘密利益的享有者，以权利人的身份要求非法获取、披露、使用商业秘密的人承担侵权责任。所以，不同的数据属性模式会导致不同的社会效果：在权利属性模式下，原则上禁止其他利益关联者共享此利益；而在权益属性模式下，鉴于私法上强调"法不禁止皆自由"，除法律有特殊规定外，原则上并不禁止数据共

第九讲 从控制到利用：刑法数据治理的模式转换

享。权益属性模式反映在刑法的数据治理问题上，则意味着应将数据保护的重心置于对数据利用行为的规制上。那么从实践动机上看，随着大数据技术的发展，数据也逐渐获得了独立的存在价值。针对数据本身的各种新型侵权行为层出不穷。如果继续维持传统保护模式，现行刑法规范无法满足数据治理需求的状况，在此背景下，承认数据法益的独立性及其保护的必要性和正当性逐渐成为刑法理论界和实务界的共识。在立法尚未积极作出回应前，为避免处罚漏洞，刑法理论界和实务界多主张侵害计算机信息系统安全类犯罪的保护法益是数据安全，进而基于保护法益的目的，对数据内涵及其载体范围进行扩张解释，即突破刑法规定的"计算机信息系统""计算机系统"的用语限定，将作为此类犯罪对象的数据扩大到一切数据。那么此种基于回应社会生活需要的客观目的论解释立场，一方面使得数据利益不再依附于计算机信息系统安全，实现了对数据法益的独立保护；另一方面通过扩张解释，侵害计算机信息系统安全的犯罪成为兜底条款，从而来实现对数据法益的补充性保护。那么从政策诉求上来看，随着风险社会的到来，风险预防的理念受到重视，由此产生了"有法益侵害危险就有必要作为犯罪惩罚"的积极主义刑法立法观。那么，获取或者泄露数据等行为的犯罪化，可以说是这种立法观的一种反应。比如说，对于非法获取公民个人信息罪，尽管可以从个人信息自主决定权的角度解释该罪的保护法益，但相关泄露或者出售行为"对公民的人身、财产安全和个人隐私构成严重威胁"时才是立法者设定该罪的实质理由。换言之，该罪的规范保护目的在于，通过打击出售、提供、非法获取公民个人信息等侵犯公民个人信息的犯罪，切断其与电信网络诈骗等犯罪的链条，从源头上预防和减少犯罪的发生。这才是该犯罪的规范保护目的。

第二部分，刑法数据控制模式的内在缺陷。刑法现行数据治理模式是将砝码置于数据的静态安全，即数据控制安全一端，这无疑对数据安全的保护发挥了重要作用。然而，由于其过度强化数据控制，该模式能否有助于达成数据安全与数据共享的基本治理目标不无疑问。具体来说，它有以下几种内在缺陷。

一是它忽视了数据的公共产品属性。随着民法价值取向由纯粹的个人本位迈向社会本位，权利概念的"社会建构属性"日益凸显，赋权理念需要更多融入社会公共利益基因。那么，在承认数据私权属性的同时，必须正视数据所具有的交互性、分享性、公共性等公共产品属性，以释放数据的公共价值。但是控制模式却忽视了数据的公共属性，导致诸多弊端。弊端之一就是无视多元主体的正当利益诉求。以与公民关系最为密切的个人信息为例。《民法典》的"民事权利"一章明确将个人信息作为权利加以保护。将个人信息定义为"能够单独或者与其他信息结合识别特定自然人"的信息，据此"可识别性"是个人信息的本质属性。但是，"可识别性"实际上属于关系范畴，而不是数据、信息的本质属性。首先是因为"可识别性"体现着个人与他者的关系。也就是说，"可识别性"是个人与社会的一种链接方式，那么这就意味着，在对个人信息保护的时候，必须考虑信息接受者的正当利益诉求。另外，"可识别性"也体现着个人与信息之间的关系。因为"可识别性"意味着通过相关数据可以直接或者间接实现数据与个人的锁定。但是，无论是直接锁定还是间接锁定，都无非表明数据所表征的相关信息与个人存在一种对应关系，却并不意味着这些数据必然归属于个人。例如，不同的人完全可以使用同样的名字。弊端之二是无法有效实现"数据共享"的价值目标。一方面，数据的限制接触性是数据经过法律规范评价后的产物，而非信息或者数据本身的特性。也就是说，数据虽然可以作为私权客体具有限制接触属性，但是它仅仅是非公共数据的特点，并非所有数据的共性。另一方面，从法秩序的基本价值取向来看，信息公开是原则，限制数据的接触和使用是例外。例如，《政府信息公开条例》规定，除涉及国家秘密或者可能危害国家安全，以及涉及商业秘密或者他人隐私的信息外，信息公开是原则。即使是国家秘密，也通过规定保密期限对其限制接触性加以限制。此外，促进数据流通是数据赋权的重要价值。但是在数据控制模式下，"数据共享"在理念上便遇到了阻碍。

二是刑法数据控制模式在社会政策上不具有可行性。其一，它可以导致企业交易创新成本以及刑事法律风险的增高。在数据控制模式下，因为知情同意原则是数据收集和利用的基本原则，那么如果来自用户，或者网络空间中的每一条数据都要求获得事前同意，则不但大幅增加合规成本，还可能因为缺乏告知途径，导致数据难以多方利用和二次利用，就极大地束缚了创新行为。因而有必要区分不同数据类型，针对其是否为可识别数据、衍生数据而采用不同处理规则。另外一个方面，真正有能力大规模收

第九讲　从控制到利用：刑法数据治理的模式转换

集并分析数据的主体是政府和企业，如果全面强化对于数据控制的保护，则所有未经数据权利人或者控制者同意的数据获取、利用行为都有构成非法获取计算机信息系统数据罪或者非法获取公民个人信息罪的可能性。这将使企业面临更高的刑事法律风险。其二，它还可能导致社会治理能力弱化。首先，因为如果不能有效利用大数据进行动态分析和回应，公共政策决策大概率会缺乏现实针对性，不利于实现社会治理的精准化。比如当前疫情防控中对个人信息的公共利用，虽然有这样那样的质疑，但是它对公共利用带来的治理效能，对于控制模式的冲击给予了非常有说服力的背书。其次，如果不能有效利用相关数据，便捷的公共服务将受到限制，势必会增加公民的时间成本、经济成本以及社会交往成本。最后，数据控制模式也不利于提升多元治理的效能。

　　三是刑法数据控制模式难以有效保护数据法益。数据控制模式效能的发挥受到特定前提条件的约束。第一，在事实层面，数据主体有能力控制所有与其利益相关的数据，他人只能通过权利主体"知情同意"的方式获得相关数据。第二，在规范层面，通过抑制非法的数据获取行为，可以有效评价数据滥用行为。但是，随着科技变革的迭代升级，支持数据控制模式效能发挥的前提约束条件正逐步消失，单纯依靠控制模式并不能真正实现对数据法益的有效保护。具体说来，体现在以下几个方面。其一，会导致数据主体权益保障不足。因为大数据时代以"知情同意"原则为核心的数据控制模式不但没有强化对公民个人信息安全的维护，反而导致数据权利人面临极大风险。一方面，数据权利主体与数据利用者在经济、社会以及技术层面存在着显著的不平等性，由此使得数据权利主体与利用者之间缺乏议价能力。另一方面，现实生活中强化权利主体数据控制的"知情同意"原则往往流于形式，因为告知用户权利和义务的用户协议不但过于复杂，而且交易地位不对等。这样就会导致，由于数据主体欠缺议价能力，数据使用者滥用数据的行为反而可以借助数据收集阶段一次性的"知情同意"原则而被正当化，并从而导致数据滥用风险的最终承担者不当地由使用者转向权利主体。其二，会导致刑法评价不充分。一方面，现实中大数据杀熟、诱导性消费等数据滥用行为越来越普遍，其危害并不亚于数据的非法获取行为。另一方面，以数据为对象的非法获取行为和以物为对象的非法获取行为存在着明显的不同。以盗窃财物并使用为例，刑法上一般只评价财物窃取行为,后续的使用行为属于不可罚的事后行为。与此不同,单纯的数据获取行为只是获取了数据,而数据背后隐含信息的发掘和利用行为仍未实施,这些行为本身可能具有迥异于获取行为的危害性,因而仍存在单独进行刑法评价的必要。其三,会导致罪责刑不均衡。因为较之于危险犯、预备犯、帮助犯,实害犯、实行犯、正犯在违法性程度与罪责程度上无疑更为严重。从罪刑均衡原则的要求来看,如果立法者将前类行为犯罪化,后类行为犯罪化的必要性理应更高,法定刑亦应更重。以此检视刑法关于数据犯罪的现行规定,罪刑失衡可谓显而易见。原因在于,数据获取、泄露等行为充其量仅是招致数据滥用风险的前置性行为,而不是实际侵害数据法益的实害性行为,其违法性程度与罪责程度明显弱于实际滥用行为。但是刑法却将规制重心放在非法获取行为而非滥用行为上,这无疑违反了罪刑均衡原则。

第三部分,刑法数据利用模式的转向。那么由于数据价值的实现以数据流通、数据共享为前提,而数据共享不仅是国家经济、社会政策的取向,同时是民法、行政法等前置法兼顾数据流通、实现数据利益配置的客观要求。所以强化数据控制安全的立法模式不但在立法层面与前述要求相抵触,事实上也会产生不当限制数据共享的消极后果。鉴于此,将数据滥用行为与数据获取、泄露、篡改、删除等行为同置于刑法评价之下,并将治理模式由控制模式调整为利用模式,便具有理论、实践与法政策上的正当性。那么何为数据利用模式,其特征又为何?数据利用模式原则上并不禁止他人实施获取或者利用数据的行为,而是通过重点规制数据滥用行为的方式,兼顾数据主体的利益和数据利用者的利益,以尽可能释放数据所蕴含的社会价值。其特征包括以下三点。一是在规制理念上,数据利用模式旨在通过对数据"动的安全"的维护,释放数据的社会价值。由于单个数据主体产生的零星数据通常欠缺分析价值,以数据的重新收集和利用为本质的数据共享已成为实现数据经济和社会治理的关键所在。而对于数据"静态安全"的维护,只是赋予了数据主体消极的防御权,并不能使其由此直接获取数据所蕴含的积极价值。所以,数据利用模式重视的不是数据主体对于数据的静态控制,而是数据分析、共享等动态利用行为和过程。二是在规制重心上,数据利用模式重点规制的是数据滥用行为。由于释放数据蕴含的丰富信息离不开对数据的分析和共享,数据利用模式必然重视

第九讲　从控制到利用：刑法数据治理的模式转换

发挥数据的社会、经济价值，弱化数据控制模式所强调的数据主体对数据的控制或排他性占有。这并不意味着该模式不再重视对数据主体利益的维护。毋宁说，其是通过将规制重点转移至数据滥用行为的方式引导数据利用者合理利用数据，从而实现对数据主体利益的更为全面的维护。三是在法政策诉求上，通过建立新的风险分配机制，数据利用模式能够兼顾数据主体的利益和数据利用者的利益。因为在传统的数据控制模式下，数据利用行为的正当性主要奠基于数据主体的知情同意之上。但这会导致数据主体被迫承担数据被滥用的风险。但是在数据利用模式下，数据利用者不能仅凭借获得数据主体的"知情同意"而正当化其利用行为，即不应当由数据主体承担的风险将返还给数据利用方。那么这种风险责任承担的转换会促使数据利用者在利用数据时，尽可能地将其限制在合理范围内，由此使得数据主体的利益和数据利用者的利益得以兼顾。这是数据利用模式的特征。

　　数据利用模式有三个依据。其一，从理论依据上看，数据利用模式契合法秩序统一性与刑法谦抑性的内在要求。一方面，法秩序统一性要求法秩序之间必须协调共存，以实现多元利益的协调共存。那么，法秩序的统一性要求法秩序之间必须协调共存，目的也是实现多元利益的协调共存。只有将数据法益的保护重点置于利用行为，才能既保障数据共享利益的实现，又能通过规制数据滥用行为维护数据主体的利益。另一方面，虽然刑法的目的在于保护法益，但刑法并不处罚所有引起法益损害的行为，而是将处罚对象限制为达到可罚的违法性程度的行为。鉴于单纯的数据泄露行为并不会直接损害数据主体的利益，后续的数据滥用行为才有此可能，因而只有后者才具有或者具有更大的处罚必要性。故而数据利用模式的立法更加符合刑法谦抑性的内在要求。其二，从价值依据上看，这也是维护安全、自由与科技发展之间的平衡的需要。在信息社会时代，数据已经成为"激发全社会创造力和市场活力，推动经济发展质量变革、效率变革、动力变革"的重要生产力。然而，现有刑法数据治理体系却滞后于数据利用实践，几乎完全聚焦于数据主体的权利，而不充分考虑数据流动、数据共享及数据交易。这导致一方面对个人数据权利保护过度，另一方面对数字流动及以此为基础的数字经济发展保护不足，从而破坏了安全、自由与科技发展之间的平衡。相反，如果将保护重心置于数据利用行为上，则既可以避免传统控制模式过于限制数据利用价值的弊端,又可以避免数据不法行为对数据主体权利的侵害。其三,从政策依据上看,刑法数据利用模式同样具有正当性。首先,由于数字经济已经成为推动国民经济高质量发展的重要引擎,数据的利用价值日益受到重视,出现了由重视数据控制到重视数据利用的转变趋势。从国外立法上看也出现了这一趋势。另一方面,在数据的保护问题上出现了数据保护相对化的趋势。欧洲并未将个人对数据的信息自主决定权视为具有排他性的绝对权。其次,将数据保护模式调整为数据利用模式,也契合前置法的内在价值诉求。因为在整体法秩序中,刑法处于保障法或者补充法的地位。由刑法的这种功能定位所决定,对于何种利益属于法益、如何在不同主体之间进行利益分配等一系列问题,原则上交由民法、行政法等前置法决定。虽然《民法典》并没有正面明确数据的属性,但无论是采用权利属性模式还是采用权益属性模式,均无一例外地强调应当赋予数据利用者以相应的权益。这表明,在承认数据之上复数权利的并存具有可能性和必要性情况下,应当将数据治理的重点由控制数据流通转向避免数据滥用,通过合理规制数据滥用行为的方式,协调不同权利主张之间的冲突。最后,将数据安全的规制重心转向数据利用行为符合刑法的任务定位。因为,只有在数据被利用的情况下,才有可能对数据之上的人格利益或者财产利益产生影响。因此,由控制模式转向利用模式,可以充分评价不同性质、类型的数据侵权行为,这符合刑法作为补充性法益保护工具的功能定位。那么以上分析表明,适当限制控制模式立法,加强利用模式立法,是刑法数据治理的正确方向。当然,数据利用模式并不排斥控制模式立法,只是认为应当将其限制于特定范围内,作为一种例外模式而存在。作为一种制度安排,数据利用模式在承认数据主体对数据享有权利的前提下,通过将数据转化为公共产品,促使数据充分流通,从而最大化地发挥其效率价值。

第四部分,刑法数据利用模式实现路径。要最大化地发挥效率价值,就涉及到刑法数据利用模式实现路径如何构建的问题。因为数据利用模式的构建属于一项系统工程,应当兼顾不同需求。第一,在治理原则上,应当遵循比例原则与平衡原则的要求,确保数据安全的治理目标与拟采用的治理手段之间存在合比例性,实现个人数据权利保护与数据流动、数字经济发展之间的动态平衡。第二,在治理模式上,应当明确控制模式立法的

第九讲 从控制到利用：刑法数据治理的模式转换

适用限度是什么，以及利用模式立法的规模结构应当达到何种程度。第三，在实现方式上，采用什么方式，发挥刑法规范的体系效应，那么我的观点是坚持立法类与解释类并行的方式。第四，在治理重点上，既要通过犯罪化的方式保障刑法规范供给的充足性，又要积极探索违法阻却事由，避免罪刑规范供给过度。具体的方式，可以通过以下四个方面来完成。

首先，需要在《刑法》总则中增设指导数据法益解释的专门条款。数据的价值在于其所蕴含的信息。信息不同，数据所承载的法益自然不同。根据法益属性的不同，《刑法》分则规定了不同的罪刑规范。然而，遍览现有规范不难发现，任何一个或者一类罪刑规范均无法穷尽数据所承载的法益，事实上也不能指望立法者针对数据再设置一个与传统犯罪相对应的具体罪名。基于此，对数据法益的保护仍应立足于刑法解释，将值得刑罚处罚的行为解释为犯罪，以确保罪刑规范的供给充足。为此，有必要在《刑法》总则中设置一个专门条款，用于指导分则数据法益的解释。该条款应有助于实现以下两大功能。一是根据数据蕴含信息的法益属性，确定数据侵害行为的犯罪性质。在刑法并未对某种侵害数据法益行为设置构成要件，但此类行为却造成严重后果时，确定受损法益的性质以及相关刑法规定，是通过扩大解释惩处数据滥用行为的关键。例如，就QQ账号及其密码或者支付宝账号及其密码而言，虽然它们都属于非法获取计算机信息系统数据罪所保护的"身份认证"数据，但这并不妨碍其属于"能够单独或者与其他信息结合识别特定自然人"的个人信息，如果账户内有存款，前述信息还可以被评价为财产法益的载体。二是在相关数据具有多重法益属性时，根据主要法益属性确定可资适用的刑法规范。例如，对于非法窃取虚拟财产行为的定性，一直存在着非法获取计算机信息系统数据罪与财产犯罪之争，争议焦点即在于虚拟财产的性质。由于虚拟财产的本体是数据，如果将非法获取计算机信息系统数据罪的保护法益扩张解释为数据安全法益，当然可以适用非法获取计算机信息系统数据罪。但是，该处理方案存在问题：一方面，将具备财产属性的虚拟财产仅仅视为数据，忽视了数据所承载的财产利益；另一方面，非法获取计算机信息系统数据罪作为保护数据法益的一般条款，在法定刑配置上无法兼顾各种不同属性的数据，可能导致罪刑失衡。比如，窃取他人虚拟财产的应当通过扩张解释财物外延的方式适用财产犯罪的规定。与此不同，由企业收集的数据库中的

· 277 ·

数据虽然同样具有经济价值,但对于窃取或者删除此类数据的却不应当仅从财产法益的角度出发,将其评价为盗窃罪或者故意毁坏财物罪。因为,企业收集的相关数据虽然具有一定经济价值,但这些数据在功能上主要服务于企业的生产经营活动;并且,企业收集、分析相关数据的行为更在于增强市场竞争力。因此,应当将窃取企业相关数据的行为评价为非法获取商业秘密罪而非盗窃罪,将删除企业相关数据的行为评价为破坏生产经营罪而非故意毁坏财物罪。

其次,需要适当限制控制模式立法。鉴于数据的公共产品属性,刑法不应当禁止一切数据获取行为,只有在满足特定条件时,才可以采取控制模式立法。在具体立法过程中,应着重参考以下要素。其一是法益的价值重大性。除非数据共享行为满足了侵害原理的要求,否则不应限制数据的获取和利用。因此,控制模式立法下的数据利益应当限制在具有重大价值的法益上。比如《保密法》第九条规定,"泄露后可能损害国家在政治、经济、国防、外交等领域的安全和利益"的数据不予公开。像《政府信息公开条例》也有相应规定。其二是泄露行为的具体危险性。毫无疑问,数据处理行为会给法益主体造成一定的风险,但是控制模式的立法是预防性立法,旨在通过限制数据获取的方式避免数据滥用行为,从而实现对下游关联法益的前置性保护。因此,数据获取、泄露行为足以使相关法益陷入危险状态时,才可以采取控制模式立法。关于数据被滥用风险的判断,其标准在于获取相应数据的通常用途、用于其他例外用途的可能性和必要性。例如,由于公民个人信息被获取、泄露后,通常被用于网络诈骗、网络盗窃等行为,通过控制模式限制相关数据的获取行为就具有正当性。反之,像网络店铺的买卖、转让行为,虽然同时伴随着相关消费者个人信息的转让,但转让后的店铺主要被用于正常经营活动,一般不会产生滥用数据的危害后果。此时即使数据转让并未征得相关信息主体的同意,也不应当加以限制。其三是重大法益侵害的可能性。后续数据滥用行为造成重大损害的可能性,是设置控制模式立法的重要参考。如果后续数据滥用行为不会对数据权利主体的利益造成重大损害,则应当放弃控制模式立法,赋予数据共享以更大的空间,以实现数据利益最大化。参考上述要素可知,将危害计算机信息系统安全的犯罪直接改造为保护数据安全的犯罪并不可行,因为其完全忽视了对数据共享利益的考量,而一边倒地对数据控制安

第九讲　从控制到利用：刑法数据治理的模式转换

全采取了绝对保护的立场。当然，考虑到公民个人信息对于实现经济发展、改善社会治理的重要性，仍有必要增设两个罪名。一是增设过失泄露公民个人信息罪。目前我国仍缺乏针对过失泄露公民个人信息行为的罪刑规范，由此导致的问题是：（1）数据收集者的刑事风险防控义务缺失。（2）刑法处罚漏洞难以避免。比如说，在网络社会时代，数据泄露往往基于简单的键盘、系统操作，此类行为究竟是故意为之还是无心之失，不乏存在证明困难情形。如果不处罚过失泄露行为，必将留下处罚漏洞。（3）信息泄露风险由公民个人承担。通过设立过失泄露公民个人信息罪，不但可以弥补处罚漏洞，还可以强化企业或者平台的风险防控意识。当然，为了避免过度增加企业或者平台的风险管理负担，罪状设置上应当坚持过失实害犯的立法传统。二是增设删除、篡改公民个人信息罪。现行刑法尚未规定删除、篡改公民个人信息的行为类型，要对此类行为加以惩治，目前只能通过扩大解释破坏计算机信息系统罪的方式来实现。然而，此种做法不但导致破坏计算机信息系统罪的一般条款化，使其沦为兜底罪名，同时，由于该罪与侵犯公民个人信息罪的法定刑存在显著差异，容易产生处罚失衡。因此就有必要在侵犯公民个人信息罪中增设新的条款，将删除或者篡改公民个人信息的行为犯罪化。

再次，需要适度强化利用模式立法。通过立法规制数据滥用行为是一种补充性规制措施，只有在既有刑法规范供给不足的情形下才可以适用。此种情形包括：（1）刑法分则中不存在规制相关数据滥用行为的条文；（2）刑法分则中虽有可资适用的法条，但适用相关法条不能实现罪刑均衡。考虑到数据滥用行为的现状，有必要增设以下两个罪名，以实现有效治理。一是增设滥用算法罪。大数据时代，生产者、经营者通过收集和分析用户数据形成用户画像并以此为基础形成个性化推荐，为消费者提供更加精确有效的信息。与此同时，"大数据杀熟"现象，以及严重侵扰个人生活安宁的个性化推荐现象亦广泛存在。这无疑加大了用户的使用成本，导致其财产、时间的无谓消耗，影响甚至剥夺了其自主选择、安排个人生活的权利。因此，有必要通过创设滥用算法罪，对此类行为加以惩治。具体到构成要件的设计应当考虑以下几点：（1）将"违反国家规定"作为构成滥用算法罪的前置条件；（2）滥用算法的行为必须产生严重影响交易公平、公民生活安宁或者公民自主选择权的后果；（3）可以仿效逃税罪、拒不履行信息网络安全管理义务罪的规定，通过设置相关客观处罚条件，避免刑事处罚过度。二是增设非法提供算法服务罪。数据经营者的逐利本性决定着其对算法服务的需求旺盛，与此相适应，未来专门提供算法服务的企业必然会大量增加。通过规制提供非法算法服务的企业，有利于从源头上抑制算法滥用行为。此类行为无法通过非法经营罪加以惩治，因为非法经营罪保护的法益是市场准入秩序，而非法提供算法服务的行为并不涉及该法益。增设非法提供算法服务罪规制此类行为更为可取。

最后，需要加强数据获取、利用行为的除罪化研究。数据控制模式限制了数据的自由、高效流动，不利于实现数据共享的基本目标，如何将正当的数据利用行为除罪化，意义重大。在此方面，虽然有许多学者强调知情同意原则，但该原则的作用非常有限。第一点，知情同意并不必然阻却数据收集和利用行为的违法性。通过知情同意阻却数据获取、数据利用行为的违法性，是建立在相关同意数据主体自主决定的基础上的。问题是，信息社会时代的数据主体大多处于弱势地位，事实上欠缺议价能力，如果只是形式地适用"知情同意"原则，很容易牺牲数据主体的合法利益。第二点，知情同意只是排除行为违法性的正当化事由，而非构成要件要素。我国相关法律法规均将数据主体的知情同意作为判断收集、利用行为是否合法的必要条件，从而导致未征得数据主体同意的信息收集、利用行为均属违法。然而，考虑到数据的公共产品属性，如果完全将数据主体的知情同意作为数据共享正当化的根据，则可能过度牺牲其他主体的利益。因此，知情同意原则至多仅是认定数据共享行为具有正当性的事由，却并非决定数据共享行为是否违法的充分必要条件。第三点，在以下情形中，即使未经数据权利主体同意而获取或者利用数据的也仍然应当阻却行为的刑事违法性：（1）数据权利主体已经授权相关平台使用该数据，平台后续实施的转让等行为并未超出授权使用的范围。例如，在相关网络平台或者网络店铺进行转让时，如果转让前后的经营活动具有实质的同一性，对于转让的相关公民个人信息，即使未经相应数据主体的同意，原则上也不应当认为存在实质侵害。（2）数据获取或利用行为合理，且不存在利益侵害，也就是说存在合法利益豁免的情况。原则上，除了国家秘密、商业秘密和个人信息等适用控制模式的数据外，只有在相关数据被限制访问且同时被限制使用的情况下，未经同意而使用数据的行为才具有刑事违法性，否则

第九讲 从控制到利用：刑法数据治理的模式转换

不应当认定为犯罪。如果数据获取或者利用行为在合理限度内，且未非法侵害他人利益，则认定其属于合法利益豁免的情况，基于合理使用原则，应当肯定此类行为的正当性。

我再来说一下我的观点：对于数据法益的刑法保护，除了考虑其技术属性，还必须契合数据的社会功能，体现数据的社会价值。鉴于数据利用涵盖了收集、存储、传输、处理、使用、共享、交易等一系列活动，确保其间的数据安全、实现数据共享成为数据治理的基本目标。作为历来被寄予厚望的社会治理手段，刑法在数据治理模式的选择上也必须围绕着安全与共享而展开，而不能只围绕安全。只有同时兼顾数据安全和数据共享的刑法保护模式，才是值得倡导的治理模式。由于本文旨在探讨刑法数据治理的模型建构，诸如数据的法律属性、数据法益的界定、个罪构成要件的设计及法定刑配置等法律问题均有待专题展开。就此而言，未来如何以数据的控制安全为底线，以数据的利用安全为导向，建构符合我国国情的刑法数据治理模式，将是长期摆在立法者、司法者以及研究者面前的一道共同课题。以上就是我的讲座，请各位老师、同仁、各位网友批评指正，谢谢。

梁根林教授：谢谢改之教授。改之教授讲到了我们国家刑法数据治理现行模式的描述，刑法数据控制模式的内在缺陷的分析，刑法数据利用模式转向的依据的论证，以及刑法数据利用模式的实现路径建构，从这四个方面对报告进行了展开，可以说是立意高远，条理清晰，逻辑严谨，简明扼要，展开了她个人对数据治理刑法模式的转换的一个系统性思考。改之教授从数据的法律属性，也就是她所认定的权益属性以及数据时代数据安全与数据共享这样一个目标出发，对我们国家实际践行的数据控制模式所存在的缺陷进行了全面且深刻的反思，她旗帜鲜明地主张，我们国家刑法数据治理应当兼顾数据安全与数据共享，适当地限制数据控制模式的立法，适度地强化数据利用模式的立法，并且据此展开了刑法数据利用模式的实现路径。可以说，改之教授的报告既是对现行的刑法数据控制模式的一个颠覆性研究，也是对未来刑法数据利用模式的纲领性宣誓，所以带给我们深刻的启迪，也有强烈的冲击。我们感谢改之教授的精彩前言和高水平的学术报告。但是，我也相信，改之教授所言，不一定句句是真理，更不是唯一真理。有哲人早就说过，断言只有一个真理并且自以为掌握了这个绝对真理往往是罪恶之源。所以我相信，大家听完改之教授的报告之后，在产生共鸣、形成共识之时，也一定会有自己独特的、甚至是相反的专业的见解。所以下面我们将进行讲座的评议环节，在评议环节，我们非常高兴地邀请到学界四位非常著名的同行，也是非常要好的朋友来对改之教授的报告进行评议和专业的分享。他们分别是厦门大学李兰英教授，东南大学欧阳本祺教授，吉林大学王勇教授，西南政法大学陈世伟教授。我们首先有请李兰英教授进行评议，在兰英教授评议之前，我们还是要按照讲座的规则，给各位网友简单地介绍一下兰英教授。

兰英教授是厦门大学法学院教授、博士生导师，担任厦门大学经济犯罪研究中心主任，兼任福建省刑法学研究会副会长，厦门市法学会刑法学研究会会长，中国刑法学研究会常务理事，中国刑事诉讼法研究会常务理事，这个双重身份还是很少见的，我们国内刑法同行跟刑诉法的同行有的时候是老死不相往来的，甚至也互相瞧不上眼的，但是兰英教授打通我们刑诉法和刑法，这是很了不起的。兰英教授同时也出版了个人专著3部，主持国家社科项目以及省部级的项目十多项，在《法学研究》《中国法学》等权威期刊、核心期刊发表论文数十篇，也有多个省部级以上的学术成果获奖。所以下面，我们就首先有请兰英教授对改之教授的报告进行评议，根据刚才经海教授的建议，最好火力猛一点。

李兰英教授[*]：非常感谢梁老师对我的介绍，尤其是也感谢刚刚于改之教授精彩的发言。确实这篇论文在我们看来信息量非常大，而且也是开启了对数据研究的新的起点，我本人也深受启发。同时也是因为梁老师刚刚鼓励我们要敢于提出自己的不同观点，所以我今天的发言也分为两个部分。第一个部分，我会先谈一下我学习这篇论文之后的两个感想，也是感慨，更是赞叹。第二个部分，我也将提出我自己觉得可以商榷的几个不同的问题。

第一部分。数据是一座宝藏，数据的使用就像一把双刃剑，它既可以

---

[*] 李兰英，厦门大学法学院教授、博士生导师，厦门大学经济犯罪研究中心主任，福建省刑法学研究会副会长，厦门市法学会刑法学研究会会长。武汉大学刑法学博士，中国政法大学刑事诉讼法博士后，牛津大学犯罪学访问学者。兼任中国刑法学研究会常务理事，中国刑事诉讼法学研究会常务理事。共发表学术论文80余篇，出版著作6部，是国家社科重大项目"网络金融犯罪的综合治理研究"的首席专家。

第九讲 从控制到利用：刑法数据治理的模式转换

带来美好、便捷，同时也可以成为洪水猛兽。那么也正是因为如此，在风险社会的背景之下，关于数据的理论研究与保护，无论是在刑法学界、民商法学界还是宪法学界，都有相关的论文的发表。由此可见，数据是全世界共同关注的紧急迫切重要的一个问题。那么，既然刑法对于数据治理有各种模式，我们注意到改之教授提出了一个非常鲜明的观点：模式应从控制到利用，也就是说我们的立法，应当由过去的控制模式向利用的模式进行转换。我觉得这个观点的提出旗帜鲜明，也确实会引发我们学术界一个更加深层次的思考。这篇论文，开宗明义，提到了数据的治理基本的目标应该是数据安全和数据共享，这其实就已经预指了在我们的刑法保护当中，有关数据的法益具有双重性，既具有安全的也具有共享的价值。那么正因为如此，改之教授的论文先是剖析了当下我们国家在控制模式的背景之下，刑法立法的导向和罪名的一些分布，并且分析了在控制模式的背景之下所存在的弊端和不足。在这一思路之下，改之教授又进一步的挖掘了控制模式的利和弊，并且根据我们国家的国情，还有根据世界各国相关立法，它们的共同的这样一个趋势提出了应该把数据治理的模式由控制转向利用。改之教授这篇论文可以说是鸿篇巨著，它的里面有深刻的理论论证，包括价值、法理的依据，比如法秩序统一性原理与刑法的谦抑性原则、个人权益和集体权益，国家权益的分配等等深刻的理论。如此，为引出文中的主要的观点，即数据治理的模式应该转向利用模式做了非常好的铺垫和奠基作用。我觉得这篇论文呢，论证充分，观点鲜明，读完以后也豁然开朗。也是非常值得让我们广大的听众，让更多的读者去欣赏和学习。而且改之教授的这篇论文在写作的方式上还有两个特点：一是既具有宏观的、深层次的理论论证，又有微观的、关于个体罪名的设计，展现出了她的刑法的理论的功底。在这部分内容当中，我个人觉得有关这个罪名的设置，比如说是否合理，论证是否充分，罪名的设置等等，或许将来可能还会有更多完善的空间。但是有一点可以确定，这种写作思路开启了我们对这个数据治理模式的多元的思考。二是在写作的方式当中，改之教授秉承了一贯的民刑交叉的思维方式。各位读者也可能有注意到，她的论文当中多次引用了民法学者，比如说熊秉万、王希希的论文，从民法的角度、理论当中挖掘出了一些有价值的观点，以作为她的观点的一个重要补充。

也正是因为如此，我个人也产生了两点感慨。第一点，我个人非常赞成改之教授谈到的宏观的大背景，在大数据的背景之下，法律确实需要协调各个不同主体的利益，并且要注重权利义务的分配。因此既要注重对数据的保护义务，同时又要注重有关个人集体的权益的分配的重要价值。那么也正因为这样的一个双重的目标，才使得我们在立法当中的考虑更加科学，更加合理，更加具有正当性。另外一个感慨是，改之教授虽然提出来要从控制到利用，但她也并没有否定控制模式存在的价值，而是提出要适当地控制、合理地利用。包括对于滥用的惩罚标准，她都做了一系列的思考。所以在我看来，这篇论文背后的理论根基，既考虑到了权利义务的分配，又考虑到了关于个人、国家、集体的权益保护的不同的价值，还考虑到了在程度或者说限度上应该去把握的标准。这篇论文在这些方面的探讨，尽管说可能有商榷的空间，但是这样的思路，触及到脉络都是极其重要的。以上是我谈到的第一点，即这篇论文的理论的深厚，以及它所体现的伦理价值、法理价值、正义价值的不同思考。那么第二点，我也关注到了这篇论文围绕着我们今天这个讲座的主题，即"刑法治理的现代化与本土化"，它也有很多可值得借鉴的地方。比如说，论文提到了在国际上相关的一些个人信息的保护，还有欧盟《数据法案》的草案，还有数据的保护条例等等，都在论文当中有所引用，以此来作为借鉴，来作为反思，以推进我们国家与国际上的数据保护条例接轨。并且，这一过程并非完全照搬，而是考虑了如何顾及到我们国家的国情，顾及到民情跟本土化进行很好的对接。我觉得这个思路也是非常值得肯定与学习的。其实，在我以往的关注当中也了解到有关欧盟的一般的数据保护条例，就有提到过针对个人的数据可以有携带权的类似的规定。这些都体现出了对于数据的利用与共享，应当同时体现在对数据的保护条例之中。在这点上，论文中包括未来的立法设计这些内容，应该说是跟国际上的立法趋势、立法思路是非常契合，也是非常接轨的。因此，这篇论文也具有了一个国际的视野。另外，我还有第三点感慨，这篇论文从整篇来看还具有一个特点，即由点带线、带面。在过去的刑法立法当中，我们可能只重视到了控制，只重视到了打击，只考虑到了如何保障数据安全。但当你认真地去品读这篇论文，会发现改之的思路更具有整体性，更具有全面性，不仅打击控制是必要的，而且还要考虑如何利用，以及在利用过程中如何惠及人类。在这整个

第九讲　从控制到利用：刑法数据治理的模式转换

的过程中，增加了刑法的严厉性，也增加了刑法的默默的一种温情。我个人觉得，她的这样一个写作的方式上，即从严厉地控制到可以进行数据的利用共享，也体现出了刑法的两面性：既有打击的一面，也有保护的一面；既有控制的一面，也有响应的一面。如此，刑法背后的法理人情也在其中有所体现。这篇论文对立法的切入点，从控制到后面如何保护的这样一个全过程，应该说是让我们的立法更加具有了全面性、整体性和立体性。这也可以说是改之论文中非常有特色的一点，即由点带面，上升到对于数据的立体贯彻，和对数据的控制保护的各个方面、各个阶段的相应规制。

第二部分。谈完了这些感慨，也是发出了赞叹之声之后，我也想谈三点我觉得值得商榷的地方。这谈不上是火力很猛的一种批评，只能说是一种商榷。第一点就是数据安全与数据共享它应当是一种共存的、并重的关系，还是说是一种非此即彼的、冲突的关系。在这一点上，尽管改之在论文的后部分提到了适当的控制限度，并且对滥用的标准也都做了思考，但是，对它们两个之间的关系，我觉得还有值得商榷的地方。比如说，论文提到"由控制转向利用"，那么这个"转向"一词便给人一种应当脱离控制的感觉。但是论文当中也提到了说是"适当的控制"，所以我认为"转向"一词是否可以有更多的一种解释。在我看来，数据安全与数据共享两者应该是一个并重的关系，就像打击犯罪与保障人权两者并重，也许可能有人强调在某一个阶段需要注重打击犯罪，然后转向保障人权，但最终从立法上来看，二者依然是一种并重的关系。同理，论文中提到的"从控制到利用的转向"我认为也许也是描述的这个阶段。而在未来的立法当中，我认为两者还是应当并重，而且它们也必然并存于我们的立法之中。这是我觉得第一点可能要跟您商榷的地方。第二点就是，正是因为您提到了"从控制转向利用"，因此立法的模式也提出了应当将数据利用模式作为原则性的立法，而把数据控制模式作为一种例外。而我个人认为将立法通过原则和例外的方式进行分配也是值得商榷的。在我看来，数据安全与数据共享，它们并不是相互冲突的，而是应该共同在立法当中得以体现的。那么正因为如此，如果说要有所区分，可以进一步的考虑，比如说是针对不同的数据进行分类，或者在不同的阶段对安全控制和利用享有要有所分配。而不是——没有必要去提——非要把立法分为原则性和灵活性，分个

· 285 ·

谁主谁次，谁为主要的原则，谁又为例外。在这点上，我和您有一点点稍微不同的观点，即没必要去区分原则和例外，两者依然是要并重。不过，在对数据分类的保护，以及在不同的阶段上，二者的分配可以有所差异而已。第三点是您这边有提到商业秘密保护的细节。刚好我去年的时候也出版过一本有关商业秘密的刑法保护的书，因此我对于商业秘密的保护的问题有一点点浅见想跟您商量。关于商业秘密的保护，我个人的观点是，即使采用数据利用模式的治理方式，也不应当忽视前端的预防的必要性，也不是说在数据利用模式中要忽视前端的预防。比如说商业秘密，一旦窃取和泄露，它的价值就已经彻底丧失。在我看来，后边的滥用过程的危害性比不上它在前面的秘密的泄露的危害性。尤其是若泄露到国外，更可能给国家的安全都带来重要的损失。所以在这个方面，我觉得也不是一个绝对的判断，而是既要在治理方式中注重利用行为，也不要忽略对于相关数据保护的前端的预防，也就是打击跟预防也应该是并重的。除此之外，在整篇论文当中关于分论中的罪名的设置、根据和罪名的来源，在以后还需要更加确切地去商榷和斟酌。时间有限，我就先谈这么多，谢谢改之，谢谢梁老师，语速比较快，谢谢。

梁根林教授：谢谢兰英教授。兰英教授既充分肯定了改之教授的报告，以及她的论文的基本的立论，也就是刑法数据治理模式的转换的正当性、必要性，更从文章和报告的写法、技巧，展现的理论功底、视野以及论证的功力，从多个方面对改之教授的报告给予了高度的肯定。但是紧接着也抛出了几个震撼弹，抛出了三个刀刀见血的问题。一个就是，数据治理模式到底是并重，还是说从一种模式转向另一种模式。在表达上，是不是需要进一步斟酌两者之间到底是一个什么样的关系状态？二个就是，改之教授在报告里面比较谨慎地把这个数据利用模式与数据控制模式界定为是一种原则和例外的模式。那么兰英教授实际上就提出来，利用模式和控制模式到底是不是就是一种原则与例外的关系。特别是到最后，她又对商业秘密，这样一个数据或者说信息的泄露和滥用，哪个过程危害更大，哪个过程危害更小，提出了一个非常尖锐的问题。我们感谢兰英教授提出的尖锐的问题，也感谢兰英教授非常专业的分享。

我们下面有请第二位我们的报告人，东南大学法学院的院长欧阳本祺教授。本祺教授是东南大学法学院教授、博士生导师，同时也兼任我们刑

第九讲　从控制到利用：刑法数据治理的模式转换

法学研究会的常务理事，江苏省犯罪学会会长，出版了个人专著 3 部，先后主持十多项国家社科基金和省部级的研究项目，在《法学研究》《中国法学》也是发表论文数十篇，是我们国内刑法学界，应该说中青年学者当中最为优秀的刑法学者之一，展现了极其旺盛的学术生命力。所以我们下面有请本祺教授对改之教授的报告进行评议，有请本祺。

欧阳本祺教授*：谢谢梁老师，感谢梁老师的溢美之词，梁老师也是我们的师长。也感谢石经海教授的邀请，让我有机会参与这个讨论。当然最终是要感谢于改之教授，于改之教授的这个讲座我听了以后很受启发，这篇大作在《中国社会科学》上发表以后，我也是第一时间认真的拜读，也颇受启发。那么受于老师这次讲座的启发，我谈谈个人对数据形式治理的几点看法，主要是两点。

关于互联网的分层结构。在"数化万物"的时代，数据的刑事治理涉及到了很多方面，既有传统的犯罪类型，也有新型的犯罪类型。同时，数据犯罪与信息犯罪、网络犯罪、计算机犯罪等这些概念之间也是既有联系也有区别。因此，对于数据的治理，要从互联网的分层结构说起。一般认为，互联网的分层可以包括物理层、逻辑层和内容层三个部分。其中，物理层构成了互联网空间的一砖一瓦，是分层结构的最底层，它的功能就在于创建数据传输的物理电路，提供无差别的比特流的传输。计算机以及将计算机接入互联网的通信线路均属于物理层，对物理层的侵犯可能构成故意毁坏财物罪、盗窃罪等犯罪，也可能会违反《网络安全法》《关键信息基础设施安全保护条例》等法律法规，而受到行政上的处罚。第二个层次是逻辑层，逻辑层是建立在物理层所形成的传输链上，是分层建构的中间层次。它的功能在于通过数据的封装与解封装实现数据的逻辑传输。可以将逻辑层的数据传输比作是邮局的发送快递，我们在寄出物品时将物品进行包装，这就类似于数据的封装，在收到快递时我们要打开包装，并获取自己想要的心仪的物品，这就类似于数据的解封装。数据代码以及网络协

---

* 欧阳本祺，东南大学法学院院长、教授、博士生导师。中国刑法学研究会常务理事、江苏省法学会犯罪学研究会会长。入选教育部新世纪优秀人才支持计划、江苏省政府 333 高层次人才培养工程、江苏省政府六大高峰人才培养对象、江苏省十大优秀青年法学家。出版个人专著 3 部，先后主持国家社会科学基金项目与省部级科研项目十余项，在《法学研究》《中国法学》等刊物上发表学术论文 60 余篇，十余篇论文被转载。研究成果多次获得省部级奖项。

议、标准以及在这些协议上运行的软件都属于逻辑层。对逻辑层的侵犯可能构成非法侵入计算机信息系统数据罪、非法获取计算机信息系统数据罪以及非法控制计算机信息系统数据罪、破坏计算机信息系统数据罪。第三个就是内容层，内容层直接面对的是用户，是分层结构的最高层。内容层的功能在于通过不同类型的文件实现对信息的呈现与处理，是用户感知到的图像、声音、文字以及由这些要素所构成的思想。那么对内容层的侵犯可能构成侵犯知识产权的犯罪、侵犯公民个人信息的犯罪，以及财产犯罪等等。那么对于内容层中，存在争议的就是虚拟财产，上次中国刑法学研究会还办了一次实务论坛，其中第四届实务论坛它的重点就是虚拟财产究竟是属于逻辑层的数据还是内容层的财产，那么这就涉及它的属性如何来保护。

正是因为网络空间分为三层，那么对于数据的保护与治理，它的前提，就是数据法益的界定——当然于老师在文章最后讲到数据法益还需要进一步研究，没有重点讲。但是我的理解是，数据法益是数据治理和数据保护的前提，于老师把这个刑法对数据的保护分为直接保护和间接保护两大类，这个是具有合理性的。其中的直接保护则是《刑法修正案（十一）》新增的危险作业罪与妨害药品管理罪以及之前的非法获取计算机信息系统数据罪、破坏计算机信息系统罪等。那么，这里涉及到数据法益、信息法益、计算机信息系统法益这三大法益之间的关系。从数据来看，数据是信息的载体，信息和数据之间是本体与载体的关系。同时，数据又是计算机系统处理的对象，数据与计算机信息系统之间又可以理解为本体与载体的关系。那么，我国《数据安全法》中对数据的规定是任何以电子或者其他方式对信息的记录。数据安全是指通过采取必要措施确保数据处于有效保护和合法利用的状态，以及具备保障持续安全状态的能力。传统观点认为，数据犯罪的法益是数据安全，并且把数据安全理解为数据的完整性、保密性、可用性。这三个概念在2020年的信息安全技术术语里面有进行界定。于老师把数据安全进一步概括为数据控制安全与数据利用安全，并且提出从控制安全转向利用安全，这里的控制安全，我的理解可能就是指静态的数据的完整性、保密性和可用性。当然，也有学者认为数据法益不是数据安全，比如刘宪权教授认为属于数据管理秩序，具体又包括数据的流通管理秩序，数据的分析管理秩序，数据的存储管理秩序以及数据的使用

第九讲 从控制到利用：刑法数据治理的模式转换

管理秩序。第二个与数据法益既有联系又有区别的是信息法益。信息是数据显示的内容，表现为国家秘密、商业秘密、公民个人信息、财产信息等内容，侵犯这些信息的犯罪，实际上是属于传统的犯罪的数字化，像刚才李兰英教授所讲的商业秘密，我的理解她讲的就是对信息法益的侵犯，直接按照传统的犯罪进行处理。但是，由于数据的可用性与信息的可用性有时候是难以区别的，给理论与实践带来了很大的困惑，这集中在刚才我讲的虚拟财产。虚拟财产究竟是要保护它的数据属性还是保护它的信息属性，这可能是两者的不同的侧重点。第三个与数据法益相关联的概念就是计算机信息系统法益。也许从立法的原意来看，《刑法》第二百八十五条之二的非法获取计算机信息系统罪、第二百八十六条之二的破坏计算机信息系统罪，保护的法益不是数据法益，而是计算机信息系统的法益。这个从立法上也可以看出来，立法《刑法修正案（七）》在增加相应犯罪时，实际上是把非法获取计算机信息系统和非法控制计算机信息系统作为一个罪名，从司法解释上来看，这里的数据也不是指所有的数据，而是仅指禁止身份认证信息，当然，在实践当中把这个数据做扩大化的解释了。又如在《刑法》第二百八十六条第二款中，对数据的删、增、改要求要造成严重的后果，比如造成十台以上计算机不能正常允许。从这里可以看出，这个罪名它并不像欧盟数据网络安全犯罪一样是确定为数据犯罪，保护的是计算机信息系统。

所以我觉得，在于老师的这篇文章中，我受到了很大的启发，但也有两个疑问。其一，究竟数据安全应当如何来理解，于老师的立论可能是从数据安全，这包括数据的控制安全与数据的利用安全，那么，怎么来理解这里的数据的安全与信息的安全和计算机信息系统安全之间的关系？这个我个人也是在不断地思考。其二，值得商榷的是，也是李兰英教授提到的，文章提出"从控制到利用"这个命题，控制模式和利用模式这两个范畴我认为是应当成立的，而且我们刑法现在也确实侧重数据控制模式，也确实要加强利用模式的立法，促进数据的利用。从信息的角度看，"信息共享是原则，信息控制是例外"也值得认可，就像我们讲的知识产权，我们要传播知识产权，这是信息的共享，但是我们也要保护知识产权这种财产，这是控制是例外。但是，"数据利用是原则，数据控制是例外"是否能同时成立，与李兰英教授相同，我也认为存在疑问，并且认为相关的依据依然不够明确。因为《数据安全法》第十三条规定不是讲"从什么到什么",而是"国家统筹发展和安全,坚持以数据开发利用和产业发展促进数据安全,以数据安全保障数据开发利用和产业发展。"也就是要统筹发展与安全。该法第一条也是规定"为了规范数据处理活动,保障数据安全,促进数据开发利用,保护个人、组织的合法权益,维护国家主权、安全和发展利益,制定本法。"一个是规范,一个是保障,一个是促进,一个是保护,一个是维护,那么这五者之间也可能是一个并列的关系。所以我的第二个问题就是和刚才李兰英教授是一样的,即"从什么到什么"的命题应该如何来理解?以上就是我个人的一些粗浅的看法,当然这个看法也完全不能够影响于老师这个文章对学术界的一个重大的贡献,和对我个人的一种深刻的启发,谢谢。

梁根林教授： 谢谢本祺教授。本祺教授虽然没有把重点放在正面夸奖改之教授的论文报告如何如何前沿、如何如何前卫、如何如何高水平、如何如何精彩方面,但是他是在认同兰英教授对改之教授的报告的基本评价的基础上,更多侧重于提出问题。本祺教授特别强调,数据治理应当以互联网的分层结构为前提为基础,在这个基础上,他跟改之教授提了一些具体的问题。这里面涉及到数据法益的内涵到底怎么界定,数据法益跟信息法益是一个什么样的关系,数据法益跟这个计算机信息系统法益又是一个什么样的关系,提出了这些问题。这可能都是我们在讨论刑法数据治理的时候必须来回答的问题。关于从控制模式到利用模式的这个命题的疑问,他跟兰英教授的疑问一样,所以一会儿我们也是有请改之教授来回应本祺教授刚才提出的问题。非常感谢本祺教授。

我们下面第三位的评议人是来自吉林大学的王勇教授,那么我给各位网友简单介绍一下王勇教授。王勇教授是吉林大学法学院副教授、博士生导师,美国威廉玛丽学院的访问学者,兼任吉林省法学会刑法学研究会常务理事,吉林省法学会犯罪预防研究会的常务理事,在核心期刊发表20多篇学术论文,其中有半数被全文转载,转载率相当高。另外,王勇教授主持并参加了十多项,包括国家社科重点基金项目、社科基金一般项目以及教育部社科基金项目在内的重要的学术课题。应该说,王勇教授是我们国内冉冉升起的一颗刑法学术之星,我们下面就有请王勇教授对改之教授的报告进行评议。

第九讲　从控制到利用：刑法数据治理的模式转换

王勇副教授[*]：主持人好，主讲人好，直播间的各位老师同学们大家好。今天我的发言可以概括为九个字：盼望着、创造着、奋斗着。这九个字来自于在党的二十大召开之前《人民日报》所发表的一篇署名任仲平的文章，其中开篇第一句话就是"盼望着，创造着，奋斗着"。

一说到"盼望着"，我马上想到了朱自清先生的散文名篇："盼望着，盼望着，东风来了，春天的脚步近了。"而我所盼望的有两个。第一，盼望着来到咱们西政的刑法治理的现代化与本土化论坛，让我有机会向各位老师、同学们学习。正如今天我在朋友圈所说，"期待聆听洪钟大吕，期待相遇高山流水"。第二，盼望着于老师的数据治理模式的学术讲座，因为数据问题也是我正在关注的一个问题。大家知道我国关于网络治理的法律主要有三部，分别是《网络安全法》《个人信息保护法》以及《数据安全法》。对于网络安全，最近几年学界的研究颇多，从网络犯罪的原理乃至网络刑法学的构建，相关的著作可以说如雨后春笋一般。对于个人信息保护，相关论文更是洋洋洒洒。但是，相比数量众多的前两者，关于数据安全的研究略显冷清了一些。我这里指的是真正的关于数据安全的研究，也就是说个人信息与数据它是不一样的。因为，既然咱们国家作为前置法分别出台了《个人信息保护法》以及《数据安全法》，那就意味着个人信息与数据安全是不一样的。这一点在《数据安全法》第三条也明确表明了，法条指出："本法所称数据，是指任何以电子或者其他方式对信息的记录。"由此可见，个人信息是内容，数据则是个人信息的载体。所以，数据安全和个人信息应该进行明确区分，数据安全应该作为独立的法益类型予以保护。

再来说说"创造着"。在今天的讲座中，于老师提出了我国刑法的数据治理模式应该从控制模式转向利用模式，应该说这是一个很响亮很鲜明的提法。在刚才的讲座开始之前，梁老师曾说过于老师的这篇数据治理的论文是我国数据治理研究的纲领性文献，我也深以为然并受益很多。但

---

[*] 王勇，吉林大学法学院副教授、博士生导师、法学博士。美国威廉玛丽学院法学院访问学者。吉林省法学会刑法学研究会常务理事，吉林省法学会犯罪预防研究会常务理事。先后发表CSSCI类学术论文20余篇，近半数论文被《人大复印资料 刑法学》《社会科学文摘》《高等学校文科学术文摘》等全文转载。主持并参加国家社科基金重点项目、国家社科基金项目、教育部社科基金项目十余项。

是，刚才李老师和欧阳老师都提出了一个问题，也是我有所疑问的就是，在未来我国数据治理的模式应该是更注重控制模式，还是更注重利用模式？两者关系应该如何妥当协调处理？这个问题刚才两位老师都已经说过了，我也不再重复了。那么当下我国刑法的数据治理模式处于控制模式，旨在保护数据安全，这基本上是学界的一个共识。那么，要从控制模式转向利用模式，实现数据安全和数据共享的周严保护，在我看来需要解决两个问题，八个字："从哪里来，向何处去？""从哪里来"要解决的是一个正当性的问题，也就是说在利用模式之下，要保护的数据法益是什么。大概来看，国内学界目前对于数据法益的界定有五种观点。一是混同论，即将数据等同于个人信息，进而将数据安全等同于个人信息安全；二是财产权论，即将数据作为一种财产法益；三是公共秩序论，即将数据安全等同于社会公共秩序和社会管理秩序；四是多元论，即将财产权、人格权以及公共秩序安全都包含在所谓的数据法益之内。于老师应该是持这种多元论的见解吧？五是独立论，即认为数据法益是一种独立的新型法益。但是其具体内容为何，目前还没有达成共识。刚才本祺教授提到一个三内容论，也只是其中的一个观点，还有别的观点。那么简单来看，前四种观点基本上都是将传统法益的内容包装进了数据法益之中，但这样一种包装是否妥当？因为无论是实现对数据的控制还是利用，数据本身都应该有独立存在的价值。因此，我个人更倾向于数据独立法益论。但是，数据法益的内容究竟应该是什么，我还没有想清楚，因此这也是向大家求教的一个地方。以上是"从哪里来"。"向何处去"要解决的是方向性问题，即如何实现对于数据安全和数据共享的妥当治理。对此，于老师开出的药方是从控制模式转向利用模式，具体则是通过立法论与解释论并行的方式。那么在立法论上，于老师提出在总则中设立一个专门性的数据法益解释条款，在分则中增设具体罪名。对于在分则中增设相应的数据犯罪罪名，我并无异议，需要考虑的只是具体的罪名如何设置。对此我粗浅的想法是，大致标准应当是确保新设立的罪名保护的是数据法益，而不是数据与个人信息的混同。还有另外一个问题，即于老师提到要在总则中设立专门的数据解释条款，但这样会不会影响刑法总则体系的协调性，还值得再进一步思考。此外，于老师有一点主张，认为应当探索数据犯罪的违法阻确事由，以避免刑法过度介入，影响数据共享的实现。这是我特别赞同的一点。比如，过

第九讲　从控制到利用：刑法数据治理的模式转换

去司法解释规定了将点击量、转发量和评论次数作为某些犯罪的入罪标准。那么，能不能将这些点击转发评论的次数排除在数据犯罪的入罪标准之外呢？因为无论是点击、转发还是评论，它们都不在最初发帖人的控制之下，以这样的标准来评价犯罪与否，似乎违背了罪责自负的原则。也就是说，虽然我国目前已经进入了轻罪化立法的时代，但我始终认为，犯罪化与非犯罪化应该是并行的，并且也可以是并行的。犯罪化和非犯罪化不能呈现出仅一头热的现象。

接下来再来看看"奋斗着"。最近许多法学二级学科都开展了"建构中国特色某某学科的话语体系"的宏大行动，由此来建构中国法学的自主性。这固然是一种路径，但除此之外还有一条路径，那就是基于中国的司法实践与法律规定，刑法理论少谈一点主义、多研究一些具体问题。比如今天于老师的文章，便是基于中国的司法实践与中国的法律规定而做出的对中国问题的一个刑法学者的回应。我认为这是刑法学界学术发展的一个重要方向、主要方向。这是因为，现在我们已经进入了网络社会、信息化时代。那么，包括大数据、人工智能、互联网等新兴科技领域为我们提供了与世界相同的起点，那么不讳言的是，法学对于我们来说一直是一种舶来品，我们一直处于学习的状态。但是现在，网络和信息化的时代，为我们提供了与世界一同赛跑的机会。因而，我们中国在治理自己的数据犯罪、网络犯罪的过程中，就面临着自己的新情况与新问题，这也为我们增强中国刑法的自主性提供了丰富的素材与绝佳的赛道，那就是展开基于中国的实证研究，并从中总结和提炼出自己的理论。那么最后，我还是以我惯常的方式来结束，就是引用一句古诗词，希望立足于中国问题的形法学研究能够万紫千红，斗艳争芳，正如朱熹所说："等闲识得东风面，万紫千红总是春。"谢谢大家。

梁根林教授：谢谢王勇老师，王勇老师用诗意的表达方式对改之教授的报告进行了评论，当然也提出了自己的问题和思考。他用"盼望着、创造着、奋斗着"九个字来统领了对改之教授的报告的评议，也提出了一些很有意思的问题。特别是到最后，他提到现在如何建构中国自主的学科体系的问题。在数据治理领域，又如何立足于中国的本土的数据治理的实践，真正建构具有实践性、本土性，能够回应和解决当下和未来中国问题的中国刑法学科体系。这一点是非常重要的。另外，他对改之教授所倡导的数据治理模式,其实提出了跟前两位老师相同的疑问。同时他也尝试对这个问题进行回答,也就是要解决"从何处来,向何处去",即正当性和方向性的两个根本性的问题。非常感谢王勇教授的精彩的评论。

那么根据我们讲座的安排,我们最后一位进行评议的老师是咱们西政的陈世伟老师。陈世伟老师是西南政法大学法学院副教授、硕士生导师,担任重庆市新型犯罪研究中心企业刑事合规研究所所长,曾经公派纽约大学法学院做访问学者,出版两本专著,也参编了包括《刑法学》的总论、分论在内的多部教材,发表了几十篇学术论文,也先后主持国家和省部级项目五项,还有其他的项目十多项。所以陈世伟教授同样是一位非常年轻的、有实力的,担任了多项研究项目的主持,在多个研究领域有精深造诣的中青年刑法学者。下面有请世伟老师对改之教授的报告进行评议。

陈世伟副教授*:非常感谢梁老师的介绍。今天听了于老师的讲座之后,总体的感觉是深受启发。有句话叫术业有专攻,于老师的这次讲座从数据治理的刑事政策,谈到了刑法的一些立法模式,整个内容是比较丰富的。前面三位与谈人已经全面点评了于老师的讲座,重复的我就不再赘述。我总体上的想法是,于老师这篇文章本身就给我们提供了很多值得肯定的大数据,非常海量,由此也引发了我的一些思考。

由于于老师讲座的内容是从数据治理的刑事政策,谈到了刑法的立法模式,那么,我就也有几点疑问。第一个问题是,如果需要从刑事政策的角度去实现从控制到利用的转向,那么可能就还有前置的一个问题需要回答:我们现行的刑事政策究竟是什么?或者说按照于老师自己的话来说,数据控制模式本身是否已经存在?实际上我和前面三位与谈人有共同的疑惑——这个模式本身是否已经存在,还是说只是我们在论理的过程中构建的这样一种模式?我们现行刑法当中有对计算机信息系统等的保护的相关立法条文,但这些立法条文是不是展示出了我们刑法或者说刑事政策上对数据的治理模式是数据控制模式?这个问题我比较疑惑。第二个问题是,于老师在文中反复地强调了,目前我们要改变数据治理模式的话,实际上

---

* 陈世伟,西南政法大学法学院副教授、硕士生导师,重庆市新型犯罪研究中心企业刑事合规研究所所长。2013—2014年国家公派纽约大学法学院访问学者。已出版专著两部,参编《刑法学》(总论)、《刑法学》(分论)等数部教材,先后主持完成国家和省部级社科基金课题五项、校级省部级一般和重点教研教改项目十余项,公开发表刑法学专业文章数十篇。

第九讲　从控制到利用：刑法数据治理的模式转换

是从控制到利用的这个发展。这种发展本身，就刑法的立法而言，于老师也提到，我们要基于刑法的谦抑性，基于促进数据的使用，甚至谈到了数字社会当中我们应有的一个态度。然而，这里面存在的问题是，我们需不需要对相应的数据在民法、行政法、刑法之间的法秩序统一性的治理进行一个体系性的思考。也就是说民事治理、行政治理，还有刑事治理，它们之间的关系是什么？是不是直接就将数据的利用，全方位地、直接性地、优先性地适用刑法去治理？第三个问题是，于老师也精心设计了，比如在总则当中，我们要有解释性的条文，分则当中要有具体的个罪。但是我在想，着眼于法典化的角度，增设一个解释性条文的意义是什么？然后，我们是不是可以着眼于将来的统一的刑法典的立法模式，可以在刑法分则当中确定专章来予以保护，从而促进数据的利用。其实于老师的初心我们是非常理解，也非常认可的。那么，进一步而言，我们在促进数据利用的过程当中，在从控制到利用的这个过程当中，数据本身根据法条规定它是以电子或者其他方式对信息的记录，核心是记录。那么，刑法在界定这个数据的过程当中，是不是直接沿用这一个概念？如果沿用这个概念，那就牵涉到三个基本范畴的一个实质上的界分。比如个人信息，于老师在文中其实做了回应，即信息是包含在数据里面的。又比如算法，于老师也在文中谈到要增设相关的犯罪。但是我的疑惑是，由于构成要件起着非常重要的识别功能，故而在设置犯罪的过程当中，若对于基本的构成要件要素的界定不清晰的话，将来适用起来就难免会出现一些混沌的地方，也可能使司法人员存在适用上的疑惑。虽然这个问题不是于老师这篇文章或者这个讲座欲解决的问题，但是从未来的角度来讲，是不是可以考虑将上述基本范畴进一步明确？尤其是算法，因为算法的问题在早期，在刑法学界领域的争议过程，是从人工智能对刑法的挑战和应对这个大的主题当中引发出的大家对算法类的相关问题的强烈关注。包括算法是什么，算法黑箱是什么，算法黑箱是否可以避免，以及算法本身我们应该如何通过刑法手段去进行合理的规制等问题。那么，于老师在讲座当中，实际上是贯通了数据、信息还有算法。而我的问题其实就是指，像这些基本的范畴，如果真正要放到刑法典当中，由于罪刑法定原则的制约，那么，它们之间的概念，还有它们关联行为所侵害的法益也许会是不同的。若我们要专章来立法，将来应该怎样协调统一，以促进治理的可行性？今天的确是学习，不是谦虚,就像刚刚梁老师说的,实际上,我已经是属于要认真学习的一个中年后的人。那么对于像于老师所介绍的这类新进的知识,实际上我就需要认真学习。所以今天,其他的不多说,我就提出上述三个问题,以供于老师来斟酌。

梁根林教授:感谢世伟教授。世伟教授立足于问题,询问从刑事政策的立场出发,在诠释刑法治理模式的转换时,这两者之间是什么样的关系。在这个基础上,也就数据的刑法治理、民法治理、行政法的治理之间是何种关系,民法治理和行政法的治理作为一个前置性的存在是不是要充分考虑,刑法治理能不能优先与民法治理和行政法的治理也提出了疑问。同时他在这个基础上也对于改之教授在报告里面提出的一些具体的构想,比如在《刑法》中设置总则性条款来指导对个罪当中的数据法益的解释这一点提出了自己的想法;即是否可以在刑法分则当中设置专章来规制侵犯数据法益的犯罪。此外,也对数据、信息、算法怎么界定提出了一系列的问题。因为这些概念范畴或者概念的界定直接关系到构成要件的明确性。非常感谢世伟教授提出的非常有针对性的、非常专业的见解的问题,接下来等待改之教授来一一回应。

于改之教授:谢谢梁老师,谢谢四位教授精彩的、毒辣的点评,给了我非常大的启发,也有很大的压力,因为我发现每一个问题都是刀刀见红。以上很多具体的问题,也有一些共同的问题,我就一个一个来说。

先说兰英教授提出来的一个问题。他说我这个题目是"从控制到利用:刑法数据治理的模式转换",那么这里面就涉及到数据安全与数据共享它两个之间究竟是一种什么关系,它是一种非此即彼的关系,还是共存关系这个问题。我可以这么说,数据共享与数据安全是数据治理的基本目标,数据共享是通过数据处理而实现的,而数据安全根据《数据安全法》第三条,是通过采取必要措施,确保数据处于有效保护和合法利用的状态,以及具备保障持续安全状态的能力来实现的。基于此,二者不是非此即彼的关系而是共存的关系。但是,李兰英教授更进一步指出的是,数据安全不等于数据控制模式,数据共享也不等于数据利用模式。因为根据上述第三条,数据安全,是指通过采取必要措施确保数据处于有效保护和合法利用的状态,所以数据安全即包括控制安全也包括利用安全。因此数据控制安全与数据利用安全都是数据安全的一部分,而数据共享是与数据安

第九讲 从控制到利用：刑法数据治理的模式转换

全并存的。所以数据安全不等于数据控制模式，数据共享也不等于数据利用模式。我的本意，其实并不主张"舍弃"控制模式，而是适当地"限制"控制模式，适度地"强化"利用模式。二者是并重的。因为目前刑法体现出的更多是一种控制模式，而弱化了对利用模式的体现。我主要是从数据处理的过程提出来的这么一个分析方法。也就是说，在数据的收集、存储、使用、加工、传输、提供、公开等处理过程中，刑法主要侧重的是对数据的控制，而未对利用投入过多的笔墨。当然，数据安全不等于数据控制模式，数据共享也不等于数据利用模式。无论是数据控制还是数据利用都应当保证数据安全，所以数据安全的立法与数据共享的立法也应当是并存的，并不是排斥的。

欧阳本祺教授提出来的问题涉及数据法益的内涵，这里面也提到信息法益、计算机系统法益等。关于这个问题，《数据安全法》第三条对数据的定义是：指任何以电子或者其他方式对信息的记录。虽然对数据的定义问题理论上有多个观点，但是我认为，根据《数据安全法》的定义，数据就是信息的载体，信息是数据的内容，所以多数学者以及我本人也将二者等同视之。关于数据有没有独立法益这一问题，是一元的还是二元的，学界也有不同的争论。有些学者就提出来应当有独立的数据法益，也有些观点认为应当将其还原为个人法益，即一元论。还有的则认为数据法益即包括个人法益也包括集体法益。而我本人关于数据的属性，是基于权利属性模式和权益属性模式的理论分析模式来进行思考。由于刑法研究受民法关于权利观念的影响比较大，强调数据的权利属性，将数据法益理解为个人的人格权与财产权，主张应注重维护数据权利主体的利益，从而就导向数据控制模式。我本人是倡导数据利用模式，主张数据的权益属性，目的是想破除数据自由共享的理论枷锁。以此为研究基底，在数据法益上，我本人也提倡二元论。北京大学的王华伟老师对这个方面有比较深入的研究，我注意到他本人主张是一元论的。但是我认为，脱敏数据和一般数据当中涉及的法益是无法被直接还原为个人法益的。所以在这种情况下，承认数据法益既包括个人法益也包括集体法益，然后借助集体法益的非排他性特征就可以顺利成章地推导出数据利用模式的可行性。这个和我前后的观点以及讨论的基础都是一致的。

另外一个问题是从"控制到利用"的依据，以及"信息共享是原则，信息控制是例外",能否等同于"数据共享是原则,数据利用是例外"。我的理解在于,由于我将数据与信息等同视之,因此将这二者也作统一的理解。

然后,陈世伟教授提到,无论是数据控制模式还是数据利用模式都涉及到刑事政策,而从刑事政策的角度看,数据控制模式是否已经存在?首先,无论是数据控制模式还是数据利用模式这两个概念,以及它的理论分析模型,是我根据《数据安全法》和刑法分则当中关于数据的刑法治理的规定以创设出来的概念,这属于理论分析模型。这一个理论分析模型,一方面可以从立法的角度来贯彻和思考,另一方面也可以从刑事司法,即刑法解释的角度来思考问题。因此,我是想借助这一理论分析模式来指出刑法在数据治理问题上存在两种不同的进路,然后才再具体论证应当以数据利用模式为主导来进行刑法立法,如此具有更多合理性,也为未来的立法和司法工作提供一种方向性。我是从这个角度来说明的。因此,不能说数据控制模式是否已经存在,而是说,我是根据刑法的相应规定自己归纳出了"数据控制模式"这一概念。

其次,当前,数据的前置法与刑法属于一种什么样的关系这一问题。自始至终,我是认为,从法秩序统一性的原理出发,相对于《民法》《数据安全法》《个人信息保护法》等等,刑法处于补充法或者保护法的地位,不能在其他法律还未对相应利益加以规制时,用刑法先行加以规制,这样将会违背刑法的补充法地位,故而我不赞同。

最后,在刑法总则中增设解释性条文,以及在刑法分则中增设专章予以保护,这两者哪种方式更好的问题。我是这么来理解的:在刑法分则中增设专章予以保护的做法非常具有启发性,但是疑问的地方在于,如此做的前提首先便需要一个独立的数据法益。而如果是独立的数据法益,基于数据有不同的性质、层级、种类还有功能地位,在这些都不清晰的情况下,又如何界定一个明确而又独立的数据法益呢?而且,从对数据的间接保护来看,数据法益涉及的类型也非常广泛,其范围涵盖了政治、经济、军事等诸多领域,所保护的法益则囊括了国家安全、公共安全、市场经济秩序、公民人身权利、财产权利、社会管理秩序等。因此在这种情况下,设置独立的保护法益,势必还要处理专章的相应犯罪与其他相关罪名的协调问题。与其如此考虑,不如在总则中设置一个解释性的条文,况且刑法

第九讲 从控制到利用：刑法数据治理的模式转换

总则中本身也有对"公共财产"的含义、"国家工作人员"的含义的解释的规定。类似性地在总则设置一个数据的概念，如此也就解决了世伟教授提出来的，刑法的数据概念能否沿用《数据安全法》的定义这个问题，以避免涉及到基本范畴的概念不明。至于目前刑法的数据概念能否沿用前置法的定义，我认为可以直接沿用，理由在于：一者，我本人的立场就在于"限制从属性"，刑法与前置法的关系就是相对从属于前置法的关系。所以从法秩序统一性的角度考虑，刑法是可以直接沿用前置法当中的概念的。当然，在对具体的个案的构成要件进行解释时，它可以有不同的解释。比如前置法当中信用卡的概念是广义的信用卡，但是刑法当中——虽然也有广义的信用卡——信用卡诈骗罪中的"恶意透支型"犯罪显然就是指狭义的信用卡，肯定不包括借记卡。所以在这种情况下，可以直接沿用前置法当中的概念和定义。当然，涉及具体概念的解释时，可能还需要根据刑法的规范保护目的，以及对法益的重叠或者保护方向是否一致这些因素决定是扩大解释还是缩小解释。

梁根林教授： 非常感谢改之刚才对几位老师评议的回应，应该说也能在相当程度上化解老师们的疑虑。但是，你仅仅完成了一小部分回应的任务，我们的网友非常的踊跃，提出了更为直接、数量更多、更有挑战性的问题。第一个问题，请问是否认为有必要针对非法出境数据的行为进行刑事立法加以规制？如果有必要应当如何与前置法衔接？比如前一段时间，国内有些企业在美国上市，可能就将国内的一些重要数据提供给美国的监管机构，诸如此类问题。

于改之教授： 这个问题涉及犯罪化的问题。我在文中提到，应当考虑法益价值的重大性、行为的具体危险性、重大法益侵害的可能性。除了这三点之外，涉及国家秘密的一些数据，像这位网友所说的，它可能也具有比较严重的法益侵害性。但是我认为，在立法的过程当中不仅仅要考虑到法益侵害的严重性，或者法益侵害的危险性，同时还要考虑到有没有立法的必要性。比如说，如果刑法当中已经规定了相关的罪名，可以对这个行为加以规制，那么就没有必要对这个行为再重新进行立法。否则，如果对每一个行为都要进行立法，刑法典之厚难以想象。因此在这种情况下，需要分析数据背后它承载的利益是什么，如果说涉及了国家秘密，直接按照危害国家安全罪相关的罪名来进行处理即可。如果涉及了其他的罪名，比如商业秘密，也都可以按照相关的罪名来处理。因此，也未必每出现一个行为一个现象，就需要刑法对它进行立法，否则势必造成刑事立法的肥大化或者膨胀。

梁根林教授：第二个问题是，请问数据法益是否包含非电子形式的信息记录。

于改之教授：《数据安全法》当中规定得很清楚，数据是以电子或者其他方式对信息的记录。那么，以电子方式进行的记录没有问题，以其他方式对信息的记录也是属于数据的，非电子方式也不例外。

梁根林教授：第三个问题是，请问如何理解刑法数据治理与涉数据犯罪刑法规制的关系？

于改之教授：首先，涉数据犯罪刑法规制的前提是已经将某些侵犯数据的行为规定为犯罪，而刑法数据治理并未包含这一前提。其次，治理和规则也并非一个概念，治理是超越了法律的概念，而规制是法律当中的一个专有名词。

梁根林教授：第四个问题是针对我的，我来回答吧。问题是能否从刑事一体化的视角谈谈刑法数据治理的观点。

其实改之教授的报告已经回答了这一问题。改之教授的报告正是从刑事一体化的视角回答了她本人对刑法数据治理模式的建构或者说理想模型的期待。刑事一体化是我的导师储槐植先生从1989年提出来的刑法思想。我对于刑事一体化的理解包括两个大的方面：一是作为刑法运作观念的刑事一体化；二是作为刑法研究方法的刑事一体化。那么从作为刑法运作观念的刑事一体化来说，储槐植教授强调不能就刑法论刑法，应当瞻前顾后，要从刑法之上、刑法之外、刑法之下、刑法之中来研究刑法。就刑法数据治理而言，刑法治理绝非仅仅是设置怎样的刑法条文来规制数据窃取、数据泄露、数据滥用行为——这样简单的罪名设置或者法则设置的问题。刑法如何设置罪名，入罪范围如何界定，包括法则如何设计，按照刑事一体化的要求，所规制的对象——数据、信息应当与我们所处的社会、信息时代这样的社会结构相关。我们这个时代的逻辑是，也就是改之教授一再强调的，在信息社会，数据是一种保障、一种战略资产。数据对于促进社会的发展、科技的创新、便利我们的生活而言都是一个战略性的存在。因此，数据不仅是数据主体享有的某种"权利"，如于改之教授所言，

第九讲　从控制到利用：刑法数据治理的模式转换

也是一种带有社会性、公共属性、公共产品属性的一种"权益"。所以我们应当立足于数据时代数据所具有的这样一种权益属性出发，来考虑数据的窃取、数据的泄露、数据的滥用，应当如何被法律所规制。而且在这一过程当中，还需要特别注意，无论是刑法的规制，还是前置法的规制，都应当考虑这种规制对于信息社会的发展、科技的创新，总体上会产生怎么样的效果——需要做利益的衡量。同时，也需要考虑技术的逻辑。因为，信息和数据带有相当程度的技术性，它是由技术逻辑所支配——如本祺教授之前所言的尊重互联网的分层结构，法律也应当尊重技术的逻辑——法律不能强技术之所难，更不能阻碍技术的发展。在这个基础上，再来考虑刑法数据治理应当秉持一个怎么样的社会政策、刑事政策。把社会政策和刑事政策界定清楚之后，实际上，正如于改之教授在报告里所强调的——虽然改之教授的文章题目是"从控制到利用"——数据治理既要采取控制模式，也要采取利用模式，只有两种模式的并存，才能更好地促进数据的安全与数据的共享。这就是在社会政策和刑事政策上决定了我们刑法治理的模式。有了这样的刑事政策的立场后，我们在刑事立法上就能将政策转换为规范。这就是于改之教授在报告里面展开的具体构想。那么这就从刑事政策进入到了刑事立法。刑事一体化作为刑法运作观念的这样一种思想，在刑事立法之后，在刑法的解释与适用当中，我们也要把刑事政策贯彻始终。这里面非常重要的方面就是关于法益应当如何界定。法益实际上是刑事政策在刑法规范内的一种转换。所以，根据法益来具体解释、具体运用我们刑法设置的相关数据犯罪的构成要件就可以发现，至少在刑事司法这个环节，我们可以看出，全过程都贯彻了刑事一体化的思想。也只有根据这样的刑事一体化的思想，我们可能才能真正理解于改之教授在报告里面展开的关于数据的刑法治理的模式转换的这样一些非常有见地的一些想法。这就是我对网友的提问的回答，至于刑事一体化作为刑法研究方法维度的内容，由于时间关系我在这就不再展开。

那么第五个问题是，在数据的定性中，游戏中的装备、游戏币等，很多人都认为是计算机信息系统数据，有些人则认为是应当属于虚拟财产，由此引发案件定性不一，如争议是属于计算机相关犯罪还是盗窃犯罪，那么于老师看法为何？

于改之教授：这一问题在理论与实务中具有多种观点，从理论上来看，有的学者旗帜鲜明地主张，对这种非法获取游戏币的行为可以认定为财产犯罪，但是另一些学者就认为这种行为，还是应当认定为侵犯计算机信息系统罪。比较有代表性的人物，在认定为财产犯罪中的人是张明楷教授。而中国人民大学刘明祥教授采取的就是第二种观点。那么从司法实践当中来看，判例上这两种观点也都有存在。有的案件将其认定为财产犯罪，有的则认定为计算机相关犯罪。具体如何处理我认为不能一概而论。因为，数据的性质、层次、分类、功能都各有不同，应当根据数据背后所承载的法益、利益是什么来决定。因此，对一些具有财产属性的游戏币若进行非法获取，就有可能认定为财产犯罪。但对于一些不具有财产属性的数据，就不能认定为财产犯罪，而可能认定为相应的非法侵入计算机信息系统罪更佳。

梁根林教授：其实在这个问题上我曾经也写过文章，在设置非法获取计算机信息系统数据罪之前，对于盗窃虚拟财产的行为，其实我也是主张可以解释为盗窃罪。而在该罪设置之后，我曾经说，对于诸如此类的行为，没有必要再勉强解释为盗窃罪，直接使用非法获取计算机信息系统数据罪框住即可。但在听完改之教授的发言之后，我觉得还是需要反思自己的说法。

那么第五个问题是，请问知情同意这一阻却事由是否可以等同于或理解为被害人承诺的行为？

于改之教授：知情同意一般是作为违法阻却事由而存在，可以被称作事前同意，因此可以用被害人承诺来解释。但正如之前所提到的，被害人知情同意理论本身并不必然阻却违法性。也就是说，它可以阻却违法性，尤其是对于一些具有物权属性的数据之下，可以阻却财产犯罪或者知识产权犯罪等等，以发挥一定作用。如果一些数据涉及公共利益或者国家秘密与国家安全，也未必能够阻却行为的违法性。但是我也赞同可以适用刑法中的被害人承诺来理解知情同意。

梁根林教授：第六个问题是，如果围绕数据利用模式进行法益重构，应当采用怎样的刑法教义学思路，消弭数据法益理解变得不明确的可能风险？或者说，数据利用模式下的数据法益内涵的明确性应如何得到保障？

于改之教授：我是觉得，数据法益的确定与采取数据控制模式还是数据利用模式是无关的。但是，我本身是不赞同独立的数据法益的观点，而

第九讲　从控制到利用：刑法数据治理的模式转换

是主张数据法益二元论，包括个人法益，也包括集体法益。

梁根林教授： 第七个问题是，请问数据安全法益的多元性与多层次性是否决定着刑法保护罪名建构的体系性需要？是否认为采取特别刑法保护模式或者设置独立章节模式更合适？其实刚才之之教授已经部分谈到了这一问题，在这里请再对这位网友的提问做一定针对性的回应。

于改之教授： 数据安全法益的多元性与多层次性对决定刑法保护罪名建构的体系性需要是具有一定关系的。我的前提是，由于独立的数据法益不存在，刑法分则中也没有设置保护数据法益的专门条款，对于数据法益的保护是分散在不同的章节之中，包括危害国家安全，危害公共安全，或者说社会主义市场经济秩序，侵犯公民人身权利、民主权利，还有妨害社会管理秩序等等。因此，如果说法益具有一定的位阶性或者说分类的话——比如说国家法益、社会法益、个人法益——那么，对数据法益的保护分散在不同的章节当中，也就是刑法分则中所设置的罪名的体系化的一种反应。另外，我也不建议采取"特别刑法保护模式"，这和我国立法模式是相关的，我国刑事立法模式是统一规定在《刑法典》之中，没有规定在附属刑法当中——若网友说的"特别刑法"是指单独的数据保护法，然后内部设置刑罚条款的话。

梁根林教授： 我谈一下我个人的看法：由于数据安全法益具有多元性与多层次性，也就决定了刑法对侵犯数据法益的行为在规制方式上就不可能是整齐划一的。有些通过对现有罪名的解释适用就可以形成恰当保护，有些侵犯数据法益的行为在目前刑事立法上则成了空白，从刑事政策或者需罚性的角度出发就需要增设一些罪名。而这些罪名的设置是防范滥用数据行为的需要，由于对数据、信息、算法这些概念本身的界定在刑法上还不明晰——虽然根据于老师的相对从属性理论，《数据安全法》作为前置法，其定义可以用于刑法——对于侵犯数据法益的各类行为，构成要件如何描述，构成要件描述的明确性、妥当性、科学性是否经得起实践的检验、法理的检验、历史的检验、技术的检验，未必就是一个肯定的答案。有时需要尝试，需要试错，如果都把它们规定在统一的《刑法典》之中，不免存在问题。即便如于改之教授所言可以在总则设置一个关于数据法益的指导性条款，但是我个人一直认为，对于这些涉及到专业领域的行为，如果将它们规定在附属刑法当中——比如在《数据安全法》中作出特别规定——是不是相对更稳妥一点。我一直认为《刑法典》应该是一个核心刑法，对于非核心的罪名，不是特别稳定的罪名，有待时间检验的罪名就可以先缓一缓，尽量也别放在《刑法典》之中，而是先将罪刑规范规定在其他法律，比如《数据安全法》《个人信息保护法》之中，然后经过一段时间的检验，成熟了稳定了，有需要的时候再移动到《刑法典》当中去。所以我个人主张：应当区分"行政犯"和"法定犯"的概念，核心刑法当然可以规定"法定犯"，但是对于初始的行政犯，尽量规定在《数据安全法》《个人信息保护法》等行政法当中，然后过一段时间之后，如果有需要，再作为法定犯规定在《刑法典》之中。这是我本人的想法，但还没有经过深思熟虑。

第八个问题是，请问司法实践应当如何把握数据的定义、分类，才得以维护刑法的谦抑性？

于改之教授：在我国刑法中，并没有对数据的性质、分类、功能定位、层级等作出明确规定。但是在司法实践之中，数据的性质不同、层级不同、种类不同，它的功能定位也是不同。那么，基于数据既有技术属性也有法律属性，在技术属性的场合，既有直接数据又有间接数据；在法律属性的场合，有财产性数据和其他性质的数据。把握数据的性质不同，它背后承载的法益也是不同的。在这种情况下，根据行为侵犯的法益，是有助于认识行为本身的性质的。假如数据本身属于财产属性，认定财产犯罪就合乎逻辑。在此基础上，就需要进一步判断财产损失有多少，另外是既遂还是未遂等等。因此，根据数据的性质、数据的种类，可以更好地来对行为进行定性。同样地，对于个人数据而言，根据"可识别性"程度不同，可以分类为隐私数据，如指纹和面部数据；还具有间接数据，比如购物信息、行走路线、喜好等等；还有脱敏数据。那么，从维护个人人格尊严这一基本权利出发，隐私数据未经数据主体同意不得共享，但是脱敏数据可以共享。因此，由于一般数据与个人尊严无涉，在这种情况下，只要法律没有明文禁止，那么就可以共享，这种情况下，也谈不上构成犯罪甚至违法的问题。因此，根据数据的性质、层级、种类、功能定位的不同，在司法实践当中，我们就可以更好地判断行为的性质，以及它的罪与非罪、此罪与彼罪的区别。

梁根林教授：第九个问题是，在目前净网要求下，公民在使用 App 时

第九讲 从控制到利用：刑法数据治理的模式转换

会显示 IP 定位，这要求我们"必须同意"授权相关信息，这不存在知情或同意问题，反而具有一定强迫性，这种情况下又如何加强对数据控制方的制约？

于改之教授：这个问题首先涉及个人自由与社会安全之间的平衡。一般来说，刑法也具有保护社会与保障人权两个功能，刑法的公正就应该是实现个人保障机能与社会保护功能之间的平衡。那么，在这个问题当中，如何实现个人自由与社会公共安全之间的平衡其实非常棘手。首先，正如前面所说，如果这个数据涉及到你的个人隐私，肯定是需要经过你的知情同意。但是，在当前疫情的情况下，就涉及到公共安全与个人自由之间的一个利益衡量的问题。而针对疫情你需要从一地移动到另一个地方，就需要让渡你的自由，很显然，治理者目前是在利益衡量时，更多把国家安全、社会安全、公共安全置于更重要的利益的一端，这是一个利益取舍的问题。

梁根林教授：第十个问题是，如果增设算法犯罪会不会对司法机关的认定产生一定困难？实践中出现的推销、营销电话是否属于合理的利用行为？

于改之教授：这里还是应当考虑刑法与前置法之间的关系，刑法还是应当是一种补充法的关系。其他前置法属于上场队员，刑法就属于替补队员。那么，什么时候刑法才上场？首先，涉及到刑法与前置法之间的关系，构成滥用算法罪也必须违反了前置法，但是违反前置法的行为不一定违反了刑法。所以我一直强调，在设置滥用算法罪时，必须有前置法的相关规定，如果前置法没有规定，就说明前置法是允许的，那么，既然前置法是允许的，刑法就不能将这类行为纳入犯罪圈。其次，违法性需要达到了值得刑法加以处罚的程度。至于具体的判断标准，必须严重影响交易公平、公民生活安宁、公民自主选择权等后果。最后，从刑法谦抑性的角度考虑，也并非所有滥用算法的行为都可以构成犯罪。为了进一步提供出罪的路径，我在文章中说，我们可以效仿逃税罪、拒不履行信息网络安全管理义务罪而设置相应的处罚条件，来避免刑事处罚的过度。整体上来说，司法人员在判断何时构成滥用算法罪时，一是看前置法有没有规定，没有规定无论多么严重都不能入罪，这是法秩序统一性的基本要求；二是即便行为人违反了前置法的相应规定，也不意味着其行为一定构成犯罪，行为本身应当达到值得刑法处罚的违法性程度，也就是上面所说的造成一系列后果等等；三是考虑或许可以增加一些客观处罚条件来避免刑罚处罚的过度。

梁根林教授： 各位网友非常踊跃地提出了很多问题，但是基于时间关系，我们就挑最后一个问题请改之教授回答，其他的问题改之教授在报告里面，在之前的回应里面，或多或少也已经予以了解答，就不再具体展开。最后一个问题是，如果可以通过司法解释，指导数据法益解释，是否还有必要在刑法总则中增设专门条款？

于改之教授： 我的观点很明确，既然司法解释可以起到这一作用，自然无需再行立法，因为立法的必要性不存在。司法解释能做之事，不再从立法当中进行设置了。就比如《刑法修正案（十一）》增设的高空抛物罪，我觉得就没有必要。因为通过相关的法条、罪名，是完全可以处罚相关的行为的，就没必要设置这个罪名。

梁根林教授： 网友想提问的具体是，因为你在报告里面主张在刑法总则当中设置一个总则性的指导性的条款，指导分则中相关数据犯罪的法益的解释。网友的问题就是，司法解释也可以指导司法人员来解释数据法益，那么是否还有必要在总则中设置一个专门条文了？

于改之教授： 对于现行刑法规定，由于比如法定刑失衡这类问题，司法解释的运用是非常困难的，因此，才有必要在刑法总则中设置专门的条款来指导数据法益的解释。另外还有一个方面就是，司法解释和立法的性质也是不一样的。正是因为司法解释不能或者不妥当，才有必要在总则设置相应条款，来作为对数据法益进行解释的指导。

梁根林教授： 谢谢改之教授。其实不应该把矛头全部指向改之教授，应该让其他几位老师分担改之教授的压力，但刚才改之教授也都替我们代劳了。那由于时间关系，互动交流环节只能到此结束。

到现在为止，我们用了三个半小时的时间，围绕着改之教授的报告，有四位评议老师的表达既充分肯定，又提出极富专业和尖锐性的问题。更重要的是，我们很多网友，在这个过程中也提出了非常多的难题。我们今天的报告围绕着刑法数据治理的模式的讨论交流，首先可以说是非常充分的，同时也是非常专业的，更是非常直率的。所以我个人认为，从改之教授的报告和各位老师的评议当中，作为一个外行我学到了很多东西。数据

第九讲　从控制到利用：刑法数据治理的模式转换

犯罪、信息犯罪、互联网犯罪是中青年老师能够玩的独门绝技，作为岁数大的老师，我只有向大家学习了。真的感谢各位老师，对我们奉献的——正如一位网友所说——一次学术大餐。感谢老师们的贡献，特别首先要感谢改之教授，既用一个小时的时间分享了自己最前沿的成果，又接受了各位同行和网友的连珠炮一样的提问和质疑。感谢改之教授，也感谢四位与谈老师的评议，感谢各位网友的参与和提问。我们今天的讲座到此结束，谢谢大家，各位晚安。

第十讲

数据安全的刑事治理路径选择

时延安[*]

摘　要：数据安全是一种重要且相对独立的安全类型，需要刑法提供充分的规范供给。刑法能够提供保护的路径，可以概括为三种：将严重违反国家数据安全规制的行为规定为犯罪；将非政府组织体不遵守政府监管、造成一定危害后果的行为规定为犯罪；将严重侵害数据权益人的数据权益的行为规定为犯罪。在多个路径中，制定以保护数据权益人为目的的刑法规范，需要予以优先考虑。数据已经成为重要的产业资源、公共管理资源，对数据权益的保护，应等同于对物权的保护，与侵犯财产罪的罪刑设计保持协调，如此才能适应数据权益保障和数据安全保护的现实和未来需要。

主持人张旭教授[*]：我们今天的这个系列讲座就正式开始，应该说在

---

[*] 时延安，中国人民大学法学院教授、博士生导师，中国人民大学刑事法律科学研究中心主任。兼任中国刑法学研究会副会长、中国犯罪学学会副会长，曾担任美国纽约大学豪瑟全球暨刑事法中心研究员（2006—2007）、英国牛津大学犯罪学中心访问学者（2011年）。发表专业论文110余篇，出版专著多部。

[*] 张旭，吉林大学法学院教授、博士生导师，兼任中国法学会刑法学研究会副会长、吉林大学犯罪治理研究中心（CTTI）主任等职。2004年获第四届中国法学会"杰出中青年法学家"提名奖，2007年入选教育部优秀人才支持计划。出版《犯罪学基本理论研究》《减免刑事责任比较研究》等专著4部，主编、参编学术专著、教材十余部；在《法学研究》《中国法学》等核心期刊发表论文100余篇，主持国家级、省部级等课题近30项。

第十讲 数据安全的刑事治理路径选择

这个线上与各位新老朋友相见还是挺高兴的。我估计在直播间听这个讲座的，应该也有很多的新老朋友，各位同学和各位同仁，这个恼人的疫情把我们现在的生活搞得七零八落，但是我们西政的一系列讲座给我们这种无奈、慵懒的生活带来了很多的生机。

我们现在已经进入到数字社会，在这个背景之下，海量数据为我们的生活提供了各种各样便利的同时，也为我们整个的有关数字的犯罪提供了很多的机会，所以我们在享受数字带给我们的巨大恩惠的同时，我们的刑事治理也面临着很多的冲击和挑战。刑事治理的问题，应该说与数据治理是紧紧相关的，特别是在这个数字社会背景之下，这应该说是一个非常现实的问题。所以今天这样一个系列讲座对我来说应该是一个极好的学习机会。

所以，首先感谢经海教授和西政对我们的邀请，今天的主讲人是来自中国人民大学的延安教授，我知道他最近几年来一直都很关注数据方面的这个研究，他主办的各种各样研讨会我也参与了几个，应该说对于这个问题延安教授应该是有很多的心得的。我们今天也邀请到4位青年才俊，作为这个延安教授主讲座的与谈人，这几位先生和女士，也一直都很关注我们整个数据安全的这样一个问题。相信今天大家会碰撞出很多的火花，也会给我们整个数据安全的问题带来很多很多的启示。所以话不多说了，现在我们就把话筒交给延安教授，有请。

主讲人时延安教授：谢谢张老师。各位老师晚上好，非常高兴能够参加这次线上讲座。就像刚才张老师提到的，这些年我们中心和各大互联网公司的交流确实比较多，对数据安全的话题也是耳濡目染。但这个话题其实非常大，我谈不上研究，只是在此谈谈我的心得，主要是基于观察的一些简单思考。关于这个题目，我今天讲的内容主要分为两大部分，一是我在今年上半年在《江海学刊》发表的一篇文章，文章本身就是这个题目；二是我在大概一年多以前，在犯罪学会的年会上作主旨发言的时候讲过网络安全。因为网络安全和数据安全高度相关，所以我今天用这两部分的材料跟大家做一个分享。

首先，我还是要引用一下总书记关于数据安全的一段非常精辟的讲话。他在2017年时就提出，要切实保障国家数据安全，加强关键信息基础设施安全保护，强化国家安全关键数据资源保护能力，增强数据安全预警和溯源能力；要加强政策监管法律的统筹协调，加快法规制度建设；要制定数据资源确权开放流通交易相关制度，完善数据产权保护制度。这一段话虽然不长，但是它的内容十分丰富，对整个国家数据安全的能力建设——包括基础性建设及相关制度建设提出了很多要求。随后，《数据安全法》、大量的行政法规、部门规章相继出台，与数据安全保护相关的制度和机制快速构建起来。其中就包括数据产权制度，目前正在进一步地构建当中。今天我谈的话题就与完善数据产权制度保护相联系。

在我的报告的第一部分，我想谈一下我对数据的理解。我们如今谈论数据安全，和十几年前、几年前实际上是不太一样的。我们对于数据的理解处在一个不断深化的过程当中，可能比起去年讲数据安全的时候，我今天的理解又有了一些不同的认识。对此，我概括了三句话：

第一，为什么数据这么重要？为什么现在有海量的数据需要与我们的生产生活紧密结合在一起，它的重要性体现在什么地方？我觉得可以从三个方面理解。第一，数据就是信息的数字化。我们当下比较关注信息，但其实只要是在人与人交往的时候就会有信息的传递，信息本身不是一个新的东西。之所以我们现在突然发现信息保护、信息安全这么重要，就是在它被数字化而形成数据之后，才值得我们在新的背景下，从风险的角度去看待数据安全的问题。

第二，现如今数据的重要性还源于信息网络技术高度依赖数据，同时又营造了一个全新的生存空间。最近这一年来，很多大公司在推元宇宙。信息网络技术实际所依靠的就是数据，并营造了一个全新的生存空间。

第三，数据现已变成重要的生产资料，也就是说，出现了数据生产资料化的趋势。无论是去理解现在的网络公司也好，还是一些智能产业也好，包括未来可能大量出现的新兴产业，它们都高度依赖数据。数据本身的意义，已经从原来单纯的信息载体和存储工具，逐渐成为支撑经济乃至整个社会的一种生产资料，一种重要的资源。同时，我们在谈数据安全的时候，其往往与信息网络紧密联系在一起。信息安全、网络安全、数据安全三者高度相关，但又有所不同，我们不能简单地把这三种安全合而为一，但同时也要注意到它们之间关系紧密。

围绕这个主题，下面我来谈一些有意思的事情。晚上讲座大家会比较累，我们把思维活跃一下，然后再去看数据的重要性。我比较喜欢看电

第十讲　数据安全的刑事治理路径选择

影，尤其喜欢看科幻电影，我就围绕今天的主题找了几部老电影和新电影，从中能够看到对未来的描绘，也跟一些法律问题相结合，共有五个话题。

第一部电影谈的是人、机器与网络的融合，电影名字叫《黑客帝国》。它描述了这样一个情况：一个科学家身中剧毒，在临死之前把大脑的全部内容数据化后传播到网络上，实现了在网络中生存。后来这个人操控了整个网络，形成了一个很强大的、无所不能的、类似于神一样的存在。这部科幻电影的后半段就有点离谱了。不过，它说明了一个很重要的趋势，就是人的思维方式一旦数据化后，的确能够实现存储——马斯克实际上已经在做了。今年他把他自己的大脑做了一个东西，布置到网络上。前几年他还推动了把机器跟人脑结合的一项技术。现在来看，这究竟会不会走向电影所描述的场景？虽然我不太懂技术，但我觉得可能会存在。某种程度上而言，大脑也是一种机器，能够存储大量的信息，我们之所以能够思维，能够思考，能够记忆，能够推演，进行逻辑判断，都跟这个联系在一起。可能在这些电影中，我们会思考机器会不会有感情，但起码很多事情确实在数据化后能够跟机器进行联合。这所关涉的是人的思维方式的数据化和人的存在的数据化的问题——这是一个真问题还是假问题？我们今天很难回答。但是未来它起码会变成一种可能性，将来人的存在确实有数据化的可能。我觉得这部电影给我们最大的启示就是，人与机器之间可以通过某种数据的连接方式去复制人的部分想法，起码是人的部分记忆。这可能是我们对人的理解的一个变化。所以，如果稍微放开一下我们的思维，打开我们的视野，会发现人的定义可能会随着技术的发展和对数据的不断开发而更新，会有一个新的"人"的概念存在。以上是第一个话题。

第二部电影讲的是数据的财产化与财产的数据化问题，是去年斯皮尔伯格的电影，叫《头号玩家》。它描述的是什么样的场景呢？就是在我们的物质世界之外，还有一个完全虚拟的世界，像元宇宙一样，那里可以进行各种各样的社交活动。而网络公司在此的影响特别大，实际上操纵了社会、经济、文化等。这部电影给了我们一个提示，就是财产和数据之间相互对应关系的问题——PPT上这张照片就是宣传比特币的照片，财产的数据化和数据的财产化都是在进行的。可能我们之前在探讨虚拟财产的时候，也会注意到虚拟货币等概念，其存在方式是数据，但是对应着现实生活中的一些财产——财产数据化和数据财产化这种对应关系，就是我们要重新思考的，数据本身的意义和法律性质的问题。我的第二部分报告也会提到我对数据的一些理解，包括数据安全怎么保护，其中如何理解数据是一个很重要的维度。虽然电影其实拍得娱乐性较强，但现实其实可能已经在发生了。

　　第三部电影讲述了行为异化的问题。这部电影很有意思，比较小众，中文名字叫《代理人》或《未来战警》，主角是布鲁斯·威利斯。这部电影想要描述的是什么呢？就是在社会遭受瘟疫的背景下，很多人选择不直接地参与到社会生活当中，而是买一个跟自己一模一样且经过完美处理的模型，以此在社会上进行交往。但真正的人并不出现在社会当中，而是躺在家里，通过操控一个机器或说傀儡进行社交活动。这部电影的预言性很强，我觉得这个技术到一定阶段是可以实现的。现在 VR 技术、远程的遥控技术和其他的互联网技术等结合发展，将来是有可能实现的。假如社会真的往这个方向发展，就像这个电影所描述的，你就会发现人的行为其实不依靠我们现在的肉体，可能更多地通过机器或其他外在形式进行交流。当然，我们也能看到，这种异化其实有不便的地方。这种不便在于，人类交往活动始终是一个信息传递的过程，原始人也如此，今天我们的讲座也是如此。以前我们可能是老师坐在讲台上，学生坐在底下，这样面对面地交流，这还是一个传统的上课方式；但现在大家更多通过网络来进行各种方式的信息传递。同时，在我们现在任何网络行为中，人的形式是没有变的——最起码目前来看，人工智能行为，包括所谓的机器人等，都还是人的行为。大约前两年有几位老师专门探讨人工智能将来会不会有独立的意识，可能这一探讨还是比较早。我觉得跟我刚才提到的第一个话题联系在一起，也就是将来很重要的问题在于，思维能够真正形成自我意识，但这可能还需要进行科学上的分析。再就是大多数犯罪都是逐利的，到今天也没有变化。我们经常说现在的街头犯罪越来越少，严重的杀人、强奸、抢劫这类案子很少，盗窃更是越来越少，但是不是整个犯罪都变少了？没有。我们可以看到，其实大量的犯罪实际上都转移到了网上。犯罪的逐利性其实没有变，只不过它发展的场域发生了变化，不变的还是人的犯罪的本质属性。那么变在哪里呢？一是大量行为出现虚拟性，在网络上的行为就是虚拟的；二是代理性，什么是代理性呢？刚才我提到的这部电影，英

第十讲 数据安全的刑事治理路径选择

文是 Surrogates，直译为"代理人"，意思就是通过一种外在的形式，有形的也好，无形的也好，去代表肉体的行为；三是匿名性，大家很好理解，就是在整个网络空间达到匿名性；四是碎片化，就是所有行为的碎片化，但是它同时有强大的放大作用。在这种情况下，法律应对就比较复杂了。虽然现在大量的街头犯罪少了，市面上的犯罪少了，但是网络犯罪很多，而且大量网络犯罪通过犯罪合作的方式存在，不是传统的共同犯罪的情况。大家互相是陌生人，通过网络不断地进行数据交换，实现犯罪的合作，这样的方式我称之为犯罪合作；五是放大作用，体现为单一案件的被害人非常多，且一个行为随处可见，因为通过网络进行，所以行为可能造成的影响会出现在不同的空间，甚至在时间上也在不断延续当中，给刑事司法带来一系列追赃、合作的难题。同时，这也会导致惩罚威慑力的下降。不光是中国，其他国家也是如此。我们以前会认为，实施刑事制裁具有很强的威慑性，而且对人道德上的谴责感比较强。但是现在，随着网络犯罪的不断出现，这种制裁的威慑力在下降，刑罚的一般预防效果也在下降。同时，因为犯罪所带来的刑事制裁而给行为人带来的耻辱感也在下降。

第四部电影，是我非常喜欢的电影，也是斯皮尔伯格导演的，叫做《少数派报告》。我为什么特别喜欢这个电影，因为这个电影所描述的情况实际上都在慢慢地发生。这部电影描述了什么呢？未来的信息网络技术能够准确地定位一个人是不是要实施犯罪。电影一开始就描述了这样一个场景：有一个人正要跟他妻子发生冲突，要杀妻的时候，警察来了，当场就把这个人给制止了。警察怎么发现的呢？他有一套系统，可以预测人的行为并形象地展示出画面，告诉警察哪个地方可能发生一起重大案件，警察就马上出现。我认为，从社会治理来讲，这是一个很好的方式，但电影本身是悲观的，因为预测技术存在很多问题，技术很容易误伤。在这部电影里，主角本来是个警察，结果这个系统预测的时候发现他是一个犯罪人。实际上预测错了，他是无辜的，但被认为将来可能去杀人。在片尾，这套预测系统被毁掉了。我为什么说这是一部科幻电影，而且带有很强的预言性或者预测性，因为大家知道，基于我们的监控技术、网络技术等，未来实际上真的有可能在犯罪之前就通过数据分析测算出来，在犯罪的预备阶段就定位出他犯罪的可能性，通过信息网络技术、监控技术综合在一起而形成犯罪预防的技术。当然，这种技术可能会造成很多问题，比如人格的分裂，网络会不会把人变成两面人或三面人、多面人，这是一个问题；又如人在不同空间当中的多变性，实际上可能为人的存在提供更多的机会，但是同时也会造成多重的风险。

最近我也关注了学生网络表态的问题，有的学生在课堂上跟别人说话就是一个很乖的孩子，但是在网络上，第一他会愿意说，第二他会说话非常情绪化、极端化，线下和线上表现完全不一样。到底怎么去理解这个事情？这个问题我们同样可以跟犯罪控制彻底结合在一起。当一个人的人格在不同的场域下出现变化时，当网络空间同样能产生这样具备社会危害性的行为时，我们怎么看待这样的问题？这个电影实际上也在说明，未来的技术能不能预测犯罪。我归纳两句话，就是信息技术确实能够提供可能性，对于犯罪可能性的计算，实际上基于大数据对行为模式的分析。当然，在这种情况下，如果我们的预测确实能够定位，但这个人还没有进入到实行阶段，怎么去预防就是一个问题。我们能不能基于一种行为模式的统计进行干预，这可能会和我们理解的刑事法中的人权保障观念发生冲突。比如，恐怖犯罪，如果能预测到行为人有90%的可能性会实施恐怖袭击，但还没有预备，或者虽然有预备，但还没有进入着手的时候，我们怎么对行为人进行预防？此时，如果基于安全与风险的观念，我们需要对他进行制裁，因为恐怖犯罪一旦实施，危害后果很严重。但另一方面，他还是有可能不去实施，那么我们此时进行干预的话，会不会造成过度侵犯人权的情况？

之前我们在谈风险社会话题的时候，跟网络犯罪放大效应是可以联系在一起的。因为网络犯罪本身就有放大效应，而且会放大危害的辐射面，一旦危害形成就难以恢复，或者根本没法恢复。比如网络上涉及淫秽或者仇恨犯罪的宣传，很多公司要把它删掉，但问题是网络是有记忆的，并不是你删掉它就完全找不到了，实际上还是能找到。网络的记忆力远远超过人的记忆，只要在网上传播之后，网络就会留下痕迹，只不过这个痕迹不太好找。网络犯罪的放大性，实际上给我们提出一个问题，我们的刑罚权介入到什么时候比较合适？有两点需要同时考虑：第一，基于大数据，随着技术和各种数据的不断完善，我们对行为模式是可以进行分析和预测的。回看这三年的防疫，我们政府对数据的收集运用的能力越来越强，通

第十讲 数据安全的刑事治理路径选择

过数据对行为模式的分析,我觉得是可以做到的。第二就是网络犯罪的危害性很大,那么是否意味着刑罚权要提前?该提前到什么时候?这部电影就给出了这个问题。

最后一部电影就更老了,是80年代史泰龙演的一部电影。讲的是未来的治安问题。治安完全不再由政府管,而是大公司在管,公司提供各种各样的警力、武器等。这部电影有很强烈的批判性,也就是大公司一旦控制了社会治安,就可能会利用、摆布你的自由。但它也有很强的预言性。为什么它有预言性呢?因为大的互联网公司的社会角色在发生变化。以前它可能更多实施的是一种经济性的行为,社会管理行为是比较弱的。无论在中国还是美国,大的互联网公司对于社会管理、社会秩序构建,甚至对政治产生的影响越来越大。像上次美国大选的时候,Facebook 和推特对一些舆情进行操控,实际上最后对大选是有影响的,且这只是一方面。另一方面,更深层次的在于,大型网络公司在控制犯罪与企业纠纷当中做得越来越明显。以中国这些大公司为例,无须多言,大家都知道公司在发现犯罪、控制犯罪与解决纠纷等方面的作用越来越大。回过头来看,我还是拿这个电影所预示的情况来讲,对于大公司成为控制整个社会的一种力量,这个情况在中国不会发生,但是这种情况是否可能在其他国家发生?这可能要考虑在社会形态下的这种角色变化。我之前找到了一篇文章的开头,是外交事务网站上的一句话:怎样从技术当中拯救民主。这个标题是很有意思的。大的科技公司存在信息垄断、数据垄断,大量数据集中在某些大公司,风险是非常大的,如果公司能够很好地自律,很好地合规,同时政府能对它进行很好的规制,这样起码风险不会那么大;相反,一旦没有外在控制,就可能形成一个垄断机制,进而会产生很多问题。

刚才我提到的这五部电影都有一定的预言性,而且跟我们今天思考的数据安全问题、信息安全和网络安全问题,乃至我们整个社会发展的未来安全问题都联系在一起。信息技术不断发展,使得人的行为、人际交往的方式发生了改变,也使得犯罪的类型、模式与危害发生了改变。在这种情况下,刑事法律制度该怎样进行相应的改变?在这种改变当中很核心的问题里,我们可以抓几个主要的轴,其中就有数据安全。

对前面做个总结,从法律方面可以归纳出以下几点:第一,个人信息权益将成为最重要的权益之一;第二,数据是重要财产性资源,它的占用、利用、分享、处理会成为一个重要的法律问题；第三，大公司，也就是所谓的网络服务提供者或者数据处理者的法律义务会大大加重。这些大公司，同时包括一些处理数据的中小公司，参与社会治理的角色越来越重要，公共部门和网络服务者的冲突会越来越明显。网络服务提供者、数据处理者和公民个人的关系和矛盾也不断增加，各种力量在围绕安全问题相互碰撞，矛盾也会越来越多。所以，结合那几部电影的预言，在这一相互博弈的阶段当中，谁取得上风，可能还值得我们进一步观察。最后，网络秩序规则的核心就是数据安全，数据安全做不好，整个网络秩序肯定维护不好。这是我进一步观察得出的四点结论。

我们进入第二部分，切入今天的主题，也就是数据安全。最近这方面讨论的文章比较多，我上半年发完这篇文章之后，看到其他的老师和一些年轻学者都写了相关的文章，但思路是不太一样的。探讨保护思路时，我会做一些归纳。简单来讲，我们该站在刑法的哪一章来思考？是第六章妨害社会管理秩序罪，还是第三章经济犯罪，又或是从第五章侵犯财产犯罪进行思考？最后的思路是不一样的，相应的法律设计也是不一样的。作为一个安全问题，梳理时确实能看到不同的路径，但这些路径彼此并不是冲突的。在解决安全问题的时候，会有多条路可以走，而且要并行。但大家也知道，在有多条路可以选择且也需要并行的时候，还是存在优先性的选择——哪个是最优先的，进而在社会资源分配上把其他的稍微放一放，会有优先或是次要地位上的安排。

作为安全的问题，这里我们可以借鉴一下英国犯罪学者的说法。他提出安全治理分三个方面，第一个是政府机构之内，也就是由警察队伍、警务提供者进行安全治理；第二个是国家治理之外，也就是由私营的警务公司提供商业化的安全服务；第三个是国家治理之下，也就是由地方性的社区主导的安全授权给供应形式。如果从主体来看，就是将安全治理分为三大块，一个是政府，一个是私营的警务公司——有点像我们的保安公司，但它提供的服务要更多一点——一个是社区。

从这一归纳中，大家会发现安全治理忽略了很重要的一块：个人在安全稳定当中的作用。一个外在的政府也好，公权力机构还是私主体也好，还是社区也好，都是外在于个人的。关于要不要考虑个人在整个安全当中的作用，我列了个图说明这个问题。结合刚才英国犯罪学家的说法，安全治理起码有四种力量,他提到的是前三种。第一种政府,政府要实行安全的时候靠的是行政规制,大量的行政规制,包括治安方面的规制,再加上刑事制裁。这里是"大政府"的概念,不是行政机关概念,它对整个社会秩序进行规制,在违反规制的时候提供制裁,包括行政制裁和刑事制裁。然后提到私营公司,大量的组织体,包括市场经济主体,它们做事需要合规,这是符合法律的要求、行业的要求和自身的要求而形成的一个制度。这种制度本身就是要达到一种守法的安全效果。就像我们说的所有大公司要进行防火,对消防做到合规;要解决公共安全的问题,就像刚才提到的大的互联网公司要解决数据安全的问题,做到这方面的合规。所以现在数据的合规就是数据安全合规。但是无论怎样,总体上对安全参与及保障安全来讲,首先是做好自己的事情以及跟自己经营业务相关的事情。最后是社区,实际上更多是一个自治的问题。现在我们国家为什么治安这么好呢?很大程度上是我们社区治理是非常有效的。目前从网络化到群众组织的设计和功能发挥,会实现一种自治,达到安全的目标。以上这三方面很重要,但是在这样的结构里,个人的自我保护、自我防范也很重要。安全目标的实现,仅仅靠政府、靠企业组织、靠社区其实是不够的,大量的安全问题要靠自我保护。比如财产安全的保护首先要靠自己,坐火车、飞机要想自己的东西不丢失,保障自己的财产安全,总得靠自己。到今天,在数据安全上私主体的自我保护也很重要。既然提到私主体的自我保护很重要,就要考虑相关的权利性质的问题。《个人信息保护法》和《数据安全法》对这个问题回答是不一样的。

《个人信息保护法》从三个方面进行保护:一个是行政规制。法律赋予行政机关大量有关个人信息保护的行政规制权力,并施加给企业特定的义务,即给信息服务提供者以及个人信息处理的机构设定义务,组织体必须履行义务,进而形成了行政规制和合规的关系。同时,《个人信息保护法》较之前法律很大的不同在于,其对个人信息权给予部分的承认。在讨论侵犯公民个人信息罪的时候,之前主要是和《民法典》联系在一起,后来就和《个人信息保护法》联系在一起。这时候就会发现,个人信息权到底是公法上的权利还是私法上的权利存在很大的争议。对民法学者来讲,这还是私权利,但是刑法上认为是有两面性的,核心在于解释论上对这个问题的考虑。在行政法里规定公民个人信息权利的目的是什么?或说要达到什么样的目标？这可能需要弄清楚。我的理解是，之所以在公法里加上私法性质，或者起码有私法色彩的个人权益，目标就是在整体个人信息安全的保护机制构建中，特别强调个人的权利，给个人赋予权利后再去主张权利，进而通过权利主张对抗不法侵害者，如此就提供了主张权利的法律工具。这样的法律工具对于个人权利保障十分重要，这是《个人信息保护法》的规定方式。但《数据安全法》就不一样了，它的结构和《个人信息保护法》不一样。在《数据安全法》里并没有对个人数据权的确认和保护问题，在数据安全保障防线上更多的是政府的规制。政府会给各种组织体设定法律业务，让组织体去合规，遵守法律。如果违反了义务，要施以行政制裁。一个是信息安全方面的法律，一个是涉及到数据安全的法律，在整个规定模式上是不一样的。《数据安全法》并没有去强调个人权利，只是在法律当中指出保护数据权人的权利，但是法律本身并没有规定数据权。按照我的理解，一是立法者可能在制定的时候没有想清楚，再者，是不是有可能把这样的数据权规定在其他的民商事法律中去。在这种情况下，当一个数据权人去主张数据权利时，可能很难有非常清晰的界定。对此我们应该怎么进行处理？如果按照数据安全保护模式来讲，从政府、数据处理者和数据权人三个向度，存在五种法律关系。第一，政府的不同层级、不同职能部门之间会有内部的行政法关系。第二，政府和数据处理者之间会形成规制和被规制的关系。第三，政府和数据权益人之间保护与被保护的关系。第四，数据处理者之间、不同组织体之间有可能形成与数据有关的交换、处理关系。第五，数据处理者和数据权人之间也会形成这样的关系。也就是说，三类主体，五个法律关系，就是涉及到数据安全可能存在的五种保护路径。

  从我们现在刑法的规定来看，其实这五种路径都有涉及。第一种是保护计算机管理秩序和网络秩序的刑法规范，这可以提供一定程度的数据安全保护，我不需要赘述。第二种是保护政府对网络服务提供者的监管秩序的刑法规定，最典型的就是拒不履行信息网络安全管理义务罪。第三种是保护个人信息的，就是侵犯公民个人信息罪。对于数据安全，通过这个罪名确实能够提供部分保护，但只是"部分"，也就是限于这个数据同时是个人信息的情况，如果是一些大量的脱敏的数据，虽然它有数据权益人，但还是没法应用的，所以说这个罪能够提供部分的保护。第四种是保护国家秘密、档案的这种刑法规范。大量数据是以国家秘密、情报甚至是绝密、机密的文件、资料物品等形式存在的,这类罪名可以保护这样的数据类型。第五是商业秘密。同样的,数据可能也涉及到商业运营,对这些数据来讲,可能侵犯商业秘密。这五类犯罪实际上是前面所述的关系延伸而来的,都是现有刑法当中可以用来保护数据安全的犯罪。但是,这些法条当中只有极个别提到数据二字,不能完全提供有关数据安全的非常充分的供给。

那么未来怎么办?涉及到对数据安全的保护其实有两条思路。刚才说围绕三类主体可以形成五种法律关系。那么围绕五种法律关系我们可以做相应的制度设计,归纳起来是两条基本思路——一种公法思路,一种私法思路。我刚才提到最近的一些老师与研究学者写的这类文章,更多体现的是公法思路,围绕的是确定有关数据安全方面的秩序,对这种公法秩序进行保护,这属于公法思路。第二个就是私法思路,也就是数据权人从他的角度,从维护个体甚至个人的权益角度设定一些制度,这就是私法思路。公法思路和私法思路并不是冲突的,但是在只有公法思路的时候是不是能达到有效的保护?如果从整体安全网络构建来讲,刚才我提到的更多强调公民个人权利保障的思路,其实是在公法思路的同时加上私法思路,这种私法思路实际上就是我最后要给出的一个结论。如果我们想建构一个完整乃至有效的数据安全保障的模式,我们应该更多从数据角度出发,因为它是一种新型的财产,也就是一种新型的生产资料,且现在数据和财产高度对应。从数据就是一种财产的角度来讲,我们去考虑设立新的犯罪类型。能不能在侵犯财产罪中制定一个侵犯数据权益的犯罪的考虑,在财产罪当中规定一个罪这样的设计呢?

我把它放到侵犯财产罪,在法律上可能会有这么几个考虑。第一是我们以数据权作为一个类财产权来进行规制,我刚刚提到数据实际上是一种新型的财产,又是一种生产资料,但是它和传统的财产是不一样的,传统财产是一物一权的,从所有权来讲,一个物只能产生一个所有权,但数据本身通过买卖、分享等可以不断复制,而且复制是没有边界的,所以在这种情况下和传统的财产是不一样的。我刚才提到它本身是一种重要的生产资料,实际上是把它作为类财产权的。所谓类财产权,就是其本身不是严格意义上的传统利益财产,但是它有财产基本属性,也就是有价值而且能进行交换，同时能够作为大的网络公司的基本生产资料，所以可以把它理解为一种财产，同时区分于传统的财产权。同时，它的重要性不低于财产权，所以要等同于财产权益保护。这是第一个理解。第二，如果我们规定关于侵犯数据权益的犯罪，我们就会发现这与其他犯罪，尤其像侵犯商业秘密罪，会形成一定的冲突或竞合。现在来看，其实大量的法条竞合出现在某种意义上是不可避免的。我们所要规定的新罪，首先是考虑到维护数据安全特殊性，维护数据权益人的生产利益，从而做出这样的制度设计。第三，可能要区分手段，从手段、行为的样态进行区分，形成一个个小的罪群。最后是一个结论性的考虑，就是我所说的路径涉及私法思路。我不反对公法思路，公法思路同样是没有问题的，但是在整个数据安全的保障当中，仅仅靠公法思路不行，还是要考虑私法思路，有私法思路才能把最大群体数据权人的积极性调动起来。因为在使权利确定为一个类财产权后，我们提供公法上的保障就不必多说了，同时私法上也应相应地看待，比如民法。从刑法来讲，就是从这种与财产权相当的类财产权角度去思考，把它作为一种利益进行保护。整体围绕着数据安全的就是以上四个方面，把积极性都调动起来，这样能最有效地维护数据安全。这是我的基本思路。我的时间到了，那我先讲到这，请其他老师批评指正，谢谢大家。

张旭： 延安教授的这个讲座让人意犹未尽，我们大家也听得兴趣正浓。刚才延安教授也讲到，数据安全现在是网络安全的本质所在，而网络安全又是数字社会背景下社会安全的一个关键点之一。刚才延安教授从现象的透视到深度的挖掘，最后又提出来自己对数据安全的治理思路，的确给我们很多启示，可以说受益良多。我估计4位与谈人和在座听取延安教授讲座的各位也应该有很多的想法。那我们下面进入与谈和交流环节，首先有请来自我们中南财经政法大学的郭泽强教授，有请。

郭泽强教授[*]**：** 好的，谢谢张老师，也谢谢延安教授的精彩报告。延安教授在人民大学就是我师兄，读书时候也给我了很多帮助跟启迪，今天在直播间听他讲座，如同回到了人民大学校园。刚才延安师兄通过5部电

---

* 郭泽强，中南财经政法大学刑事司法学院教授、副院长，兼任中国刑法学研究会常务理事、中国犯罪学会常务理事，湖北省刑法学会副会长。著有《正当防卫制度研究的新视界》等，主编、参编著作3部，主持国家社科基金项目、省部级课题等项目多项，在《法学》《环球法律评论》《国外社会科学》等学术期刊发表论文50余篇。

影、3 类主体、5 种关系，对现有的数据保护模式进行了归纳和总结，并且另辟蹊径，我们刑法学者往往采取公法思路，但是他采取了私法的小众思路，强调对个人数据权益的私法保护，对于以数据安全为核心的刑法保护体系就更加的完善丰富了。对我来说整个报告可以说是获益匪浅，我想谈三点学习体会。

第一，我们这个系列讲座叫做刑法治理，从社会治理、刑法治理的角度来看，过去我们往往是强调这种国家治理、社会治理，但是这种个人的治理，我们往往是比较忽视的，所以延安教授的这样一个讲座是强调了国家、社会和个人三元互动的治理模式，这可以说是我们今后会予以高度重视的，而且我也预言这可能是一个大有作为的一个向度。在 2005 年的时候，邓正来先生和英国学者亚历山大出了一本书叫《国家和市民社会》，里边就提出了这种三元互动的社会治理模式。今天来看，我们的刑法治理其实也应该回到这种不是简单的二元，而是应该是加强国家、社会跟个人三元互动的治理模式。数据技术发展可以说是催生了一个新的业态，但是三元治理可以说仍然万变不离其宗。在当今，数据已经成为网络空间的，有的说是新型的石油，有的说是新型的通货，而对于与之相伴的这样的一些数据网络安全问题，我们总书记在二十大报告当中也进行了强调，所以在整个总体国家安全观的这种背景下，要推进国家安全体系和能力的现代化，坚决维护国家安全和社会稳定。在这个国家安全背景之下，数据安全我觉得是一个重要不可分的，特别是在当前数字经济的背景下不可分的一个子系统。所以发展数字经济必须要把数据安全的保障放在首要地位，这就意味着我们在解决数据安全领域当中的突出问题，必须要考虑或者提升数据安全治理以及数据安全的刑事治理能力。当然在数据开发利用方面不可避免地会遇到数据安全和数据经济的发展之间的关系，刑法作为后盾法，作为保障法，必须要发挥这种重要的保障法的作用。所以从这个角度出发，我最近也在进行一些思考。今年我也非常有幸申请到了一个国家社科基金项目，题目就是在国家安全观的视野下，对数据安全的刑事司法保护进行研究。我其实角度跟延安教授从研究总的思路上来说是不谋而合的。从国家角度来看的话，这种跨境数据的流动引发的安全问题，它不仅是一个商业的问题，而且它会影响到一个国家的竞争力，所以加强数据安全的治理，是我们从总体国家安全观出发，维护国家战略的需求。从企业界来看，数据是重要的商业资源和生产要素，刚才延安教授也提到了，数据安全的刑事治理能力可以说是数据治理的其中之意。从个人层面来看，数据的梳理和处理技术以及开放共享的要求，也弱化了用户对个人信息的自觉力。数据安全的刑事治理可以说是成为了个人数据保护的大宪章，所以我觉得从这个角度来看，延安教授也采用了这样的三个层次的这样的一个治理模式，我深以为然。

第二，我觉得这种大的数据观念必须要得到尊重，而不是简简单单地进行字面意义的理解。所以延安教授对于数据理解，从几部电影、从3个主体、5种路径，实际上对于提出数据安全的保护路径是一种广义的解释，所以从政府保护规制、数据的处理者和保护数据权益人的利益三方面来实现这样的一个扩大解释。当然在学界，对于数据的理解可以说是颇有争议，而且我们刚才也通过延安教授的讲座考究了个人信息法以及数据安全法，以及网络安全法的这样的一个定义。实际上对于这方面的解释，我们都有不同的理解，延安教授这种扩大的解释的观点，我是深以为然的。所以通过建立明确的三层分类体系，有利于形成合理规范的数据流通规则，反哺我们形成数据有序安全流通的这样一个制度保障体系。所以这是我想讲的第二方面的问题。

第三，我想跟延安教授也商榷一下，文章当中，包括报告当中，很多地方提到这样概念，一个是数据安全，一个是网络安全和个人信息安全。可能由于时间关系，延安教授没有对这几个概念进行比较充分的逻辑关系的清理，我觉得这几个概念应该来说是具有逻辑上的上位跟下位。我以为这种数据安全应当是在置于网络跟信息安全之下的一个重要中心的子概念，而不是一个相互交叉重叠的概念，所以这是我觉得延安教授可能由于时间关系没有来得及深入展开的。第二个我觉得需要商榷的地方就是完全将数据安全类同于物权，我觉得可能从保护的角度上来说，多了一条直接的保护路径。从数据作为一种新兴产业的特殊要素，可以说又加了一道屏障，而且我们刚才通过延安教授这些电影梗概我们也知道，包括犯罪也好，数据也好，它都是逐利的。那么私权利的保护，私法的保护路径会不会阻碍数据要素在国家在社会之内的流通，制约了数字经济的发展。而且我还想进一步地去追问，当然延安教授也没有讲这个公法思路跟私法思路之间的关系，那么我想进一步地请教一下，如果是公法思路和私法思路发

第十讲　数据安全的刑事治理路径选择

生了冲突，在这种情况下去怎么协调？所以我觉得可能都是需要我们进一步思考，包括这种类财产权的问题，它跟财产权之间的个性和共性的关系如何，我觉得可能也是需要我们进一步地去探讨。当然以上这些就是我就延安师兄他刚才精彩的报告提出了自己的一些学习体会。不足之处，也请延安教授以及各位老师多多批评指正，我的与谈就到此结束，谢谢大家。

张旭教授：谢谢泽强教授，言简意赅，我们下面有请第二位与谈人，来自南京大学的单勇教授，有请。

单勇教授[*]：谢谢张老师。谢谢延安教授的精彩讲座，也谢谢石经海教授对我的邀请。延安教授的讲座让我听了也很过瘾，尤其是前半部分，您说这些电影很多都看过，而且您说安全刑事规制的思路提到了政府、市场主体、社区、个人，尤其是市场主体，我觉得这个观点提得特别好，以互联网信息服务提供者为代表的市场主体，将来就像您说的要承担越来越多的法律义务，就是我们平常所说的这种平台义务。那么我这里关于听了您的这个讲座，我有三点学习的感受，然后和您交流交流、分享分享。

我们如何看待在应对新兴网络犯罪以及数据安全治理过程中，刑法的作用到底在哪？因为你也在讲座中说到，其实现在刑法的威慑效力在下降，我们说刑法究竟能发挥什么样的作用？我在苏南一些公安机关调研，包括在浙江这边公安机关调研，我发现在我们国家就是网络犯罪治理能力比较好的这些地区，其实我们说以数据犯罪，还有我们说以电信网络诈骗为主的网络犯罪，公安机关的破案率不高，那么问题就来了，比如说新型网络犯罪有10%的案件被侦破，那么也就只有这10%的案件能够纳入刑事司法处理的流程，适用刑法予以回应。这时候刑法是一种回应型的法，它起到事后回应的作用。另外90%呢？有公安机关没有侦破的案件，但是其实恐怕还有更多我们根本没有发现的犯罪，为什么？因为我们说数据犯罪很多情况下都是被害人无感知的。数据犯罪有很多，其实是犯罪黑数，那90%没有侦破的、没有发现的案件，我们刑法能起到什么样的作用？这个问题其实我是想跟您交流的。我先说完延安老师，然后咱们再交流。

---

[*] 单勇，南京大学法学院教授、博士生导师，南京大学犯罪预防研究所副所长，兼职上海政法学院反洗钱与金融安全研究中心副主任。曾获江苏省第五届青年法学家称号，入选江苏省333人才工程第3层次。

第二点，您在讲座中多次强调，就是市场主体要介入犯罪治理，这个观点我是非常支持的。今年我也写了篇文章，就是谈网络平台、互联网平台的犯罪控制义务的。我就在想这样一个问题，现在的犯罪治理呈现出一个趋势，原来是政府统包统揽，政法机关统包统揽。现在从政策上看，已经出现了市场主体深度介入犯罪治理。以《反电信网络诈骗法》为例，今年12月份生效，电信公司、支付机构、金融机构、网络公司都有反诈控制义务，包括报告义务、风险识别义务、预警义务、协助执法义务、内容审核义务等义务。其实市场主体它可能成了反电信网络诈骗或者说控制新兴网络犯罪的第一道防线。市场主体的作为在我看来有两种类型，就是参与犯罪治理，一种就是市场主体履行国家法律给你设定的犯罪控制义务，起到一个勤勉尽责治理犯罪的义务，会加重企业的负担了，这肯定是一个负效应。另外一点就是市场主体可能会有更多的市场化的机制，也就是商业外包服务，有一些数据分析任务，通过外包服务付钱，市场主体帮解决犯罪治理的问题。

第三点，既然反电信网络诈骗法强调前端防范，强调市场主体的作用，那么我们实际上现在治理数据安全犯罪，数据犯罪和信息网络犯罪，我们可能是有两种模式，一种模式就是以刑法为基准的事后回应模式，另一种模式就是以反电信网络诈骗法以及现在相关的互联网法律法规，这个是蔚为大观的以互联网法律法规为代表的这种预防型的或者预防性的法律制度进行的前端防范模式。

其实也有一个问题想向您请教，就是这种事后回应和前端防范模式以及刑法作为回应型的法与预防型的法，它们的关系如何进行协调？这个延安老师我可能有些问题思考得也不是很成熟，也请您批评指正，谢谢。张老师我就这些发言。

张旭教授：好嘞，单勇教授最近一段时间也一直从犯罪学的角度来研究数据平台的治理问题。前一段还到我们吉林大学跟我的硕士交流了很多关于数据治理方面的相关问题。我估计你们两个在讲座之后可能还会有更深的交流吧，下面我们有请第三位与谈人，来自盈科律师事务所的康烨女士。

第十讲 数据安全的刑事治理路径选择

康烨律师[*]：谢谢张老师，谢谢延安教授的精彩讲座。我对新兴技术，网络技术这方面，觉得它是一个引领未来生产力的一个潮流，是一个先进生产力，所以我想更多地去介入这些企业。由此在这个信息技术商会里边，我接触到了很多人工智能、网络安全，还有工业互联，与100多家企业也有一些交流。我就感觉到企业它自身就像刚刚几位教授所讲的市场人，国家对网络安全的重视，以及说不管法律行政法规还是部门规章这些的出台，他们非常敏感，对于法律的更新，还有自我的要求，从合规上都是非常的强调的。我感觉到这其中既有甲方，又有乙方，比如说从时教授刚刚所讲的综合治理的角度里面来讲的三方。我感觉到作为市场主体，作为甲方来讲，特别希望结合自身的产业，能够把数据安全、网络安全个人信息保护上融到合规当中。第二个从乙方角度来讲，他们也愿意和律师一道去研究怎样合规，不是纸面合规，而是有效的合规。所以我觉得今天，时教授想到的关于对于个人乃至于市场主体的个人信息权益者，重于他们在社会治理当中所起的作用这块，我觉得不仅是有现实的意义，同时在立法的社会治理的制度上，尤其是对现在我们二十大报告当中的建设人人有责、人人尽责、人人享有的社会治理的共同体角度来讲都是非常好的一个呼应，这是第一点的感受。

第二点的感受，其实我也提前拜读了时教授的文章，时教授的文章当中，今天所讲的就是其中的一部分内容，时教授讲到数据安全的刑法保护路径及方案。在文章当中时教授提出不光要优先考虑个人保护的设计，同时要使得市场主体的权利在法律上有所体现和规范法律的体系。其中就注意到了关于刑事附带民事诉讼的问题，首先我们发现很多刑事案件中有犯罪嫌疑人、被告人，有被告人出现在法庭上，也有检察机关出现在附带民事诉讼的法庭上，但是我们往往看到就是像这种信息主体、个人是不会出现在法庭上的，即便我们能够把他当作被害人，从时教授的文章当中，他们是在一些妨碍社会管理秩序的客体案件当中，他不是作为被害人存在的，在侵犯公民个人信息的这种罪名当中，可以作为被害主体，但是往往因为人数众多，没有被通知，也不知情，即便是法院贴出了公告，他也不

---

[*] 秉烨，盈科全国刑事法律专业委员会副主任，盈科上海刑事部主任。兼任上海律师协会刑事诉讼业务研究委员会委员、复旦大学研究生院实务导师、华东师范大学法学院实务导师、上海大学法学院校外职业导师、上海市工商联信息技术商会法律分会会长。

知道自己的权利已经被损害过，作为检察机关来提起附带民事诉讼。我们会回到看附带民事诉讼提出的赔偿权益，我们看到的赔偿款并不是说给到被侵权人手中，因为人数众多，没法去一一分发，回到政府的专项的财政资金当中，怎么用于修复这种社会关系，我们是不知情的，或者说也没有规定是怎么去体现的，这也是个问题。

然后第三个问题是赔偿的金额的问题。在《个人信息保护法》第六十九条规定的，损害赔偿责任分成两种，一种是以个人受到的损失或者说个人信息处理者因此获得的利益确定。有的获取的可能还侵犯了信息所有人、持有人的权利，但是还来不及出售或者是出售了一部分。当我们看到所获利的部分跟侵害的部分，它并不是一一对应的，那么因此第六十九条又做了规定，根据实际情况确定赔偿数额，但是往往我们看到都是以获利金额来确定赔偿数额的，我们也去研判了大量的包括最高检发布的公益诉讼的案例，还有一些地方法院的案例，这里可能也会存在着个人保护当中个人缺位问题，也请时教授待会儿有空的话能够帮忙解答一下。

其实还有一个问题我觉得也是挺有意思的，个人信息保护当中的咨询和同意的问题。因为作为刑事律师，我们更多的考虑是出罪的功能，根据《个人信息保护法》当中，如果说信息主体同意，可以是一个合法处理信息的行为。但是这个同意的问题，根据时教授刚刚讨论的几大主体的问题，那无疑肯定是有三大主体，一大主体就是个人，还有个人信息的权益处理、信息处理者、信息权益人，还有相关方。这里面会存在一个问题，比如说数据平台同意了，从权利外观上，它是做出了统一，但是也许它对信息所有人、信息持有人信息主体是否同意未做披露，因此其他利用信息、收集信息方就无法获知获得数据和个人信息是否得到同意，这也是对于相关主体权益保护的一种不确定性。因此，相关规定虽然要求信息控制人对信息处理要有一个详细记录，但这个更多的是内部的规定，而不是说给予一种外部披露。我们可以看到就是常规的一种爬虫技术，我们之前有过大量的讨论，如果这个网站签署了罗伯斯的这样一个协议，如果上面表明了是经许可的数据去爬没有问题，但是我们会有一个疑问是，那网站许可了，但是如果网站在获得这个数据的时候，它是一种并没有获得告知和同意的，或者说即便有告知同意，但是也许最终通过规范性的审核发现这种是一个无效的方式，那最初获取数据的人的安全性和合法性是一种没有得到很确定的保护的,也是处于一种危险当中的。

以上就是我对于时教授分享的思考,最后就是时教授刚刚几部电影,其实我觉得也是显示一种未来数据所展示出来的力量,这种力量实际上就是一种权利,而这种权利要予以制约的话,可能实质上就是一种多方博弈,那我们也期待这个博弈的过程中,能够使得我们国家的安全,乃至于说我们科技的进步当中能找到一种平衡。

张旭教授:谢谢康烨女士的与谈,应该说康烨女士在我们今天几位出镜的与谈人和报告人当中是工作经历非常丰富的,刚才这个与谈也是从多视角来分析和展开的,也给我们大家从不同的角度带来这个新的思考。接下来有请第四位与谈人,来自西南政法大学的梁坤教授,有请。

梁坤教授[*]:好,谢谢张老师。非常荣幸今天作为我们西政主办方唯一的西政老师参与时延安老师的讲座学习,谈一下自己的体会。我不是刑法学科的,我是来自于刑事侦查学院,我主要是做程序法研究的。所以今天听延安老师的这个讲座,以及我下午抓紧时间恶补了延安老师的这篇论文,对我个人来说是比较烧脑的。从刑法专业的角度来说,我真的谈不到特别多,所以结合这几年在参与数据安全方面相关的学习和研究,自己也从程序法的角度,对数据安全问题有一些思考,所以我接下来主要是从这个数据安全本身这样一个切入点,来谈一下自己的这个学习的理解。

第一个方面,我想结合今天的这个讲座谈一谈就是数据安全的刑事治理与国家数据安全治理之间的关系问题。因为前面也有专家提到了总体国家安全观,二十大报告里的第十一个部分也提到了推进国家安全体系和能力现代化的问题。其实今天延安老师在讲座的一开始就引述了总书记的这个重要表述,原话叫做要切实保障国家数据安全。可以说,这也是总书记这些年来多次强调的问题。那么在听这个讲座的同时,也结合对总体国家安全观的学习,我就想有两个词语恐怕我们要做一个区分。第一个我们今天的讲座主题叫做数据安全,还有一个词汇就是国家数据安全。因为这个讲座一开始所提到的总书记的表述里面,它强调的是国家数据安全,而不

---

[*] 梁坤,西南政法大学刑事侦查学院教授、博士生导师,中国人民大学法学博士、社会学博士后,德国马普外国与国际刑法研究所访问学者;巴渝学者青年学者、重庆市高校中青年骨干教师;主持国家社科基金、教育部人文社科基金等科研项目,在《法学研究》《法学》《环球法律评论》《国家检察官学院学报》等刊物发表学术论文多篇。

是一般意义上的数据安全。所以作为探讨问题的逻辑上的一个起点，我们恐怕要搞清楚，我们今天晚上到底是在探讨一般意义上的数据安全的刑事治理，还是涉及到国家数据安全的刑事治理问题。从这个意义上讲，今天下午阅读论文和今天晚上的讲座听下来，我想延安教授应该主要是在谈一般意义上的数据安全的刑法保护，而并没有涉及国家数据安全的刑法保护问题，所以前面也有专家提到，比如说像数据出境，还包括我前段时间发表的这些论文，比如说数据出境的安全审查等一些问题，这才是真正意义上的涉及到国家数据安全的相关的问题。因此结合今天的讲座，我想今天延安老师的思路，包括我们整个刑事法学者的思路，可能也是更多的是在谈一般意义上数据安全的刑事治理问题，而没有特别多地去触及国家安全方面的数据安全的治理问题。但是相比之下，我们可以看出，比如说以国家网信办牵头的、制定的行政管理类的这些法规，它其实大量触及国家安全相关的数据治理问题。因此，整体的观察在于，行政法规关于国家安全相关的治理，这些年来实际上是在越来越织密法网，但是刑法领域对这个问题其实关注度还不够，这是我个人的一个基本判断。所以未来我们从刑事实体法的角度来讲，在现有行政管理类法规，以及大量的涉及国家数据安全治理的问题，这么一个背景之下，刑法那它到底如何去发展？这恐怕是我们需要思考的一个问题。

接下来谈第二点，今天晚上讲座相关的内容和数据安全法里边的数据分类分级保护制度之间的一个关系问题。因为数据分类分级毫无疑问是数据安全法在制定的过程当中以及现在所表现出来的条款的结构，具体内容是一个非常基本的制度问题。由于这是一个数据安全法的一个基本制度，所以我们不管是从哪个学科去切入和思考数据安全，是完全抛不开这个制度的。《数据安全法》第二十一条实际上是把数据分成了国家核心数据，行业、地区的重要数据，还有除此之外的一般意义上的这些数据问题。从这个视角出发，结合刚才延安老师讲的这个公法思路和私法思路的问题，那么从这个数据的三分法出发，国家核心数据和行业、地区的重要数据，我们在思考对它的这个法律保护的问题以及我们具体到刑法保护的问题的时候，更多地要强调公法思路是毫无疑义的。但是如果说抛开的话，我们抛开国家核心数据和行业、地区的重要数据而外的数据安全法涉及到的其他的常规的这种数据，可能私法思路的这种适用的空间要大一些。这是结合这个数据安全法里面的数据分类分级保护的制度的一个思考。当然这个问题还涉及到刚才讲座当中触及的一个话题，就是如果说是在刑法分则里面去设置新的罪名，那么按照延安老师的思路是把它放在这个侵犯财产类里边。但是根据我刚刚所说的这个数据分类分级保护在进行了三分法之后，我想国家核心数据和行业、地区的这些重要数据，它可能跟财产权就没什么关系了。因为这是在国家层面或者说地区层面、行业层面所考虑的重大的问题，因此把这两类重要的数据给抛开之后，可能剩下的这个所谓的其他数据才可能是我们今天讲座里面所涉及的更多的采取私法的思路，然后在刑法的治理结构里边把它放在这个侵犯财产的这个类罪里边去处理，这可能是比较合适的。那么这是我想讲的第二个点。

第三个点还是结合《数据安全法》。《数据安全法》它的第四章的标题叫做数据安全保护制度。我今天听了这个讲座，就在想延安老师的思考跟数据安全保护制度本身它是什么样一个关系？因为我们今天这个讲座之前，我读了延安老师的这个文章的标题，就是数据安全的刑法保护路径，关键词还是落实在保护，那么通过"保护"这两个字，我就想到《数据安全法》的第四章它也叫做数据安全保护制度，但是我们去读这样一个性质上属于行政法的数据安全法的这个规定，第四章条文不是很多，总共就是第二十七条到第三十六条。那么去细读它的这个条款的话，我们可以发现它绝大多数的条文表述都涉及到这几个词语，比如说开展数据处理活动，重要数据的处理者，还有就是关键信息基础设施的处理者。也就是说超过半数的条款其实都在规制谁呢？都在规制网络服务提供者或者说数据处理者。这就跟刚才单勇老师讲的思路有点不谋而合了。从《数据安全法》里的数据安全保护制度这个章节出发，我们可以看出，它这部法律重点去规制的其实就是数据处理者。我们把再把它给扩大开来看，这个网络安全数据安全类的法律法规，大的一个思路也是围绕数据处理者来做文章的。由于是这样一个表现的样态，而且刚才我们延安老师以一部电影为例，讲到这个大公司的角色在这些年发生很大的一个变化，也可以让我们揣摩到这个法律法规的重点是把大公司作为一个重点的规制对象。因此我就在想在刑法和现有的这些特别是行政法律法规去对接的时候的问题。我今天下午读文章的时候，延安老师在文章里面用了一个词语叫做前置法，就是刑法的前置法的问题。实际上这些前置法大量的都是围绕数据处理者去做文章的，所以从刑法的未来的修订或者说完善来说，它具体的制度安排可不可以也是重点放在这个数据处理的上面，这样的话就可以解决一个问题，解决刑法和所谓的前置法的衔接，可能更加顺畅地达到这个效果。相反如果说优先去解决个体性的数据权益保护，刚才其实也有专家提到，其实对于公民个人来说，很多时候我们的数据泄露了，被侵害了，我们自己都不知道。如果说过多地去强调这个私法保护路径的话，那么其实从可操作性来说是比较弱的。这就是我以上谈的三个点，供延安老师批评指正。谢谢大家！

张旭教授： 谢谢梁坤教授，又从另一个不同的角度跟延安教授有了碰撞和交流，应该说数据安全可能与我们每一个人都息息相关，那么如何在个人信息相关的数据当中从保护的这个角度给自己找到一个路径，也是更多人关心的话题。所以今天我们剩下的时间进入互动环节，刚才我看了一下我们这个交流群已经有了很多很多的问题提给延安教授，刚才几位与谈人实际上也在与谈的过程当中向您提出了一些问题。还有一个问题是定向提给与谈人梁坤老师，延安教授怎么回答、回答多少由你自己来确定，然后给梁坤老师留一点点时间，你来回应吧。

时延安教授： 好的，谢谢张老师，谢谢几位老师。刚才四位老师的点评非常好，确实把我刚才可能没太说清楚的部分都点到了。尤其是梁老师从不同学科的角度去推出我的思考当中可能的缺陷，我觉得梁老师说的是对的。首先我需要澄清一下，其实在公法思路和私法思路的问题上，我刚才也特别提到，并不是说要么公法思路，要么私法思路，而是说这两个之间实际上是可以同时存在的，只不过有一个补足关系。为什么我会有这样的私法思路，以及使用类财产权的概念呢？其实关系到要怎么样在信息网络时代，在数据为王的时代，为公民铸造起屏障。梁老师和张旭老师可能对这种评价表示怀疑，其实这种怀疑早就存在。侵犯公民个人信息罪加了一个权利，但这是一个非常弱的屏障，不是很坚实的一个权利。真正去主张公民个人信息权，其实也是很难的。但是为什么即便如此，还是希望去构建这样的一个私法路径？因为在整个法律体系当中，我们确实应该对这样一种利益予以承认，必须在法律上给它一个基本定位。数据权益人有时候可能同时也是数据处理者，有这样一个权利后就可以有法律工具来维护自己的权益。另外，在这样整体的保护体系当中，为什么我特别强调把它放到财产权里边？因为要是比较起来，放到财产权里对它的保护更大一些，要把它放到第三章或者第六章，保护的力度会更小。

当然我也强调一点，我不反对公法思路。还是刚刚提到的，这个公法思路和私法思路是打引号的。实际上，所谓的私法，就是希望进入《刑法》第四章和第五章，就侵犯公民个人权益这样的犯罪进行数据屏障的保护，所以我选择了第五章侵犯财产罪。公法思路就是《刑法》第三章、第六章，甚至是第一章，这是另外一条思路，这两个思路可能都是存在的。未来如果要完善有关数据安全的犯罪，我的理解在第六章或者是第三章里面涉及的可能性更大，但是为什么我还要强调第五章呢？就是必须对此有一个正面的看待。在整个安全体系当中，如果我们不关注个人利益，这个保护就是不完善的，即便可能看起来用处没那么大，但是必须给它一个正面的回答，这是我的基本思路。刚才梁老师说的没有错，数据安全法基本就是一个归罪法。他说的个人信息保护法，刚才我也做了一个比较，数据安全法实际上就是对数据处理者——主要是数据公司，设定各种各样的义务，其实也可以把《数据安全法》改称之为"数据处理者规制法"或者"数据处理规制法"，并没有去提个人数据权的问题。但从现在来看，一方面，数据权对于数据处理者而言是一种核心财产，必须要被保护，如果仅用其他一些犯罪来处理，是没法有效保护的；另一方面，一些私主体是有数据的，每个人也有大量的信息，在个人信息之外还有数据，这些不属于个人信息的数据，实际上也应该赋予其相应的权利。所以我的理解是，对这一部分，既然数据安全法没有给出正面的回答，但是从合理性出发，实际上应该有这样一个法律上的、正面的回答。

时延安教授：刚才我们的听众提出的第一个问题是：民法或者其他的经济法律要不要给数据权做一个确认？我是赞同的。从合理性角度而言，确实需要民法或者其他的民事法律给予正面的回答。像人大的袁立新老师、张新宝老师很早之前就对数据问题提过自己的看法。对此也有很多学说，有的认为是物权，有的认为是工业产权，现在主张工业产权的可能相对多一点。但是如果从工业产权去理解数据，可能在保护的位阶上还是不够。我在我的文章中也提到过，现在数据作为生产资料的意义越来越强，财产化也越来越强，我刚才拿《超级玩家》那部电影去做一个引申也是这个意思。但是它又和传统财产不一样，所以我用类财产的概念也是表示这个意思，它的财产利益——它所具有的财产的基本价值和交换价值都是存在的，只不过它都可复制。一物一权的概念很难去界定这种财产，但是它确实是一种财产权。这是一个问题。

刚才泽强老师说的那几个问题也非常好，梁老师提到的问题也是有相似性的，如果作为一个类财产权去加以规定的话，会不会和国家在运用这种数据在侦查的交流方面产生一些障碍？这肯定会有的。我的想法恰恰是应该设定这种障碍，不能涉及到别人利益的数据可以随便进行交易。实际上就是要对所有的权益人——对数据可能有这种利益归属关系的人，还是要给（他们）权利。现在还是要考虑，因为大家知道整个社会发展不光是经济发展，还包括人类发展，对不对？我刚才提到这个行为时为什么提到电影，其他朋友也想说，就是在网络技术的这种大发展之后，人的异化是非常可怕的。包括我提了几个电影，我引申的意思也是一种很悲观的看法，就是大量的技术变化之后，人可能和原来理解的人有所改变，尤其是基本的人格，包括人的自由思维的能力等，这些都会受到异化。我们恰恰在法律上应该考虑怎么去维护人的基本利益，经济发展和社会发展只是一个面，最终的人的发展才是最核心的。我觉得法律最终要考虑是人的发展这个面向，所以采取可能相对小众的私法的思路，实际上也是以这种体系为出发点的。

至于其他的一些问题也都比较好。我先缓一缓，请梁老师先回答这几个问题，我看几个问题都是提给您的。

梁坤教授：好，那我先来尝试着回答一下。刚才有一位老师提到问题，我把这个题目念一下：你认为国家数据安全的治理与国家秘密的这个安全治理是什么关系？然后还有一个小问题，就是现有的刑法更关注国家秘密的保护，其能否覆盖你所说的这个国家核心数据？

我先来回答第一个小问，就是国家数据安全治理和国家秘密的保护，它们之间到底是一个什么关系？这位老师或者是同学给我提出这个问题，我们要去理解的话，它这里面就涉及到两个关键词，一个是国家数据安全，还有一个是国家的秘密。当然从这两个概念的表述出发，就可以明显地发现，国家的秘密和国家的数据安全，它一定是有交叉关系的。涉及到国家数据安全的，它有一部分一定是国家秘密。当然我们也不能够说所有的这个国家秘密都能够解释为涵盖这个国家的数据安全问题。所以这两个

第十讲　数据安全的刑事治理路径选择

词语它的覆盖的面是不一样的。而这两个词语它的共同点在哪里呢？共同点其实就有"国家"这两个字。不管是国家数据安全还是国家秘密，都必须站在国家的层面去考虑它们的一个相同点，比如说从国家数据安全这个词出发，那么根据总体国家安全观的思想，我们应该有一个基本的判断，就是总体国家安全观里面所谓的"安全"，它不是所有的安全。比如说我们最近都在学习的二十大报告里边关于国家安全的重要的表述。它是在第十一个部分。这个刚才好像是郭泽强老师也给我们进行了一个解读，它里边还涉及到国家安全与社会稳定，它是把这两个词语放在一起，而且那个里边它又细分为4个部分，到后面又谈到比如说公共安全的问题。我们在读二十大报告的时候就一定要注意，其中它这么4个段落的表述，既涉及国家安全又涉及到公共安全。那么我们也可以去通过二十大的报告里面这两个词语来进行分析。公共安全和国家安全它一定是存在交叉的，或者说我们更准确地说常规的公共安全，它有可能在遇到某些特殊情况的时候，它可能会发酵为国家安全。所以坚持总体国家安全观，我们就不能够泛化考虑这个安全问题。当然这个就涉及到到底怎么样去认识国家数据安全和国家秘密，这是刑法上必须要考虑的一个出发点，就是一个识别或者说一个解释的问题。

　　谈到这个解释，我就过渡到第二个小问，就现有的刑法更关注国家机密的保护，其能否覆盖我刚刚所说的这个国家核心数据？我不是专门研究刑法的，但是我刚才想到了一个罪名，就是泄露国家秘密罪。那么这个罪名，它当然是在危害国家安全类的这么一个犯罪的体系里面的。比如说以泄露国家秘密这个罪名为例，它里边如果说是以数据形式所表现出来的对于这样一个罪名的触犯，那么当然就可以按照现有的这样一个罪名去处理。但是由于刚才我说的这个数据安全法里边所讲的国家核心数据，又不能够全部解释为国家秘密，所以这个国家核心数据在现有的法律的体系里面还没有得到一个非常准确的解释的背景之下，我个人的看法是可以适用现有的危害国家安全类的犯罪的一系列罪名去处理它。但是这又涉及到一个解释问题了，就是数据安全法里边所讲的这个国家核心数据到底哪些是属于危害国家安全，哪些又不属于？我在这里稍微提一个很简单的案例，也是我们今年上半年接触到的一个案例。有一家公司它是收集我们的医疗数据，而这些医疗数据又是透明的，就是说你不能够直接识别这是具体的某一个人，所以你按照这种侵犯公民个人信息的，不管是行政法还是刑法，都无法去处理它。但是由于这个公司收集了海量的这些数据之后，它还把这些数据提供给境外，那么这个我们就怀疑它很可能是危害国家安全，但是这种情况下到底属不属于危害国家安全，能不能够解释到现有的刑法的罪名里面去？我觉得这可能是未来需要去重点解决的法解释上面的一个问题，我的回答就到此结束。谢谢。

时延安教授：那我接着梁老师提的一个问题讲，刚才有很重要的一块我没有回应，就是他提到国家安全观、总体国家安全观的安全和数据安全的关系。刑法当中谈的安全概念确实要比总体国家安全观的范围要窄，因为总体安全观是系统地去探讨安全问题。总体国家安全观的安全更多的是从国家治理现代化的整体角度谈的安全，所以它的面比较宽。我们从刑法谈的安全要稍微窄一些。我觉得依据《数据安全法》的规定，还是可以用数据安全这个概念，我的理解是从"数据本身处于一个平稳的状态"来做定义，也是对总体国家安全的安全、法律中的安全和刑法责任安全做一个区分。总体国家安全是从整个国家治理角度来看的，更多的是强调政策性与指导性，但到具体的安全问题的时候，可能还要分领域去做进一步的界定。这是我要回答的一个问题。此外还要特别强调的是，刑法当中的国家安全和总体国家安全中的安全概念的理解也是不一样的，起码刑法当中的国家安全是一个很窄的概念，主要是刑法分论第一章的部分。当然，从现在来看，我们从哪个角度去谈安全或者国家安全问题，还涉及语境的问题，我觉得这可能需要在不同语境下去思考这个问题。

我看有几个问题，我先试着回答一下。今天的问题特别好，质量都很高。刚才提到了第一个问题，就是如果在数据权刑法中——像我刚才提到的——可以作为类财产进行规定，要不要民法和其他法律作出规定？理想确实如此。我刚才提到，其实很多民法学界的老师对这个问题是有思考的，也有文章，当然观点上可能有比较大的争议，但民法或经济法律做出明确的、正面的回应，是比较好的。

第二个问题涉及到数据的模糊性的问题。我觉得关于数据的界定，我们还是可以用《数据安全法》中的一个定义。《数据安全法》第三条第一款规定，数据是指任何以电子或其他方式对信息的记录。这样的界定虽然很形式化，但是相对来讲是比较好的界定。这涉及到很重要的一个问题，就是个人信息数据和信息数据安全以及网络安全到底是什么关系？刚才张老师也特别提到了这个问题。其实，看三部法律就知道它们调整的范围是什么样的。就信息和数据而言，所谓的数据本身就是信息的数字化，之前本来就呈现一一对应的关系，但个人信息肯定要比这个窄得多。那么大量的我们所说的数据，是就个人信息之外的，其他信息数字化的情况，我觉得这也不存在扩张和模糊的问题，也不会存在和罪刑法定原则的冲突，因为数据法律是有界定的，无论从我们的日常语义做判断也好，还是从《数据安全法》来判断也好，不会有太多模糊性的问题。

下一个问题：在重视数据安全的现状下，如何平衡将危害数据安全的行为规定入罪，与适度刑法化之间的关系，也就是应当如何把握危害数据安全入罪的适度性呢？这其实谈的是个立法的问题，这个问题很好——假设真的去推动相关的立法，应该怎么做？坦白来讲，如果按照现在立法机关的思路，可能更多的还是公法思路——要么在第三章，要么在第六章里去规定有关违反数据安全类犯罪的内容，应该不会放到第二章里面去。但是即便如此，我为什么说要特别去考虑在第五章里规定一个数据权类犯罪，是因为数据权益人的保障和对数据安全秩序的保障是两个不同的法益，并不冲突。比如我在第六章里规定有关侵犯数据安全的犯罪，其实和我在第五章里规定侵犯数据权罪不会产生矛盾，只不过将来在第五章里如果规定这样一个犯罪，它的构成要件应该是什么，这个我没有提。其实构成要件确实还是把没有经过数据权人的允许去使用——包括收集、滥用、窃取等行为，来规定为犯罪。

当然了，有人提问：大量的数据是没有被害人的。确实如此。但是我们所说的数据的被害人究竟是谁？实际上还是看数据权益人。我刚才提到了大量的数据处理者，实际上同时也属于权益人权利主体，对他来讲，这个权利是能够予以认可的。还有一些除了数据权益人、数据处理者以外的权益人，他的数据也要保护。实际上只要数据是有权益人的，那么对他的受益权进行侵犯的时候，他自然而然就有可能成为被害人。

下面这个问题就很大了，但也很好，就是将数据权等同于财产权予以保护，是否有引发数据垄断的风险？我觉得不会的。恰恰相反，如果我们把数据权等同于财产权来保护，实际上对所有的数据权益人都会有一个权利的保障。反倒是当你赋予那些没有数据权益或者不是数据处理者的人以数据权的话，反倒会有一种恶的垄断。假如说我，一个有一定数据权的老师，有些大公司要去取得相关的数据必须主管同意，那么他在用的时候获得的同意基本上都得有范围，对不对？他如果滥用了可以归属到我的数据权，我可能就对他提起诉讼，按照我的思想，就可以做犯罪处理，这反倒有利于恶的垄断。我们类比一下个人信息权就是这样的情况。当你个人信息权力很充分，无论是公权力机构也好，还是一个企业、公司也好，去向你收集使用个人信息的时候必须经过你同意，或者虽然说可能可以去收集，但没有经过我同意或者滥用的话，我都可以主张我的权利，自然而然会形成一种遏制。所以我的想法是什么呢？为什么今天谈这个话题呢？可能结论本身是我自己的一个看法，将来未必被立法机关所采纳，但是可能在很大程度上是要考虑的一个问题。在这样的一个时代，在数据具有对社会资源的调控力量的时候，在数据可能会对我们每个人的利益产生越来越多重大影响的时候，我们怎样使占有、使用的数据力量能够受到控制，对于我们来讲，实际上就应该考虑到给数据权益人一种权利，甚至要有自卫的力量。

下一个问题就是，在前置法缺失的情况下，如果把严重违反数据安全规则的行为规定为犯罪，是不是与保障法定位相冲突，是否有可能会不利于形成民事、行政、刑事的全方位保护体系？这实际上说的是，按照我的思路规定一个侵犯数据权的小的类罪会和上位法冲突呢，还是说将来规定违反数据安全的行为就会发生冲突？如果真正采取公法思路，把违反国家数据安全规定的行为规定为犯罪，其实是不会跟前置法发生冲突的。刚才梁老师做点评的时候，也把这个意思都说出来了。因为我刚才也提到了，数据安全法实际上可以被说成是数据处理者规制法，把规制的行为设定了行政制裁，数据安全法已经完成了。那么如果说严重的违反数据安全规制行为被相应地规定为犯罪，尤其是可以跟拒不履行网络安全监管义务罪做同样的设计，这跟保障法不会发生冲突。可能按照我的思路冲突是会发生的，也就是之前并没有一个明确的对数据权益在民法或者是其他法律上的确认。不过我在我的文章里面也提到了，其实没有那么严重。如果你看以前的立法例，侵犯公民个人信息罪在《刑法修正案（七）》就规定了，那个时候还没有《个人信息保护法》，刑法是远远走在前面了，其实有的时候刑法稍微往前走一走，也是有先例的。

第十讲 数据安全的刑事治理路径选择

下一个问题是，数据作为一种财产权，占有应当不能作为其行为模式，那您认为此类行为方式是什么？其实我刚才也提到了，如果设定一个新罪，更多的还是指未经数据权人的同意去非法收集、获取，包括通过窃取等方式获取数据的行为。

这个问题也很好，就是说数据的保护与利用的过程中，应当如何看待个人私有权利和国家公权力冲突问题？如何在当下做好个人数据的保护？我觉得这就是我整篇文章的一个出发点，就是怎样去确认数据权益的问题，它确实是公民个人应当有的一个权利，这是我整个报告的基调。那会不会和国家公权力相冲突？肯定会。但是这种冲突我觉得是应该的。其实公权力是有一定界限的。我们谈到法治的时候，也是给公权力设定这种规矩，这是法治的基本要素。那么在数据部分，我们为什么强调要赋予公民个人数据权？实际上也不仅是针对大量市场主体——即所谓的数据处理者，对他们形成一种优势，这也包括对政府的优势。政府对哪些数据可以享有呢？像一些公共的数据、安全数据当然是没有问题的，但是涉及到跟私主体有关的数据，哪些应该获得，哪些不应该获得，这可能还是要有一个界限。我觉得这跟个人信息保护的道理是一样的，可能都需要有一个界限才行。如果我们把这个界限划清楚了，哪个部分是国家公权力可以不经允许就拿到的，哪些是不可以的，哪些是必须经过同意的。这些划清楚之后也就不会出现冲突问题，或者说这种冲突会得到很好的解决。

还有一个很好的问题，就是在刑事治理领域当中如何把握数据安全保障，促进数据利用、数据共享大背景之间的平衡？实际上我刚才已经回答了，就像我们说的，在促进发展的时候怎么去考虑安全问题，总书记在很多场合都提到过，现在要兼顾发展与安全，实际上也是强调在任何制度的设计当中，都要考虑安全和发展之间的有效平等。过去十多年网络经济发展很快，但是我们回头看的时候经常也会说这是野蛮增长，它的野蛮性很大部分表现在有点越界了。在对数据包括个人信息的收集和挖掘时，现在回头看，其实还是有很多方面是有很大危险性甚至危害的。那么在数据领域，我们基本上也要考虑这种发展和安全的问题。一方面，我们要促进一个合理合法的交易过程；另一方面，也要考虑安全问题，因为大量数据如果被滥用或非法集中，或像有的老师所说的，对数据形成垄断的话，这可能会造成更大的问题。刚才我提到了数据的权力，将来究竟谁能取得主导权？是国家还是大公司？这实际上就会有不同的发展路径。如果像刚才提到的第五部电影，数据是由大公司来控制的话，整个社会可想而知是什么样的。同样来讲，都由政府实际控制也会有问题。所以还是需要三类主体在数据方面、安全方面共同发挥作用，形成三者的基本平衡，这可能是更好的。其他问题都差不太多，我就先回答到这儿，好吧？看看其他老师的想法。

张旭教授：其他几位与谈人还有没有要回应和交流的？如果没有的话，那我们今天暂告一段落。延安教授辛苦了，我们今天应该说讨论的是一个有趣的话题，延安教授做了一个有才的报告，我们各位与谈人和提出问题的各位参与人，应该说完成了一个睿智的交流。所以到目前为止，我们今天的这个讲座应该是进入尾声阶段了。谢谢延安教授的精彩报告。谢谢4位与谈人有感悟、有交流、有延展的这个与谈和评论，也谢谢今天直播间所有参与者以及提出的众多的有意义有价值的问题。

相信我们今天晚上的这个讲座对于每个人来说都会留下非常深刻的印象。今天的这个夜晚也会成为我们学习和研究生涯当中美好的一段。美好的时光总是很短暂，但是必须要说今天只能到这里了。谢谢各位，晚安。我们今天的这个讲座到此结束。

第十一讲

中国刑法立法模式的思考

周光权[*]

摘　要：我国曾经在20世纪末就附属刑法立法进行过大量探索，但在1997年刑法修订时走向了统一刑法典立法模式。近年来，在个别法律草案中，曾提出设置独立的罪刑规范，但相关犯罪的增设最终仍通过刑法修正案加以解决。虽有不少学者呼吁在行政法及经济法中独立规定行政犯的构成要件和法定刑，但相关方案在我国的可行性值得质疑。不同的刑法立法模式各有其优点，谈不上哪一种选择绝对优越，如何使立法更为实用和符合国情是特别需要考虑的。在我国，倘若采用附属刑法立法模式，难以抑制犯罪范围大幅度扩张的冲动；行政刑法与治安管理处罚法的关系变得更为微妙、复杂；附属刑法的重罚倾向明显，容易引发刑罚趋重攀比；犯罪之间的交叉、重叠关系可能徒增适用上的困难；行政法的旨趣是干预，其中所混杂的刑法规范在立法过程中难以得到充分讨论。在采用附属刑法立法模式的国家，学者们关于部分重要的附属刑法条文应回归到主刑法中的"反向呼吁"，也同样值得我们思考。基于此，我国当下统一刑法典的立法模式定位准确，未来仍应继续坚持。

---

[*] 周光权，清华大学法学院院长、教授、博士生导师，教育部"长江学者"特聘教授，入选"国家百千万人才工程（国家级人选）"，享受国务院特殊津贴专家。现任第十三届全国人大宪法和法律委员会副主任委员，兼任最高人民法院特邀咨询员、最高人民检察院特邀监督员。出版专著12部，发表论文280余篇，获教育部、北京市等省部级奖励10余项。

刑法治理的现代化与本土化·讲演录：(一)

主持人莫洪宪教授[*]：由西政刑法学科主办，中国犯罪学学会金融犯罪防控专业委员会、重庆市新型犯罪研究中心、国家毒品问题治理研究中心、西南政法大学外国及比较刑法研究中心、北京市盈科律师事务所和北大法宝学堂协办的"刑法治理的现代化与本土化"的系列讲座第十一期现在开始。首先，我们要感谢西南政法大学教授、博士生导师石经海教授。他精心组织了一系列高端的学术活动，这一次的主题是"中国刑法立法模式的思考"。我认为这个主题应该说是非常地切合当前我们在学习贯彻二十大的精神当中，强调全面贯彻落实二十大所提出的中国式现代化。中国式现代化与法治化是有机融合，生成中国式的法治现代化的。那就是说中国式法治现代化，是法治中国、现代法治的相互贯通。

今天我们这个主题围绕着刑法的立法模式思考。我们国家曾经在20世纪末就附属刑法立法进行过大量的探索，但是，在97年修订刑法的时候我们已经走向了统一的刑法典的立法模式。那么，近几年来在个别的法律草案当中就提出设立独立的罪刑规范。相关犯罪的增设也是通过了刑法的修正案来加以解决。所以，有的学者就在呼吁我们的行政法以及经济法当中独立规定行政犯的构成要件和法定刑。

那么，这个方案在我们国家有没有可行性呢？这个问题在学界一直在讨论。今天我们这个主讲嘉宾是周光权教授，是清华大学法学院的院长、博士生导师、教育部"长江学者"特聘教授，也是"国家百千万人才工程"的这个人选，享受国务院特殊津贴。周老师在十三届全国人大宪法和法律委员会的这个担任副主任委员，也兼任我们"两高"的这个咨询员、监督员，所以在理论和实务方面都有很深的造诣。他的发表的成果，那都是多产的，而且是高层次的。今天除了我们的主讲嘉宾之外，还有与谈嘉宾，我们三位王老师和一位美女教授姜敏教授。

王新教授是北大法学院的这个学位委员会的副主席、刑法学科的召集人，也是北大这个刑事法治研究中心的副主任，是我们中国刑法研究会的

---

[*] 莫洪宪，武汉大学（二级）教授、博士生导师；享受国务院特殊津贴专家。兼任中国刑法学研究会、中国犯罪学研究会学术顾问；中国廉政法制研究会副会长，武汉市法学会副会长；最高人民法院特邀咨询员、最高人民检察院未检办专家顾问；省、市政法委、法院、检察院、公安部门专家咨询委员会委员。武汉市政府参事。武汉大学校长法律顾问。主持完成国家社科基金重大攻关项目及一般项目共计二十余项，出版著作十余部，在国内外学术刊物上发表学术论文百余篇。

常务理事。王老师曾经在最高人民法院刑三庭做过副庭长，在北京昌平区人民检察院做过副检察长。所以王老师也是理论和实务的结合做得非常的好的。

第二位与谈嘉宾是王志祥教授，来自北师大刑事法律科学研究院，外国刑法与比较刑法研究所的所长。第三位王充教授是吉林大学法学院的副院长、教授、博士生导师，也是《当代法学》的副主编、中国刑法研究会的常务理事。王充老师也是长期从事中国刑法学、外国刑法学的一些基础理论研究的。第四位姜敏，是西南政法大学法学院的教授、博导，也是外国与比较刑法研究中心的主任，长期从事中国刑法和比较刑法的研究，学术成果也是非常的丰硕。

下面我们这个就把这宝贵的时间就留给我们的主讲人。下面我们就有请周光权教授进行主题演讲，有请周老师。

主讲人周光权教授：好，谢谢莫老师！莫老师是我们的前辈，对刑法学、刑事政策、犯罪学有很深的研究，所以特别感谢莫老师。今天晚上百忙之中抽时间为我们主持讲座，也感谢三位，王老师和姜敏教授。

我主讲的这个题目是"中国刑法立法的模式"，如莫老师所讲，二十大对推进依法治国、建设法治中国、推进中国式现代化的建设有很多篇幅，而且专章论述了法治中国建设的问题。特别提到在完善以宪法为核心的法律体系时要用好立、废、改、释，然后增加了一个编撰的"撰"，便对法典编撰、立法的科学化提出了很高的要求。今天晚上所讨论的问题在很大程度上跟法律的编撰、立法方法的完善、立法的科学化紧密关联。

中国刑法立法模式的思考不是一个小问题，采用什么样的立法模式，对整个刑法立法的构架会有比较大的影响。所以，它背后折射出来的问题不是单纯的立法，而是社会治理方式的改变、社会发展的状况、社会发展背景等一系列很复杂的问题。君子和而不同，这是论语里讲的，所以我期待各位的批评指正。那我今天晚上大概讲四个方面的问题。第一部分：立法究竟跟什么东西有关联？我认为刑法学其实要有一个基本的转向，要从"刑法究竟能为这个社会做什么贡献"这个出发点来讨论立法观念的塑造。第二部分：附属刑法立法的中国实践。第三部分：附属刑法立法的好处与短处。第四部分：表达我的基本立场，即基于务实的考虑，我倾向于维持目前的统一刑法典。

我要讲的第一部分——刑法功能主义与立法观。目前刑法立法非常活跃，背后深刻的原因就是刑法的功能需要与社会合拍，刑法立法活跃，增设新罪之后，就需要思考增设的新罪在刑法中的位置。刑法功能主义和立法紧密关联，影响到立法的模式究竟是统一刑法典的模式还是分散的立法的模式。所以我要先从刑法功能主义讲起，需要建构和社会合拍的刑法，即要考虑刑法对于社会的意义和刑法自身的使命担当，刑法在整个社会治理体系中，具有其他法律无可替代的作用。

刑法和民法在很多问题上态度完全一样，例如高空抛物，但是刑法作为最后保障手段，其尺度在哪里？所以需要建构和时代合拍的刑法学，不要认为有永恒不变的刑法基本原理，也不要认为某一种理论永远都是正确的。和时代合拍，刑法才合理，和时代合拍，敢于担当，刑法才能够担负起应有的使命。这样的刑法学是功能主义的，或者是机能主义的，或者是回应型的，或者是实践导向的。我最近在《中国法律评论》第四期有一篇文章，专门讲到刑法学的实践导向，实际上就是强调刑法学要对社会有用，要能够解决实际的问题，这样的话就不存在纯理论的刑法教义学。

刑法学要回应时代的要求，我认为有两个问题很关键，一方面怎么去面对立法，一方面怎么去面对司法。刑法学在很大程度上就是要沟通，在立法和司法之间架设一座桥梁，使得立法和司法能够互动。立法在司法实务中不会自动变成法官手中的尺度，立法需要解释，解释需要学者的水平。所以我认为一方面尽可能地尊重立法，提高刑法学者的解释能力；另一方面尽可能地尊重和理解司法。当司法说理不透，司法对法条、对立法的理解有疑虑或者有疑问的时候，怎么样去说服司法人员，这是刑法学应有的这个使命。

从立法角度来讲，尊重立法，认同立法。刑法学就是要去逐渐认同积极刑法立法观的合理性。过于认为立法者要像金字塔一般的沉默，但最近20多年来，尤其是美国"9·11事件"以来，世界各国的立法都很活跃，中国尤其如此，中国从97年到如今有十一个刑法修正案。立法从消极到积极，这背后是有合理化的趋势的，我认为合理化的趋势有四方面的原因。第一个，就是新技术的运用。比如说信息网络技术、计算机系统的运用，导致个人信息、计算机系统安全有风险。以及道路风险，交通事故和其他灾害事故的增加，导致刑法分则在第二章危害公共安全罪里有很多新的罪名。还有金融风险等。第二个，价值观多元。价值观多元化的社会里，部分人的价值观会畸形、变形，形成类似恐怖组织、邪教、传销等非法组织。例如基因编辑，其使用应当受到科学技术和伦理规范的制约。所以非法基因编辑这样的问题，就是需要刑法来应对的。第三，民众的不安感。民众对国家、政府保护的呼吁，再加上媒体对极端事件的放大，所以立法者必须要有所回应。第四个，跟打击犯罪的国际合作紧密关联。是打击跨国犯罪、国际性的犯罪所要求的，是国际条约或者公约要求的。例如自洗钱的增加。

所以，刑法学的重心不是批评活跃的立法。应当提倡以问题的妥当解决为中心、认真对待立法文本和司法判决的功能主义，这是刑法学的转向——朝着功能主义的转向——这个转向是要从传统的刑法观念转向当代。我认为传统的刑法观念有两个特征，第一个，用古典的法治理论约束立法者。认为立法要保持谦抑，不能限制个人自由。第二个，用形式化的理论构造约束法官，对理论的、形式性的东西强调过多。当代刑法学应当转向发展刑法解释学，理解立法，说服法官，重视问题性的思考。我今晚讲座的重点内容就是尽可能地理解和认同立法；从方法论上看，需要重视判决背后的正义感、法官的思考，通过解释尽量将判决合理化，使刑法学说和司法实务以及立法的实务保持良性的互动。

我有一本书叫《刑法学习定律》，这本书有十六个刑法学习的定律，其中定律八讲到，学习刑法过程中应当不以批评刑法立法为时髦，所以尽可以认同立法，而不是批评立法。我认为在刑法学中，说服法官将立法解释清楚，实现理论和实务的双向奔赴，这对于学者来说是非常重要的。

一本书怎样才能算是好书？我认为，应尽可能理解立法和司法实践，但是又尽量与实践保持合理的距离。对实践应具有一定的批判精神，但又保持合理的距离，不能对立法一概不认同或者对司法全部猛批一通，而且要领先实践一步，能够引导实践的刑法理论才是最值得期待的。这个实践就包括立法实践。

关于理解刑法立法，我认为有四点比较重要。第一点，当下中国的立法活跃化的趋势在所难免。第二点，立法越活跃，分散立法的要求可能就越强烈，即制定刑法典、特别刑法、附属刑法这样的分散立法的要求可能就越强烈。学界的多数说为什么主张要制定附属刑法，这就是因为立法活跃以后，条文多了以后，是因为他们认为以修正案的模式修改立法存在弊端，所以分散立法的要求很强烈。第四，要基于法典化的理念编撰刑法典，这可能是今后值得研究的问题。我国目前的刑法典是在法典化理念比较弱的背景下制定的。所以，在法典化的时代，怎么按照法典化的理念编撰刑法典来整合现行的刑法和修正案，是需要研究的。

第二部分，附属刑法立法的中国实践。众所周知，1979年刑法的内在结构非常完整，条文数虽然少，但它具有法典的雏形。但79年刑法很快无法适应社会的治理需要，在80年代初严打以后，社会治安状况恶化，所以全国人大常委会做出了很多决定，这就是特别刑法，比如说严惩严重危害社会治安的犯罪的决定。

在此之外，还有附属刑法的立法，据统计，自1979年到1997年大规模修订刑法之前的这段时间内，我国先后在107部的经济、民事、行政、军事法律当中设了130多个专门的罪刑条款，这其实是大规模的这个附属刑法的尝试。这就带来了"三足鼎立"——刑法典、特别刑法和附属刑法。

到97年刑法修改时，三足鼎立的模式取消了，又回到了统一刑法典的模式，为什么？这是因为，"三足鼎立"带来了很多问题，比如有的罪刑条款设计比较随意，论证不充分；附属刑法和附属刑法或者刑法典之间相互矛盾；法条关系比较复杂。另外处罚轻重失衡的现象比较严重。而且大量的定罪量刑的规定分散在不同的行政法里，查找起来比较困难，适用不统一，所以这就导致分久必合。

至今，我国刑法典仍是统一的刑法典，即97年刑法，加上十一个修正案。但是，我们在97年以后有过尝试：2019年全国人大环境和资源委员会起草了《生物安全法（草案）》，该草案在第六十四条、第六十九条、第七十一条、第七十二条中作出了刑事量刑的规定，主要有如下考虑：一个是新型犯罪手段和方式不断出现，生物犯罪作为新型犯罪行为，《刑法》中没有相关的规定，需要作为刑法重要补充的其他刑事法律规范发挥应有的作用。第二，在生物安全法中直接做出定罪量刑的规定，有助于社会公众更完整充分地理解法律规定的含义，更有利于法律的实施。三是在《生物安全法》中作出定罪量刑的规定，有利于实现犯罪和刑罚的统一，避免将犯罪与刑罚分割在不同的法律规范中。第四，部分参照了国际上有关立法中刑事处罚规定的通行做法。该草案在常委会讨论完以后，后续审议到了宪法和法律委员会。宪法法律委员会后来在全国人大常委会上提交的正式报告里面，是这么说的："第六章规定了法律责任，对一些违法行为直接规定的刑事处罚，具体列举了履行生物安全监督管理职责的工作人员应受处分的行为。有些常委委员、部门、单位和地方建议遵循我国现行刑事立法模式。刑事罪名的规定，由刑法统一规定。宪法和法律委员会经研究建议做如下修改，考虑到刑法规定的统一性，暂不在草案中规定具体的刑事责任，只作衔接性的规定，明确违反本法规定构成犯罪的，依法追究刑事责任。关于生物安全领域需要增加的刑事责任问题，已在《刑法修正案（十一）》中统筹考虑了。"因此还是要维持现行的刑事立法模式，相关的定罪量刑的规定在《刑法修正案（十一）》当中统筹考虑。那么接下来大家看一下《刑法修正案（十一）》是怎么统筹考虑的。

按照生物安全法立法的最终方案，涉及到生物安全犯罪的规定，在2020年的《刑法修正案（十一）》当中增设了三个罪：非法采集人类遗传资源、走私人类遗传资源材料罪，非法植入基因编辑、克隆胚胎罪，非法引进、释放、丢弃外来入侵物种罪。还是维持了统一的刑法典。所以这个是我们的探索。

虽然经过反复尝试，但到目前为止，统一刑法典的立法模式还是维持的。附属刑法立法肯定有优点，但是不是只有优点没有缺陷？这些优点是不是统一刑法典所不具备的？我认为需要探讨。

关于附属刑法立法模式，多数学者认为它有优点，但是我认为需要反思学界的多数说。附属刑法立法这种模式有很多疑问，我列举了四个方面的问题。

第一，有的学者认为附属刑法能够避免空白罪状，因为将罪刑规范和行政规范规定在同一部法律中，行政规范将行政违法行为描述得很清楚，空白罪状就能够避免。但是我认为这种说法尚且值得推敲。事实上在目前的行政法、经济法里，关于行政违法的大量规定也是开了天窗的。也就是说，有很多行政性法律当中关于行为禁止的规范当中就存在有"其他违法行为"这样的字样，行政刑法仍然避免不了空白罪状。一个最简单的例子——妨害传染病防治罪，这个罪目前规定在刑法典中，有人提出，把这个罪规定在《传染病防治法》里不就行了吗？但是《传染病防治法》里将违反县级以上人民政府、疾病预防控制机构所提出的预防控制措施的行为规定为违法行为,而这种违法行为的有无,仍然取决于县级人民政府或者疾控部门的行政决定。因此行政法规里面的违法行为的判断要靠行政决定来填充,所以这是没有办法的事情。因此无论将罪刑规范规定在刑法典里,还是规定在行政法里,空白罪状都是避免不了的。再举个例子,我国的毒品犯罪目前规定在刑法典中,有人提出将毒品犯罪规定在《禁毒法》中,但是无论规定在哪里,毒品的范围认定不是刑法或者行政法能解决的。因为科学技术尤其是化学的合成等技术不断地翻新,新型毒品的范围不断变化,所以立法上没办法解决。

第二,有人认为附属刑法的威慑力更强。我个人不太同意。附属刑法当中存在很多不明确的兜底条款,这样的条款,本身威慑力很弱。另外当附属刑法增多,罪刑规范太分散,在司法适用上困难,公众接受、认同起来比较困难,所以我认为威慑力反而有可能降低。

第三,有人认为附属刑法能够保持刑法典的稳定,但我认为这个说法似是而非。首先,附属刑法和刑法典的关系本就处于变动中。比如计算机犯罪中的很多犯罪,我认为已经自然犯化了。所以行政犯和自然犯本来就是变动的过程。若说将犯罪规定到附属刑法,刑法典就能稳定,我觉得本身就很难。另外采用附属刑法的立法模式,它和刑法典之间大量的交叉和重叠,其实会肢解刑法典反而使刑法典不稳定。

第四,有人认为规定附属刑法可以消除合宪性的疑虑。个人认为这种论断不太可靠。首先附属刑法仍然需要解释,尤其需要国务院层面对空白罪状制定行政法规或者发布一些行政性的决定,如此合宪性的疑虑其实是消除不了的。而且现在的刑法立法,确实要允许行政权介入犯罪的认定。

第五,我想简单讲一下,我为什么要坚持统一刑法典?我并非追求理论上的标新立异,而是有很多务实的考虑。第一,法典化的努力值得肯定。法典化在刑法领域里,意味着刑法典的核心作用,它的功能不能被削弱和肢解。第二,拒绝附属刑法立法有基于中国国情的务实的考虑。这种考虑包含五个方面。

首先,需要防范特别刑法肥大化的风险——在许多采用分散立法模式的国家已经出现了这种风险。在德国,学者们指出,基于个别案件而制定的、在行政法里的、新的犯罪构成要件,导致了刑法膨胀。在日本,曾根

第十一讲　中国刑法立法模式的思考

威彦教授也指出，在行政刑法、经济刑法、劳动刑法以及其他狭义的特别刑法，比如说轻犯罪法、破坏活动防治法、暴力行为等处罚法这样一些法律里面大量存在的复杂化、流动化的现代社会中，特别刑法肥大症这个现象非常的显著。为什么会"肥大"？主要因为随着社会治理的发展，行政法的作用、行政管控的要求非常突出，而在行政管理法规、经济管理法规，尤其是金融方面，随时都可能面临风险，只要制定一个行政法规，那么刑法上就应该针对违反行政法、经济法最危险的那种行为制定罪刑规范。最后的结局就是，只要有一部行政法，就在行政法里可能就规定了多个罪名、多个罪刑规范，这样的话"肥大症"或者"肥大化"避免不了。我国目前有十一个修正案，很多人反应强烈，认为刑法象征性、工具化，侵犯国民行动自由。如果不守住统一刑法典这条底线，大量的行政刑法、经济刑法出现的话，罪刑规范的增加速度是没办法想象的。这是我认为需要特别防范的风险。

其次，需要考虑到一个特殊的法规——《治安管理处罚法》。《治安管理处罚法》所处罚的行为在国外都是轻犯罪犯。这部法律里规定了大量日常生活中可见的违法行为，不受犯罪处罚的很可能都是治安管理处罚的对象。这个会带来一个什么问题呢？《治安管理处罚法》所处罚的违法行为数量很多，如果再设置一个附属刑法增设新罪，它和《治安管理处罚法》的关系就会大量交叉重叠，这是国外制定行政刑法的时候不会遇到的障碍。有人提出，可以将《治安管理处罚法》当中的违法行为设定为轻罪纳入刑法，我认为这不是一个好的主意，因为中国人对犯罪的认知和国外不同。国外的交通违法是轻罪，但相应惩戒仅是交罚款。但是，若中国将交通违法行为认定为犯罪，贴上犯罪标签以后就会影响行为人的基本的生存权，危险驾驶罪就是典型的例子。所以把《治安管理处罚法》所针对的对象全部作为轻罪来处理是不可取的，在这种情况下，《治安管理处罚法》还有独特的存在价值，尤其是在14亿人的大国行政管理上，如果说没有相对便利性的高效的处理措施，那些轻微违法行为都需要法院去判决，司法资源未必也承受得了。所以，在需要保留《治安管理处罚法》的情况下，如果用大量设置附属刑法，它和刑法典的关系就变得特别复杂，这是我们绕不开的问题。由此，我对附属刑法的立法我觉得是有疑虑的。

再次，附属刑法有一种本能的处重罚的冲动。在国外，附属刑法和刑法典中大致相同的犯罪，附属刑法的处罚更重而且是大规模的附属刑法处罚更重，这样的话，其实就会带来整个国家的刑罚水涨船高，最后导致处罚趋重。我国在79年到97年期间有着大量的附属刑法的探索。但是，回过头去看附属刑法里的规定，都是在处罚上做加法，严厉程度高于刑法典当中类似行为的处罚严厉程度。有学者呼吁说"毒品危害防治条例"这个附属刑法的规范应当摒弃重刑思想，将刑罚降低，使它符合比例要求，符合合宪性的要求。附属刑法有处重罚的冲动，也是附属刑法本身和行政法捆绑在一起带来的问题。如前所述的《生物安全法》，经历一审稿、二审稿、三审稿后，其行政处罚严厉程度也加重了许多，全国人大宪法和法律委员会给全国人大常委会的报告中特别提到，需要加大处罚力度。所以我认为如果呼吁刑法处罚不能太重的同时，呼吁分散立法、制定附属刑法，这两者是相互矛盾的。

从次，制定附属刑法后需要考虑犯罪之间产生过多的交叉重叠关系。当附属刑法增多，附属刑法之间相互矛盾，附属刑法和刑法典之间相互矛盾，会产生很多复杂的问题。

最后，在立法过程中，附属刑法的罪刑规范很难得到充分的讨论。因为附属刑法依附于行政法、经济法这种管控性法律，管控性法律具有一个很大的特点——高效。在整个立法过程中，这些法律制定参与者关注的是相关的行政规范规定得如何、是否科学合理，其中涉及的刑法问题可能不会仔细讨论。中国79年到97年107部法律里面有130多个罪刑规范，但是，这130多个罪刑规范中有的规定得比较随意，这就是因为立法过程中相应的罪刑规范没有成为大家关注的重点。美国也有相应的研究，研究表明行政法是政府的工具，主要用来帮助实现法律所期待的管理的目的，所以立法者在参与制定这些法律的时候，不会关心为什么要制定罪刑条款、这些罪刑条款合不合适、跟其他的法律是什么关系。这是采用附属刑法立法模式要特别关注的一个问题。

附属刑法的制定必然也有其优点，正如《生物安全法》的立法理由里面提到的行政法提示了违法行为，紧跟着规定犯罪，有助于法治宣传、预防，等等，刑罚也可能相对明确。但是附属刑法有很明显的弊端，而且学者们所认同的那些优点未必可靠。在这些优点可能有疑虑的前提下，同时考虑到我们国家有《治安管理处罚法》，另外立法过程当中刑法规范可能被冷落，不能够协调一体地被讨论，再考虑到特别刑法肥大的风险，我认为附属刑法的立法模式或者分散的立法模式不应该被采纳。

最后有一个结束语，关于立法活跃化时代的刑法学应对。目前我国立法很活跃，刑法学对这种现象有很多批评，我在《法治现代化研究》2021年第5期上发表了一篇文章——《立法活跃时代刑法教义学的应变》。我有几个基本的结论：第一，立法活跃是合理的，在功能主义背景下，刑法要参与社会治理并肩负重大使命，所以它应当有所担当。因此立法活跃的趋势是刑法学者要面对的现实，不仅要面对，还要展开解释学的研究。立法活跃的趋势始终关注了转型社会的现实问题，有实证的基础，而且保持了立法的明确性和处罚的轻缓，有其合理性。虽然立法确实有很多危险犯的规定，但其相应的法定刑配置也相对较轻。在这种情况下，坚持传统的、古典的法治理念，一味地批评立法，要求立法者消极、尽量保持沉默，我认为这种先预设分析框架、再批评立法的言论就没有说到点上。立法和学者的思考本就是两种路径，立法意味着平衡和决断，它和刑法教义学主张体系合理，解释上尽可能没有漏洞，在方法论上就不同。所以学者先预想一个刑法思想的分析框架，再去批评为完成现代性社会治理任务而制定的刑法条款，处于意义非常有限的跨界的对话，立法的实际效果不会因为刑法学的批评而消失。

过度的立法怀疑主义，伤害的是刑法学。过度的立法怀疑主义势必从一开始就将刑法理论和立法实践对立起来，遏制了刑法教义学对未来的立法科学化产生具体影响的机会。立法活跃化为刑法教义学发展带来了新的契机，立法越活跃，刑法学解释的任务越重，刑法学自身发展的契机就越多。所以在教义学上从体系性构建转向问题思考，对立法所提出的难题予以充分的展开，尤其是对构成要件进行合理的解释，对犯罪竞合关系做细致的梳理，都能够增强刑法教义学的应变的能力。

在立法活跃化的时代，刑法教义学必须尽快实现观念论的转变和方法论的拓展。根据我的观察，就中国的立法实践以及司法实践来讲，总体上无论是立法还是司法，我认为没有大的方向性的问题。刑法学者要做的就是适应这种状况，然后把解释学做好，既和立法者对话，又和司法者对话，这样刑法学才会有新的发展的机会。

以上思考是从立法活跃，同时立法在维护统一刑法典这样的一个立法模式下作出的。我基本的结论就是，也许分散的立法或者是附属刑法的立法方式在方法论上没问题。因为单纯地把这个罪名规定在哪里，确实是一个技术性的问题。但是如果考虑到国家的国情，考虑到国家本身的法治状况，比如说我们有《治安管理处罚法》，这就是我国法治状况里特别特殊的一件事情。再比如我国国民普遍认为犯罪是很严重的行为。因此在大量的行政法、经济法里规定罪刑规范，和中国的社会可能不合拍。所以我对分散的立法、对附属刑法的立法模式有所担忧，个人认为还是应该维护统一刑法典的立法。

莫洪宪教授：好的，谢谢周老师一个多小时的精彩的演讲。周老师围绕附属刑法通过四个问题，首先从这个刑法功能主义与立法观角度切入，然后回顾了我们的附属刑法立法的特点和存在的问题，进行了体系性的思考。特别是结合附属刑法的思考，提出了在立法活跃化的这样一个趋势之下，我们思考问题的时候，还是要着眼于我们的这个刑法规范。随着我们的本土社会的进展和需要来制定立法的模式，也要考虑到我们国家的具体情况。所以在选择的时候是不是适用，是不是符合具体的国情，他认为这是首先需要去优先考虑的一些因素。所以他也举了这样一个他参加的立法活动当中的一些体会，讲的这个非常的生动。最后也做出结论性的，他认为从这个立法的这样一个模式的选择的时候，从事实、价值和技术几个层面去考虑的话，他认为还是应当继续采取统一的刑法典的模式。这个观点很鲜明。

下面我们就请第一位与谈嘉宾，这个来自北大法学院的王新教授来做这个与谈，有请王老师。

王新教授[*]：好的。谢谢莫老师。莫老师也是我非常尊敬的师姐。以前的就是五院四系里面一直我都是非常尊敬的，就是光权刚才讲到了就是武大，实际上莫老师在反有组织犯罪法方面的造诣也是非常深。所以今天

---

[*] 王新，北京大学法学院教授、博士生导师、北京大学法学院学位委员会副主席、刑法学科召集人，北京大学刑事法治研究中心副主任，兼任中国刑法学研究会常务理事、中国行为法学会金融法律行为研究会副会长，曾挂职担任最高人民法院刑事审判第三庭副庭长、北京市昌平区人民检察院副检察长。主要从事中外刑法、国际刑法、金融犯罪与刑事合规的研究，主持国家社科基金重点项目、一般项目、教育部人文社会科学基金项目等课题，出版《反洗钱：概念与规范诠释》《国际刑事实体法原论》《金融刑法导论》《金融诈骗及对策》等5部专著，在核心期刊等刊物上发表论文100余篇。

第十一讲　中国刑法立法模式的思考

在这个云端上见到莫老师主持也非常开心。当然了也要首先感谢西政，也是我国法学界的重镇，能够提供这么好一个平台，让我有机会把我的一些想法在云端给大家做一个交流。

刚才光权老师做了一个非常好的报告，这个报告的体系性的思考是非常全面的，而且观点是非常鲜明。在《比较法研究》2022年第4期，周老师就有一篇文章——《我国应坚持统一刑法典的立法模式》，在这篇文章基础上，周老师今天在云端用了更为翔实的数据，周老师利用他深度参与全国人大立法所了解的情况，特别是从《生物安全法》的试水，最终实际上做了界定，资料和各方面的内容是非常翔实。

我想结合中国附属刑法的立法情况，再结合周老师在第二部分当中的论述，再给大家提供一些翔实的资料。附属刑法在上世纪80年代末，实际上就慢慢开始成为一个热点。储槐植先生主编了一本书，叫《附属刑法规范集结》，91年中国检察出版社出版。在这本书里，储老师在前言中也做了数据的分析，他将79年刑法颁布到91年10月这段期间的非刑事法律中的罪刑规范做了一个统计，共55部。刚才光权统计的是79年到97年共107部，储老师在这本书里面，是统计到91年10月份共55部。储老师在这本书里有一个很重要的思想，他认为附属刑法是完善和弥补刑法典缺陷不足的一种重要的立法方法。在97刑法之前，我国的立法模式实际上只有79刑法和补充规定，也就是常说的22个补充规定和单行刑法。单行刑法的缺陷是比较明显，它打乱了罪名体系，且无法在判决书、起诉书当中援引"刑法第几条"。所以在79刑法之后，单行刑法虽然也是完善和弥补刑法典发展缺陷的一种方法，但它存在诸多问题。在我国当时刑法典和单行刑法的模式下，具有灵活性的附属刑法就慢慢地显现它应有的价值。但是我们也关注到在97刑法颁布之后，对刑法典完善和弥补的方式，实际上除了98年的关于惩治骗购外汇、非法买卖外汇的单行刑法之外，还增加了修正案的模式。修正案实际上又是完善和弥补刑法典的一个很重要的方法，而且现在已经成为一种标准立法模式。所以我个人认为立法确实是活跃，但是过去的立法技术、刑法典补充规定有弊端，因此尝试着用附属刑法，附属刑法也确实有它的优点。以上动态立法的角度考察的附属刑法渗入的轨迹，是我对光权老师的一点补充。附属刑法我早期是同意的，但是后来随着修正案这种立法技术进入视野，而且成为一个标准的范式，我也开始对附属刑法做出了一个重新的思考，光权老师用了个措辞叫"务实派"，实际上我也慢慢地感觉到还需要从中国的形势、立法的传统和各方面来综合考察附属刑法在中国的一个具体的应用情况。

另外我还有一个很重要的资料想跟大家分享一下。97刑法在修订的过程当中，实际上就是说当时王汉斌副委员长，他实际上在修订说明里面也谈到了，当时我国准备制定惩治军人违反职责犯罪条例，但是经过中央军委法治局的研究，并经中央军委的同意，最终军人违反职责被纳入刑法典里面。所以说在97刑法制定的过程当中，"大一统"的刑法典模式的思想贯穿其中，包括将贪污贿赂罪、军人违反职责罪这种带有单行刑法的痕迹的，都纳入了刑法典。因此我国"大一统"的立法模式和惯性是很重的，我们不能否认这一点。附属刑法确实有它的好处，但是需要考虑，附属刑法在中国"大一统"刑事立法模式这种关键的基础上，它具不具备可行性？我想这也是为什么附属刑法立法发展几十年，但是一直停留在呼吁阶段，虽然《生物安全法》尝试过，但是最终也没有成功，还是被纳入到"大一统"的模式当中。我个人认为，在多元刑事立法模式当中，刑法修正案是现在比较好的一种模式，它克服了过去单行刑法的弊端，弥补和完善刑法典，查阅起来体系性也很强。从另外一个思维来看，我们现在强调刑法典的"再出发"，此时提出附属刑法，据我所了解的一些反馈，实际上对刑法典的启动和再出发是有一定的阻碍作用。

因为时间关系，我再补充两点。《反洗钱法》和《证券法》这两部法律实际上就是在打击证券犯罪，即在证券犯罪零容忍的情况下，刑法应该如何作出反应。最早证券法里也想采用附属刑法，但是最后发现不可能，还是要跟《刑法修正案（十一）》做联动修订，包括《反洗钱法（征求意见稿）》里，它将刑事责任笼统地规定为一句话："构成犯罪的，依法追究刑事责任。"但具体的罪状和法定刑，则没有作出规定。

最后我想谈一下光权老师刚才谈到的关于《治安管理处罚法》的问题。《比较法研究》第四期，除了光权老师的一篇文章之外，何荣功、付立庆和柏浪涛各有一篇文章，观点的交锋比较激烈。比如付立庆就认为日本的刑法、行政刑法有肥大症，他的观点很鲜明，就是放弃单一模式、双轨制，附属刑法应该名副其实。柏浪涛在这一期里面，有一篇文章谈到了德国。德国1952年的《违反秩序法》，就是想把六年以下的轻微犯罪从刑

第十一讲 中国刑法立法模式的思考

法典当中剥离出去，刑法典只规定重罪和轻罪，所以德国刑法学界将附属刑法视为一个历史传统。我们可以发现，在德国刑法学界从来没有人去探讨是否应该废止附属刑法的模式，因为他们也发现这很庞杂，他们实际上也是用刑法教义学去阐述附属刑法在司法适用的情况，这是一种务实。所以德国是已经制定附属刑法，再讨论怎么理解和适用，而我国现在面临着一个十字路口——要不要附属刑法？因此我认为我们也可以用一些域外的视角，来理解附属刑法的问题。

光权老师的论证，包括务实派的观点，包括里面的很多数据，我觉得是非常有说服力的。在支持附属刑法的制定占通说的情况下，我们也需要对它进行一些思考。我个人从前是绝对的拥护派，但现在也从务实的、关注中国"大一统"刑事立法和刑法典再出发的背景下，对附属刑法的制定持审慎的态度。好吧，我这么零零散散的，就是向各位老师和云端的朋友做这么一个汇报，有说的不当的地方，也希望大家指正。好的，莫老师我就说这么多。

莫洪宪教授：谢谢王老师！这个我觉得王老师我刚才听到您的与谈，您讲了一个很重要的一个观点，就是对于这个附属刑法的它的优劣，我们要动态地去考察。还谈到您的这个切身的体会，就是您的观点的一些想法，包括对修正案呐，刑法十一个修正案以后，我们的这样一个立法的变化。另外也举了例子，就您参加这个证券法和反洗钱法的这样一个立法的过程当中的一些体会讲的挺深刻的。我觉得那个强调这种动态考察，我觉得这个对我来讲还是一个启示，对这个附属刑法优劣的这样一个考察的话。那好，谢谢王老师。

下面我们就请第二位，王老师，王志祥教授，来自北师大刑科院的王志祥教授来进行与谈。有请王老师。

王志祥教授[*]：好，谢谢莫老师。谢谢西南政法大学提供这个交流的机会。我和前面周老师、王老师的观点还是有非常大的不同，我主要是围绕五个方面来讲。

---

[*] 王志祥，北京师范大学刑事法律科学研究院外国刑法与比较刑法研究所所长、教授、法学博士、博士生导师。在《中国法学》《现代法学》等中外期刊发表专业论文240余篇。主持国家社科基金项目、最高人民法院司法调研重大课题等多项课题。出版专著《危险犯研究》《犯罪既遂新论》《刑法问题探索》等。

第一个方面，刑法立法模式的梳理。目前的刑法学界，关于立法的模式大概有以下几种观点。第一种观点是主张单轨制的立法模式。学者认为从我国刑事立法进程这个阶段来看，曾经形成的是单行刑法附属刑法并存的局面，包括经历了这个刑法典、单行刑法、附属刑法共存的局面，最终又回归到刑法典为主，辅之以个别单行刑法的立法模式。而且1997年刑法修订后唯一颁布的单行刑法如今也很少使用，这样实际上就不仅放下了单行刑法，而且将附属刑法限制在宣示性的层面。因此选择统一刑法典立法模式，其实是历史的选择又是现实的明证。采用统一刑法典的立法模式形成的一个内容完整、形式统一的规范体系，可以克服因立法上的过度分散而导致的混乱、重叠和冲突，同时也为刑法保证了必要的灵活性。虽然单行刑法、附属刑法存在诸多的优点，但是也存在着立法随意性比较大，容易导致立法权被滥用，包括刑法整体的稳定性和难以协调与刑法典之间的关系等问题。所以在单轨制的立法模式来看，附属刑法这种立法模式应该受到否定，那么单行刑法的立法模式也应该受到否定。修订刑法典的话，就是唯一的采取刑法修正案这种方式。第二种观点就是主张采取刑法典加单行刑法的这种方式。我自己研读了光权教授的文章，光权教授实际上并不是主张纯粹的单轨制的立法模式，他实际上主张的是在立法模式下也可以制定单行刑法。只不过在今天讲座过程当中没有提到专门制定单行刑法的问题，他实际上仅仅排斥附属刑法，排斥行政刑法。按照周老师的观点，认为这个附属刑法不仅无以维持这个刑法典的稳定，存在肢解刑法典的风险，还无法解决空白刑法的问题，不能增强刑法规范的威慑效果。统一刑法典的立法模式可以保证刑法的稳定性和体系性，避免了行政犯规制当中可能出现的交叉重叠和竞合。这一点在周老师刚才讲这个过程当中已经得到了强调，而且又可以有效防止刑法过度介入前置法这个规则范围，保护这个公平权利，还可以控制犯罪圈子不断扩大，防止"特别刑法肥大化"现象的发生。第三种观点就是多元制立法模式。我想实际上它强调的是刑法典、单行刑法和附属刑法三者并行的立法模式。学者认为这个统一刑法典的立法模式存在着肢解刑法规范，频繁对这个刑法进行修订，造成对刑法典稳定性的损害，难以灵活应对复杂多变的行政犯罪的立法要求、空白刑法的存在和补充规范的庞杂不利于刑法发挥裁判规范、行为规范的作用等等缺陷，单轨制的立法模式是当前刑法厉而不严的结构的重要原因。按照这个多元制度立法模式,犯罪应当区分为自然犯、法定犯。自然犯的法律规范变异性比较小,稳定性程度比较高,而法定犯的法律规范变异性很大。采取多元制的立法模式,就可以将两种犯罪进行有效的分离,就可以实现一个对犯罪规定模式的合理分工。也就是说刑法典当中仅仅规定自然犯,而法定犯来就可以在前置法如民法、行政法当中直接规定相关的罪刑规范。这样的话既能保证在前置法规定的罪状当中尽可能地详细、具体,减少空白刑法和概括性的叙明罪状的比例,还能够放弃当下口惠而实不至的宣示性附属方式。所以多元制的立法模式认为应该放弃统一刑法典的立法模式,从而选择以单行刑法解决刑法发展中的时效性和专门性问题,以附属刑法有效缓解刑法与前置法的衔接型问题的多元制的立法模式。

由此可以看得出来,目前刑法学界关于刑法立法模式争论的焦点实际上并不在于是否保留刑法典,而在于是否在刑法典之外采取附属刑法和单行刑法的立法模式。所以我下面讨论着重就围绕这两个问题来加以这个展开。首先,我个人赞同附属刑法的立法模式,下面我会从是否符合我国国情和社会发展需求,是否会导致找法难的问题,是否有利于实现刑罚轻缓化的目的,是否有利于保证刑法典的稳定性,是否有利于解决空白刑法的问题,是否存在法法衔接问题这六个方面,说明多元制的立法模式比单轨制立法模式更具优势。

第一,附属刑法更加符合我国国情和社会发展的需求。我国现在已经进入了立法非常活跃化的这个时代,进入了在积极刑法观支配之下大量的新罪增设时代。但是应该注意到,我国犯罪增设的基本上是法定犯,而不是自然犯。所以我国确实面临着非常艰难的抉择,即究竟是采取刑法修正案的方式规定法定犯,还是采取附属刑法方式规定法定犯。而且还应该看到的是,在城市化高速发展的当下,随着熟人社会逐步演变成陌生人社会,传统道德的规训和制裁作用已经有滑坡的趋势,面对道德滑坡,需要通过法律强化传统道德规范。在这样一种情况下,刑法就不能够再固守某一价值,而应该对多价值保护需求进行平衡。正如周老师所讲,在未来的某一段时间,刑法还是会处在一个活跃期,并不排斥刑法修正案十二、十三的出现,而在立法活跃期情况下的,相对于统一刑法典保守性而言,附属刑法更能够适应不断变化的社会治理的需求。

| 刑法治理的现代化与本土化·讲演录:(一)

  1997年刑法采取的统一刑法理论立法模式不能够成为今日否定附属刑法合理性的一个理由。首先，1997刑法采取统一刑法典的立法模式，不能够排除受到了我国历来存在的法典情节的影响。其次，97年修正刑法时的立法环境和当前存在着比较大的区别，我们目前正面临着许多新兴的问题，譬如说新思想、新理念、保护新法律或者新权利，像数据信息、网络隐私等等，这些很难再用修正案的方式进行妥善的解决。

  第二，单轨制的立法模式的修法方式存在缺陷。单轨制立法模式，实际上是采用刑法修正案的方式统一对刑法典进行修整。从我国的修法实践可以发现，这种方式实际上是将多个问题积攒到一块以后再进行修改。这样一来，这种积攒式修法方式意味着数个不同领域这个刑事立法问题被积攒到同一个刑法修正案当中，容易导致刑法与其他部门法在时间上错位，导致在整体法秩序当中，同一问题的立法活动不能够同步地得以展开。如果是采取这个附属刑法这种立法模式，就可以有效地解决这个问题。

  应该看到的是，采取附属刑法的立法模式也并不必然会导致行政法膨胀的结果。因为，附属刑法的制定和修改这个权限仍然属于全国人大及其常委会。只要严格遵守立法法的程序，明确犯罪和刑罚的立法权限，即便采用附属刑法的立法模式，也不会导致立法的随意膨胀。由于立法者主体本身并没有改变，所以形成法的数量是否膨胀只会与立法需求有关，而与采取何种立法模式之间并没有特别大的关系。相反，在行政法膨胀的情况下，采取统一刑法典立法模式，会导致刑法典整体的膨胀。周老师关注的是"特别刑法肥大症"的问题，那么刑法典整体膨胀的问题是不是同样也值得关注呢？比如关于97年刑法第二百二十五条规定的非法经营罪的问题，第4项"其他严重扰乱市场秩序"，非法经营这一兜底性规定的存在，使得该罪被公认为存在找法难的口袋罪。一旦采取了附属刑法的立法模式以后，就可以根据附属刑法的特性，将具体犯罪的构成要件和法定刑规定在其他的民事、行政法律当中，这类法律自然就可以被纳入检索该类犯罪的目录当中。再比如说，将药品犯罪规定在药品管理法当中，《药品管理法》就可以成为药品犯罪的检索，供各类人员按需进行检索。这样一来，附属刑法立法模式恰恰不会导致找法难的问题，将非法经营罪这个规定分散规定在涉及经营行为的、前置性的、经济行政性的法律法规当中，恰恰可以避免非法经营罪被规定在《刑法》第二百二十五条导致的"找法难"

的问题,而且还可以避免统一刑法典模式所造成的刑法典规模过分膨胀的问题。

第三,周老师刚才提到,附属刑法的立法模式有可能导致重刑化。他在论文当中举了一个例子,就是1979年的刑法当中规定的制造、贩卖、运输毒品罪和全国人大常委会通过了禁毒决定后,将犯罪的法定最高刑由15年有期徒刑提高到死刑。但是,这种立法仅仅是一种个别性质的立法,据此论证整个附属刑法都有重罚化倾向,是否存在着以偏概全?从立法权限上来看,即便采取附属刑法的立法模式,附属刑法的立法权依然归属于全国人大,也并不会导致过度立法或者配置法定刑过重的问题。

上述通过附属刑法提高法定刑的例子,应该是一般预防的需求、立法技术落后等多种因素共同作用的结果,并不能作为反驳附属刑法优越性的理由。另外一方面,从保护法益的类型上来看,与自然犯大多侵犯的人身法益或者财产法益有所不同,法定犯大多侵犯的是一种秩序性的利益。那么行政刑法的保护法益也是一种秩序性的利益。因此,将法定犯放置在行政、民事法律当中加以规定,就可以考虑到侵犯保护法益的行为的可罚性程度较低,从而对法定犯整体的惩罚力度进行有效的限制。

第四,关于刑法典的稳定性。很明显,采取附属刑法的立法模式,是有利于维持刑法典的稳定性的。当然这里说的是刑法典的稳定性,而不是整体刑法规范的稳定性。应该看到,通过附属刑法把大量的犯罪规定在附属刑法规范当中,可以避免刑法典的频繁变动。实际上采取刑法修正案的方式修改刑法典的话,有学者就发出了"刑法修正何时修"的呼吁。在刑法规制的犯罪膨胀以后,统一刑法典立法模式只会导致刑法典更加受前置法的影响,由此刑法典的稳定性就会受到破坏。

另外固守刑法条文位次同样是过分地强调刑法稳定性的一个产物。刑法修订和刑事诉讼法修订具有很大差别。具体来说,刑法修正案修订刑法时没有打破刑法条文原来的顺序。这样一来就出现了刑法典当中开天窗的现象。而刑事诉讼法在修正的过程当中,它并没有固守刑事诉讼法原来的顺序。从这个角度来说,在未来刑法修正过程当中,是否要学习刑事诉讼法这种修法模式,还值得认真斟酌。

第五,附属刑法的立法模式可以相对有效地解决空白刑法的问题。刚才周老师也提到了这个问题,客观上来说附属刑法也好,还是采取刑法修正案这种方式的修改刑法也好，都会造成空白刑法的问题。但关键在于究竟哪个对于解决空白刑法问题更加有效。应该看到的是，在谈论不同立法模式的优越性和合理性时，并不是以该立法模式是否完美作为评判标准，而应当择优录取。确实如主张单轨制立法模式的学者所言，附属刑法的立法模式依然无法根绝空白刑法，但这可以说是基于当前的科技发展情况和人类认知的局限性而必然存在的问题，意图将整体法秩序修缮到完美，排除一切兜底性条款，保证所有的法律条条妥帖、款款明确是不可能完成的任务。因此，说从解决空白刑法这个角度来看，显然附属刑法它不可能彻底解决，但是它与统一刑法典模式相比，显然是更加具有优势。

第六，附属刑法的立法模式，更加有利于解决法法衔接的问题。在这里我想举几个例子展开说明。譬如《侵权责任法》当中，很早就规定了高空坠物侵权责任的问题。但是直到《民法典》的出台，才规定了高空抛物致人损伤侵权责任。《刑法修正案（十一）》对高空抛物进行了规定，而且配置了一年以下有期徒刑、拘役或者管制。再比如说《药品管理法》也是如此，《药品管理法》在陆勇案之后进行了修改，但是《刑法修正案（十一）》对生产、销售假药罪的修订则相对来说有点迟缓。如果能够在《药品管理法》修订药品概念的同时，相应地修订药品犯罪，更有利于解决法法衔接的问题。另一个典型的例子就是《公司法》修订，《公司法》经过修订，其注册资本制度由原来的实缴制变为认缴制，很明显，如果说能够在注册资本制度变动的同时，在《公司法》中对涉及到公司注册资本的犯罪做出相应的修订，那么刑法规范性程度就可以得到大大的强化。但是实际上直到今天，刑法对于关于公司注册资本的犯罪，仍然没有做出相应的修订。在实践中，这个问题是通过立法解释来加以解决。但立法解释本质上还是一种解释活动，而不是一种立法活动。通过立法解释来解决本该立法解决的问题，恐怕存在越俎代庖的问题。

第三个方面，单行刑法立法模式的否定。在97年刑法修订之后，我国通过了唯一一部单行刑法，后来刑法典修订都采取了刑法修正案的立法模式。我认为，单行刑法的立法模式目前存在着以下几个非常突出的问题。第一，单行刑法的立法模式根本无法适应当前的立法需求。一方面，单行刑法模式的出现，和97刑法的先天不足、宜粗不宜细的制定理念存在很大关系。另外一方面，犯罪治理的需求不断激增，在这种背景下，以单行刑法模式来修订刑法，显然是勉为其难。第二，单行刑法会导致在刑法典之外出现叠床架屋的现象。实际上单行刑法的规定都是在刑法典这个之外存在。基于立法技术的问题，它会导致部分单行刑法规章的内容与刑法典的规定之间存在着交叉或者重合。第三，与刑法典和附属刑法相比，作为多元立法模式当中的一种立法模式，单行刑法的内容很难说清楚，以及它究竟要解决什么样的问题，很难说清楚。实际上，97年刑法修正之后，之所以采取了刑法修正案这种的立法模式，一定程度上代表了对单行刑法修法模式的一个否定。所以，在当前刑法典结构相对完整，内容相对充实这个情况下，为了防止在刑法典之外叠床架屋现象的发生，避免增加司法机关适用刑法，公民学习刑法的难度，不宜再采取单行刑法的方式。

第四个方面，就刑法修正案修法方式的部分肯定。在刑法修正案对刑法进行修正以后，刑法以往的刑法条文的内容已经发生了变化，判决当中不可以对刑法修正案进行引用，而要引用刑法典当中的一个条款，如此刑法典的权威也都得到了维护。而且刑法修正案的修法方式有利于贯彻已经有的修法方式，提高刑法的适用效率。经过十一个刑法修正案后，这种立法模式已经越来越成熟，因此我认为在未来，刑法修正案这种修法的方式，不应该加以抛弃。

最后，我的结论是，新的双轨制立法模式的提倡。具体来说，我主张提倡的是刑法典加附属刑法的立法模式。我认为世界上没有完美无缺的事物，也没有完美无缺的制度。在选择的立法模式的时候，不应该将完美作为评价的标准，而应该根据当前的社会环境和立法需求择优录取。与97年修正刑法的实际相比，当前的社会环境，立法需求已经发生了重大的变化。在是否符合我国国情和社会发展需求，是否会导致找法难的问题，是否有利于实现刑罚轻缓化的目的，是否有利于保证刑法典的稳定性，是否有利于解决空白刑法的问题，是否存在法法衔接问题这六个方面，应该说多元制的立法模式比单轨制立法模式更具优势。在此情况下，刑法不应该抱残守缺地选择统一刑法典的立法模式，而应该积极借鉴和探索多元制的立法模式，发挥其优势，补足其短板。那么就多元立法模式的选择而言，由于单行刑法已经失去优势，不仅会导致刑法典之外出现叠床架屋的现象，不利于刑法发挥裁判功能和行为指导功能，而且没有明确的修法内容，所以单行刑法的这种立法模式应该否定。实际上进一步说完全可以根

刑法治理的现代化与本土化·讲演录:(一)

据犯罪性质的不同,将自然犯在刑法典当中进行修订,将法定犯在附属刑法当中修订。因此最后我的结论是,应当放弃单行刑法的立法模式,选择刑法典加附属刑法的立法模式,在双轨制的立法模式下,仍然坚持以刑法修正案的修法方式实现对刑法典这个修订。这样的话就可以形成一个由刑法修正案负责刑法典的修正,由附属刑法负责法定犯方面的修正。好,我就说这么多,谢谢莫老师。

莫洪宪教授:谢谢,王老师的与谈内容很丰富。他从刑事立法模式的梳理,通过梳理之后,提出他个人的观点就是赞同这个附属刑法立法的模式,而且提出了六个方面的理由。那么同时也对单行立法的模式,提出为什么否定的观点,最后提出新双轨制。这是王老师的观点,还是挺有创意的。那么下面我们请第三位王老师,来自吉林大学法学院的王充教授做与谈,有请王老师。

王充教授[*]:谢谢莫老师,也特别感谢主讲人光权教授,还有西南政法大学刑法学科的邀请,有机会参加这样的一个交流学习的活动。那从刚才光权教授的主讲以及王新老师和志祥老师的与谈当中,学到了很多的内容。那下边我就简单地谈一谈我个人的学习体会。

第一点,光权教授今天晚上讨论的问题是一个立法问题。那既然是一个立法的问题,自然应该使用立法论方法来研究。在中国刑法1997年修订之后,很多刑法学者都认为中国刑法学的研究的重心可能要从立法论的研究转向司法论的研究。但很快随着社会生活发展变化,立法的需求就又被提了出来。于是对于立法问题的研究又重新回到了人们的视野当中。刚才光权教授也谈到了,在最近二十多年,我国多次以修正案形式对刑法典进行了补充。所以立法论的思考是我国目前刑法学研究中非常重要的内容。

第二点,对于采用统一刑法典还是附属刑法这个问题,我认为它是一个纯粹的立法技术问题,与刑法当中关于犯罪刑罚的价值共识没有关系。所以从这个意义上来说,我认为无论是采用统一刑法典还是采用附属刑法

---

[*] 王充,吉林大学法学院教授、博士生导师,吉林大学法学院副院长,《当代法学》副主编,中国刑法学研究会常务理事,长期从事中国刑法学、外国刑法学基础理论研究,在《中国法学》等期刊发表论文七十余篇,多篇论文被《中国社会科学文摘》《中国人民大学复印报刊资料·刑事法学》全文转载,承担多项国家级与省部级科研项目,多篇论文获省、市级科研成果奖及中国刑法学研究会奖励。

的形式，都是可以的。

第三点，对于立法技术的问题讨论，可能需要考虑一些立法之外的影响立法技术采用的因素，我认为有这么几个因素是需要考量的。第一，立法目的。无论是刑法典还是附属刑法，都服务于一定的立法目的。第二，国家的立法习惯。从79年到97年中间，如光权教授所说，采用了"三足鼎立"的立法方式，在97年刑法修订当中，这些罪行规范被统一归入刑法典当中。在97年之后，又陆续出台了一部单行刑法，十一个刑法修正案。也就是说我国刑事法治发展的过程当中，刑事立法方式是非常灵活多样的，立法的习惯可能也会影响到对于统一刑法典或者附属刑法的选择。第三，立法的经济性，即什么样的立法模式在司法适用中更简便。

第四点，立法技术问题的讨论，需要有一个前提，这个前提就是它一定是在中国的背景下讨论这个问题。我们必须立足中国现实来进行立法技术选择。在中国的整个刑事法治当中，人们的传统思维上与国外有很大不同。比如光权教授提到了中国国民对于犯罪的认知，这样的认知就会影响到对于立法技术的选择。同时在我国的整个刑事法的体系当中，立法相对于司法而言，居于一个主导的位置。在此背景下，立法如何能够快速地回应社会生活变化的需要，可能就会有一些与国外不一样的地方，比如德国和日本刑法典的变动可能不像我国如此迅速，就需要通过附属刑法变化的方式来适应社会生活的变化。不同的国家有不同的国情，有不同的立法习惯，它就会影响立法技术的选择。

第五点，我认为无论采用统一刑法典还是附属刑法，都需要进行体系化的思考。刚才光权教授讲到，采用附属刑法很容易导致附属刑法的规定与刑法典当中的规定相互冲突、相互矛盾。但即便是采用了统一刑法典，是不是就能够解决这些问题呢？我想答案是否定的，这时就需要靠体系化的思考来解决。我认为储槐植老师的刑事一体化的主张是值得关注的方法。总之，无论是采用统一刑法典还是采用附属刑法，都需要进行认真的、体系化的思考，以保证刑法内部关于各个犯罪规定相互之间的均衡。

第六点，在光权教授讲座当中，我体会非常深的就是光权教授所进行的理论的反思。光权教授具有双重身份，一方面是宪法和法律委员会的副主任委员，同时又是一个学者。很明显，今晚的讲座他是站在学者的立场上来反思中国刑事立法的这样的一个进程,我觉得这种独立思考的精神是非常值得赞赏的。

第七点,光权教授在讲座的最后,谈到了立法司法与理论研究相互之间的对话关系,个人特别有启发。立法的问题要面对社会现实,要反映社会现实的需求。那么对立法整体的考察,既要从能否真实地反映社会需要,也要从适用的效果双向出发。但是,理论研究考量的因素可能和立法考量的因素不一样,在这种情况下,理论研究者需要对立法者和司法者保持足够的尊重,即理论研究者不能只是一味地批判,而是要去理解他们、尊重他们。我们在理论研究当中更多追求的是一种逻辑的一贯性,但在立法过程和司法过程当中,妥当性的需求比逻辑的一贯性可能更具有优先性。因此,立法司法和理论研究之间的互相理解十分关键。

莫洪宪教授:谢谢王充教授,王老师专门从对立法模式的这个选择方面,特别提出一个思路,就是要考虑到立法之外的因素,要从立法的目的、立法的习惯以及立法的经济性这方面去考虑。还特别提到了作为理论工作者在关于立法的问题的研究的这样一个角度,如何地从社会的现实的需求出发。因为作为法治国家来讲,不仅要重视我们的公正司法,还要重视科学的立法。那么立法它涉及方方面面的问题。那么作为理论研究的视角,就如何和现实的需求紧密地相连提出他的一些看法。谢谢王老师。下面就有请第四位,这个与谈人就是我们的美女教授、西南政法大学法学院的姜敏教授进行与谈,有请姜老师。

姜敏教授[*]:今天的主持人莫老师你好,荣幸能参与你主持的这个主题。周光权老师的精彩演讲涉及制度的设计,也有宏观引导,同时也关乎中国刑法的未来,旁征博引使我很受启发。前面三位王老师,王新老师、王志祥老师、王充老师的深刻点评精彩纷呈。确实,刑法立法是国家强制力作为后盾的立法,意义重大。有位刑法哲学家曾经说过一句话,"刑法立法是仅次于战争的一种行为"。所以刑法立法的重要意义就不言自明。那么在这里有一个基础性的问题,那就是刑法模式的选择问题,它是刑法

---

[*] 姜敏,西南政法大学法学院教授、博士生导师,外国及比较刑法研究中心主任,兼任中国刑法学会理事。主要从事中国刑法、外国和比较刑法研究,主持承担"全球视野下的刑事责任年龄制度研究"等国家社科基金重点项目和一般项目、司法部项目、重庆市教委重大项目、中国法学会项目10多项,在《政法论坛》《比较法研究》《环球法律评论》等刊物发表论文近80篇。

法治的基石，直接影响到刑事法治。今天主讲老师和三位前面的老师都对这个问题进行了阐述和认证。当然统一的刑法典模式是这个刑法立法的一种方式。但是从古到今，从国外到中国，这个立法模式是多样的。一般来讲，这个刑法的立法有五种方式。

第一种方式，刑法典立法模式。这种模式不仅是中国现在采取的一种方式，而且是大陆法系立法的一种主流模式。它起源较早，1810年的法国的刑法典、1871年的德国刑法典、1907年的日本刑法典都是法典化立法的典范，英美法系也有法典化的努力。比如说在1803年的时候，美国的路易斯安那州就提出过刑法典的方案，最后虽然没有通过。其中，最经典的就是由美国法学会编纂的模范刑法典，也体现了仿效大陆法系的法典化的思想，最终这个模范刑法典在形式上失败了，但是，美国模范刑法典的立法体例却被美国的许多州采纳。

第二种方式，判例法模式。这也是英美刑法的典范，与法典化模式不同，它是通过司法机关进行的立法，基于判例的形式进行呈现。

第三种方式，单行刑法立法模式。这种立法模式在大陆法系和英美法系均有一定的影响，特别是大陆法系许多国家，为了解决法典化的僵化滞后带来的这种缺陷，在保留刑法典的前提下，还保留了大量的单行刑法。在英美刑法当中也存在大量的单行刑法，比如英国的《犯罪法》，美国1978年的《盗窃法》等等都是典范。在大陆法系如德国的《少年法院法》《军事刑法》《经济刑法》、日本的《轻罪法》等等，所以单行刑法占了很大的比例。

第四种方式，附属刑法模式。在英美法系基于判例法的缺陷，所以在其他的法律当中也存在大量的附属刑法。同样，在大陆法系涉及非传统的犯罪时，也采取了这种附属刑法的立法模式，比如日本的《金融期货交易法》，日本的《证券交易法》《道路交通法》《道路交通法》涉及的罪名便有30多个。

第五种方式，刑法修正案立法模式。刑法修正案立法模式在大陆法系也比较常见。比如日本自一九零几年开始，至今已有30多个刑法修正案。周光权教授也提到，中国的刑法修正案是我国刑法活性化的一种体现，用于解决我们新出现的诸多犯罪，同时也非常明显地贯彻的是这个积极刑法观的思想。

那么这五种立法模式怎样取舍？用理性、客观的眼光看待这五种立法模式就会发现，它们都既有优点也有缺点。刑法典具有稳定性、权威性，但与之对应，它的灵活性、适应性则表现不佳。而英美法系的判例法却具有灵活性、实践性，同时也能贯彻当下的多元化的价值，但是判例性却与罪刑法定原则存在很大的紧张关系。单行刑法具有适应性、针对性，但是缺乏权威性，任意性比较强，体系性也比较差。附属刑法确实体系性、专业性较强，但是过于简单且难以被大众所知晓，因为它被掩盖在其他的法律当中。刑法修正案虽然能维护刑法典的连续性、稳定性和统一性，但是在新增罪名时，将该罪名放在刑法分则哪一章节，又是一个非常大的难题。总之，各种立法方法既有优点又有缺点。

周老师在论述统一刑法典模式时，提到了两个词，一个是务实，一个是实践。综观各国的立法模式，其实都是各个国家在参照实践下作出的决定。一般影响因素有哪些呢？刚才有老师也提到了，比如法律传统因素的影响。大陆法系受罗马法的影响，所以刑法典较为突出。而这个英美法系的判例法模式因为受到普通法的影响，所以判例法较为鲜明且是一种典范。所以，法律传统因素对各国的立法模式选择影响较大。我国选择哪种立法模式，肯定要参照中国的传统，特别是刑法典的传统以及其他的一些因素。

第二，经济因素的影响。刚才提到了古罗马，为什么其早期就选择了法典化的立法路径？经我考证，在古罗马的时期，为了实现经济的发展，统治阶级希望通过统一的法律的形式来促进这个经济的发展。受此驱使，他们开始采取了法律编纂，将涉及各个领域的法律汇编起来，并取名为法典，从而走上了法典化的道路。因此，经济因素的影响对立法模式选择是具有影响力的。

第三，司法实践的影响。尽管立法模式对司法有导向作用，但司法也会反制立法。

第四，国际交流因素的影响。这个因素不是直接的因素，但是国际交往使得先进的法律理念、制度以及原则传达到其他的国家。例如英美法系的法典化，就是受大陆法系法典所具有的优势的影响，并期望在国内进行法典化。中国选择法典化的道路来讲，也是其他国家的法典化思想在中国的传播的结果。

第十一讲　中国刑法立法模式的思考

从实践层面来看，中国目前的情况是刑法修正案是主要的立法模式，当然还存在附属刑法，单行刑法已经没有了。综观各种立法模式的优点和缺点，同时又结合中国的实践以及这个法律的发展，考虑到中国刑法未来的道路，到底是以哪种方式为选择。

从务实的角度来讲，如果中国采取了统一的刑法典的模式，将附属刑法当中的内容，甚至是把《治安管理处罚法》当中的一些内容进行犯罪化，纳入刑法典当中来，可能会方便执法者，也更容易使刑法规范被人们所熟知。但若是没有其他辅助手段，当社会当中出现了新的问题，出现了新的法律，或者是出现了更多需要改变刑法典的情况。这时我认为可能还是要通过其他的方式来帮助刑法典完成它不能完成的使命。当然周老师提出，附属刑法具有一些弊端，那就是附属刑法的臃肿化、重刑化，和《治安管理处罚法》之间可能不能达到协调，导致法法之间竞合。但我认为，在采取附属刑法或者是其他的辅助性立法方式时，可以在罪的设置和刑的配置方面，尽量避免重刑化、臃肿化。虽然刑法典需要担当很重的历史使命、现实使命，但是若是将所有罪刑规范纳入刑法典，必会使它过于臃肿，承受所不能承受之重。从理想的角度，我也期望通过一部统一的刑法典就能解决所有的问题。但是从现实层面和实践的层面来看，如果它承受了不能承受之重，必定不能很好地完成使命。完成使命只是我们的一种手段，但真正地实现刑事法治和公正，使我们的刑法真正来解决问题，这才是一个重要的我们的预设。所以我建议，是否可以将总则性的、一般性的或者传统的犯罪纳入刑法典，减轻刑法典的负担，而新型犯罪，比如计算机网络犯罪，还有环境犯罪，还有这个国际上的一些犯罪，特别专业化的一些犯罪，通过其他的方式来加以解决，如此可能更有利于实现刑事法治。今天周老师的这个课堂，我听了之后很受启发、受益匪浅。然后对所有老师们的观点，也做了一个非常详细的记录。我希望就是对这个问题有更深的思考。我的听后感、学习感受就谈到这儿，谢谢主持人莫老师，谢谢周光权老师，谢谢王新老师、王志祥老师和王充老师，也谢谢云端的老师和朋友们。

莫洪宪教授：好的。谢谢姜老师，姜老师专门对立法模式的五种模式的优劣做了一个分析，然后结合我国到底如何进行立法模式的选择，提出还是要结合我国的实际，我国的立法的传统、经济性以及立法和司法的密

刑法治理的现代化与本土化·讲演录:(一)

切的联系等等。提出了从她的观点来看,她是提倡刑法典加附属刑法的这样一种立法模式。认为总则性的或者是传统性的犯罪可以在刑法典里面加以规定,用附属刑法来解决一些新型犯罪。那么今天与谈的四位教授,在很短的时间内,应该说还是把自己的观点都做了充分的阐述。下面在线上的有很多的老师和学生,也提了很多的问题。这个问题还是请周老师,把一些问题综合一下。就是来满足一下听众们的这样一个愿望,然后看看还有没有其他老师再能够补充回答的。那么还是先由周老师来回应一下好吧。

周光权教授: 好的。谢谢莫老师。我看发给我的问题太多了,我大概整理了一下,我回答其中的四个问题。

有的听众问,如果制定统一刑法典的话,社会变化后,统一刑法典是否会反应不及时?统一刑法典制定以后,确实会有社会变化的问题。这个时候我认为通常应该通过刑法修正案来解决,来适应社会的变化。所以统一刑法典不排除、不排斥修正案。原则上不要制定特别刑法,不要制定专门性的特别刑法,但是制定刑法修正案,它仍然是统一刑法典里面的内容。我们知道,德国民法典和法国民法典,都是非常成功的民法典。法国民法典在制定完毕以后,已经经历一百多次的修正案,所以法国民法典也是通过民法修正案来适应这个时代的变化,所以统一刑法典不会太落后于社会。

第二个问题有好几个人都提到,就是说如果立法过于活跃了,那它和刑法谦抑性是不是有矛盾?我认为是不矛盾的,刑法谦抑性是立法者需要遵守的基本原则,所以立法者不能把太轻微的、前置法可以解决的危害规定为犯罪。但立法活跃和刑法谦抑性并不矛盾。日本的井田良也表示,日本社会比过去更加依赖刑法,但这在一定程度上证明了二战以后的日本社会的治理逐渐走向成熟。他有两个理由,一是价值观多元容易产生矛盾冲突,而刑法的兜底性为社会确立了道德底线。二是国家本来就有义务保护老百姓的安全,需要提供这种公共服务。所以刑法立法活跃化也是这个社会治理成熟的标志。刑法的谦抑性确实需要遵守,对立法发挥着指导作用,但是遵守谦抑性并不代表不立法,罪名不是越少越好,而是要与社会合拍。

第三个问题,有的人提问说立法活跃了,这样的话是否意味着立法是

第十一讲　中国刑法立法模式的思考

踩油门，需要司法来踩刹车？我觉得这个问题如果简单地打比方是可以的。但从理论的论证上来看，这个说法是我觉得不太成立的。立法者规定了构成要件以后，司法上就要按照构成要件来适用，司法应当准确地按照刑法的精神去执法。但是，我个人认为目前我国司法实践中违法阻却事由和责任阻却事由的认定确实存在问题，如正当防卫、紧急避险、被害人承诺认定得太少。

最后一个问题：有的人认为立法活跃以后是不是意味着立法入罪程序出罪？立法上规定构成要件以后，司法上进行实质的解释，然后通过这种实质的解释，如果认为不符合构成要件，即可否定，所以这个时候谈不上程序出罪的问题。

莫洪宪教授：是的，我们再请其他的老师们。谢谢周老师。

周光权教授：您辛苦。谢谢您。

莫洪宪教授：周老师从四个方面回应了，主要结合的立法的活跃、我们的立法模式的采取，按照周老师的观点，会带来什么样的一些立法和司法、实体和程序方面的问题提出一些疑问。下面是不是请王新老师再回应一下，这个大家提的问题您也回应一下，这好像也有一些，请您要回答的。

王新教授：有同学问：在刑法典再出发的背景下，如何看待单行刑法，轻罪立法是否可以考虑单行刑法模式。这个问题我是这么来理解的，97刑法、79刑法宜粗不宜细，79刑法只有151个罪，由于它处于计划经济的背景下，79刑法在1980年1月1号开始实施之后，很快赶上了计划经济向有计划的市场经济，然后向市场经济过渡的浪潮，因此79刑法必须作出刑事立法上的反应，主要采取的立法方法就是单行刑法，所以在97刑法之前，通过了二十多个补充规定。但是，单行刑法带来了一个很大的问题，即割裂了跟刑法之间的关系。储老师之所以要在91年出版《刑法规范集结》，也是因为发现刑法典被打上了很多补丁，检索起来极不方便。包括97刑法出台之后一年，骗购外汇、非法买卖外汇的犯罪现象很猖獗，我国为打击犯罪，仍然采取了单行刑法这种立法模式。可见在中国长期的刑事立法过程当中，已经形成了一种单行刑法立法模式的惯性。直到99年专门针对经济犯罪的第一个修正案出台，它的孕育和诞生，也是中国刑事立法经验的总结。修正案出台之后，单行刑法就基本上就不再采用。这就是我国刑事立法的变化过程。

莫洪宪教授：谢谢王老师的及时回应。那么下面有请王志祥教授也回应一下，王志祥老师在线上吗？也有听众给您提的问题。

王志祥教授：由于我刚才主张的两元制的立法模式，即用刑法典来规定自然犯，用附属刑法来规定法定犯，因此有观众提到了法定犯和自然犯的区分问题。一般来说，法定犯必然违反前置性的法律法规，而自然犯一般来说是一种纯粹的伦理道德的犯罪。但作出这样的区分，并不意味着要把现行刑法典当中关于法定犯的规定都要移至附属刑法当中，我只是强调在目前的立法背景之下，要凸显附属刑法作用和功能，而不是让它处在有名无实的状态。目前有些学者认为我国附属刑法不是没有，如《会计法》当中依法追究刑事责任的规定，但这种规定没有多大的实际意义，它是在刑法当中做出了现有规定的情况下，在《会计法》当中出现的呼应性规定，这种呼应性规定本身的意义非常小。如果能够在非刑事法律法规中解决法定犯修改这个问题的话，那么相应的很多问题就可能得以解决。譬如说法法衔接问题，举个例子，《药品管理法》在2019年就进行了修订，但是《刑法修正案（十一）》是在2021年通过，法法衔接迟到了两年，而且这种衔接使修正案规定本身存在一个非常大的问题。《药品管理法》2019年修改时有一个非常重要的思路，就是要实现假药和劣药的正本清源。从民众观念角度，假药和劣药必须是与人的生命健康相关联的一类的药品。实际上《药品管理法》修订的时候，很明显区分了两类药品，一类就是与人的生命健康相关联的假药类，另外一类就是与人的生命健康之间并不一定存在关联，只是单纯违反行政管理秩序的一类药品。从法法衔接这个角度来看，如果在《药品管理法》2019年进行修改时，同时对药品犯罪的规定做出相应修改，就不至于出现刑法中妨害药品管理罪与药品管理法修正之间不相衔接的问题。但《刑法修正案（十一）》新增妨害药品管理罪时规定，构成该罪必须满足严重危害身体健康这一要件。这就导致，即便在《药品管理法》《刑法修正案（十一）》生效之后，对于《我不是药神》中向国外进口有疗效的药品的行为仍然无法得到有效地解决。因为它按照《刑法修正案（十一）》的规定，既不可能构成生产销售假药罪，也不可能构成妨害药品管理罪。所以如果《药品管理法》修订的时候，能够对这个妨害药品管理罪同时做出增加式这个规定，可能不会出现这样的问题。当

第十一讲 中国刑法立法模式的思考

然，不同修法的模式本身都有它的优势和弊端，关键在于利弊的权衡。我个人认为，以附属刑法负责法定犯的修改，优势可能更加明显，当然附属刑法也并非完美无缺。

莫洪宪教授：谢谢。谢谢王老师的回应。下面有请王充教授再回应一下这个听众。

王充教授：谢谢莫老师。有同学问到：要做立法方面研究的话要注意哪些方面？我认为立法是一个凝聚共识的过程，主要是凝聚价值共识。当然这个价值共识需要在充分了解社会现实的基础上来凝聚。因此对于立法论问题的研究，需要通过实证研究来准确地把握社会发展的状况。其次，在此基础上形成价值共识。

莫洪宪教授：谢谢王老师，那请姜老师再回应一下。

姜敏教授：好的，莫老师。刚才我提到，有其他手段可以帮助统一刑法典解决很多的现实问题。有听众问到其他的手段包括哪些？

首先我认为英美法系的判例法是一种很有实践性的法律，能解决现实很多问题，能够很直接地回应现实的一些呼吁。但是判例法需要非常良好的司法环境，包括良好的司法机制、司法人员的高素质还有我们社会的价值倾向的正能量化。在当今中国，司法的公信力已经引起了质疑，司法工作人员的一些事件也引起了我们很多的思考。因此在我国司法环境条件还有待于进一步推进的情况下，这个模式在我国暂时不能推行。如果一推行，它可能产生更多的问题，特别是把立法权赋予法官之后，不仅会产生和罪刑法定原则的冲突，同时可能产生法官造法的负面后果。所以这种方式的推行我个人是在当下是不太赞成的。

而单行刑法和附属刑法，我个人认为它可以作为一种立法方式，可以作为其他手段来完善刑法典的滞后性以及其他方面所带来的问题。

刑法修正案的性质存在一定争议，如果认为它是刑法本身的一部分，那么它本身就是法典的一部分；如果认为它是一种单独的立法，那么在这种情况下，我个人认为也是可以采纳的。

还有同学问到，把附属刑法纳入到统一刑法典之后，其他的法律和附属刑法的边界问题。我个人认为，无论附属刑法是否纳入统一刑法典，这种问题都永远存在。因为统一刑法典也是一种刑法，它也会面临着刑法和其他法律的边界问题。附属刑法也是一种刑法，刑法修正案也是一种刑法，单行刑法也是一种刑法。即使保留这三种附属的或者是辅助性的刑法立法手段，它们和行政法、治安管理处罚法之间的边界问题也永远是一个值得我们继续探讨的问题。

还有同学提问：风险刑法边界怎么设置？我在《刑法评论》发表过一篇文章叫《积极刑法观》，对这个问题有一些浅见，总结起来有三点：第一，必须限制风险行为或者没有实害结果的行为入刑，对这些行为入刑加以严格的限制。第二，从罪过方面进行限制，我坚持双重罪过——既有对行为的认知，也有对结果的一种预见。第三，积极刑法观也好，风险刑法观也好，大都突破了传统的古典刑法的边界，打破了古典刑法中的绝对的因果关系，既然我们实际上已经认同了高概率的因果关系，对于这个概率就应该进行限制。我的这个答案可能不能令大家满意，我希望我们大家共同努力，谢谢莫老师。

莫洪宪教授：好，谢谢姜老师的回应。好，那个最后我也简单地说几句，就是今天听了光权教授的这个专题的讲授，还有王老师以及姜老师的与谈，我感到收获还是非常大的。

这样一个主题，应该说是当前讨论的一个热门的话题，因为随着刑法当中的这个法定犯行政犯的争夺之后，那么附属刑法它的作用也受到了关注。就是因为有的国家的刑事就是采纳的这样一种立法的模式。比如刚才大家都提到的德国的这个附属刑法的立法模式，那么就和德国这个国家的国家结构，立法的传统是有一定的关系的。但是作为我们国家来讲，我们目前是采取的是统一的刑法典的这样一种立法的模式。所以有些学者就提出来我们是否能够借鉴国外的这样一个模式，采取这种双轨的模式，通过这来完善这个附属刑法的立法，认为可以保持我们的刑法典的这种稳定性，也可以节省立法的成本。

那么光权教授在他的报告当中也专门讲到了，我们在这方面不是没有做探索，就是关于这个附属刑法我们有过探索，那么他也举出了实例。这个探索有没有意义呢？应该说是有意义的。对于完善我们的刑法的内容，完善我们的这个刑法体系，它的作用是不可磨灭的，但是他也同时总结了附属刑法这种立法模式的不足。那么不足来讲，他用的是不服水土，我是赞同光权教授的观点的。所以按照现在附属刑法的这样一种模式来看的话，它难以实现社会治理的目标。这个我觉得也是这样，因为我们现在强调社会治理，刑事法律的治理也是当中很重要的一部分。

所以我是赞同光权教授的观点的，就是从我们国家的立法的模式和维护刑法的统一性的角度来看，那么我也赞同光权教授讲到的统一的刑法典的模式，可能更加符合我们国家的实际。一个就是我觉得从我们当前的统一的刑法典的模式来看，是比较符合我们国家的目前的一个实际的。目前来看，我们通过刑法修正案的这样一种方式来应对社会发展的这样一个需求。比如说对这个罪名的增加、刑法结构的调整等等，这种形式就是在刑法典内来进行统一修订的。这样一种模式我觉得既有利于维护刑法典的结构的统一，也有助于刑法内容的统一性。另外一个就是这个统一的刑法典，它也避免了刚才王新教授谈到的立法过程当中的部门利益的问题。的确我觉得就统一刑法典来讲，它可以比较严格地去把控行政犯的一些入罪的门槛，就是避免把仅仅达到了一般违法程度的，就把它拔高升格为犯罪。那么我觉得从这个角度来看的话，就是可以避免有一些部门的话，就是从部门利益考虑，就是这个不适当地扩大了刑法的范围，这是第二个方面。

第三个方面就是我觉得统一的刑法典的话，它也是符合我们刑法谦抑性的原则。因为作为刑法的谦抑性来讲，刚才光权教授也反复地强调，在目前的立法活动活跃化的情况下，仍然要坚持的就是刑法的谦抑性。谦抑性作为刑法的根本属性，它在立法当中是一定要坚持和贯彻的。如果说统一刑法典就可以避免犯罪圈的这样一种扩大，对我们犯罪圈的调整和刑法活跃化有一个适当的克制。所以就是我对光权教授的这样一种主张，我是赞同的。

好，那就是今天我们从7点到现在的10点了。那么感谢光权教授的一个精彩的演讲，也感谢四位与谈教授做了充分的准备。围绕这样一个主题发表了自己个人的观点，无论是赞同光权教授的观点也好，是不赞同也好，那么都有充分地阐述自己的观点和理由，因为我们觉得这个学术讨论是吧，我们就是尽可能地去这个碰撞，通过这种讨论的过程共同的提升。

那么也同时感谢今天在线上参与的老师们、同学们，特别是我们的同学们非常的活跃，提了很多很好的问题，我看了已有将近50个问题了，那么时间关系，可能今天晚上很遗憾，老师们就不能够一一地再去与同学们进行回应。以后的话，我想光权教授所提出的这样一个很好的学术讨论的题目，那么我们在下面还可以进行深入的交流和讨论，共同地为我们的刑事法治建设的推进贡献我们的智慧。谢谢各位的参与，那么我们今天晚上的学术讲座就到此结束，谢谢大家。

周光权教授：谢谢莫老师，辛苦了。

莫洪宪教授：谢谢各位老师们，你们辛苦了。感谢。

第十二讲

立法论思维与解释论方法[*]

车 浩[*]

摘　要：立法和解释，都是法学研究的对象，但两者有不同的思维方法。在刑法立法论领域，应当厘清学术的功能与民主的价值。理论不能僭居立法者的角色，代替公众去判断行为的危害性，但应当秉持最后手段性原则和融贯性标准，综合调度多学科知识和方法，对民主立法展开学术审查和批判。在刑法解释论领域，应当坚持权力分立原理，以现行法为约束，主要通过教义学的方法，在法的安定性与政策的变动性之间探寻法律适用的最佳方案。

主持人刘宪权教授[*]：各位老师，各位同学，大家晚上好。由西南政

---

[*] 本文为主讲内容的概要，详细内容见作者即将发表的论文。

[*] 车浩，北京大学长聘教授、博士生导师、法学院副院长、《中外法学》副主编、教育部"刑法课程虚拟教研室"负责人。荣获第九届全国十大杰出青年法学家、教育部"长江学者奖励计划"特聘教授。兼任中国刑法学研究会常务理事，曾兼任最高人民检察院第一检察厅副厅长（挂职）、北京市朝阳区人民检察院副检察长（挂职）、国家药监局法律顾问、公安部法制局特邀专家等社会职务。出版《阶层犯罪论的构造》《刑法教义的本土形塑》等著作。

[*] 刘宪权，华东政法大学经天讲席教授、博士生导师。现任刑事法学研究院院长、上海市刑法学研究会会长。入选首批"国家高层次人才特支计划"，荣获"全国劳模""全国杰出专业技术人才""上海市教育功臣""国家级教学名师""全国优秀教师"等称号，获颁"庆祝中华人民共和国成立70周年"纪念章，连续13年荣获中国法学"高产作者"称号，连续20年被评为"我心目中的最佳教师"并获"最佳教师终身成就奖"。独著和参著学术著作80余部，主持2项国家社科基金重大项目、3项一般项目和1项中华外译项目，在权威核心杂志、报纸发表论文数百篇。

法大学刑法学科主办，重庆市新型犯罪研究中心、国家毒品犯罪治理研究中心、西南政法大学量刑研究中心、外国及比较刑法研究中心、北京市盈科律师事务所和北大法宝学堂协办的，"刑法治理的现代化与本土化"系列讲座第十二期，暨金开名家讲坛现在开始。需要说明的是这期的讲座的主题是"立法论思维与解释论方法"。今天请到的无论是主讲人还是与谈嘉宾，都是相当厉害，在全国都是顶级的，这样一来，就如我们刚才开的一个玩笑，都是大牌，那么主持人就显得很小。

接下来，我们用最短的时间介绍一下主讲人和与谈嘉宾。主讲人是我们大名鼎鼎的车浩教授，他是北京大学长聘教授，博士生导师，法学院副院长，《中外法学》副主编，教育部"长江学者奖励计划"特聘特授，第九届全国十大杰出青年法学家。特别要隆重介绍的就是车浩教授刚刚成为了中国犯罪学会副会长，同时他也是中国刑法学研究会的常务理事。车浩教授在我们国内相当相当有名，我相信他能够给大家带来丰富的一餐。接下来我们介绍一下与谈嘉宾。首先介绍陈兴良教授，他是北京大学博雅讲席教授、博士生导师，兼任教育部社会科学委员会委员、最高人民检察院专家咨询委员等职，享受国务院专家特殊津贴，同时获得"全国十大杰出中青年法学家""新世纪百千万人才工程"教育部文科首批"长江学者奖励计划"特聘教授等荣誉称呼。第二位是卢建平教授，他是北京师范大学教授，博士生导师，现任国务院学位委员会第八届法学学科评议组成员、教育部法学教育指导委员会委员、中国刑法学研究会顾问、中国犯罪学研究会高级学术顾问、国际刑法学协会的理事、国际犯罪学会理事，曾任中国刑法学研究会副会长，中国犯罪学研究会副会长。第三位是罗翔教授，肯定今天他的粉丝也很多。罗翔教授是中国政法大学刑事司法学院教授，博士生导师，刑法学研究所所长，获得"CCTV 年度法治人物（2020 年）""2008 年以来法大历届最受本科生欢迎的十位教师""法大首届研究生心目中的优秀导师"等称号。第四位我们要介绍的是来自于我们盈科律师事务所的赵春雨主任，她担任盈科全国刑事法律专业委员会主任，盈科刑辩学院院长，中华全国律师协会刑事专业委员会委员，北京大学、中国政法大学等高校法律硕士兼职导师，也有很多著作。我想今天的内容是相当的紧迫的，所以还是把时间多留给主讲人和与谈人。然后可能我们在讲相关的问题的时候，大家还是要注意时间限制。那么车浩和罗翔两位教授，如

第十二讲 立法论思维与解释论方法

果你们的粉丝对你们有意见的话，叫他们来骂我。这个没有办法，因为我们还是要控制一下时间的。接下来我们有请车浩教授为大家做"立法论思维与解释论方法"的主题讲座。

主讲人车浩：谢谢刘老师，也感谢西政提供这样一个学术交流的平台，感谢石经海教授热情的邀请，感谢刘宪权老师的大力支持，然后还有陈兴良老师、卢建平老师、罗翔老师和赵春宇律师参加今天讲座的评论。疫情以来，在线直播发展迅速，在我的理解当中，以在线直播的方式展开的学术讲座，通常可能不是纯粹专业内部的学术交流，而是面向学界和实务界整个法律共同体，甚至面向一部分社会公众的学术观点的传播。那么为了适应这个特点，可能我的报告不是一篇论证严谨的学术论文，而是尽量通俗性地介绍一些个人的想法和不成熟的观点，也因此必然会有很多表达不够规范和准确的地方。这是首先要向评论的各位嘉宾和听众加以说明的。我今天的报告分为两个部分，第一部分是关于立法论的思考，第二部分是关于解释论的思考。

车教授的报告分为两个部分，第一部分是关于立法论的思考，第二部分是关于解释论的思考。

一 立法论思考

关于立法论思维，车教授主要阐述了三个问题：最后手段性原则、融贯性（体系）标准和后果（实效）考量。

第一，关于最后手段性原则。车教授从立法总体概况切入，明确提出立法论上包括增设新罪和修改旧罪两个问题。围绕着积极刑法观与消极刑法观的争论，车教授认为罪名、刑法条文的数量，不是判断立法是否积极的一个合理或正确的标准，增设罪名并不等于积极立法，不设新罪也不意味着就是消极立法，而需要立法却不立法则是立法工作的玩忽职守，无需立法却立法则是立法工作上的滥用职权。车教授认为，增加法条或增设新罪这些表象并不是评价一个国家立法工作的真正标准，而关键问题在于所解决的社会问题是否真正需要刑事立法。

车教授从自然犯和法定犯的立法基础差异着手展开讨论。在自然犯的立法基础中，车教授认为，针对第一类人身侵害行为的刑事立法，其立法

· 375 ·

基础在报应论与预防论两方面均可得到证成，且报应论在其间主导着立法。针对第二类财产侵害行为的刑事立法，则应将犯罪成本的考虑纳入其中。以上两类行为的犯罪化构成刑法核心内容，其立法基础均能通过最后手段原则的检验。与争论较少的自然犯不同，车教授针对素来争论颇多的法定犯重点展开了论述。车教授指出，法定犯的立法基础重心不在于报应而在于预防，而预防性立法的关键是坚持刑法的最后手段原则，并从相关行为的社会危害性，以及是否穷尽其他治理手段两个先后有序的步骤，就如何把握这一原则进行了详细阐述。

第一步就是要确定相关行为的社会危害性。在这里，车教授举了是否具有社会危害性没有争议的关于大货车"三超"行为是否应当入刑的例子，也举了是否具有社会危害性存在巨大争议的关于代孕行为是否应当入刑的例子。归纳对于代孕行为是否具有危害的完全相反的理由，可以看到二者存在着价值的对立。一端是个人的自由价值。这个自由包括自愿代孕者用自己的身体换取经济利益的自由，也包括被代孕者以金钱换取身体独立的自由。另一端则是家长主义的观念。这种家长主义的观念怀疑这并不能被称作自由。而且除了家长主义之外，是否允许代孕还需要考虑社会政策、社会福利、社会风气等方面。在存在两种价值而需要价值权衡时，车教授认为应当经过一个通常所说的罗尔斯意义上的反思、平衡，最后才能够得出代孕行为的危害性是否存在，以及到底有多严重的判断结论。同时，车学者特别强调了，刑法学者的使命，仅仅是把价值权衡的争点和焦点提炼出来，通过走到逻辑和专业的尽头，使得争论的终极价值冲突呈现出来。而价值冲突的最后的判断权，不在于学术，而在于民主。车教授想强调的是，要区分学术的功能和民主的价值。一个国家立法的基础只能在于民主，法律的好坏也是和他的民众相匹配的，学者对自身的角色要有一个清晰的认识，不要让理论僭越民主，也不要让民主影响学术。

第二步是在确立了一个行为具有严重的社会危害性之后，要全面的考察现有的社会治理的工具箱。简而言之，即是否在犯罪化之外，已经穷尽了其他治理的手段。车教授在这里继续以大货车超载超速的现象为例，认为这一行为虽然具有社会危害性，但将其入刑并不符合刑法的最后手段性原则。因为，无论是从行业管理的角度，还是相关的行政法规亟待完善的角度，再比如说是技术治理手段的角度，又或者是从行政处罚等等角度，都可以对这类现象作出遏制。在讨论要不要用刑法去规制之前,首先要考虑源头治理、行业治理、技术治理、协同治理。若公安、交通、工信、市场监管、工会、行业协会、纪检等各个部门的治理工具还远远没有运用到位,在这种情况下,不启用刑罚的手段去治理,这就叫做刑法的最后手段性原则。

最后,车教授分析了刑法的最后手段性原则,与刑法的谦抑性原则的的优劣对比,并且论证了最后手段性原则本身的正当性。其一,车教授认为谦抑性不是一个好的概念,因为这个概念本身无法表达出太多内容。与之相比,刑法的最后手段性原则清楚的说明了两点含义:第一点表达了刑法是一种手段。只要有新的社会问题,刑法就是可以使用的社会治理手段,而并不涉及刑法本身消极或积极的问题。第二点表达了手段的最后性。因此,只有在其他的治理手段都已经穷尽,甚至见效甚微、毫无效果、黔驴技穷、无计可施之时,才应讨论是否使用刑法。其二,车教授进一步以社会成本为立足点阐释了刑法为何是最后手段的问题,主要表现为:刑罚的执行成本与其严厉度成正比;需调动司法机关和执法机关大量的人力、物力、财力;人的生命和自由是无价的,但刑罚却恰恰是剥夺自由、生命的手段,这就意味着要付出极高的成本;刑罚埋下的仇恨社会的因素以及国家滥用暴力机器的风险,是潜在的成本。并且,所有的社会成本往往最终会平摊到每一个人身上。因此,车教授强调,只有在前置法无法发挥作用时,才能将具体行为纳入刑法治理的范畴。

第二,关于融贯性(体系性)标准。融贯性指的是在立法修法的过程中,要考虑到法条之间、法条与理念之间,以及理念与理论之间三方面的融贯性。对于法条之间的不协调的表现,车教授举例刑法修正案对嫖宿幼女罪的废除。因为若贯彻废除嫖宿幼女罪的重要理由——幼女不可能卖淫——则必然出现无法合理解释刑法第三百五十九条第二款规定的"引诱不满14周岁的幼女卖淫的,处五年以上有期徒刑"的规定。而且,一概将"嫖宿幼女"认定为"强奸幼女"且仅适用强奸罪的条款处刑,还会导致对幼女的保护力度不足对已满14周岁的女性的保护力度的窘境。对于法条和理念之间的逻辑冲突的表现,车教授依然以嫖宿幼女罪的废除为例。在《刑法修正案(五)》将强制猥亵罪中的猥亵对象由妇女修改为他人之后,男性性权利就在刑法上得到了承认。然而,刑法废除嫖宿幼女罪仅体现了对女童性权利的保护,而没有体现对男童性权利的保护。因为最恶劣的哪怕鸡奸多位男童的行为,最高依然只能处 15 年有期徒刑,而不能如强奸女童一般处无期徒刑。而国家具有保护保护妇女儿童的基本国策,并且在儿童内部,是不应该人为区分男童与女童以进行差异性保护的。这类问题,就是属于在立法的时候没有充分的做到在法条和立法理念之间,实现一个真正的融贯。

第三,关于后果(实效)考量。车教授指出,这里所说的后果考量,不是指通常所说的司法裁判当中的个案的后果考量,而是指在立法过程当中,就需要考量法律出台之后的实际效果,并由此反思、斟酌和调整法律规则的创设或修改。换句话说,在立法的时候,不仅要考虑纸面上的法律,还要提前考虑到行动中的法律。因为,立法、司法、执法各个环节之间有千丝万缕的联系,相互影响,相互牵制。立法当中一些细节变化,它会改变司法和执法环节当中这些人的行动逻辑。反过来,一个执法层面各方的策略选择和行动博弈,最终又会影响对立法的评价,即它到底是一个卓有成效的良法,还是一纸具文甚至成为一个恶法。纸面上的法律和行动中的法律不会简单的呈现出完美对应的效果的原因,因为实际运行中的法律,它既受制于权力的逻辑,又受制于人性的逻辑。在此,车教授举例劫匪劫持人质勒索银行与是否提高拐卖妇女儿童罪的法定刑两个例子。充分展示了,在做个案裁判或者说制定一般法律规则的时候,应当要去考虑这些规则从纸面上到行动中时,会对未来的人们的行为动因产生何种刺激。否则,法律在实际中执行的效果就有可能背离我们的立法初衷。有的时候与立法者博弈的对象不是犯罪人,而是执法者。在立法的时候,一个成熟的立法者需要对法律的实效这些因素进行一些后果的考量。

二 解释论思维

对于解释论的方法,车教授以强奸罪的构成要件解释为例展开了对解释论思维的阐述。其指出强奸罪的立法存在以下三点问题:一是对象限于女性,体现了一种男女不平等的思想;二是本罪定义存在对强奸进行循环定义的问题;三是"以暴力、胁迫或是其他手段"的表述存在问题。针对后两个问题,车教授认为,在立法未做修改的情况下,也可以通过法教义

第十二讲 立法论思维与解释论方法

学的方法进行完善。其指出，目前主流学说对强奸罪的理解局限于压制被害人难以反抗的暴力和不同意的基本特征，使其成为了一种极其狭义的强奸罪，但司法实践认定的强奸罪类型，却早已超出了"被害人难以反抗的暴力"这一形象。因此，车教授提出了广义强奸罪这一解释方法，将强奸实质理解为普通性侵罪，以财产犯罪的立法体系为参照，将强奸罪的行为方式划分为性抢劫、性敲诈、性诈骗、性盗窃及性抢夺，并设置不同构成要件和法定刑。

第一种行为类型是彻底压制被害人性自决权的性抢劫——使用暴力或者压迫，致使对方完全难以反抗，这是传统意义上的纯正强奸。正如抢劫罪是所有财产犯罪当中惩罚最严厉的犯罪，性抢劫也应当是所有性侵行为类型当中惩处力度最严厉的犯罪，应当在6年以上到10年的区间内量刑。第二种行为类型是性敲诈和性诈骗。这两种行为的共性在于，利用意思瑕疵，使被害人看起来以一种似乎自愿的行使性自由的方式，配合行为人完成了性侵害。在这种情况下，它相对应的就是诈骗罪和敲诈勒索罪，此时，分配给性敲诈和性诈骗的量刑空间，也要比性抢劫为轻，即在3年到6年的区间内量刑。第三种行为类型是躲避被害人反抗的性盗窃或性抢夺。这种性侵行为往往是利用被害人处于熟睡、麻醉、昏迷、醉酒等等意识不清的场合，与之发生性关系。一般也应当在3年到6年的区间内量刑。因此，车教授就在一个强奸罪的法条当中，实现了五种构成要件的表述：性抢劫、性敲诈、性诈骗、性盗窃和性抢夺。它们遥相呼应的是财产犯罪的体系。这种教义学的诠释，是要改变对236条以暴力压制和不同意为中心的刻板印象，把它理解为一个包括性抢劫、性敲诈、性诈骗等各种性侵形式在内的普通性侵罪。这个解释不是对不同现象的一个简单罗列，而是着眼于行为人和被害人之间的不同关系，根据被害人性自主权遭受的不同的侵害形态，构建不同性侵类型的构成要件结构和刑罚的阶梯。通过对236条进行这样的一个解释上的重构，在没有修法的情况下，仍然实现了对于多种性侵行为的全面覆盖和类型化，以及惩罚尺度上的差异化。

最后，车教授重申了在法律没有修改的情况下，应当通过解释的方式回应司法实践的需求，实现社会公众心中的正义。

刘宪权教授：谢谢车浩教授如此精彩的演讲。立法论部分里边的三点车浩教授都讲到了，然后解释论部分当中还有一点没有讲到，那么以后在

刑法治理的现代化与本土化·讲演录:(一)

回答问题的时候,我们也可以让车浩教授注意这一点。我觉得这次从这两个方面来谈我们立法的相关的问题,是相当的新颖的,特别是后面讲到解释论部分这个内容,更是令我脑洞大开,有很多东西我觉得是可以大家一起来进行讨论的,那么接下来我们就进入与谈阶段。首先有请兴良教授。

陈兴良教授[*]:谢谢刘教授。车浩老师围绕着立法思维和解释方法做了一个很好的报告,重点讨论的是立法思维这个问题,法律解释问题可能只是一带而过。实际上,立法论和解释论这两个问题,它的逻辑是完全不同的。在立法论的语境当中,它是可以对法律进行批评的。但是,在解释论这个语境当中,法律不是批评对象,而是解释对象。那么,车浩老师把这两个逻辑完全不同的问题,融合在一起来进行系统的阐述,勇气是非常可嘉的。由于时间关系,另外还有其他的与谈人要参加,所以我就主要提车浩老师刚才谈到的立法思维当中的一个问题,也就是立法的理念问题,具体来说,是对车浩老师所提到的最后手段性原则,发表一点我个人的感想。

立法的理念对于刑法立法具有指导意义,而最后手段性原则作为立法的重要理念,要求刑法的立法保持应有的克制,或者谦抑,要求刑法应当是在其他法律手段不能解决的情况下,不得已而采用的最后手段。这就是所谓的最后手段的一个含义,当然最后手段性可能比谦抑性更容易理解一些。为什么说刑法是最后手段,车浩老师提到了是刑罚的代价问题。也就是说,在各种社会治理手段当中,刑罚是一种代价最大的治理手段,因此,应当是不得已而用之。当然,在我们说到刑罚的代价的时候,其实就已经不是报应的理念,而是功利的观念。根据刑法功利主义,刑罚是必要的恶,它之所以存在的唯一正当根据就在于,刑罚能够带来预防犯罪的更大的效果。因此在某种意义上来说,刑法是社会治理不善的补偿。这样的观点,车浩在刚才的报告当中也已经提到了,也就是说,我们在讨论刑法的立法问题时,应当把刑法和社会治理,包括社会治理的其他手段联系起

---

[*] 陈兴良,北京大学博雅讲席教授、博士生导师。兼任教育部社会科学委员会委员、最高人民检察院专家咨询委员等职,享受国务院专家特殊津贴,荣获"全国十大杰出中青年法学家"、"新世纪百千万人才工程"、教育部文科首批"长江学者奖励计划"特聘教授等称号。在《中国社会科学》《法学研究》《中国法学》等权威期刊发表论文53篇,其他期刊发表论文350余篇;出版《刑法哲学》《刑法教义学》《判例刑法学》等专著数十部。

第十二讲 立法论思维与解释论方法

来考察。刑罚在一个社会中的存在状况，取决于这个社会的治理能力，一个社会的治理水平若比较低，就不得不依赖刑法，甚至依赖死刑。在这种情况下，刑罚作为最后手段——最后手段本身就是相对的——其处罚范围和惩罚程度可能就会比较重。此时，刑罚既然具有这样一个代价，它就具有一种不得已的合理性。

刚才车浩老师讨论了自然犯和法定犯的立法基础，认为这两种犯罪的性质不同，因此它们的立法基础也都是不同的。而这样一些立法的原理，对于我们正确理解法律的规定，应该说是具有帮助的。在这里我还想指出，对刑法立法的讨论，不能完全脱离司法，因为立法是为司法提供规则，所以应该结合司法来讨论立法。在这个报告的开头，车浩老师就提到了这样一个观点，即积极的立法观与消极的立法观之间的一种对立。实际上，积极的刑法观它既包括积极的立法观，也包括积极的司法观，而消极的刑法观也既包括消极的立法观和消极的司法观。当然，对于这个问题是存在一定的争议的，对此，车浩老师也做了介绍。那么我个人认为，在刑法的立法上我还是赞同一定的积极的姿态。因为立法要回应社会对于法律的需求，在这种情况下，尤其是在我国社会处于高速发展时期，面对各种新的问题，新的犯罪层出不穷的现象，在这种情况下，刑法的所谓的活性化，这样一个立法的活跃是必要的。从 1997 年刑法修订以来，我国通过了 11 个刑法修正案，增设了大量罪名，在这些罪名当中有大量的都是轻罪。这些轻罪的增加，使得刑法在社会治理当中能够更好地发挥作用，所以在这方面是应当予以肯定的。但是，我在主张或者肯定积极立法的同时，我又主张消极的司法观。也就是说，立法应当积极，但是司法应当适当地消极。因为立法是抽象的，它是对整个社会发出的信号，对于公民的指引作用也比较明显，甚至有一些是象征性的立法，具有某种象征意义。而在司法活动中，它针对的是每一个个人，所以涉及到对公民直接的自由的限制，或者对财产的剥夺等等。在这种情况下，司法应当保持一定的克制。就像刚才车浩老师也提到了，我国《刑法修正案（八）》增设了第一百三十三条之一危险驾驶罪，而在危险驾驶罪里面被惩罚的主要是醉酒驾驶行为，案件量也达到了每年 30 万起。这个罪实际上是一个轻罪，最高刑期是六个月拘役。但是这个罪它所附带的一些行政性的不利后果，可能对被告人会带来非常严重的影响。除了这个罪以外，像《刑法修正案（九）》创

· 381 ·

制的第二百八十七条之二的帮助信息网络犯罪活动罪，也就是所谓的帮信罪——最高刑只有三年——它的发案率也相当之高，现在已经达到了所有犯罪当中的第三位。这些罪都是新罪，但是目前在司法当中却又是案发率最高的一些犯罪。对于这个问题，我觉得并不是一个立法问题，而是一个司法问题。比如说，醉酒驾驶的醉酒标准，是司法机关通过司法解释的方式来规定的，而按照现行的规定——血液每百毫升当中酒精含量达到 80 毫克——我们每年就有 30 万人构成醉驾。但这个标准是可以调整的，它不是一个立法标准，而是一个司法标准，通过这种标准的调整，完全可以控制这种犯罪的犯案率。帮信罪也是一样，帮信罪在认定的标准上要求主观上明知。而若对明知的判断提出一些比较严格的要求，就能够限制这些犯罪的入罪，从而控制这些犯罪数量。所以我的观点也就是，我们司法应当适当地谦抑，保持必要的克制。在这种情况下，即使立法比较积极，比较活跃，创设了一些轻罪，对于社会治理和管理而言也依然会带来一定的积极的作用。并且，通过司法的克制，也能够避免产生消极的后果。我认为这一点是非常重要的。由于时间关系，我就简单讲这么多，谢谢。

刘宪权教授：谢谢兴良教授，接下来我们有请建平教授发言。

卢建平教授[*]：感谢主持人刘宪权教授，感谢今天晚上的主讲人车浩教授，同时也要感谢在我之前与谈的陈兴良教授。本来我还在思考这十分钟时间我应该怎么切入才更加顺畅，而兴良教授给我开了一个很好的头，我现在可以搭一个便车。今天车浩教授的发言，他的文采和他的这种活跃的思维，因为时间所以就稍微打了一点点折扣，我现在也还是在回味，或者说还是在进一步的期待当中。我现在就接着兴良老师刚才的发言，从立法和司法的结合的角度，继续把兴良教授刚才的那个观点再稍微发挥一下。

我原来也思考过这样一个题目，题目比较唬人，叫做"扩大入罪与扩大出刑"。入罪与出罪是一个动态平衡。在社会飞速发展的过程当中，产

---

[*] 卢建平，北京师范大学教授、博士生导师。现任国务院学位委员会第八届法学学科评议组成员、教育部法学教育指导委员会委员、中国刑法学研究会顾问、中国犯罪学研究会高级学术顾问、国际刑法学协会理事、国际犯罪学学会理事。曾任中国刑法学研究会副会长、中国犯罪学研究会副会长、国际刑法学协会副秘书长兼执行委员、最高人民法院刑三庭副庭长、北京市海淀区人民检察院副检察长。荣获"全国十大杰出中青年法学家""北京市优秀教师"等称号。

第十二讲 立法论思维与解释论方法

生了刑法立法适度扩容的需求,或者说犯罪圈适当扩容的需求。但是在犯罪圈扩大的同时,我们还应该考虑,在刑罚论或者说制裁论上的适当的改革。这里面有两个含义需要指出,一是犯罪圈扩大的同时,我们的制裁体系也要相应的变革。二是对于这种变更,不能仅仅限于传统的刑罚方式,而应该在刑罚措施或者说制裁措施革新这一块要有更多的这种思考。所以,刚才兴良教授的观点,我是非常赞同的。车浩教授今天的报告,还是在犯罪论层面的相关问题上可能侧重的比较多,而在制裁论或者说刑罚论的层面,可能因为时间关系,他无法展开。所以我在这里想适当地做一点点补充。当然,今天也有一个很好的契机,就是车浩教授荣任中国犯罪学学会的副会长。在刑法教义学者,或者说主要研究实体刑法的学者,有了一个更大、更为广阔的活动平台的时候,我也在想,对车浩教授以及年轻一代的刑法学员们,提一点点希望,也就是刑法学者应该在教义学,或者说在规范学、解释学之外,应该学会多一点点的研究方法,拓展一下自己研究的视野。我的意思是,虽然今天车浩老师因为时间关系有一个话题好像没有充分地展开,他讲到了立法论的自然犯和法定犯不同的立法基础,也简略地提到了报应刑和预防刑的针对性或者说对应性。由这个话题展开,我刚好想到昨天最高法院召开了一个座谈会,而座谈会我理解它是主要的为了总结,或者说回顾死刑复核制度,以及死刑核准权收归最高人民法院 15 年的这个成就和意义。死刑复核权收回最高人民法院已经整整 15 年了,而这项制度改革从 05 年开始,也已经有 17 个年头了。基于我个人的曾经在最高法院工作的经历,以及近些年的研究,我在这里就多说一句。在死刑制度改革,特别是死刑收回最高法以后,有一个非常重要的改革,和车浩老师今天晚上讲的主题是密切关联的。即经过了这 15 年的努力,经过了法院、整个法学界以及社会各界的努力,我们取得了一个非常重大的突破:我们已经开始撼动,或者说动摇了一个延续了几千年的传统观念——杀人偿命。一般认为,杀人偿命,欠债还钱,这是天经地义的。但是从我在最高法院工作的经历,以及这些年来我持续的对最高法院这项工作的跟踪研究,特别是我们还和同行做了一些量化研究,我们发现了一些非常有趣的东西。概括起来就是,杀人偿命的概率并不高。这是通过非常翔实、扎实的量化研究而得出的结论。我们上海的同行,包括其他一些年轻的同行,在不同的年代,也针对故意杀人罪做了死刑适用的研究。这

刑法治理的现代化与本土化·讲演录：(一)

些研究给了我一个非常振奋的启示：统计表明，杀人罪偿命的比例，高不超过50%，低的时候大概只有3%。而且，这里还有两个比较有意思的现象：一是随着年代的推移，越接近现在，对杀人罪判处死刑立即执行的比例就越低。二是在经济条件相对比较好，法制或者说司法相对文明的一些地区，针对杀人罪的死刑立即执行的适用比例也会更低。这些数据也会给我们的刑法研究、政策调整、相关立法包括人民群众的死刑观念、死刑文化，带来一系列的影响。这个影响，我把它看成是一种成果。从2015年开始，我们国家的死刑适用的数据，现在还是严格保密的。但是，总体来判断，故意杀人罪的死刑适用已经排到第二位，已经让位于毒品犯罪，这也是一个非常值得关注的一个现象。某种意义上来说，这样的一个变化表明了对于故意杀人罪的适用死刑立即执行的比例不仅很低，而且呈现不断走低的趋势——这更值得我们关注。我也在一些文章里呼吁过，刑法学人应该认真地考虑目前我们的死刑政策。在无法改变目前死刑政策的大前提之下，我们要认真考虑保留死刑或者说适用死刑的正当化的工具。因为，正如车浩的演讲提纲里边提到的，对于自然犯而言，报应刑是刑罚正当化的主要根据。我把他这个观点稍微用一下以看待死刑问题。如果说故意杀人罪配置死刑，主要是基于报应的考虑，那么对毒品犯罪的死刑配置以及大量的适用，用报应作为理由，显然非常勉强。所以，我们要为犯罪——例如毒品犯罪——配置或者适用死刑，要寻找报应之外的正当化的根据。今天，我把这个问题提出来，或者说把这样一个现象提出来，特别希望今天来参与讲座的年轻同仁们，能够在规范刑法学、教义刑法学的主流之外，考虑我们刑法知识形态的多样化，考虑生态平衡，更多关注一些量化研究、实证研究，使得我们的刑法学研究或犯罪治理的研究，更加丰富多彩，更加呈现百花齐放，百家争鸣的格局。时间关系我不多说，我把我的时间让出来给罗翔教授。

刘宪权教授：谢谢建平教授，确实是因为时间关系，所以不能再让你发挥了。接下来我们有请罗翔教授与谈。

罗翔教授[*]：非常感谢刚才几位老师的分享，非常的精彩，非常的令

---

[*] 罗翔，中国政法大学刑事司法学院教授、博士生导师、刑法学研究所所长。荣获"CCTV 年度法治人物（2020年）""2008 年以来法大历届最受本科生欢迎的十位教师""法大首届研究生心目中的优秀导师"等称号。出版《刑法学讲义》《法治的细节》《圆圈正义》等著作。

第十二讲 立法论思维与解释论方法

人深思与受教。作为评议人,有一个重要的义务就是要比其他人更为认真地倾听,这种倾听对我而言非常难得。思想家索维尔提醒我们,多年来教育水平下滑的一个可怕迹象就是,太多的人无法提出条理清晰的论点,他们会发泄情绪,质疑别人的动机,做出大胆的断言,重复宣传口号,他们除了不会运用理性以外,好像什么都会。因此,学习的前提是倾听,对话的前提则是认认真真地倾听。刚才仔细地听了车老师和各位老师的发言之后,我非常地认同刑法的最后手段性,我也谈谈三点粗浅的看法。

第一点,是立法论的稳定性与灵活性的问题。法的安定性和灵活性始终存在一定的张力,如何既尊重立法权威,又进行合理的学术批判,这是一个非常值得研究的问题。我认同车老师所说的,很多争论其实都是语言的模糊所导致的,因为所有的批评都是为了建构,而不是为了解构。法律追求公平和正义,这就意味着法律不是公平和正义,法律永远要朝着公平和正义的方向去前进。因此,形而上的正义观念依然是非常重要的。形而上者谓之道,形而下者谓之器,法律人必须要有道器两用的心性,才不会迷失在技术主义的丛林。合乎中道,当然是非常非常困难的,但我想这也是学者的使命所在,不偏激,不抱怨,不放弃。这是我想说的第一个问题。

第二点是司法论的补正解释问题。我想选一个小的切入点来回应刚才各位老师非常精彩的发言,和各位老师刚才的评语,即刑法中是否存在补正解释,立法是否可能出现错误,司法能不能进行修正。教义学是神学词汇,它的前提是神圣文本,这种神圣文本是无缪的。但是法教义学的前提显然不能把刑法看成无谬的神圣文本,否则就无法解释法律不断修正的现象。人的理性是有限的,因此我们必须要接受有限性的法律文本,同时也必须接受这种法律文本可能出现的错误,并对错误进行合理的弥补。还是我刚才所说的索维尔,他提醒我们,如果你认为人类总是理性的,那么至少一半的历史是无法解释的。当然,要认识到自己的无知是需要相当多的知识的,所以我觉得补正解释是客观存在的。换言之,司法是可以采取补正解释来纠正立法错误,这并不违反权力分立学说。立法错误可能有两种,一种是可以补正的错误,也就是补正解释可以发挥的领域;二是无法补正的,对于无法补正的错误,那就必须通过法律将来的修改与废除以解决。

· 385 ·

对于可以补正的错误，首先是对行为人有利的类推解释，这就可以看成是一种修补立法过于严厉和机械的做法，且显然是符合罪刑法定原则的。其次，对明显违背刑法的三大基本原则的个别刑法条款，我认为司法机关也可以根据刑法的基本原则进行补正。我认同刑罚总体上应该要降低，但是道德直觉告诉我，如果对道义上更轻的犯罪实施重刑，但对道义上更重的犯罪却实施轻刑，这显然是不妥的。就像刚才车老师所提到的关于嫖宿幼女罪的修改，我觉得这个修改的一个重要合理性在于逻辑上的合理性。我们知道嫖宿幼女罪的法定刑是5年以上15年以下有期徒刑，所以它其实是比一般的奸淫幼女的刑罚是更重的，因为一般的奸淫幼女是3年以上10年以下，但嫖宿幼女是5年到15年。但是，这里面有一个逻辑性的问题，对于嫖宿幼女，幼女是同意的，而对于强奸幼女，幼女是被迫的——当然，幼女没有同意能力，所以不管同意还是不同意，都是奸淫幼女——于是就会出现这样一个问题，现在张三叫了一个13岁的性工作者，狠狠地揍了一顿性工作者，最后没有给钱，那么只能够认定为强奸罪，法定刑是3年到10年。但倘若现在张三给了这个女生钱，女生非常的开心，说叔叔以后你常来，结果张三就会构成嫖宿幼女罪并处5年到15年的有期徒刑——这是一个明显的逻辑漏洞。如此，学了法律的人很有可能就钻空子，给钱会被判处5到15年，不给钱则是3到10年，所以这存在一个巨大的逻辑缺陷。车浩老师后续也有提到立法缺陷，这再次提醒我们，立法是可能挂一漏万的，所以需要司法者的补正解释。就像刚才所说的第三百五十九条引诱幼女卖淫罪，法条的刑罚是5年到15年，那么即便同时触犯强奸罪，引诱幼女卖淫也是更重的。当然，如果引诱多名幼女卖淫，则强奸罪的加重条款可能处罚更重。这时候可以适用想象竞合从一重罪的原则，因此我觉得司法机关是完全可以进行补正解释的。我还想特别提醒几个问题，即对于立法明显的错误，司法能不能补正的问题。比如刑法在五个地方使用了"本法另有规定，依照规定"的表述。大家比较熟悉的是第二百六十六条的诈骗罪，第三百九十七条的滥用职权罪和玩忽职守罪。若张三招摇撞骗500万，按照招摇撞骗最高判10年有期徒刑，但是按照诈骗罪可以判处10年以上有期徒刑，最高可以判处无期徒刑。理论上普遍认为招摇撞骗和诈骗是竞合关系，有人认为是法条竞合，有人认为是想象竞合，但不管是什么竞合，大家普遍都认为应当从一重罪论处。但是仔细思考，这显然是违反法条原意的。因为按照法条的原意，在同时符合诈骗罪和招摇撞骗的情况下，招摇撞骗就属于另有规定，那自然应当按照招摇撞骗罪论处。但是这种结论明显不公平，所以司法实践中从一重罪的适用就是一种忽视立法规定的补正解释。另外一个例子，就是刑法第四百一十六条规定了不解救被拐卖绑架妇女儿童罪，阻碍解救被拐卖绑架妇女儿童罪。这两个罪名来源于1991年的一个单行刑法，即关于拐卖的决定。根据这一决定，不解救被拐卖绑架妇女儿童，构成玩忽职守罪。虽然1997年刑法照搬了这一决定，但是为了强调对妇女儿童的特殊保护，就规定对不解救被拐卖绑架妇女儿童不再以玩忽职守罪论处，而变成了一个新的罪名，但它的刑罚依然和1979年《刑法》第一百八十七条关于玩忽职守罪的刑罚保持一致，也就是5年以下有期徒刑或者拘役。但是这里却出现了一个问题，因为1997年刑法的玩忽职守罪从一档刑变成两档刑，基本刑是3年以下，但情节严重最高可以判到7年。换言之，玩忽职守罪最高是可以判到7年有期徒刑，如此，显然《刑法》第四百一十六条并没有体现对妇女儿童的特殊保护。因为按照普通罪玩忽职守罪处理，刑罚反而还可能更重。无论如何，《刑法》第四百一十六条所导致的体系性矛盾都很难得到合理的解释，唯一的理由就是当时的立法者在照搬法条的时候，缺乏对法条关系的通盘考虑，立法并不严谨。而如果要解释这个体系性的漏洞，合理的处理方案就是将该罪删除，直接以玩忽职守罪、滥用职权罪来处理。当然在法律没有修改之前，合理的补正就是忽视《刑法》第三百九十七条所说的本法另有规定，依照规定的表述，直接按照从一重罪的做法来处理。另外还是这个犯罪，立法者在1997年照搬1991年拐卖决定的时候，虽然删掉了绑架妇女儿童罪，但是第四百一十六条却没有进行相应的删除，而顾此失彼。很明显，这是一个立法缺陷，因此，司法机关就必须进行补正，即认为第四百一十六条所针对的对象是第二百四十条、第二百四十一条的拐卖和收卖的被害人，而并不包括第二百三十八条绑架罪的被害人。因为对于绑架罪的被害人，无论是妇女还是儿童，若相应国家工作人员负有解救义务而拒不解决，这其实是可能构成玩忽职守罪的，而玩忽职守罪最高刑能判到7年。补正解释还大量地存在于法定犯中。我国刑法中有大量的法定犯刑罚太重，而且很多法定犯的立法忽视了行政法跟刑法的衔接关系，此时司法机关就可以进行限缩性地补正解释。比如我经常提到的第三百四十一条危害珍贵濒危野生动物罪，此法条规定，无论是杀害、猎杀、买卖，还是运输国家重点保护的珍贵濒危野生动物或者它的制品，都是可以处 5 年以下有期徒刑或者拘役的，其入罪条件是没有情节严重的限定。这就是为何，在很长一段时间内，只要买卖一只珍贵动物就可以判 5 年以下，而这完全忽视了《野生动物保护法》的行政处罚规则，使行政处罚变得没有余地。因此，2022 年 4 月份的司法解释对此进行了补正解释，它采取了价值而非数量的入罪模式，即野生动物的价值必须要达到 2 万到 20 万以上才构成犯罪，以为行政处罚预留空间，所以据说有 70% 的珍贵动物不再是一只就能入罪。

　　至于刚才车老师所说的法定犯的重心是报应还是预防，这其实是可以做进一步的研究的。因为我国的法定犯的刑罚设置很重，有的甚至可以判到无期徒刑甚至死刑，比如说走私、珍贵濒危野生动物罪，2011 年之前是有死刑条款的，后来才改为无期徒刑。因此，如果不考虑报应，只考虑预防是否合适？或者说这里的预防导向的立法观是否也需要是在报应基础上的预防？我始终认为，如果立法设置的法定犯在实质上无法寻找到可以还原为经验意义上的个人法益或者个人权利，那法定犯所侵犯的抽象的行政管理秩序，就是一种虚假的法。所以这里面有个非常值得研究的问题，即报应主义是扩张了刑罚权还是收缩了刑罚权？仔细想一想，可能并不能一律得出报应主义是扩张刑罚权的观点。以眼还眼，以牙还牙，戳瞎别人一只眼，你也只能戳一只，不能戳两只，杀人偿命，杀一个人只能让一个人偿命，不能够斩草除根。斩草除根是什么观念？不是报应主义的观念，斩草除根是预防主义的观念。所以维特根斯坦说，我语言的界限就是我世界的界限，当然我语言的模糊也是我世界观的模糊。如果我们要探讨法定犯和自然犯，对于这些基本概念是要进行厘清的。如果探究自然犯的缘起，法定犯其实只是一个被批判的概念。自然犯罪这个概念是加罗法洛首创的，我仔细地读了一读加罗法洛的《犯罪学》，加罗法洛其实认为只有自然犯才是真正的犯罪。自然犯的概念的提出，从一开始就是为了对犯罪的实然概念进行限缩，加罗法洛并没有提到法定犯的概念，这个概念只是后人的附会。因为在加罗法洛看来，法定犯根本就不是真正的犯罪。当然，自然犯这个概念提出之后遭到了强烈的反对，而最普遍的犯罪意见是，如果按照伽罗法洛所设定的犯罪界限，大量的犯罪都将被排除在外。对此，

第十二讲　立法论思维与解释论方法

加罗法洛平静地指出："这正是我自己研究的目的。"对于实证法学派所提出的，犯罪是被刑法所禁止的行为这一看法，加罗法洛对此进行了严肃的批评，认为这不过是玩弄语言的游戏，是一种文字游戏。所以，自然犯这个概念从一开始就具有限缩刑罚权的意义。因此我认为，即便我们要接受法定犯这个概念，也必须要根据道义责任论来重新梳理法定犯。对于立法上普遍设置的法定犯，尤其是抽象危险的立法模式，是可以通过司法的补正解释来进行限缩，以避免刑罚权无节制的扩张。我国刑法存在大量的法定犯，我刚才说法定犯一定要遵循法益还原，所以法定犯只能是轻罪，而不能是重罪。作为轻罪，法定犯的刑罚是不能超过三年有期徒刑的。德富林勋爵在《道德的法律强制》这一本书中甚至认为法定犯连监禁刑的适用都应当谨慎考虑，否则会导致道德争议。故而，关于普遍存在的法定犯，尤其是刑罚规定如此之重，甚至可以判处无期徒刑的法定犯，我们的立法是可以进行必要的补正、限缩的。同时，考虑到犯罪标签的巨大联络后果，就像刚才所说的醉驾，我认为也应该免除法定犯的前科报告义务，这是我想谈的第一个司法可以进行补正的立法缺漏。

对于无法补正的错误，首先司法自然不能够做不利于行为人的类推，对此只能够通过立法手段来补正。比如，2001年的刑法修正案在把投毒罪改为投放危险物质罪的时候，没有同步修改《刑法》第十七条第二款，可能这就是一种立法疏忽，所以2021年《刑法修正案（十一）》对这个条文进行了修改，填补了这一错误。再比如，在当前针对物权的犯罪整体上保持重罪的情况下，针对人权的刑罚明显偏低，若对后者的立法不做批评，这是不合理的。比如说盗窃，偷了十公斤的iPhone14估计会判到十年以上，但是如果偷了一个十公斤的小朋友做宠物，则构成拐骗儿童罪，但最高仅判五年有期徒刑。这里的立法缺陷我们是不能漠视的，即便修改法律无法真正地改变现状，但是说出错误也是学者的责任。至于立法者是否修改，他们可以综合考虑，我们不能开启上帝视野，因为我们不是上帝，我们没有一个人能够做到通盘考虑。也许我们的想法会事与愿违，但是对于明显的错误，我们是不能漠视的，我们必须要将所发现的错误提供给立法机构，供他们在立法时通过民主程序予以斟酌。所有的立法错误肯定是学术研究应当注意的，我们对于错误的批评可以提出司法层面可以修补的补正解释，同时在无法补正的情况下，也希望立法机关谦卑地进行相应的修改。

最后一个问题就是关于道德直觉与法律技巧的问题。柏拉图提过这样一个故事：苏格拉底找了一个奴隶男孩，要教这个男孩一道几何题。而几何是贵族学的，奴隶没有资格接受教育的，所以这个男孩没有任何几何学知识。苏格拉底也没有教他任何几何学的定理，只是向他提出一个一个的问题，一步一步地引导这个奴隶孩子自己找到正确的答案。所以一切有意义的知识，我个人的看法都来源于道德直觉，学习只是一种回忆，教师只是真理的助产士，所有的理论他都不能违背朴素的道德直觉。因此，我非常地认同车老师关于侵犯性自主权的犯罪不能够比财产犯罪的处罚要更低的结论，所以可以通过补正解释来保持对性侵犯罪的打击，使对这类行为的处罚不低于对财产犯罪的处罚——这本来就来源于我的道德直觉，而并不需要陷入无穷无尽的利益森林的考量和执法无奈的考量。

最后的最后，我想引用美国法学家卢埃林的一段话来结束我今天的评语：对法律人而言，只有理想没有技术可能是愚蠢的，而只有技术没有理想，那可能是罪恶的。如何平衡理想和技术，这是我们一生的课题。再次感谢各位老师的精彩发言，让我受益匪浅，谢谢各位。

刘宪权教授：接下来我们有请春雨律师，给我们做最后的与谈。

赵春雨律师[*]：感谢刘宪权老师，感谢车浩老师，感谢陈兴良老师、卢建平老师和罗翔老师。今天真的非常荣幸能够参与这场高水平的对话，能够代表盈科站在这样的舞台，近距离地享受刑法理论的滋养，我也确实深切地感受到刑事实务需要刑法理论的指导和支撑，而刑法理论也肩负着引导立法观和解释观的使命。方才通过聆听车浩教授的讲授，我对两个关键词有非常深刻的触动：一是刑法功能主义。平时，我们办理的案件也多半是法定犯，那在法定犯方面，车浩教授提到它们的犯罪化基础不在于报应，而在于刑法功能及犯罪预防，且这种刑法功能主义的解读与传统的功利主义刑法理论是契合的。二是最后手段原则。确实如车老师所说，过往我们刑辩律师常用刑法谦抑性这一观点来辩护，那从此以后，我要改用

---

[*] 赵春雨，盈科全国刑事法律专业委员会主任，盈科刑辩学院院长，中华全国律师协会刑事专业委员会委员，北京大学、中国政法大学等高校法律硕士兼职导师。主编《"盈"的秘密：有效辩护的47个制胜思维》《"盈"的秘密2：有效辩护的53个证据突破》，担任《诈骗罪的理论与实务》《因果关系的理论与实务》等青年刑法学者实务论坛系列书籍副主编。

第十二讲 立法论思维与解释论方法

刑法最后手段性原则。既然是最后手段原则，顾名思义，肯定是讲刑法应当是保护社会或者干预不当行为的最后选择，在这一点上，从功能主义角度出发，就是我们刑事立法是否发生变化，应当取决于社会的变动和变化。这一点也与陈兴良教授提到的积极的刑法观也是相互呼应的，我想这种积极的刑法观和最后手段性原则，它是不相互矛盾的。接下来，我想从实务的角度，通过对三个罪名当中立法与解释的思考，谈一点自己的浅见。

第一个是《刑法》第一百七十五条之一的骗取贷款罪。我们知道，《刑法修正案（十一）》将骗取贷款罪做了修改，概括来讲，就是对入罪门槛进行了调整，将给银行或者其他金融机构造成重大损失作为入罪条件，而删除了其他严重情节。修改后的这一法条在这一点上是缩小了打击面，但是，同时它另外保留了第二档刑罚当中关于情节犯的规定，也就是说，其他特别严重情节可以直接进入升格法定刑。关于这一点，立法者的考虑是对于特别重大的骗取融资的行为，对于一些重大损失不好认定的案件，或者是给金融和银行资金安全造成特别重大风险，以及犯罪手段特别恶劣的案件，依然开出了一个口子，其根本目的还是维护金融安全。关于这个条款的修改，我有一个质疑，那就是说，对"其他特别严重情节"，它凌驾于入罪标准之上，那我们应当以什么标准来限定？方才，陈兴良老师说立法是一种概括的规定，而具体的掌握是在司法实务当中通过司法解释来完成。那么，应当如何来解释、分析这种仅仅是骗取贷款的数额特别高，次数特别多的行为，是否属于特别严重情节？或者能不能单纯地将这些指标列为特别严重情节？那么，何又为重大的金融风险？又如何来举证证明造成了或者足以造成重大的或特别重大的金融风险这一点呢？所以，我觉得对于骗取贷款罪这一条款的修改，在实务当中应当去掌握一种平衡。既然在入罪标准上，刑法已经仅将造成损失这一实害列入了法律条文，体现了立法的进步。那么，在该条款的第二档法定刑中，关于情节犯的规定和适用，也应当是保持谦抑性的。在这一点上，我认为刑法还是应当遵从最后手段性原则。因此，对于已经发生了很久，或者说已经结束的这种贷款行为，虽然存在一些虚假报表的情况，但既然行为人已经如期归还，当年也有足额的抵押，则我们认为还是不应当直接适用第二档刑罚来将行为人入罪，并且判以重刑。

第二个罪名是《刑法》第二百二十五条的非法经营罪。这个罪名一直被冠以口袋罪的名称，实践当中，也存在诸多争议。实际上从97年刑法设立这个罪名，到99年刑法修正案，到09年《刑法修正案（七）》，包括98年的单行刑法，对于非法经营罪的修改变动并不大，但是为什么它始终存在争议？就是因为"其他严重扰乱市场秩序的非法经营行为"，这样的一种立法的规定，在实践当中容易导致适用的扩大化。罪刑法定原则要求在立法上对犯罪构成要件做出明确而具体的规定，但是非法经营罪恰恰出现了如此一种宽泛笼统的表达。实践当中也因此出现了一些新的情况、新的问题。在经济社会迅速发展时，当然可以去遵循非法经营罪立法的原意，以司法解释等方法，经过严格的程序对一些新情况来适用非法经营罪予以规制。但是，应当说共识的观点在于，适用这个兜底条款应当与前三款的情形具有相当的社会危害性，即具有同质性。而在这个过程当中，司法机关要么遵循已经出台的司法解释，要么层报最高检、最高法来进行最终的定性处理，一定是要坚持一个审慎原则的。因为我就遇到过一个这样的案件，实际上，该案件的法律关系比较简单，是网络游戏没有取得网络出版服务许可证，进行了套版经营，而经营的数额特别巨大，达到了十余亿元。而在这个案件的辩护过程中，我们坚持，非法经营罪要求违反国家规定，而国家规定根据《刑法》第九十六条的规定是指，违反全国人民代表大会及其常委会制定的法律或决定和国务院制定的行政法规、规定的行政措施、发布的决议和命令。而在案件当中，对于网络出版物的网络出版服务管理规定，它的效力层级属于部门规章。如此，我们认为根据罪刑法定原则，该行为肯定是不能构成犯罪的。但是在漫长的辩护过程当中，检察机关一度认为，对于这种严重危害市场的持续的行为应当层报定罪。所以这个过程中产生了极大争议。我们认为，在立法模糊的情况下，司法解释是不能创设法律的，那对司法解释再进行解释，这样的行为是不是应当严格地予以禁止，我觉得这个是值得思考的一个问题。

第三个罪名是《刑法》第二百七十一条、第二百七十二条规定的职务侵占罪和挪用资金罪。《刑法修正案（十一）》对这两个罪名进行了修改，调整了法定刑，提高了刑罚。调整法定刑的原因是出于对非公有制经济的保护，是因为要加大对非公有制经济的保护力度。主流的观点认为，由于经济发展迅速，这两个罪名涉及的犯罪金额，也从几万元增长到了上亿

第十二讲 立法论思维与解释论方法

元,甚至有的案件社会影响恶劣,对公司的经营造成了很大的影响。因此,根据经济社会发展的需要,经过了实证主义研究,提高刑罚是适当的,是有利于预防犯罪的。在这样的一个背景之下,把职务侵占罪的最高刑提到无期徒刑,把挪用资金罪的最高刑提高到15年有期徒刑,是否就可以实现特定的犯罪预防的目的?如车浩教授所提到的,作为非常巨大成本的一种刑法手段,是不是应当作为这两个罪名预防的一种方式?我们认为,实际上挪用资金罪和职务侵占罪的发生,它是企业的治理能力和治理体系的问题。此时,能不能够单纯地通过重刑震慑和轻易地动用刑罚的手段来遏制这种行为,是不是要坚持最后手段原则的标准,也是我们需要思考的问题。当然,既然立法已经形成了这一规定,为了保持立法的稳定性,不能够对此轻易的变动,这个时候就需要司法来进行解释。如何能够在司法解释当中对犯罪数额、情节进行相应的规定,进而对一些在立法上与这种整个刑罚的轻缓化趋势相悖的情况进行调节,我们认为这也是立法论和解释论里边可以去回应的一些问题。

总而言之,因为我最近一直在学习陈兴良教授的《注释刑法全书》,对一些罪名有了一点点思考,也在纠结这些罪名出现问题时应当如何去解决。那么,今天听了讲座以后,我也确实感受到是可以通过运用陈兴良教授提到的司法的克制来加以解决的,也希望以后我们在实务当中能够通过深入学习刑法知识和刑法理论,进一步提高我们的辩护水平,共同来为刑事法治的进步尽绵薄之力。以上就是我的发言,谢谢。

刘宪权教授: 谢谢春雨律师刚才的与谈。接下来我们抓紧时间就进入最后的交流互动阶段。问题很多我们就挑选了一些问题,首先有请兴良教授——因为有人对你专门提了一个问题。问题是,有些分罪罪名要求对特定犯罪对象的"明知",而另外一些有关的罪状里面没有提到明知,特别是洗钱罪,《刑法修正案(十一)》前后规定都不一样。那么,是否可以认为没有要求明知的就不需要明知,或者说这里仅仅是一个注意规定?

陈兴良教授: 谢谢刘老师,我来回答这个问题。这个问题是一个技术性比较强的问题,是一个刑法教义学的问题。我们大家注意到,在刑法分则当中,有相当一部分罪名,它写了"明知"二字。但是另外一些罪名,则没有标注"明知"。那么在这种情况下,就像刚才这位听众提出的问题一样,是不是说,刑法分则规定的"明知"只是一个注意规定?如果是注意规定的话，那么，没有规定明知的就也需要明知。如果这个"明知"是一个特别规定，那么没有规定"明知"的条款，就不需要明知。

　　我首先来回答，即便没有规定明知，在构成犯罪的时候，实际上也是需要明知的。因为刑法分则规定的大部分犯罪都是故意犯罪，而故意里面就要求有明知，必须"明知自己的行为会发生危害社会的结果，而希望或者放任这种结果的发生"，就构成故意犯罪。因此某种犯罪，只要是故意的，那必然要求有明知。对于这个明知，我们称之为是总则规定的明知，既然总则故意犯罪当中已经规定了明知，那么分则的明知的规定意义何在？我认为，分则规定的明知和总则故意当中的明知，它的性质是不一样的。分则规定的明知，我们在理论上称为是一种主观的违法要素，或者主观的构成要件要素。也就是说，分则规定的明知，它是一种构成要件。在某些情况下，分则尽管没有规定明知，但是这种犯罪它仍然是要求明知的。比如说，关于奸淫幼女的行为，主观上要不要对幼女的年龄存在明知，我们在法学界和司法事务当中曾经展开过争议。有相当一部分人认为，对于与对象是幼女而构成强奸罪的，并不要求行为人明知对方是不满14周岁的幼女。但是，这样一种观点显然是不能成立的。也就是说，对于奸淫幼女来说，法条只是没有分则的明知，但是奸淫幼女构成的强奸罪是故意犯罪，既然是故意犯罪，当然是要求行为人明知对方是不满14周岁的幼女，因此他的行为性质才能构成强奸罪。我们可以举一个例子，比如杀人，杀人是否要明知对方是人呢？当然是需要的。如果行为人不知道对方是人，即使行使了所谓的杀害行为，因为其主观上没有杀人的故意，也不能构成故意杀人罪。由此可见，任何一种故意犯罪，它在故意里面都包含了明知。在这种情况下，分则规定明知的含义是什么？我认为，分则规定的明知是为了表明，只有具有这种明知，它的构成要件才符合。如果构成要件符合，又没有违法阻却事由，通常来说，这种行为就是违法的。但是，如果分则没有在主观上规定明知，在这种情况下，即使行为人不存在明知，他的行为依然是属于符合构成要件的行为。比如奸淫幼女，分则没有规定明知，因此，在客观上与不满14周岁幼女发生的性行为就符合了强奸罪的构成要件，然后再来讨论故意的时候，才涉及到明知的问题。但是在构成要件和违法性的环节，是不需要考虑明知的。但是如果分则规定了明知，在构成要件里面就要求有这个明知，如果行为人没有明知，那就是

第十二讲　立法论思维与解释论方法

构成要件不符合。构成要件不符合，就意味着这个行为是连违法都够不上的。所以它有这样一个差异。另外，刑法分则规定的明知，还有一个功能就是，当行为人的行为对象是来自于他人的物品时，在这种情况下往往要求明知。反过来说，如果分则规定了明知，就排除了行为人本人实施这种行为的可能性。比如说，刑法分则规定的销售假冒注册商标的商品罪，这个法条规定了"明知"，明知是假冒商标商品而销售的，构成本罪。要求有明知，这就是在表明，行为人所销售的假冒注册商标的商品，是他人假冒的。反过来说，如果是本人销售假冒注册商标的商品，这个行为是不符合本罪的构成条件的，这只是一种不可罚的事后行为。也就是说，行为人先实施了一个假冒注册商标商品的行为，然后又销售了假冒注册商标的商品。那么，只有前面这个行为构成犯罪，但是销售行为是不构成犯罪的。因为销售的是行为人自己假冒注册商标的商品，就不存在一个明知的问题，只有对他人的假冒注册商标商品进行销售，才存在明知的问题。因此，分则的明知还具有这样一种界定构成要件范围的功能。最后，我想来回答这个听众所提出的关于《刑法》第一百九十一条洗钱罪的规定的问题。洗钱罪原来规定的是洗钱行为，即为他人洗钱才构成此罪。因此，刑法分则就规定了明知，明知为毒品犯罪、黑社会性组织犯罪等等六种犯罪而为他人洗钱的行为。既然刑法分则规定了明知，就表明将为本人洗钱这个行为排除出去了，只有为他人洗钱才构成本罪。但是，《刑法修正案（十一）》把自洗钱的行为也规定在洗钱罪当中来了。在这种情况下，如果还规定明知，显然就不合适了。因此，修正案就把明知给取消掉了。换言之，不管行为人是为他人还是为自己洗钱，都可以构成本罪。但是取消了明知，如何保证洗钱的对象是六种上游犯罪的所得？关于这一点，我们注意到，这里加了一个"为掩饰隐瞒"六种犯罪，这个"为掩饰隐瞒"本身就已经隐含了行为人知道自己洗钱的对象，是这六种犯罪的非法所得的内涵。因此，在构成要件的认定上，它也是没有问题的。综上，刑法分则中的"明知"规定虽然是一个小问题，但却涉及到整个构成要件理论，以及构成要件和违法性的关系。因此，我们对此需要认真来对待。我就简单地回答这么一些，谢谢。

刘宪权教授：谢谢兴良教授，接下来我们这有一个针对卢建平教授提的一个问题。问题是：扩大犯罪圈的同时，也扩大了出罪的范畴，那么，对于实践中被追诉人适用羁押型强制措施但最终无罪的情况，是否意味着被追诉人的人身自由权利仍然受到了侵害？我们有请建平教授回答这个问题。

卢建平教授：我们社会发展进入到一个新的阶段，现在的犯罪形式，跟我们所熟悉的，比如严打时期的犯罪形式已经有了根本性的变化，我们现在已经进入了一个以轻罪、微罪为主体的新时代。因此，在立法扩张的同时，司法也要相应地限缩。在立法入罪的同时，司法要尽可能考虑出罪。这不仅仅是局限于刑事立法的层面，它是一个系统的综合和多维度的改革，所以它也必然会延伸到程序法的层面。因此，从以前的宽严相济，到现在如认罪认罚从宽，再到少捕慎诉慎押，实体和程序的联动也是我们现在所设计的，或者说在司法制度改革或犯罪治理现代化的制度架构的努力方向。另外，我还想说一点的是，这样的改革从历史演进的角度来看，必须要跳出改革开放初期、法制建设初期，那种宜粗不宜细的思路。现在，总书记已经在多个场合一再强调要根据形势发展的需要，推行繁简分流、轻重分离、快慢分道，这样的一种程序制度的改革。我把这种改革称为三分论的改革，因为这里讲的轻重分离、繁简分流、快慢分道，就是一个典型的三分思路。我们在开放初期的实体法是宜粗不宜细，在程序法上是从重从快从严的线性、粗线条，或者说一个管子通到底，从这头进，从那头出，中间是没有什么分流、分道与分离的。相比这种粗线条的处理方法，现在已经是一个根本性的变革。所以我认为，从这样的时代背景出发，着眼于我们新中国现在第一个百年目标实现，第二个百年目标开启，着眼于社会治理或者说犯罪治理的国家治理现代化，我认为应该对过往的简单化、单线条，或者说单维度的实体法和程序法的制度设计，做一个全面的盘点。

刘宪权教授：谢谢建平教授。有一个问题是问罗翔教授的，问题是：我国刑法条文太少，解释太多，相对缺失狭义法律的效力，所以总体上需要多立法。对这个观点，请问罗翔教授如何看待？

罗翔教授：刚才那个问题，其实是一个非常有趣的问题。宜粗不宜细，我们的立法条文，确实是比较少的。但是我想给大家提供一个对比，如果我们回观历史的话，汉朝的刘邦在当时跟关中父老约法只有三章，条文是很少的，但是在清朝，却有无数的法律。所以在很多时候，法律多寡

第十二讲 立法论思维与解释论方法

本身并不成为问题。法律多并不代表着治理效果好，关键在于我们的司法背后有没有道德基石，我们的司法能不能够接受道德的滋润。我从来认为，法律它不是一种精英活动，它是要受制于民众的常情常感常识。在普通法系国家，它还有衡平法，在精英司法制度背后，也有陪审员制度作为补充，甚至在有些国家，即便是大陆法系，也有陪审团。所以，这其实就是在提醒我们，能不能够把道德跟刑法做一个很好的连接。当然，有些人可能认为，我们的法律要尽可能地驱逐道德，但是这可能是一种偏见。因为道德其实也分为积极道德主义和消极道德主义，积极道德主义是以道德作为入罪的基础，这显然是不合适的，违反罪刑法定原则。但是消极道德主义，是把道德作为出罪的一种依据。我认为，这是可以弱化刑罚权，可以让刑法变得更有温度的。当前，司法实践的一个非常大的问题就是，在入罪的时候，很多司法机关它讲道德，它不讲法律，但是在出罪的时候，你给它讲道德，它给你讲法律。这就会导致一种错乱。所以我始终认为，我们的法律不是太少，我们的法律其实挺多的，但最重要的是这些法律有没有道德生活的参与，能不能接受社会相当性的温润。其实法律没有那么复杂，法律最重要的还是满足我们内心的自觉。我大概就说到这里，谢谢各位老师，谢谢主持人。

刘宪权教授：谢谢罗翔教授。有一个听众专门问了赵律师，因为赵律师主要谈到了非法经营罪当中的"违反国家规定"。国家规定的内涵和外延为何，实际上，法律的规定，司法解释规定，包括我们实践当中的运用，都有不一致的地方，因此想请问赵律师怎么回答这一问题？

赵春雨律师：非法经营罪当中关于国家规定的外延扩张的问题，这是我们在实践当中非常常见的一个问题。对于这样的案件，我们的辩护其实是严格地遵循罪刑法定的，所以在这个时候我们就是得跟法院、检察院来讲法律了。在这个过程当中，《刑法》第九十六条它是有非常明确的规定——主要是一个主体问题——就是说，全国人大及其常委会以及国务院是有权机关，除了这三个主体以外，其他的主体制定的相关规定，比如说相应的部门规章，或者是地方政府规章，显然它们的效力是不够的。正如我之前讲到的案例，被告人所指控的没有取得网络出版服务许可证，违反的其实是网络出版服务管理规定，而不是出版管理条例，因为出版管理条例所归制的是纸质和电子出版物，而并不包括网络的出版物。这就是一个效力层级的差异。在司法实践当中,如何对这种国家规定的扩张去寻找合理的界限,我认为也没有其他更为适宜的一个途径,关键还是要对整个基础事实进行分析,对相关行为违反规定的核心要素进行界定,其究竟违反的是哪一个规定,属于哪一个效力层级,这一规定是不是能够被界定为国家规定,如果不能被界定成国家规定,就应当用行政法来处罚,而不是用刑法来予以处罚。所以这也涉及到,之前陈兴良教授提到的,如果我们认为对这些行为的规制还没有达到我们预想的效果,应如何进行前置法的立法完善的问题。

刘宪权教授: 谢谢春雨律师。因为时间也不早了,由于最后问车浩教授的问题最多,包括刚刚的与谈嘉宾当中也有老师提出过一些问题,那么我们这里最后有请车浩教授,根据自己的想法对这些问题进行回答。

车浩教授: 谢谢刘老师。刚才我们几位老师其实不是完全针对讲座当中的内容,但做了很深入的阐述和发挥,我其实一直在听,对我来说这也是一个非常难得的学习的机会。其实在几位老师讲的过程当中,我们并没有进行很激烈的观点的交锋或者是切磋,更多的是平行的延展,所以对我来说这更多是一个丰富的过程。因为网友有提出过几十个问题,那么我就挑几个跟今天晚上的主题和各位老师所讲有些关系的问题来回答。

第一,谦抑性原则、不得已原则和最后手段性原则到底有什么本质不同?我想说的是,为什么一定要用最后手段性原则呢?其实我觉得这个地方我们讨论的时候,不要特别地"着相"。名本身它只是一个引子而已,最关键的不是它叫什么名,谦抑性也好,不得已也好,最后手段性也好,最关键的问题不在于选名,最关键的是名字背后的东西。我比较倾向于用最后手段性原则来表述,是因为这个表述本身,它有关键的两点。一者就是提到手段,二者就是提到最后。之所以我要重申这个最后手段性原则当中的手段,它是有针对性的。当我们今天在讨论,好像说刑法在今天才成为一个功能主义刑法,参与社会治理的语境好像是一个新的东西的时候,我想说的是,其实几十年前,上百年前,在有最后手段性原则这个表述的时候,刑法它就是作为手段出现,它就是以一种功能的形态出现的,这并不是一个新鲜的问题。而对于最后性,如果你谈谦抑,但如何才能算是谦抑呢?从谦抑性原则本身出发,望文生义来看是很难得到一个准确的描述的。但是最后手段性这个"最后",它其实是设定了一个坐标系,就是要将刑法与其他的社会治理方法，如行政、技术等等各种方法相比较之后，才能够动用刑法。"最后"作为一种序列或者说位阶，是把谦抑性原则具体化了。只要能够理解到最后手段性原则的这些意思，包括刑罚为什么是成本最高这些意思，其实个人喜欢叫什么名字都可以。如果有人觉得最后手段性原则看起来啰嗦，谦抑性只有三个字，也没问题，只要内容本身一样就可以了，这是我想说的第一个问题。

第二个问题，刑法修正案增设的高空抛物罪、妨害安全驾驶罪是否存在问题，是否穷尽了其他手段？对于高空抛物和妨害安全驾驶罪，这一类犯罪属于轻罪的设立。周光权教授对这个问题其实有很深的研究，也有一个很好的观点。即在我们国家现在的法律条文当中，如果不增设这样的轻罪，对于高空抛物的行为在以往可能按照危害公共安全罪去处理，而这是一个很重的罪。对于妨害安全驾驶，即对行驶中的公交车的司机进行干扰，可能也会涉嫌危害公共安全罪。但这些罪名的起点刑都很高，对于没有造成严重后果的高空抛物或妨害安全驾驶行为，依照这类重罪去处理，显然就不太合适。因此，刑法才设立了一些最高刑为一年以下的轻罪。通过设立轻罪，以避免这类行为在司法实践中不当地滑入重罪。进一步要询问的是，像高空抛物这样的行为，是否凭借其他手段就可以对这类行为去进行遏制。虽并不是说每一次高空抛物都会造成人身危险，但是确实有这样的几率和概率让人感到恐惧，这种行为本身的确是有去遏制必要性的。但问题是，实际上的确很难找到其他更合适的手段去制止这类行为。因为高空抛物行为的主体难以确定，通过民事和行政的手段，可能连抛物人是谁都确定不了。但当我们把它定成一个轻罪的时候，就可以有更多的侦查手段、更多的证据方式去确定这个行为的实施主体，也因此能够确定行为人的责任。我想，总不能说为了避免高空抛物，采用一些技术手段，使得每个家的窗户外都要安上围栏。像这样的手段虽然能够防止高空抛物，但是客观上去考虑这事情，感觉也不是很妥当。因此，我认为高空抛物罪或者妨害安全驾驶罪这些轻罪的设立，是有它一定的道理的，它们并不是我认为需要去批判的对象。

第三，有的人认为，参照财产犯罪去解读性犯罪和扩大性犯罪的范围可能会存在问题。比如说性诈骗，那么如果某男子谎称富二代，骗取某女子信任然后发生关系，难道也能构成骗奸，构成性诈骗吗？回答当然是否定的。因为我在前面讲的时候，其实有界定性诈骗的含义，就是行为人利用虚假身份或者虚假事由骗取被害人信任，而且这个虚假身份指向的是性伙伴或者性伴侣的这种身份。而不是说，除了这种亲密关系之外，其他的社会地位、社会身份，比如富二代或者医生，军人这一类的身份，并不能构成性诈骗。性诈骗指向的必须是，通过冒充"已经长期地获得对方发生性关系同意的性伙伴"的身份去发生关系，才是性诈骗。同样的，对于制造虚假事由使对方误解性行为的含义，所指的也是，比如说谎称发生性关系是治病的一种方式，让对方以为这是一种治疗疾病的方式。或者面对一些缺乏文化、比较迷信的人，行为人去实施类似这样的行为，这也是一种性诈骗，我指向的是这种情形。

第四，所谓的性盗窃的形式是利用醉酒、熟睡、昏迷的场合，但这会不会放纵一些更严重的行为？我想强调的是，我这里讲的是"利用"被害人醉酒、熟睡、麻醉等意识不清的场合，而不是说"造成"被害人醉酒、熟睡、麻醉的场合。如果是行为人主动造成上述状态，然后再与被害人发生性关系，造成这个手段本身实际上可以被评价为是压制对方反抗的方式，这就应该归入到性抢劫之中。比如有意地给对方下了麻药之后，然后与之发生性关系，这并不是我这里所讲的性盗窃，而是应该归入到性抢劫的范围。

第五，如果按照我提出的体系来软化地理解不同情形的强奸罪，又该如何理解强奸罪和负有照护职责人员性侵罪之间的关系？后者的行为是不是应当理解成性敲诈？我提出按照财产犯罪来比较构建性犯罪体系的前面，是在第二百三十六条当中勾勒了性抢劫、性诈骗、性盗窃、性敲诈，其实敏感的听众会意识到这个板块当中还欠缺一个，那就是"性侵占"的形态。而我认为《刑法修正案（十一）》增设的第二百三十六条之———负有照护职责人员性侵罪——恰恰补足了这个板块当中的最后一块。如果说第二百三十六条强奸是普通性侵罪，那么第二百三十六条之一就是特殊性侵罪。我们来想象一下什么叫侵占罪，侵占罪当中行为人和被害人之间存在着代为保管财物的关系，对比之下负有照护职责人员性侵罪或者叫特殊性侵罪，它同样要求在行为人和被害人之间存在一种与保管关系类似的照护关系。前者侵占罪当中的保管关系是财物处在行为人的管理支配的占有状态之下，那么相应的，当认定这个特殊性侵罪的照护关系的时候，它

第十二讲　立法论思维与解释论方法

也表现为被害人处在行为人的某种管理和支配之下。这样的一种形象的比较，有助于我们去指导构成要件的具体解释。比如说在认定个案的时候，我们就不能仅仅停留在行为人说他有一个身份，他叫做监护人、收养人、看护人、教师、医生这样一种形式上的法律身份的特征，而必须是在行为人和被害人之间确定存在一种日常相处且实际发生效果的照护关系，行为人切实的担负着照护的职责，由此才产生事实上的权力支配和管理状态，这样就能够跟侵占罪当中的代为保管形成呼应。所以，负有照护职责人员性侵罪，它呼应的侵占罪，不仅在构成要件结构上相似，而且在刑罚的严厉性上也配比相似，都是属于各自犯罪体系当中的轻罪。作为特殊性侵罪，它的起点刑是三年以下，与作为普通性侵罪的这个强奸罪相比，显然是一种轻罪。就像侵占罪在财产犯罪当中也属于最轻的那个罪一样。以上就是我对相关问题的一个回答。

今天晚上还是特别感谢各位老师，刘老师主持到现在也特别辛苦。刘老师远在上海，我们很难有机会听到刘老师的授课，但是名声在外，刘老师在华政向来是选课讲课，学生是一票难求的。在这方面刘老师一直都是我们青年老师的榜样。兴良老师是我的导师，这个就更不用说了，今天特别来支持评论我的讲座，非常的感谢。然后是卢建平老师，在我20年前读博士，参加全国的博士生论坛的时候，卢老师就是我的点评人，当时给予了我很大的鼓励，今天晚上也是一如既往地来这里做一个支持的评论，特别感谢。罗翔老师和我其实都是北大毕业的博士，我们是属于上下届的同学，而且生活当中也是很好的朋友。可能我们之间有些观点是不一样的，但我特别想在这个地方说的是，观点不同是学术研究的常态。如果学者在观点不同的情况下，不去公开地发表出来进行学术辩论，这就是一种学术犬儒主义的表现。我今天晚上所讲的这些内容，有些观点其实也指向不在场的一些学者，他们跟我也是关系很亲密的学者。我讲座的很多内容是指向他们的批评和商榷，包括周光权教授、劳东燕教授、刘艳红教授、张明楷教授等，他们关于消极和积极刑法观的探讨，有些想法我也是不赞同的。甚至今天晚上，比如说陈老师在他的评论当中，提到他比较赞成立法上要积极，司法上要消极，而对这个看法我其实也还是存有疑问的。因为我自己一直是对于权力的运作持一种怀疑主义的态度，一开始口子开大了，指望在司法层面消极，我其实是怀疑的。所以我想说这样的问题是什么呢？就是我们讨论学术问题，需要有一种吾尤爱真理的态度。对于社会科学法学来说，追求真理的表现方式就是辩论，就是展开学术的辩论，只有学术之争才有学术之胜，没有辩论的学术讨论都是犬儒主义的。所以对于我们学者而言，只有辩论才能表示对对方的尊重，那在这个场合下，其实我也特别希望学界的，包括我们的这样的氛围可以越来越盛。即学者要有公开接受对方批评的雅量，同时也要有主动表现出对不同观点的一些批评和探讨，不要坐的一团和气，学术才可能有前进的动力。另外也感谢参与今天晚上评论的赵春宇律师，她是盈科律师事务所律师，盈科是西政主办这次活动的协办方，平时我们也都有很多的合作关系，今天她讲的这些问题，我也觉得很有启发。从实践的角度提出她自己的观点啊，我也非常感谢。我差不多就说这些，我想最后还是要留点时间给刘老师，我们特别期待刘老师给我们今天的讲座画上一个圆满的总结。

刘宪权教授：谢谢车浩老师。原来我是想进行总结的，后来话都给车浩老师讲去了，我就没办法再讲。那么我想这个问题，确实原来是有一些问题要提出来的。就是在司法实务当中，包括理论当中，我觉得最后手段性原则作为立法基础，是特别的重要的。但是，现在实践当中对这个原则，有时候会滥用。包括我们很多文章里面，提到了最后手段或者最后一道屏障这个问题的时候，有时候会滥用。春雨律师提到她们在辩护过程当中，有很多的刑辩律师经常会在刑庭的刑事辩护当中，说刑法是最后一道屏障，民庭可以调整，我们刑庭为什么要把它作为犯罪案件来调整。这类的观点特别多。我曾经提到过刑法是最后一道屏障，或者按照车浩老师刚刚的观点，是最后手段性的原则。这个不是不能辩论，但它只是立法层面的问题。所以车浩老师刚刚讲到，要从立法论的角度来考虑这个问题，我觉得是相当有道理的。也就是说，不能在司法实务当中随便乱用。立法要把某种行为规定为犯罪，只有在其他法律调整不足的情况下，我们刑法才可以介入，这个观点是肯定没问题的。但是立法一旦把某种行为规定为犯罪，也就是说在立法层面上，它已经退到了最后，那么在司法层面上，毫无疑问刑事优先是必须坚持的。因为如果行为人的行为已经完全符合了立法层面推到最后的、存在于刑事法律规范当中的相关构成要件，那么若这个时候还在司法当中谈论若其他法律可以调整，就不要放到刑法层面来讨论这个问题，这就大错特错了。因为行为人的行为已经符合了退到最后的法律规定当中的相关构成要件，这个时候用刑法对行为人加以适用，实际上就是我们适用法律的充足性的要求。这是我觉得在对这次讨论的题目当中，应该要提出的问题。

另外一个问题就是，提到解释必然要讲到我们的司法解释，而司法解释在很多、很大层面上，实际上是在替代或者在行使我们立法的职能。比如在金融犯罪当中，我们有专门规定伪造变造金融票证罪，而伪造变造金融票证当中有一项行为，规定的是伪造信用卡。《刑法修正案（五）》实际上在信用卡犯罪当中专门规定了妨害信用卡管理罪，而且在这个犯罪当中专门罗列了一项行为，这个行为就是：持有、运输伪造的信用卡和持有、运输伪造的空白信用卡，数量较大。在持有运输的对象里面，包含了伪造的空白信用卡，那么从道理上讲，应该马上想到在修正的过程当中，对前面所讲的伪造变造金融票证罪当中的伪造信用卡，这个内容里面是否包含伪造空白的信用卡。就像我们在妨害信用卡管理罪当中专门规定了使用以虚假的身份证明骗取的信用卡的，然后在信用卡诈骗罪里边，也专门规定了使用骗取的信用卡的行为。但是，在伪造变造金融票证罪的规定里面，并没有专门增加伪造空白的信用卡这项内容。从道理上讲，这是修正当中的不充分的问题。但是，事实当中，五以后的所有的修正案里面都没有专门对这个问题进行修补。而且，反过来是通过司法解释，在解释妨害信用卡管理罪的这款解释当中，偷偷地规定伪造空白的信用卡多少张可以按照伪造变造金融票证罪来认定。偷偷地把立法问题司法解释化，这也是我们现在应该要注意的一个问题：明明应该通过修正案立法的方法来对这一问题重新加以规定，却反而用司法解释来替代，我认为这是一个很大的问题。

我想时间已经很晚了，如果要细讲的话，实在是没有时间了。一般说讲座做好的时间是两个半小时，我们现在实际上已经三个多小时了。我想，作为一个主持人还是要掌握节奏。在这里，还是要谢谢我们兴良教授、建平教授、罗翔教授和春雨律师。而且特别要谢谢我们车浩教授给我们做了这么精彩的一次讲座。那么，关于刑法治理的现代化与本土化系列讲座第十二期，暨金开名家讲坛的讲座，我们就讲到这里，谢谢大家。

第十三讲

当代中国刑法社会机能的本土化选择

王志远[*]

摘 要：刑法社会机能具有多样化的外观，但是特定历史时期、特定社会群体背景下的侧重点是有所不同的，不存在永恒性的位阶配置。当代中国的法治建设瓶颈在于"规范意识"，即民众守法意识没有普遍建立起来。在这样的背景下，刑法应当在确证规范并引导守法方面发挥积极的作用，而不能受刑罚狭窄视角的限制反而发挥破坏性的作用。

主持人吴大华教授[*]：同志们，大家晚上好。由西南政法大学刑法学

---

[*] 王志远，中国政法大学刑事司法学院副院长、教授、博士生导师，中国政法大学企业合规检察研究基地执行主任，兼任中国刑法学研究会常务理事、中国法学会网络与信息法学研究会常务理事、中国犯罪学学会副会长、中国犯罪学学会犯罪被害人学专业委员会负责人。荣获"吉林省十大杰出中青年法学家""吉林省十大杰出青年"、中国政法大学"端升学者"等称号。主持国家社科基金重点项目等省部级以上项目10余项，出版个人专著4部，重要合著3部，重要编著5部，译著3部，发表专业论文百余篇。

[*] 吴大华，贵州省社会科学院党委书记，教授、博士后合作导师。曾任贵州民族学院院长、贵州省社会科学院院长等职，兼任中国法学会常务理事、中国世界民族学会副会长、中国民族法学研究会常务副会长、中国人类学民族学研究会副会长暨法律人类学专业委员会主任、中国犯罪学研究会常务理事、中国刑法学研究会常务理事等职。享受国务院政府特贴，荣获"全国十大杰出中青年法学家""全国首届杰出专业技术人才"、教育部第四届"高校优秀青年教师奖""十大教育英才"等称号；入选"新世纪百千万人才工程国家级人选""中国杰出人文社会科学家""全国文化名家暨'四个一批'人才""国家哲学社会科学领军人才"。主持国家社科基金重大、重点、一般课题4项，主持省部级科研课题10余项。出版《民族法学通论》等个人专著13部，发表法学论（译）文400余篇。

第十三讲　当代中国刑法社会机能的本土化选择

科主办，重庆市新型犯罪研究中心、国家毒品问题治理研究中心、西南政法大学的量刑研究中心、外国及比较刑法研究中心、北京市盈科律师事务所以及北大法宝学堂协办的"刑事治理的现代化与本土化"系列讲座第十三期正式开始。很荣幸受到母校西南政法大学的邀请，担任本讲的主持人，本期的主题是"我们当代中国刑法社会机能的本土化选择"。刑法社会机能具有多样化的外观，但是在特定的历史时期、特定社会群体背景下的侧重点还是有所不同，不存在永恒性的位阶配置。当代中国的法制建设的瓶颈，在于"规范意识"，即我们民众的守法意识还没有普遍地建立起来。在这样的背景下，我们刑法应该在确证规范并引导民众的守法方面发挥我们积极的作用，而不能受刑法狭窄的视角限制反而发挥破坏性的作用。

今天主讲人是王志远教授，王志远教授是中国政法大学刑事司法学院的副院长、博士生导师，兼任中国犯罪学研究会的副会长、中国刑法学研究会的常务理事，长期致力于犯罪构成理论的体系，刑法核心社会机能观等问题的研究，发表的论文100多篇，出版个人专著多部，主持国家社科基金十多项，而且最近又有大喜，我们表示热烈的祝贺。今天邀请到了与谈的嘉宾，第一位是魏昌东教授，魏老师是上海社会科学院法学研究所刑法研究室的主任、博士生导师，中国犯罪学学会的副会长，中国廉政法制研究会的常务理事，也是我们中国刑法学研究会的理事，主持了国家社科基金重大项目、一般项目、司法部重点项目多项，出版学术著作多部，发表专业论文数十篇。第二位是我们清华大学法学院王钢老师，王钢教授是博士生导师，是德国弗莱堡大学的法学博士，主要研究刑法基础理论、刑法哲学，曾任德国弗莱堡大学刑法学刑事诉讼法研究所的教研助理，迄今为止在法学核心期刊发表学术论文数十篇，出版中文著作多部，发表了德文学术论文两篇，出版德文专著一部。第三位是韩正武主任，是盈科刑辩学院的副院长，盈科福州分所刑事与合规法律事务部的主任，福建省法学会刑法学研究会理事，出版个人专著一部，发表论文多篇。第四位是西南政法大学的卢有学教授，刑法教研室主任、中国刑法学研究会的理事、重庆国家安全法学研究会的理事，主持了国家社科基金项目、省部级研究项目多项，出版专著多部，发表论文数十篇。今天大咖云集，下面首先有请王志远教授做主题讲座，然后请专家逐一点评，谢谢。

· 405 ·

刑法治理的现代化与本土化·讲演录:(一)

主讲人王志远教授：好的，谢谢吴老师。像吴老师刚才讲的，确实是大咖云集的情况下，多少还是有些怯场、紧张。首先我表示感谢，感谢西南政法大学刑法学科的邀请，也感谢石经海老师的邀请和精心的组织，也更感谢吴老师、魏老师、王钢老师、卢老师、韩主任，希望得到几位的批评。言归正传，那么我今天要讲的题目其实是2016年在《东南大学学报》发表的一篇文章，这篇文章称不上特别好，个人也有一些不满意，但是这篇文章是个人在一定经验总结的基础上，对于我们中国当代刑法社会机能的一些个人看法，也是一段时间以来我个人所坚持的立场。很多问题其实都跟刑法要在社会治理过程当中发挥什么样的作用有直接的关系，如果你从不同的角度上去思考相同的问题，出于不同的机能考虑，那可能得出的结论是不太一样的，这样的问题比比皆是。我觉得这个问题还是很重要，所以今天分享一下我个人的一些看法，欢迎批评指正。作为一种内容梳理，这里有一个目次，各位可以先看一下，是一个流水账式的整理。

今天的内容，首先我会对社会机能、刑法的社会机能、刑法的机能，做一个基本概述，接下来会对于刑法机能的位阶问题进行一个简单的展示，然后是刑法社会机能视野下当代的刑事司法观察，接着是时代变迁下的刑法社会机能，再往后立足于中国法治建设的瓶颈，中国当代刑法应该发挥什么样的作用，最后可能涉及几个具体问题，即如果把刑法的社会机能界定为规范确证的话，那么法教义学、刑法教义学在价值目标上应该做什么样的调整？那么还有我会在这种刑法的规范确证机能发挥不合理的三个主要方面做一些简单的观察或者评论，这是一个主要内容。

关于刑法的机能，我个人是建立在早期看的好像是冯军老师或者李红老师翻译的日本学者福田平的一本刑法教材的基础之上来定义的。刑法的机能有社会机能和本体论机能两个向度。所谓本体论机能就是刑法本身它有什么样的作用，此处主要是刑法的裁判机能和行为规范机能的对立，裁判机能主要是针对司法者而言，从罪刑法定的要求上说法无明文规定不为罪、法无明文规定不处罚，就是最典型的一种裁判机能的发挥体现。这个地方实际上还有一个另外的说法，裁判机能也被称为限制机能，因为它限制司法者的自由裁量权，限制不当的刑罚权的运用。与它对立的是刑法的行为规范机能，刑法在现代社会主要体现为成文法，它公布出来之后，自然就带有去指引人们行为的作用，在这个意义上我们把它称为一种规制机

第十三讲　当代中国刑法社会机能的本土化选择

能,因为它无论是通过立法、还是司法适用,是希望让人们明白我们的国家在允许你做什么、不允许做什么,实际上是一种行为规范的确证机能。在我的理解中,刑法的规制机能或者行为规范机能,实际上与我们今天要讲的刑法的规范确证机能具有相同含义。从社会意义上讲,刑法机能有人权保障机能和社会保护机能的对立,人权保障机能主要是针对刑法打击的对象,对犯罪嫌疑人、被告人而言,刑法是人权保障,因为法无明文规定不为罪、法无明文规定不处罚,实际上就是限制了司法者不当刑罚权的运用,从而实现一种保障人权的作用。所谓的社会保护机能应该说是刑法的一个最本质、最原始的作用,刑法是用来维护一个最底线的社会秩序。还有法益保护机能和规范维护机能的一种对立,法益保护机能特别强调要用刑法来保护法律需要保护的各种利益,是一种结果功利主义,那么规范维护机能,更多地看行为,看你行为本身是不是违反了规范。如果要理解规范确证机能,需要把刑法的行为规范机能和规范维护机能结合到一块,立法者和司法者实际上都是向社会——尤其在司法意义上在向社会确证被违反的规范,当然立法有时候也会体现这种确证,如为有严重社会危害性的新现象创设新的罪名。

这里有两个概念需要跟大家做一个区别,我要说的刑法的社会机能与学界正在热烈讨论的积极刑法观,并不是一个层次的问题,积极刑法观的核心是刑法要根据社会的变迁,根据时代的需要去积极地回应社会、参与社会治理的各种需要,它是一种更为宏观的政策导向,它跟刑法的机能还不是一个层次的问题。

这些不同的机能之间的关系有时是对立的。裁判机能得到实现,行为规范的机能是不是受到了损失?两者之间的关系如何来维持,如何来协调?那么自然也就会有一些位阶上的考虑。

有两种基本的观点,我借用张明楷老师和陈兴良老师的表述,来阐述一下。张明楷老师认为刑法的机能首先是法益保护和人权保障,那么刑法的规制机能也就是我要说的规范确证机能,基本上只是法益保护机能的一种反射效果,行为规范机能被排在了一个较低的位阶上。因为刑法的目的是保护法益,所以刑法必须禁止侵犯法益的犯罪行为,禁止的方法是将法益侵害的行为类型化并规定相应的法定刑,这种规制方式自然会产生行为规制的效果,不需要特别强调这种行为层面的机能考量。那么陈兴良老师与之相反，他认为刑法的规制机能是通过刑法作为行为规范与裁判规范共同实现的，而刑法规制机能又为实现刑法的法益保护和人权保障提供了客观基础。也就是说在陈老师看来，刑法的规制机能或者说是叫做规范确证机能，它更为基础更为重要一些。

当然从我个人的价值偏好，我看到的很多现在的学者无论中外，他们都似乎在倾向于去在社会机能的位阶关系上强调一种规范确证的机能，或者说是一种行为引导、行为规制的机能。例如冯军教授，他说把刑法的目的定位于规范保障，既不是指刑法要保证所有的人毫无例外地遵守规范也不是指要保障刑法的规范要求完全不受破坏，其核心意旨是说，即使在规范受到破坏时，刑法仍要保障规范作用的发挥，要保障原来信赖规范的人在刑法规范受到破坏时仍相信其有效性，要保证人们把破坏规范的行为视为毫无价值的、不值一提的东西，从而从自己的行为模式当中排除出去。日本学者高桥德夫在讨论故意杀人罪的时候，他说刑法是通过事前性的提示，比如作为"禁止杀人"这种行为规范来保护法益的。首先的还是要强调行为规范的机能，或者是社会这种刑法的规范确证机能。而更早美国的实证主义法学大师哈特，他说刑法的主要机能并不在于刑事追诉，而在于第一次性地为市民提供行为的方向，还是强调一个刑法对于人们行为的一个指引。

有两种比较典型的或者说对我们目前中国的刑法学研究有较大影响的理论，一种是来自德国的"机能主义刑法观"和美国的"规范性犯罪控制"理论，实际上他们也都在强调刑法对人们的行为的引导作用。机能主义刑法观认为刑法的中心任务应当是对共同体生活的基本价值、行为价值所具有的牢不可破的效力加以保障，强化"法忠诚"来保护法益。规范性犯罪控制认为我们不能够像过去通过强制性的犯罪控制来实现刑法对于社会的治理作用，而应该试图使潜在的犯罪人认识到被禁止的行为与其自身所内化的"什么是可接受的观念"不一致或者退而求其次，使他们认识到被禁止的行为与其家人或者朋友的观念不一致，引导其将被禁止的行为视为无吸引力的、从而放弃犯罪的意志，借此实现控制、减少犯罪的社会目标。

前面两个部分都是一种基础的介绍，那么接下来我们看一看我们中国的刑事司法在这个社会机能的视野之下有什么样的问题。我觉得问题主要是有三个大的方面，第一个方面，机械司法：社会机能考量的缺失。第二个方面，用社会治理这样的行政性考量来代替刑法社会机能考量。第三个方面，社会机能考量的一贯性缺失：人权保障与规范确证之间来回摇摆。我举三个例子分别来说一下，这种社会机能缺失、被替代或者是一贯性缺失的三个问题。

第一个方面，关于社会机能考量的缺失。举一个案例：某饭店大堂经理手上掌握着很多VIP储值卡，大堂经理发现很多人把钱储值了之后，好长时间都不用，按照合同过期归酒店，于是他将客人付的现金揣进自己兜里，随后在电脑上操作，用VIP储值卡去抵账，一段时间后一个储值的客户查账发现少了很多钱，于是案发。本案大堂经理窃取的金额大概是2万多块钱。检察机关的意见认为此行为属于职务侵占，在主体上、在行为方式上、在侵害对象上都符合职务侵占的特征。而根据2016年的一个司法解释，职务侵占罪的入罪数额是6万元，按照这样的逻辑，检察机关认为没有达到数额要求的，不构成犯罪。问我的意见时，我认为这样处理问题，可能会导向一种非常错误滑稽的行为指引。是什么呢？那些整天溜门撬锁，整天学技术去打造万能钥匙，这样的人以后是不是都会感觉到自己很可笑，干嘛要去那么费劲地学技术、学本领，还有危险爬墙上屋？去应聘一个单位，窃取单位财务，达不到6万元都无罪。如果是这样的行为指引的话，实际上我们的刑法不是在减少犯罪，而是有可能使得我们的犯罪率更高，当然我只是做一种逻辑上的推演。但是这样的处理方式，显然检察机关并没有去考虑刑法要实现什么样的社会机能。

第二个方面，用社会治理这样的行政性考量来代替刑法社会机能考量。这个案例也是我亲身经历的。一个村子里的一对夫妻，他们两口子是这个村子里边的能人，平时村民们对他们也比较信任和敬佩。有一天这两口子说他们准备去做买卖，建议大家都把钱汇集到他这个地方来，挣了钱之后给大家分配红利。集了200万元资金后，这对夫妻消失了三年，警方在三年里边穷尽了各种办法，终于把两口子抓回来，但是没有找到赃物，两口子不说，警察也找不到。之后这对夫妻就通过一些渠道，想跟警察做交易，承诺愿意归还赃款，但是前提是不能追究他们的刑事责任。村民们知道这个消息之后，也纷纷求警方放人，公安机关讨论一番，决定撤销案件。回到村里之后，这两口子果然拿出了这个钱归还了村民。这样处理的

· 409 ·

好处在于本案件的矛盾消失了,但是从刑法本身的机能来看,一旦有这样的先例,是否会在局部在某些地方形成一种导向,即骗钱之后只要是让警察找不到钱,然后做交易,就不会受到处罚?是否会有更多的人去冒着一种侥幸心理去诈骗?会不会引向这种不正当的行为方式?这个案件说明刑法社会机能的考量,实际上很有可能被一种社会治理的考量所替代。社会治理的机能往往是比较空的,比较行政化的。如果把我们的刑法掏空了,那么我们刑法就可能完全变成一种工具了。

第三个方面,社会机能考量的一贯性缺失:人权保障与规范确证之间来回摇摆。在河北有一个民营企业,生产的产品需要一种非常珍稀的贵金属,厂里对贵金属原料的保护非常严格的。后来车间主任动了歪心思,他伪造了一张提取原料的单子,去仓库里取原料,储存在厂里的破仓库,然后买通了保卫处,开了一辆车将原料运出去。这个案件的犯罪构成也具有特殊性,行为人是公司企业事业单位人员,利用了职务的便利去侵吞、窃取了本单位的财务,也符合职务侵占罪的构成要件。案件律师查了主诉检察官,发现他办过的类似案件基本上都以职务侵占罪来处理。但是在这个案件上很有趣,他没有用这个职务侵占罪,而是用了盗窃罪来起诉。从理论的角度上讲,职务侵占罪是一种特殊的犯罪,特殊法优于普通法,在这样的逻辑之下,适用较轻的职务侵占罪是有利于人权保障的,并且引申出来有利于被告的解释原则,从这个意义上体现了人权保障的刑法机能。但与第一个案例一样,会形成对犯罪的放纵,对不得盗窃的规范要求有削弱作用。因此这个案件背后隐藏的是两个不同的社会机能的选择,也体现出检察官对于同样的案件,他其实并不坚持同一个社会机能观,所以导致了一种个人处理案件上的混乱。

这些案件反映出来的问题就是,刑法社会机能在刑事案件的处理过程当中起到的指导作用并不明显,更不用说现在的刑事司法应该首先满足什么样的社会机能的考量,这些问题在司法当中并没有得到一贯性的坚持。

改革开放几十年以来,在刑法变迁、刑事政策的变迁中都能够看出来,不同时期,针对不同的现象,刑法社会机能侧重点实际上并不一样。在改革开放初期,由于社会的严重失范,人们对于新的社会生活没有形成共同的新的规范体系。在这种情况下,国家出台了严打的刑事政策,通过这种严厉的打击威慑,来让人们遵守一些最为底线的行为规则,行为规制

第十三讲　当代中国刑法社会机能的本土化选择

机能或者叫做规范确证机能放到了一个首要的地位。当然这里单纯的行为规制跟我要说的规范确证还不太一样，因为单纯的行为规制可以通过一种强制威慑，包括一些不太人道的威慑来实现，但是规范确证必须通过一种合理的处置方式来实现，如果不合理，就无法让人们真正对法律尊重和遵从。随着社会秩序的稳定和市场经济的发展，形势政策发生了变化，慢慢开始强调保障人权。对两个历史阶段做一个对比的话，我们不难发现其实刑法的社会机能在侧重点上是随着时代的变化而变化，做出了符合时代需求的选择。

有了这样的前提，现在的刑法社会机能应该首要强调什么？我选择从法治建设、法治社会发展的角度，来看当下的中国需要什么样的社会机能的高位阶排序。法治实际上需要两个东西，一个是规则本身，另一个是人，转化成我今天要说的话语，就是一个是规则体系建设，另一个是规范意识的养成。规范意识的养成实际上就是人们尊重、遵从法律，人们信仰法律，按照法律的要求来行事这么一种社会性的心态。从目前的情况来看，我们中国的法治建设应该说在规则体系建设这个层面向度上取得了非常巨大的成功，对比欧美法治国家代表如英国、美国，没有像中国这么一个完备的法律体系。光从刑法的角度上说，英国到现在为止还没有全国性的统一的刑法典。美国虽然各个州都有自己的刑法典，但是它的联邦层面是没有刑法典的。当然这跟政治体系有关系，但是也反映出来一个他们的规则体系建设，其实还是没有我们现在做的这么好。2008年的时候，我记得好像当时的吴邦国委员长就已经宣布说中国的社会主义法制体系基本确立，当然他说的"制"是制度的"制"，说的是规则体系建设。时至今日，我们能不能说自己已经是一个法治国家了？我想不会有太多的人认为中国现在已经真正实现了法治建设所要实现的所有目标，因为从法治建设的理想状态上，其实不需要太多的法律规则，尤其是刑法在社会治理过程当中现身越少越好。很多纠纷都因为人们缺乏对于规则的尊重和尊崇而出现，这就是规范意识问题。我个人觉得中国目前的法治建设瓶颈实际上就在于有规则无规范意识，虽然有比较卓有成效的规则体系建设，但是守法意识并没有普遍的建立起来。

大概在2013年我做过一个调查，我们拿着摄像机在高峰期路口录违章车辆，最终录到的违章数量非常庞大，更可怕的是，大概接近99%被警察查到的违章车辆的驾驶员,被查到下车之后的第一件事情,掏手机打电话,这说明我们的规范意识其实并不强,我们在日常生活当中,其实更想通过法律之外的方式、渠道来化解危机。这说明我们的规则意识没有充分地建立起来,当然这些年还是有着比较明显的进步了,我也观察过晚上半夜或者是凌晨两三点钟的路口,我们发现等红绿灯的车辆基本上占到了99%,甚至是100%。没有几个车因为晚上车辆少、没有警察就闯红灯,当然这可能跟监控有关系,但是也可以说守规则的意识在逐渐地建立,但是如果说守规则的生活态度已经得到了普遍的养成,那我是不赞成的。有同学、老师可能会有疑问,规则意识为什么一定要用刑法来强调和确证?社会心理学实验的例证证明,没有哪一个法律的不合理所造成的负面影响——在破坏人们的守法意识这个层面——能够与刑法相比。民法上处理得不好,导致人们道德意识、守法意识的滑坡,这个现象是有,但是从社会心理学实验得到的一些数据来看,民法上不合理判决所带来的破坏性作用,远远不如刑法。

  美国宾夕法尼亚大学的保罗·罗宾逊教授当年做过一个实验,实验组织者假设,当刑法诸原则显著偏离于通常的正义直观时,对法律可预见的不公正的了解确实将消极地影响人们对法律的态度,也会削弱他们合作、支持即遵从于法律的意愿。实验分三个阶段来进行。第一个阶段让被测试者就8个问题进行回答,这些问题都是反映人们是不是愿意去与法律相合作,是不是支持法律,是不是遵从法律。比方说"忘记付餐费了,离开后是否愿意再回到餐馆去交费","如果看到公共建筑上的一些装饰物被破坏,你是不是会报警","被适用无期徒刑的行为是不是必定是极其恶劣的"等。第二个阶段,实验组织者会向这些被测试者出示刑事责任和刑罚赋予不公正的一系列真实案例。我记得曾经有一个案例是这样的,涉及美国的"三振出局"。"三振出局"是说如果连续犯三次以上重罪,在对第三次重罪定罪量刑的时候,法定刑直接上升到无期徒刑和死刑。我个人觉得它是我国累犯制度的一个升级版,法定刑直接升级到无期徒刑或者死刑,当然有的州没有死刑。这样的制度在试用过程当中遇到一个案例:一个父亲早年连续两次犯了诈骗罪的重罪,在第二次被判处刑罚执行完毕被释放之后,父亲看到他两个孩子因为自己长期的缺位而缺乏有效的管教,都已经变成了废人,二十几岁了整天游手好闲,还经常为了一些琐事而争吵。

第十三讲 当代中国刑法社会机能的本土化选择

有一天他从外面回来，父亲发现这两个孩子正在抢遥控器，而且其中一个孩子把父亲合法持有的枪支拿出来，对着对方。这样的一个情况下，父亲无论是出于对自己的愤怒，还是对他孩子的愤怒，还是对自己过去不正确的生活态度、行为方式的一种懊悔，他上去之后把孩子手里的手枪抢了过来，然后对着天花板开了两下。非法使用枪支是一个重罪，第三个重罪出现了，按照当地的法律，他会有可能被判到无期徒刑或者是死刑。这个案件在当地引起了很大的质疑：父亲明显已经开始想做一个好父亲，想做一个好人了，然后还要给他这么重的处罚。类似这种刑事责任和刑罚赋予不合理的案例被告知被测试者，然后再让被测试者去回答跟第一个阶段实验相同的问题。得到的结果是，跟第一次测试时的结果相比，不遵从、不合作、不支持法律的态度变化是显著的。这代表刑法的不合理裁判对守法意识的破坏是非常大的。从反向的角度上，刑法在这样的一个有规则无规范意识的历史时期，在法治建设面临瓶颈的这样的一个历史时期，在需要强化普遍守法意识的特殊历史阶段，就需要用合理的司法，让人们感觉到公正，来引导人们去做行为方面的正确选择，我们需要将规范确证培养守法生活态度作为中国刑法首要的社会机能。我得出这样的结论，并不是从刑法本身来做的，是我从整个法治的经验体会的，当然它有可能是一个片面的角度。

在规范确证引导人们守法作为首要社会机能的同时，刑法教义学应该在价值取向上要有一个转变。刑法教义学本身并不是要实现什么公正，让人们像我们习近平总书记说的，要让每个人在每个案件处理过程当中都感觉到公平正义，它更多的是一个"法安全"的导向。我认为刑法教义学的首要目的是实现有原则的逻辑一致、逻辑自洽，有原则是说建立在一个确定的原则体系或者是一个立场体系基础上，去建立一个逻辑自洽的法教义学体系，这样的法教义学体系在消除歧义、认识统一、法律适用标准的统一、增强法律适用的确定性、保证可预测性方面都是有积极作用的。但是如果要真正实现规范确证的机能，那么法教义学还要更加强调"法公正"，从非常抽象的角度上说，刑法没有遵从逻辑一致的必要性，或者说我们坚持逻辑自洽也是为了实现法公正，所以说法公正可能是更重要的。但是我不愿意去做这样的说法，这两者之间是不可能偏废的。法律的逻辑或者说有语言表述的地方，实际上都是会有歧义的，在这种奇异的背景之下，我们应该做出一个最有助于实现"法公正"的一个选择。为什么这么来说，其实除了我们规范确证的一种需要，引导人们守法意识的养成这样的一个需要之外，可能也跟目前中国司法的机械性有很大的关系。有很多例子证明，现在的司法者宁愿去选择一种自洽的，或者说形式上合理的结论，也不愿意去保证实现"法公正"，甚至明知道结论是不公正的，也要去坚持一种"法安全"的导向，这个是我觉得需要改变的现状。在我看来只有刑法的运行能够在人们的心目当中建立起"公正"，这种群体性的感性认识才能够获得人们的认同，向人们确证法律所要倡导的行为规范才成为可能。

如果刑法的首要的社会机能是规范确证，那么有三种不合理的现象是需要去扭转改变的。这三个需要扭转的问题，其实不仅体现在司法上，也体现在立法上。

第一个问题我们把它称为"不当的规范欲求"。至今我不明白袭警罪的设立有什么必要性，如果说设定这个罪是为了保护公务行职权的顺利实施，那么刑法中有妨害公务罪；如果说它是为了保护警察的个人安全，那么刑法中有故意伤害罪、故意杀人罪。那么为什么还要单独把它拿出来？可能是想传达要特别尊重警察，从这意义上很多我们的同仁都在开玩笑说，教师是不是也要特别保护，故意伤害教师要单设一个罪名——袭师罪。其实从中国传统文化的角度上，这可能比袭警罪的设置更合理一些。它向人们提供一种规范要求，即要特别注意不要去袭击正在执行职务的人民的人民警察，我觉得是过当的。从司法的角度上有这么一个案例，也反映了在实践中有不当的规范要求被司法的判例所提出的一种现象。在一个离婚案中，法院办理案件的人员因为一时疏忽，没有将法院作出的房产查封的裁定送达到房产管理部门。这个地方做一个说明，在离婚案件当中，因为房屋可能是共同的财产，一方担心对方转移，会要求法院查封。做出查封裁定后，法院不仅要将裁定送达原被告双方，也要送达房产管理部门。那么在这个案件当中办案人员疏忽了，没有把裁定送达到房产管理部门，从而就提供了一种机会。收到查封裁定书的被告，即男方，得到这样的一个消息后，马上找了一个人冒充配偶并伪造了身份证，然后将所涉及的房产转让，造成了女方也就是原告方重大财产损失。这个案件，检察机关有意见说要以玩忽职守对法院的办案人员提起公诉。那么我个人觉得如

第十三讲　当代中国刑法社会机能的本土化选择

果是刑事司法它是有社会机能的，不能够把每一个案件的处理当成是一种纠纷，或者是一种需要向某些特定的人做一个交代这么简单。每一个刑事案件的处理，每一个判决的作出，实际上都会涉及向社会一般人或者特定类型的人传递规范要求。站在这样的一个角度上去看，司法部门没有必要通过对本案办案人员的定罪，来强化对法益侵害发生没有功能性关联的规范欲求，即使做了这样的规范欲求，丈夫也会千方百计想办法转移财产。也就是说我们的无论是立法和司法，都不能向社会一般人传递出来一些过度的要求。

第二个问题是"不合理的规整手段的选择"，这个问题不仅在立法上有体现，也是在司法上有体现。先说一下司法上，那么在《刑法》的第三百八十二条第三款有这样的一条规定："对多次贪污未经处理的，按照贪污罪累计计算数额。"司法实践当中有一种观点认为这里的"处理"可以做一个扩大解释，不仅是刑事处理，也可以包括党纪组织纪律相关的处理，只要是经过处理了，数额就不再累计计算。实践当中就出现过这样的情况：一个国家工作人员先贪污了5000块钱，被给予了党纪的训诫处分，过了几个月他又贪污了3000块钱，或者说是又贪污了5000块钱，累计达到了1万块钱，如果算有多次贪污，就达到了入罪的门槛要求了。如果按照刚才这种处理意见的话，是不作为犯罪处理的。从教义学的角度上说，我们还可以对"处理"做限缩的解释，即只能包括刑事处理，即使之前受过行政处分、组织处分、纪律处分、党纪处分，也可以累计计算。刑法当中所有的疑难问题，实际上都是一种多种解决问题方案的选择问题，如果站在一个规范确证的角度上，那就是能够选择一种让人们感觉到公正的处理方案，因为只有这样，人们才能够更去尊重法律，遵从法律。我个人认为后边这种处理方案选择是更合理的。不说别的处理方式，就说党纪，党纪这种处理方式可能只有中国共产党员才能够享受得到。只有党员才能够享受经过党纪处理后就不再累计计算这种优待。那党员成什么了？党员是人民当中的人民，它应该比人民更遵守规范，做了违法犯罪的事情，应该受到比人民更重的处罚，而不应该受到什么特别的优待。所以司法处理在寻求更合理的选择的时候，可能并没有从规范确证引导人们守法、尊重法律这个角度上去进行一个正确的合理的判断。在立法层面上，我这里想说说共犯制度，现代刑法当中直接威胁法益的实行行为，直接就归入了分则的处置范围。但是有一些参与行为犯罪的行为,并不完全符合分则的实行行为的类型化特征,不能按照分则的规则原则进行处置,这时就需要一种共犯制度,共犯制度就是为了解决不能够按照分则类型化的实行行为进行定罪处罚,或者说是不能够按照分则的规则、原则进行处置的犯罪参与行为,而设置处罚原则和处罚,这是共犯制度的共同目的。从多人之间相互关系的角度上,几个人联合在一起形成了一个犯罪共同体,去实施危害社会的行为,这就是我国《刑法》第二十五条设定的共犯处罚条件的观察角度,即观察主体间有没有形成共同犯罪的关系,以确定参与犯的处罚范围。而在大陆法系的其他国家,并没有从共犯关系这个角度上设定参与犯的处罚条件、处罚范围,而是观察与实行行为相对立的参与行为的具体样态,教唆、帮助、共同正犯、幕后人物,等等。从目前我国共同犯罪制度面临的许多难题上来看,我认为我们的规整手段还不太妥当。我们可以用中立帮助行为来考虑一下这个问题。实际上在这个理论热点出现之前,就有这样的现象。犯罪嫌疑人是一个甘肃的私营旅行社的老板,这个旅行社的老板投资建了个旅行社,然后跟新疆的某个国营旅行社的一个部门进行合作。他从甘肃把旅游团发到新疆,然后落地接待,最后获得利润之后再返给他。那么这样的一种经营模式之下,他明知道跟他合作的部门经理在贪污——即利用他发团的机会,再从国营旅行社骗取更多的财物和经费——仍然一次一次地发团,最后他个人投入到这里边的金钱100多万元,在回收利润之前案发,最后这位犯罪嫌疑人被认定为贪污罪的共犯。如果按照我们的共犯关系,嫌疑人明知道对方利用自己发团的机会来贪污,还不管不问,双方形成了相互关系,所以是贪污罪共犯。所以至少从我观察的角度,我们现在的立法选择,实际使一些应当无罪的行为成为犯罪,之所以会说这个人应当无罪,是因为犯罪嫌疑人发团是为了得到自己应得的利润,并没有义务去组织跟他合作的部门经理不去向本单位贪污。所以司法处理结论要让人们尊重和尊崇,实际上在立法上应当选择一种最为合理的、最有助于实现一种行为规范指引的规整手段、立法手段,我们的共犯制度设定应该从现在的这种主体间的制度模式转向一种类似于德日的单方化的制度模式,这是我的一点个人的意见。

第三个问题是"刑事法律适用的异化问题"。先说立法,我们中国的刑法当中有一类现象非常有趣,即相同性质的行为,也可能因为主体不

第十三讲 当代中国刑法社会机能的本土化选择

同、手段不同、对象不同、发生场域的不同,而设定成不同的罪名。就以诈骗罪为例,有普通诈骗罪,还有合同诈骗罪、信用卡诈骗罪、金融票据诈骗罪、贷款诈骗罪、集资诈骗罪,等等。虽然特殊的诈骗罪规定了具体的行为方式,但只有先满足了诈骗罪的构成要件,才能构成这些特殊罪名。比方说我曾经遇到过一个案例,一个老板欠了别人的钱,跑到外边去躲了三年,抓回来之后没有判合同诈骗罪。当然如果从法条规定的或者司法解释规定的行为类型上,有隐匿这样的行为,就已经构成了合同诈骗罪,其实不是的,你还得符合诈骗罪的基本构成。这个案件之所以无罪,是因为它实际上是一个三角债,别人欠他,他也欠别人,别人不还他也没钱还别人,他的还钱能力还是有的,不能说他的藏匿就是为了不归还钱。同质分立的现象,在我们司法实践当中导致了很多有趣的问题,其中有一种现象叫罪质消融,同样性质的行为,因为有特殊的主体行为手段、发生场域,等等,出现了不同的入罪门槛设置。如果没有这个特殊罪名,肯定会受到处罚,但是有了这个特殊罪名,他就不受处罚,这样的情况我把它称为罪质消融。最典型的表现就是贪污罪和盗窃罪、诈骗罪的关系。张明楷老师 2018 年的时候在《政法论坛》第一期发过一篇文章,他说如果数额达不到贪污的要求,可以按照普通盗窃罪和诈骗罪来处置,我个人对这种观点是非常赞同的。因为在老百姓的心目中,不管是什么样身份的人,侵吞、窃取和骗取的行为,本质上就是在偷在骗,同样是偷和骗,如果没有贪污罪的设置,自然是有罪的,都要受到处罚,但是有了贪污罪的设置,却无罪了。难道贪污罪的设定,就是为了给一些人设定一个辩护理由吗?我相信立法者不会做这样的一个选择,立法者的初衷可能是将发生比较多的、特殊的违法现象特别规定出来,让相关类型的人员遵守规范,但是现在的情况却是有太多的人把贪污罪和盗窃罪、诈骗罪给它做了一种本质上的区别,区分的结果便是有罪的行为无罪化,正应了古人那句话——"窃国者王侯,窃钩者诛",这样的情况不公平。我曾经有一段时间,拿这样一些事例去跟滴滴司机、出租车司机讨论,得到的回复都是"法律就是给老百姓定的"。所以我们的立法选择上应该避免在司法实践当中被搞成一种辩护事由的立法设计方案。我对于刚才说的这种同质分立的立法现象,也写过一篇文章,我个人觉得立法不应该做过度分立的、过度类型化的设定。有一个案例,某人他拿了 100 万元行贿,在场有国有医院的院长,

· 417 ·

还有一个非国家工作人员的医院聘用人员，人就把 100 万元分成了三份，40 万元给了院长，这是行贿，40 万元给了聘用人员是对非国家工作人员行贿，还有 20 万元给了医院院长让拿回去给医院员工搞点福利，这是一个对单位行贿。到最后怎么定？这是一个非常有趣的问题。这也是因为同质分离，因为我们的行贿被规定出了太多不同的行为类型，成了不同的罪名，这个是立法上的一种异化。司法上的一种异化，最典型的是单位犯罪，单位犯罪本来设定出来是为了把刑罚扩展扩大到社会组织体这样的主体身上，用刑罚的方式来对社会组织体形成一种影响，让社会组织体去通过内部的经营、管理的合规性建设，去减少遏制组织体成员实施危害社会的行为。但是我们在实践当中经常看到的一种情况是：单位犯罪适用不多。当然最近企业合规在合规改革不起诉改革过程当中，我们看到了越来越多的单位犯罪，但是在此之前 2018 年之前单位犯罪的适用是非常少的，而且在这里边很有趣的现象就是为什么要适用单位犯罪？很多时候并不是要真正的处罚单位，而是适用单位犯罪之后，可能给那些自然人带来好处。例如单位窃电，按照通常的司法逻辑，这不是自然人的行为，是经过集体研究决定的集体行为，所以它是一个单位犯罪行为。我们的单位犯罪要处罚的是那些法律有明确规定处罚单位的罪名，而盗窃罪不处罚单位自然也就没有单位犯罪，最终也不处罚单位当中的组织体成员，这个是一个辩护事由。当然前一种辩护是由人大常委会出台的 2014 年关于《刑法》第三十条的解释已经把这个问题解决了，即使是集体研究决定的，也要对相关的自然人进行处罚。但是另外一个问题没有解决，就是从轻的问题。我们普遍发现，立法和司法中相同的罪名，如果定为单位犯罪，相关的自然人受到的处罚就较单纯的自然人犯罪时要轻很多。相同的数额，自然人犯罪且有自首情节的情况下被判实体刑法，而单位犯罪情况下，作为直接责任人员受处罚的自然人，得到的是缓刑，这种情况不是个例，是普遍存在。所以很多时候，单位犯罪之所以被使用，可能是为了给自然人找一些出罪或者说轻缓化处罚的理由。那么单位犯罪制度想要通过刑罚让组织体承担，减少单位组织体成员实施危害社会行为这样的一个社会责任，这样一种规范目的就不可能实现了，或者说我们的实践已经脱离了单位犯罪的制度目的本身，这样的司法状况应该改变，它不可能获得人们的尊重和遵从。

第十三讲 当代中国刑法社会机能的本土化选择

吴大华教授： 刚才王志远教授用了一个半小时的时间，阐述了他这几个方面的内容。下面我们有请这些嘉宾来谈谈自己的看法。还是从魏昌东教授开始。

魏昌东教授[*]**：** 好的，首先感谢吴老师，同时也感谢西南政法大学刑法学科的老师们，我们刚才共同听取了志远教授论证充分、引证广泛且观点鲜明的讲座。对于这样一个问题，我认为在今天的讲座当中，王志远教授在实质上是创新性地提起了中国刑法机能位序之争这样一个理论命题，对于这样一个理论命题的思考，在当下中国法治建设取得很大进步的时代背景之下，是有现实的意义的。我们从话语体系的渊源来看，"刑法机能"是一个典型的舶来品，在中国传统刑法当中并不存在这一语词，指称这一语词的通常是"刑法的任务"，那么刑法机能是伴随中国刑法的现代化国际化进程，而由日本刑法学引入中国，应该说是德日刑法话语体系中的一个重要的语词。在域外特别是在日本的刑法学体系当中，刑法的机能本身就存在着三机能说与二机能说的分歧，在机能的位序上也存在着何者更为优位的理论上的争议。刚才志远教授也对这样的一个理论的演进学说史进行了很好的梳理，给我们今天听取讲座的老师和同学们做了一个基本理论的铺垫。当下国内学者对刑法机能的研究，已经从法治初建时期的引荐而进入到刑法的机能如何在立法和司法当中积极实现的问题。其中更多的学者关注的是刑法的法益保护机能，应当如何在立法和司法中实现以及如何均衡法益保护与人权保障二者的关系，进而提出了刑法立法观应当做出如何的选择的问题。这些问题与志远教授刚才所提出的刑法社会机能问题带有一定的关系。为什么在当下的中国，我们会从这样的理论视角来去探究这样的问题？从我的观察和思考来看，当下我们中国特色法治体系的发展取得了重大的进步，在这样的历史背景之下，我们更应当对刑法立法的科学性、司法的准确性做出更加深刻的分析，对刑法究竟是否应当将行为规制机能——也就是志远教授提到的规范确证的机能——作为首要机能进行理论上的探究，进而对这一机能导向之下，中国刑法立法将应当做出何种

---

[*] 魏昌东，上海社会科学院法学研究所刑法研究室暨欧洲刑事法研究中心主任、研究员、博士生导师。兼任中国犯罪学学会副会长、中国廉政法制研究会常务理事、中国刑法学研究会理事。主持国家社科基金重大课题、一般课题、司法部重点课题多项，出版学术专著7部，发表专业论文90余篇。

选择，进行更深刻的揭示，这是具有重要的时代意义和现实意义的。

学术以质疑为使命，我的与谈是先对志远教授所提出的规范确证的实质的蕴含作出相关的揭示。"规范确证"这个核心命题的准确理解，将影响到我们如何对刑法的立法和司法，对司法当中的一系列的问题做出准确的判断，以至于是否需要将规范确证作为当代中国刑法社会机能的首要机能，做出科学的评价和判断，应该讲是具有实质的价值意义的一个问题。刚才王志远教授在讲座当中反复提到的规范确证，就是指在当前法治建设中，刑法的首要任务已经发生了一定的变化，这个变化应当将引导公民尊法、守法，塑造全民意义上的法治生活方式作为刑法的首要任务。那么在这一观念的导向之下，王志远教授对于为什么要对刑法的机能观作出调整，做出位序上的重新的定位，明确提出了有这样的三项理由：首先他认为当下我们正在全面地推进法治体系的发展，然而与法制的完善一同存在的社会现实是尊法守法的社会、基本的生活态度没有完全的养成，规范意识缺乏的问题，依然是社会的常态。在这样的背景之下，应当将刑法首要的任务定位于规范确证，这是第一项理由。与此同时还提出在当下中国社会发展的过程当中，人们的日常生活行为具有影响作用的所有要素当中，法律所倡导的规范其实并不具有关键性的地位。那对于特殊的罪名在入罪的条件、构成要件的设定以及在具体的司法适用上，均体现出这些倡导的规范没有成为社会普遍奉行的一项原则。与此同时，王志远教授还提出规范的确证，是当代实体刑法最为有效的犯罪控制的策略，规范确证作为当代刑法的核心价值，提供了历史性的支撑，由此进行了实证的研究和分析。王志远就以上三个方面的分析，就规范确证他所要面对的现实问题，所要达到的目标，提出了较为系统和全面的根据、原因，在此基础之上，也就规范确证作为现代刑法首要机能的实现的路径，通过驳论批判的方式提出了相应的问题。在问题环节，志远教授揭示了在刑法立法和司法以及解释上，更多注重于"法安全"和法律内在的自洽，而忽视了"法公正"目标作为立法和司法共同的追求这样一个问题。又通过对相关解释当中存在的问题，揭示了应当由"法安全"向"法公正"这种观念的转变的原因和根据。与此同时来通过立法和司法双向度的考察，展现了当下我国刑法在立法和司法当中所存在的不当的规范的欲求——用特定的规范去满足社会治理的某种特殊要求的欲求。又通过对单位犯罪适用异化，揭示出本身

第十三讲 当代中国刑法社会机能的本土化选择

立法所要追求的目标在司法当中被扭曲,影响到整体的法的机能的有效的实现。在我看来,这些分析指出了规范确证的基本观念导向,同时也提出了影响规范确证的现实障碍与问题。对于实现规范确证的目标所设定的具体的标准,应该讲是值得认同的。对于所举示的多个法条在立法当中所存在的问题——主要也是集中在法定犯——以及在规范确证当中所存在的现实的障碍,以上的这些问题,我基本上是持认同观点。

对于讲座,我想提出以下的问题,也期待大家共同来进行思考。我的问题是规范确证如果作为当代或者未来刑法社会机能的首要机能可能会存在诸多的风险和隐忧,这些隐忧值得学者进行理论研究,进而向立法和司法机关提出以有效规避在规范确证当中所可能带来的问题。

第一,我认为将规范确证作为首要的机能,那么有可能会导致刑法规范在选择上、在立法的倾向上会存在不当。在我看来,刑法的规范机能可能会引申出将规范的普遍遵守作为刑法的首要目标,它的核心可能使得立法将社会公众对于规范的最大尊重,作为首要的立法的目的。那么这样的结果是否会产生"将规范违反说作为刑法介入社会生活的根据"的不当结果?这种规范确证是否会被作为立法的使命,会否加剧犯罪的主观主义立法倾向的泛滥和流行,从而立法者可以通过将有规范不遵守行为作为刑事责任的根据,来强化刑罚的结果?这种情况之下,可能在根本上会导致与刑法法益保护机能的对立,这是第一个风险和隐忧。

第二,我认为如果将规范确证作为刑法的首要机能,会否刺激刑法立法中单纯对秩序法益的过分重视。我国刑法当中高度的重视秩序法益的保护,无论是刑法分则、第三章、第六章乃至第二章,都设定出多个罪名,重点是单纯对秩序法益进行保护。那么在秩序法义受到过分保护的情况之下,可能就会导致模糊了刑法的法益选择与位序的排列,导致行政犯的过度的扩张,混淆行政和行刑关系的基本定位,从而突破刑法法益保护主义的底线,造成刑法立法的导向偏差。如果我们单纯在没有其他防范措施的情况下,将规范确证的机能作为刑法的首要机能,那么可能会导致法定犯的大量增加,而法定犯在设定的要件的内容上,可能都是比较空泛简单,那么在没有穷尽前置法的情况之下,就过分地引入刑法的干预,我认为它并不是一种理性的刑法立法的选择。这是我做的第二个担忧。

第三，我考虑基于规范确证目标实现所分布的对象，刚才王志远教授就揭示出了有这样的三个方面。我们单单从不当的规整手段选择来看，提出对特定的传统犯罪或者法定犯设定数额的标准，取消或减少法定数额犯的数额标准被刚才志远教授认为是解决不当规整手段的一种方式，而对我来说，我认为如果在法定犯或者传统的自然犯当中，对于数额犯采取这样的一种应对的方式，会否对我国刑法所独有的定性加定量的立罪的模式造成一定的冲击。因为，为了达致这一个规范确证的目的，我们减少对不当规整调整手段的这种概率，最终有可能就会导致立法只定性不定量，这是第三个隐忧。

第四，我认为如果将刑法的规范确证作为一种首要的机能，那么它的前提是社会公众要对刑法存在准确理解的前提和可能。然而随着法定犯成为当下中国刑法立法的主要犯罪类型，在整体刑法当中它的比例越来越大。在这样的情况之下，社会公众对刑法的理解难以达致一种理想的状态。即使在当下的司法当中，对特定罪行规范特定构成要件要素的理解，在司法不同的司法机关均存在不同的理解，同一司法机关对同一构成要件要素反复地作出解释，表明这种对规范的确证对司法机关来说也是一种比较现实的挑战。在法治共同体内都存在争议的情况之下，将这种规范确证的义务施加于社会公众——那些对刑法的认知能力还存在一定缺陷的公众——这种确证我认为在实践上是有相当难度的。在存在现实难度的情况之下，我们应当如何在刑法上作出必要的选择？特别是在当下，积极刑法观已经成为一种理论界的主导学说的情况下，再将它与刑法的规范确证首要机能结合到一起，那么会否造成刑法规范确证难以实现的结果？我认为是值得进行深度的思考的。

我对志远教授刚才的讲座就提出以上与谈意见，有不当之处，请志远教授、吴老师和各位老师提出批评，谢谢。

吴大华教授：谢谢魏昌东教授。首先介绍机能的由来，从机能引进到实现，从立法到司法，而且魏昌东教授对于志远教师提出的规范确证的核心命题，基本上是高度认可的。魏昌东教授提出的四种隐忧：立法选择上不当的问题，恢复秩序法律的保护问题，还有对传统受贿方定性加定量立法的立法模式或者带来什么冲击问题，还有我们公众对法的理解的能力问题以及确定的实现难度问题，需要看看志远教授的后续回复了。我们先请

第十三讲　当代中国刑法社会机能的本土化选择

王钢教授发表他的看法。

王钢副教授[*]：感谢吴教授，也非常感谢我们西南政法大学刑法学科的邀请，让我今天有机会来这儿参与学习活动。志远教授之前的这篇论文，其实我以前就拜读过，那么这一次借这个机会又重新温习了一遍，再加上今天晚上又听了志远教授的讲座，应该说这个论文的内容还有讲座的内容都非常的精彩，不仅有理论上的建构，也有我国司法实务的真实案件的阐释，还包括有这种社会心理学，包括行为心理学上鲜活的案例。我个人觉得通过阅读志远教授的论文，然后包括听了今天晚上志远教授讲座，受益很多，那么借这个机会我也谈一下我个人对于这个问题的一些看法。

我主要谈三个方面，前面两个方面可以说是对于志远教授的观点的补充或者说支持。但是最后一个方面也还是有一些个人在研习过程中碰到的小问题，也希望向志远教授请教。

首先第一个方面我是想谈一下关于这种机能主义，像刚才魏昌东教授提到的，在我国刑法学界还是一种相对较新的提法，最近十年左右的时间，随着我国的这样一个像德日刑法的这样一个学习，现在学界对于机能主义这样的词也是越来越熟悉，了解的也越来越深入，现在接受和使用这样一个概念的学者也越来越多。什么叫做机能主义？有很多种不同的定义方式，志远教授在这个论文里面开宗明义第一句就指出了刑法的社会机能，就是指刑法作为一种社会治理方式，应当发挥什么样的作用。这句话看起来很朴实，但是它其实很好地点出了机能主义的核心要义。所谓机能主义的思想，其实归根到底它就是一种"有用性"的思维。它强调的是对制度、规范的有用性的考察。这样一种有用性的思维，我个人觉得它在现代社会是具有正当性的，或者从某种意义上来说，它也是我们现代社会不得不然的思维方式。原因很简单，只要我们承认法律是一个人造之物，接下来的问题就是必须要去追寻法律的正当性。既然它是人造之物，那么它的正当性是从哪里来呢？在我们现代社会，特别是在经历了启蒙思想的洗礼之后，应该说我们人类社会已经是放逐了所有超越人类社会的这样一种

---

[*] 王钢，清华大学法学院副教授，博士生导师，德国弗莱堡大学法学博士。主要研究方向为刑法基础理论与刑法哲学，曾任德国弗莱堡大学刑法与刑事诉讼法研究所教研助理。迄今为止在法学核心期刊上发表中文学术论文30余篇，出版中文专著4部，发表德文学术论文2篇，出版德文专著1部。

权威的来源，有其中最典型的，那么比方像尼采的名言——"上帝已死"，当然它只是一种隐喻，并不是说真的要有一个上帝死，它真正的意思是说超越人类社会的这种权威性来源已经不存在了，在这样一个上帝已死，放弃了所有的超越性权威来源的现代社会中，我们如果要去为法律寻找正当性的根据，就只能从我们自身去寻找。所以所谓中世纪的神性法，在现代社会基本不可能获得支持，哪怕是我们说的自然法。就像卢曼已经指出的，所谓的自然法也早已只是一种伪装，在自然的民意之下被掩盖起来的，其实是人类自己的理性诉求。所以在现代社会，所有的法律的正当性来源最终只能来自于自身。那么又怎么基于我们的自身来判断这样一种正当性？显而易见，只能依靠法律规定对于人类的一种有用性。实际上今天社会的这种状况，黑格尔早就在200年前在他的《精神现象学》里面就已经有所预言，黑格尔在《精神现象学》里面非常明确地指出所谓的理性思维，它最终必然走上有用性考虑的这样一条道路。可以说我们今天对于刑法机能主义的这样一种理解和运用，应该说很大程度上是验证了黑格尔在200年以前的论断。这是关于机能主义的理解的问题。

第二个方面我想给志远教授提供一些支持，志远教授的整个文章的基本立场，包括今天晚上讲座的基本立场，就是强调刑法要进行这样一个法确证的功能。那么在这一点上，其实我是完全支持志远教授的观点。我和张明楷老师的看法不太一样。我觉得从法律的性质来说，为什么说它本质上应该认为它是一套行为规范体系，为什么要强调刑法的规范指引的功能？首先我认为刑法的行为规范的性质，与人的存在论本质是直接相关的。这里我想引用一下海德格尔的存在论哲学，还有萨特的存在主义哲学，他们两个虽然有很大的不同，但是在这个问题上二者的观点是非常接近的。两者其实都认为人是一种面向未来不断的在发展过程中的存在。就像海德格尔所说的，我们总是"向死而存在"，像萨特说的，我们总是"成其所不是"，也就是说我们并没有一个天生的、自带的本质，然后去认识它，而是说我们来到世间，是存在先于本质。我们先是偶然的来到了世间，然后在世间不断地发展自我，通过所有的这种言行举止，通过我们跟世界上各种事物的交往，形成我们自己的本质。所以从这个意义上来说，人的存在论的本质并不是静态的，而是面向未来的一个发展的过程。发展的终点，就是我们每个人死亡的时刻，就像我们中国人也经常说"盖棺定论",到那个时候我们每个人的本质就完全定型和被呈现出来了。那么法律规范作为人造物,也必然应当要有面向未来的取向,在刑法中也同样如此。常有人说,犯罪已经发生了,危害结果往往无法再被挽回,但为什么我们还要去对行为人进行处罚?其实就是一种面向将来的价值考量。通过处罚行为人,实际上是在确证规范的效力,它是一个面向将来的存在,我觉得只有这样来理解刑法的规范,才能让刑法规范跟人的存在论本质能够相互契合。

那么另外一方面我觉得能够说明刑法它的行为规范属性的可能就是这样一个社会的一个需求的考量了。特别是在现代社会中,如果没有这种规范的共识,没有普遍大家都认可的行为规则,那么社会成员要共存是不可能的。所以卢曼在他的很多著述里都提到,法律的主要功能在于维护规范性的期待,也就是说生活在现代社会中,我们对自己和其他社会成员的行事,都有一种规范性期待,这种规范性期待的维持恰恰就是法律的根本作用所在,对刑法来说也同样如此。康德的道德律令中说,"法权"就是要让我们每个人的意志自由相互协调。但是在现代社会中,在任何一个具体的场景之下,都需要社会成员去判断我们怎么做才能让我们的意志自由相互协调,那么生活的负担会急剧增加,而且会导致很多问题根本无法达成共识,社会就很难存续。在这个意义上来说,刑法确立了一些行为规范,然后再以法律制裁的手段来维系这样一种规范的有效性,引导国民去遵守这样的规范来行事,那也是维护我们现代社会存续的这样一个必要的方式。所以这样来看的话,我个人觉得帕森斯的说法是非常有道理,也就是说法律在现代复杂社会中,是最重要的社会整合的力量。所以也只有从这个行为,从刑法的规范属性的这一角度来说,我觉得才能够理解为什么社会这么需要刑法。

以上两个方面,可以说是对于志远教授的支持和补充,最后一个方面就有一个小问题:如果说刑法的功能在于确证行为规范的话,那么它必然就会带出下面一个问题——规范是从何而来的?或者说在我们现代社会中到底什么样的规范才应当是我们刑法要去确认和加以维持的?那么也很有意思,我在我个人的研习范围内,很多学者都强调刑法的规范属性,刑法学者雅各布斯、法社会学卢曼,是比较典型的代表,但是这些学者往往又采用一种偏法律实证主义的立场,所以他们往往不会超过实在法讨论法律

・425・

刑法治理的现代化与本土化·讲演录:(一)

规范的正当性到底是什么，这是我觉得很有意思的一件事情。因为从功能主义的视角下来看的话，恰恰规范是从何而来的，什么样的规范是正当的，是必然要面对的一个问题。因为任何规范都只有通过这种机能主义的有效性、有用性的这样一个审查之后，才能被大家接受为正当的。但是这些学者他一方面经常采用这种规范论的视角，他们往往也支持这样一个机能主义，但是他们不说规范的正当性是怎么来的。那么从志远教授的论文和报告中，可以明确地看到志远教授至少不是一种彻底的法律实证主义的立场，所以志远教授还是经常会对例如袭警罪的正当性、贪污罪的理解和适用等有着实质正当性的审查。那么所以我很想向志远教授请教的，也就是在这一点，我们通过什么样的标准确定规范是正当的？很容易想到的第一个观点，当然就是把规范的正当性跟社会所要追求的某种利益联系起来。比较典型的如宾丁的规范论，大致也是这样的逻辑。但是这样有一个问题，如果把规范的正当性跟所要追求的利益结合起来的话，那就又像刚才魏昌东教授也提到的，这样的规范的正当性是不是又成了一种法律保护的必要性？所以这也是我个人在研习的过程中，我觉得比较有困难的地方，所以也想借这个机会向志远教授请教，我就大概讲这么多。

吴大华教授：谢谢王钢老师，王老师提的问题很有哲理性，首先对我们志远教授的观点、研究方法给予比较高的评价，另外就是提出了两个方面支持了志远教授的观点，确实很有哲理性，我听了以后都很受启发，当然提出问题的是规范从哪来、规范的正当性怎么评价等问题，等一下看看我们志远教师怎么回应，谢谢王钢老师。下面我们请我们韩正武院长，韩院长请你谈谈你的观点。

韩正武律师[*]：好的，谢谢吴老师，也非常感谢西南政法大学跟石老师的邀请，感谢志远教授的精彩分享，还有两位的我们的与谈人——魏教授和王老师，非常精彩。之前志远教授的文章我也拜读过，说实在的，我从内心来说我是非常赞同的。我可能跟在座的几位包括志远老师不一样，是长期从事刑事辩护的实物的，我认为志远教授非常接地气，我倒是没有

---

[*] 韩正武，法学博士，盈科刑辩学院副院长，盈科福州分所刑事与合规法律事务部主任，福建省法学会刑法学研究会理事。独著《辩护权的基本权利之维》，参编《"盈"的秘密——有效辩护的47个制胜思维》，公开发表《现行法律框架内未决羁押救济程序初探》《辩护权主体的宪法面向》《拘役判决生效前逮捕被告人违法性探析》等学术文章。

第十三讲　当代中国刑法社会机能的本土化选择

前面魏教授的几个担心，志远教授从内心把我给说服了。

这个讲座前几期我有关注，这个讲座实际上它面对的对象不仅仅是法学学者，可能还有律师，还有法官检察官，还有现实当中甚至一些非法律的人员都可以扫码听，所以说因为这个题目确实比较学术比较专业，我尽量用通俗的语言谈谈我自己以为的一些看法，我总体来说我认为确实触动很大。

第一，因为我们今天讨论的话题是刑法治理的现代化与本土化，第一个问题我认为实际上刑法治理的现代化是自始至终都存在的，刑法自始至终，古今中外，不管它是以一种深沉的，或严厉的，或和谐的，或幽暗的方式，都在深层地影响着一个社会生活的方方面面。随着法定犯的大幅增加，它更是渗入到每个毛孔，所以我认为今天我们在广阔的视野下来探讨这个问题，是非常有价值的。刑法从来就没有脱离过现代化的治理，党的十八届三中全会以后，我们加速了现代化治理的方式，刑法是法治当中最重要一个环节，包括推行的认罪认罚制度跟审判中心主义，这都是预示着刑法应该承担更多的责任，也更应该引起我们的学者还有实务界的深度思考。所以说我们从来没有脱离刑法治理的现代化。

第二，我说一下本土化。中华民族的文明很悠久、很悠远，特别是在刑事领域，我们从来不缺乏本土化的资源。特别是近年来，我们更多地强调用足本土化资源。从先秦以后，中国本土化的刑法资源都是非常丰富的。比如说西汉时期，甚至在更早的时候，管仲有一篇文章就讲到"刑罚不足以畏其意，杀戮不足以服其心"，后面的贾谊在两千多年前讲的"疑罪从去，疑功从有"，再到后来更是这种思想，包括我们的商鞅、韩非子。所以我认为在刑法里面最大的本土资源，就是"慎行"，用今天的话语体系来讲，叫谦抑性，当然有的地方叫刑法的最后一道防线，我也非常认同。

在实践中大量的刑事案件因为各种因素的影响，没有做到谦抑，比如扫黑除恶，比如制度化运动，所以刚才志远教授讲到了，为什么有些法官在办案的过程当中，案子办得不精细或者考虑的机制不多，我认为法官来不及，没时间、没精力。这就是为什么要推进认罪认罚制度，把大量的案件消化在前期，将有争议的案件推行到法院来。自党的十八大特别是十八届三中全会、四中全会以来推进的这两项改革是互为相辅相成的关系。志远教授讲的不矛盾，追求个案的正义跟刑法的规范机制是不矛盾的，个案的如果没有正义，就不可能有规范机制的输出。反过来说规范机制的输出，刚才王钢教授也讲到了，到底什么样的规范值得确证，这是一个实践性的问题，绝不是说全国人大制定的法律、最高人民法院出台的司法解释就是一个值得确证的东西，否则我们的立法和司法解释就不会修改，反复的论证实践才能证明规范有效性、有用性。

第三，我认为规范确证的过程就是刑事司法正义程序的确证过程，没有正当程序的确证，就不存在规范的确证问题，或者不存在规范确证的过程问题。前一段时间我也看过何荣功老师最近的一本新书，盈科刑辩学院也组织了读书会。何荣功老师讲到一个观点，就是国内的刑事司法，是一个圆柱形的追究机制，而非漏斗形的追溯机制，公安怎么移，检察院怎么诉，法院就怎么判。基本是个直筒形的，如果是这种司法风格，没有办法得到规范的确证，规范的确证就没有制度保障。正如刘艳红老师讲到，如果说有罪都要判，还要法官干什么，还要律师干什么？用计算机输出就行了，说不定合理性还更高。反过来说漏斗型，我们倡导应该通过严而不立的刑法立法，然后通过漏斗形的刑事司法实践，把大量的或者有一部分不应该追究刑事责任的案件，通过漏斗形司法分筛出来，这样才能通过漏斗形司法过程进行真正的规范的有效确证。当然实践当中也存在检察官不起诉、法院判无罪的案例，但是太少了，跟西方的整个追溯机制比，这个比例还有很大长进空间。

最后我想了一句话，晚清时期有一个洋务派的大人物——张之洞说过一句话叫做"中学为体，西学为用"，我把它借过来。我认为中学为体这个"体"在今天来看，就是我们老祖宗本土化遗传下来的"慎行"原则，跟从西方移植过来的谦抑是一脉相承的。王老师也提到了，任何一个法规都没有刑法在适用的过程当中一个错误的判决，对规则的破坏性大，我深以为然。第二个西学为用是什么？我想的不成熟，西学为用在我看来是技术层面的操作问题，包括现代法庭的设置。按照古代的刑事追诉，晚清之前我们是没有检察院的，在一定程度上古代的刑事追诉是一种自诉。西方的国家机关为代表提起公诉的规则移植过来后，我们提供了辩护制度，引进了辩护全覆盖制度，包括在刑事领域经常适用的米兰达规则、交叉询问，这都是我们西学为用的点滴。所以说只有这两个方面结合起来，我认

第十三讲 当代中国刑法社会机能的本土化选择

为才真的有可能把规范确证发挥到极致，将它导向社会良性的规范当中去。

以上是我的随机想法。还请各位老师，包括吴老师还是志远老师进行批评指正，谢谢。

吴大华教授：好，谢谢韩院长表明了自己这鲜明的态度，从长期从事刑事辩护的角度，很赞同志远教授的观点，当然他也提出了两个问题，就是怎么样论证两个观点，一个是刑事司法确证过程问题，他也提出了要秉持严而不厉的刑法观，另外提到了一个刑法现代化与本土化的结合点，把张之洞的观点提出来了，看怎么样找到结合点，看大家是否认同。好，下面我们有请西南政法大学的卢有学教授。

卢有学教授[*]：好的，首先感谢尊敬的吴教授，大华教授是我们西政的杰出校友，本科、研究生都毕业于西政，博士就读人大，也是我的前辈，我是2003年的时候才到人大去攻读博士学位的，感谢主讲人王志远教授的精彩发言。志远教授的文章我在以前就已经拜读过了，这几天又反复研读，收获很多。昌东教授也是人大尊敬的师兄，是我学术上的一个前辈，在上一讲做主持人和刚才的发言，让我们再一次感受到了风采。王钢教授是近年来刑法学界最活跃影响最大的学者之一，我们虽然没有深交，但是一直拜读王老师的大作，对我也很有启发。韩主任刚才的评议谈古论今，理论联系实际，我也获益匪浅。今天晚上我主要是来学习的，就表达一下个人的学习心得。因为时间关系我就说三点，第一，我对刑法机能及其相互关系的一个理解。第二，为了发挥好刑法的一个规范确证机能，前提是刑法规范本身的科学性问题。第三，我想就刚才志远教授讲的，立法上存在异化的时候，司法实践应该如何处理表达一下我个人的一个浅见。刚才王教授举了一个例子，如果是一个人不够贪污罪的数额标准，但是达到了盗窃罪或者诈骗罪的标准，应该怎么办的一个问题。我对这个问题的看法可能和志远教授是有所不同。

第一个刑法的机能及其相互关系，刚才昌东教授也已经给我们讲了，刑法的机能它是存在不同的理解，但是通常认为刑法具有秩序维持、法益

---

[*] 卢有学，西南政法大学法学院教授、硕士生导师。兼任中国刑法学研究会理事、重庆市国家安全法学会常理事等。主持国家社科基金项目、省部级研究项目、横向项目十余项，出版专著2部，发表论文30余篇，其中多篇论文被人大复印资料全文转载。

保护、人权保障三大机能。当然也有学者提出还有保护机能和预防机能。在我个人看来，保护机能实际上就是法益保护机能的内容，而预防机能就是秩序维持机能或者志远教授所讲的规范确证机能的一个内在含义。因此刑法是有三大机能，对这三大机能的关系不同学者有不同的理解，强调法律保护机能的首要地位好，或者说认为秩序维持机能具有前提性意义也好，我觉得都各有道理，各有侧重，都有学者支持。我认为在刑法机能这个概念被刑法理论界提出来之前，刑法的机能就是一个客观存在的问题。刑法的机能并不是在提了这个概念之后才产生的，因此从历史渊源的角度上来讲，秩序维持机能肯定是首先被人们认识到，甚至可以这样说，立法者统治者制定刑法的本意和初心，其实就是要秩序维持或者行为规制。法益保护只是近现代刑法学家挖掘出来的刑法的一个机能。刚才王钢教授也提到了，但是真正能够成为现代刑法标志的，我认为既不是秩序维持，也不是法律保护，而是人权保障。因为现代刑法的出发点就是只能在法定的范围之内进行秩序维持和法律保护，不能超出法律的范围，随意地陷人于罪，这是罪刑法定原则的基本要求，强调的就是对犯罪人的人权保障。前两大机能是就秩序维持和法律保护的关系来说，虽然理论界每一种观点都有它的道理，但是我个人也非常赞同志远教授的立场，即认为秩序维持它是法益保护的一个前提和基础。

  我个人也并不认同刑法的规制机能只是法律保护机能的一个反射效果。刚才志远教授也讲，随着时代的变迁，这些机能可能地位有所变化，稍微极端一点可以说，秩序维持规范确证，一直就应该是刑法的首要机能。不过在我看来，秩序维持与法益保护虽然各有侧重，但本质上其实是一体两面的问题。秩序维持强调的是刑法需要对人的行为进行规范，进而维持秩序。法益保护强调的是对人的行为进行刑法规则的目的或者效果，即法益保护。因此法益保护是秩序维持的必然结果，秩序维持也同时产生了法益保护的一个效果。也就是说法益保护是可以从秩序维持当中推导出来的，但是人权保障机能它不一样，它并不能从秩序维持或者法益保护机能当中推出。甚至从某种意义上来讲，刚才昌东教授也说了，秩序维持或者法律保护机能与对犯罪人的人权保障机能本来就存在一定程度的对立和冲突。因此从逻辑上讲，刑法的机能与其说是秩序维持、法律保护和人权保障的三足鼎立，不如说是秩序维持与人权保障的彼此并存。这也正好印

· 430 ·

第十三讲 当代中国刑法社会机能的本土化选择

证了那句话——刑法不仅是善良公民的大宪章，也是犯罪人的大宪章。同时可能需要说明一点，正如刚才志远教授所讲，规范确证、秩序维持、行为规制等不同的表述，虽然大体上是在一个意义上的使用，但其实它们仍然存在着细微的差异，或者说他们思考的角度是有所不同的。

第二就是刑法规范本身体系上是否科学的问题。我认真地聆听了志远教授和各位的发言，非常认同一点，就是真正的法治状态是人们最大限度地自我约束，法律最少的现身。我也认同志远教授所说的，当下我国法治建设的瓶颈是规范意识的缺失，但是刑法规范确证的机能或者秩序维持机能能够得以充分的体现和发挥，其前提是刑法本身要科学公正。我国在刑法规范制定这个层面上，仍然存在着相当多可以说是数不尽数的问题。上一讲车浩教授和多位评论者都很好地列举了一些问题，其实我们每一位老师、每一位法律工作者，都从不同的角度发现了刑法规范所存在的一些不合理的方面。我们的任务就是发现它，找到解决问题的办法，当然我们也应当尽量克制自己，尽量找到真问题，而不是假问题。

那么我个人觉得刑法规范体系的科学性有以下三个方面存在问题。

第一个是关于走私的问题，我们国家刑法规定的罪名中包含了走私这个词语的一共有14个，除了最后一个犯罪叫做放纵走私罪之外，其他13个走私罪都是以走私行为作为犯罪实行行为的罪名。而这13个罪名的区别的核心点在于走私的对象不同。但是各位都留意到了，这13个罪名实际上分属于刑法分则的两章。一是破坏社会主义市场经济秩序罪，二是妨害社会管理秩序罪。我一直有一个疑问，如果走私毒品罪、走私制毒物品罪可以放到妨害社会管理秩序罪这一章，为什么走私武器弹药罪不可以放到危害公共安全罪那一章，以及走私珍贵动物、珍贵动物制品罪为什么又不放到妨害社会管理秩序罪那一章当中的破坏环境资源保护罪这一节？难道这些犯罪它们真的只是破坏了社会主义市场经济秩序吗？所以我觉得我们的刑法立法除了走私之外，还有大量的类型性的问题，值得我们去思考。

第二个是关于在其他犯罪过程当中实施强奸或者奸淫行为的处理问题。刑法经过多次修正之后，这个问题似乎已经比较统一且合理了。在收买被拐卖的妇女之后强行与其发生性关系的，要定强奸罪，组织他人偷越国边境或者运送他人偷越国边境过程中有强奸行为的，数罪并罚。组织卖淫过程当中有强奸行为或者采用强奸的方法强迫卖淫，也数罪并罚，在

· 431 ·

《刑法修正案（九）》出台之前是不数罪并罚的，但是《刑法》分则第二百四十条拐卖妇女儿童罪中明确规定，奸淫被拐卖的妇女，只是一个加重情节，并不数罪并罚，这个问题也导致了我们理论界对这里的"奸淫"产生了不同的理解。我仔细查了一下，刑法分则当中用到"奸淫"这个词语的总共有9处，那么其中6处来自《刑法》第二百三十六条规定的强奸罪，这6处的奸淫肯定都属于强奸。那么另外3处是什么呢？一是奸淫被拐卖的妇女。二是破坏军婚罪当中利用职权从属关系，以胁迫手段奸淫现役军人的妻子，也要定强奸罪。三是组织、利用会道门、邪教组织、利用迷信破坏法律实施罪对奸淫妇女也规定了要定强奸罪。也就是说我们《刑法》总共有9个地方规定了奸淫，那么这9个当中有8个都是强奸，这就产生了一个问题，《刑法》第二百四十条规定拐卖妇女儿童罪当中的奸淫被拐卖的妇女，为什么就不是强奸？如果是强奸的话，为什么又不像其他法条那样数罪并罚，而只作为一个加重情节？我觉得这也是刑法立法体系性当中的一个问题。附带提一个问题就是，如果奸淫的是被拐卖的幼女，是数罪并罚还是沿用《刑法》第二百四十条规定作为一个加重法定刑的情节，当然我个人的观点是不宜通过加重情节的规定来解决本来应该是数罪并罚的问题。

第三个问题，关于收受贿赂为他人谋取利益，如果后者牟取利益的行为构成刑法所规定的某种犯罪，到底是数罪并罚，还是依照处罚较重的规定来处罚这个问题。根据《刑法》第三百九十九条的规定，司法工作人员如果收受贿赂，然后徇私枉法、枉法裁判、枉法执行判决裁定，依照处罚较重的规定处罚，并不数罪并罚。但司法解释规定，收受他人贿赂，实施了为他人挪用公款或者滥用职权等行为，又要数罪并罚。同样是受贿之后的一个职务犯罪却采取了完全不同的处断原则，确实有点令人费解。

最后一个问题是关于刚才志远教授所提到的立法异化对司法实践带来的挑战的问题。关于没有达到贪污罪的成立标准，却达到了普通诈骗罪或者盗窃罪的成立标准应该怎么处理的问题。志远教授特别同意张明楷教授的观点，认为在这种情况之下是可以按照普通盗窃罪或者诈骗罪追究刑事责任的。我认为这个问题它是司法解释带来的，不是立法本身的问题。因为刑法条文经过2015年的《刑法修正案（九）》修正之后，贪污受贿的规定和盗窃诈骗的规定，都是采用了相同的标准，即数额较大，当然非数额

第十三讲 当代中国刑法社会机能的本土化选择

型的盗窃例外。司法解释对数额较大做出了不同的规定,各位都已经注意到了,根据最高人民法院的解释,关于盗窃罪的入罪数额,各个地方可以根据当地的经济情况来确定标准。相反,贪污和受贿却是全国统一,一个是3万元,一个是1万元,并不根据各个地方的经济发展水平的差异而有所变化。类似的还有很多例子我就不举了。从广义上来讲,刑法司法解释其实也是刑法规范的一个内容,一旦确立之后,我们就应该遵守。如果普通罪名可以作为一个特殊罪名的兜底条款的话,极有可能出现贪污得多,判得更轻,贪污得少,反而判得更重。因为当贪污得少,不够成贪污罪,却可能远远超过了普通盗窃诈骗罪的基本标准,所以不能按照普通盗窃的最低来判,可能是比普通盗窃判得更高一点。同样的例子,金融诈骗的入罪标准要远远高于普通诈骗,单位诈骗的标准又比个人诈骗的标准高好几倍。其实都是司法解释规定本身的一个问题。所以如果适用兜底的罪名的话,就会出现一个不合理的现象,同时可能也有悖于立法者在普通的诈骗罪之外规定金融诈骗和合同诈骗以及在盗窃之外还要规定贪污、受贿的原意。在实践当中已经出现过类似的案子,最典型的案件前几年"成都快递小哥盗窃小米手机案",检察院以盗窃罪起诉至法院,一审法院判决成立盗窃罪,之后检察院抗诉,认为一审法院判处缓刑量刑畸轻,于是提出了抗诉,结果二审法院直接改判无罪。二审法院的理由是快递小哥的盗窃行为理论上来讲属于职务侵占,而并不是属于普通盗窃。而职务侵占的追溯标准是远远高于普通盗窃的,2000块钱的小米手机没有达到职务侵占的准入标准,因此宣告被告人无罪。我个人认为在刑法规范已经确立之后,我们就不应以那种普通犯罪作为特殊犯罪的一个兜底。虽然刚才志远教授也说了,从普通民众的观念、朴素的法感情这个角度上来讲,这样做能够得到更多人的认可,但是我个人认为理论上不能支持这种观点,这样做也无益于科学的刑法规范的确立。这些问题可以成为修改刑法规范、司法解释的理由,而不应该成为指导司法实践的规则。

其他方面我也很同意刚才几位教授所说的,比如说在立法层面上,我们增设危险驾驶罪代替考试罪、袭警罪,它带来了一系列的问题。虽然这些叫我们应当重视刑法的规范确证或者秩序维持机能,但是我们不能走得过偏过急。大家注意到袭警罪它已经成为继危险驾驶罪,继帮信罪之后新的、突出的案件增长点。我们司法实践当中大量的袭警罪案件被起诉被判决，我相信韩院长对这个是深有感触了。司法实践当中其实我们也存在大量的不断扩大，甚至限缩打击范围的问题，包括我们现在对于职务犯罪，其实已经远远超过我们的司法解释确立的标准，我们实践当中也可能并不移送审查起诉，等等。在刑法理论上，我个人一直以来非常不认同有利于被告人的类推解释，但因为时间关系我就不再赘述了，期待今后有机会向各位请教。

吴大华教授：谢谢卢有学教授。卢教授主要是对我们刑法规范的本质，对科学性公正性提出自己的一些看法，特别是对刑法规范自身的体系性科学性问题，而且以走私、奸淫妇女这些例子来举例，特别也提出了几个，比如《刑法》第二百四十条的问题、收受贿赂的刑事枉法问题、立法异化的问题，那么这些问题的话，那么下面等一下请我们王志远教授来回应一下。四位嘉宾刚才对于志远教授的基本观点，都谈了自己的看法，那么也提出了一些思考，志远教授对其中的一些问题，也可以合并一起来回应。另外今天的学生的问题很多，所以时间关系，我们建议回答问题简要一点。

王志远教授：魏昌东教授提出一个担忧：如果过度的强调规范确证，会不会导致刑法的过度干预？我想说，规范确证实际上并不跟秩序维护有绝对的一致性，它实际上更多地想通过刑法的立法或者是司法，把被破坏的秩序、被破坏的行为规范确证一下，要求或者说是引导人们去遵从，它更多强调一个合理性。如果说刑法立法为了维护某一条规范，把本来可以通过行政法或者其他前置法解决的问题，给予其刑事处罚，这就有点像你小时候偷了东西，父母打你一顿，说脏话打一顿，最终哪怕是吃饭的时候坐姿不对也要打一顿，那显然是不合理的，也根本就无助于规范确证的目的实现，实际上规范确证背后的逻辑是人们的尊重和遵从，所以合理这个词是隐含在规范确证当中的。那么像魏教授说的过度的刑法干预的问题，在规范确证之下是引导不出来的。

我强调规范确证是因为规范确证在司法实践的法律运用中被长期忽视，给人一种定罪量刑不合理的感觉，引起了人们对法律的不尊重和不遵从。从某种意义上说我想改变现状，这个是比较容易做的事情，所以对魏教授这样的担忧，我没有做太多的思考，今后可能也要作为我的重点的研究方向。

第十三讲 当代中国刑法社会机能的本土化选择

首先感谢一下王钢教授刚才提到的所给我的一些支持和补充。哲学例如尼采这样的思想家的一些观点，都已经在王钢教授的理解当中融会贯通。那么他提出的这个问题其实是一个非常具有终极性的问题，即规范确定中的规范从何而来？对这个问题我想说几点，首先是借助王钢教授刚才提到的一个词，就是在一种世俗化的世界当中，"有用性"这样一种实践理性的概念。那么什么是对于社会有用的规范？我还想借助另外一个词叫"整体理性"，理性不仅是个人的理性，还有一种理性的形式，即实践当中自生自发的一种整体理性，它跟个体的聪明才智没有太大的关系，它是在人们长期的社会生活当中共同磨合妥协形成的一种最佳选择。如果我们能够带着一种社会学的、科学的眼光是可以观测到它的。总而言之，我说的规范应当是从整体理性的角度上具有有用性的共识性的社会观念，这个提法也是临时想出来的，之前并没有对这么一个终极性的问题思考太多。

关于卢教授提到的贪污罪的问题，我印象当中我在读博士的时候，当年陈忠林老师在全国有一个巡回式的演讲，至少在吉大演讲过，叫"如何使法律人成为人"，他当时反对一种司法态度，即过度的逻辑化，而不在乎逻辑结论是不是符合人们的常识常理常情。从规范确证的角度上说，如果说司法在逻辑上是自洽的，但是选择作出的裁判结论是人们所不能接受的，司法的规范确证的或者说刑法运行的规范确证的目的就根本不可能实现。这是我一一想做的一些简短回应，那么请各位老师批评指正，那么剩下的时间由各位其他老师来回答问题。

吴大华教授： 下面请魏老师就学生提的问题作出回应。

魏昌东教授： 志远教授的回复，使我们对这个问题的认识有了更进一步的深化，就是要通过对刑法规范确证的机能，反向来检验刑法立法的科学性的问题，从而使规范确证的对象达到合理性和正当性，确确实实是很有启发的。下面我就同学们提出的问题，有选择地回复一下。有同学问如何看待规范确证机能与积极刑法观之间的关系？

可以说积极刑法观的导向之下，刑法呈现出大幅立法扩张的趋势，在这种情况之下，已经产生了社会民众对刑法的一种不当的期待。这种不当的期待，我认为它并不是非常有利于国家治理策略。刚才志远教授也提到，对于不同危害程度的行为均采用相同的处置的办法，那么最终这个规范是不可能得到确认的，反而会形成规范认识的极度混乱，那就是轻和重无选择。那么同时对于单纯用其他的法律可以有效规制的，也仰赖于刑法，实际上这可能会导致公众对规范的错误认识。我肯定积极刑法观，但我认为犯罪圈审慎性的扩大，不是将刑法作为应对所有社会危机的方法。

还有一位同学提到，在当前积极刑法观的背景下，我们在立法方面要谨慎扩张的同时，如何在司法操作方面来使规范确证这个机能得到实现？

那么这个同学的问题非常好，我认为规范的确证绝对不是刑法规范可以自洽的完成的，那么对于刑法的规范确证，立法规范的正当性是前提，缺少刑法立法的必要性和合理性的罪刑规范，它不可能成为确证的对象。同时我也高度认同韩院长提出来的，司法的适用是刑法规范确证的关键，一个不正当的司法，可能会导致对规范确证的极大损害。因此在强调规范确证这个问题上，应当将司法作为更重要的观测点、检验点或者是法律规制的点。在当下的司法事件当中所存在的司法不公、司法不守信的现象，比如说对实体性规范的错误适用，程序法上非法证据排除的规则、一审二审规则的不当适用得不到有效的纠正，甚至在有些案件当中侵犯律师辩护权的问题，大当其道而得不到有效的保障，肯定会极大地损害刑法规范确证的实现。这个同学的思考我认为是非常有价值的，只有通过动态的作为规范确证活的灵魂的司法公正的保障，才真正有可能实现规范确证的目标。

基于时间的关系，我就回答这两个问题。

吴大华教授：好，谢谢魏老师，那么下面请王钢老师就同学们、同僚们提的问题做一个回应。

王钢副教授：志远教授刚才的回应中，基本的观点我也是很赞成的，在这样一种机能主义的思维方式之下，规范本身也不足以自证它的正当性，规范最后还是要体现出来对于生活的有用性。这样的一种有用性，不是对某一个人的一种有用性，而是对社会共同生活的一种有用性，是一种可以被普遍化的、在不同的社会主体之间达成共识的有用性。只有当一个规范所维持的利益对于我们社会共同生活的程序来说，是一个必不可少的，或者至少是一个非常重要的利益，而且这种利益在社会共同体的成员之间能够得到普遍的认同的时候，该规范才可能是正当的规范，是一个应当确证它有效性的规范，当然这也是比较笼统、粗浅的想法。

有同学问"轻罪的制度的建构要如何避免泛秩序化的倾向"，那么实际上就这个问题的回答已经在刚才我们的想法之中了，也就是说并不是所有的秩序都可以成为刑法所能保护的秩序，刑法作为最严厉的法律手段，所保护的利益必须是在社会共同体成员之间能够得到共识的利益才行。

我认为，规范只能来源于生活。所以像凯尔森这种试图在整个规范体系内部给规范找到一个终极来源的做法，我个人不是特别看好。所以像很多分析实证主义的大师，比如哈特，最终其实也是通过像承认规范这样的一些手段，最后把规范跟生活中的价值共识嫁接起来，这至少在理论上看好像是更有前途的一条研究的道路，当然我的认识也非常的粗浅，以后有机会还要继续向志远教授求教。我大概就说这些。

吴大华教授：谢谢王钢教授的回应，那么下面请韩院长韩正武律师。

韩正武律师：因为时间关系，我简单回应一下。

第一个问题问"如何在刑事辩护当中体现出刑法的机能"，我认为就是两点，第一，用好刑法总则的弹性规定；第二，坚韧不拔，因为刑事辩护确实有的时候很艰难，需要辩护律师的据理力争。

第二个问题问"如何看待轻刑主义与刑法机能的关系"，我认为轻刑是有道理的，但是一旦把它搞成一个轻刑"主义"，那就有一定的倾向了。我认为在刑法机能这个问题上来探讨的话，就没有轻刑主义的问题，我认为一个国家的刑事司法永远是像小朋友玩的溜溜球，时而左一点，时而右一点，时而紧一点，时而要松一点，但是它永远不能偏离一个基本正义。

第三个问题问"漏斗形司法怎么来防止司法机关的自由裁量权扩大或者滥用"，我认为自由裁量权首先有三个自由，一个是经济自由，一个是知识自由，还有一个是意志自由。如果这三个自由都基本具备的情况下，同一本教材同一个学术规范，那么它的自由裁量不会偏离大局，更重要的是为什么要主张一个漏斗司法，我认为说不是法官比检察官高明多少，也不是检察官比公安机关侦查机关高明多少，而是现在的刑事诉讼架构，法庭上控辩审三方的质证、交叉讯问的功能，给了法官能够更准确地查明事实的理由和依据。这种开放性的审查，比检察官半开放的性质有利，更比公安的秘密侦查更有利，这就是为什么主张漏斗型司法。

第四个问题问"本土化要不要考虑我们国家的国情"，当然我们的所谓的本土化绝对不是说历史上的本土化，今天的国情更是要考虑的问题，但是我想强调一句，太阳之下没有新鲜事，人类既然是叫人类，古今中外

刑法治理的现代化与本土化·讲演录:(一)

都有它的通性,特别是在一些传统的刑事犯罪领域,我们在考虑本土化的同时,别人走过的路吸取过的教训,甚至付出的代价,我们应该去更好地吸取。

好吧,因为时间关系,我就先回答这么多,谢谢。

吴大华教授:好,谢谢我们韩院长,下面我们请卢有学教授回应一下。

卢有学教授:好的,谢谢各位老师,尤其谢谢志远教授。后面韩院长提的观点我非常赞同,现在在理论界有个趋势、倾向,以前我们是盲目的,叫"唯西方唯德日是瞻",什么理论都要去看德日刑法。那么现在倡导文化自信、制度自信之后,很多人便认为外国的东西不应该作为我们的参考,甚至一切排外。刚才韩老师所讲这个观点我非常赞同,我们不能走极端。虽然理论和国情各个国家不尽相同,但是刑法的基本任务在全世界是一样的,刑法的机能也没有太大的差别。

有同学问"我国的立法体系十分混乱是不是因为立法者对犯罪客体的认定非常随意"。是的。其实仔细研读刑法条文的话,你会发现这种随意无处不在,所以虽然学者很难制定一个刑法出来,但是在制定刑法的时候,可能会需要学者更加广泛深入地参与,每一个学者站在不同的角度所发现的问题,其实都应该成为刑法立法科学更加合理的理由。

另外有个同学问到"如何看待有的时候情节加重犯的宣告刑,反而比数罪并罚更重"。我很开心他看到了这个现象,实践中有时数罪并罚对被告人更为有利,这是很普遍的现象,包括在数额的累计计算的问题上也是如此。我个人认为,中国的刑法理论罪数问题基本上已经走到了死胡同了。无论是英美法系还是大陆法系的罪数理论,其发展趋势就是更加适用、更加简明。只要是满足数个罪的构成要件,而数个罪的构成要件之间不存在重复评价的时候,那就应该数罪并罚。其实在我个人的研究领域,即国际刑法领域中,有着更加极端的做法,有些在我们国家刑法看来是法条竞合关系的行为,在国际刑庭上有可能数罪并罚。也就是说世界各国包括国际刑法的罪数理论的发展趋势就是往数罪并罚这个方向走,因此我个人也认为数罪并罚才是最科学最合理的办法,而需要不应该通过加重情节来解决数罪并罚的问题,很多例子我这里就不举了,感谢吴老师。

吴大华教授:好,我们很多同学很多同仁提了很多问题,有些老师进

第十三讲 当代中国刑法社会机能的本土化选择

行了回应，但有些因为时间关系没有回应，有机会之后再和老师们沟通。

今天我觉得来主持讲座对我来说是一个很好的学习机会，我个人觉得这个题目很有意义，当代中国刑法的社会机能的本土化选择很有意义，因为大家知道志远教授对我们刑法的机能的价值，这个时代变迁下的刑法机能的变迁等等做了详细的论述，提出了自己的明确的学术观点。那么我们四位嘉宾也进行了延展和论述，我听了以后深受启发，我个人觉得当下我们国家依法治国的进程不断地推进，比如说这是党的二十大明确地提出来了，要完善以宪法为核心的社会主义法治体系。十八届四中全会以后，我们国家明确了依法治国的总体目标，社会法制体系在五大体系里面，那么与我们刚才志远教授提出来的，我们今后进一步的加强刑法规范，用刑法来指引，特别是整个社会规范意识的养成，这次党的二十大报告里面也对于法制社会做了重申和具体的论述。那么结合党的二十大报告里面还提出了"两个结合"的问题，特别是马克思主义基本原理同中华优秀传统文化相结合。所以我们中国走什么样的法治道路，还是要从中国的国情出发，那么采取什么样的法治模式，制定什么样的法律体系，都要走中国特色的社会主义道路。那么中央提出来要进入三大体系，我们要有自己的话语体系，所以我觉得这个题目很有意义，值得我们刑法学界的高度关注。总之因为这个时间关系也不能回答所有同学们的问题，今天讲座非常成功，再次感谢我们西南政法大学刑法学科举办这样的系列讲座，也感谢王志远教授精彩的专题讲座，还有我们四位嘉宾精到的评述。另外法宝群里面同学们提的问题，刚才老师们在回答的时候也讲了，有些问题提得很有深度、很有思考。也感谢我们同学们的热情参与，也因为这样我们讲座更加的生动活泼，祝各位同学身体健康，学业有成，谢谢大家，谢谢各位老师，再见。

第十四讲

刑法规范论证的客观主义法哲学立场[*]

孙万怀[*]

摘　要：刑法规范论证中常见的诸如违法性认识、法益标准、违法相对性、解释观念等问题实质上无不是立场定位的问题。客观主义立场坚持认为存在超越规范文本的独立性评论依据，这也是法律论证遵循"客观价值秩序"的法哲学根源。刑法规范论证是一个商谈和促进共识的过程，是主体间的妥协和共认。客观价值贯穿于事实、证据与规范中。实证主义支配下的法益论是一种"单向投射"，难以全面打通事实与规范的障碍。刑法父爱主义论力图摆脱自由和工具之争，但其基本立场决定了其无法挣脱"工具"性特征。"自体恶"的非难性是刑法得以保持相对独立性的根基，刑事犯与行政犯的界限不仅仅局限"个人法益"，而是归结为"规范违反"。社会相当性理论的重塑是解决出罪问题的重要路径。现实司法已经在法律的可实现性、责任主义、期待可能、违法阻却、主客体关系重建、家庭伦理的优先性等领域进行阐释，可望理论进行体系化归纳和进一步发掘。

---

[*] 本文为主讲内容的概要，详细内容见作者即将发表的论文。
[*] 孙万怀，华东政法大学刑事法学院院长、教授、博士生导师。兼任中国案例法学研究会副会长、上海市案例法学研究会会长、中国刑法学研究会常务理事、国际刑法协会中国分会理事、中国人权研究会理事。入选上海市领军人才。主持国家级、省部级课题多项，出版专著7部，在法学核心期刊上发表论文多篇。

第十四讲　刑法规范论证的客观主义法哲学立场

主持人刘志伟教授[*]：尊敬的各位老师，各位同学，各位同仁，我是北京师范大学的刘志伟，受西南政法大学和石经海教授的邀请，我来担任今天晚上讲座的主持人。今晚有幸邀请到孙万怀教授担任主讲人，邀请到陈可倩副教授、高巍教授、于靖民律师和姚万勤副教授来担任与谈人，下边我简单地介绍一下讲者和各位与谈人。孙万怀教授是华东政法大学刑事法学院的院长、教授、博士生导师，兼任中国法学会案例法学研究会的副会长，上海市案例法学研究会的会长，中国刑法学研究会的常务理事，入选上海市领军人才。高巍教授是云南大学法学院的党委书记、教授、博士生导师，兼任中国刑法学研究会的常务理事。陈可倩副教授是上海交通大学凯原法学院的副教授、硕士生导师，意大利比萨圣安娜高等大学的博士。于靖民律师是北京师范大学毕业的博士，是盈科刑辩学院的副院长，盈科律师事务所海淀分所法律事务部的主任。姚万勤副教授，是西南政法大学法学院的副教授。那么下面有请孙万怀教授来做讲座，题目是"刑法规范论证的客观主义法哲学立场"，有请孙万怀教授。

主讲人孙万怀教授通过一古一今两个案例引出本次讲座主题。"宋代登州阿云案"中，登州女子阿云在其母新丧之际，被强行许配给相貌丑陋的韦大。因心中不愿，阿云便趁韦大熟睡，用刀连砍韦大十多刀，但是并未杀死韦大，只是砍断了韦大的手指。案发后，阿云被逮捕并主动承认罪行。阿云一案存在两个争议：第一，阿云与韦大是否存在夫妻关系。在古代守丧期间，守丧者不得嫁娶。本案中阿云定亲时仍为其母服丧期，其定亲行为违背常理。因此，阿云与韦大是否存在夫妻关系，阿云的行为是否属于"谋杀亲夫"，是否能以死刑论处？第二，是否存在自首情节。本案中阿云被捕后，在受审时主动供认犯罪事实，"云被问即承，应为按问"，能否认定阿云具有自首情节，从而根据"以按问欲举，乞减死"轻判。王

---

[*] 刘志伟，法学博士，北京师范大学刑事法律科学研究院教授、博士生导师。兼任中国刑法学研究会副会长、中国法学会案例法学研究会副会长、最高人民检察院专家咨询委员等职。主持国家社科基金重点项目"防控突发公共卫生事件的刑法对策"国家级、省部级等各类项目10余项，独著、主编、参编《业务过失犯罪比较研究》《危害公共安全罪疑难问题司法对策》《侵占犯罪理论司法适用》《中国社区矫正立法专题研究》等学术著作60余部，发表学术论文180余篇，学术成果获得教育部高等学校优秀科研成果奖等多项奖励。主要研究方向为刑法基础理论、经济犯罪、腐败犯罪、财产犯罪。

刑法治理的现代化与本土化·讲演录:(一)

安石派引用《尚书·大禹谟》中"罪疑惟轻"这个理论解决了上述争议。据此,孙万怀教授引出其观点:在"基础解法"无法解决问题时,需要寻找"进阶解法",即从法律文本外部寻找权威依据加以论证。"张某非法购买濒临野生动物制品案"中,张某收购价值 34 万濒危野生动物的制品,根据当时的司法解释张某需被判处十年以上有期徒刑。2022 年 4 月 7 日,最高法出台了最新的司法解释,对收购濒危野生动物制品行为的数额要求作出了重大调整,同时提出了"综合评判"的原则。调整后,张某的刑罚会大大地减轻。孙万怀教授总结本案的网络民意,发现多数民众认为本案明显超出了社会相当性,同时对刑法的体系性和协调性,以及罪刑的平衡产生了疑问。孙万怀教授通过介绍这两个极具代表性的案例,开始了讲座的主题。

一 "客观主义"涵义的理解

孙万怀教授指出,不同于以往情景化、具体化、定量化的司法解释,近年来社会关注度较高的一些司法解释提出了综合评判原则,要求司法工作人员对数量标准、价值标准、情景评价标准等进行综合考量,这些考量是刑法在"基础解法"以外更高的"进阶解法"层面上提出的考量。"进阶解法"的空间应当由法官、检察官思考和发挥,但司法实践中,面对这些的状况,司法工作人员缺少担当的意志与责任感。孙万怀教授提出了两个问题贯穿整场讲座:如何理解"进阶解法"的合理性和相当性?确立"进阶解法"的视角和其建立的基础是什么?

第一,孙万怀教授对本场讲座的重要内容——客观主义是什么,进行了说明。

学界对于客观主义刑法和主观主义刑法有很多讨论,此处的客观主义刑法是古典学派以重视行为为基础的学说,而主观主义刑法主要关注人的恶性。而孙万怀教授所主张的"客观主义"则与刑法解释问题相类似。刑法解释有形式解释和实质解释之争。孙万怀教授认为,不论是形式与实质,还是形式与内容,抑或是现象与本质,彼此之间都是无法割裂的。在讨论刑法解释的立场性问题时,主观主义解释立场和客观主义解释立场虽然只是解释法律,但是关乎对法律本质的看法,只有明确法律本身是什

第十四讲　刑法规范论证的客观主义法哲学立场

么，才能决定以什么立场进行解释。若认为法律是统治阶级意志的产物，则必须从统治阶级的角度出发解释；若不认为法律是统治阶级意志的产物，那么就需要用另一套客观性标准解释法律。

孙万怀教授所提出的"客观主义"其本质是法律本身的问题，而"客观主义立场"则是法律解释的问题，法律解释的立场关乎对法律本身是什么的理解。虽然经常说法官是解释法律的，但是如果换个词语说法官是续造法律的，则可以看出体现了立法的痕迹。同时法律的续造体现在我国许多司法解释中，对于法律基本概念进行了完全的纠正和改变。由此可见，即使在我国成文法这样的法域下，也存在法官续造法律的现象。

第二，孙万怀教授对客观主义的理念进一步展开阐述。

孙万怀教授的"客观主义"理念与刑法解释立场是一脉相承的，最后都回归到自然法，即整个世界存在所应当遵循的准则——绝对命令。一直以来人类都面对着这样的问题，法律的正当性、合法性来源于何处？是来源于主权？还是来源于历史形成的东西？或是来源于先验性的东西？万物在世界上，有无遵循的自然法则、基本规律？这样的自然法则又是什么？

智者学派认为，自然界的水、火是世界遵循的自然法则；智者学派之后，由外在的必然规律转化为内在的必然规律，从亚里士多德主张的正义，到罗格斯认为人的理性是人们心中形成的普遍认识。孙万怀教授认为，自然法是外在的、理性的、客观的。西方所称的自然法，在我国也同样存在这样的观念，《道德经》中"有物混成，先天地生。寂兮寥兮，独立而不改，周行而不殆，可以为天下母。""人法地，地法天，天法道"，正是人和自然的关系问题。

中世纪时期，法律被分为几个层次：上帝法、教会法、人法、世俗法。现世的法律，即实在法，和神法是什么关系？雅典三大悲剧作者之一索福克勒斯在《安提戈涅》中发问：心中的道德律和世俗的法律产生冲突时，应当遵循哪一个法律？孙万怀教授认为，从自然法角度来讲，法律之外存在着一个客观主义的标准，存在一个"进阶解法"的问题，要用"进阶解法"解决世俗中的一些问题。

孙万怀教授指出，康德的绝对命令理念中有三个原则：第一，普遍法则公式。遵循自然法中的普遍法则；第二，目的性的公式。在遵循自然法的过程中，要以他人的人格或人性为目的，不能把人格人性作为一个手段。换言之，不要忘记人是目的；第三，自律性的公式，把心中的道德律作为一种自律加以实现。绝对命令和当代的德国拉德布鲁赫的观点十分相似——拉德布鲁赫公式，即目的性解释。其基本概念是法律需要稳定性、法定性，这是最基础的，但是法律需要更高的合目的性。这要求从超出法律或者实定法律之外来看待法律。

孙万怀教授引用康德所设想的案例——卡纳安德斯之板：沉船之后，落水者为了生存，将他人从海上漂浮的木板中推下去。此案例本质是在探讨紧急权和避险权的问题。刑罚的威慑性显然不可能比生命受到威胁更及时、更严重。此时落水者选择的是避免死亡的威胁。孙万怀教授通过该案例引出了刑法中自由意志的问题，即应当如何看待自由意志？刑事责任的基础和前提是人的自由意志。但许多哲学家认为，人只有一开始是自己的决定者，后续的发展不是其所能决定的。卡纳安德斯之板中的落水者还有自由意志吗？落水者必须选择回避当前的死亡威胁，或是回避以后的不确定的死刑威慑。孙万怀教授认为，被迫的选择不是自由意志，选择和自由意志并不能等同。

第一次世界大战后，自然法的代表人物格劳秀斯提出，世界应当有高于战争这种之上，被大家共同认可的理念和价值，包括战俘的待遇问题，战争的救助问题等。格劳秀斯认为，大家共同认可的东西，应成为准则，由此形成国际公约，催生了国际法。普芬道夫认为，人类是不可能随心所欲地不受法权规则必然性制约，而任由自己的肆意冲动处事的。在他看来，人所受的制约不是自己可以决定的。人是脆弱的且有尊严的。刑法中的法定主义是一方面，责任主义是一方面，责任主义正是来源于对人尊严的遵守。孙万怀教授指出，"张某非法购买濒临野生动物制品案"中，购买制品被判处十年有期徒刑，是罔顾他人的自由和尊严的，因此该案不被社会所接受。陆勇案中所探讨的亦是对人尊严的尊重。人是需要被抚养、被教育、被训练、被帮助，需要社会来形成和保护。正如普芬道夫所说，人的社会性是最根本的自然法则。人要遵循最根本的自然性。

孙万怀教授由此得出结论，在理解客观主义的基础上，首先要谈到自然法则。在自然法中，自然法则是"己所不欲，勿施于人"的表述。这是最基本的超出实在法律之外的一个客观标准。这样的客观主义标准，既评判了法律本身合法性、正当性的问题，也在不断地检验着现实法律论证的正当性、合法性问题。

二　客观主义价值秩序决定保障人权

　　实证主义兴起后，自然法受到了很大的打压。孙万怀教授认为，每当一个社会出现对人的权利大面积的侵犯后，在反思过程中，必然有自然法的抬头。例如，二战前实证主义盛行，但二战后社会开始反思法律本身的问题，思考严格执行法律的行为是否就完全不属于犯罪。

　　美国学者阿兰德提出了客观主义观念。首先，客观主义要明确承认存在状况的存在。这涉及人的认识和外界世界的关系。笛卡尔说，我思故我在；其次，要有意识存在。只有意识存在才能够认识；最后，存在的状况是可以被归纳总结的，归纳总结出的东西，也是存在的状况。质言之，阿兰德认为人类应当拥有英雄般的自我意志，以幸福为生命的道德目的，以建构性为高尚的行为方式，以理性为原则的理念。客观主义更多地强调人对外在东西的认识和理解，而否定一种内心的狂妄，从而变得更理性。

　　孙万怀教授提出问题，在刑法中应当以什么为核心？学界盛行的积极主义刑法观，强调法律的现实性问题。但近年来，有些学者开始反思这样积极主义刑法观，如何荣功教授重申刑法的谦抑。刑法的两大使命是维护秩序与保障人权。但两大使命的侧重点有所不同，维护秩序，更强调主观主义角度，具有很强的实证性色彩；而保障人权，凸显很强的自然性色彩。实证性色彩，是将法律作为一个命令、一种功能对待，是功能主义的反映。立法者的立法原意是维护秩序，但如果过度强调维护秩序，工具化、手段化的法律文本就可能接连出台。

　　孙万怀教授认为，保障人权和维护秩序作为刑法的两大使命，二者之间的层次有很大的差别。保障人权永远是刑法最根本的使命。因为在刑法基础之上，存在着客观主义价值秩序的问题。

　　德国学者提出基本权客观价值理论，认为人的基本权有客观价值，并且客观价值不会随法律的改变而改变。在法益无法解决问题时，就要思考法律的客观价值秩序。法益究其根本，是宪法的根本价值秩序。以基本的客观价值秩序进行评判，毫无疑问形式上要具有法定性。那么责任性从何而来？责任主义如何评判？责任性并非来源于刑法，而是来源于宪法。

《宪法》明确规定国家尊重和保障人权。人权的核心是人的尊严。尊严是自然法的基本价值观念，是客观价值秩序最基本的渊源和前提。

基本权作为主观性权利，在保障人权、防御国家侵犯上起着重要作用。因此，越是在社会快速发展变化的时期，越应该重视基本权，越应该重视客观价值属性。

三 以文本角度分析客观价值秩序必要性

孙万怀教授从哲学解释学的视角出发阐释客观价值秩序的必要性。"一部作品一经诞生，他的作者就已经死了。"孙万怀教授引用"一千个读者一千个哈姆雷特"，借用《肖申克的救赎》中的故事，隐喻法律文本一经创立，如何解读法律文本将不再是立法者的工作，而应交由司法者对法律文本进行解释。由司法者根据时期的推进，社会的发展，不断做出进阶的符合时代特性的法律文本解读，司法者做出的法律文本解读不断超越立法者的立法原意。

至于不同解读者产生的不同的理解如何解决，实证主义认为法律是主权者的意志，是主权者的命令，是需要被始终不渝地坚持遵循。将法律视为命令，实证主义不允许司法者——作为执行命令的人，在另一个超越法律文本的客观环境中，在客观价值或是客观的价值秩序中，解读该法律文本。具言之，司法者没有超出解读主权者意志的自由。

孙万怀教授承认立法原意，但孙教授认为肯定一个没有争议的概念是无意义的。实证主义和客观价值秩序之间更多的是彼此结合、相辅相成的关系，当立法原意与客观价值秩序相一致时，此时没有讨论立法原意的空间，立场的选择也毫无意义。例如，对于怀孕的妇女不能判处死刑，立法原意是对怀孕妇女的保护，同时，也是与社会的客观价值秩序相符合的。只有在立法原意与客观价值秩序产生激烈冲突，二者的抉择才会举足轻重。

当今，实证主义的拥趸者已意识到单纯的强调"法律是命令""追寻立法原意"，再也无法应对社会在发展过程中所出现的诸多难题。同时，实证主义面临着司法实践中的困境。实证主义的代表人物哈特提出的"公园里禁止车辆通行"的经典案例中，难以界定"车辆"的范围。轿车、摩托车毫无疑问属于"车辆",而滑板车是否属于"车辆"的概念则模糊而边缘。据此,哈特提出"概念核"与"概念晕"的观点,从而逐步转变为对客观价值秩序的赞同。以哈特为代表的部分实证主义者提出,第一,法律规则是一种普遍性的语义核心,其概念的核心意思是明确清晰的;第二,普遍性的语义存在着开放性结构,存在着边缘地带;第三,个案中的边缘地带存在着明显的分歧;第四,司法者通过规范论证,通过演绎、涵摄亦无法解释说明分歧,则司法者只能通过评价法律因素,以及伦理因素对规范进行解释、对冲突观点进行抉择;第五,司法者凭借法律因素做出的裁量,事实上是填补法律漏洞,类似于创制法律、续造法律。具言之,以哈特为代表的部分实证主义者承认司法者对法律续造是必要的,并且依托于客观的价值秩序续造法律。

四 法益概念的反思

自我国刑法引入法益概念,其主要具有以下功能:政策评价功能、法律适用功能、刑法解释功能。孙万怀教授对于法益能否在我国刑法语境下解决很多问题提出质疑。故意杀人罪侵犯他人的生命权是没有争议的,但某些罪名所保护的法益存在争议时,则需要思考和探究法益到底能够解决什么问题。

应当如何理解法益,张明楷教授于《避免将行政违法认定为刑事犯罪:理念、方法与路径》一文中说明:"刑事司法实践之所以大量存在将一般行政违法行为认定为犯罪的现象,主要是因为没有以正当理念为指引,没有做出实质解释,没有进行独立判断。公、检、法应当以刑法的自由保障理念、刑法的补充性与预防犯罪的理念为指引,充分保障国民的预测可能性,使刑法真正成为保护法益的最后手段,使刑罚成为预防犯罪的有效工具。刑事司法人员应当对构成要件进行实质解释,对违法性进行实质判断;不能将一切利益当作刑法的保护法益;不能分解成或者还原为个人法益的所谓公法益,不是刑法保护的法益。"孙万怀教授通过分析张明楷教授的观点,提出对于非法经营罪乃至全部的法定犯的法益的探究。刑法中的法定犯与行政处罚中侵犯的利益是何关系?是否只是在量上的差别?孙万怀教授通过内幕交易罪对上述问题做出进一步的阐述。行为人在信息敏感期内既与掌握内幕信息的执勤人员有联系，同时又有频繁卖出股票的异常行为。该行为会被行政机关给与行政处罚。同时，刑法中也有内幕交易罪。据此，孙万怀教授提出了两个问题：第一，刑法中能否根据"异常性"定罪？第二，刑法保护的法益与行政处罚保护的利益的区别是什么，仅仅是因为证据证明标准的差别，抑或是两者之间存在实质性的差别？

张明楷教授提出，法定犯中的法益因不具有实质性的损害而很难界定，不能还原为个人法益的行为，不应进入刑法的评价事宜。孙万怀教授指出，刑法要求行为具有严重的社会危害性，而严重的社会危害性和一般的社会危害性的差别就在于对个人的损害。而对个人损害的差别，正是自体恶与禁止恶的问题。日本学者在区分刑罚和行政处罚时，提出"所谓的刑罚主要处罚自体恶，自体恶的邪恶性质与生俱来""行为的反社会性、反道义性""是否与社会伦理规范密切为立足点"等观点。孙万怀教授认为，自体恶对个人的侵犯具有很强的类似性，其往往具有伦理上的非难性和谴责性。自体恶本质是行为对基本伦理关系、伦理规范的违背，从而进入刑法评价的视野。自体恶的含义与规范违反说十分相似，而规范违反说和法益侵害说是两个截然相反的学说。据此，孙万怀教授得出结论，刑法最终要回归客观的伦理规范标准或是客观的价值秩序，以解释法律论证问题。而对客观价值秩序的回归不仅是法律规范内部的问题，而且要求司法机关坚守刑法的自由保障理念。客观价值秩序是对传统法律理念"天理、国法、人情"的回归。客观价值秩序要求天理，是对道德的坚守；客观价值秩序不脱离社会，不超出公民的可预测性；客观价值秩序坚持对国法的实质性解读；也要求司法者具有良知。

孙万怀教授从质和量的角度对刑罚和行政处罚进行区分。不同国家的立法体系有不同的判断。德国于19世纪40年代将轻微犯罪作行政处罚而非刑法处罚。我国同样是二元化体系，具有一定量上的区分，而自体恶与禁止恶很大程度上属于质的区分。当前，我国存在未能将客观伦理规范的违反与个人法益结合考虑，从而导致刑法处罚介入行政处罚的范围。

对于上述的混沌状况，除立法方式外，还可以通过实质性解释以实现合目的性解释。张明楷教授认为"合目的"是防止司法犯罪化，而孙万怀教授坚持客观主义秩序价值的观点，指出合目的性解释是对刑罚基本伦理

第十四讲 刑法规范论证的客观主义法哲学立场

的回归,也是对罪刑法定原则的坚守。刑法第 13 条的"但书"既是罪刑法定原则的体现,也是客观主义的基础——"危害不大"正是行为恶性的体现。

孙万怀教授总结,客观主义能够回答涉及期待可能性、违法阻却、特定文化习惯、被害人过错、传统伦理等超越法律文本的问题,具有重大的意义和价值。

刘志伟教授:感谢万怀教授,用了 100 分钟的时间以通俗简明的语言把深奥的问题做了很严谨的阐释和论证,下面就开始与谈环节。首先有请云南大学法学院高巍教授来发表高见,有请。

高巍教授[*]:好的,谢谢主持人,谢谢西南政法大学石经海教授的邀请,也感谢孙万怀教授刚刚做的讲座。我昨天先看了摘要,看了好几次一直没看懂,因此我才要求把大纲发来给我先预习一下,今天晚上也听了,确实我觉得这个讲座有以下两个很鲜明的特点。

第一个特点,我觉得孙万怀教授他涉猎的范围很广,思想很深刻。我刚刚简单地统计了一下,20 世纪西方哲学的三大流派在万怀教授的报告当中都有涉及,比如他谈到了胡塞尔、伽达默尔的欧陆现象学,也谈到了维特根斯坦,还谈到了分析哲学中语用学对法学的影响,也就是哈特的开放结构,他也谈到了哈贝马斯的批判理论。这些东西作为法学或者是整个文科的基础性学科、基础性问题,对于刑法学、刑法基础理论,具有很重要的支撑性。这些思想和观点,万怀教授能够广泛涉猎,并且还把这些非常深刻的东西运用到刑法当中来,特别是运用到实践当中,运用到个案当中,说明他的阅读量和思考确实是非常的深,这是第一个特点。

第二个特点,客观价值秩序这个问题从法学方法的角度讨论了很久,有助于深化理解目前刑法界刑法理论研究当中所面临的很多困惑。我们总是感觉到我们的犯罪论体系、构成要件理论或者说法益理论有一些问题,

---

[*] 高巍,法学博士,云南大学法学院党委书记、教授、博士生导师。兼任中国刑法学会常务理事、中国行为法学会常务理事、中国法学教育研究会常务理事、云南省法学会副会长、云南省人民政府法律顾问。在《中国社会科学》《Social Science in China(中国社会科学英文版)》《中国法学》等刊物上发表 30 余篇论文,多篇论文被《新华文摘》《中国社会科学文摘》《高等学校文科学术文摘》、中国人民大学复印报刊资料《刑事法学》等全文转载,出版《中国禁毒三十年——以刑事规制为主线》等 5 部专著,主持国家社科基金项目和其他项目 10 余项,三次获得云南省哲学社会科学优秀成果二等奖。

但是很难用体系化的理论化的语言去表达，那么万怀教授实际上是做了这样的尝试。西方的本雅明做了命名行为和意义行为的区分，认为之所以有思想、有观点难以表达的逻辑，在于这些东西可能是更本质的东西。万怀教授把这个更本质的东西概括为客观价值秩序，它是超出实定法，超出体系外的，而恰恰它在支配我们的刑法理论，包括个案实践当中的基础性的问题。每当我们碰到运用构成要件理论，运用通说分析问题发现有点不大妥当的时候，其实可能就是碰到了客观价值秩序这样的命名行为——更本质的行为。构成要件理论，按照本雅明的分类，应该是一种意义行为，也就是人们看得见的符号、结构、要素这样的体系行为。

最后，我想针对万怀教授的报告中所涉及的两个具体问题谈一点我自己的看法。第一个是关于法益的批判，对于法益概念的批判我非常认同万怀教授的观点，法益作为一种整合性的概念，在形式上体系上可能有用，但真正在个案当中，却好像没什么用。在某种意义上，法益概念原本是作为自由保障，可事实上它可能是万金油，具有一种扩张的功能，特别是超个人法益的存在。比如刚才讲的内幕交易，内幕信息真正的危害在现实层面或者说经验层面该怎么去验证？不清楚的时候便被冠以市场安全性诸如此类抽象的、模糊的概念，把它作为法益的话，实际上它在某种意义上通过模糊实现了扩张，实现了对制定法法益的一个解说，法益的自由保障功能就很难发挥。因此我非常认同孙老师关于法益的批判。第二个就是社会相当性，实际上它是这篇报告的应有之义，最后可以延伸出来用社会相当性理论使客观价值秩序具有体系性的地位。客观价值秩序无法直接作为构成要件体系当中的要素，只能把它置于通过社会相当性理论，获取犯罪成立与否、犯罪危害大小判断的体系地位。但这里也存在一个问题，社会相当性本身是不是就有体系地位呢？这个我觉得可能还是值得思考的问题。

最后再补充一点我自己的想法，我认为客观价值秩序可能还有一个关键点，就是如何获取的问题。如何知道客观价值秩序在哪里？如何对客观价值秩序提出一个可预测的，或者标准化的，能够形成共识的东西？当然孙老师也谈到了，可不可以通过主体间的商谈，或者说主体间的共识来形成？但是我们都清楚，刑法是制定法优先，在制定法优先的情况下，制定法本身可能会和这种客观价值秩序有冲突，那怎样找到条文、案例、立法背后的类似于理想型的东西？客观价值秩序之所以叫客观，意思是说它能够在不同的人当中形成共识，但是获取共识的过程和路径，我觉得还值得我们进一步地去研究和思考。

再次感谢今天晚上最辛苦的孙万怀教授，他刚刚讲了这么多，确实对我启发很大，收获也很多，谢谢主持人。

刘志伟教授：好的，谢谢高巍教授的与谈。下面有请上海交通大学凯原法学院的陈可倩副教授来发表高见，有请。

陈可倩副教授[*]：好的，谢谢刘老师，非常感谢刘老师的主持，也特别感谢西南政法大学刑法学科的组织，让我有这个宝贵的学习机会。孙老师讲座的内容异常丰富，上到法哲学的主义之争，下到具体的热点问题，空间上横跨了东西，时间上还横跨了千年，集中体现了孙老师广博的学识，还有他对刑法与人和社会的哲学性的思考。孙老师提到的热点问题当中存在的问题在热度过去后仍反复出现，这其实说明了我国目前对刑法方法论的迫切需要。恰当的方法论的确定，不仅可以解决现在立法和司法、实践和理论之间的相互拉扯，被动向前走的现状，也是建设现代化的法治国家，形成法治思想所必然的要求。

首先我想从国家角色的转变，对刑法学的要求出发，谈一下我对孙老师提到的两种法哲学的思想，实证主义和客观价值秩序的理解。孙老师不停提及，刑法学者把罪刑法定原则认为是刑法最基本原则的时候，那么实际上就奠定了刑法研究的一个基本立场，即是对公权力，特别是对刑罚权的限制。但是很有意思的是，从目前刑法频繁立法的现状来看，理论的限制其实根本就没有阻止公权力扩张的这个现实，而且这种现实不仅发生在刑法领域，在行政法等其他部门法领域也同样发生。那么为什么会出现越限制越扩张的情况呢？有三种被广泛接受了的解释：第一，公权力本身就具有扩张的本性；第二，因为人类活动领域的不断扩宽，给了公权力更多的介入空间；第三，科技的发展所带来的风险刑法的问题。除此之外我觉得还有两点值得注意的解释。第一是历史的经验教训，孙老师也提到了法学界对纳粹政府的反思，这种反思体现在方方面面，在刑法领域，集中体

---

[*] 陈可倩，法学博士，上海交通大学凯原法学院副教授、硕士生导师。意大利比萨圣安娜高等大学博士，美国纽约大学法学院访问学者，美国西北大学法学院访问学者，上海市浦江人才，首批入选上海青年法学法律人才库。在《法商研究》《法学》等期刊上发表多篇专业论文，主持国家社科基金、司法部部级科研项目等多项课题。

现在对主观主义的批判；在宪法领域，体现在对民主制度本身以及价值中立的立场的反思，比如说提出了"防御性民主"的概念，希望吸取纳粹以民主的方式去颠覆民主的教训，在民主制度当中设置某些自我防卫的机制以捍卫宪法的自由民主的基本秩序，而不再采取价值中立的立场，以免反民主的因素在民主制度当中滋长乃至反噬民主。他们提出了相应的措施，比如说基本权利的剥夺制度、政党的禁止制度、结社禁止制度、公务员的忠诚义务等，从这些制度本身可以看到，实际上是对公民的自由在实质上的一种限制和约束。还有一个解释就是大公司、大企业在兴起和扩张的过程当中，基于资本逐利的本能而对个人权利和社会权益的侵害，其实已经远远超过了传统的自然犯罪对个人权益的侵害，比如说以三鹿奶粉事件为代表的一系列的经济犯罪、金融犯罪、环境污染犯罪等的法人犯罪，这种犯罪受害面之广，在某种程度上说已经不亚于公权力所可能造成的损害。然而个人是无法与之对抗的，只有国家有能力与它对抗，对它的这种不当扩张进行规制，因此公民其实也要求国家有所作为。

所以基于以上五种可能的解释，可以看到在宪法领域其实已经意识到了问题，古典时期的单纯认为公民对抗国家的理念的基本权利框架，实际上已经不再适用了。国家的角色从单纯的对自由和权利的可能侵害者，转变为同时还是自由和权利的保护者，这种理念的转变随之而来的就是国家公权力介入领域的空前广大。这不仅仅是宪法学的问题，刑罚权作为国家权力的一部分，国家角色的转变一定也是我们刑法学界应该认真对待的客观事实。摆在刑法学面前的理论难题，即如何防范国家的刑罚权过度的侵害个人权利的同时，又可以促进国家正确的去履行它的保障义务。这两种角色在刑法的实然层面，大多时候的体现其实是对立的，比如说在立法中的积极主义与谦抑主义之间的对立，司法个案里面的罪轻罪重、入罪出罪的对立，刑法学对待公权力的扩张，它的态度应该是否定的还是引导的？因此，鉴于这样的局面，我们需要往更高的层面，也就是哲学或者说应然法的层面去寻求在这两者对立的时候如何取舍的答案，是要取舍还是要平衡，是应该对立还是统一？如何取舍，如何平衡，如何统一指导，我个人理解，孙老师强调刑法它应该向上，应该向法哲学去寻找它的正当性的重要意义所在。从这个角度来说，实证主义确实是难当此重任的，因为实证主义最大的特点实际上是价值无涉的，它不涉及价值的。在刑法长期依赖

第十四讲　刑法规范论证的客观主义法哲学立场

哲学的发展史上，只有实证主义摒弃了对哲学、自然法的依靠，这个刚才孙老师也讲到了。实证主义仅仅只是从实定法出发，对实定法的渊源展开考察，然后围绕着实定法的法条确定概念，最后形成体系，只在法律的解释当中去寻找法律的目的，包括刚才孙老师论及的实证主义对立法者的绝对服从，决定了它只能是一种重要的研究方法。但是在目前国家角色的转变的背景之下，它实际上很难在一个价值多元的社会里面为立法与司法提供一种更高的统一的指导。客观价值秩序实际上是来源于德国的宪法，它尝试着从法哲学的高度为国家角色的转变提供一定的超规范性的指导，客观价值秩序主要的方法是将基本权利高度抽象化以后，获得更广泛的普适性。那么这种高度的抽象化是如何实现的呢？阿列克谢以让人惊艳的思维方式——三重抽象的方式，通过剥离基本权利的权利主体，权利相对人和权利客体的过程，将宪法中的基本权利这种客观法辐射到了所有的法律领域，使这种基本权利有了普遍性。因此在我们的刑法领域也需要去彻底贯彻比如说人性的尊严和自由民主的价值理念。我觉得孙老师把客观价值秩序在刑法中的体现归结为刑法客观主义，是一种非常有价值的尝试，值得我们去深入地体系化地进行研究。与此相对的另外一个路径就是刑法的父爱主义，它是希望将国家的这两种角色统一到一个恰当的刑法的发动目的，也就是说给公民实质的自由。就如孙老师所说的，以人本身以外的目的去作为我们刑法发动的目的的话，可能会产生政府强加于公民的单向权威投射的问题。所以目的的合理性，并不意味着手段的合理性，那么如何应对我们说的国家角色的转变对刑法研究的挑战呢？我个人认为，像孙老师讲的，最后还是应该回归到刑法与其他法律的界分上去回答犯罪本质上的问题，这也是我希望分享的第二点。

我非常认同对法益概念的批判和重塑，我个人也认为刑事犯与行政犯的区别绝对不仅仅是在于它的个人法益，而在于规范违反。这种规范违反实际上也是美国重建主义学者所提出的，它是一种规范的否定，否定的背后是规范的基本秩序和基本能力。涂尔干曾对这种基本秩序的重要性有过非常精彩的解读，他以教学秩序为例，认为教室是一个社会关系的缩影，其中有不同的角色，有老师，有学生，有聪明的，有好奇，有评估体系，也有惯常的做法，最重要的是它有一个核心的目的，就是要实现教育的目的。其中有很多种违反教学规范的行为，比如说学生没有预习的行

刑法治理的现代化与本土化·讲演录：(一)

为，老师没有备课的行为，这些只是对基本规范的违反，而只有一个行为它是对规范的否定，那就是学生的作弊行为，因为只有作弊行为从根本上否认了教学秩序。假设一个被人所知的作弊行为，它没有受到谴责和处罚，而且还时时发生的话，那么整个教学秩序就会被摧毁或者替换。我们把这个类比到刑法领域来，比如说以重婚罪为例，本来的婚姻家庭关系应该是属于极其私人的关系，但是重婚罪与其他违反婚姻家庭法的行为是不同的，它不仅仅是对被害人家庭的破坏，而且其行为模式还威胁到了一夫一妻婚姻制度的根本，所以国家才可以动用刑罚权，才可以把它认为是犯罪。因此，犯罪行为与其他的违法行为相比，它否认的是规范背后的基本秩序，如果没有规范否定这样的行为的话，就不应该认为是犯罪，这种规范否定的判断就像孙老师讲的那样，其实是应该要引入社会相当性来判断的，但是之后具体应该如何继续论证，我希望还能跟孙老师继续讨教。非常感谢孙老师本次的讲授。谢谢刘老师。

刘志伟教授：好的，谢谢可倩对孙老师讲座发表的感悟，下面有请于靖民博士来发表高见。

于靖民律师[*]：尊敬的各位老师，各位律师同仁，各位观众，大家晚上好，非常荣幸能够参加今天晚上的学术活动，我是来自盈科北京海淀分所的于靖民律师，此前在北京法院做法官，从事审判工作十余年。今天非常荣幸能够见到北师大的博导刘老师，也能见到之前在意大利交流的时候已经14年没有见过的陈可倩老师，还认识了其他的老师，今天晚上的收获非常大。

关于如何理解论证刑法的规范，我想从实务的角度跟各位汇报几个看法。从客观角度和价值属性去理解刑法，我认为是非常重要的，从论证的体现上来讲，现实中对于法律文本的解释能够更充分地体现这个原则。刚才孙老师也讲到了，为什么刑法解释的这个问题这么重要，我认为就是输出倒逼了输入，表达能够暴露你的内心，就像英国学者霍布斯在《利维坦》中所说的，所有的成文法和不成文法其实都需要解释。回归到具体的

---

[*] 于靖民，法学博士，盈科刑辩学院副院长，盈科北京海淀区分所刑事法律事务部主任，兼任北京企业法律风险防控研究会理事，中华女子学院法学院兼职教授。参编《宽严相济形势政策司法解读》《刑法修正案（八）理解与适用》《暴力犯罪死刑适用标准研究》，公开发表《恐怖主义犯罪的特征与现状分析》《对死刑控制与中国刑罚制度改革的发展性思考》等学术文章。

第十四讲 刑法规范论证的客观主义法哲学立场

个案当中,可以看到不同的诉讼参与主体,包括法官,哪怕是对同一个事实,同一部法律规范,每个人的解释立场和解释的方法都存在差异,最后在结论上也就会存在很大的差异。

对于法律解释的司法适用的这个层面上,包括综合评判的问题,我有三个观察。第一个观察是,超出客观主义界限的法律解释方法,在实践当中应当是要予以限制的。对于超出客观主义的法律解释,我认为它最大的危害在于解释本身已经侵入到了立法的领域,也就是说用解释的名义去行刑法立法之实,这样会给刑事法制带来不利的影响。在解释刑法时候,客观主义的立场可以发挥慎重适用刑法、尊重和保障人权的正向效果,我认为是值得宣扬的。刑法解释的本质任务还在于规范,基于司法权本身属性来讲的,司法解释的立足点应该是说明而非创造。应当讲,进一步阐释刑法规范和刑法立法的含义是它的应有之义,而不能扩张到废、改、立的层面上去。所以,突破法律规范的含义去进行解释,包括司法解释和法律适用中具体个案的解释,这样的方法都是不足取的。同时,我还考虑到对于刑法的一种机械、教条、僵化的理解,表面化的理解,会存在曲解刑法规范本身的风险,特别是在被告人有可能无罪,有可能罪轻存在一定解释空间的时候,教条的解释就有可能会把这样的解释空间给挤压掉,也是非常不公正不客观的。

我的第二个观察,即基于体制机制所导致的刑事司法越权的现象。两高以及公安部、司法部等在内的具有解释权的权威机关,它们的解释在全国范围内都是在适用的,但我们也发现,基于技术和水平的限制,个别的司法解释存在着一定的争议。实践当中有人认为,司法解释类似于刑法规范,是刑法规范的一个重要渊源。我个人认为这种观点还不够客观,因为这样的有权解释是否完全出自于客观主义的角度,我认为还有待商榷。虽然眼下司法解释确实能解决实践当中无法可依的一个现象,但是我认为还是要限制在一定范围内,特别是要不停提高司法解释水平和能力。

第三个观察就是客观主义的解释,在具体的个案中能否落地和实现,其实也有赖于司法官自己的立场、能力以及出发点。我认为有两点是非常重要的,第一就是必须要遵循刑法的基本原则,即刑法的罪刑法定原则,刑法面前人人平等,罪责刑相适应等原则。为什么要强调这一点?是因为我们发现在具体的个案当中,法官、检察官对于法律的解释,虽然没有超出刑法分则概念本身，但是却忽略了刑法原则。孙老师刚才也讲到了，实践中司法解释也确实起到一定的作用，但是有的时候在司法解释出台之后，也会出现一定的争议。我举一个例子，该案涉及《刑法》第一百二十条之三宣扬恐怖主义、极端主义罪。两高两部2018年出台《关于办理恐怖活动和极端主义犯罪案件适用法律若干问题的意见》，其中第一条的第四项，关于行为方式就提到了利用网站、网页、论坛、即时通信、通讯组、聊天室等进行恐怖主义、极端主义的传播，是可以入罪的。这个案子发生在司法解释出台之前。某年轻人，他本身并不一定是恐怖分子，但是对于比如说杀人砍头的视频很好奇，就通过微信单聊的方式将视频传给了自己的一个朋友。在这种情况下，要不要对这种微信点对点的传播方式入罪，解释为宣扬恐怖主义、极端主义罪？合议庭在讨论的时候，考虑到这个罪名叫"宣扬"，而且刑法分则也提到了行为方式是制作、散发或者通过讲授、发布信息等形式，因此把点对点的方式扩大为"宣"和"扬"可能就存在一定的争议。所以在当时司法解释出台之前，该案的解释就面临着一些问题。所以我认为对于犯罪学的研究，特别是实证主义的研究，对立法还是有很大参考价值的。绝对不能在制定法还没有改变的情况下，就在实践当中去打折扣地执行法律，这个现象在现实中存在，对此我表示一定的担忧。它体现为两个方面，一个是将无罪的行为以个案解释的方式，以犯罪论处。这种越权的个案解释，突破了立法本身的含义，导致了刑法的人权保障机能的丧失，这是值得深思的。一个是因为犯罪构成要件的首要功能就是向社会宣告哪些行为是犯罪，给罪与非罪提供一个行为的指引，这一点是非常重要的。在不同的犯罪之间，也要通过犯罪构成要件去区分此罪与彼罪，如果在解释的层面上出现了越权，出现了扩大，那有可能就会改变此罪与彼罪的界限。再举一个例子，我在办案的过程中发现，对《刑法》第二百二十四条之一的组织领导传销活动罪的适用过程当中存在问题。在刑法立法的时候，这个罪名原本是以经营罪方式进行立法，但是后来经过讨论，将其归为诈骗类。也就是说，行政法上的传销问题，并不等同于刑法上的传销问题，只有当开始以非法占有为目的、以诈骗方式进行传销的才入罪。其中有几个要件非常重要：入门的资格、层级、人员数量记酬作为返利的依据。我们在实践当中发现，刑法条款明确规定，"入门资格"是指要求参加者以缴纳会费或者购买商品服务等方式才能获

第十四讲 刑法规范论证的客观主义法哲学立场

得准入资格。但有的法官在很多的个案中将它忽略掉了，他们给出的理由是，实践当中，随着传销手段不停提升，犯罪行为不断升级，没有"入门资格"也可以把它解释为传销，我认为这样的立场就偏离了客观主义。

以上三点就是我今天要跟各位去分享的汇报，通过今天孙教授的讲授，给了我很大的启发，以后我觉得我应该用客观主义的立场去解释法律，去论证案件，可能会有一些意想不到的收获。谢谢老师，谢谢主持人。

刘志伟教授：好的，谢谢靖民从实务的角度谈了自己的想法，下面有请西南政法大学法学院的姚万勤副教授来与谈，有请。

姚万勤副教授[*]：刚才听了孙老师的讲座之后启发非常大，孙老师的文章我基本上是每天都去读，在研究生阶段的时候也读的比较多。孙老师每篇文章都呈现出三个特点，第一个特点是基本上都大气磅礴；第二个特点是基本上切入口非常好；第三个特点是基本上论证都比较深入。今天晚上的讲座也体现了这个三个特点，我获益匪浅。结合孙老师今天的讲座，我谈谈自己两点不太成熟的看法，如果谈错的话还望孙老师多多包涵。

第一个问题，从客观主义解释的立场出发就一定能够纠正我们司法实践中奇怪的现象吗？我们知道，刑法规范论证的视角有主观主义和客观主义，比如说德国刑法规范的某些立场依然带有很浓厚的主观主义色彩，但反观德国的一些判决，似乎没有让德国民众难以接受。德国的主观主义立场后来也被日本所接受，当时留学德国的一些日本大咖，比如说牧野英一、木村龟二，回国之后就在日本推行主观主义，然后日本的刑法经历了主观主义解释之后又朝着客观主义去解释的方向。但是看牧野英一写的体系书，就会发现，实际上客观主义在很大程度上对主观主义进行了一种不负责任的断章取义式的解释。比如说，牧野英一讲"着手"是一种犯意的飞跃的表动，"飞跃的表动"我们一看就感觉好像不要行为，但是回过头来想，像牧野英一这种大咖级别的人物，他怎么可能把行为省略了而去谈着手的问题？牧野英一去世的时候说了一段话，大概翻译过来就是，你们这些客观主义解释论的学者太不负责任了，对我的问题只是断章取义式地

---

[*] 姚万勤，西南政法大学副教授，中国社会科学院法学研究所博士后。兼任西南政法大学人工智能法律研究院副院长、特殊群体权利保护与犯罪预防研究中心副主任。主持国家社科基金项目和其他项目10余项，参编著作2部，公开发表学术论文百余篇，多篇论文被全文转载。

解构而批判我。最近我也在反思这个问题，难道刑法规范通过客观主义解释之后，一定就能把我们国家这种奇怪的判决给纠正过来吗？

第二个疑问是关于社会相当性理论。社会相当性理论还是一个比较空洞的理论，运用到司法实践中，必然要受到一个原理的限制，也就是法官要受法律拘束原理的限制。一个极端的或者超越了社会公众认同的案件出现后，一般是去批判法官是机械司法，但是法官也觉得自己很冤枉了，法条跟司法解释都白纸黑字规定得很清楚，为什么指责我判错了？机械司法，用一个时髦词语的话叫"罐头思维"，意思就是按照法条去判，老百姓接不接受在所不问。贯彻社会相当性理论如何跟法官应受法律约束的原理相协调，这个问题也比较困扰我。孙老师的讲座也提出了几个方案，想进一步把这个问题明确化，但是否还存在一定的解释空间呢？这两点也是我的疑惑，今后继续向孙老师讨教的一些问题。谢谢大家，我的问题没有了。

刘志伟教授：好的，谢谢万勤教授，那么与谈也就谈完了，下面开始交流环节。我看老师转过来的听众向孙老师提的问题有将近20个，由于时间关系没有办法一一回答，请孙老师从中间选取几个有代表性来作答。另外还有向几位与谈人提的问题，你们也稍微准备一下。下面有请孙老师来回答。

孙万怀教授：好的，谢谢志伟兄，谢谢刚才四位与谈老师对我精彩的点评，对我也有蛮多启发的。

关于客观主义的立场具体落实到立法和司法以及其在体系中的位置的问题。我认为，这个问题本身恐怕是难以解决的。一方面，刑法不仅包括实体性的理论，还包括程序性的理论，也包括司法性的体制等方面的因素。这些多方因素是在共同解决着刑法问题，包括入罪出罪，是在共同的导向下形成合力的结果。实际上，实体法的理论放在哪个位置是不是一定那么重要呢？如果实体法放不进某个位置，它是不是就没有生存空间？这个问题我觉得可以再去思考。

关于相当性的问题，打个比方，就像十二怒汉中的陪审制度，或者说英美法系的小陪审团制度，一定意义上就带有相当性的色彩。这十二名陪审员不是法律专业人士，或者可以说根本不懂法律，这就是相当性的问题。有一句话叫"一个艺术家并不比一个观众高明的多少"，当法律的演

第十四讲 刑法规范论证的客观主义法哲学立场

绎走到尽头的时候，恐怕大家都会认为，与其交给专业的法官去判断不如交给民众的代表也就是陪审团成员去判断。我觉得这也是一种从客观的角度来介入法律的规范性的路径。中国的陪审制度和西方的陪审团制度存在着一定的差别，在刑诉法学者看来甚至是存在着很大的差别，但我认为这意味着我国进行了相当性的尝试，只不过是中国的陪审制度在特有的体制下没有得到很好执行，这靠我们今天的论述是无法解决的。就比如说《刑法》第十三条的但书条款，即便是最高人民法院去适用该款，也存在很大困难。我经常想，在个案里面会有多少的司法官员用到了但书条款？宁肯去牺牲刑法的严谨和法定性，也要得到合理的结论？实际上法律体系本身也给了一些空间，而且某种意义上说空间是很大的，比如相对确定的法定刑等。但可能因为体制方面的因素，这种空间无法得到很好的利用。

另外讲到主观主义的这个问题，我认为需要分为几个层面去分析，包括主观主义刑法的层面和客观主义刑法的层面，也包括解释层面，当然还包括立法或者法律本身的正当性基础。可能因为人类语言的一种局限性，就像如今的"元宇宙"，很多人认为元宇宙的概念本身就是一个非常不规范的概念，现在的 VR 在几十年前就有类似的原型，称之为棱镜。而主观主义和客观主义这些概念在不同场合，它表达的特点和方式也可能是不一样的，比如在刑法解释立场中，主观主义可能更多是考察立法者意志的问题，但客观主义可能更多是考察时代的变化对法律概念的影响，所以它们的内容在不同的语境下可能还是存在着一定程度的不同性的。

我先简单谈了下我对几位老师精彩的与谈的体会，接下来回答同学们的问题。刚才志伟老师让我选择几个问题，就不选择了，我就按照同学们问的顺序我尽量解答。

第一个问题：立法机关在进行定罪量刑时采取什么样的综合判断？这个问题实际上就是问立法在确定罪刑相当性的时候该怎么去综合判断，比如传播淫秽物品和拐卖妇女在某些情况下量刑可能一致甚至后者更轻，该怎么去评判？有一年华政的博士论坛就专门谈到立法中刑罚的配置问题，具体是盗窃罪和贪污罪的刑罚的配置问题。贪污罪在某种意义上也是盗窃罪，是国家工作人员进行侵吞、窃取、骗取的行为。盗窃罪有窃取行为，贪污罪也有窃取行为，贪污罪十年有期徒刑的标准是 300 万，而一般人员的盗窃，十年有期徒刑的标准是 30 万，300 万和 30 万相差了 10 倍，所以大家认为这是不平衡的，那这个相当性该怎么去评判？从传统来讲，重罪重罚，轻罪轻罚，或者说传统的伦理观念认为"杀人者死"。"杀人者死"这是一个最朴素的自然法的价值，当然，自然法随着人类社会文明程度的提高，它也会随着时代相应发展，发生一些变化，但基本的内容是相对比较稳定的，这个稳定的基础是什么呢？我认为还是"人是目的"。就拐卖妇女儿童罪和传播淫秽物品罪而言，我一直认为拐卖妇女是刑法中一个非常严重的犯罪，我相信大家也都认可我的观点。人在奴隶社会是可以买卖的，但是人类文明的标志就是人不能作为商品，如果把人作为商品，那么人的基本价值和尊严就不存在了。这还不是最能够直截了当说明事情的，人类存在一系列从最基本的到更高的需要，比如像人对生存的需要到安全的需要，从社交的需要到尊重的需要，从归属的需要到自我实现的需要，行为如果侵犯了最基本的需要的话，那么在刑法中所配置的刑罚应当更重。由此，危害公共安全、故意杀人等这些肯定是属于很重的犯罪，因为它危害到人基本的生存和社会的安全。再如财产安全的需要，尊严的需要，交往的需要，自我价值实现的需要，虽然某些犯罪涉及的数额很大，但并不意味着它的刑罚就一定很重。回到我们前面讲的贪污罪和盗窃罪，盗窃罪往往侵犯的是个人法益的问题，涉及个人的生活，盗窃他人财物可能就让人生活不下去了。但对于贪污罪而言，这是国家工作人员在履行公务中对国家的职务廉洁性的侵犯，这就决定了数额标准与盗窃罪不同。

　　第二个问题：哲学立场是否必然影响法学立场？这句话我觉得又对又不对。首先，哲学立场可以分为各种各样的哲学立场，至少从马克思主义哲学来看，它分为唯物史观、辩证法、认识论等很多的层面，还分为辩证唯物主义和历史唯物主义。西方哲学也有很多的立场，所以有些哲学立场是否能够直接影响到我们法学立场这是很难说的，但是确实有些哲学观念对我们的法学立场是产生很大影响的。例如在第一次世界大战也就是欧洲的三十年战争之后，修复战争创伤的过程中，格劳秀斯的哲学立场就发生了改变。例如实证主义哲学大行其道的时候，某种意义上它对纳粹是有帮助的，这或许并不意味着实证主义本身的错误，但至少他们信奉的这种立场，对法学确实产生了非常大的影响。

　　第三个问题：借鉴外国立法的时候需要考虑背后的哲学对冲吗？我觉得这实际上是给我设计了一个陷阱。"中学为体，西学为用"，这是一个体

第十四讲　刑法规范论证的客观主义法哲学立场

和用的关系问题。哲学包括西方哲学和中国传统哲学，但是对刑法来讲，一方面我们肯定是要立足于本土化的历史经验和基础之上的，但是也要"西学东渐"借鉴外国。《大清新刑律》就是在结合了中国传统的刑法基础上向日本学习，请冈田朝太郎制定了中国第一部近代化的刑法。现在的罪刑法定原则舶来于西方也已经有100多年了，这种刑法的基本理念它也是具备哲学思想的，只不过这些思想中有很多是我们大家共同认可的东西，在哲学里面也是有很多共同认可的东西，并不就是绝对对立的。

第四个问题：客观主义与认罪认罚从宽、少捕慎诉的刑事政策如何同步推进，客观主义立场对此是否有影响？我认为很难说客观主义立场对此有影响，从客观主义的立场出发，能够对认罪认罚从宽做出一个解读。认罪认罚从宽的核心问题是被告人承认了他的罪过，也愿意接受国家的处罚，由此获得一种从宽的待遇，适用的前提是主观恶性的消除，也就是伦理可非难性已经大幅降低了。在这种情况下从宽处罚是没有问题的。但问题在于认罪认罚并不简单局限在主观恶性的降低，它和坦白一样，实际上都极大提高了司法效率，所以国家给犯罪人一定优惠的待遇，这是一个协议最终的产物。直到今天，我一直认为认罪认罚从宽制度缺少一种真的客观主义基础。美国的Plea Bargain，是在抗辩相对平衡的前提之下进行的，也就是说即使被告人不认罪的话，被判无罪的可能性也是非常高的。但在中国，被告身陷囹圄时如果不认罪，那么被判刑的概率有多高相信我不用说大家都可能知道。这时被告就会觉得，反正早晚都要被判刑的，认了还会判轻一点。辩护人就产生了难题：很多时候律师认为被告的行为很可能是无罪的，但是既要劝他认罪，又不能劝他认罪。于是就出现了被告人聘用两个律师，一个律师签字，签具结书在场见证，另一个律师不签，到法庭上没有见证的律师就做无罪辩护。检察官很大程度上也要抗诉，因为对方临时变卦。当前认罪认罚缺少最基本的客观的环境和基础，缺少一个能够让当事人真诚地、自觉自愿地认罪认罚的基础，在这种情况下认罪认罚制度走的越来越偏。所以我建议收缩认罪认罚适用范围，轻罪的法定刑较低，被告是能够接受的，自愿性相对是比较强的。但对重罪来讲，认罪认罚从宽的适用就存在更多问题。所以说这和客观主义有没有关联性？我认为是有关联性的。

最后一个问题：如何理解违法相对性在刑法中的体系地位？违法相对

性或者说法秩序统一性的问题是近年讨论比较多的问题，法秩序统一性这个词语我认为是一个比较中性的词语，法秩序的统一性并不意味着刑法不具有独立性，只不过是不同的部门法律基于不同的管理方法、制裁手段、规范手段，而对行为性质作出的不同理解，这种不同的理解本身并不意味着一定要完全一元化。我们有个老师就提到过二次违法性理论，其意思是，刑法的很多概念判断尤其是针对行政法定犯，不具有独立的判断，刑法中的很多概念要依托前置法的概念。对于这个问题我认为，刑法的判断它是基于自体恶而形成的一种规范违反的问题，它的评判是具有刑法的独立性的，若说刑法违法性是以行政法的违法性作为前提的，我认为不能够成立。刑法坚持的是损害原则，而冒犯原则是行政法所提供的，冒犯原则在什么情况下能够进入刑法损害原则的评价视野，这要做出一个非常详细的判断。以假药问题为例，以前所认定的假药，我把它称为叫"假的真药"，基于打击处理违反管理规定的方便，把它直接划到假药的范围。就像互易合同虽然不是买卖合同，但它们具有很强的相似性，因此对这种合同进行规范管理的时候，就按照买卖合同进行处理。所以这里我是坚持刑法的相对违法原理的，但是对于法秩序统一性原理，这里的秩序统一并不意味着秩序相同，把系统性带入相同性这种观点我是坚决否定的，这一点我是要强调的。

刘志伟教授：好的，那么下面请我们四位与谈人来给同学们做一个解答，每个与谈人都回答一个问题，那就还按照刚才的顺序，请高巍老师先开始。

高巍教授：同学问："犯罪客体和法益是什么关系以及犯罪客体是否在犯罪构成四要件当中？"我的第一个理解是这样的，从中国刑法的制定法来说，法益是缺乏制定法的依据，从制定法的文本当中看不到法益，某种意义上可能也看不到犯罪客体。将犯罪客体和法益的地位等同，是为了体系性的需要和理论研究或者教学方便。我们把刑法文本进行体系化，把它归结为犯罪成立的四个要件或者三阶层、两阶层这样的体系，从制定法文本的依据角度来说，我觉得没有区别。第二个层面，我们之所以会觉得法益这个概念对于刑法来说具有基础性和重要性，是因为我们希望有法益这个概念来承载对自由的保障，对公民权利的维护，防止权力滥用。因此我们才会在论证的时候经常使用"无法益侵害则无犯罪""法益侵害的大

第十四讲 刑法规范论证的客观主义法哲学立场

小决定犯罪的轻重",但是这些东西从制定法文本或者说实定法的依据当中是没有的。希望做什么和应该做什么实际上这是两个层面的问题,后者需要回到宪法,回到文本,回到法律体系,回到法律依据当中。法益和犯罪客体未必说哪一个更好,这是我的理解,那我就说这么多。

刘志伟教授:好的,那么有请可倩老师来解答一下。

陈可倩副教授:好的,谢谢刘老师,我的这个问题是关于醉驾入刑和轻罪立法的。醉驾入刑是经历了热门的案件、民意的反弹后,应民众要求而进行刑事立法的。但是现在因为出现反弹,各地实际上都开始对醉驾进行了司法性的限缩。根据整个过程的考察,我个人认为醉驾入刑在刑事立法的时候,是缺乏必要的体系性的论证的。从秩序否定说来看的话,单纯醉驾的行为其实并不会对交通秩序产生根本性的威胁或者是侵害,所以个人认为醉驾行为在目前其实是不应该入刑的。但现在轻罪立法已经成为一种趋势,其实轻罪立法也需要在体系性和科学性的指导下,进行整体性的考虑,特别是应该要合理解决比如说认罪认罚或者消除犯罪人的附随性影响等问题之后再配置相应的刑罚,而不应该在刑法门槛本来就很高的情况下,贸然地加入一些新罪,这样的做法其实是破坏了刑法本身的体系性和对犯罪本身严重程度的界定。所以我们刑法学界对醉驾入刑也一直都是有很多反思的。这就是我的观点,谢谢刘老师。

刘志伟教授:好的,下面请靖民来作答。

于靖民律师:好的,谢谢刘老师。有同学问:若是当前的司法解释违反了客观主义,那么在被废止之前,办案机关是否仍然需要遵守该司法解释进行办案,是否能够忽略该司法解释,通过对法律文本客观价值的理解来进行办案?对于这个问题我是这么认识的。首先,关于司法解释本身是否是违反了客观主义的评价问题,确实还停留在理论层面。一个司法解释如果违反客观主义的话,我相信最高人民法院以及最高人民检察院在进行司法解释的制定或者改革的时候,一定会非常的慎重,因此这种错误出现的概率,我想应该是不大的。我国在有法必依、执法必严、违法必究的社会主义法治基本要求的情况下,司法解释权作为独立的宪法所授予的最高司法机关的权力,它对于法秩序的稳定性具有举足轻重的作用。在这样的情况下,在具体的个案当中,坚守司法解释的内容是不能变的基本原则。但是遵守这样的司法解释,是不是必然会造成个案的不公?这需要具体问

· 463 ·

题具体分析。处理具体案件是一个动态的过程，除了司法解释的理解与运用、罪与非罪、此罪与彼罪以外，还有很多其他方式可以解决个案公正的问题。所以我们把矛盾集中在某具体的司法解释是否遵守了客观主义，特别是在个案当中要不要继续遵守，这就等于把问题扩大化了。另外，也有其他途径可以解决这个问题，如果司法解释真的违反客观主义，应该建立的就是刑事司法解释的撤销机制。我相信随着立法包括司法解释改革技术的不断提升、客观主义的理念不断提升，这种情况（司法解释违反了客观主义）应该不会出现得很频繁。我的回答就是这些。

刘志伟教授：好的，谢谢靖民，下面请万勤教授来作答。

姚万勤副教授：好的刘老师，有同学问：站在刑事一体化的角度，司法实务中部分惹人争议的判决，究竟是刑法适用的问题，还是刑事程序适用的问题，又或是刑事政策适用的问题？对于这个问题我在2019年写过一篇文章，当时也是针对极端案件去分析，特别是提到深圳的鹦鹉案。我切入的角度，既不是客观主义也不是主观主义，陈老师经常讲"没有不讲理的法，只有不讲理的人"，受陈忠林教授的影响，我重点分析了这个判决结果老百姓是否能够接受的问题。老百姓接不接受的问题实际上就包含了实体的正义和程序的正义的问题。关于刑事政策，我国刑事政策司法化是非常困难的，哪怕法律明确规定的"但书"，司法实践中也很难去适用，更何况是刑事政策，刑事政策调节的功能是比较明显的，但是要在个案中去适用刑事政策，那是无比之艰难的，可能层层报批也不一定能够批下来。总体上，对于实务中惹人争议的判决，我认为最终还是要回归到普通的民众，看民众是否打心底拥护判决，这样才能实现我们经常会说的刑法规范的信服，就是大家就心甘情愿去遵守规范。谢谢，我的问题回答完了。

刘志伟教授：好的，谢谢万勤。聆听了万怀教授和各位与谈人的高见之后，我也和各位听众一样，有很多的收获，有很多的感触，特别是万怀教授关于刑法规范论证应坚持客观主义立场的观点，我是很赞同的。如果说在司法实践中间能够真正的贯彻解释法律，适用法律处理案件时坚持客观主义立场，那么很多原本无罪的行为被入罪，原本该轻判的行为被重判的不良现象就会避免。这方面的教训是比较多的，可以联想到零六年在广州的许霆案，一审被判处了无期徒刑；一二年河南的天价手机案，一审被判了十年有期徒刑；包括前几年天津的赵春华气枪案，一审被判了三年六

第十四讲 刑法规范论证的客观主义法哲学立场

个月。这些案件在一审判决之后通过媒体报道，在社会上引起了广泛的关注，社会上对一审的质疑声很多，最后二审都改判了，许霆案改判为五年有期徒刑，天价手机案改判为两年有期徒刑，赵春华案改判为缓刑。这说明了什么问题？原本就应该要坚持客观主义立场，坚持运用社会相当性理论去判断这些疑难案件，本不应该造成这么被动的局面的。所以说，坚持客观主义立场，对于在实践中准确地认定案件的性质，准确地判处刑罚，确立、维护司法权威，具有极其重要的作用。这是我的一点小想法，与大家共勉。

孙万怀教授： 我想再讲几句话。今天给大家做的这样一个报告，在某种意义上也是一个还愿，而且这个机会特别好，是来西南政法大学这边来做报告的。十几年前我到西南来开会，那个时候我也主持了一场讲座。当时主要是西南片的老师，我不知道万勤那个时候在不在，那是忠林老师办的会，当时会上我就听到大家都在阐述忠林老师的三常理论。当时忠林老师谈到这个三常理论以后，遇到了很大的争议。在会上，忠林老师的好友就认为司法应该精英化，怎么强调常识、常情、常理呢？后来在会上我说，对忠林老师的三常理论，我们实际上需要再具体的去阐述它，进一步的去发挥它。会后忠林老师写邮件给我说什么时候我们再多交流交流这个事情，但后来大家忙于俗务也没有再进行交流。但是我也一直在思考这些问题，今天这个报告实际上也是我给忠林老师交的一个答卷，如果有机会，可倩老师也代我向忠林老师表达敬意。我就再啰嗦这么两句。

刘志伟教授： 好的，谢谢万怀老师，今天晚上的讲座很成功，感谢万怀、可倩、靖民、高巍还有万勤的报告和与谈，也感谢各位老师、同学和广大同仁的积极参与，我们讲座到此结束，谢谢大家。

第十五讲

自动驾驶事故风险的刑事治理：技术、法理与归责

付玉明[*]

摘　要：自动驾驶汽车是人工智能的最大应用场景，也是世界各国产业革命和科技竞争的重要领域。(1) 自动驾驶技术史无前例的创新应用，也带了全新的技术风险和治理难题，冲击着传统的法学理论和法规范体系。因此，需要研究自动驾驶中的技术原理、法理逻辑和归责路径。(2) 自动驾驶模式引发的交通事故，需结合自动驾驶的程序原理和级别设定考量刑事归责，驾驶人对于自动驾驶系统的参与程度不同，驾驶人与系统的责任分担也不同。在具体的刑事归责类型方面，可以分为：非法利用自动驾驶汽车为犯罪工具者的故意责任、驾驶人的过失责任、系统故障导致的生产销售者的产品责任、以及驾驶人与系统存在过失竞合的责任等几种情况。(3) 在人工智能时代，需要研究并更新刑法学说和相关理论，为注意义务、信赖原则等传统教义学概念填充新的内容。结合自动驾驶的技术原理，重新整理道路交通安全方面的法律规范，需要对《刑法》中的交通肇事罪、危险驾驶罪、妨害驾驶罪等进行内容诠释、体系梳理和规范再造。

---

[*] 付玉明，西北政法大学刑事法学院教授、博士生导师、刑事法律科学研究中心主任、企业合规研究院院长、《法律科学》副主编。兼任中国刑法学研究会常务理事兼副秘书长、早稻田大学社会安全政策研究所客座教授、陕西省刑事法学青年创新团队负责人、河南省汝州市人民检察院副检察长（挂职）。主持完成2项国家社科基金项目与5项省部级课题，出版专著1部、译著1部，在法学核心期刊发表专业学术论文30余篇。

第十五讲　自动驾驶事故风险的刑事治理：技术、法理与归责

主持人曾粤兴教授[*]：在线系列讲座第十五期讲座现在开始，我是北京理工大学法学院的曾粤兴教授，很荣幸受主办方邀请为来自西北政法大学的博士生导师付玉明教授主持今晚的讲座。付玉明教授将从技术、法理、归责三个角度与大家分享自动驾驶事故风险的刑事治理研究成果。主办方还邀请了四位著名学者、律师担任与谈人。他们分别是：资深学者，苏州大学王建法学院的博士生导师——李晓明教授；中国人民大学法学院的博士生导师——程璇教授。盈科刑辩学院的副院长——肖兴利博士，特别介绍，她曾经是高校教师，研究领域跟刑法治理现代化有关，出版过能源安全方面的专著，是一位女性。男女搭配，干活不累，相信今晚的讲座大家会感到轻松愉悦。最后一位与谈人是主办单位的青年才俊——硕士生导师张永强副教授。由于主持人、与谈人分别来自咱祖国的东西南北，今晚的讲座预计控制在150分钟以内，主讲80到90分钟，每位与谈人不超过10分钟，合计不超过130分钟，留一点时间互动。下面有请主讲人付玉明教授。

主讲人付玉明教授：谢谢主持人曾粤兴教授，各位专家、学者、老师、同学、线上网友，大家晚上好。感谢西南政法大学刑法学科搭建的这样一个高端讲台，尤其是石经海教授的精心组织，更要感谢今晚两位德高望重的学界前辈能够出席这个活动，其中曾粤兴教授担任了主持人，李晓明教授担任了与谈人，他们对我们学界的年轻人都很有扶持之力，还要感谢我的学界两位好友——程璇教授和永强教授，他们两位都是学界的青年才俊和翘楚，同时更要感谢今天能够出席的盈科刑辩学院的肖兴利院长，她靓丽睿智、有卓越见识，感谢大家的支持。今晚我为大家汇报的主题是"自动驾驶事故的刑事治理"，主要从技术、法理与归责三个维度来进行讲述。自动驾驶技术是人工智能最大的应用场景，自动驾驶技术这一创新应用实际上也给我们带来了全新的技术风险和治理难题，也冲击了传统的法学理论和法规范体系，实际上它与刑法总论的很多问题以及刑法分论很多

---

[*] 曾粤兴，法学博士，北京理工大学法学院刑事法学科责任教授、博士生导师，兼任学校明德书院院长。出版专著、编著、教材十余部，发表论文百余篇，在刑法学方法论、刑法伦理、毒品犯罪研究、环境刑法、刑事诉讼法等领域有所成就。荣获中国法学会杰出青年法学家提名、云南省政府特殊津贴。兼任中国刑法学研究会常务理事，中国刑事诉讼法学研究会理事，云南省法学会刑事法学研究会名誉会长、国家毒品问题治理研究中心学术委员会副主任，西南政法大学兼职教授，北京师范大学刑事法律科学研究院研究员等。

罪名的应用都是相关联的。我个人认为，正如人类社会由马车时代进入汽车时代，开创了一个以交通肇事类为中心的过失类犯罪体系，在当下的智慧时代，这种自动驾驶重新诠释了或者是定位了驾驶人这种角色。在此前提下，必将对当下刑法学里面的《刑法》第一百三十三条交通肇涉罪以及相关的危险驾驶罪等等的法规范体系，造成冲击和解构。我今天的分享，主要是从自动驾驶技术这种应用场景、技术原理和法律逻辑、规则路径这几个角度展开的。我主要想从五个方面来与大家分享，其中有两部分内容已发表了相关论文，各位老师和同学可能也能看到，这部分内容我就一笔带过，主要想与大家分享一些新的内容。

一、自动驾驶技术应用的归责难题

众所周知，现在研究的人工智能，常说的一句话，叫做"未来人工智能这种科技革命，实际上已经从理论实验室转向了技术应用"。自动驾驶技术实际上就是当下人工智能领域最大的应用场景，可以说是领衔了国际的科技之巅，各国竞争的重要领域。具体来说：

第一，自动驾驶技术的相关概念。我国在2020年时，发改委给相关部门出台了智能汽车创新发展战略，其中对智能汽车的概念也做了定义。那么相比于传统模式下的物理驾驶——即驾驶人的掌控，智能模式下的自动驾驶主要指依靠自动驾驶系统操纵车辆，利用车载传感器来感知车辆周围的情况，并根据感知所获得的道路、车辆位置和障碍信息等，控制车辆转向和速度，从而使车辆能够安全可靠地在道路上行驶，并到达目的地。这个自动驾驶系统的主要功能就是地面和车辆的双向信息传输，因为自动驾驶牵涉到信息的传输，有相对的位置变化以及关联到运营组织的综合和应急处理，它实际上是一个网络平台、智能平台，也是一个非常综合的智慧体。

第二，自动驾驶技术的应用前景和时代意义。自动驾驶从技术到产业到国家竞争的平台都有一个非常好的前景。在互联网或者说智慧应用领域，我们国家毋庸置疑走在了世界的最前端。众所周知最近我们的比亚迪汽车、特斯拉，等等，在世界上都处于领先地位。关于自动驾驶汽车的时代意义，自动驾驶在当下有哪些正向的或者说积极的意义，这里面可以带领大家做一些发散性的、新的思考。首先，自动驾驶的应用可以避免更多的人为事故，保障生命安全。据美国的一个调查结果统计，自动驾驶应用

第十五讲　自动驾驶事故风险的刑事治理：技术、法理与归责

之后可以降低95%以上的交通事故。但是反过来讲，也就是说我们当下的交通事故大量都是人为造成的，大家都知道人不是神，都有技术上应用能力的缺陷。比如说人会困、会疲劳，会有一些手脚不灵活等。每个人身体上的这种技术驾驶现象，可能会导致一些事故的出现，此外还有酒驾、毒驾、飙车之类的行为、人情绪上的失控等等原因。但是自动驾驶技术是一个机器性的东西，它没有情感，没有情绪，所以能够实现常态化地应用，减少事故的发生。其次，自动驾驶技术的应用能够进行指挥交通，提高交通效率，解决拥堵问题。自动驾驶主要是基于大数据背后的云计算，我们想象一下，在一个城市里有一个控制中心，城市里面的几百万人口或者几百万辆车都是自动驾驶，城市中心有一个电脑系统整体控制这些系统的运用，这样就可以实现全球操控，进行资源共享，节省成本。实际上如果在未来全面实现了自动驾驶，可能会减少私家车的应用，就是大家不需要买私家车了，况且私家车还需要场地，还要买它的所有权。但如果自动驾驶实现之后，完全可以像共享单车一样，车辆永远在公共平台上应用，减少了数量，但是它的应用效率却提高了，这样的话，更有利于人类社会在整体上共享资源，节省成本。另外，实际上我国在自动驾驶这块有很多的探索性应用，从2016年到2020年到现在已经有很多了，大家可能在日常生活中也经常见到各种新闻报道。以上提到的几点就是说我们国家目前由百度开发的L四级以上的自动驾驶的出租车已经应用于实践，比如在北京、长沙、沧州等一些地方已经开始了大面积的实验性应用，非常的科技和前沿。

第三，当然，自动驾驶也会有一些技术风险，现阶段不可能将所有技术上的风险降低为零，还是存在一些事故风险的。实际上大家浏览互联网或者通过新闻报道就能发现，在国外像谷歌公司、特斯拉的一些案件也经常发生，在中国也有很多案件发生，尤其是最近出现的一例，特斯拉的一辆车失控狂奔导致两死一伤，这个发生在广东潮州。据当事人讲述，这是一个开了20年车的很有经验的货车司机、汽车驾驶员，但他驾驶特斯拉时，车辆失控了，当然最后鉴定结果没出来，这只是他的一家之言。也就是说客观上可能存在着这样的一个情况，即驾驶员技术好、很熟练，但在开车过程中，系统上出现问题时，该怎么办，控制不了了、失控了，这样的一种事故应该怎么样来解决呢？那么这就是我们今天要分析和研究的这

样一个问题。

　　第四，这种新的自动驾驶技术的应用会对刑法理论上的交流产生冲击，主要是两个方面。一个方面是，现有的当代刑法学理论都是从启蒙运动之后古典刑法学派而来，一直发展到新派，基本上是一个以理性人为基础建构的基础理论。以理性为逻辑起点的一个构架，尤其现在刑法是以惩罚故意为原则，惩罚过失为例外。同时，以此为基点的道义责任论的刑法学理论体系，在当下的大数据和人工智能时代也面临着一些冲击。我记得劳东燕老师发了一篇文章也在讨论这个问题，她认为故意犯罪是自由意志理论，过失犯罪是责任规范理论，责任规范理论实际上就是一种以风险理论为基础，就是说风险的分担和预防，那也就是说这种责任规范理论在当下可能更适应自动驾驶时代的冲击，会对不同类型的主体进行分类，进行责任的分配和分担。同时，刑法中注意义务等传统刑法学教育理论的概念和知识体系，在新的时代可能也面临的一种解构，需要往里面添加新的内容。

　　第五，这种自动驾驶技术在应用过程中确实带来了一些实践性的归责困境。其一，结果归属的判断难题，自动驾驶程序或者技术的关联者众多，不仅包括直接的驾驶员，还包括自动驾驶程序的开发者、服务商、销售者、用户、乘客，等等，这就导致自动驾驶刑事案件中因果关系的认定是非常错综复杂的。某特斯拉的案子就存在这样一种情况，行为人在自己昏倒之前，已经把系统停下来了，但是在他昏迷之后系统又自动修正回到路上去，结果导致事故出现，那这种情况到底认定是驾驶人的责任，还是系统的责任，还是说相互的责任呢？这是非常复杂的。另外还有一种就是程序异常的设置，自动驾驶实际上是一种电脑程序，这种程序的设定有一些技术漏洞、大数据时代的算法漏洞、算法偏好，另外还有一些像人工智能的学习，目前我们正处于从弱人工智能到强人工智能的转型过程，强人工智能的一个重要标志就是智能系统的自我深度学习，它不断地重复研究，在大数据里面搜索，深度地自我学习和模仿。那比如说某个车辆在应用过程中，驾驶人本身有一些不良的驾驶方式被它学习到、模仿到了怎么办？这些东西都是不可预计的，也就是说在程序的设定之初，系统的自我算法、自我修复之后，脱离了程序最初设定的那个目标，这个时候要怎么办，在这些情况下的认定确实是给我们带来了难题。其二，自动驾驶还给

第十五讲 自动驾驶事故风险的刑事治理：技术、法理与归责

我们带来了很多运营过程中紧急避险的适用问题、义务冲突的问题，比如电车难题，后面细讲。其三，比如注意义务的重新分配问题，注意义务是过失犯罪里很重要的一个概念类型，在自动驾驶中过失犯罪是一种主要的犯罪类型。那么对于自动驾驶的归责必然牵扯到这种归责理论，而我们传统的归责理论可能就很难适应它当下的归责需要。在自动驾驶领域，基于这种风险分配的法理，可以根据自动驾驶技术原理分配不同的驾驶角色，或者说是这种自动驾驶技术将车辆驾驶人的地位和角色进行重新定位，也就是说坐在车里面方向盘前的这个人现在可能不是驾驶者了，这跟我们的应用场景和技术使用是有关联的。所以，它的问题会无限地细化，场景无限地切分，给我们的认定带来了一些难题，尤其是注意义务的分配，等等。其四，是共同犯罪的认定障碍。也就是说我们现有的《刑法》第一百三十三条虽然是典型的交通过失犯罪，但后面也提出来了车辆的所有者、乘车人、唆使者可以构成共犯。那么在自动驾驶模式下，不同主体之间，以及驾驶人与自动驾驶系统之间的关系也是比较复杂的，尤其是这里面还有一些过失竞合的问题。这对我们当下的刑法学理论、共同犯罪理论提出了挑战，过失共犯能不能成立等等相关问题都是蛮复杂的。

二、自动驾驶技术的程序原理

也就是说前面我所讲的这些东西，自动驾驶技术给我们带来的理论冲击和归责困境，应该怎么解决？我的看法是还是要回归到问题的本身，实际上自动驾驶技术的刑法规制最重要的有两点，第一是跟应用场景有关，第二是跟它的技术原理有关，也就是说应用场景中的技术和人的互相关联度是有关系的。自动驾驶技术的实现主要依赖于自动驾驶系统的应用。自动驾驶系统是机动车系统自主执行部分或全部驾驶操作，能够在驾驶人不完全参与驾驶的情况下，达到安全的行驶状态。自动驾驶的现实依然是一定程度上的人机结合，就是人和智能系统的结合，现在我们还没有达到完全的智能化，即达到人不参与的程度，我记得以前特斯拉说到2023年实现L5，实际上现在并没有达到，我估计在近期完全达到L5级的情况还是不太可能，到2030年左右可能实现。基于人类对于机动车驾驶操作的参与度，也就是说根据自动驾驶系统，驾驶人对于驾驶任务、周围驾驶环境监控的匹配，来对自动驾驶系统进行区分。实际上在世界范围内，像日本、欧洲、美国，这些比较先进的汽车制造业国家均有不同的模式分类。日本

提出了一种四级模式分类，但是它不是主流的，欧美提出了六级模式，实际上就是一个SAE级、J3016标准，这是国际上一个比较通行的标准。后来在2017年日本也加入了，实际上我们国家在2020年的时候也制定了一个标准，和欧美这个六级模式基本上是一样的。欧美的SAE级六级模式里面实际上有一个分类，像零级模式就是相当于传统的物理驾驶，它不存在从一到二级，比较像是辅助驾驶，L3级是有条件的自动驾驶，到L4和L5级，实际上就已经是智慧驾驶了。L5级就是完全的无障碍的所有场景下的自动驾驶，至于L4级，实际上是它设立了一定的场景，比如说下雨天、冬天、滑雪天都是什么情况，在其他场合下都通行无阻了，实际上也就是说L4和L5是非常通畅的高度自动驾驶。但是实现比较难，现在我们达到的一般都是L3级以下的，今年百度号称达到L4了，我觉得事实上可能并没有达到。我记得今年年初中央电视台上做了一个报道，就是一个主持人坐到百度的车里，后来发现还是有些问题解决不了，而且它是在自己的园区里面驾驶的，还没有完全推到社会上来，所以要真正实现L4级以上到社会上来运行可能还是有一段时间的。那么从这个设定上来说，它实际上就是根据自动驾驶系统在驾驶过程中，自动驾驶系统和人在这里面分担的任务和能力来区分的，自动驾驶的参与度越高，人的义务越小，是一个反比关系。2020年工信部做了一个汽车驾驶自动化分级，中国和美国的很像，也从零级开始到一级、二级这样的一个情况，这里有几点要注意，比如说每个等级对车辆的控制是什么程度的？监管的义务是什么？监管人是什么？零到二级时，动态的驾驶接管人都是驾驶员，也就是说在零到二级中，即使你用了辅助系统，但是主要的车辆监管人还是驾驶员。三级是个分水岭，也就是说在自动驾驶模式下，自动驾驶遇到一个石头，遇到一个坑，它会提醒你，说"主人主人前面有个坑，我管不了了，你赶紧接管一下"。在这个时候，驾驶人要接管才行，你不能说停着我不管，开过去算了，车辆翻到山沟里面摔坏了，那你就要承担责任，你有这样的一个监管义务。那么从第四级到第五级的时候，动态监管人就是系统了，在条件限定之内，坐车的人哪怕坐在自动驾驶的位置上，也相当于搭出租车，跟出租车师傅说，我去政法大学南区，到车上可以睡觉、可以看书，就不管了，出租车司机负责运行就可以了，我不需要对车辆的运行有监管作用。自动驾驶模式的四和五实际上也起到这样一个作用，只是L4级设定了一

第十五讲 自动驾驶事故风险的刑事治理：技术、法理与归责

些小的条件，那五级的时候，就完全无任何条件的设置。

我国给汽车驾驶自动化分级设计了一些非常详细的内容，这里面唯一要注意的是尽管在自动驾驶模式下，用户依然有一个决定权，即是否启动自动驾驶模式，车辆哪怕有全自动的模式，还是需要有人来启动它，要不要使用它，这个角色在于用户你的决定。有的人可能喜欢听马达的声音，但他不一定喜欢自动驾驶。另外，用户还有对车辆本身安全性的监管义务，比如及时更换轮胎。也就是说自动驾驶只是对驾驶能力、驾驶情况有自我的掌控性，但是对车辆本身的健康状况、是否使用以及启动，这个还是需要用户来掌控。这里面也告诉我们一点，短期内或者很长一段时间内，人的作用还是不可替代的，机器再智能，它也是给人服务的，这一点是核心。这样的一个角色设定也会出现一个情况，后面我们包括交通法规在修改过程中也会有这个角色，就是对人的哪种类型、不同场景的应用，切换得会非常之细。

驾驶自动化系统激活后的用户角色是比较重要的。从零到二，也就是说前三个结构里面的，让自动驾驶系统激活之后，坐在驾驶座上的这个人，他就是传统的驾驶员，他要对车辆的方向、控制做主要的监控人。那么不在车辆里的人，也就是说在自动驾驶技术里面有一个中央控制器，可能那就是远程的驾驶员，但是它不起到核心作用，核心作用还是传统驾驶员。还有车外用户，当然都是远程驾驶员。那么三级的时候是一个分水岭，这时候有个动态驾驶，也就是智能系统和人的互相交接、对抗。有的时候可能人的控制为主导，有的时候机器的控制为主导。四和五级的时候是高度自动驾驶和完全自动驾驶模式，坐在驾驶座位上的这个用户，他在四级和五级时哪怕是坐在这个座位上，看起来像驾驶员，但他仍然是乘客，也就是程序起到了很好的作用。这里实际上只是说激活之后的一个角色设定，但这时坐在驾驶员位置的人和其他乘客，尤其是使用者，可能能够使车辆停下来，所以他在车里面还是有这种意义的。后面我们会谈到，《刑法》第一百三十三条在具体应用过程中，会遇到一种大的适用场景的挑战和规范性问题，比如交通肇事逃逸的问题在适用时比较麻烦。这里面还有一个问题，四、五级的时候有个调度员，这个角色是什么？就是说每一个自动驾驶系统会有一个平台，会有集中操控，比如百度的车辆遇到丁字路口过不去，车辆不能自动驾驶的时候，它会发送到控制中心，控制中

心有虚拟的一个操纵者,可以远程操控车辆,可能解决一些技术难题,调度员的作用还是很重要的。

三、自动驾驶汽车事故的处遇原则

第一,用信赖原则化解刑事归责。基于人机互动的原理,还有像自动驾驶汽车的这种程序原理,出现事故后如何处遇?我主要提出两个,一个是用信赖原则化解刑事归责,另一个是用民事责任分摊技术风险,这里主要是一个综合性的提出。自动驾驶技术实现和发展的重要因素在于人类对其安全性的信赖,如果发生事故之后,特别是驾驶人与系统之间责任难以确定的情况下,都让驾驶人承担过失责任,这样的话会导致的结果就是大大降低人们对该技术的期待性和信赖。比如我们要买一辆自动驾驶车或非自动驾驶车的时候,询问如果自动驾驶车出问题,责任是谁的,被告知是驾驶人的责任,那么顾客为何要买呢?因此会抑制自动驾驶技术消费市场的扩张,生产者和销售者的利润变少之后,会降低研发投入,这是一个循环,不利于科技的发展。所以,为了鼓励自动驾驶技术的发展,我想刑法这个时候是否要有一定的谦抑性,不要动不动就上升到刑法的规制,尤其是对于事故责任,如果能用民事或其他责任化解这种风险,也尽量用其他的法律来解决,刑法尽量保持一种谦抑性是有一定道理的。尤其是在现在自动驾驶汽车市场刚刚兴起的阶段,很多问题尚未明朗,我们不要事先做过多的阻断,这是个人的一种思考。那么基于民众对于自动驾驶技术的信赖,相比于信赖原则在传统刑法的过程领域中的运用,在自动驾驶引发的这种事故当中,该原则我认为应该得到更好的重视。信赖原则是从传统的交通肇事罪的过失那里应用而来的,获得了普遍的认可。现在信赖原则可能不仅在交通肇事领域,比如在医疗领域等也有了很好的应用。信赖原则主要的功能就在于划分的这种客观注意义务界限,也即限定社会生活上所要求的注意义务的范围,并据此来构筑过失犯罪的成立范围。对于信赖原则的体系定位,有阻却构成要件该当性和阻却违法性的不同的立场等多种学说。在阻却构成要件说下客观的注意义务为构成要件的内容,而在阻却违法性说下,基于利益衡量的允许的危险理论将客观的注意义务理解为不法内容。信赖原则的理论基础在于被允许的危险,在为达成更有益的社会目标而允许注意义务人的必要的危险行为的场合,该行为的危险程度就已经在构成要件该当性当中排除,因此信赖原则能够限制构成要件过失的成

第十五讲 自动驾驶事故风险的刑事治理：技术、法理与归责

立范围。实际上简单来说，这种信赖原则实际上指的是在现在法规范的社会、文明的社会里面，期待大家都是文明人，都是尊重交通规则的，在遵守交通规则的情况下正常行驶时也期待其他人不闯红灯，不违反交通规则，一旦别人违反交通规则而自己没有违反，出现事故时不应该苛责于我。造成这种危险要由违反信赖的人来承担不利的后果和责任。信赖原则的基础也跟过失犯有关系，过失犯注意义务的构建，存在从旧过失论以预见义务为中心到新过失论以结果回避义务为中心的这样一个转变。前者代表性主张有金泽文教授，他认为信赖原则在适度危险的情况下，直接可以限制注意义务人的预见义务。后者是以藤木英雄教授为代表的，他认为以信赖原则认定结果回避义务的基本要素，即便具有预见可能性，信赖原则的功能在于成为减轻结果回避义务之负担的理由根据。自动驾驶模式下驾驶人的注意义务应限定在预见可能性基础之上的预见义务，但是过失犯的成立仍以结果回避为重点，根据自动驾驶系统级别，对驾驶人注意义务的免除具有严格的限制。在由于对自动驾驶系统的过于信赖和信赖错误引起事故的场合，不能免除驾驶人的过失责任。自动驾驶技术是人机交汇的，行为人有自己的监管责任，如果对自动驾驶系统有过多的信赖，那么就要承担责任，也就是说自动驾驶系统的应用只能减弱你的注意义务，而不能免除，这是非常重要的一个原理。也即根据每个级别、每个层面人的参与程度来具体确定责任，这比较复杂，所以我们想后面在案件适用、法律判定、规范再造可能也要确定不同的类型，因为不同类型的标准不同。进而言之，在交通事故领域的刑事归责上，自动驾驶系统的介入将大幅度减小驾驶人员的刑事责任，自动驾驶级别按照驾驶人与自动驾驶系统对于车辆操作、周边监控、接管驾驶行为的责任划分为标准区分，具有直接替代驾驶人"认知""判断""执行"部分或全部车辆操纵的功能，随着驾驶人的驾驶义务程度减少，注意义务也减少。

第二，民事责任分摊技术风险：刑法保持谦抑性。这里牵涉到的内容很多，用户、生产者、保险责任、赔偿基金等，主要强调用户和生产者的责任。自动驾驶技术具有高度技术性、复杂性和未知性，尤其是厂家掌握了运算和方法，但用户并不掌握，所以说这里如果对用户施加过多的责任，就会打击他的购买欲和使用的积极性，不利于整个产业的发展。当然完全将责任推给生产者也不对，给他们增加了过多的成本和压力。所以相

· 475 ·

比较而言，自动驾驶汽车的汽车制造商和程序开发者相对于用户要承担较多的责任，这样更为妥当。主要原因在于：1. 救济受害人，制造商销售获利，风险与收益一致。2. 预防损害，系统编写的算法主体，督促更新算法，提升安全性能。3. 增强消费者的购买信心，促进产业繁荣。实际上还可以通过保险责任来分摊和化解整个由技术发展可能带来的风险，三层结构：交强险；商业险；产品责任险。4. 建立赔偿基金，这主要考虑到某些特殊情形，随着社会越来越文明，各种行业协会和分工也会越来越细。我记得在日本有一个被害者赔偿协会，即整个社会建立一个赔偿基金，赔偿那些独生子女且独生子女在壮年被人无辜杀害或者出现交通事故死亡的情况下无人赡养的父母。虽然交通事故肇事人或者实施故意杀害的主体可以进行民事赔偿，但他们经济困难赔偿不了怎么办？所以建立这种赔偿基金可以补偿这些老人，用社会的力量来救助他们，让其安享晚年，我认为这是比较有意义的，这也将自动驾驶造成的风险化到最低，给整个社会以信心。

四、自动驾驶汽车事故的刑事归责

这是我想给大家分享的重点内容，有五大点内容，根据自动驾驶的技术原理以及出现的不同类型的角色主体，我们可以类型化出这样几种刑事归责的方式。

1. 非法利用自动驾驶汽车进行故意犯罪者的刑事责任

第一，此处行为人纯粹将自动驾驶汽车本身作为犯罪工具，与现有的刑法学理论没有冲突，直接用现有刑法理论解决即可。比如说利用无人驾驶汽车运送毒品、实施爆炸行为等，这就是直接将汽车工具化。第二，通过供给自动驾驶运行相关的计算机系统而实施的犯罪，这里可能牵涉到一些重大的公共安全问题，可能与非法侵入计算机信息系统罪有关系。大家可以想象这样一种场景：在一个超大的城市里有两百万辆自动驾驶汽车活动，指挥自动驾驶汽车平台上有一个大数据库，如果有个黑客侵入到系统里，就像数学两点求和的计算，这两百万辆车往一个地方撞，这就很恐怖了，这是我们需要思考的。也就是说，平台数据、信息的泄露，如何用刑法规制，是很重要的。

2. 驾驶人存在主观罪过的刑事责任：信赖原则的具体应用

无行为则无犯罪，在自动驾驶的事故中，只有驾驶人在直接或间接地

第十五讲 自动驾驶事故风险的刑事治理：技术、法理与归责

承担车辆驾驶任务、周围驾驶环境的监控任务以及紧急状态下的驾驶接管任务的场合下，才能考虑将事故责任归责于驾驶人，认定其具有主观故意与过失。我们要分类看一下，因为信赖原则的适用要切分到不同的适用场景和技术分级。在 L1－4 级别（限定条件范围外），驾驶人在成立过失犯罪时所要求的注意义务会与传统汽车驾驶人的注意义务有所差别。L5 级即完全自动化驾驶技术中，乘坐 SAE 级别 5 的自动驾驶汽车，驾驶人的立场如乘坐出租车的乘客一样可以完全信赖自动驾驶系统，对此，"驾驶人"醉酒后乘坐于驾驶人位置，启用自动驾驶模式的情况，不符合《刑法》第一百三十三条之一危险驾驶罪的构成要件行为，不应以危险驾驶罪论。但有一种情况值得思考，如果醉酒的人醉酒后开车启动的是 L5 级模式，他是否有责任？如果此时系统出现故障和问题，他喝了酒无法更好地监控系统，此时出现事故可能会构成交通肇事罪。在每一种具体的场景下，附加不同的条件，适用的法条可能会有所不同。简单说一下 L4 级，在限定范围之外，安装自动化装置的机动车与现有市场上的机动车一样，驾驶人以积极作为的方式酒后驾驶、无证驾驶、闯红灯、超速、超载、违章超车等；以消极的不作为，如转向不显示指示灯、通过道口不鸣笛示警、通过岔路口不减速等，而导致发生重大事故、致人重伤、死亡或者使公私财产遭受重大损失，则构成《刑法》第一百三十三条交通肇事罪。这个时候驾驶人对车辆的监控作用更占主导。同时，若行为人故意操纵驾驶程序在道路上脱离限定条件而驱使机动车追逐竞驶，情节恶劣的，或醉酒状态下操纵驾驶程序按照非限定条件行驶的，构成《刑法》第一百三十三条之一的危险驾驶罪。L3 级为有条件自动化驾驶，这都是根据具体的场景，行为人对于机器的信赖是有限定的，超越限定就可能构成犯罪。所以说在附加条件的自动驾驶模式下，驾驶人的主观罪过只在驾驶人接管操控驾驶任务的范围内，成立危险驾驶罪或交通肇事罪。L1 和 L2 级的比例也是如此。

3. "肇事逃逸者"的刑事责任：完全自动驾驶模式下

在完全自动驾驶模式下肇事后逃逸的情节应作何刑事判断，在肇事后因逃逸致人死亡是否构成交通肇事罪的结果加重犯？我国《刑法》第一百三十三条规定的"交通肇事后逃逸或者其他恶劣情节""因逃逸致人死亡的，处七年以上有期徒刑"。从教义学角度来理解，"因逃逸致人死亡"仅指的是消极地不救助，而不包括积极地将被害人转移、丢弃至较为偏僻、

难以让人发觉的地方。在完全自动驾驶模式下，自动驾驶系统已经完全脱离驾驶人的驾驶行为的状态下，驾驶人处于"局外人"地位，不是危害结果的行为发动者，也无从谈起驾驶人的刑事责任。在自动驾驶模式下肇事后，驾驶人逃逸致人重伤、死亡而不负刑事责任无疑是一种鼓励逃逸行为的做法，其法律效果不符合社会期待。对此问题，存在两种处理模式，仅供参考：第一个观点是基于危险源监管所引发的保证人义务，驾驶人可以构成不作为的故意杀人或过失致人死亡罪；第二个观点是基于否认驾驶人保证人义务的立场，应以不报、谎报安全事故罪进行扩张解释处理。我简单解释一下：

第一，基于危险源监管所引发的保证人义务，驾驶人可以构成不作为的故意杀人或过失致人死亡罪。交通肇事罪逃逸致人死亡通常将其作为加重结果来处理，会将构成交通肇事罪作为一个前置条款来对待，法条也是这样规定的，实践中也是这样应对。但在L5级或者完全自动驾驶模式下，应用场景和法条规定的不一致，前提条件是不一致的，所以导致适用上的难题。在这种情况下，乘客是"局外人"，危险不是他创设和造成的，这时候他当然没有交通肇事初始的行为，但他后面又离开了现场导致对方死亡，要不要承担责任？从法条上很难说要承担责任，但若不追究其责任又可能出现一个悖论，会与我们现有的社会秩序、法律伦理、公序良俗、法道德感不一致，似乎在鼓励逃逸，所以刑法要不要对此规制是一个问题。从法解释学、教义学角度，此时驾驶人的救助义务不作为犯罪所要求的保证人义务，应当是基于危险源监管所引发的保证人义务类型。因为虽然交通事故中被害人由重伤到死亡结果发展过程中的起点，即造成重伤的行为与完全自动驾驶模式下的驾驶人无关，但对后续危险扩大所可能产生的法益侵害危险，驾驶人具有及时消灭的义务，而这一义务的来源既非驾驶人的先行行为，也非驾驶人与被害人的特殊关系，而在于驾驶人负有监管自动驾驶汽车这一义务本身。当然在讨论过程中，有些学说也提出了一些意见，我上次在讲述过程中，有个老师提出按照你的说法定不作为的故意杀人或过失致人死亡处罚过重，他只是坐在车里没有积极救助而已，所以定这样的罪也会出现问题，所以在思考时我也在想即便定过失致人死亡罪，也可以判三年以下有期徒刑，不一定都是重判，所以我认为也解释得通。

第二，基于否认驾驶人保证人义务的立场，应以不报、谎报安全事故

第十五讲 自动驾驶事故风险的刑事治理：技术、法理与归责

罪进行扩张解释来处理。这个主要是从《刑法》第一百三十九条并且结合相关的司法解释来进行推定的，包括对于"管理人员"的解读，我个人可能更倾向于第一种观点，在这就不展开。

4. 自动驾驶系统导致事故的刑事责任：系统故障

应区分两种不同情况：第一，自动驾驶系统存在技术上不完备的状态；第二，自动驾驶系统虽完备，却判断错误而导致事故的状况。根据我国现行刑法规定，无法直接对系统归罪，只能对涉及系统的生产研发者一方追究刑事责任。也就是说现在我们法律是对社会定纷止争的，法律上的责任人应该是人，目前来讲人工智能不可能成为主体，所以根据主客观二分法，无论如何人都是主体，其他事物是客体，也即刑法上规定责任的主体是人。

第一，自动驾驶汽车生产者、销售者的刑事责任。这里主要讨论的是自动驾驶汽车的生产者、销售者是否需要为自动驾驶故障引发的交通事故承担类似于交通肇事罪等过失责任。有两种说法，一是肯定说，二是否定说。此处讨论的前提是高度自动驾驶模式，即自动驾驶系统导致的事故，人的作用很小。肯定说认为，在高度自动驾驶的场合，已经欠缺传统的"驾驶人"这一角色，作为生产者、制造者，其具有的结果避免义务是先期的、前瞻性的，如果在其制造、生产阶段就违反了这种注意义务，则在事故发生时可以成立相应过失犯罪。但在生产过程中就会考虑在未来应用阶段某个具体场景下它的应用结果，还是比较难的，所以出现了否定说。否定说认为，注意义务不是抽象而是具体的，由于设计者、生产者或使用者不可能预见到自动驾驶期间可能出现的各种意外，因此即使自动驾驶系统引发交通事故，也不能因为设计、生产或使用自动驾驶汽车可能引发交通事故而理所当然地对设计者、生产者或使用者追究过失犯罪责任，否则无异于承认严格责任。那么，在免除驾驶人的注意义务状态下，由于自动驾驶系统的技术缺陷而发生致人重伤、死亡或者其他导致公私财产遭受重大损失的，不应归责于驾驶人，同时应限制追究生产者、销售者的过失责任。此时追究的一般是民事责任、赔偿责任、侵权责任。生产者、销售者对于自动驾驶汽车出现不能继续使用的技术缺陷具有预见可能性，只要采取召回该产品或警示缺陷等结果回避措施，生产者、销售者就不成立过失犯罪，以履行结果义务为必要，但是否能够防止结果的发生在所不论。大

家知道,汽车领域里丰田、特斯拉经常有一些召回,做到这就可以阻却生产者、销售者责任,只要尽到了这样的勤勉义务。

第二,对于"自动驾驶汽车难题"自动驾驶程序选择的正当化。程序的设计者在生产车辆的过程中对于电车难题该如何进行选择?假设一个电车难题:车辆往左行驶掉到海里,相当于伤害自己,即自损;直行的话是一辆出租车,里面有一个人;右转就撞到一家三口。也即人控制不了的情况下,程序上该如何选择?这里面就会有问题:(1)自动驾驶系统将危险转嫁于出租车司机或步行者,不适用紧急避险制度阻却违法。因为时间要件:生产者在车辆投入使用之前,已经设定对"自动驾驶汽车难题"的转向判断,避险行为的发生时间提前,不符合法益侵害的紧迫性和现实性;从法益衡量角度看:人的生命价值是不存在差别的,在熟人的生命共同面临危险,以及以牺牲一人来挽救多人,无不同样如此。(2)规范责任论:行为人无期待可能性,即便有罪过,也不可谴责。车辆在生产过程中出现"自动驾驶汽车难题"时,应以车内乘车人员的生命安全为第一顺位来进行解读。因为普通人都不是圣人,所以车辆生产者肯定要设计一个符合普通人道德义务要求的标准,所以设计要以车内人员的生命安全为第一顺位,第二顺位应是车外人员的生命安全,第三顺位再考虑车辆安全,人的生命优先于财产价值。道德感高的人可以提前进行重新设置,可以设定什么优先,比如这种情况出现时可以设定自损,即车辆自己跳海,这也是可以的,要有一个自我选择。

5. 驾驶人与自动驾驶系统过失竞合的责任认定

在自动驾驶过程中有不同的类型,从0—5级有六个层次,不同层次对于系统的监控能力不同,对人控制车辆的要求也不同,这里就会存在一些责任竞合的情形,实践中出现过这样一些例子。

五、自动驾驶刑事立法的规范再造

最后一部分叫自动驾驶刑事立法的规范再造,是延伸性的思考。自动驾驶这种技术、模式,现行的《刑法》第一百三十三条为基础的交通肇事罪、危险驾驶罪、妨害驾驶罪,等等,有适用上的一些难题,有需要立法修改的地方。第一,交通肇事罪。它是典型的实害犯,刚才讲了对它的适用要根据自动驾驶的级别和不同类型的主体进行自动组合。前面0—5级的程度下该怎么用?交通肇事罪立案标准是一人死亡、三人以上重伤,前提

第十五讲 自动驾驶事故风险的刑事治理：技术、法理与归责

是负主要责任，这里面根据自动驾驶的模式会分得很细。学界有人主张将犯罪的主体追至生产者、设计者，主要原因基于生产者、设计者程序上的故障而出现交通事故时，由于生产者、设计者更具有赔付能力，所以有学者建议将主体扩大至这类人，这是个很好的建议，从解释论角度说，交通肇事罪未来可能要进行总体的解释和修订。第二，危险驾驶罪。现行危险驾驶的应用分为四个场景，自动驾驶模式下的场景研究可能更为细化，车里的主体也被细化，用户、驾驶员等角色主体的责任区分也更细致。比如说醉酒的乘车人、驾驶人承担什么责任？超载的情况怎么办？单位是否构成？还有一些，比如说乘客的恶意指定、擅自更改系统。自动驾驶汽车按程序运行，乘客可能因为觉得太慢了或者太快了而随意更改它的系统，导致出现危险，能否构成犯罪？这种行为是否要纳入危险驾驶罪的规制范围？都是值得思考的。第三，妨害驾驶罪。如用暴力或者其他方法危害驾驶员驾驶车辆、黑客远程操纵某辆车，让车辆变了道、变了速，此时的定罪可能会出现多个罪的竞合问题。妨害驾驶罪可能是选项之一。

从立法论层面可能也会出现需要修改立法的情况。自动驾驶有非常广阔的应用场景和角色设定，在这种前提下，《道路安全法》包括《刑法》的修订，可能要进行体系化的修订和思考，现有的《刑法》第一百三十三条要进行整体的修订，而且要进行细化。有学者提出，要增设自动驾驶交通事故罪，也就是说要直接明确地单独规定这样一个罪名，以免出现在现有的法规范条件下无法确定驾驶人主观罪过的情况，我觉得也是很有参考价值的。另外，还有网络安全刑事立法的修改，我们现在已经修改了《个人信息保护法》《网络安全法》，但是自动驾驶这一块仍然没有详细的规定。自动驾驶牵涉的领域非常广泛，比如滴滴受处罚的案件，因为自动驾驶包括定位系统、人机交换、位移的变化、网络安全、个人信息保护，甚至数字足迹、航行足迹，法律的修改应当尽可能都要兼顾、协调起来，否则就会面临网络黑客这样的侵害，还有平台滥用和平台监管以及个人信息保护等等一些相关的问题。

六、结语

自动驾驶模式下引发的交通事故，需结合自动驾驶的程序原理和级别设定考量刑事归责，驾驶人对于自动驾驶系统的参与程度不同，驾驶人与

系统的责任分担也不同。在限制条件之内的高度自动驾驶模式与完全自动驾驶模式中，应允许驾驶人全面信赖自动驾驶系统；除此之外的驾驶模式中，只允许驾驶人部分地信赖自动驾驶系统；在过度信赖系统的场合，应追究驾驶人的过失责任。为平衡技术发展与风险承担之间的紧张关系，应注重刑法领域中信赖原则的适用，同时灵活运用民事责任分担风险。在具体的刑事归责类型方面，可以分为：非法利用自动驾驶汽车为犯罪工具者的故意责任、驾驶人的过失责任、系统故障导致的生产者、销售者的产品责任，以及驾驶人与系统存在过失竞合的责任等几种情况。对于自动驾驶模式造成交通肇事后逃逸的行为，我自己做了两种理论解读，个人更倾向于定不作为的故意伤害或过失致人死亡罪，当然量刑要轻一些的这样一个结论。

当然今天由于时间关系我只能讲到这了，也只是带领大家把这些问题做一个概性的梳理，也算是抛砖引玉，接下来我们有请几位重磅的与谈人来做更深入的思考和更精彩的发言。我就讲到这里，谢谢大家，有请曾老师。

曾粤兴教授：感谢玉明教授精彩的演讲，AI技术的不断进步丰富了人类的生活，也带来了许多值得研究的新问题，比如刑事责任的承担形式问题，目前的研究尚在传统责任原理框架内徘徊，也许会将简单的问题复杂化，比如能否对人工智能系统判处自由刑、生命刑、资格刑、财产刑，希望有关研究既能保障用户安全，又能促进科技的进一步发展。我自己感觉玉明教授的讲座遵循了这样一个原则，感谢玉明教授，下面的时间交给与谈人，首先有请李晓明教授点评交流。

李晓明教授[*]：谢谢主持人曾老师，在线的各位领导、同仁、女士们先生们，晚上好。感谢西南政法大学，尤其是石经海教授的盛情邀请，也谢谢付玉明教授刚才负有见地的精彩的演讲和曾老师非常好的主持。今天晚上受益匪浅、茅塞顿开，付玉明教授可以说在当前国内是非常活跃的青

---

[*] 李晓明，法学博士，苏州大学王健法学院教授、博士生导师、刑法博士点负责人、国家监察研究院院长、刑事法研究中心主任。兼任中国刑法学研究会学术委员、中国犯罪学研究会常务理事、中国法学会廉政法学研究会常务理事、中国行为法学会廉政研究委员会常务理事、国际刑法学协会中国分会理事、江苏省刑法研究会副会长等学术职务。主要从事中国刑法、行政刑法、纪检监察的研究，在《中国法学》等刊物发表论文近百篇，出版《刑法学原理》《行政刑法学导论》《行政刑法新论》等著作50余部。

第十五讲 自动驾驶事故风险的刑事治理：技术、法理与归责

年刑法学者，成果众多，而且观点颇新。

付玉明教授抓住了人工智能领域里最核心、或者说最贴近我们生活的自动驾驶技术，展开了刑法方面的讨论。从刑事责任谈起，系统地阐述了对这个问题的基本的刑法教育学的原理以及提出了结合自动驾驶的程序原理和级别设定进行刑事责任归责的五个方面的问题，之后他又进行了一个总结，重点研究了非完全或者非高度的自动驾驶状态下，或者说他最后讲到由于过度信赖导致事故发生，是否应当追究驾驶人的刑事责任以及如何追究，当然他主张的是追究过失的刑事责任，主张优先适用交通事故责任的合理分配，特别强调了刑法应该保持谦抑性。从他的演讲中，我的理解就是把刑事责任的归责主要分为四类：第一，是利用自动驾驶汽车为犯罪工具是故意的责任。第二，是过失责任，尤其在完全自动驾驶的情况下，乘客的救助责任问题。第三，是生产销售者的产品质量问题。第四，是驾驶人与产品质量过失竞合的责任。那么对于逃逸的行为，刚才付玉明教授所讲的我非常认同，乘客毕竟有救助的责任。对于销售者、生产者可能承担的产品责任，以科学的预见水平为标准来考量为限，我认为这些观点都讲得非常好。这里我也想提出来，自动驾驶的产品是不同于通常产品的，这个产品的风险性相当大，就是车毁人亡的问题，所以到时候我要重点说这个问题。以上付玉明教授的观点非常前卫、条理清楚、论证充分，既有理论，又有实践，我大开眼界，再次感谢他。但作为与谈人，又不能过多地吹捧或赞许，但我也确实对这个问题没有过多全面深刻的研究，以下三个方面的观点不一定对，尤其是在没有能够完全解读完整付玉明教授观点的前提下，包括我的认知很有可能是一个外行的认知，如果有谈的不对的地方，请付玉明教授批评指正。

第一点，对于自动驾驶故意或者过失的犯罪，付玉明教授刚才提到，因为非完全、非高度自动驾驶状态下的驾驶有可能既存在故意又存在过失，但在完整的自动驾驶情形下不容易存在故意犯罪，我认为可能有一点例外，比如驾驶人在明知产品质量有问题的情况下，还故意驾驶车辆，导致车内的乘客和车外的乘客处于危险状态。第二点，关于自动驾驶的逃逸问题，付教授主张因并非行为人操作而不应该成立结果加重犯，我对他的观点进行一下补充。行为人的救助行为、调查行为，实际上更重于他操作的前期行为，即不能把他前期行为看得过重，对于上述产品质

量的问题一概而论,明显是不合理的。自动驾驶汽车的交通事故不能完全排除自动驾驶技术和程序设计中的刑事责任问题。付教授提出了产品责任即产品质量的问题,包括生产销售者。但是由于自动驾驶技术具有特殊性,正因为其危险性极大,所以基于预防性的刑法主流政策,我认为应该事先在刑法中对它技术性的归责和规范予以体现。我在《东方法学》2021年第三期发表了一篇文章专门论述人工智能方面的刑法技术规范问题,确实就是我刚才的主张。由于时间问题,主要是本人的专业能力所限,我对于人工智能没有像付教授研究的那么系统、深刻、完整,以上的观点肯定挂一漏万,如果有对付教授的观点理解的不对的地方,请付教授和各位学者批评指正,谢谢各位同仁,谢谢曾老师,再见。

曾粤兴教授:感谢李晓明教授中规中矩的点评,下面有请陈璇教授。

陈璇教授[*]:谢谢主持人曾粤兴教授,非常荣幸这次有机会参加西南政法大学举办的刑法学系列讲座,尤其是石经海教授的邀请以及付玉明教授刚才做的精彩报告。近年来自动驾驶系统的出现和应用,对我国的立法和司法实践都产生了重大影响。付玉明教授近年来在该领域成果频出,今天又全景式地勾勒了他对于自动驾驶汽车交通肇事刑事归责问题的深入思考。我提出两个值得进一步思考的问题:其一,在应用完全自动驾驶系统并出现肇事逃逸的情况下,如果适用不报、谎报安全事故罪,则存在无法完全评价本行为的法益侵害性的缺陷;但是,由于驾驶者已经不属于事故危险的管控者,所以适用不真正不作为犯原理加以评价,又可能与谁控制风险谁才负责排除风险的原则产生矛盾。其二,随着风险控制主体的变化,自动驾驶汽车交通事故的归责必然会向因果链条的前端推移,所以完全否认生产者、设计者在销售时点之前生产、编程环节的注意义务,可能无法实现刑事规制的目的。

曾粤兴教授:感谢陈璇教授的精彩点评,下面有请肖兴利律师。

---

[*] 陈璇,法学博士,德国马克斯普朗克外国刑法与国际刑法研究所博士后,中国人民大学法学院教授、博士生导师,国家"万人计划"青年拔尖人才,中国人民大学"杰出学者"青年学者(A岗)。主要从事刑法基础理论的研究,在《法学研究》《中国法学》《中外法学》等刊物上发表学术论文40余篇、译文20余篇,出版专著《刑法中社会相当性理论研究》《刑法归责原理的规范化展开》《正当防卫:理念、学说与制度适用》《紧急权:体系建构与基本原理》、译著《目的行为论导论》。

第十五讲　自动驾驶事故风险的刑事治理：技术、法理与归责

肖兴利律师[*]：谢谢曾老师，首先非常感谢我们西南政法大学和北大法宝学堂的各位老师精心组织了关于刑法治理现代化与本土化的系列讲座，我本人也非常荣幸能够参与这次交流，向各位老师请教学习，也感谢曾老师的精心主持，感谢付老师、李老师、陈老师精彩的讲授和与谈，让我今天系统学习了关于自动驾驶事故风险治理方面的相应理论，了解了前沿的刑法理论，对我来说也是深受启发，下面我结合学习的内容以及听课的思考，也给大家分享三个方面的心得体会。

第一，对于自动驾驶所涉及的刑事法律问题开展研究具有非常重要的必要性和紧迫性，党的二十大报告里也特别提到了要建设制造强国、网络强国和数字强国，推动制造业的高端化和智能化，提出要构建新一代的信息技术和人工智能等一批新的增长引擎。所以我们说在二十大报告里明确提出了以自动驾驶为代表的人工智能必然会成为我们国家的一个重要战略，所以对于相关的法律问题进行研究和探讨无疑具有非常重要的理论意义。我们说人类历史上每一次的科技革命在给我们带来进步、创新和便利的同时，也会伴随着产生新的社会风险。那么自动驾驶技术同样也不例外，随着自动驾驶汽车逐步从道路测试到示范应用再到未来可能会大规模投入商业应用，关于自动驾驶汽车发生交通事故也常常会引发我们格外关注。刚才付老师在讲解过程中也提到了一些案例，近年来滴滴自动驾驶的出租车、美团自动驾驶外卖的配送车也逐渐出现在我们的视野中，自动驾驶汽车出现的交通事故也越来越多。一个美国国家公路交通安全管理局在最近公布的一个调查报告里显示，在所有的车祸报告中，特斯拉占了70%，在目前所记录的与自动驾驶汽车相关的交通事故中，18起致命案件中有17起都是跟特斯拉有相关性。所以对于自动驾驶汽车引发的交通事故的风险如何进行有效的预防和治理，对于事故的责任如何进行认定和分配，自动驾驶汽车除了生产者、程序的设计者、驾驶人之外，有没有其他的主体应该对事故的发生承担责任？他们之间相互的责任边界在哪里？这些都需要立法去关切和回应，我们理论界对这些问题进行研究和争鸣，无

---

[*] 肖兴利，法学博士，盈科刑辩学院副院长，盈科长沙分所刑事合规部主任，湖南省法学会刑法学研究会理事。独著《国际能源机构能源安全法律制度研究》，参编《"盈"的秘密——有效辩护的47个制胜思维》、《拐卖妇女儿童犯罪典型案例评析》，公开发表《认定黑社会性质组织犯罪的疑难问题探析》《对死刑案件二审开庭审理程序规定的理解》等文章。

疑也是具有非常紧迫的现实意义。自动驾驶技术要想在商业上得到大规模的应用，离不开国家的立法，包括民事、行政等立法去构建一个事前规制和事后规制的完整的法律框架。

第二，自动驾驶技术大规模的应用以及伴随的刑事风险，必然会导致现行刑事法律体系的变革。刚才付老师在讲授过程中，也提出了他从立法论和解释论层面对于现行的法律规范如何进行修正，如何进行重新解释的一个方案。我注意到除了玉明教授提出了一些观点之外，也有一些学者提出了不同的看法，存在这样一种情况，既不是生产设计者之前的程序瑕疵或错误，也不是驾驶人的行为所导致交通事故，而是由于比如说黑客、第三者通过入侵了自动驾驶汽车的智能信息系统，做出了妨害车辆正常行驶、造成交通事故发生的行为，对于这种行为如何进行惩处？是否要新增一个罪名，比如效仿非法侵入计算机信息系统罪，因为他妨害的可能不仅仅是自动驾驶汽车的智能信息系统，还可能实施其他一些妨害行为，那么是否要增设一个非法侵犯智能信息系统安全罪呢？这是一些学者提出的观点。刚才玉明教授也提出了要对旧的罪名进行改造，去扩大犯罪圈的范围，交通肇事罪是玉明教授提出的一个观点，但是目前交通肇事罪适用于机动车，而这种自动驾驶汽车到底是否全部都是机动车，有没有非机动车？比如刚才提到的美团外卖配送车，它们在技术标准的设计上是被设计成非机动车，对于自动驾驶汽车到底属于机动车还是非机动车要有一个界定标准，发生交通事故时，是否能够适用交通肇事罪对其进行规制。还比如，现行的妨害驾驶罪是对于行驶中的公共交通工具的驾驶人员使用暴力或者去抢夺操纵装置、干扰交通工具的正常行驶，另外一种情形就是驾驶人员擅离职守与他人互殴或殴打他人危及公共安全。在自动驾驶汽车的情形下，其他人通过侵入汽车的智能系统去妨害安全，这个到底能否定妨害驾驶罪，这也是一个问题。还有比如非乘客也非驾驶人员，但是对于自动驾驶汽车负有管理义务的一些人能否构成妨害驾驶罪，这也是值得我们思考的问题。此外，陈老师在与谈时提到了构建生产者、程序设计者全过程的责任体系，我认为有一定的道理。因为，自动驾驶汽车与传统的汽车确实存在很大的不同，传统车辆在投入市场之后，生产者其实并不参与车辆后续的使用过程，对于之后驾驶人在驾驶车辆时发生交通事故，无非是因为产品本身的质量缺陷所引起的，生产者不需要承担责任。可是自动驾驶

第十五讲　自动驾驶事故风险的刑事治理：技术、法理与归责

汽车优于人工智能系统的应用，存在人机交互的模式，生产者和程序的设计开发者在后续汽车的使用过程中，还承担着智能系统的升级维护和算法更新的责任，尤其是在 L4 和 L5 这种级别的自动驾驶汽车上，驾驶人员对于车辆的操控责任更小，在 L5 级别，责任几乎没有。在这种情况下发生的事故责任，向生产者和设计者倾斜，这也是与他们对于车辆强大的直接的管控责任和能力相匹配的。

第三，在现实中追究自动驾驶汽车事故风险，还面临着一些实践难题，也需要我们关注和研究。比如，自动驾驶汽车的智能系统和信息数据都是在生产者和设计者的掌控之下，要对生产者和设计者进行追责的话，需要哪些证据？现有的法律和司法解释规定的证据种类是否能够完全涵盖？现有的证据提取、收集固定的程序是否能够完全适用？是否需要创设新的证据种类或者为自动驾驶制定新的证据规则？其次，就是证明标准如何确立。比如说生产者、设计者的危险预见义务和结果避免义务到底要证明到何种程度？还有在部分的自动驾驶情况下，驾驶人和生产者的责任比例如何划分和确定？刚才说到了在 L3 和 L4 级别里，包括在 L2 级别下，驾驶人和生产者之间随着自动驾驶化程度越高，驾驶人的责任是越小的。但具体责任如何划分，比如是三七、二八还是四六，划分责任比例的依据是什么？还有一个就是入罪的标准是什么，出罪的情形有哪些？另外，现有的财产刑、自由刑、资格刑等手段能否适用，是否需要创设新的惩罚手段？此外，我认为关于自动驾驶事故风险的治理，需要一个民事责任和刑事责任的互补，也需要一个行政责任和刑事责任的衔接。对于自动驾驶汽车事故风险，要构建一个规范合理、利益平衡的法律规范体系，一方面要警惕社会治理的过度刑法化，另一方面也要遵循刑法的最后手段性原则，同时也要适度分配各方的责任，在鼓励技术创新和维护社会公共利益方面去寻求一个恰当的平衡。

我们说人类历史上历次的科技革命都给我们带来了生产力的巨大进步和经济社会的巨大变革，人工智能技术的创新和应用也是被世界各国提升到了战略高度的层面，可以说是未来国际竞争的一个新领域。那么自动驾驶汽车事故风险的治理也是非常复杂的，融合了法律、技术伦理等等各方面因素的考量，今天的授课和交流让我对于相关的理论问题有了一个全新的认识。感谢各位老师刚才的分享和讲授，我由于理论不足和

认识有限，刚才的与谈有不对的地方也欢迎各位老师批评指正，谢谢大家。

曾粤兴教授： 谢谢肖律师的点评，我不忍心打断肖律师，我知道很多人喜欢看美女，所以就多给了三分钟，最后有请张永强教授发表高见。

张永强副教授[*]**：** 大家好，我是来自西南政法大学刑法教研室的张永强，非常荣幸能够作为与谈嘉宾参加今晚付玉明教授的精彩讲座，也非常感谢付老师带给我们的精彩讲座，以及尊敬的李晓明教授、陈璇教授和肖兴利院长的精彩点评。下面，我就简单汇报一下我的听后感，不当之处还望各位老师批评指正。

今晚的讲座中，付玉明教授紧紧围绕"自动驾驶事故风险的刑事治理"这一前沿主题，从技术原理、法理逻辑和归责路径三个维度，展开了深入分析和精彩讲授，不仅让我们对自动驾驶这一前沿科技领域的一些技术性的知识和原理有了充分的了解，而且对于这一技术在实践运用中涉及的法律问题，尤其是发生事故后如何在刑法上进行科学、准确的评价，有了更加深入的思考。可以说，整个讲座的主题非常前瞻、主旨非常鲜明、观点非常新颖、视野非常开阔，是一场难得的学术盛宴。于我个人而言，前期认真学习了付老师的相关文章，今晚又在线聆听了讲座，听后受益匪浅、备受鼓舞，不仅让我更加敬佩付老师渊博的学识和扎实的学术功底，而且讲座的内容也填补了我的很多知识盲区，给我带来了很多前所未有的思想触动和学术启发。

围绕今天讲座涉及的"自动驾驶事故风险的刑事治理"这一话题，付老师今晚进行了精彩讲授，前面三位嘉宾也展开了精彩与谈，讨论得也非常深入，但所涉及的问题仍可以归结为人工智能发展的"近忧"。在基础上，作为最后一位与谈人，我想作一点延伸，谈一个比较宏大、超前甚至可能有点"科幻"的问题，进而实现"近忧"与"远虑"的结合，那这个问题就是我们刑法如何回应或者应对超人工智能？

谈起人工智能，大家并不陌生，它不仅是当前发展最为迅猛的前沿科

---

[*] 张永强，法学博士，西南政法大学法学院副教授、硕士生导师、国家毒品问题治理研究中心研究员，《现代法学》青年学术编辑、重庆市巴渝学者·青年学者。主持国家社科基金项目2项和省部级项目6项，出版专著1部，在《法学》《现代法学》《当代法学》《华东政法大学学报》等核心期刊上发表学术论文20余篇，多篇被人大复印报刊资料等转载。

第十五讲　自动驾驶事故风险的刑事治理：技术、法理与归责

技，而且已经现实地进入到了我们的生活当中，尤其是对在大城市工作生活的人们而言，基本上每天或多或少都在与人工智能打交道。正如付老师在《法学》上发表的那篇文章中所提到的，"人工智能时代的科技革命已经从理论实验转向技术应用"。而在学界，根据智能化程度的高低，人工智能由低到高可以依次划分为三个阶段，分别是弱人工智能阶段、强人工智能阶段和超人工智能阶段。其中，在超人工智能阶段，一个主要的特点，就是人工智能体获得了独立的认知能力和意志能力，可以进行独立的思考和行动。尽管超人工智能仍然比较遥远，但从理论上或者目前的发展趋势来看，完全是可能的，这种可能性其实已经足以让我们深感不安。

事实上，人工智能一开始涉及的其实只是一个知识论的问题，或者说是技术论的问题，但随着其不断发展，会涉及到风险分配或者责任分配问题，这也是目前我们所处的阶段，即弱人工智能或者强人工智能阶段，今晚讲座中涉及的自动驾驶事故风险和责任划分问题，就是这一阶段我们面临的主要问题。但是，等将来真正进入到超人工智能阶段后，人工智能则可能成为关涉人类命运的存在论问题。

对于当前人机交互的人工智能运用引发的风险分配和责任划分，尽管给传统的规范体系和理论体系带来了极大挑战，但整体在解释论层面还是可以应对的，今晚付老师的讲座在我国现行刑法框架下，通过类型化的思维对涉自动驾驶汽车事故主体刑事责任的划分，充分地说明了这一点。但我想"杞人忧天"的是，如果将来超人工智能时代真的会到来，除了我们人类之外，满大街都是有独立的自我意识和意志的人工智能体，就像科幻电影里的场景一样，那这个时候我们的刑法应该如何回应？对此，我们学界也已开始了相关研讨，例如，有学者认为，在超人工智能时代如果人工智能体侵害到了我们人类的利益，我们可以通过重构刑罚体系的方式，增设删除数据、修改程序、永久销毁等刑罚，对超人工智能体进行相应的惩罚。

对此，我个人持的是一种消极的立场，因为尽管人工智能技术给我们人类生活带来了很多便利，但同时潜藏着巨大的风险。目前，我们所面临的弱人工智能或者强人工智能阶段，其实还是一个可控的阶段，其中所显露的风险还在我们人类可以承受和控制的范围内，尚未颠覆我们"人类中心主义"的制度体系，没有危及到人类的生存安全。但是，对于人工智能

发展到极致，进入到了超人工智能阶段，人工智能体的认知能力和意志能力，都将远远超过我们人类，当我们人类的利益受到了来自超人工智能体的侵犯时，能否通过我们人类创设的刑罚进行惩罚，以及惩罚能否达到预期效果，值得深思。

对此，我个人的观点是，如果说我们无法证明或者无法确保超人工智能对我们人类怀有先验的道德善意，尤其是还无法确定超人工智能时代是"天堂"还是"地狱"，那我们刑法乃至整个人类共同努力的目标，就应该是阻止超人工智能时代的到来，而不是等到超级人工智能时代到来以后，我们再一厢情愿地通过重构刑罚体系的方式对其进行惩罚。事实上，在超人工智能阶段，我们人类会处于弱势的地位，既然我们处于弱势地位，那我们作为弱者制定刑罚，就不可能制裁到比我们强大的超人工智能体，即使能制裁到，也极有可能是无济于事或者毫无效果的，很难实现刑罚惩罚和预防的目的。因此，对于人工智能技术的发展，我个人认为，始终应当坚持"人类中心主义"，在我们人类可知、可控的风险范围内安全地推进，这应当成为一条不可逾越的底线和不可碰触的红线，我们刑法或者刑法人的重要使命，就是守好这条底线和红线，及时关注人工智能技术的发展动向、分析隐藏其中的风险，并通过一系列积极的立法和司法措施，防止人工智能技术的发展偏离我们人类的安全诉求，成为毁灭人类的技术性风险。

我的发言完毕，谢谢大家！也恳请大家批判指正！

曾粤兴教授： 谢谢张教授热情洋溢、高瞻远瞩的点评，今晚的讲座引起了听众们强烈的共鸣，目前为止我们已经收到了三十个问题，先由我介绍问题由老师回答。

付玉明教授： 曾老师，要不我先把四位与谈人的问题回应一下，是不是好一些，然后再回答一些其他问题。今天非常感谢曾老师的主持，也感谢我非常尊敬的李老师，还有陈教授、永强教授，以及肖院长的非常深入的与谈，提了很多问题，我汇总一下，稍作一个简单的回应。

晓明老师和肖院长提出了一个非常好的问题，就是自动驾驶汽车不同于普通产品，它不像电饭锅、电冰箱，它是个车辆，不是普通产品，所以作为这样一个重要的产品来说，能不能建立全覆盖，以车辆或者生产者为中心的全覆盖的法律保障体系，我觉得蛮有新意的，我回头思考一下。

第十五讲 自动驾驶事故风险的刑事治理：技术、法理与归责

陈璇教授提到随着风险控制主体的变化，自动驾驶汽车交通事故的归责必然会向因果链条的前端推移，所以完全否认生产者、设计者在销售时点之前生产、编程环节的注意义务，可能无法实现刑事规制的目的。我报告的重点在于事故发生后，车辆的生产者和程序的设计者是否认定为交通肇事罪，这样定罪是否又导致因果链条太长，倒不是说要不要追究责任，因为这里面当然有产品责任、侵权责任。

关于李晓明教授提出的过失责任的例外，我的本意是自动驾驶过程中的过失责任是主要类型，并不排斥故意责任。关于交通肇事逃逸，李老师将我的思考进行了延伸，他强调事故发生后更重要的在于救助而非前期行为，制裁的是没有进行积极救助的行为，我觉得确实是一个很深入的思考。

关于陈璇老师提到的在应用完全自动驾驶系统并出现肇事逃逸的情况下，如果适用不报、谎报安全事故罪，则存在无法完全评价本行为的法益侵害性的缺陷。陈璇教授提出也是有值得思考的空间。相对来说我可能个人倾向于不作为的故意杀人或者过失致人死亡的这种解读，或者用风险源的监管义务来解读。陈璇老师也提到驾驶人已经不属于事故危险的管控者，所以适用不真正不作为犯原理加以评价，又可能与谁控制风险谁才负责排除风险的原则产生矛盾，这种情况下，风险不是坐在车辆里的人创设的，他不是监管人，那为什么要给他施加这样的一个理由，是不是也有所牵强，确实有这样的一个问题存在。但是我后来没想到更好的解决办法，所以我想牵强附会一点，即虽然乘客坐在车里面不是风险的创设人，但是他坐在这个车里了，他和这个创设风险的车辆形成了时空的一体化。这个情况下，车撞到了人，而你在这个车上，所以就有了风险创设的一体化，虽然你可能不存在故意或过失，但是这个情景的创设，从现实化的客观考量来说，你已经是一体的了，那你就是这个风险创设的本身。还有一个问题，就我们目前来说，责任的处理实际上从康德以来，我们都坚持主客观二分法，即人是世界的中心、价值评价的标尺。目前我们法律也是这样的，法律是定纷止争的中心，解决人之间的关系，责任的追究者应该是人。如果另一个风险体是人的话，当然对方就把责任分担了，但现在是这个机器，对于另外的第三人来说，就不存在比例多少的问题，从被害人的角度讲，机器就是一个独立的风险源，那驾驶人就有一个保证人的义务类

型。进而言之，驾驶人这个时候就有及时消灭风险的义务，如果你没有消灭掉危险，没有尽到监管责任，没有尽到救助的责任，就应承担相应的刑事责任。这当然陈教授提到的第二个问题，生产者、销售者责任的确立，关于是否将其认定为交通肇事罪，我是有所疑虑的。自动驾驶汽车包括硬体和软体，硬体是车辆本身，此时生产者通过产品责任就能够追究了，另外一个就是软体，即程序设计，而程序设计也可能如车辆一般存在报废年限。那么在未来数年、十数年后，将一个小事故的责任都追究到厂家，是否过于强求？一些明显的产品责任是比较容易判断的，但当牵扯到程序时，就会存在问题，刚才永强教授也提到强人工智能，从弱人工智能到强人工智能的转型过程中，典型特征就是在于高度计算的自我深度的学习，即程序运用过程会有所改变，这里的变异，是否都要归属于设计阶段，设计者能够预见吗？可能很难。

　　肖院长提到了黑客侵害的问题，这个问题通过非法侵害计算机信息系统罪或者妨害驾驶罪等，基本上是能够解决的。还有自动驾驶汽车是否都是机动车，这个也相对比较好判断，现在很多外卖都用的是电动车，对于电动车用现在的规范解释就行了，这个与纯粹的自动驾驶的关联度不是太大。肖院长也提到了证明标准问题，怎么证明，证明到什么程度，这确实是非常难的，可能需要大家共同努力、共同研究，而且理论发展也需要实践的推动，实践才是推动我们学术理论发展的真正动力。第二个她也提出了驾驶人和程序的责任怎么分，深圳、广州、北京以及工信部都已经出台了各种相关的文件，但都没有规定很细，可能也是想等实践问题充分暴露出来之后再规制。我个人是赞同的，法条适当地表明一定的抽象性、概括性，会使得法条或刑法更有生命力，太早地界定了标准可能并不能解决问题，还会创设问题。

　　永强教授是做了一个科幻性、开启式、延伸性的思考，很有意义。从这种角度思考，如果存在一个超人工智能的情况下，智能体有独立的认识能力和意志能力，而且它的物理存在方式又是钢铁般的意志，而人的生命在钢铁洪流之下是很脆弱的。我虽然不否定超人工智能出现的可能，但是它的实现可能也没有那么容易，这种智慧体的诞生需要很多客观条件，就是这种钢铁洪流式的超人工智能，可能也会有一些它的弊端，可以有新的刑罚方式将它销毁，比如创设了什么删除程序等。

第十五讲 自动驾驶事故风险的刑事治理：技术、法理与归责

我对几个问题的回应先讲到这，谢谢各位老师，不知道大家能否满意，因为很多问题确实也没有完全思考清楚，只是一个初步的梳理，谢谢各位老师啊。

曾粤兴教授：已经挺好了，玉明，听众的提问很多，我们现在已经超时了，我建议大家有什么问题的话，下来私信主讲人和与谈人，为了满足听众们所提的问题能够得到一个回应，同时也是公平，那么建议，付教授辛苦了，可以先休息。下面呢，各挑一个定向提问的问题，请与谈人作一个简要的回答。

第一个问题，是定向提给李老师的问题：有的学者主张"道义义务可以限制性地成为不作为犯罪的义务来源"，李老师怎么看呢？

李晓明教授：好的，我简单地说两句啊。道义责任相对来讲实际上是规范责任，必须有法律规定，但是作为不作为犯罪的义务的前提，尤其是刑事责任的前提来讲，应该有三点来组成。第一，法定义务；第二，前期行为引起的特定义务；第三，亲属之间或者有权利义务之间人的救助义务。由于时间关系，我只能答到这，那个曾老师，我不知道超时了没有。

曾粤兴教授：没有，谢谢，接下来是对陈璇教授的提问：对于在完全自动化驾驶情境下的驾驶者，如果不救助因自动驾驶技术引起的交通事故的受害者，导致其死亡的，在现行刑法下应成立何罪？如果存在处罚漏洞，是否可以考虑德国刑法中的见危不救罪？

陈璇教授：好的，谢谢曾老师，那我就简单回答一下。实际上从刚才所讲到的现行法的条件下来看，不论是就现有的罪名即真正的不作为犯，还是按照不真正不作为犯来进行处理，在我个人看来，可能都还存在着一些理论上的障碍，尤其是当我们以这种不真正不作为犯去进行界定的时候，就必须要确定一个保证人的地位。当然保证人地位和风险管控之间究竟是什么关系，这里面可能还需要进一步的探讨。从立法论的角度来说，是否增设一个比如说像德国刑法典的这个见危不救助罪，来堵塞这个漏洞呢？就目前来讲，当然是可以，但是见危不救助罪，它毕竟是一个面向全体公民的、相对比较轻的犯罪，那么它是否能够适应自动驾驶的情况下驾驶者应当负担的罪责的大小，我觉得这个还可以再进一步的讨论。好，我就简单说这几句，谢谢曾老师。

曾粤兴教授：后面两位点评人，请你们自己选择观众提的问题，自己

做回答，先谢谢陈璇教授，谢谢，肖律师先来吧。

肖兴利博士：有同学问到：在不同的自动驾驶级别里，如果重大事故仅仅是由自动驾驶的系统造成的，那么车内的自然人无行为即无结果，就不能将致害结果归咎于自然人的行为，这个会给交通肇事罪的认定带来冲击，那么对于交通肇事罪的构成要件是否有必要进行适当的修改？

对于这个问题的设定，我觉得其实也是存在问题的，刚才付老师也说了，就是在L5级的这种完全自动化的驾驶的条件下面，行为人其实对于车辆的操控，对于这个周围环境的监控，是没有义务的，那么在这种情况下发生的交通事故，驾驶人是不需要承担责任的，也就是无行为无结果，交通事故这个危害结果的发生与驾驶人的行为是没有关系的。但是其实在L2到L4级的这个自动驾驶级别下面，驾驶人其实还是负有监控义务，监控环境的义务，以及在紧急情况下去接管车辆的义务，如果行为人比如说在车辆出现紧急情况的时候，车辆发出了接管的警示，而行为人不去接管，那么他的不作为导致了交通事故的发生，就应当承担相应的责任。只是这种不作为，是不是也是可以视为违反交通安全法规的行为呢，这个可能需要在道路交通安全法规里面进行相应的设定，我就简单回应到这里。

曾粤兴教授：接下来是永强教授。

张永强副教授：许多同学问：人工智能要不要承担刑事责任？有同学也问：在刑事一体化的视角下，整个刑事诉讼程序的构造，都特别强调保障这个被告人或者犯罪嫌疑人的这个权利，那么是否也要保护人工智能的权利呢？几个问题都是一致的。首先，注意区分人工智能与人工智能体的这两个概念。人工智能其实只是一种技术，无论是弱人工智能、强人工智能还是将来的超人工智能，都不可能成为刑法规制的对象，不可能追究技术的刑事责任；人工智能体，指的是人工智能技术具体应用的对象，比如安装有智能驾驶系统的汽车或者机器人，就属于人工智能体，那这种人工智能体侵犯到我们人类利益的时候，可不可以成为刑法规制的对象？对于这个问题，我个人的观点是，刑法调整的对象应当是人的行为，而不应当是其他。在弱人工智能和强人工智能阶段，在人工智能体的背后都能找到我们人类的痕迹，在因果链条上有人的故意或者过失，在这种情况下还是应当通过法律的调整或者理论的重构追究背后人的责任，而不是机器的问题；而在超人工智能阶段，超人工智能体已经是个非常强大的独立个体，

第十五讲 自动驾驶事故风险的刑事治理：技术、法理与归责

我个人是不希望这一天到来的，如果这一天真会到来，我们刑法的任务应该是积极地去阻止这一天的到来，惩罚那些违背道德、伦理、法律来推动超人工智能时代到来的人，而不是等到这一天来了以后创设新的刑罚去惩罚。以上就是我对同学们作的一个简要回应，曾老师，我的发言完了。

曾粤兴教授：好的，谢谢永强教授。今天的讲座长达三个小时，主讲人给我们带来了刑法现代化治理的新知识，与谈人从不同角度给了我们有益的启发，讲座圆满结束，但有关刑事治理现代化的研究方兴未艾。借这个机会，我代表主办单位，对以下六家协办单位表示衷心感谢，它们是：重庆市新型犯罪研究中心、国家毒品问题治理研究中心、西南政法大学量刑研究中心、西南政法大学外国及比较刑法研究中心、北京市盈科律师事务所、北大法宝学堂。感谢主讲人和各位与谈人，感谢大家的积极参与和支持，各位晚安。

第十六讲

量刑制度构建的现代化与本土化

石经海[*]

摘　要：量刑制度构建是随着刑法治理的现代化与本土化而进化发展的。若以极端报应主义、极端预防主义、早期旧并合主义和当今新并合主义为主线，量刑的正当性根据则大体经历了从以社会危害性→以人身危险性→兼以社会危害性和人身危险性→兼以社会危害性、人身危险性和刑法时代精神的发展流变。与此相适应，量刑制度的构建也分别主要围绕如何报应犯罪人、如何防卫社会、如何实现刑罚的目的和功能、如何实现刑法的目的和机能展开，从而走向现代化。同时，量刑制度作为落实本国刑法及其刑事治理的重要平台，具有立足本国法律体系、法治体系、社会治理体系和国家治理体系的鲜明本土属性。量刑制度的如此现代化与本土化原理，是量刑改革及量刑建议、量刑辩护、量刑裁判等应尊重和基于的理论基础和逻辑前提。

---

[*] 石经海，法学博士，西南政法大学法学院教授、博士生导师、刑法学科带头人（负责人）、量刑研究中心主任，学术集刊《量刑研究》主编。国家社科基金重大项目首席专家，中国犯罪学学会副会长，中国刑法学研究会常务理事，重庆市第四批哲学社会科学领军人才，重庆市第三批（法学）技术学术带头人。主持国家社科基金重大、重点和一般项目4项，省部级基金项目近20项，出版个人专著《量刑的个别化原理》（天下·法学新经典）等4部，在《中国法学》等期刊发表学术论文130多篇。

第十六讲　量刑制度构建的现代化与本土化

主持人梅传强教授[*]：尊敬的贾宇会长，尊敬的各位嘉宾、各位老师、各位同学、各位实务部门的同仁，大家晚上好。经过近一年的策划和实施，"刑法治理的现代化与本土化"系列讲座已经进行到第十六期，这也是本年度的最后一期。感谢各界朋友同仁对我们讲座的关注、关心、支持和肯定。今晚的活动有两项内容，一是对十六期讲座做小结，二是进行第十六期讲座。下面我简单介绍出席今天讲座的各位嘉宾。首先是致辞嘉宾贾宇会长，法学博士，教授，博士生导师，浙江省人民检察院党组书记、检察长，二级大检察官，第十三届全国人大代表，马工程重点教材《刑法学》主编，中国刑法学研究会会长。其次是今天讲座的主讲人石经海教授，西南政法大学法学院教授、博士生导师，西南政法大学刑法学科负责人和带头人，西南政法大学量刑研究中心主任，学术集刊《量刑研究》主编，国家社科基金重大项目首席专家，中国犯罪学学会副会长，中国刑法学研究会常务理事。下面是第一位与谈嘉宾彭新林教授，北京师范大学刑事法律科学院教授、博士生导师，《刑事法判解研究》主编，中国刑事诉讼法研究会、中国廉政法制研究会、中国案例法学研究会、中国法学会董必武法学思想研究会、中国行为法学会、中国刑事执行法研究会等多个研究会的理事。第二位与谈嘉宾刘静坤教授，法学博士，中国政法大学教授，曾担任最高人民法院刑三庭法官，曾挂职云南省公安厅厅长助理，并为量刑规范化改革、推进以审判为中心的诉讼制度改革、严格实行非法证据排除规则等中央司法改革项目的主要成员。第三位与谈嘉宾是肖洪副教授，法学博士，重庆大学法学院副教授，硕士生导师，中国犯罪学研究会理事，中国法学会检察学研究会刑事检察理论专业委员会理事。第四位与谈嘉宾是艾静律师，盈科刑辩学院副院长，盈科北京刑事实务研究中心主任，中国行为法学会法律风险防控研究委员会理事，央视一套《今日说法》栏目点评嘉宾。我是今晚主持人梅传强，是西南政法大学法学院院

---

[*] 梅传强，法学博士，西南政法大学法学院教授、博士生导师、法学院院长，重庆市人文社科重点研究基地——西南政法大学毒品犯罪与对策研究中心主任，重庆市新型犯罪研究中心主任、重庆市学术技术带头人。兼任中国刑法学研究会副会长。获霍英东教育基金会第八届青年教师奖、重庆市第二届中青年骨干教师、重庆市社会科学专家、全国优秀刑法学博士论文指导教师等称号。主持完成国家社科基金重点项目和一般项目2项、省部级课题项目10余项，出版《公务员职务犯罪研究》《犯罪心理生成机制研究》等学术专著26部，在《法学研究》《现代法学》《法学》等刊物发表论文90余篇。

长、教授、博士生导师，兼任国家毒品治理研究中心主任、重庆市新型犯罪研究生研究中心主任、重庆市刑法学科负责人和带头人，兼任中国刑法学研究会副会长。本系列讲座已经进行到了第十六期，受到了学界广泛关注和积极肯定。本期是本年度系列讲座的最后一期，我们非常有幸邀请中国刑法学研究会贾宇会长做总结性致辞，致辞的题目是"刑法治理现代化与本土化的时代使命——刑法治理的中国式现代化"，有请贾会长致辞。

致辞人贾宇会长[*]：尊敬的主持人、各位同仁、各位朋友，大家好！很高兴与大家线上相聚！由西南政法大学刑法学科主办的"刑法治理的现代化与本土化"在线系列讲座，已经进行了16期，受到学界的广泛关注和高度赞誉。本期讲座是今年系列讲座的最后一讲，梅传强教授和石经海教授盛情邀请我参加，我也非常荣幸在此作个发言。【具体内容见前面的致辞】

梅传强教授：谢谢贾宇会长热情洋溢、情真意切的致辞，也衷心感谢贾宇会长对我们西南政法大学刑法学科建设和发展的大力支持。刚才贾会长讲到中国式现代化进程中刑事治理和刑法学研究的一些指导意见，非常有启发性。我们也期待疫情结束以后，邀请贾宇会长和全国的刑法学同仁来西南政法大学线下指导。本系列讲座是由西南政法大学刑法学科主办，由西南政法大学国家毒品治理研究中心、重庆市新型犯罪研究中心、西南政法大学量刑研究中心、外国与比较刑法研究中心、盈科律师事务所和北大法宝学堂协办。今天的小结不是本系列讲座的终结，而是一个阶段性休整。未来我们还会继续主办。非常期待各位同行能来重庆、来我们西南政法大学线下指导，也衷心感谢全国刑法学理论和实务界对讲座的关注、参与和支持，特别感谢受邀参加讲座的各位主讲嘉宾、主持人和与谈嘉宾为全国观众提供了精彩且高质量的头脑风暴。同时，我们要特别感谢参与讲

---

[*] 贾宇，法学博士、教授、博士生导师。上海市人民法院党组书记、院长，第十三届全国人大代表。任"马克思主义理论研究和建设工程"重点教材《刑法学》课题组首席专家、主编，中国刑法学研究会会长。曾任浙江省人民检察院党组书记、检察长，二级大检察官和西北政法大学党委副书记、校长，获第五届"全国十大杰出青年法学家"称号。长期从事中国刑法学、国际刑法学、中国司法制度、反恐怖主义与国家安全等领域研究，著有《国际刑法学》《死刑研究》《犯罪故意研究》《罪与刑的思辨》《中国反恐怖主义法教程》《检察官客观公正立场》《习近平法治思想引领新时代检察理念知与行》《大数据法律监督办案指引》《新时代"枫桥经验"检察实践案例精选》等著作。

第十六讲　量刑制度构建的现代化与本土化

座筹办的各位同仁，正是因为有你们的精心策划和多方协调，我们才能够享受这一场场的学术盛宴。也非常感谢法宝学堂后台支持人员和西南政法大学法学院的老师和同学们，是你们提供的技术支持和有效组织，保障了思想的碰撞、智慧的交锋、知识的共享。在此，我代表主办方一并对大家表示衷心的感谢。下面我们就进入到本期讲座的主讲环节。本次讲座的主题是"量刑制度构建的现代化与本土化"，有请主讲人石经海教授做主讲报告。

主讲人石经海教授：谢谢梅老师。尊敬的贾宇会长，尊敬的各位老师、各位同学、各位朋友、各位同仁，大家晚上好。欢迎和感谢各位在这个时候一起来讨论量刑制度如何构建的问题。借此机会，感谢贾会长在百忙之中来支持我们的学术交流和学科建设活动，特别感谢前面十五讲的主讲人、主持人、与谈嘉宾和一直在屏幕前陪伴着我们的老师、同学、实务部门的朋友们，感谢我们团队的所有人，包括北大法宝的各位同仁、盈科律师事务所和金开律师事务所的各位同仁，同时也衷心感谢今天来一起讨论量刑制度构建的彭新林教授、刘静坤教授、肖洪教授和艾静院长。今天我是作为一个主办方的代表来讲一讲，但其实我们更多的是想请其他学校、其他部门的专家来给我们传经送宝。

今天的主题是"量刑制度构建的现代化与本土化"，是配合我们总体的这个主题来设计的一个选题。刚才贾会长说了，这个问题实际上是想有所推动的一个目标做法。就像刚才贾会长所解读的那样，我们是想把刑法治理的现代化和本土化结合在一起。它们确实是有不同的方面。但是，中国刑法治理要现代化，离不开本土化的基础和前提。也就是说，刑法治理现代化作为我们刑法治理的一个目标，它要建立在本土化的基础和前提之上。所以，我们在这里说刑法治理的现代化和本土化这一个主题，首先是想构建出一个中国特色刑法学的学科体系、学术体系、课程体系和话语体系。在这一个前提下，如何来推动刑法治理的国家治理体系和治理能力现代化，从而发挥刑法在整个国家治理、整个社会治理过程中应有的作用，这就是一个良好的目标愿望。我们今天这个主题作为其中的一个有机组成部分，是专门就量刑制度建构这一个视角来说的，但是这个视角是离不开刑法治理的现代化与本土化的内容。

当下，量刑制度构建的现代化与本土化面临着五大问题。首先，我们理论上长期存在的问题是重定罪轻量刑，这个问题大家都了解，不仅我们学校，全国各地高校也一样，在本科的阶段，老师们上刑法课基本上是不讲量刑的，如果讲也只是讲到量刑制度、量刑情节等等一些最基本的问题，至于与定罪相对应的一系列量刑问题，大家一般不怎么关注。这几年，量刑规范化改革拉动了量刑理论的研究。但是，我认为，相对于定罪来说，关于量刑的研究还是很薄弱的。另外，我曾经三次到我国台湾地区，想去寻找一些共同语言背景下的量刑问题研究资料，最后在台大图书馆找到了一本硕士学位论文和博士论文，是同一个人写的，还找到了两本关于量刑的书，一本是法官写的，另一个是检察官写的，没有学者研究。这是理论上面临着的问题。其次，司法上面临的问题是重实务轻理论。这个说法是相对一般而言的，司法上的重实务是指，无论是量刑规范化改革，还是认罪认罚制度改革，抑或是企业刑事合规，这些涉及到量刑的改革其实更多地是从实务的角度探索。我为什么用轻理论这一表述？实际上，很多内容是经不起理论推敲的，或者是缺乏理论支撑的。再次，辩护上的重形式轻实质。今天有艾静院长在，我们就想一起探讨一下刑事辩护，特别是量刑辩护过多的重视形式，比如说实体之辩、程序之辩、证据之辩等各种辩护类型面面俱到。我认为从量刑辩护制度的构建意义上来说，最实质性的内容还是更关键。我们与其说进行各种类型面面俱到的量刑辩论，不如站在审判的角度或者公诉的角度去抓住反映了社会危害性、人身危险性的一些有价值的量刑情节，或者将量刑情节所反映的社会危害性、人身危险性等实质性内容提取出来，给法官、检察官做参考，我认为这价值更大。次之，改革上从重程序轻实体。这个也是相对一般而言，不是说专门针对哪一个改革。我还是举个例子，认罪认罚从宽制度改革实际上主要是从程序的角度推动的一系列改革。在我申报国家社科基金重点项目的时候，我进行了一些文献检测，最后惊奇地发现，2018年认罪认罚制度写入《刑诉法》之前，基本上没有刑法学者对这个问题展开研究。2018年《刑诉法》通过以后，有少数的刑法学者做了一些研究，其中以周光权教授为代表。通过这一事实可以发现，我们的认罪认罚从宽制度改革在写入《刑诉法》时缺乏刑法专家从实体上提供一些智慧支持。因此，我们现在遇到的一系列困难，是因为它缺乏实体上的支撑。最后，引进上重推崇轻本土，这也是刚才贾会长所提到的。重推崇是什么意思呢？人家的制

第十六讲 量刑制度构建的现代化与本土化

度，哪怕它在实践中是没有用的，比如说点幅理论，又比如说三阶层理论，我们把它捧得很高、推得很高，并且作为我们研究的范本甚至是现代化的目标。曾经有一位研究生说，我们谈四要件好像是很土了、很落后了，只有谈三阶层才是先进。也就是说，我们在现代化的路上，实际上还是仰着头看人家的。如果说是真的先进、真的重要，我们还是应该借鉴、吸收的。但是，我们的整个意识形态顶层设计、我们的整个社会治理体系、法律治理体系、国家治理体系等等这些都要与我们的传统文化、我们的政治制度等我们国家本土的方方面面融合在一起的。域外的某一制度可能是先进的，但是它的先进能不能融到我们的体系中来，能不能实现端口对接，这是一个问题。比较有说服力的是，96年刑事诉讼法引进了内容，但最后发现这些内容实际上与我们的刑法、与我们整个的法律制度融不起来。在一系列的引进过程中，如何立足于我们的传统文化，如何立足于司法活动主体人的性格，如何立足于我们中国人的法律意识，如何立足于我们的政治制度、社会运行现状、国家治理模式，这都是一些需要思考的问题。我感觉到，这一系列构建问题的症结，是忽视了本土化基础上的现代化。我认为二者是相辅相成的关系。也就是说，我们对现代化的理念、文化、理论研究、立法、司法、执法的追求，以及为我们国家的法治建设现代化、为我们的经济社会发展、为我们的两个一百年奋斗目标和中国梦的实现、为我们的中华民族伟大复兴发挥刑法应发挥的作用这一个现代化目标方面，可能还是存在一些没有理顺的问题。我认为，这个里面有一个最重要的问题，就是刑法的正当性根据这一根基。所以，我今天就想讨论这个主题，想从刑法的正当性根据的进化视角来说。在这里，我想引用一个德日学者普遍认为的一句表述：量刑问题是刑法理论的缩影或者缩图。从这个角度，会不会重新定位量刑问题在整个刑法学体系中的地位？现在我们基本上是忽视量刑问题的。其实，刑罚理论有没有深入研究，会影响对犯罪论的很多理解。未来的刑法学发展、刑法学的现代化发展，可能还真不是在犯罪论的视角上。无论是叫做刑罚论也好，还是刑事责任论也好，抑或者是量刑论也好，这可能是我们现代化建设的一个重要方向。

在这一背景下，我今天晚上说三个大问题。第一是逻辑前提，就是刑法正当化根据的进化。第二，基于这一前提，我想同大家分享探讨一下，这个进化会带来哪些相应制度的变化，主要是从量刑的视角来分析。第三，量刑现代化和本土化下量刑制度该如何建构？对于如何构建这一问题，我只是就前面谈到的问题提一些有启示性的要点。实际上，我们今天晚上主要谈的是前面两个问题。

我们看第一个大问题，刑法正当性根据的进化，这是今天讨论主题的逻辑前提。在这里，我想先给大家梳理一下两个关键词和三个基本概念。两个关键词就是社会危害性和人身危险性。人身危险性实际上又叫做社会危险性。社会危害性是针对犯罪行为而言的，它是犯罪行为的内在属性，是犯罪给社会已经造成和可能造成的危害，没有严重的社会危害性就不可能是犯罪，这是我们《刑法》第十三条明确规定的。人身危险性与社会危害性不同，它是犯罪人的内在属性，是犯罪人的存在对社会造成的潜在威胁，包括犯罪人被改造的难易程度和再犯的可能性大小，对这个概念大家界定有所不同，有的是从未来是不是可能再犯罪的角度来界定人身危险性的，有的是从现在没有犯罪但未来可能犯罪这个角度来界定的。另外三个基本概念是刑法的正当性根据、刑罚的正当性根据和量刑的正当性根据，毫无疑问它们是各有侧重。但是经过深入的考察，我认为它们也是内在统一的。比如说刑法的名称，我们可以把刑法叫做刑法，也可以叫做犯罪法，这个"刑"也可能是指刑法，也可能是指刑事责任。不光是名称，我认为还有一个基于它们内在的统一性方面。从犯罪的概念来看，《刑法》第十三条设定了犯罪的概念，里面既有社会危害性，也有人身危险性，还有刑法的时代精神。"一切……危害社会的行为，依照法律应当受刑罚处罚的，都是犯罪，但是情节显著危害不大的，不认为是犯罪。"其实，这个里面包含有严重社会危害性、刑事违法性和应受刑罚惩罚性。其中应受刑罚惩罚性是含有人身危险性的，例如，一个16岁的中学生，他顺手把同学价值2000块钱的手机拿走了，很快就还给手机的主人，是初犯、偶犯，按照司法解释规定，虽然符合盗窃罪的犯罪构成，但是一般不作为犯罪处理。这里面就涉及到人身危险性的考察问题，我们讲他是初犯、偶犯，实际上是考察的人身危险性，也就是说人身危险性也可能影响犯罪的成立。在应受刑罚惩罚性里面，还有刑法的时代精神，包括宽严相济刑事政策在内，这些都可能涉及到对犯罪的认定问题。另外，我们从《刑法》第六十一条量刑的根据揭示它的相关内涵。可以说，这一立法规定是包括所有反映社会危害性、反映人身危险性、反映刑法精神的事实，它们都会影响量

第十六讲 量刑制度构建的现代化与本土化

刑。因此，刑法的正当性根据、刑罚的正当性根据和量刑的正当性根据应该内在统一的。张明楷老师认为刑法的正当性根据和量刑的正当性根据是相同的，我今天不把这三个概念做严格区分，只是想从它们内在的共性这个角度进行分析。

下面我想具体来谈一下，刑法的正当性根据不是一成不变的，它是进化的。大家都知道刑事近代学派、刑事现代学派、刑事古典学派等学派，从这些学派所处时期观察，实际上刑法的正当性根据是从一个极端走向另外一个极端，再走向理性。我们看第一个极端，是极端的报应主义时期，大体为刑事古典学派时期，这是我从近现代刑法的维度来梳理的。这个时期刑法的正当性根据是犯罪行为的社会危害性。刚才我们讲了，社会危害性是犯罪行为的内在属性，它是以行为为中心来考察刑法的正当性根据。为什么说它是极端的？我把极端的报应主义分为两种，一种是基于纯粹报应刑论的绝对报应主义和基于一般预防效果的相对报应主义。刑法的目的分为一般预防和特殊预防，一般预防归属于报应主义，而特殊预防归属于目的刑、预防刑或者教育刑里。极端的报应主义就是强调犯罪行为的报应，排斥犯罪人的因素，排斥目的刑，只注重行为的因素。所以，这个时期的刑法又称为行为刑法，强调客观主义、行为主义、绝对遵循罪刑法定，这是极端的报应主义时期刑法的正当性根据的体现，刑法的方方面面都是围绕这么一个正当性根据来展开的。另外一个极端，我把它称为极端的预防或者目的主义时期，这个时期大体为刑事实证学派时期，它的正当性根据表现，不是以行为为中心，而是以犯罪人为中心，是针对犯罪人的人身危险性，所以这是一个以行为人为中心的正当性根据，它的基本表现为预防主义，是针对或者基于个人素质和社会环境的特殊预防主义，过于强调对犯罪人的特殊预防和防卫社会，主张不定期刑和刑法的保安处分。这个时期刑法实际上在很大程度上慢慢失去了正义报应这一公平正义的基础性内容。在这一背景下，刑法就不是行为刑法，而走向了另外一个极端，成为了行为人刑法，强调主观主义、行为人主义、虚化的罪刑法定。为什么叫虚化的罪刑法定？因为不定期刑和刑法的保安处分很大程度上难以体现罪刑法定的人权保障功能。以上是两个极端的表现。从事物的发展来看，事物的认识往往是从一个极端到另外一个极端。也就是说，这两个极端对于所处的历史时期来说，是很有必要的，是重要的，是有价值的。

但是从长期的社会发展所需来看，它可能不适用司法实践，或者说不是刑法基本功能所需要的，所以它必然要走向一个理性。我将这种理性时期概括为兼顾报应与预防的并合主义时期。20世纪初以来，这个时期的正当性根据是兼以社会危害性和人身危险性，我把它叫做旧并合主义。从现在的刑法立法来看，正当性根据不光是社会危害性和人身危险性两方面的内容，其实还包括刑法的时代精神（人权保障、人性关怀等）。最为典型的体现是，已满12周岁未满18周岁的人犯罪，很多教材或者文章把它解释为是危害性较小，我认为这里面不是社会危害性的问题，它还是一个刑法人性关怀的问题。又比如说，未满18周岁的人和审判的时候怀孕的妇女不适用死刑，这其实都是人性关怀，都是刑法的时代精神的体现，既不是社会危害性也不是人身危险性，也就是说按照旧并合主义是解释不通的。还比如说，刑期折抵，它既不是因为社会危害性，也不是因为人身危险性，它的正当性根据，实际上是刑法基于人权保障等时代精神所追求的。所以，在现代刑法上，我们的正当性根据不是传统的并合主义的理解，我把传统的并合主义叫旧并合主义，把社会危害性和人身危险性以及刑法时代精神合称新并合主义。在新并合主义基础之上，我们刑法的正当性根据是理性的，就是既有以报应为基础，又以预防为目的并合主义，既讲究正义的报应，又讲究个人的具体情况和社会的环境的特殊预防和社会防卫。因此，我们现在的刑法可能既不是行为刑法，也不是行为人刑法，是行为与行为人刑法，也就是说它是主客观相统一的，不光是讲究主观或者客观，行为主义与行为人主义是同时并存的，它是以人权保障、人性关怀为中心的，强调相对罪刑法定原则。在体现人权保障和人性关怀的时候，是可以做出有利的处理的。刑法正当性根据进化的背后，实际上是认识的提升，也是社会发展或者刑法发展的一个体现。在这一个背景下，很多刑法理论，包括量刑制度的构建认知，实际上是要发生改变的。从历史思维来看，我们不能仍旧把我们的制度定位在新刑事古典学派的报应刑主义时代而坚持客观主义，也不能仅仅定位在一个预防刑或者目的刑主义时代而坚持主观主义。刑法要报应犯罪，要体现正义，这是毫无疑问的，但是刑法也不仅仅是这样。刑法的定位是辩证法的体现，也是一个博弈论的体现。我们如何基于刚才贾宇会长所讲的三个效果的统一，探究其背后追求的目标，以此作为辩证法的取向，从而做出不一样的取向？我认为，这种进化

第十六讲 量刑制度构建的现代化与本土化

才是刑法现代化的基础之一。

此外，本土化也是刑法现代化的一个重要基础。在这里，我想谈三个方面的视角。第一是刑法的归属。刑法是特定国家的法律体系的有机组成部分。我们的刑法不是世界刑法体系的、与我们国家法律体系相脱离的组成部分，而是我们国家法律体系的组成部分。哪一个组成部分呢？我们国家的法律体系又是我们的社会治理、国家治理的一个有机组成部分，也是上层建筑的一个有机组成部分，是基础性内容。从这个维度来看，刑法作为我国法律体系的有机组成部分，要与我们的政治、经济、文化等方方面面相适应，如果离开了这个内容，而是"引进"德国或者日本的理论和制度，可能就使得我们的刑法无法归属到特定的法律体系之中，不能成为其有机组成部分。有一个比较突出的问题，大家不知道关注过没有，那就是我国刑法中所有的犯罪实际上都是情节犯，无论是行为犯还是危险犯。当然，这是广义的情节犯，并非有了这个行为都构成犯罪。醉酒型危险驾驶并非达到80毫克就构成犯罪，为什么呢？因为《刑法》第十三条就规定了刑法中所有的犯罪其实都是情节犯，情节显著轻微危害不大的还不构成犯罪，要达到一定的情节才构成犯罪。有人说，立法者已经在刑法分则的罪名设置的时考虑刑法第13条，所以司法上不能再考虑。而立法设置在危险驾驶罪时，它设置的仅仅是一个80毫克这么一个门槛，并没有对所有情节进行设置。情节犯与情节的要素是不同的，情节犯实际上是情节要素的综合体现，是包括数额、主观方面、危害后果等一系列方面的有机评价。情节犯不是某一个方面的要素，我们不可能仅仅凭某一个方面的要素就认定行为显著轻微危害不大。所以，《刑法》第十三条在司法实践中是要适用，刑法分则的所有规定其实都要接受第十三条的考察，即是不是满足情节犯的要求。另外，不同刑法立法下话语体系的内涵是不一样的，这就非常有意思。比如说法益，现在我们的学者基本上是在两个维度来使用法益的，一方面是作为基础性的概念，相当于法益的侵害性，也就相当于我们的社会危害性；另一方面是相对于犯罪客体的角度来使用的。我的疑惑是法益作为一个外来的概念，它的内涵到底是我们的内涵还是人家法律的内涵？如果说是人家法律的内涵，那么该如何融到我们的法律中来？这是第一个问题。第二个问题是，即使我们想将法益等同于犯罪客体，但在德国的三阶层中，法益不是构成要件，只是个基础性的概念，如果我们简单地使用域外的概念，那我们该借鉴哪个层面？如果我们说德日学者在某一个具体犯罪中也谈侵犯什么法益，这是不是就意味着在德国、日本的犯罪构成中，法益不是三阶层的犯罪构成要件，而是一个实质性的法律构成要件。所以，这些理解其实也存在悖论的。又比如说共犯。共犯为什么成为最难的一章？我认为一个重要的原因就是我们共犯的理论研究与话语体系基本上都是来自大陆法系，比如说主犯、正犯、共犯等等概念。我们将基于这些概念所构建的整个共犯理论体系作为共同性知识运用，但是我们的立法又不是这样，我们的立法中也有共犯的概念。这种情况下不仅仅带来司法适用的混乱，也带来理论研究的混乱，让理论研究越来越不清楚。事实上，是因为这些话语体系错了，我们自己都搞不清楚了，又被弄糊涂了。我曾经在一次研讨会上发表过关于违法阻却事由的观点，我们的违法阻却事由与德日的违法阻却事由是不一样，德日只定性不定量，所以德日所讲的违法阻却事由都可能是犯罪的违法性。但是，我国还存在行政处罚，因此我们的刑法上的认识错误与德国的认识错误有很大的差别。我用"端口不对接"来形容这种生搬硬套。第二是刑法的基点。我们以前都是在简单去批判资本主义制度，通过全球疫情治理的过程，我深深地感觉到，不同的社会制度背后所基于的整个治理模式差别是非常大的。比如说资本主义制度以个人利益为本位，而社会主义制度以整体利益为本位。那么，个体能不能离开整体呢？我曾经举了一个非常有意思的例子，一天我骑自行车回家，在下一个长坡时刹车失灵了，我想起还背着一个重要的笔记本电脑，赶紧向旁边的墙上撞去，最后车停下来，也受了一点轻伤。停下来之后，我想的是原来自行车刹车对于我的自由安全竟然如此重要。也就是说，如果我的自由安全没有刹车的保障，如果我随心所欲、享有的权利没有一定的控制的话，那我是享受不了自由权利的。因此，个体权利离不开整体秩序。从这个意义上，我认为，在人类历史发展中，专制统治是人类历史的一个阶段，以个体本位为核心的资本主义制度也是人类发展的一个进步。但是真正从人类发展的角度来看，真正符合规律的还是将个体置于整体之中，只有整体秩序存在我们个体利益才存在，这才真正符合社会发展规律，所以，我认为社会主义的道路相比资本主义道路更科学。从社会发展进步的历史来看，从专制统治走向资本主义、以个人的权利为本位的确是一个进步。但是，从个人本位走向将个人的权利置于整体秩序中

第十六讲　量刑制度构建的现代化与本土化

去,这是一个更高的发展阶段。共产党领导的社会主义道路,坚持集体本位,讲究以人民为中心,将审判置于保护人民这一个整体利益上,这是我们的制度设置。在这里,我不认为人民如大家所分析的不是一个法律概念,其实人民是一个法律概念。刚才贾宇会长讲的,任何法律概念都离不开它的阶级性,离不开三个效果的统一。因此,我认为人民是一个从整体利益角度来考察的整体利益,而不是个体利益的术语表现。从这个角度来看,我们的刑法是要建立在这种整体利益的基点上,而不是按照个人为本位来设置刑法。第三是刑法的知识。我们在借鉴过程中,在推进现代化的过程中,本土化的内容必须考虑,刑法共同性的知识也要考虑,还有个别性的内容也要予以考虑。我们刚才讲的从保护人民这一个整体利益的角度来设置刑法政治制度的要求,是我们个别性的刑法知识。此外,刑法的设置还要考虑特定国家的罪刑理念,比如与整体利益相适应的实体正义要求,以及法益、社会危害性、共犯、正犯、行为犯、结果犯、情节犯等反映特定国家刑法立法的概念范畴。当下刑法教学在解释行为犯、结果犯、犯罪的成立认定中遇到诸多困难,以行为犯为例,如果行为成立就是犯罪?那醉驾型危险驾驶以及一些轻微的故意伤害又该如何解释?其实行为犯只是就行为方面做了特别规定,它还要受《刑法》第十三条的总体情节犯的约束。所以,德日刑法的行为犯和我国刑法中行为犯的内涵是不一样的,我国的行为犯还是要受《刑法》第十三条但书的约束,实际上行为犯也是情节犯。还有几个有意思的概念,有责性、刑事责任和责任心,这几个概念的内涵是不一样的。在我们的刑法背景下,该如何理解?这也是我们进行本土化的构建中必须考虑的内容。所以,基于对刑法的本土化属性的考察,我认为这是推行刑法现代化、量刑现代化、量刑制度现代化的第二重要基础。

第二个大问题就是进化影响,即量刑正当性根据的进化带来哪些制度的变化。我简单梳理一下。第一个变化是刑法概念的变化,在报应刑主义年代,刑法是关于犯罪和刑法的法律规范的总称,这是没问题的。但是随着刑法的进化发展,特别是随着刑事责任研究的深入,如果我们还把刑法界定为犯罪和刑法,那就不是那么合理了。在现代,我认为将刑法界定为犯罪及其法律后果,这可能是相对合理一些。只有这样才能够较好地契合前面所讲的现代刑法的正当性根据,它包括社会危险性、人身危险性和刑法的时代精神。也就是说，刑法中刑事责任的实现方式不仅仅包括刑法处罚，还包括非刑法处罚，也包括单纯宣告有罪等内容。这是一个正当性根据进化带来的发展变化，我梳理这些概念主要是为后面梳理量刑相关概念的变化作为基础。

第二个变化是量刑概念的变化。通说一般认为量刑是刑罚的裁量。但是这里面有一个悖论是，如果说是界定为刑罚的裁量，那如何对应刚才我们所讲的刑法的概念即刑法是关于犯罪和刑事责任的法律，或者说是量刑与定罪如何能够对应，我想作有利于这个问题解决的理解。如果把量刑界定为是刑罚的裁量，那么刑法的裁量理论是包括给予刑罚处罚，也包括给予非刑罚处罚，给不给予刑罚处罚这是原有理论能够解释过去的。但是，还有一个问题解释不清，就是非刑罚的裁量是无法解释到给予刑罚处罚和不给予刑罚处罚中来。从这个角度而言，如果要体现现代刑法的理念，那么即使刑法规定了犯罪但并不一定要给予刑罚处罚，可能还要给予非刑罚处罚和单纯宣告有罪。非刑罚处罚代表着刑罚的轻缓化或者非刑罚化的这么一个时代精神。从这种角度来看，如果说把量刑界定为刑罚的裁量，可能与刑法的现代化的精神是不相吻合的。基于前面我们分析的刑法正当性根据的进化，我们可不可以把量刑做这么一个界定：它是在定罪的基础上的刑事责任大小及其实现方式裁量。在定罪的基础上，实际也涉及到刑事责任，它不仅仅是量刑方面的，也不仅仅是定罪方面的，也就是说定罪就是实现刑事责任的方式。在定罪以外，也要裁量刑事责任的大小及其实现方式，这也是实现刑事责任。刑事责任实际上既关涉定罪，也关涉量刑，它是犯罪的法律后果。所以，从这么一个界定上是不是相对更好一些？

第三个变化是量刑根据变化，它有两点变化。第一点变化是量刑的根据并非只是行为和行为人，既不要仅仅基于行为，也不要仅仅基于行为。我认为，在案件事实中，除了定罪事实的以外，其他所有反映刑事责任大小的事实，都可以是量刑的根据，既包括行为事实，又包括行为人事实，还包括其他法律特别规定的事实。我国《刑法》第六十一条其实是对行为事实作了明确规定，"……决定刑罚的时候，应当根据犯罪的事实、犯罪的性质、情节和对于社会的危害程度……"，我把它简化为是基于犯罪行为的性质情节和其他社会危害程度，这是一个反映社会危害性大小的行为事实。除此以外，还有反映人身危险性大小的行为人事实，它包括事中的

第十六讲 量刑制度构建的现代化与本土化

表现诸如与犯罪行为相关的一些反映刑事责任大小的事实，还包括事前的表现诸如平时表现、前科、累犯；也包括事后的表现诸如自首、坦白、立功、积极挽回损失，等等。除此之外，还有反映刑法时代精神的法定事实。为什么强调法定两个字？因为，基于人性关怀等时代精神对量刑的影响必须由法律明确规定。比如说刑期折抵，还有未成年人犯罪应当从轻、减轻处罚，以及老年人犯罪不适用死刑的这一些特殊规定，都是基于刑法的人权保障、人性关怀等时代精神依法作出的特别规定。也就是，如果立法没有规定这些情节便不能适用，这些情节一定是法定情节或者制度，它不存在酌定量刑情节的问题。以上三种情节实际上对应了《刑法》第六十一条的规定。反映社会危害性大小的行为事实来自《刑法》第六十一条前面的规定，而反映人身危险性的行为人事实和反映刑法时代精神的法定事实是来自《刑法》第六十一条后面的"依照本法的有关规定判处"。当然，"依照本法的有关规定判处"不光涉及到这两种量刑情节的根据，它还包括量刑所涉及到的其他所有方面，包括刑法分则的法定刑规定，还有刑法总则其他量刑制度规定，以及刑法的基本原则规定等等内容。这就是量刑根据的第一个变化，量刑根据并非只是行为事实和行为人事实，它还可能包括其法律规定的特别事实，这新并合主义的体现，无法被传统的并合主义所包容。第二点变化是量刑根据并非只是责任刑和预防刑事实，这是学界讨论的比较多的量刑问题。责任刑和预防刑来自大陆法系，是刑事古典学派和刑事近代学派发展过程中带来的理论，实际上它是刑法进化发展史上某一个阶段出现的理论和规范层面的事实。我们对此来考察一下，以此证明量刑根据并非只是责任刑和预防刑事实。如果这种假设成立的话，很多借鉴这些理论的改革可能就需要进一步思考了。按照学界的解释，责任刑就是报应刑，是基于人的责任报应，包括犯罪行为社会危害性和一般预防；预防刑就是目的刑，是实现个人素质和社会环境的特殊预防。预防刑一般涉及人身危险性，但是不排除某些方面的社会危害性。因为影响犯罪预防的也可能是犯罪过程中与犯罪行为相关的社会危害性大小方面的事实，所以我们并不能简单地把责任刑的根据等同社会危害性、把预防刑的根据等同于人身危险性。在这里，我想得出三点结论，第一点结论是刑法现代化的量刑根据既非仅仅是责任刑方面的事实，也非责任刑和预防刑方面的事实，而是包括责任刑事实、预防刑事实和其他特别法律事实。所以，责任刑方面的事实和预防刑方面的事实无法全面解释我们现在的量刑根据。第二点结论是裁处预防刑的事实，不仅仅是关于人身危险性方面的特殊预防事实，还可能涉及社会危害性。威慑社会上的潜在的犯罪人和培养一般人的规范意识方面的一般预防事实，实际上是归属于责任刑事实。第三点结论是基于现代化量刑根据的量刑，并非只是作出责任刑和预防刑，而是基于刑法依法规定的，以法定刑幅度为起点，分别做出处断刑、宣告刑和执行刑的这样一个过程。这里的法定性幅度，它是定罪确定的。定罪不是为了定罪而定罪，而是为量刑确定法定刑幅度，这个问题后面会讲到。在以法定刑幅度为起点以后，首先是根据相应的量刑情节诸如减轻处罚、免除处罚情节作出处断刑，其次是根据从轻、从重的处罚情节作出宣告刑；最后要根据数罪并罚、刑期折抵、缓刑等制度作出执行刑。这几个概念不是我创造的，早期的一些刑法理论里面已经做了很充分的论证。

在这里，我想对德国刑法做一个量刑根据的简单分析，因为在讨论我国的量刑根据时，大家往往要拿德国《刑法》第四十六条来说。德国《刑法》第四十六条第一款是关于责任刑和预防刑裁处的规定，并无问题。第二款是预防刑如何裁量以及裁量因素的问题。第三款是关于定罪事实与量刑事实的区分，即法定犯罪构成是用于定罪的，这是为了体现禁止重复评价原则。但是并非犯罪构成方面的事在量刑上绝对不予考虑。那什么情况下可以考虑？有的犯罪事实方面，例如盗窃5000元，它表明达到了数额较大的标准，但用在定罪时又发现它超过了数额较大的标准，假设超出了2000元的数额，那它就具有更大的社会危害性，如果又把它作为量刑因素来评价的话，我不认为这是重复评价。这里得出的结论是德国刑法关于的量刑根据的规定，虽然较为完备合理，但是它对接的是德国刑法的其他一系列规定，无法对接我国刑法的规定诸如审判时怀孕的妇女不适用死刑，等等。所以，如果简单地套用德国刑法，无法解决我们的困境。虽然我刚才解读说责任刑该是怎么样，我认为这个说法是合理的，但是合理的说法不是根据刑法的这一句规定即犯罪人的责任是量刑的基础。基础并不意味着就必须是下限。因此，责任刑只是量刑的基础，并不是量刑的上限。这只是意味着量刑要考虑报应，但并不能说一定是要在责任刑上限之下判处刑罚。从理论上来看，量刑应当在责任刑的下限之下判处。为什么呢？我认为这是罪刑法定的人权保障机能所要求和体现的。

第十六讲 量刑制度构建的现代化与本土化

下面我们谈谈第四个变化，就是定罪与量刑关系的变化。关于定罪量刑的关系，通说都认为定罪是量刑的基础和前提，这个理解是没问题的。但是，基于量刑正当化根据进化的角度，我认为有三点值得讨论。第一，定罪不是为了定罪而定罪，理论上已经有了较为充分的说法，那我就不展开了。第二，定罪不是抽象和空洞地为量刑提供基础和前提。这是什么意思？定罪是量刑的基础和前提，那定罪怎么成为量刑的基础和前提？我们说要先定罪，没有定罪就没有量刑，这句话好像是抽象的、也是空洞的，它具体指的是什么？我认为定罪是具体地为量刑确定作为起始标准的量刑基准，也就是定罪为量刑确定和其所对应的法定刑幅度。例如，《刑法》第二百三十四条的故意伤害罪分为基本犯、加重犯和第二档加重犯，即一个基本犯和两大加重犯，理论上大家把这两种加重犯叫做量刑规则或者量刑情节。但是这里有个悖论，如果说是重伤是量刑情节，那么不就是加重量刑情节吗？而我国1997年为了贯彻罪刑法定原则，已经坚决废止加重量刑情节。也就是说现行刑法中是不存在这种处罚的加重量刑情节的。其实，这种规定不是量刑情节，而是犯罪形态，是情节加重犯或结果加重犯的犯罪形态。我们把犯罪分类分成基本犯、加重犯和减轻犯，它们分别对应着普通的犯罪构成、加重的犯罪构成和减轻的犯罪构成，都是对应的犯罪构成。也就是说，这里的重伤，它是犯罪构成的要件要素，而不是量刑情节。定罪和量刑的关系在这里就体现出来了。例如，对于故意造成他人轻伤，定罪就不能简单地定性为故意伤害罪，而是要定定性为故意伤害罪的基本犯，这时定罪就相应确定了一个法定刑幅度即三年以下有期徒刑、拘役或者管制。在相应确定这么一个量刑的法定刑幅度之后，量刑就从法定刑幅度开始。也就是说，定罪为量刑选定了法定刑幅度，量刑就以此为起点（我称之为"量刑基准"）。又如，交通肇事造成了重伤，定罪就要定性为加重犯，这时候定罪就为量刑相应确定了处三年以上十年以下有期徒刑这一法定刑幅度。还如，故意伤害致人死亡或者以特别残忍手段致人重伤造成严重残疾的，这是第二档加重犯，这时定罪就要定性到第二档加重犯上，定罪就为量刑选定了处十年以上有期徒刑、无期徒刑或者死刑这一法定刑幅度。也就是说，定罪不是为了定罪而定罪，它实际上是为量刑来选定或者确定相应的法定刑幅度，所以定罪不能就简单地定了罪名，而是要定性到基本犯、加重犯、减轻犯上。以故意杀人罪为例，它有基本犯和减轻犯，定性到基本犯或者减轻犯这是量刑的开始。所以，加重犯、减刑犯不是量刑规则，也不是量刑情节，它就是一个犯罪形态。这些加重犯、减轻犯所对应的法定刑幅度，就是我们讲的量刑基准，量刑就是从这开始。第三，在定罪量刑的关系上，实际上定罪和量刑分别是以行为和行为人为裁处对象的，也就是说定罪的对象是犯罪行为，量刑的对象是犯罪人。另外，定罪依据的是犯罪构成事实，而量刑依据的是所有涉及到事前、事中、事后的量刑事实。它们的目标不同，定罪是为量刑提供基础和前提，具体是为量刑确定作为量刑起点的基础标准性质的量刑基准；量刑是为行刑提供的依据，同时也实现刑法的其他一些目标功能。在这种情况下，我们曾经争论的行为刑法和行为人刑法、行为主义和行为人主义，其实都只是一个片面的视角。从量刑的正当性根据来看，就定罪而言其对象指的行为，而就量刑而言其对象是行为人。上述的理解会对我们的定罪和量刑带来很重要的影响。

接下来，我针对前面的梳理，简单来给大家分享一下，基于前面所讲的这些观点，我们的量刑制度该如何构建。我梳理了四个方面的内容。

第一，量刑基准制度。我认为，中国式的量刑基准，只能是立法设置和定罪选定的法定刑幅度本身。例如，故意伤害罪的三年以下有期徒刑、拘役或者管制和三年以上十年以下有期徒刑，以及十年以上有期徒刑、无期徒刑和死刑。由于法定刑幅度太大，现在的量刑规范化改革通过量刑指导意见把法定刑幅度细化了，那么细化的根据在哪？从法律适用的角度来看，包括法定刑在内的刑法中任何一个规定都是针对基础性的犯罪构成事实进行配置。如果仅仅只根据一个事实就将法定刑幅度进行分割，那根据何在？法定刑幅度作为一个体系化的内容，一旦将其分割，那它如何和与之配套的整个法律体系相适应？现在对法定刑幅度进行人为的第二次分割，我认为这是一种司法造法。从定罪量刑的关系以及法律适用的特质来看，法定刑幅度是不能细分的。有人说域外有量刑指南，我们的量刑规范化改革是借鉴域外量刑指南的。但是域外的量刑指南主要是存在于判例法的国家，它解决的是成文法无法定刑这一问题。此外，有人说到点的理论和幅的理论，但这是用于处理责任刑和预防刑的关系，即二者究竟谁为优先问题，而且这还决定了作为量刑基准的法定刑是一个点还是一个幅度的问题。我认为，点和幅的理论的意义主要在立法设置上，如果我们要在司

第十六讲　量刑制度构建的现代化与本土化

法上依据其形成一个所谓的量刑基准法，这是行不通的。大家可能关注到，无论是德国还是日本至今都没有做到，仅仅在理论上探讨了点和幅的理论。为什么做不到？因为将法定刑幅度进行人为的分割是不符合规律的。那么中国式的量刑基准怎么适用？我认为，还是需要根据案件的量刑事实，根据法律，基于法官的量刑裁定权以及法官的法律知识、其他相关知识、良知和经验，依照刑法关于量刑原则、量刑制度、量刑情节的所有规定在法定刑幅度以内或者之下来确定。我认为，量刑是"法定刑——处断刑——宣告刑——执行刑"这样一个裁定过程，这些内容的确定分别是由定罪来确定，通过法定、酌定减轻处罚量刑情节来确定，通过法定、酌定从重、从轻处罚情节来确定，通过法定的量刑制度等来确定。有人说量刑幅度太大，给法官的自由裁量权太大，但如果不相信法官，任何制度的实施都是困难的。如果说法定刑幅度太大要进一步细化，那为什么不在立法中将其设置地更为细化，而是直接按照量刑指导意见将其分割得更细。另外，世界各国的法定刑幅度都大，为什么世界各国都不通过立法去解决？这表明，法定刑幅度的设置，要考虑到相应犯罪的一系列情况。所以，我们还是要根据事实和法律的规定，根据法官的自由裁量权，在法定刑幅度内确定量刑。从我在法院挂职和参与量刑规范化改革的经历来看，我认为，所谓的量刑起点即量刑基准点在哪里合适，资深的法官是能够根据其经验和理解确定的。

第二，认罪认罚从宽制度的定位。它不是辩诉交易制度的中国化，它是基于中国的一系列制度进行设置的。在这里面我有一个观点，这可能跟当前的司法改革和理论上的观点不一样。大家认为认罪认罚从宽制度意味着中国的司法开始走向了协商性司法，我认为中国的政治制度和罪刑相适应的正义立场决定了我们不可以公法私法化，不可以有协商性司法。认罪认罚从宽处罚一定要符合罪刑相适应，一定要有刑法上的正当性根据。这在北京的余金平交通肇事案中有所体现。我认为，虽然二审判决可能不是很合理，但总体上还是基于罪责刑相适应原则；而检察机关提出的量刑建议是基于协商性司法的认罪认罚从宽制度，检察机关认为其和行为人已经协商好了，那么法院就要遵循。当然，这不是法检的分歧，而是立法设置上的分歧，立法没有对接好实体规范，没有注意实体上的一些要求，没有注意到我们政治制度的要求。所以，推行认罪认罚从宽制度改革，首先要把它的顶层设计梳理清楚。它的顶层设计是什么？可能不是仅仅为了提高诉讼效率、节省司法资源。如果它是简易程序或者速裁程序，那其改革完全不需要通过中央深化改革小组以及中共中央全面依法治国的决定来推动，也不需要通过全国人大的推动便可完成。如果把它作为一个酌定从宽处罚的情节，或依照《刑诉法》第十五条将它作为一个法定从宽处罚的情节，这也不需要中央深化改革小组来推动。这项制度是由中央深化改革小组来推动的，它的顶层设计肯定是比较高远的。除了要提高诉讼效率、节省司法资源以外，我认为更主要的是为实现两个一百年奋斗目标以及中国梦的实现提供一个和谐稳定的社会环境，为了减少社会矛盾，为了减轻短期自由刑带来的一系列弊端以使得犯罪人更好地回归社会。那么，我们到底该怎么从宽？我认为，基于以上的这些顶层设计，立足于现行刑法或者修改现行刑法，做一些激励性的从宽。这种激励性的从宽并不是小范围内的小打小闹，而是围绕更好地贯彻宽严相济的刑事政策去展开。这是第二个构建要点。此外，我还想讲一下企业的刑事合规，其实企业的刑事合规与认罪认罚从宽制度的很多机理是相同的。企业的刑事合规说到底就是单位的认罪认罚从宽制度。我就不专门谈这个问题了。

第三，量刑建议制度，它在量刑规范化改革和认罪认罚从宽制度中都是一个非常受关注的制度。量刑建议制度的构建还是要基于刚才讲到的对认罪认罚从宽制度的一系列理解。其中，有一个重要问题是中国式的量刑建议。我认为，量刑建议只是求刑权和法律监督权的要求和体现，它不是审判权，也不是一个终极的裁定权。这就涉及到国家刑罚权的运行形态，包括制刑权、求刑权、量刑权和行刑权，显然量刑建议是求刑权的体现。除了求刑权以外，量刑建议还涉及到包括法律监督权在内的检察权，它实际上是法律监督权的要求和体现。所以，作为建议的量刑建议，无论是确定刑还是幅度刑，都只是在行使求刑权和法律监督权，而不是在行使审判权。这就涉及到我们如何去认识和对待量刑建议的问题，对此我就不展开了。基于前面所讲的量刑现代化与本土化的正当性根据，我认为，其一，中国式的量刑建议还是应该分阶段提出并在起诉阶段与起诉书一起移送，它应该只是个意见，因为这时候并没有经过庭审对量刑的量刑证据和事实进行质证；其二，被告人在量刑时候的悔罪表现是能影响量刑的；其三，公诉机关的审查起诉所依据的量刑根据是不全面的，实际上量刑根据不仅

第十六讲 量刑制度构建的现代化与本土化

包括法定的，也有酌定的，而且量刑的正当性根据可能是在审判阶段形成的，所以，量刑情节对量刑影响的轻重大小还是需要控辩双方在庭审中或者通过交流确定其背后所反映出来的社会危害性和人身危险性从而决定刑事责任的大小。所以，检察官坐在办公室提出量刑建议，这是一种行政性的做法，它不是司法性确定。我认为在量刑建议只是个意见，给辩护以及后面的审判活动开展提供参考，而正式的建议则是在发表公诉词阶段，这时庭审程序快要结束了，公诉人对整个量刑的判断和把握就更高了。

第四，量刑辩护制度。我认为几乎所有的案件都可以找到从宽量刑的空间。我以前也做过刑事辩护，在法院挂职的时候我也会特别观察律师的辩护。实际上律师的辩护好像都是只在强调公诉人说的每一个问题都是错的、都是不成立的。我认为刑事辩护还是为法官和检察官提供把事实讨论得更清楚、把法律理解得更准确这样一个智慧支持。我们如何基于事实实事求是地去提供一些有价值的东西，这其中就涉及到如何基于我们今天讲到的量刑的正当性根据的一系列事实，它们都会影响量刑，我们需要基于这些理解去进行量刑辩护。我顺便提一下无罪辩护，因为刑事诉讼起诉标准要求比较高、比较严，我们国家无罪辩护成功的案例虽然有，但是总体上不多。如果说什么辩护都从无罪辩护开始，动不动就说成无罪，那这个辩护肯定是不成功的。我曾经在重庆第一中级人民法院挂职的时候发现，其实很多案件完全可以判处稍微轻些的判决，但是律师只是作无罪辩护，只是说程序有问题，而最后都没有提出来有价值的量刑情节。我不主张围绕程序之辩、证据之辩、实体之辩等内容进行面面俱到的辩护。实际上公诉方是守方，他要对各个方面的内容都清楚，才能够指控是有罪，但是我们的辩护是攻方，只要攻破公诉的一个点，辩护就成功了。所以，如果只找这么一个成立的点将其证成，那么这个案件可能是更有利于辩护成功的。下面就是量刑的根据。一般来说侦查机关会收集法定量刑情节，公诉机关公诉时也会提出法定量刑情节，但是从量刑根据来看，量刑情节不仅仅是法定情节，还有酌定量刑情节。需要特别注意的是，酌定量刑情节并不是可有可无的。另外，酌定量刑情节和法定量刑情节区别的依据不是有无法律根据，而是法律规定什么内容。法定量刑情节是指法律对量刑情节的内容和功能都作出了明确规定，例如未满18周岁的未成年人犯罪应当从轻或者减轻处罚，前面是内容，后面是功能。而酌定量刑情节是指法律虽然没有明确规定,但是根据社会危害性和人身危险性,可以或者应当从轻、减轻、从重处罚甚至免除处罚。所以,不管法律有没有明确规定,要结合相应事实所反映的社会危害性和人身危险性的大小,从中找到量刑情节。有的律师可能说现在没有法律规定,没有司法解释规定,法官和检察官还是不认,事实上量刑指导意见里面的18个量刑情节有一大半都是酌定的。以许霆案为例,许霆案发回重审的判决中的量刑情节都不是法定的,也不是量刑指导意见所列举的,但是这个判决就用了,我认为这个判决是合理的,是把所有的相应规定都融进来了,案发具有一定的偶然性以及许霆犯罪的主观恶性不是很大这两个量刑情节全部是酌定量刑情节。所以,量刑情节是可以寻找的。有人说这会不会有风险?只要基于事实和法律,不故意违背事实和法律,我认为是没有风险。而且有些量刑情节是需要寻找的,例如让当事人认罪,让你当事人在羁押中好好表现,让当事人积极赔偿被害人损失,这些怎么会有风险?这是我要今天晚上要讲的内容,梅教授我就讲这么多,谢谢大家。

梅传强教授:谢谢经海教授精彩的报告。经海教授从量刑制度建构的现代化与本土化在理论、司法、辩护、改革、引进等方面面临的问题出发,从逻辑前提、进化影响、应用思考等三个方面论述了如何实现量刑制度的现代化与本土化,视野开阔,内容丰富,很有启发。下面我们进入到与谈环节,首先请第一位与谈嘉宾彭新林教授作与谈,有请彭新林教授。

彭新林教授[*]:谢谢梅教授。首先,还是感谢主办单位西南政法大学刑法学科及石教授的邀请,给我提供了一个难得的学习机会。大家都知道北京疫情肆虐,我其实前天已经阳性了,今天正好第三天,是高烧最厉害的时候,但是我刚才坚持听下来了,我感觉症状有所缓解。可能就是说摸索出来一个对抗新冠的办法,除了吃药之外一定要乐观,要多吃精神食粮。刚才石教授的讲座,立足刑法治理的现代化和本土化的目标以及量刑制度构建现代化和本土化面临的问题及主要症结的基础上,聚焦刑法正当

---

[*] 彭新林,法学博士,北京师范大学刑事法律科学研究院教授、博士生导师。兼任中国刑事诉讼法学研究会、中国廉政法制研究会、中国案例法学研究会、中国法学会董必武法学思想研究会、中国行为法学会、中国刑事执行法学研究会、北京市法学会理事,北京企业法律风险防控研究会负责人等职。担任《刑事法判解研究》主编。主持国家社科基金项目等省部级以上课题10余项,出版专著7部,发表论文140余篇。

第十六讲 量刑制度构建的现代化与本土化

性根据的进化、刑法正当性根据进化带来的相应制度之变化、刑法现代化与本土化下量刑制度构建要点三个问题，做了一场非常精彩的讲座，不但主题鲜明、条理清晰、内容丰富、干货满满，而且兼具思想的高度、理论的深度和实践的厚度，不失为是一场量刑领域的精神大餐和思想盛宴，让人受益匪浅，对我们准确把握量刑制度构建的现代化和本土化之科学内涵，深化对量刑制度构建的现代化和本土化面临的挑战、未来的方向以及对于前沿问题的认识很有帮助。下面我将结合所听到的讲座内容谈点学习体会。

本次讲座的主题即量刑制度构建的现代化和本土化非常重要，该主题其实有两个核心范畴，第一个范畴是量刑制度，第二个范畴是现代化与本土化。关于第一个范畴即量刑制度，日本学者曾根威彦早就说过，量刑问题是刑法理论的缩图，其实刑法理论在不同程度和方式上都与量刑问题有关，加强量刑相关问题的研究对于完善刑法理论具有重要意义。而且，实践中一直都存在"重定罪轻量刑"的问题，但是量刑的重要性以及对被告人权益的影响，一点都不比定罪小，甚至更大。尤其是在当下，我们的刑事犯罪结构发生了明显变化，轻微犯罪的比率基本在80%以上，司法实践中认罪认罚从宽制度常态化适用，其适用率已经稳定保持在85%以上。在这种新形势下，量刑的重要性更加凸显。关于认罪认罚从宽制度，无论是检方与辩方开展的量刑协商，还是检察院提出的量刑建议，归根结底都是聚焦量刑。认罪认罚从宽制度适用的核心环节就是量刑建议。而且，除了法定情形之外，人民法院一般应当采纳检察院提出的量刑建议。所以，在这种背景下关注量刑制度问题，关注量刑制度的构建问题，应当说是因势而谋，顺势而为，应势而动。关于第二个范畴即现代化与本土化。刚才贾老师也提到了此范畴，我非常认可。我认为现代化与本土化有两个层次的问题。第一个层次的问题是量刑制度构建的现代化与本土化之间的关系，到底是并列关系还是有机融合关系？现代化一般是指在人类进入工业文明之后，一个国家的经济、政治、社会、国家治理理念在科技的推动和引领下，由低级形态向高级形态演变的过程。那么，量刑制度构建的现代化，也应当是在科技的推动和引领下，由低级形态向高级形态演变的过程，它应当有助于提升量刑的精准性、公正性、科学性。本土化主要是指立足中国本土，构建一个符合中国国情、具有中国特色和中国风格的量刑制度。

量刑制度构建现代化与本土化，就是量刑制度构建的中国式现代化，是刑法治理的中国式现代化在量刑领域的具体贯彻和体现。第二个层次的问题，就是如何在量刑制度构建中，既体现现代化又体现本土化，也就是说怎么来构建中国式现代化的量刑制度。刚才石教授在讲座中分别从量刑基准制度、量刑建议制度、量刑辩护制度、认罪认罚制度等多个方面阐述了刑法现代化与本土化背景下的量刑制度构建要点，令人耳目一新，很受启发。我自己也有兼职律师资格，每年也办一两起非常大的职务犯罪案件，感受比较深刻。以量刑辩护制度为例，很多律师采取骑墙式辩护，做出两种不同但存在紧密关联的辩护策略。从类型化的角度来讲，骑墙式辩护有两种情况，第一种是辩护人对刑事案件的定罪部分做无罪辩护，而在量刑部分又发表罪轻辩护的意见；第二种是让被告人认罪认罚，而辩护律师进行无罪辩护。在我国目前无罪判决率极低的情况下，如果律师做无罪辩护时不对可能存在的有利于被告人的量刑情节发表意见，会导致法院作出有罪判决时忽略掉一些对被告人有利的量刑情节，不利于维护被告人合法权益。基于这种现状，我国法律制度设计允许骑墙式辩护的存在。而且随着近年来量刑规范化的改革，法院对定罪量刑分别审查，这种辩护方式慢慢地被审判实践所接受。骑墙式辩护模式的出现，实际上是量刑辩护制度现代化和本土化的重要体现。

　　石教授的讲座从刑法正当性根据进化的角度来把握量刑制度构建的现代化和本土化，抓住了量刑制度构建问题的实质和核心。恩格斯曾有一句名言：一个民族想要站在科学的最高峰，就一刻也不能没有理论思维。石教授将刑法正当性根据的进化归纳为了几个阶段。无论是哪一个阶段的进化，无一不是从理论和原则出发，并继而开创新局面的典型范例。当刑事法制建设面临历史性机遇时，能否顺利实现制度跨越根本上取决于原则与理论的成熟程度，取决于对正当性根据的准确把握程度。石教授的讲座透过表现分析本质，抓住了本质并解决了问题，在量刑领域或者说在刑事诉讼的这一关键环节，高扬刑法正当性根据进化的这一大旗，超越量刑实践与量刑理论之间的单向递进线性关系，更多的是从事物的普遍规律和基本原则出发，从正当性根据本身出发，科学地把握量刑制度现代化构建中现代化与本土化的辩证关系，既有深厚的理论底蕴，能够发挥科学理论与量刑实践的指导作用，又有非常强的现实观照，把研究和解决问题作为出发

第十六讲　量刑制度构建的现代化与本土化

点、落脚点。在量刑制度的构建领域，无论是对西方发达国家法治经验的顶礼膜拜、简单照搬照抄，还是持抱残守缺、得过且过，这两种做法最终都必然为时代所抛弃。正当性根据其实是一切制度构建的基础。跳出这种要么崇洋媚外要么抱残守缺的循环，除了提高认识事物普遍规律的能力之外，别无他路。从正当性根据进化的角度出发，来把握量刑制度，构建现代化与本土化的关系，可以说是整个量刑制度改革良性循环的一个起点。石教授的讲座，立足刑法正当性根本的进化及其带来的相应制度的变化，分享了量刑根据现代化与本土化的构建要点，为我们提供了最新的一些创新思考，观点独到，引人入胜。石教授在讲座中突出重点，主要是讲了刑法正当性根据进化背景下量刑制度构建的现代化与本土化，为我们提供了很好的范例。特别是在讲座中提到的，把人文关怀、人权保障、轻缓化等刑法的时代精神作为当下新并合主义的量刑正当性根据之一，这个观点是一个将量刑的基本原理同中国具体实际和法治实践相结合而提出的重大创新观点。除了量刑制度的构建之外，量刑理念领域、量刑方法领域是否也存在一个怎么去把握正当性、把握现代化和本土化的问题？比如说，在量刑公正理念方面，量刑公正对提高司法公信力，对整个刑事审判非常重要。两高关于常见犯罪的量刑指导意见第一条开宗明义指出，为了进一步规范量刑活动，增强量刑公开性，实现量刑公正。所以，如何实现量刑公正的理念？量刑一般化与量刑个别化如何有机统一起来，更好地实行量刑公正？量刑公正理念与量刑理念的现代化与本土化是什么关系？这些都是值得我们思考的问题。再比如说，关于量刑的基本方法，我们以前采取的是估堆式量刑，现在的量刑规范化改革强调量刑应当以定性分析为主、定量分析为辅，以此来确定量刑起点及宣告刑。从估堆式量刑到规范量刑本身就是一种进步，是一个现代化的过程。在刑法正当性根据进化的背景下，量刑规范化改革未来将路向何方？在规范量刑方法制度设计中，我们如何更好地实现兼顾社会危害性、人身危险性和刑法时代精神？而且在我看来，这三个正当性根据不可以等量齐观，社会危害性应当是主要根据，人身危险性和刑法时代精神只能是次要根据。换言之，这三个根据有位阶关系。在未来的量刑规范化改革中如何体现这些内容？如何真正做到实质上的量刑公正？这是需要思考的问题。解决问题固然重要，但是很大程度上提出问题可能比解决问题更加重要。石教授今天的讲座，确实是给我们带来了丰盛的学术大餐,既解决了问题,比如说对刑法现代化与本土化背景下的量刑制度构建要点提出了一揽子的解决方案,同时也提出了不少值得学界深入思考的问题,并且指明了解决方向,即在刑法正当性根据进化的基础之上,推进量刑领域相关制度改革的现代化与本土化。因为时间关系,我就讲这么多。我很有收获,谢谢梅教授,谢谢石教授,也谢谢贾老师,谢谢各位同仁。

梅传强教授:谢谢彭新林教授。彭新林教授是带病参加,注意保重身体。下面我们请刘静坤教授作与谈。

刘静坤教授[*]:梅教授好。尊敬的贾宇会长,尊敬的石经海教授,今天很荣幸能够听到各位专家针对这样一个重要的主题进行分享。贾宇会长的开场致辞中就提到了,在很大程度上中国的法学研究,特别是刑法学的研究,如何统筹兼顾好现代化和本土化是一个重要的理论问题和实践问题。刚才石经海教授系统地梳理了中国这些年来刑法发展演进的历程,探寻了刑法的理论依据,并结合他参与量刑规范化改革的实践,谈了对量刑制度的重要看法,我觉得其中不乏真知灼见,还是很有启发的。我主要想结合我自身参与量刑规范化改革的一些切身体会,以及回到高校之后从事学术研究的心得,谈三个方面的学习体会。

第一,关于包括量刑制度在内的刑罚制度之理论基础,石经海教授是从刑法或者刑罚的正当性依据出发探索的。我想结合刚才贾宇会长所谈的实践方面的关怀,就是一方面我们要建立有中国特色的刑法理论,另一方面也要观照刑法实践的具体要求。所谓刑法实践的具体要求,最主要的就是如何更好地兼顾刑事司法实践的政治效果、法律效果和社会效果。我想,不妨结合这两个方面,从以下三个维度去探寻一下刑法,包括刑罚制度的理论基础。总体上讲,刑罚制度是整个国家治理体系的重要组成部分,其所要解决的问题是如何更好地规范国家刑罚权的行使,如何通过刑法的公正适用以实现良好的国家治理。中国传统治理的特色之一便是以刑

---

[*] 刘静坤,法学博士,中国政法大学教授。曾任最高人民法院刑三庭法官,曾挂职云南省公安厅厅长助理,并为量刑规范化改革、推进以审判为中心的诉讼制度改革、严格实行非法证据排除规则改革等中央司法改革项目主要成员。出版 The Exclusionary Rule of Illegal Evidence In China、《刑事程序的权利逻辑》《证据审查规则与分析方法》《公正何以难行》《犯罪心理学》《犯罪重建》《司法错误论》等著作、译著十余部,发表文章百余篇。

第十六讲 量刑制度构建的现代化与本土化

法为基础的国家治理,所以,刑罚权的规范公正适用,在国家治理体系中具有不容忽视的重要作用。在现代背景之下,探寻刑罚正当性的理论基础,可以从以下三个方面切入。第一个方面是国家的刑事政策,这些年来我们一直强调宽严相济的刑事政策,这是我们国家刑法治理的一个总的基调,实际上它也体现为石经海教授所讲的刑法的时代精神,即国家在特定的历史时期,究竟实行什么样的刑事政策,包括刑事司法政策,在很大程度上决定了刑事立法、执法和司法的实践。因此,我们有必要明确国家的基本的刑事政策的导向。第二个方面,是聚焦刑法的本质,就像刚才彭新林教授所讲的,在社会危害性、人身危险性和刑法时代精神之间确实存在一定的位阶关系。回到刑法体系本身,我们更关注的是要通过刑罚权的运用来实现社会秩序维护这样一个目标。从总体上讲,刑法的治理是主权国家为了维护国家秩序所采用的一种治理的工具。所以,为了通过刑罚权的行使来实现更好的社会秩序维护,我们首要的就是要兼顾刑罚权运行的政治效果和法律效果。第三个方面,是关注个体在国家治理体系中的主体地位。实际上,在传统的刑法理论中也强调行为人的重要影响,包括人身危险性应当如何评价及其对刑罚适用的具体影响。刑法一方面要注重社会秩序维护,这是从国家本位出发的一种具体要求,也要注意对个体的主体地位的尊重,以促使犯罪人更好地回归社会。从这个角度出发,有必要更好地统筹法律效果与社会效果。综合这三个方面的维度,我们可以看到,刑罚权的行使需要贯彻总体上国家的刑事政策,同时需要立足刑法的本质,处理好政治效果和法律效果的关系,还要综合考虑个体在国家治理中的主体地位,体现法律效果和社会效果。这样充分考虑之下,能够比较好地实现国家的政策、刑法本质和个人主体地位的有机统一,更好地体现政治效果、法律效果和社会效果的有机统一。这是对于理论问题的一点反思。

第二,我想谈一下,到了今天这个阶段,之前我们反复强调的量刑规范化改革究竟该何去何从?除了石经海教授系统分析的量刑规划改革的要点之外,刚才彭新林教授也提到了,量刑规划改革在很大程度上是对传统量刑实践的一种反思,也就是估堆式的经验性量刑存在一定的不足之处,导致社会公众对量刑的公正性产生了一定的怀疑。所以,量刑规范化改革就从对传统的司法实践中反思提出了相应的应对方案,实际上它也体现出刑事一体化的这样一个重要的命题。量刑规范改革一方面是从实体层面进一步地规范量刑的步骤和方法，另一方面是从程序层面进一步地优化完善量刑程序。这从刑法特别是刑事实体上的角度讲，有必要进一步地锤炼量刑方法。因为，实践中量刑规范化改革所强调的定性分析为主、辅以定量分析这样一个量刑方法，还有进一步优化完善的空间，而且这样一个量刑方法在刑法法典之中如何加以体现，还需要进一步地加以明确。同时，石经海教授也强调了一些基本概念的混乱，在很大程度上不仅导致理论界没有能够澄清刑法的一些基本理论问题，而且导致刑事司法实践也可能存在一定的模糊之处。突出的一个体现就是关于犯罪构成事实和量刑事实的甄别问题。在某种程度上讲，犯罪构成事实是定性分析的基础，法官要基于犯罪构成事实来确定整个案件的基本属性，以确定相应的罪名，选择特定的法定刑幅度，同时在此基础之上再结合相关的量刑事实，最终确定相应的裁量刑罚。回归刑法的本质，我们就会发现，如果将量刑作为刑罚权适用的最终依归的话，那毫无疑问犯罪构成事实本身也是很重要的量刑事实，直接决定了具体适用的罪名和需要选择的法定刑幅度，这提醒我们对传统的犯罪构成事实和量刑事实的概念有必要重新加以审视。所以，如何更好地去整合引进的学术概念，同时对传统的法学概念之含义加以精密化分析，还需要进一步的研究。这是我从量刑规划改革的维度提了一点不成熟的看法。

　　第三，我想谈一谈当前认罪认罚从宽制度它所可能衍生的一些相关的问题。刚才石经海教授专门提到说认罪认罚并不是辩诉交易的中国化，同时也提到了认罪认罚并不意味着刑法的司法化或者是要肯定协商性司法的制度空间。关于认罪认罚从宽制度，理论界和实务界存在不同的认识，既有支持者，也有质疑的声音。这一项全新的制度探索，如果需要整合刑事一体化的基本理念，就既要关注到它的刑法支撑，也要关注到它与传统刑事程序的衔接。我觉得有三个方面的问题值得进一步研究。其一，认罪认罚从宽制度在一定程度上建立起了一种参与式的量刑制度，至于是否能够成为协商，那还需要进一步的研究，但起码其提供了控辩审三方共同参与的制度空间。这种参与性的量刑制度，目前还没有很好地贯彻量刑规范化改革的基本要求。回归到量刑规范化改革的核心要义，它有两项实体法的制度支撑，一项就是量刑建议制度。这项制度目前在实践中，包括在制度

第十六讲 量刑制度构建的现代化与本土化

层面推进得比较彻底，在很大程度上主要取决于量刑建议制度如何科学规范的运行。但实际上量刑规划改革还有另外一项重要的制度安排，就是量刑意见制度，也就是尊重犯罪嫌疑人、被告人以及辩护人所提出的量刑建议。与量刑建议相比，量刑意见制度目前非常不发达，没有能够体现控辩平等在量刑制度中的功能。其二，关于不同的量刑情节，究竟如何在实践中加以整合运用？刚才石经海教授特别提到，结合他参与法院的工作实践以及辩护的工作实践，他建议辩护律师要结合刑法关于法定酌定从宽情节的规定去提取案件中的相关事实，并且提出相应的量刑辩护意见，此外，他也提到，我觉得这点非常重要，就是即便刑法相关的司法解释以及改革文件，没有明确提到相关的量刑情节，也不妨碍辩护律师结合个案情况提出有利于被告人的量刑情节。这点我十分赞同。在很大程度上，整个刑罚制度的发展主要体现为整个量刑情节制度的演进，有越来越丰富的量刑情节可供控辩双方选择，并且为法官公正裁量刑罚提供参照依据。所以，即便刑法没有规定，也不妨碍辩护律师从个案中并且结合相关案件提炼有利于被告人的量刑情节。我想强调的是，实际上量刑情节是比较复杂的一个体系。从控辩双方在量刑诉讼程序中的参与来看，我们有必要对其做一个类型化的划分。一方面有必要去划定从重处罚的量刑事实或者量刑情节，对于这部分量刑事实或者量刑情节，应当是由控诉方来举证加以证明的，刑事司法解释是有明确规定的，对于办案机关从重处罚的量刑事实，应当适用严格证明，达到确实充分的证明标准。而相对应的，对于有利于被告方的量刑事实，主要是指从宽处罚的量刑事实。基于被告方举证能力的考虑，这些有利于被告人的从宽处罚的量刑事实，可以适用自由证明，也就是适用比从重处罚的事实较轻的证明标准。通过这样一种兼顾实体法和程序法的研究记录，能够帮助我们更好地认识到如何去整合量刑建议和量刑意见制度，如何更好地在实践中去提取运用量刑情节。这只是我对这次讲座的几点不成熟的看法。和在座的各位一样，通过聆听石经海教授的讲座，收获很多，既对刑法的正当性依据有了进一步的理论追问，更重要的是结合量刑规范化改革，特别是从实践出发，为律师的辩护以及司法机关更加科学准确合理地裁量刑罚提供了更多的启示。梅教授我就讲到这，谢谢。

梅传强教授： 好，谢谢刘静坤教授非常精彩的与谈。刘静坤教授的与谈是对石经海教授讲座的一个有益的补充。下面我们有请第三位与谈人肖洪教授作与谈。

肖洪副教授[*]：谢谢梅教授，也谢谢西南政法大学，让我有这样一次学习的机会。刚刚听到贾宇会长、石经海教授、彭新林教授和刘静坤教授对今天晚上的讲座内容的分析，我收获很大。

我来谈一谈听了讲座的一些体会。严格来讲，我对量刑这个问题是最近几年开始比较关注。正如石教授所讲的，前些年刑法学者可能更多关注的是定罪。我们上课的时候也跟学生重点讲的是罪与非罪、此罪与彼罪的问题，对量刑问题关注的比较少，量刑问题只是刑法总则里很小的一部分。后来在检察院挂职期间，我体会到，老百姓最关注的不是定什么罪，而是量刑。比如，你定他故意杀人罪判了三年，和定他故意伤害罪判了十年，他宁愿选择故意伤害罪。我们刑法学者一般认为刑法有两大基本原则，一个是罪刑法定原则，一个是罪责刑相适应原则。以前我们经常喜欢把罪刑法定原则认为是刑法的一个帝王原则，但现在我越来越感受到，可能罪责刑相适应原则是让我们民众感受最深的一个原则，应该成为刑法很重要的原则。按照习近平总书记的话，努力让人民群众在每一个司法案件当中都感受到公平正义，而人民群众如何感受公平正义，更多就是通过基于刑法的量刑。石经海教授举例的许霆案也是一样，定的是盗窃罪，但是一审量刑判的是无期徒刑，就会让大家觉得不公。二审同样定的盗窃罪，但是量刑由无期徒刑降到五年有期徒刑，大家觉得相对可以接受。正如石教授所言，量刑问题可能成为我们刑法未来关注的重点。接着来谈谈今天听到石教授的讲座让我感受到比较深的一点。我们刑法除了在定罪量刑的时候关注社会危险性和人身危险性以外，还关注了刑法的时代精神，那么，刑法的时代精神该怎么理解呢？我觉得，刑法时代精神不能仅仅只理解为人权保障等相关内容。我更支持贾教授谈到的，在司法实践不能只考虑法律效果，要考虑社会效果和政治效果，即三个效果统一原则。对于政治效果和社会效果，我理解为它的核心思想就是体现出习近平总书记的论述，即努力让人民群众在每一个司法案件当中都感受到公平正义。我一直

---

[*] 肖洪，法学博士，重庆大学法学院副教授、硕士生导师。兼任中国犯罪学研究会理事、中国法学会检察学研究会刑事检察专业委员会理事。主持国家社科基金项目"司法工作人员职务犯罪预防研究——以重庆市司法工作人员职务犯罪为视角"等项目，出版《刑法的调整对象》等专著2部，发表高水平学术论文多篇。

第十六讲 量刑制度构建的现代化与本土化

认为，政治效果和社会效果的核心体现就是如何让人民觉得这个案子的司法是公正的、合理的，人民不能仅仅指被告人，也不能仅仅指被害人，应该是与案件无关的第三方群众。当然，要把案件事实全部展现在民众面前，不能被舆论所误导。在政治效果和社会效果的基础之上，我们再来考虑法律效果，再来考虑我们法律的规定。我们刑法学者都知道，刑法是可以解释的。既然刑法是可以解释的，很多刑法条文可以有很多不同的理解和解释，那么，如何让司法工作人员把刑法条文解释得合情合理，解释得符合民众心目中的公平正义观念，这是最重要的，也是司法工作人员于量刑时最关注的。那么，刑法时代精神该怎么理解？它应该包括人权保障，即刚才石教授谈到的，对审判时怀孕的孕妇不适用死刑，但也应该包含社会效果、政治效果以及刑事政策的变化。比如说，我们现在轻罪案子大量出现，有人称为迈入轻刑化时代，但这不是说刑法本身相对宽缓，它更多指的是因为危险驾驶罪等轻罪案子大量出现，导致犯罪结构相比原来而言更轻。由于轻罪案子大量出现，检察机关提出来少捕慎诉慎押刑事司法政策，这也是中央政法委认同的。少捕慎诉慎押刑事司法政策以及宽严相济的刑事政策，是我们在理解量刑的时候需要去考虑的。总而言之，量刑既要考虑犯罪本身带来的社会危害，犯罪人的主观恶性以及犯罪人本身的人身危险性，同时也要考虑时代的发展，时代的要求、对人权的保障、对社会形势的判断以及社会效果和政治效果的统一，这样才更容易实现我们心中公平正义的理念，才能让我们司法的判决更容易被民众所接受、所理解、所支持。我认为，当司法工作人员的判决结果大多数都能被民众所认同、所接受，那么我们的法治建设才能成功。法治建设绝不仅仅是一个普法的问题。当然，对一些民事案子而言，法治建设可能是普法的问题。但对刑事案子而言，法治建设更多地是民众对什么是犯罪、对于一个行为是否具有严重社会危险性有一个共通的认识，就如陈忠林老师所讲的常识常理常情一样。

刚才我们谈的是宏观的。量刑既要讲宏观，也要讲微观。量刑的微观问题则是犯罪目的、犯罪动机、犯罪手段、犯罪方法、犯罪时间地点等等具体内容。我们教材里面有这样一句话，但关注的并不多，即一个人出于良好动机的杀人、出于义愤的杀人和一个人出于卑劣动机杀人，一个人因为没钱吃饭或者父母生重病住院而想去偷钱和一个人基于奢华生活而盗窃，即使数额差距不大，但量刑肯定是有非常大的差别。所以，我认为，定罪是量刑的基础，但量刑有其自身独立的价值。这个独立价值表现在，根据我们的内心、我们的良知、我们的常识常理常情，觉得一个案子是重罪的时候，我们就要采用一些相应重的法条予以处理和打击；反过来，当我们觉得一个案子是轻罪的时候、社会危险性很小的时候，我们就要采用一些轻的法条予以处理和打击，即使按照解释不完全符合罪刑法定原则。以许霆案为例，二审因为舆论闹得全国一片沸腾，二审法院报到最高人民法院，按照《刑法》第六十三条第二款规定，只有酌定减轻处罚情节需要报最高人民法院核准。但是，《刑法》第六十三条第二款在司法过程中实际上很少运用。在这个时候，我觉得法官可以采纳的方法是换一个罪名。不一定要定盗窃罪，可以换一个相对量刑轻一点的罪名。当时有教授便写了篇文章，说可以找一个轻一点罪名，比如说信用卡诈骗罪，虽然从罪刑法定的角度来说，这不完全符合刑法解释学或者刑法教义学，但是这会使得民众觉得司法是公正的、合理的。这是司法应该重点关注的。所以，我认为罪责刑相适应原则相比罪刑法定原则更值得倡导。刚才多位教授都谈到认罪认罚从宽制度，石教授也专门谈到这点，我和石教授有一些不同的看法。认罚从宽制度出台的本意是解决人民法院案多人少的矛盾，人民法院希望被告人认罪以加快庭审。认罪认罚从宽制度将权利交给了检察机关，只要检察机关与被告人达成认罪认罚的协商，庭审就可以采用简易程序等相应更快的程序，从而大量节约司法资源。但是，认罪认罚的时候，被告人对庭审加快是不关心的，他更关心的是自由、财产乃至生命。因此，检察机关最好与被告人协商，认罪认罚之后案子就稍微判得轻一点。那么，判多久是轻呢？以前检察机关有诸如 3 至 5 年这样相对不确定的量刑建议。但是，3 年还是 5 年，这差别还是比较大的。对刑法学者而言，3 年 5 年好像觉得差不多，但是对被告人而言，多一天少一天都会感受特别的焦虑。究竟 3 年还是 5 年，被告人希望能够清楚，如果他觉得符合他的愿望，他就愿意认罪认罚。因为有幅度的传统量刑建议无法让被告人愿意作出认罪认罚，而法院想倡导的加快庭审从而节约司法资源解决案多人少矛盾的目的无法实现，因此检察机关提倡精准的量刑建议。当然，我们一再强调，量刑建议要尽量在辩护律师的帮助下签署。只有辩护律师才很清楚地知道量刑是否相对合理，如果没有辩护律师的帮助，被告人可能不清楚。我自己在挂职期间，我的体会是精准量刑确实有点干扰法院的审判

第十六讲 量刑制度构建的现代化与本土化

权,一旦庭审采纳量刑建议,庭审就加快了,所以很多内容就没有敞开充分的辩论。那么在这种情况下,法官该做什么样的选择,是采纳检察机关的量刑建议还是不采纳呢?从法律的本身设置来看,法院有自由裁判的权利,既可以采纳也可以不采纳。如果法院决定不采纳,这是法院的权利,但是法院必须要召开第二次庭审。如果不采纳量刑建议对被告更有利,可以不召开第二次庭审;但如果对被告更不利,倘如不召开第二次庭审,被告人的辩护权就等于剥夺了一次。虽然说可以通过上诉解决,但是这等于让被告丧失了一次辩护的权利。因为,法律给被告人设置了两次辩护的权利,即一审和二审。从这个角度来说,如果法院要采纳量刑建议,就应当像辩诉交易式的协商性司法。当然,法院可以不采纳量刑建议,但应该充分保障被告人的辩护权。在司法实践中,绝大部分法院都采纳检察机关量刑建议,但让人感觉法院的审判权有所旁落。因此,学者们提出了两种方式。第一,检察机关作出量刑建议前要先跟法官沟通,但是问题是没有经过庭审沟通起来也没意义,法官是根据庭审再来考虑案子的最终量刑。刚才石教授也谈到这个观点,即检察机关有量刑预建议,而法院有最终裁定权,但这可能有点难度。检察机关已经跟被告人签订了认罪认罚,而在公诉时又变化量刑建议,除非厘清,否则被告人可能很难接受而当庭不认罪。第二,很多弱化的程序必须要严格按照刑诉法规定程序进行。但这是我个人的一种体会。今天这个讲座让我对石教授的量刑理论有了深入理解,包括刑法正当性根据的进化,以及在量刑时既考虑社会危害性、人身危害性也考虑刑法的时代精神,这些内容让我耳目一新,感同身受。我的发言就到此结束。

梅传强教授:谢谢肖洪教授的精彩点评。肖洪教授针对量刑制度建构的本土化与现代化谈了自己的看法,我印象比较深的是,他认为量刑结果要符合公平正义,要被民众所认同、所接受,要符合常识常理常情,在量刑情节当中要特别注意对犯罪动机的认定和把握,我觉得这些观点非常有启发。谢谢肖洪教授。那么下面我们有请艾静院长作与谈。

艾静律师[*]:谢谢梅教授。尊敬的各位老师,屏幕前的朋友们,大家

---

[*] 艾静,法学博士,盈科刑辩学院副院长,盈科北京刑事实务研究中心主任,中国行为法学会法律风险防控委员会理事,央视一套《今日说法》栏目点评嘉宾。独著《我国刑事简易程序的改革与完善》,参编《"盈"的秘密——有效辩护的53个证据突破》《刑事诉讼规范适用全典》《刑法条文理解与司法适用》等工具书。

晚上好。我是来自北京市盈科律师事务所的艾静律师，非常荣幸能够在这么高规格的研讨会上发言。刚才我非常认真地学习了各位教授的精彩分享，非常有收获。石经海教授开篇就讲到了，我们刑法研究所面临的5组重轻关系，比如理论上重定罪轻量刑、司法上重实务轻理论，等等，特别是刑事辩护重形式轻实质的问题，石教授一提出来就让我感到责任重大，任重而道远。其中石教授还讲到了量刑建议的问题，关于这个问题，我想结合我的一些实践感悟，来谈一谈量刑建议当中更为薄弱的一个微观问题，即附加刑的量刑问题。

为了表达精准和方便，我选取附加刑中的罚金刑作为切入点。罚金刑的量刑在我国一直是一个非常边缘化的问题，我本人曾经担任过多年的刑事法官，在我的印象中，附加刑量刑的时候，几乎没有任何的参考依据，基本上都是凭着经验甚至是感觉。有的时候会考虑罚金刑的数额和主刑相互匹配，主刑越高，罚金就越高；有的时候会反过来，比如考虑到主刑已经很轻了，甚至有一些判缓刑的，我们反而会在罚金刑上补足，多罚一点；有的时候也会考虑当事人的支付能力来确定数额。总体上，罚金刑的量刑随意性大，缺乏程序、方法和标准。接下来，我想谈一下第一个问题，就是认罪认罚案件的量刑建议中缺少附加刑。量刑建议制度是2000年开始列为我国公诉改革课题，发展到今天已有20多年，但出台过多个版本的人民检察院量刑建议实施意见都没有把附加刑的具体内容列到量刑建议中，而是规定检察官在提出量刑建议的时候只需要提出附加刑的刑种即可。比如一个诈骗案认罪认罚后，检察官给出2年到2年6个月并处罚金的量刑建议，但是不会有罚金的具体金额。实践中。一些犯罪的金额都在不断地突破，法院判处的罚金刑也飙高到了上亿元。比如天津的权健传销案，还有上个月底即11月30号刚刚宣判的上海一中院审结的一起集资诈骗案，罚金都达到了一个亿。如此高额罚金就使得当事人群体对罚金刑的重视程度越来越高。我平时办理重大职务犯罪案件也比较多，大多数的职务犯罪当事人会选择认罪认罚，特别是重大案件中，当事人实际上对于10年以上的主刑刑期都是有预期的，但是对于罚金或者是没收财产等附加刑几乎都非常的模糊，并且会反复和辩护人交流罚金多少以及怎么辩护。还有一些是一审认罪认罚已经判完的案子，当事人对法院判处的罚金反而不服。如果仅仅以罚金刑过重来作为上诉理由，算不算反悔？检察院会不会

第十六讲　量刑制度构建的现代化与本土化

抗诉？所以，在认罪认罚案件中，在量刑协商中，当事人越来越期待检察官提出包含有明确附加刑的量刑建议。但是很不幸，在去年的12月份，《人民检察院办理认罪认罚案件开展量刑建议工作的指导意见》出台再次规定了认罪认罚案件的量刑建议中，仍然只是提出附加刑的种类，不需要提出明确的量刑建议。那么，具体的附加刑应不应该成为此类案件量刑建议的一部分？除了我刚才讲到的当事人，他具有这种实际的需求之外，从理论层面来看，量刑是刑罚的裁量，这是通说，那么作为刑罚的一种罚金或者没收部分财产，当然就属于量刑的内容。同时作为刑法体系的一部分，附加刑是能够弥补主刑的不足的，还能起到预防犯罪的效果。除了求行权，附加刑的裁量同样需要检察机关行使法律监督权。所以，我认为，附加刑不仅是量刑的内容，也是量刑规范化的内涵。在实践的层面，在认罪认罚案件当中，认罪认罚这一事后表现、从宽处罚情节是否应当汇集到罚金刑的量刑？是否也应当给予控辩协商的机会？如果辩方在财产刑的确定上无法作为的话，量刑协商时附加刑的内容又不确定，很难说对当事人认罚的自愿性给予了全面和充分的保障。因为当事人所认的"罚"并不清晰，而且裁判作出以后，当事人如果对附加刑不认可从而提出上诉也可能影响认罪认罚案件的办理效果。因此，我认为认罪认罚案件中检察机关是有必要提出明确的附加刑建议的，哪怕是一个区间或者幅度。以上是关于认罪认罚案件量刑建议中有无附加刑的问题。

接下来我还想稍微谈一谈附加刑量刑方法的问题。实际上，最高法、最高检《关于常见犯罪的量刑指导意见》最新版即2021年6月这个版本，在第二部分量刑基本方法当中也明确了罚金刑的裁量标准，即判处罚金刑应当以犯罪情节为根据，并综合考虑被告人缴纳罚金的能力。可见，在当下犯罪情节和支付能力是罚金量刑时的主要依据。其实，根据支付能力来确定罚金数额，在欧洲的很多国家也都是存在的，比如德、日、俄的罚金制度，就是按天罚钱，每天罚款的金额需要根据当事人的收入和经济情况来确定。在我们现行的法律框架下，如何来确认当事人的支付能力呢？2020年"两高""三部"最新版本的《关于规范量刑程序的若干问题的意见（试行）》，其第二条就非常明确地规定了，对于法律规定并处或者单处财产刑的案件，侦查机关应当根据案件的情况对被告人的财产状况进行调查，并且向人民检察院移送相关的证据材料，人民检察院应当审查并向人

刑法治理的现代化与本土化·讲演录:(一)

民法院移送。我觉得这个规定非常重要。一方面，财产状况的举证、质证意味着辩方在审判环节是有机会参与到罚金刑的辩护中；另一方面，也可以确保罚金刑的判罚具有可实现的预期，不会空判。虽然目前我在办案中还没有发现哪个案件中侦查机关已经做到了这一点，毕竟这个工作可能没有那么容易做，但是这就意味着在附加刑量刑中加强了证据裁判的思维，这是一个很大的进步。如果当前侦查机关不去做证据收集工作，辩护律师刚好是可以有所作为的，通过自行调取当事人的财产状况的证据来向检察官或者法官提出，从而避免高额的罚金刑。也有理由推测，这条规定也将是我国未来加大罚金刑适用而减少短期自由刑的一个制度基础。最后，我认为可以从认罪认罚案件中的量刑建议给出明确的附加刑建议开始逐步试水，来构建我国科学的附加刑量刑体系和方法，从而进一步发展完善我国的量刑制度。时间有限，我就讲以上两点。不当之处请大家多多批评指正。

梅传强教授：谢谢艾静院长精彩的与谈。艾静院长关于附加刑特别是罚金刑的量刑问题的与谈，是对石经海教授讲座的一个有益补充。而且艾静院长和彭新林教授一样，也是带病参加，非常感动，非常感谢。今天听众参与的热情也非常高，对我们的主持嘉宾、主讲人和与谈人都有提问。下面我们进入到回应提问环节。今天的第一个问题，是针对贾宇会长的提问，这个问题是请问贾老师如何做到法律效果、政治效果与社会效果的统一，如何平衡当事人家属的态度？比如说在法院门前闹事的和舆论导向。

贾宇会长：谢谢热心的朋友提问，这也是在促使我思考。三个效果统一的关键在于统一，也就是不能因为追求此效果而影响彼效果。有些朋友一谈到政治效果、社会效果，就理解为不依法办事了，这样的理解是偏颇的。三个效果统一是有一个平衡的。首先，我们说法律效果，法律效果是大前提，是指案件的办理以及司法行为要符合法律规定，要在法律允许的框架内来司法。我们的法律规定本身是有空间的，给司法人员留有空间的。因为案子跟案子是不一样的，例如，犯罪的社会危害性不同，同样是盗窃，你赌博输了钱去盗窃，跟家里母亲生病去盗窃就是不一样的。不能简单地说盗窃5000块钱都是一样。刑法给司法人员留有空间，要根据具体案件进行处理。但是，不能超出法律的规定。在没有法律依据的情况下减轻处罚、在法定刑最高刑以上加重，这都是不允许的，一定要在法律允许

第十六讲　量刑制度构建的现代化与本土化

的空间内进行，这是法律效果，即一定要符合法律规定，这是一个基本点。在此前提下，不能简单地机械司法或者教条执法。有些同志就认为法律怎么规定就怎么办。但不是这样的，法律规定也是活的，是有空间的，不能说偷 5000 块钱就一律判两年有期徒刑。在这个前提下就是要考虑政治效果。政治效果说到底最重要的就是牵扯到党和国家以及人民群众的根本利益。案件如果牵扯到国家根本利益，或者一个时期的大政方针，我们司法办案是要有所考虑的。比如说防疫刚刚开始的时候，有人违反防疫规定，或者制造伪劣的口罩进行买卖，当时处罚就比较重，这就叫政治效果。不考虑政治效果是不行的，政治效果要符合国家的政策。最高检的张军检察长举过个例子，就是说世界上没有不讲政治的法律。他举了典型的例子，即英国钢铁工人的罢工案，判决理由是：工人罢工后市场上钢铁供应不足，外国钢铁涌入而占领了市场，等到工人跟企业主在待遇上达成共识而结束罢工时已经没有了市场，工人的利益就会受损，英国工业的利益也会受损。判决里头一句都没提工人的罢工自由，这就叫讲政治。社会效果就是公正要与普遍大众的价值观相符。从法条上来看没有违法，但是人民群众普遍不满意，这就叫社会效果不好。像前几年的一些正当防卫案件，这两年经最高人民检察院督导，司法的一些理念才发生很大变化。对于符合正当防卫条件的，司法机关要支持人民群众实现正当防卫权，不能因为人死了，防卫的人就要去坐牢。这就是社会效果。社会效果说的是多数人的价值观，不能只看当事人满意不满意、当事人告不告。当然，当事人是最直接的利益攸关方，他们的意见很重要。我们办案的目的最终都是案结事了人和，这也是符合中国传统法律文化的，尽可能地不要出现闹法院这种事情，这就需要我们办案人员心要细一些，考虑要周全一些，不要简单化。但是，难免有些当事人家属就蛮不讲理，这时就是需要如何平衡当事人家属的态度。对此，我的看法是这样的。第一，人家闹的话，要看这个案子本身有没有问题。如果人家又闹又上访，那么作为办案法官也好，法院领导也好，要引起高度重视，马上审查案子有没有问题，有错就改，这是我们的基本态度。不能说我说了就算。我们是人民法院、人民检察院，为人民司法，人家提出来了有道理，我们做得不合适的，该改就得改。我们要先做到自身硬，然后再依法处理，你没理胡闹，该司法拘留就司法拘留，该刑事拘留就刑事拘留，该刑事立案就刑事立案。不能由着当事人闹，甚至在法院打砸伤人，这绝不允许。第二，对于无理取闹的要严肃处理，维护司法权威。如果说他有道理，有道理也得依法表达诉求，因为有道理而触犯法律并损害了司法环境，那么依法该处理还要处理。第三点，关于舆论导向，舆论导向比较复杂。现在的自媒体，又有资本在参与，因此要审慎对待所谓的舆论导向。司法机关首先要坚持客观公正司法立场，不能跟着舆论走。网上一吵一闹，就该判的不判了，这不允许。前一段时间我列席审委会，有一个案子，杀人犯在光天化日之下杀害一个女性，审查这个案子的时候发现被告人被判刑之前，受害人的丈夫被判了9个月的刑。被告人杀人被抓以后，就反映说是受害人的丈夫先拿刀砍把他砍伤了，他报案没人处理，所以他杀人是有原因的。我们一审查，受害人丈夫完全是个受害者，受害人跟被告人以前谈过恋爱，谈恋爱过程中，被告人把受害人的母亲砍成重伤而坐牢。他坐牢后，受害人就跟现在的丈夫结了婚。这个被告人刑满释放后，一直纠缠受害人，受害人的丈夫才伤害了被告人，这其实是个典型的正当防卫，但司法机关没有按照无罪来处理。这因为司法机关担心、害怕舆论导向。当然，司法机关不考虑、不关注舆论导向，那也是不符合实事求是的。通过舆论，司法机关要掉过头来看案子有没有问题，如果案子没有问题，要依法更加认真严肃地来办理。如果案子有问题，要及时纠正。这是我对你这个问题的一个简单回答，不知道能不能解答你的疑惑。

　　刚才几位专家都谈到了量刑建议问题，我现在从事检察工作，也谈一些我的认识。第一，法律对于认罪认罚从宽制度规定得很清楚，没有太多的争议。检察机关怎么样提出量刑建议以及法院在什么样的情况下应当采纳量刑建议或者在什么样的情况下可以不采纳量刑建议，对于这些内容法律规定都是很清晰的，没什么太多争议。第二，实务中也没有太多的争议。据我所知，在实践中，99%的基层法官都认同量刑建议。在案多人少的背景下，检察院增加了工作量，替法院做好了认罪认罚从宽的一些基础性工作并提出了量刑建议，那么法官的工作量就大幅度减少，而且案件的上诉率也大幅度地减少、再审再判也少了，这表明刑法的效果好。因此，实践中关于认罪认罚从宽的争议并不多。第三，理论研究和实务操作还有提升的空间。像刚才几位专家提到的，我们实践中做得确实还不够多。艾静律师提到的附加刑具体量刑建议，这确实是问题。我也稍微回应一下具

第十六讲 量刑制度构建的现代化与本土化

体的争论。第一，我觉得不存在量刑建议影响法官裁判权的问题。那就只是个建议。我用通俗的话说，法官的法槌不往下敲，你说什么都没用。法槌只要在法官手里头，裁判权就在法官手里。量刑建议是对的，就是合法，法官依法应该采纳；量刑建议不对的话，就是不合法，法官有充分的权利来改变，那怎么会影响到法官的裁判权呢？顺便说一下，有学者将量刑建议权称为求刑权，这个提法在中国的法律上实际上是没有依据的。量刑建议是法律规定的，这个建议在某种程度上是有效力的，也就是说，在符合法律规定的情况下法官必须采纳。这就是一个司法权，叫求刑权不符合中国的制度设计。第二，大家一定要注意到中国的检察机关是国家的法律监督机关。跟西方的检察官职责相比，我们检察机关的宪法定位是有根本区别的。作为司法机关，检察机关依法提出量刑建议，但只是个建议权而已。实际检察机关有司法权，例如定罪不起诉的权利。顺便给大家再举个例子。关于检察长列席审委会的问题，有些学者不理解说，为什么不请律师也列席执委会。实际上有些基层法院也在做创新，请检察官和律师列席审委会，作为尝试，这是可以的。律师应当发挥更大作用，这个我是完全赞同的。律师应该在司法活动中发挥更大作用，辩护理由更应该得到重视，这些都没问题。但是，就制度而言，律师列席审委会是没有法律依据的。就算是法院的许可同意律师列席审委会，那也是邀请。而检察长列席审委会是法定的权利，是去监督法院司法活动的，这个法律规定得很清楚。尽管律师可以进行广义的监督，但是没有这样的法律法规。虽然我们国家的刑事制度设计也要求控辩平衡，但是要搞清楚，检察院控诉职能之外，同时还是国家的法律监督机关，对法院的整个诉讼活动起着监督作用。要解决这个问题，一方面要加强律师的辩护权，另一方面检察机关要坚持客观公正立场。所以，现阶段检察官经常在法庭上提及从宽处理情节，甚至在认罪认罚从宽的背景下促成被告人赔偿以实现对被告人从宽处理。第三，检察官提出量刑建议的能力要不断提高，要虚心向法官学习。有一些同志讲，检察官提的量刑建议不可能比得上法官。就现阶段而言，肯定比不上。因为，长期以来量刑都是法官在做。但检察官有一个学习的过程，通过长期学习，长期地提出检察建议，长期地跟法官协商，在这样一个过程中能力肯定会提高。从本质上来说，大家都是法学院毕业，不可能因为有人当了法官，水平就一定高，有人当了检察官，水平就一定比不

· 533 ·

上。就量刑工作而言，法官的量刑能力在现阶段是值得检察官认真学习以补齐短板的。因为几位专家都说到了量刑建议和认罪认罚从宽制度的问题，我也参加讨论一下，不对的地方请大家批评，谢谢大家。

梅传强教授：谢谢贾宇会长关于三个效果统一的非常深刻而且非常生动的解答。我相信，听了贾宇会长的解答，大家对三个效果统一的认识应当更为清楚。同时，贾宇会长还对今天讲座主题所涉及到的认罪认罚从宽的量刑问题、量刑建议问题谈了自己的看法，可以说是真知灼见。贾宇会长不仅有雄厚的基础理论，而且有丰富的实践经验。谢谢贾宇会长的精彩回应。因为问题比较多，我建议，主讲人选择2或3个问题，四位与谈嘉宾各选1或2个问题作回应。下面就请石经海教授作回应。

石经海教授：谢谢梅老师。我刚才听了贾宇会长和四位与谈人的发言很受启发。下面我先就四位与谈人的发言做个简单的回应。彭新林教授谈到了量刑根据中的位阶问题，我非常赞同。另外，他提到，刑法现代化和本土化是不是在其他领域也要体现？当然。基于刑法的正当性根据，实际上是基于所有的刑法现代化的根基性内容，包括刑法的目标和刑法的功能，这些在定罪领域、在理论研究领域、在行刑领域肯定都要有所体现，我就不展开了。彭新林教授还提到了量刑方法的规范化问题，这是量刑规范化改革的一个重点内容。这个改革的目标是好的，特别是把量刑纳入庭审程序和适用所有的量刑情节，我特别赞同。我认为，量刑方法的规范化对量刑规范化改革是一个革命性的改革，非常重要。"定性为主、定量为辅"的量刑规范化这一表述本身是没问题的。但是，只要量刑结果受定量结果的约束，我认为，这就不是以定性为主，是以定量为主。这是可能要进一步讨论的问题。刘静坤教授提到了一些反思，结合其参加了量刑规范化改革的实践和理论研究的实践，特别提到了三个效果的统一和量刑规划改革何处走让我很受启发。刚才贾宇会长也谈了三个效果的统一。我特别赞同贾宇会长和刘静坤教授的观点。我认为，三个效果的统一和罪刑法定原则是有机统一的。实际上，三个效果统一在法律规范层面，也就是说政治效果和社会效果一定是在法律效果之内发挥作用。这个效果之内怎么体现出来呢？我曾经与我的研究生金舟在《人民法院报》上发过一篇文章《实现"三个效果的统一"有赖于科学的法律适用》，实际上是指法律的体系化适用。刑法分则的规定只是法律规定中的一部分，法律的体系化适用

第十六讲 量刑制度构建的现代化与本土化

还要基于刑法的三个基本原则、基于《刑法》第十三条的但书还有《刑法》第三十七条关于免除处罚的规定，实际上还是回归到法律规范本身上来。在这里面有一个问题，三个效果为什么可以统一？从法的本质上来看，法的本质并不是追求法律效果，因为法的本质上是维护统治秩序、社会秩序的工具，维护统治秩序和社会秩序本身就是法的功能之一，所以三个效果统一是必然的。这是树木和森林的关系，从法律适用上实行三个效果的统一，实际上它是基于法律的体系化适用。肖洪教授谈到了一些特别有价值的观点。他认为罪刑相适应原则在贯彻体现让人民群众在每一个司法案件中感受到公平正义以及常识常理常情等方面很重要，这是非常有价值的认知。另外，他认为量刑有其独特的价值。是的，定罪和量刑无论是对象、根据、目标都是不同的。他还谈到了许霆案的发回重审。我认为，许霆案发回重审是一个既合法又合理的量刑结果。原来的一审判无期徒刑是一个不完整法律适用的判决，发回重审的判决则是一个完整法律适用的判决。正如贾宇会长讲到的三个效果统一的法律适用，它适用了这个案件该适用的所有刑法规定，能够实现三个效果的统一。正如梅教授所讲的，艾静院长所提到的附加刑的具体量刑建议，是对我所讲内容的有益补充。

下面我简单回应三个提问。第一个问题是，量刑建议是否应当精准化？精准化到何种程度？量刑建议以确定刑还是幅度刑更为合适？如果案件的事实清楚，检察官能够完整地把握量刑情节及其程度，那当然是精准化量刑建议更好。如果量刑的证据还不充分，或者检察官无法把握量刑根据反映的社会危害性及人身危险性的程度，还需要通过庭审来体现的话，那可能幅度刑更为合适。针对第二个问题，我想回应一下，刑事责任等于定罪。定罪对于刑事责任的意义，是指裁定刑事责任的有无以及加重犯减轻犯所体现出刑事责任的大小。量刑则是刑事责任大小的裁量。定罪的刑事责任大小裁量判断之后，那便是量刑的刑事责任大小的裁量，背后无非还是社会危害性、人身危险性等根据。提问的问题是这与刑法的结构即罪责行是否一致？关于刑法的结构，我认为还是罪和刑，这里的刑是指刑事责任而不是刑罚。刑罚虽然在刑法中出现的频率非常高，但是这是基于罪刑法定和人权保障的原则，是为了限制刑罚的滥用，因此必须做出很明确很具体的规定。这不意味着刑罚就可以和刑事责任平起平坐，它还只是实现刑事责任的一种方式，是刑事责任的一个下位概念。第三个问题是，在量刑规范化改革中，是否可以纳入对刑法附随性后果的考虑，以此来保障量刑公正与适当。对于这个问题，我认为有些是要考虑的，比如说对重罪。但是，轻罪本身的附随性后果可能比判处拘役这一刑罚的后果还要严重。在此背景下，这可能是个立法要能解决的问题。

梅传强教授：好，接下来是就按照顺序，由彭新林教授、刘静坤教授、肖洪教授、艾静院长逐一作回应。

彭新林教授：谢谢梅教授。我看观众给我提了两个问题。第一个问题是，认罪认罚从宽的实体法依据是什么？我想这个问题没什么太大争议，从理论层面上来讲的话，认罪认罚显然就是行为人犯罪后的表现，它综合了认罪悔罪、退赃、积极赔偿损失等一系列内容，其体现的行为人人身危险性和再犯可能性的减少。我们一般讲刑罚裁量的依据是责任刑和预防刑，而认罪认罚其实属于预防刑的内容。我们要从实体法上去判断认罪和认罚。是否表明行为人的人身危险性有所降低？是否具有从宽处理的条件？如果行为人的人身危险性没有任何降低，就不符合刑法规定的从宽处理的条件，就不能适用认罪认罚从宽制度。对认罪认罚者从宽处罚的依据离不开实体法的规定。从实体法上来讲，《刑法》第六十一条的规定即量刑的原则以及各种关于从轻、减轻、免除处罚的量刑情节规定，其实就是认罪认罚从宽制度适用的实体方面依据。

第二个问题是关于骑墙式辩护。在我看来，骑墙式辩护是一个有利于认罪认罚案件中辩护权的充分保障、让被告人利益得到最大限度维护的策略。当然，因为骑墙式辩护可能也会存在辩护力相互抵消、模糊控辩争议焦点等一些问题。但是，总体来说的话，我认为骑墙式辩护，不仅被广大律师所喜爱，而且不失为是一个有效的辩护策略。我相信，骑墙式辩护在我们刑事辩护领域将长期存在。基于骑墙式辩护而提出建议主张量刑程序完全独立，我对这个观点持保留态度。其实，"两高三部"《关于规范量刑程序若干问题的意见》已经把量刑纳入了法庭审理程序，也确定了相对独立的量刑程序，即要求法院在法庭审理中应当保证量刑程序的相对独立性，并且进一步明确了适用不同诉讼程序审理的案件，比如对适用速裁程序、简易程序、普通程序审理的案件以及认罪或者不认罪案件的量刑程序都做了很具体的规定。所以，我认为，量刑程序是否要完全独立，它其实涉及到量刑程序进一步改革的问题。这些年来，量刑程序改革确实对于规

第十六讲 量刑制度构建的现代化与本土化

范量刑程序、促进量刑的公开公正、提高司法公信力发挥了积极作用，但是未来的改革还是要坚持立足司法实践，要以问题和目标为导向，进一步规范和完善量刑程序和量刑建议。我认为，目前量刑相对独立的程序是可以容纳骑墙式辩护的，不需要完全把量刑程序独立出来。由于时间关系，我就简单回应这几点。

梅传强教授：好，那就请刘静坤教授作回应。

刘静坤教授：好，梅教授。刚才听了贾宇会长和石经海教授的回应和进一步的点评，我很有收获。针对我所评论的内容，大家有几条提问，我概括为两个方面。

第一个方面的问题是，三个效果如何统一？以及如何在刑罚权的适用过程中更好地尊重和保障个人的主体地位？关于三个效果的统一，刚才贾宇会长结合他多年的理论研究以及当前检察工作实际已经做了非常精辟的分析了。我只是从另外一个维度谈谈三个效果背后的一些理论层面问题。首先，我们来看政治效果，这不是一个很严格意义上的法律问题，实际上它是一个兼顾政治和法律两个层面的问题。在我看来，政治效果主要展现了司法机关在公正行使刑罚权过程中所扮演的重要的角色，它体现了刑罚权在国家治理体系中的功能性的特点。但是，政治效果并不是抽象地去讲政治，而是具体化为我之前提到的国家的刑事政策、司法政策或者基本的刑法原则。所以，我们在考虑政治效果的时候，主要是在刑事领域探究，例如宽严相济的刑事政策、死刑政策以及刑法和刑事程序法所规定的罪责刑相适应原则和程序公正原则等一系列原则。我认为从这个维度来探讨政治效果，可能更为合适。其次，关于法律效果。法律效果它直接决定了整个刑罚制度以及刑罚适用的合法性。刚才石教授也提到了，司法机关虽然拥有一定的裁量权，但是行使裁量权的过程中，必须要坚持法律规定和法律的底线，这直接决定了司法裁决结果的合法性。最后，社会效果主要是从整个社会环境或者是整个社会历史文化背景出发来探讨的。它所决定的是司法结果的正当性或者是可接受性。需要强调的是，尽管司法裁决需要尊重民意，但是并不代表要被整个舆论所左右。我们有必要区分正当的民意和比较随意的舆论。总而言之，政治效果主要体现为刑罚权的国家治理体现的功能性的要求，具体化为政策、原则；法律效果主要体现为严格执行法律制度和法律规定，坚持合法性的最低标准；社会效果主要体现为司法过程和司法结果的正当性和可接受性，回应社会的需求。这是我对三个效果统一的进一步理论分析。与之相关的一个问题，就是如何在国家行使刑罚权的过程中尊重与保障个体的地位或者个体的权利。关于这个问题，我们可以借助另外一个理论来加以分析。我倾向于把司法机关在整个刑罚权运行过程中的角色称为个体权利的公共的信托，也就是国家本身是要尊重和保障人权的，国家是通过司法机关依法公正地行使刑罚权来实现对人权的保障。从这个角度来讲，无论是检察机关还是法院，都是个体权利的公共的信托，而且刑事实体法和刑事程序法也为司法机关履行个体权利的信托功能奠定了法律的基础。同时，也需要关注另外一个层面，辩护律师实际上是作为个体权利的私人的信托，更加专注于个体权利的保障。所以，从权利的信托这个角度来看，在整个刑事司法系统之中，公权力机关作为个体权利的公共信托，严格执行法律规定；辩护律师作为个体权利的私人信托，更好地从当事人的角度维护其合法权益。因此，通过这样一种信托机制，我们可以更好地去了解整个刑事司法制度的基础和其制度功能。

  第二个问题，我想谈一谈与程序法和证据法相关的一个很重要的问题，就是如何更加准确地去辨析犯罪构成事实，即定罪事实、量刑事实和量刑情节这些概念的关联以及它们在司法实践中的具体适用。我刚才提到了，实际上几乎所有的犯罪构成事实都是量刑事实。为什么这样来讲？我们可以看一下，当法庭完成对犯罪的认定之后，紧接着就进入到量刑程序之中。根据量刑规范化的基本安排，第一步是在基本的犯罪构成事实基础上，在法定刑的幅度内确定量刑起点，也就意味着基础的犯罪构成事实是量刑的第一个步骤。在此基础之上，要结合影响犯罪构成的犯罪结果、数额和相关的后果，确定基准刑，毫无疑问，仍然是在犯罪构成事实的体系之内，运用犯罪构成事实来调节量刑的幅度。随后是结合具体量刑情节确定宣告刑。所以，根据量刑规范化改革确定的量刑步骤和方法，犯罪构成事实实际上在量刑过程中扮演了重要的角色，当然可以被视为广义的量刑事实。如果我们坚持犯罪构成事实和量刑事实的理论区分，不妨把犯罪构成事实称为基础性的量刑事实依据，然后把量刑情节作为专门性的量刑事实。从"以定性分析为主、定量分析为辅"这个量刑方法层面出发，如何更好地体现定性分析呢？实际上，犯罪构成事实扮演了非常关键的角色，

第十六讲 量刑制度构建的现代化与本土化

我们总是要结合基础的犯罪事实来确定，对案件究竟是总体上从严还是总体上从宽，这也意味着在量刑程序中要灵活或者综合运用犯罪构成事实，把它作为整个量刑过程的基础，特别是作为定性分析的基础。从这个角度上讲，确实有必要对于传统上关于犯罪构成事实和量刑事实的阶段予以区分，加以重新审视，从而更加能够回应司法实践的具体要求。好，时间关系，我就先讲到这儿。

梅传强教授： 有请肖洪教授作回应。

肖洪副教授： 刚才观众有一个问题，就是刑法基本原则之间是否存在着位阶关系，以什么标准来判断位阶？之前跟大家谈到，我觉得刑法有两个基本原则，一个是罪责刑相适应原则，一个是罪刑法定原则，我现在越来越觉得罪刑相适应原则是刑法里面最重要的原则。我始终觉得法律的核心或者精髓是，让人民群众在每一个司法案件中感受到公平正义。法律的权威就建立在人民。刚才刘静坤教授也谈到这一点。我一直认为，法律审判是否公正，应该看与案件无关的第三方群众是否觉得公正。是由第三方群众来看待这个案子是否公正，而不是本案的原告或者被告或者所谓的被害人。我认为，民众觉得司法判决是公正的，从而相信司法，这就是法律的权威。中国是一个成文法国家，我们有成文法，我们有刑法典，都摆在那里。我们在量刑的时候，要考虑这个案子，无论是从民众的常识常理常情也好，还是从第三方群众的观点来看也好，他们都觉得这个案子是公正的，而且这个案件事实要全面地展示在人民群众面前。有的时候舆论可能是被误导的。出于报道的需要，有些事实可能没有完全讲出来，所以，我一直认为舆论争议比较大的案子，司法机关应当把全案的事实全部展示给普通老百姓，用符合常识常理常情的语言讲给人民群众，我们为什么这样起诉？我们为什么这样判？我相信老百姓是讲理的。尽管有个别不讲理的人，但是这毕竟是少数，多数老百姓心中是有杆秤的。正是因为长期对法律公正的信任，法律权威就自然建立起来了。如果法院的判决每次都让普通老百姓觉得与他们心中的公平正义观是矛盾的，是不同的，老百姓就不会相信法律也不会相信法院，总觉得法律是法院自己玩的一种游戏而已，想判重就判重，想判轻就判轻。我们刑法学者和司法工作人员都知道，刑法条文是可以做多种不同的理解，例如扩大解释、缩小解释、当然解释、目的解释和历史解释。这实际上就告诉我们，一个条文从不同的角度可以得出一些相应的解释。严格依照法律，表面看起来是完全符合法律规定，实际上这反而是很难得出一个确定标准的。97 年制定罪刑法定原则的时候，出发点就是限制司法的自由裁量权，让司法工作人员严格依照法律，作出一个完全符合法律规定的判决。应该说，这些年我们的司法效果反而好一些了，为什么？因为我们的司法开始更多地考虑刑事政策、考虑宽严相济、考虑社会舆论、考虑努力让人民群众在每一个司法案件中都感受到公平正义，民众对司法更加信任。所以，罪刑法定原则不一定就处于罪刑相适应原则的位阶之下，但是我觉得司法的权威来自于司法的公正，而司法的公正更多体现在罪责刑适应。让老百姓觉得量刑的合理，我认为才是司法公正的核心。好吧，这就是我回应的内容。

梅传强教授： 好，有请艾静院长进行回应。

艾静律师： 好的，谢谢梅教授。我从这些问题当中选择一个问题，即检察院提出量刑建议是行使求刑权和法律监督权，但在认罪认罚案件中，检察院原则上应当提出确定性，法院一般也应当采纳，这两者是否有矛盾？在此基础之上如何从实务角度看待法院宣判时未采纳量刑建议这一问题。在认罪认罚案件当中，检察院确实原则上需要提出确定性的量刑建议。我是这样理解提出量刑建议和法律监督权有没有矛盾的问题。第一，检察机关行使确定刑量刑建议权与刑事诉讼法的规定其实不冲突，刑诉法本身就规定了在法庭审理的过程当中，经过审判长的许可，公诉人、当事人、辩护人和诉讼代理人是可以对证据和案件的情况发表意见，并且可以互相辩论的。这本身就意味着公诉人可以提出量刑的内容，无论是确定刑还是幅度刑，最终确认该量刑建议的仍然是法官，所以我觉得并不存在矛盾。刚才贾宇会长在回应的时候已经回答了这个问题的部分。第二，认罪认罚从宽制度的重要内容是辩方的参与，而辩方参与的范围又仅仅限于量刑，对于定罪问题是没有异议空间的。控辩双方通过一定程序的协商，依法确定量刑结果，这是对当事人选择认罪认罚的激励措施。如果得到控辩认可的量刑建议，却得不到法院认可的话，恐怕激励措施就不会产生应有的制度效果，没有办法实现节约司法资源的制度目的。第三，根据《人民检察院办理认罪认罚案件开展量刑建议工作的指导意见》的规定，对于这类案件检察院提出量刑建议的基本原则共有 5 项，包括宽严相济、依法建议、客观公正、罪责刑相适应以及量刑均衡。这 5 项原则恰恰与《最高人民法院关于常见犯罪的量刑指导意见》所要求的,人民法院在量刑时的原则是完全一致的,所以,在这个基础上的量刑建议,我想不会出现太大的偏差。第四,有关规定也是留了相应的空间,法院是一般应当采纳,而不是百分之百采纳,可以建议检察机关调整量刑建议,不调整的可以作出裁判,这样就给一些不当的从宽或者是不当的量刑建议提供了纠错的机会。我们可以换一个角度想,有的认罪认罚案件法院最终还会宣告无罪。所以,我觉得这既是对审判权的尊重,也是审判权的应有之义,同时也是司法适用统一性的要求,我认为还是要全面地看待这个问题。我的回应就到这。

梅传强教授: 谢谢几位与谈嘉宾的回应。虽然还有不少的问题,但是由于时间已经不早了,马上要到23:00了,不得不遗憾地说要结束本场讲座,对于观众提出的一系列问题,我们期待疫情结束以后在线下交流,更欢迎贾宇会长以及各位刑法同行能够莅临美丽的西政校园,为我们作分享。再一次感谢贾宇会长的大力支持,感谢石经海教授的精彩报告,感谢彭新林教授、刘静坤教授、肖洪教授、艾静院长精彩的与谈,感谢各位听众的积极参与、积极提问。我宣布,刑法治理的现代化与本土化系列讲座第十六期暨阶段总结圆满结束。

"刑法治理的现代化与本土化" 在线系列讲座

序号	主讲人	主题	主持人	与谈嘉宾	实践
0	梅传强（西南政法大学法学院院长）	开幕式致辞			
1	陈忠林（重庆大学教授、博士生导师）	中国刑法基本理论本土化的方向、路径与原则	石经海（西南政法大学刑法学科带头人）	梅传强（西南政法大学教授、博士生导师） 魏东（四川大学教授、博士生导师） 袁林（西南政法大学教授、博士生导师） 陈伟（西南政法大学教授、博士生导师） 姜敏（西南政法大学教授、博士生导师） 贾健（西南政法大学教授、博士生导师） 丁胜明（西南政法大学副教授、博士生导师）	2022年5月28日（周五）19：00
2	徐岱（吉林大学教授、博士生导师）	中国刑法因果关系理论的本土化问题	黄京平（中国人民大学教授、博士生导师）	金泽刚（同济大学教授、博士生导师） 陈伟（西南政法大学教授、博士生导师） 李川（东南大学教授、博士生导师） 廖天虎（四川科技大学教授，硕士生导师）	2022年6月10日（周五）19：00
3	黎宏（清华大学教授、博士生导师）	企业合规刑法改革的中国路径	孙国祥（南京大学教授、博士生导师）	江溯（北京大学副教授、博士生导师） 周振杰（北京师范大学教授、博士生导师） 李本灿（山东大学教授、博士生导师） 丁胜明（西南政法大学副教授、博士生导师）	2022年6月24日（周五）19：00

续表

序号	主讲人	主题	主持人	与谈嘉宾	实践
4	彭文华（上海政法学院教授、博士生导师）	刑法制裁体系之现代化与本土化	白岫云（《中国法学》杂志编审）	姜涛（南京师范大学教授、博士生导师） 冯卫国（西北政法大学教授、博士生导师） 何显兵（西南科技大学教授、硕士生导师） 刘沛谞（西南政法大学副教授、硕士生导师）	2022年7月8日（周五）19：00
5	刘仁文（中国社会科学院研究员、博士生导师）	中国刑法学研究的主体性	陈泽宪（中国社会科学院教授、博士生导师）	劳东燕（清华大学教授、博士生导师） 汪明亮（复旦大学教授、博士生导师） 周详（中南财经政法大学教授、博士生导师） 贾健（西南政法大学教授、博士生导师）	2022年9月9日（周五）19：00
6	童德华（中国政法大学教授、博士生导师）	中国刑法立法如何走向现代之后	曲新久（中国政法大学教授、博士生导师）	刘霜（天津大学教授、博士生导师） 袁彬（北京师范大学教授、博士生导师） 高长见（中共中央党校副教授、硕士生导师） 胡江（西南政法大学副教授、硕士生导师）	2022年9月16日（周五）19：00
7	魏东（四川大学教授、博士生导师）	刑法解释体系的现代化与本土化	王政勋（西北政法大学教授、博士生导师）	阴建峰（北京师范大学教授、博士生导师） 付立庆（中国人民大学教授、博士生导师） 万志鹏（湘潭大学教授、硕士生导师） 张武举（西南政法大学副教授、硕士生导师）	2022年9月23日（周五）19：00
8	何荣功（武汉大学教授、博士生导师）	轻罪立法的中国问题	林维（中国社会科学院大学教授、博士生导师）	焦艳鹏（华东政法大学教授、博士生导师） 柏浪涛（华东师范大学法学院教授、博士生导师） 高艳东（浙江大学副教授、硕士生导师） 陈小彪（西南政法大学副教授、硕士生导师）	2022年10月14日（周五）19：00

续表

序号	主讲人	主题	主持人	与谈嘉宾	实践
9	于改之（华东政法大学教授、博士生导师）	从控制到利用：刑法数据治理的模式转换	梁根林（北京大学教授、博士生导师）	李兰英（厦门大学教授、博士生导师） 欧阳本祺（东南大学教授、博士生导师） 王勇（吉林大学副教授、硕士生导师） 陈世伟（西南政法大学副教授、硕士生导师）	2022年10月29日（周六）19：00
10	时延安（中国人民大学教授、博士生导师）	数据安全的刑事治理路径选择	张旭（吉林大学教授、博士生导师）	郭泽强（中南财经政法大学教授、硕士生导师） 单勇（南京大学教授、博士生导师） 康烨（盈科全国刑事法律专业委员会副主任） 梁坤（西南政法大学教授、博士生导师）	2022年11月5日（周六）19：00
11	周光权（清华大学教授、博士生导师）	中国刑法立法模式的思考	莫洪宪（武汉大学教授、博士生导师）	王新（北京大学教授、博士生导师） 王志祥（北京师范大学教授、博士生导师） 王充（吉林大学教授、博士生导师） 姜敏（西南政法大学教授、博士生导师）	2022年11月13日（周日）19：00
12	车浩（北京大学教授、博士生导师）	立法论思维与解释论方法	刘宪权（华东政法大学教授、博士生导师）	陈兴良（北京大学教授、博士生导师） 卢建平（北京师范大学教授、博士生导师） 罗翔（中国政法大学教授、博士生导师） 赵春雨（盈科刑辩学院院长）	2022年11月19日（周六）19：00

续表

序号	主讲人	主题	主持人	与谈嘉宾	实践
13	王志远（中国政法大学教授、博士生导师）	当代中国刑法社会机能的本土化选择	吴大华（贵州社会科学院教授、博士生导师）	魏昌东（清华大学副教授、博士生导师） 王钢（清华大学副教授、博士生导师） 韩正武（盈科刑辩学院副院长） 卢有学（西南政法大学教授、硕士生导师）	2022年11月26日（周六）19：00
14	孙万怀（华东政法大学教授、博士生导师）	刑法规范论证的客观主义法哲学立场	刘志伟（北京师范大学教授、博士生导师）	高巍（云南大学教授、博士生导师） 陈可倩（上海交通大学副教授、硕士生导师） 于靖民（盈科刑辩学院副院长） 姚万勤（西南政法大学副教授、硕士生导师）	2022年12月3日（周六）19：00
15	付玉明（西北政法大学教授、博士生导师）	自动驾驶事故风险的刑事治理：技术、法理与归责	曾粤兴（北京理工大学教授、博士生导师）	李晓明（苏州大学教授、博士生导师） 陈璇（中国人民大学教授、博士生导师） 肖兴利（盈科刑辩学院副院长） 张永强（西南政法大学副教授、硕士生导师）	2022年12月10日（周六）19：00
16	贾宇（中国刑法学学会会长、浙江省人民检察院检察长） 石经海（西南政法大学教授、博士生导师）	阶段总结致辞：刑法——刑法治理的中国式现代化 量刑改革之现代化与本土化	梅传强（西南政法大学教授、博士生导师）	彭新林（北京师范大学教授、博士生导师） 刘静坤（中国政法大学教授、博士生导师） 肖洪（重庆大学副教授、硕士生导师） 艾静（盈科刑辩学院副院长）	2022年12月17日（周六）19：00